经济管理学术文库 • 管理类

土地空间发展规划与优化路径研究
——基于陕西省的实证

Research on Land Space Development Planning and Optimization Path
—Empirical Study Based on Shaanxi

程安东／总策划

党兴华 吴艳霞 熊国强 薛伟贤 等／著

经济管理出版社
ECONOMY & MANAGEMENT PUBLISHING HOUSE

图书在版编目（CIP）数据

土地空间发展规划与优化路径研究：基于陕西省的实证 / 党兴华等著. —北京：经济管理出版社，2020.8
ISBN 978-7-5096-7413-0

Ⅰ. ①土… Ⅱ. ①党… Ⅲ. ①国土规划—研究—陕西 Ⅳ. ①F129.941

中国版本图书馆 CIP 数据核字（2020）第 158080 号

组稿编辑：杨国强
责任编辑：赵天宇
责任印制：黄章平
责任校对：陈晓霞

出版发行：经济管理出版社
（北京市海淀区北蜂窝 8 号中雅大厦 A 座 11 层 100038）
网 址：www. E-mp. com. cn
电 话：（010）51915602
印 刷：北京虎彩文化传播有限公司
经 销：新华书店
开 本：720mm×1000mm/16
印 张：34.25
字 数：594 千字
版 次：2020 年 9 月第 1 版 2020 年 9 月第 1 次印刷
书 号：ISBN 978-7-5096-7413-0
定 价：98.00 元

前 言

当前中国特色社会主义已经进入了新时代。新时代对中国经济社会发展提出了新要求，新的经济发展阶段需要新的国土空间规划作支撑。国土空间规划是国家空间发展的指南，是可持续发展的空间蓝图，是各类开发保护建设活动的基本依据。建立国土空间规划并监督实施，将主体功能区规划、土地利用规划、城乡规划等空间规划融合为统一的国土空间规划，实现"多规合一"，强化国土空间规划对各专项规划的指导约束作用，是党中央、国务院作出的重大部署。

陕西省是连接中国东部、中部、西部地区的重要枢纽区域，具有重要的战略地位，从古至今，陕西是东西方经济文化交融的重要节点，东西部地区开放交流的重要门户，生产要素流动的重要站点。改革开放 40 多年来，陕西各级各类空间规划在支撑陕西社会经济快速发展、促进陕西国土空间合理利用和有效保护方面发挥了积极作用，但也存在规划类型过多、内容重叠冲突、审批流程复杂、周期过长等问题。建立统一、科学、高效的国土空间规划，整体谋划新时代陕西国土空间开发保护格局，综合考虑人口分布、经济布局、国土利用、生态环境保护等因素，科学布局生产空间、生活空间、生态空间，是加快形成陕西绿色生产方式和生活方式、推进生态文明建设、建设美丽陕西的关键举措，是坚持以人民为中心、实现高质量发展和高品质生活、建设美好家园的重要手段，是保障陕西"追赶超越"战略有效实施、促进"三个经济"发展的必然要求。

基于以上背景，西安理工大学城市战略研究院成立了《陕西土地空间发展规划研究》课题组。陕西省原省长程安东具体策划了本课题，并对课题研究的总体思路进行了把握与梳理。课题立足于当前国家发展的现实环境，通过深入的实地调研和数据分析，对处在历史机遇期的陕西省，提出了国土空间的具体战略规划。

本书是在课题研究成果的基础上修订、充实而形成的。本书的主要内容共 11 章。第 1 章为区位特征概述。阐述了陕西省区位特征、气象特征、水土流失状况、治理进展及地表资源量。第 2 章为陕西省地貌地质特征。分析了陕西三大区域的地貌特点及陕西的地质公园。第 3 章为环境地质及地质灾害。归纳了环境地质的类型，地质灾害分布与特征、地质灾害分区及主要流域地质灾害特征。第 4 章为陕西省土地功能区划。该章在阐述陕西省土地功能区划基础及陕西省土地功能区划要求和方法的基础上，对陕西省土地区划方案进行了设计，确定了土地功能区划重点，并提出了实施措施。第 5 章为陕西省农业区划及现代农业发展规划。该章在分析陕西农业区划及发展现状的基础上，制订了陕西现代农业区划改进方案，确定了陕西现代农业建设重点。第 6 章为城市化发展及建设用地预测和调控。该章分析了陕西城市发展土地利用现状，对陕西城市发展建设用地进行了预测，给出了陕西城市发展土地利用优化布局重点。第 7 章为陕西省文化遗址保护与利用。首先对陕西土地空间中文化遗址分布现状进行归纳，结合陕西省土地空间规划，设计了陕西文化遗址保护和利用方案；确定了陕西省土地空间发展文化遗址保护和利用重点。第 8 章为陕西省生态环境建设问题和前景。该章在分析陕西省生态环境现状及问题的基础上，基于生态足迹视角对陕西省生态建设前景进行了展望，确定了陕西省区域生态建设的工作重点及实施措施。第 9 章为发展数字经济与先进制造业，建设关中国家级创新中心。该章阐述了关中国家创新中心建设在陕西土地空间规划发展中的位置，确定了关中国家创新中心建设的重要内容和关中国家创新中心建设方案与建设重点，提出了关中国家级创新中心建设方案实施保障。第 10 章为陕西省国土价值量总评价。该章确定了国土价值量评价指标和评价方法，对陕西国土价值量进行了评价与分析。第 11 章为陕西省人口承载力与土地利用结构分析。该章对陕西省人口承载力与土地利用结构的现状进行了分析，建立了陕西土地利用结构多目标规划模型，并提出了政策建议。

本书的主要撰写人员为：党兴华（西安理工大学城市战略研究院常务副院长，西安理工大学教授）；吴艳霞（西安理工大学教授，西安理工大学城市战略研究院研究室主任）；熊国强（西安理工大学教授，西安理工大学城市战略研究院研究室主任）；薛伟贤（西安理工大学教授，西安理工大学科技处副处长）；杨屹（西安理工大学教授，西安理工大学经济与管理学院副院长）；王文莉（西安理工大学教授，西安理工大学城市战略研究院副院长）；赵璟（西安理工大学教授，西安理工大学经济贸易系主任）；史耀波（西安理工大学教授，西安理工大学经济贸易系副主任）；蔡俊亚（西安理工大学副教授，西安理工大学城市战略研究院成员）；杨毅（副教授，西安理工大学城市战略研究院研究人员）；邹晓斌（西安理工大学讲师，西安理工大学城市战略研究院成员）。全书由西安理工大学城市战略研究院成员，西安理工大学教授党兴华、吴艳霞进行了总纂稿。

土地空间规划研究不应仅涉及空间规划和空间治理，还应该跳出技术思维，转为管理思维。不同的历史条件、不同的经济社会背景，对于土地空间发展的关注以及土地空间治理的主要任务都在发生变化，新时代土地空间规划是集成创新和动态调整的有机结合。我国土地空间规划的研究尚处于探索和发展阶段，许多问题还有待于进一步深化研究。如有不妥之处，敬请各位专家学者和读者批评指正。

国土空间规划与优化课题组

目录

第1章　区位特征概述

我国经济正处在高速增长阶段转向高质量发展阶段，正处在转变发展方式、优化经济结构、转换增长动力的攻关期。这就要改变我国经济长期建立的各类生产要素不断扩张型投入的发展模式。国土空间规划通过国土空间资源的配置、管控，在国土空间开发保护中发挥战略引领和刚性管控作用，推动、促进、保障甚至在一定程度上“倒逼”发展方式的转变。正如习近平总书记强调的：“要坚持底线思维，以国土空间规划为依据，把城镇、农业、生态空间和生态保护红线、永久基本农田保护红线、城镇开发边界作为调整经济结构、规划产业发展、推进城镇化不可逾越的红线。”因此，国土空间规划要综合考虑人口分布、经济布局、国土利用、生态环境保护等因素，科学布局生产空间、生活空间、生态空间。

陕西省土地空间区划特点明显，陕北为黄土高原区，作为能源开发主产区，地下有丰富的煤炭、石油、天然气及其他矿产资源，同时，地上光资源、风资源非常丰富；关中作为陕西省农业主产区及工业主产区，同时又是全省经济发展的龙头，科技资源、教育资源非常丰富，是整个西北的创新开发中心；陕南以秦岭生态资源为依托，具有丰富的植物和动物资源，秦岭作为中国的“龙脉”，保护生态平衡是重要发展战略。本书将以陕西为实证，研究其土地空间发展战略规划与优化路径。

1.1　陕西省区位特征

陕西作为西北地区核心省份，是国家“一带一路”倡议上的重要节点，要更加积极主动地融入党中央战略部署，置身整个西北乃至全国的发展大局中，通盘考虑，科学划定生产空间、生活空间和生态空间，努力走出一条符合战略定位、区域协调发展的高质量道路。同时陕西省作为重要工业省份，第二产业占有相当的比例，特别是煤化工、高端装备制造等国家战略性工业体系对建设用地需求大。因此，在规划国土空间过程中，既要科学统筹布局生态、农业、城镇等功能布局，划定生态保护红线、永久基本农田、城镇开发边界等空间管控边界，又要坚持区域协调、城乡融合，优化国土空间结构和布局，统筹地上地下空间综合利用，延续历史文脉，加强风貌管控，突出地域特色。这一切都要求对陕西省的区域特征进行详细论述分析。

“区位”的主要含义是人类活动所具有的场所，即人类为自己的某种活动作出空间选择，并有“位置、布局、位置关系”等方面的意义，强调区域的空间性。结合陕西省土地空间规划的要求，陕西省区位特征分别从自然区位（地理位置特征、地表特征）及人文经济区位（历史文化特征、经济地理位置）进行分析（见图 1-1）。

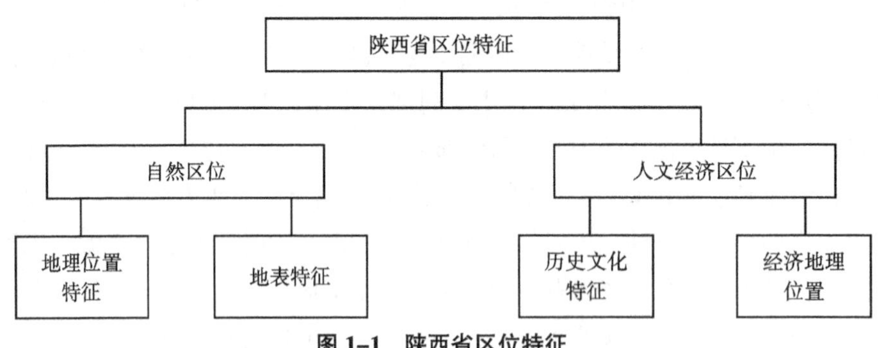

图 1-1 陕西省区位特征

1.1.1 地理位置特征

陕西省简称“陕”或“秦”，地处中国内陆腹地，黄河中游，位于东经105°29′~111°15′，北纬 31°41′~39°35′。陕西省是中国唯一一个毗邻八省的省份，东邻山西、河南，西连宁夏、甘肃，南抵四川、重庆、湖北，北接内蒙古，居于连接中国东、中部地区和西北、西南的重要地理位置，中国的大地原点在境内泾阳县永乐镇。同时，陕西省是我国西北地区门户大省，是丝绸之路的重要节点，是陆地连通中亚及欧洲国家的起点站，在西部大开发和“一带一路”倡议中扮演着重要的角色。

陕西地域狭长，南北最长 878.0 千米，东西最宽 517.3 千米，辖区总面积20.56 万平方千米，占全国土地面积的 2.1%。地势南北高、中间低，有高原、山地、平原和盆地等多种地形。北山和秦岭把陕西分为三大自然区：北部是黄土高原区，海拔900~1900米，总面积8.22万平方千米，约占全省土地面积的40%；中部是关中平原区，海拔460~850米，总面积4.94万平方千米，约占全省土地面积的24%；南部是秦巴山区，海拔1000~3000米，总面积7.4万平方千米，约占全省土地面积的36%。

1.1.2　地表特征

1.1.2.1　黄土高原

陕西黄土高原位于陕西省的中北部，地理坐标介于北纬34°10′~39°35′，东经107°30′~111°15′。东隔黄河与晋西黄土高原相望，西以子午岭为界，北接内蒙古鄂尔多斯高原，南接关中平原。幅员南北长、东西窄。总面积89326.92平方千米，占陕西省总面积的43.2%，其中农耕地3700余万亩，占全区总面积的28%。

陕西黄土高原是我国黄土分布最典型的地区，从早更新世到全新世的第四纪黄土堆积完整，地层发育完整；黄土覆盖面积广，呈连续分布；黄土堆积厚度最厚可达150~200米；黄土塬、梁、峁等地貌发育典型。由于黄土高原南北景观以及地貌外营力强度的差异，在长城沿线以北地区，形成以风蚀作用为主的风沙地貌景观，长城沿线以南至北山一带，以流水作用为丰，分别形成黄土丘陵沟壑景观与黄土高原沟壑景观。风沙滩地分布在长城沿线，是毛乌素大沙漠的南缘，面积19547平方千米，占陕西黄土高原总面积的21.9%。这里地势平缓，相对高度在20~45米，普遍分布着各种类型的沙丘地以及下湿滩地。黄土丘陵沟壑区分布在风沙区以南，劳山以北，面积42276平方千米，占陕西黄土高原面积的47.3%，区内黄土梁峁广布，沟壑纵横，相互交织，构成起伏的黄土丘陵。高原沟壑区属陕西黄土高原南部地区，北起劳山、南达关中，面积27504公顷，占全区总面积的30.8%。地貌上以破碎塬及长梁为主，北部有洛河纵贯南北，黄龙山、子午岭耸立东西；南部有泾河东西横穿。由于受洛河与泾河及其支流沟谷的切割，形成了塬梁与沟谷相间的黄土高原沟壑景观。

1.1.2.2　水土流失

陕西省剧烈以及极强烈侵蚀的地区主要集中在陕北地区，其中以神木、府谷以及榆林、延安两市交界区域为主；相比较而言，关中以及陕南的土壤侵蚀情况比较轻微，其中关中地区的侵蚀情况最轻。陕北地区土壤侵蚀度强的原因主要是：陕北地区从地形属于黄土高原区，土壤的组分为黄土，比较疏松，并且陕北地区存在风蚀以及水蚀两种侵蚀作用。此外，陕北地区的植被结构单一，而关中平原以及陕南秦巴山地的植被覆盖良好。

土地利用方式是人类影响土壤侵蚀的最直接途径，不合理的人类活动会破坏植被，恶化土壤结构，增加地表径流，从而加剧土壤侵蚀的发生和发展。各土地利用类型侵蚀模数均值从大到小依次为其他土地 > 耕地 > 园地 > 草地 > 居民点及工矿用地 > 林地 > 交通运输用地 > 水域及水利设施用地。

1.1.2.3 森林植被

陕西的森林植被面积较大，种类较多，全省有林地面积 470.8 万公顷，森林覆盖率 22.9%。这些森林不仅在保护自然环境、涵养水源、防风固沙、保护农田方面发挥着巨大的生态效益和环境效益，而且还蕴蓄着大量的木材（陕西林木蓄积量 2.24 亿立方米）、林特产品、药材和野果资源，具有可观的经济开发效益。陕西的天然林主要分布在秦岭、大巴山、关山、黄龙山和桥山五大林区，其中秦岭林区面积最大（为 246.7 万公顷，约占全省森林面积的 52.4%）、覆盖率最高（达 46.5%）、木材质量最好，林副产品种类也最多，是陕西省主要的木材和林副产品生产基地。

1.1.3 陕西省历史文化

陕西经济文化发展历史悠久，建都十三朝，古代文化淀积雄厚，自然条件复杂多样，山川锦绣，物产富饶，旅游资源丰富多彩。既有光辉灿烂的古代文化遗存和众多的革命纪念地，又有名山大川、名优特产，秦始皇陵兵马俑号称世界第八奇迹，西岳华山以挺拔险峻名闻天下。陕西境内名胜古迹众多，分布集中，有“天然历史博物馆”的美誉。这里有蓝田猿人和大荔猿人遗址，有新旧石器时代的原始村落遗址、周秦汉唐都城遗址，唐、宋、明、清古建筑群和以黄帝陵、汉武帝茂陵、唐乾陵等为代表的众多帝王陵墓群，有以石刻艺术、唐三彩、西周青铜器、汉唐铜镜及陶俑、唐墓壁画为代表的大量稀世珍宝和秦岭北麓沿山地带以自然山水风光为主的风景名胜区。全省现有国家和省级重点保护历史文物和革命文物保护单位 165 处，已公布的县级文物保护单位 1420 处。华山、骊山、壶口瀑布是全国重点风景名胜区，西安、延安、韩城、榆林为全国历史文化名城。秦岭北坡沿山地带先后开辟的太白森林公园、楼观台森林公园、朱雀森林公园、王顺山森林公园等，已初具规模，成为避暑寻幽的胜地。此外，西安古文化艺术节、临潼石榴节等融文化艺术、科技经济交流和旅游观光于一体的大型文化旅游活动，对促进科技交流和经济发展发挥了重要作用。

1.1.4　经济地理位置

经济地理位置是 H.H.巴朗斯基提出的，其定义为经济地理位置是某一地点、地区或城市与外部具有某种经济意义的客观实在的关系。这一定义提出了关于被研究的各个地理客体或作为不同区域系统组成部分的一组地理客体区域联系的思想。国内学者张友鹏认为经济地理位置重点反映一个国家、区域或城镇在空间关系上与外围地区的经济联系。一方面，一个地区的经济地理位置对其经济发展起着重要作用；另一方面，一个地区的经济地理位置也会因为国家战略、科技进步、能源结构变化、产业结构升级或重要交通干线的新建等原因发生很大变化。对经济地理位置的分析，有学者的观点认为，是一些经济地理对象的空间关系的研究，并同所有其他一切客体的位置相比较。包括分析某地与周围地区的经济关系、某地与周围地区的联系方式、某地自身的情况，也有观点认为应该考虑周围腹地的经济发展水平和与临近区际重要经济中心的关系。

陕西地处亚欧大陆中心，也是中国地理几何中心，是西北地区的门户省份，其显著的地理优势成为发展区域经济的重要基础。本书借鉴相关学者对于经济地理位置分析的思路，定义陕西省经济地理位置为陕西省在社会经济发展过程中与外部环境具有的经济空间关系。结合陕西省的区域特征，对陕西省经济空间关系、陕西省交通布局、陕西省在“一带一路”的重要节点位置三方面（见图 1–2）来了解其经济地理位置特征。通过对经济地理位置空间关系的揭示，从而为陕西省土地空间规划提出建议。

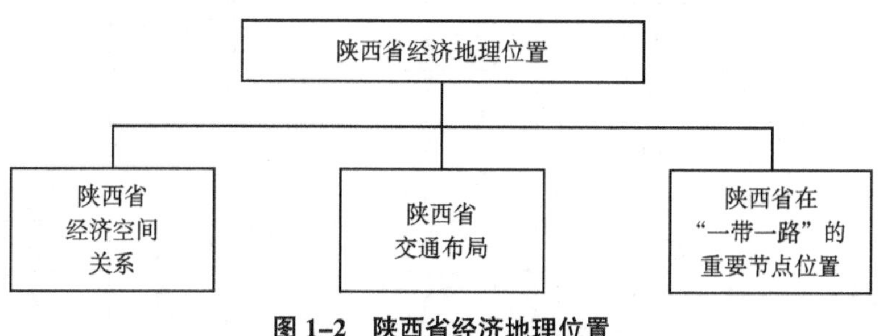

图 1–2　陕西省经济地理位置

1.1.4.1 陕西省经济空间关系

陕西省经济发展状况与沿海地区的差异，以及陕西省在西北地区的经济表现反映了陕西省的经济空间关系。通过分析陕西省 GDP 总量、GDP 增速、人均可支配收入、进出口贸易等经济指标在全国的具体表现来反映陕西省经济在全国经济中的位置，进一步揭示其经济地理位置的优劣。

陕西省在 2016~2018 年经济发展过程中，经济发展速度较快，GDP 总量稳步上升。具体如表 1–1 所示。

表 1–1 2016~2018 年陕西省 GDP 发展情况

年份	陕西 GDP 总量（亿元）	陕西 GDP 增速（%）
2016	19399.59	7.64
2017	21898.81	12.88
2018	24438.32	11.60

陕西在西部大开发之后，不断抓住各项机遇，努力实现跨越式、赶超式发展，在全国各地区中的 GDP 总量排名不断进步。表 1–2 将陕西省 GDP 总量同全国其他地区进行对比，通过陕西省的总量排名，以期获得它在全国的发展水平。从表 1–2 可知，陕西省在全国 GDP 总量排名 15，排名居中。但是增速却排到第 4，说明陕西省发展态势良好，发展潜力巨大。

表 1–2 2018 年全国各地区 GDP 排名

省份	GDP 总量（亿元）	排名	增长速度（%）	排名
广东	97277.77	1	6.8	12
江苏	92595.4	2	6.7	13
山东	76469.7	3	6.4	14
浙江	56197	4	7.1	10
河南	48055.86	5	7.6	8
四川	40678.13	6	8	6
湖北	39366.55	7	7.8	7
湖南	36425.78	8	7.8	7
河北	36010.3	9	6.6	14
福建	35804.04	10	8.3	4

续表

省份	GDP 总量（亿元）	排名	增长速度（%）	排名
上海	32679.87	11	6.6	14
北京	30320	12	6.6	14
安徽	30006.8	13	8.02	5
辽宁	25315.4	14	5.7	19
陕西	24438.32	15	8.3	4
江西	21984.8	16	8.7	3
重庆	20363.19	17	6	17
广西	20352.51	18	6.8	12
天津	18809.64	19	3.6	23
云南	17881.12	20	8.9	2
内蒙古	17289.2	21	5.3	20
山西	16818.11	22	6.7	13
黑龙江	16361.6	23	4.7	21
吉林	15074.62	24	4.5	22
贵州	14806.45	25	9.1	1
新疆	12199.08	26	6.1	16
甘肃	8246.1	27	6.3	15
海南	4832.05	28	5.8	18
宁夏	3705.18	29	7	11
青海	2865.23	30	7.2	9
西藏	1477.63	31	9.1	1

表 1–3 为全国各地区人均可支配收入对比表。从表 1–3 可知，陕西省人均可支配收入排名 18，增速排名 15，较东部省份稍有落后。但在西部地区陕西省仍具有巨大的发展潜力。

表 1–3　2017 年和 2018 年全国各地区人均可支配收入对比

省份	2018 年城镇居民人均可支配收入（元）	排名	2017 年城镇居民人均可支配收入（元）	2018 年同比增速（%）	排名
上海	68034	1	68033.62	8.70	4
北京	67989.89	2	62406	8.95	2

续表

省份	2018 年城镇居民人均可支配收入（元）	排名	2017 年城镇居民人均可支配收入（元）	2018 年同比增速（%）	排名
浙江	55574.31	3	51260.73	8.41	6
江苏	47199.97	4	43621.75	8.20	11
广东	44340.97	5	40975.14	8.21	9
天津	42976	6	40277.54	6.70	25
福建	42121.31	7	39001.36	8.00	19
山东	39549.43	8	36789.35	7.50	23
辽宁	37341.93	9	34993.39	6.71	24
湖南	36698.25	10	33947.94	8.10	13
内蒙古	34953.5	11	35670.02	6.00	31
重庆	34889	12	32193.23	8.40	8
湖北	34454.63	13	31889.42	8.04	16
安徽	34393.08	14	31640.32	8.70	3
江西	33819.4	15	31198.06	8.40	7
云南	33487.94	16	30995.88	8.04	18
海南	33348.65	17	30817.37	8.21	10
陕西	33319	18	30810.26	8.10	15
四川	33215.91	19	30726.87	8.10	14
河北	32977.18	20	30547.76	7.95	20
河南	31874.19	24	29557.86	7.84	22
贵州	31591.93	25	29079.84	8.64	5
青海	31514.53	26	29168.86	8.04	17
山西	31034.8	27	29131.81	6.53	27
吉林	30171.94	28	28318.75	6.54	26
甘肃	29957	29	27763.4	7.90	21
黑龙江	29191.33	30	27445.99	6.36	29

图 1-3 为陕西省进出口总值，表 1-4 为 2018 年各省份进出口贸易总额和 2018 年进出口总额增速。从表中可知，2018 年陕西省进出口总值 3514 亿元人民币，比 2017 年（下同）增长 29.3%。其中，出口 2078.7 亿元，增长 25.3%，出口总值在 2016 年首次突破 1000 亿元之后，时隔两年后迈上 3000 亿元台阶；进

口 1435.1 亿元，增长 35.4%；同期贸易顺差 643.6 亿元。陕西省进出口总值位居全国第 16 位，同期陕西省进出口、出口、进口增速分列全国第 3 位、第 4 位和第 3 位。陕西省进出口总额排名 16，增速排名第 2。可以看出陕西省经济开放度在全国排名中等，但其增速表现出陕西省在不断提高对外开放能力，说明这可能是陕西省的经济增长点，值得关注。

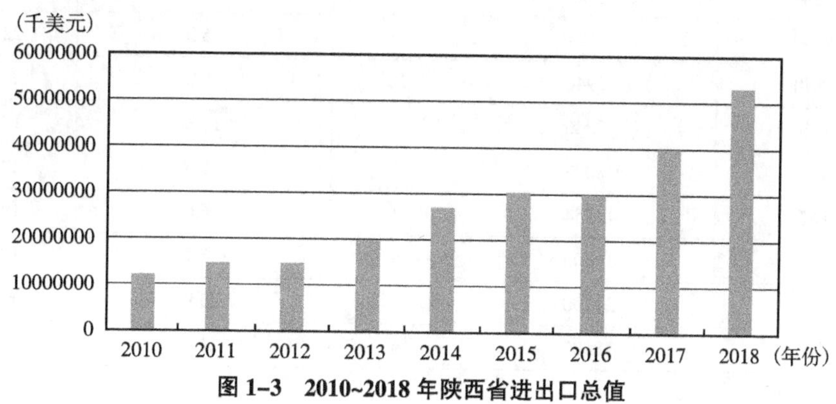

图 1-3　2010~2018 年陕西省进出口总值

表 1-4　2018 年各省份进出口贸易总额与增速

省份	进出口贸易总额（亿元）	排名	进出口总额增速（%）	排名
西藏	48	30	−16.25	29
宁夏	249	29	−27	30
甘肃	395	28	21	7
贵州	501	27	−9.2	28
海南	849	26	20.8	8
内蒙古	1034	25	9.9	15
新疆	1326	24	−4.7	27
吉林	1363	23	8.6	17
山西	1370	22	17.8	9
黑龙江	1748	21	36.4	1
云南	1973	20	24.7	5
湖南	3080	19	26.5	4
江西	3165	18	5.1	23
湖北	3487	17	11.2	14
陕西	3514	16	29.3	2

续表

省份	进出口贸易总额（亿元）	排名	进出口总额增速（%）	排名
河北	3552	15	5.1	23
广西	4107	14	5	26
安徽	4151	13	13.5	11
重庆	5223	12	15.9	10
河南	5531	11	5.3	22
四川	5948	10	29.2	3
辽宁	7546	9	11.8	12
天津	8077	8	5.6	20
福建	12354	7	6.6	19
山东	19303	6	7.7	18
北京	27200	5	23.9	6
浙江	28500	4	11.4	13
上海	34010	3	5.5	21
江苏	43802	2	9.5	16
广东	71600	1	5.1	23

通过对陕西省综合经济状况的分析与评价发现，陕西省经济发展规模与增速与沿海城市有一定差距，但是在西部地区表现良好，一枝独秀，体现了西部门户经济的经济地理位置特点。陕西省借助“一带一路”倡议和西部大开发，投资吸引力在逐年增加，各项指标增速排名靠前，发展潜力较大。总的来看，陕西省经济发展呈现“总体平稳、活力增强、质效提升”的良好发展态势。

同时，陕西省经济依靠投资拉动增速明显加快，一定程度上伴随土地粗放、低效利用的现象，外延扩张的发展方式仍占主导地位。政府在进行国土空间规划时，应重点关注陕西经济发展的增长点，充分考虑其土地规划的适配性，力求在拉动经济增长的同时土地能实现集约化发展。

1.1.4.2 陕西省交通布局

交通布局，是借助经济要素资源聚集平台，对商流、物流、资金流、信息流、客流等进行集聚、扩散、疏导等的规模化产业发展布局。西安区位交通、物流体系、文化旅游资源等优势是经济发展不可替代的有利优势。

陕西是连接中国东部、中部地区和西北、西南地区的重要枢纽。现如今，西安位于我国地理版图几何中心，是国家确定的国家中心城市和十二个国际性综合交通枢纽之一，占尽了发展成为区域经济中心的地理优势。在“一带一路”倡议下，西安积极推进“一带一路”核心区建设，构建起由“米”字形高铁网、高密度公路网、新型航空港组成的立体综合交通大枢纽，成为带动三秦大地发展的强劲引擎。

（1）航空率先发展。西安咸阳国际机场是我国八大枢纽机场之一，也是国家“十三五”规划中明确提出要建设的国际枢纽之一。随着西安咸阳国际机场 T3 航站楼、西安北客站、新筑铁路集装箱中心站等一批重大工程相继建成投用，西安咸阳国际机场 2017 年旅客吞吐量达到 4186 万人次，在全国大型机场中增速第一，已开通航线 337 条，其中国内 280 条，国际 57 条，位居全国第二，仅次于北京首都国际机场。西安咸阳国际机场航线网络 1 小时可覆盖中西部主要城市，2 小时可覆盖我国 70%的领土和 85%的经济资源，3 小时可基本覆盖所有省会城市。西安完善的航空运输网络已经可以将旅客和货物快速运抵 23 个国家的 44 个城市，其中包括 14 个“一带一路”沿线国家的 26 个城市，初步形成了向西开放、丝路贯通、美澳直达、五洲连通的国际航线网络。机场三期扩建工程按照满足 2030 年旅客吞吐量 7900 万人次、货邮吞吐量 100 万吨、飞机起降 59.5 万架次的目标进行设计。下一步，西安将以西安咸阳国际机场为核心，全力打造西安国际运输走廊和国际航空枢纽建设，拓宽国际航空网络。

（2）高铁枢纽已具雏形。据陕西“米”字高铁规划示意图显示，西安北客站为亚洲最大火车站（18 站台 34 线），西安“米”字形高铁网已形成东、西、东北、西南 4 方向贯通格局，并向外 8 个方向辐射延伸，如图 1–4 所示。

目前，正东方向的郑西高铁，正西方向的西宝高铁、宝兰高铁，东北方向的大西高铁，西南方向的西成高铁已经开通。以“大西安”为中心，以 350 千米/时为主、250 千米/时为辅这张“米”字形高铁网，未来从西安乘坐高铁出发，可快速抵达郑州、石家庄、北京、武汉、长沙、广州、深圳、南昌、南京、上海、太原、兰州、西宁、成都、贵阳等地。与北京、武汉、上海、广州并称中国五大高铁枢纽。而目前，西安至延安高铁开工建设；西安至十堰、西安至安康高铁前期工作加快推进；银川至西安高铁顺利推进，西安段施工有序开展。西安北至机场城际铁路北客站至空港新城段基本建成，西安至法门寺等 4 条城际铁路控制性工程有序推进，以西安为中心“米”字形高速铁路网和覆盖关中 20 万人口以上城镇、“辐射＋环”状城际铁路网正在形成。

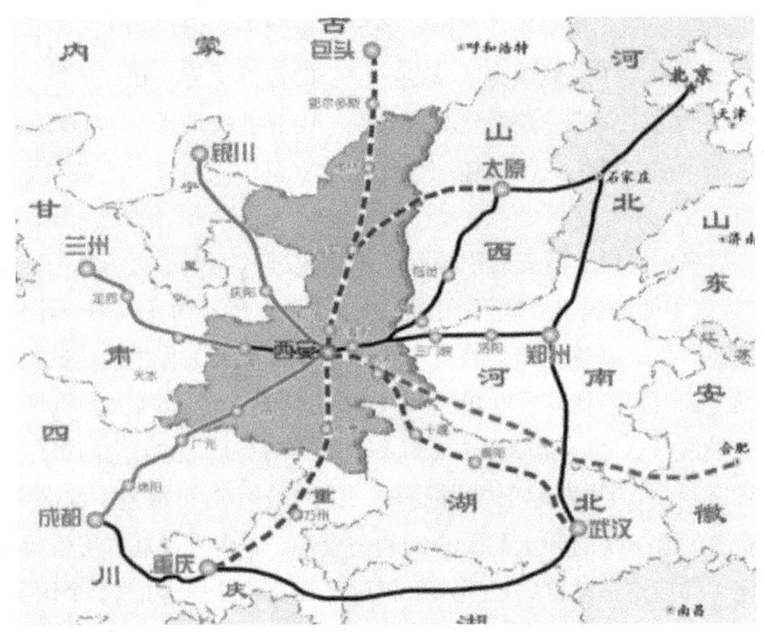

图 1–4　陕西“米”字形高铁规划示意图

（3）高速公路网基本形成。西安公路枢纽是全国公路六大枢纽之一，高速公路通车总里程达到 5279 千米，位居全国前列，连通 98 个县区，西安与周边中心城市“一日交通圈”已然筑起，基本形成“米”字形高速公路网和“一环十二辐射”为主骨架的公路网。到 2020 年，大西安高速公路里程将达到 747.2 千米（含西咸新区），高速公路网密度达到 6.95 千米/百平方千米，形成覆盖全域、畅接全省、辐射全国的高速公路网络格局。

综上所述，陕西“陆空”综合交通枢纽形成大通道。以大西安为核心的城市群 1 小时通勤，2~3 小时到达周边省会城市，4~6 小时到达京津冀、长三角、珠三角的航空、高铁“一日生活圈”基本形成。

目前，随着陕西省交通网的逐渐完善，交通量的增长成为一种必然的趋势，城市交通拥挤问题也日趋暴露。立足于提高机动性，扩大供给来解决城市交通问题的方式并非有效途径，而是要立足于西安市土地利用与城市交通发展的特征。同时，在陕西省土地空间规划进程中，应处理好土地资源的有效利用和不断增长的交通需求的关系，促进城市交通与土地利用相协调发展，实现城市交通的可持续发展，保障陕西省在现代化建设中实现新跨越。

1.1.4.3 陕西省在“一带一路”中的重要位置节点

“一带一路”倡议背景下，进一步激发了陕西省自贸区、经开区的经济活力。陕西省通过发展外向型经济，成为“一带一路”的重要经济、文化节点，体现了其经济地理位置的优越性。

(1) 经济节点。

中国（陕西）自由贸易试验区是党中央、国务院于 2016 年 8 月 31 日批准设立的我国第三批自由贸易试验区，是西北地区唯一的自由贸易试验区。自由贸易试验区总面积 119.95 平方千米，涵盖三个片区：中心片区 87.76 平方千米、西安国际港务区片区 26.43 平方千米、西安杨凌示范区片区 5.76 平方千米。自贸试验区中心片区重点发展战略性新兴产业和高新技术产业，着力发展高端制造、航空物流、贸易金融等产业，推进服务贸易促进体系建设，拓展科技、教育、文化、旅游、健康医疗等人文交流的深度和广度，打造面向“一带一路”的高端产业高地和人文交流高地；西安国际港务区片区重点发展国际贸易、现代物流、金融服务、旅游会展、电子商务等产业，建设“一带一路”国际中转内陆枢纽港、开放型金融产业创新高地及欧亚贸易和人文交流合作新平台；杨凌示范区片区以农业科技创新、示范推广为重点，通过全面扩大农业领域国际合作交流，打造“一带一路”现代农业国际合作中心。从陕西省来看，依托“一带一路”倡议下陕西省自贸试验区的建立成为欧亚大陆互联互通的重要载体，其经贸合作实现经济要素的重要流动。

1）自贸试验区构建国际商贸经济枢纽。

陕西省利用枢纽地区优越的地理位置，吸引其他地区的经济要素向该地区集聚，甚至可能在全球范围内集聚和配置要素资源。2018 年陕西省政府工作报告提出，要以“国际运输走廊”和“国际航空枢纽”为目标，围绕构建国际交通枢纽，以西安国际港务区和空港新城为依托，不断夯实枢纽基础，形成航空高端带动、高铁与公路、地铁等交通无缝衔接的现代化交通体系。

在国际方面，西安国际港务区的中欧班列（长安号）实现了中亚及欧洲地区主要货源地全覆盖，向东开通了辐射日韩、东南亚的五定班列，向南打通了与东南亚各国的陆路通道。在国内方面，开通了从西安到阿拉山口、霍尔果斯等口岸的陆路通道，以及到长三角、珠三角等货源地的国内班列。截至 2018 年 10 月 30 日，中欧班列（长安号）开行数已达 1030 列，是 2017 年全年的 5.3 倍；运送货物 105.2 万吨，是 2017 年同期的 4.5 倍；货值约 15 亿美元，是 2017 年的 8

倍。其中，欧洲方向开行 550 列，中亚方向开行 480 列；全程扣除空箱后的重载率高达 99.9%，重载率、货运量、实际开行量三项指标稳居全国第一。

西安咸阳机场是西北地区最大的空中交通枢纽。据统计，2018 年国际（地区）货运航班同比增长 29.14%；国际航线货邮吞吐量同比增长 29.33%。2018 年 11 月国务院印发的《关于支持自由贸易试验区深化改革创新若干措施的通知》提出，支持西安机场利用第五航权和进一步加大对西安航空物流发展的支持力度。这将促进全球航空资源在西安聚集，增强西安在全国乃至全球的资源配置能力，推动西安国际航空枢纽建设。

2）自贸试验区深化对外经贸交流。

随着与"一带一路"沿线国家和地区互联互通的不断拓展，陕西自贸试验区为企业搭建的"走出去"一站式服务平台，为企业跨境投资提供了政策、法律、金融等全方位支持，还设立了签证服务中心，提供高效便利的一站式办理服务，使自贸试验区成为服务"双向"开放的门户和枢纽，吸引大批企业和金融机构落户。

2017 年 4 月 1 日揭牌至 2019 年 5 月 31 日，陕西省自贸试验区新增市场主体 46453 家，新增注册资本 6221.295 亿元。其中新增企业 29796 家（含外资企业 388 家），企业注册资本 6201.39 亿元（含外资企业注册资本 25.52 亿美元），新增注册资本亿元以上企业 641 家。2019 年 1~5 月，陕西省自贸试验区新增市场主体 11432 家，新增注册资本 592.75 亿元。其中新增企业 5281 家（含外资企业 67 家），企业注册资本 591.03 亿元（含外资企业注册资本 6.855 亿美元），新增注册资本亿元以上企业 63 家。2017 年 4 月至 2019 年 4 月陕西省自贸试验区主体注册登记情况，如表 1–5 所示。

表 1–5　2017 年 4 月至 2019 年 4 月陕西省自贸试验区主体注册登记情况

项目＼时间	2017 年 4~8 月	2017 年 8~12 月	2018 年 1~4 月	2018 年 4~8 月	2018 年 8~12 月	2019 年 1~4 月
新增企业数（家）	4076	5271	4629	5915	4624	4231
新增外资企业数（家）	39	68	79	81	54	54
新增注册资本（亿元）	1321.55	1778.24	675.82	1261.81	572.935	493.205
新增外资企业注册资本（亿美元）	2.06	4.63	5.591	3.319	3.069	6.711

资料来源：陕西自贸试验区官网。

虽然受到中美经贸摩擦的影响，陕西自贸试验区 2018 年的主要指标与 2017 年相比仍然有较大增长，新增企业数是 2017 年的 1.62 倍，新增外资企业数是 2017 年的 2 倍，新增企业注册资本是 2017 年的 81%，新增外资企业注册资本是 2017 年的 1.79 倍，新增注册资本亿元以上企业是 2017 年的 1.5 倍。可见，自贸试验区正在形成要素聚集、经济辐射和区域联动的局面，成为与“一带一路”沿线国家经贸交流和带动陕西经济全面深度开放的平台。目前，陕西与 190 多个国家和地区建立了经贸联系，与“一带一路”沿线国家建立多个产能合作园区，在农业、航空、电子等诸多方面开展了合作。

陕西省自贸区是西北地区唯一的自由贸易试验区，作为贸易畅通的重要平台、经济走廊的重要支撑、产业合作的重要桥梁、物流塑造的重要节点，是经济流动的能量交换站。同时，其也是混合用地的先行区，政府应该关注国土管理机制方面进行的制度创新，促进经济活力，挖掘土地利用潜力、提高土地利用效率，增加规划变更的灵活性。

（2）文化节点。

古长安是丝绸之路的起点，中国的地理中心，连接东西部和“一带一路”特别是“丝绸之路经济带”的文化交流纽带，陕西成为“一带一路”重要文化节点有历史渊源。随着“一带一路”建设的不断深入推进，丝绸之路沿线国家和地区的文化交流与合作也日益密切，为这些地区的文化旅游发展提供了难得的历史机遇。

2018 年，在陕西省西咸新区沣东新城管委会大报告厅举行了国际汉唐学院落户西咸新区沣东新城自贸区举行签约仪式，国际汉唐学院入驻沣东自贸新天地意味着陕西开创了“一带一路”国家人文交流新模式。国际汉唐学院是《中国（陕西）自由贸易试验区总体方案》中提出的重要项目，该学院将在陕西省教育厅指导下，依托西北大学和省内其他高校的优质教育资源，旨在建设中外文化交流基地、国际学生教育基地和传统艺术培训基地，培养感知中国历史文化，理解中国传统文化，传播中国古典文化的高素质、应用型人才，推动中国传统文化的传播，拓展国际教育合作空间，推进教育资源共享，实现与孔子学院内外互补的中国文化交流传播格局。

同时，陕西省与“一带一路”沿线国家的交流交往持续深入，先后接待了印度总理莫迪等多个国家元首和政府首脑，新增 22 对友好省州及友好城市关系。目前，泰国、韩国、马来西亚等国已在陕西省设立领事馆，意大利等 17 个国家在陕西省设立签证中心。陕西融入世界的步伐不断加快，国际影响力持续提升。为世界了解陕西搭建桥梁，丝绸之路国际艺术节、丝绸之路旅游博览会、丝绸之路电影节、文化遗产保护交流合作论坛等丝路人文交流活动成功落户陕西，为陕西与丝路沿线国家和地区的人文交流搭建了平台，进一步扩大了陕西的文化影响力。

另外，陕西省拥有众多风景名胜区，是我国的文化旅游大省，文化旅游也是陕西的特色和优势产业，文旅产业增加值占比逐年增加。2017 年陕西省政府工作报告中指出，要“坚持以文化带动旅游发展，以旅游促进文化繁荣，推进资源整合、项目结合与产业融合，着力构建文化旅游融合发展新格局”的工作要求，将陕西打造成“丝绸之路经济带”科技教育和文化旅游交流的中心。2013 年以来，陕西把打造丝绸之路起点旅游品牌放在突出位置，不断强化文化自信，推进旅游产品向观光、休闲、度假并重转变，加速打造丝绸之路起点风情体验旅游走廊、大秦岭人文生态旅游度假圈、黄河旅游带“三大旅游高地”，将文化旅游建设成为“丝绸之路经济带”新起点的一张亮丽的名片。

由图 1-5、图 1-6 可知，陕西省旅游收入从 2012 年的 1713 亿元增加到 2016 年的 3813 亿元，占 GDP 比重为 4.14%。文化产业发展后劲充足。据省旅游局测算，2016 年，陕西省旅游业发展对地区生产总值的直接贡献率为 10.1%，直接拉动地区生产总值增长 0.8 个百分点。2017 年，西安文化旅游产业总收入达到 4700 亿元，增长 12.6%。国际旅游收入 27.04 亿美元，比 2012 年增长 69.3%，国

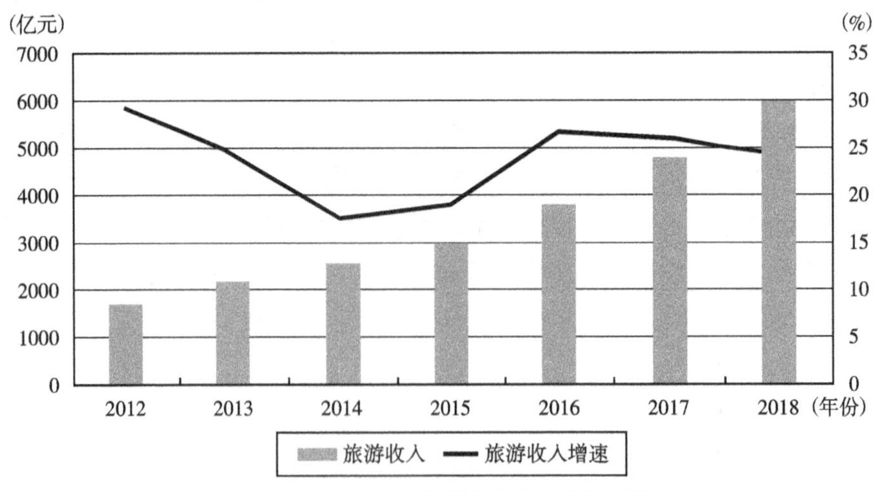

图 1-5　2012~2018 年陕西省旅游收入及增速

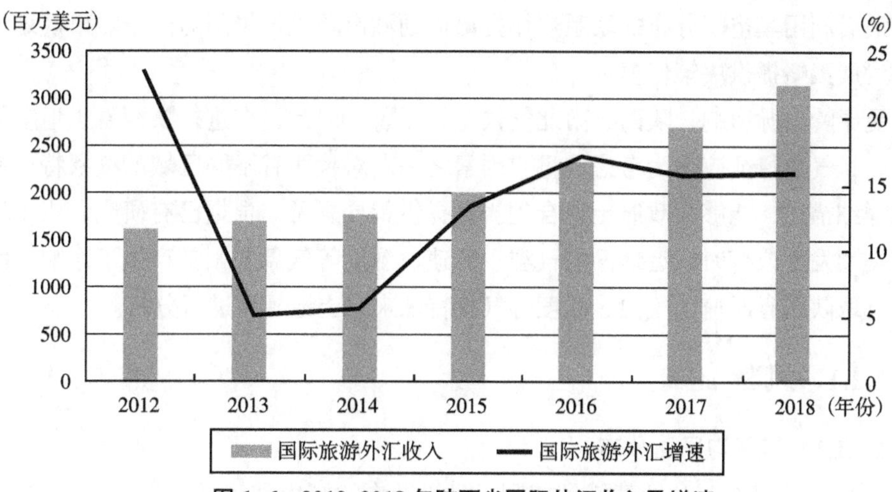

图 1-6　2012~2018 年陕西省国际外汇收入及增速

内旅游收入 4630 亿元，比 2012 年增长 1.9 倍。2018 年上半年达到 2560 亿元，增长 28%。预计到 2020 年，有望迈上万亿级大台阶。西安提出打造国际旅游枢纽，让丰富的文化资源成为独具魅力的国际旅游产品的有力支撑，发挥西安在文化影响力方面的枢纽角色。

1.2　气象特征

随着城市化快速发展，城市规划与城市局地大气环境矛盾日益突出，城市规划对气象要素的影响已列入城市规划编制和实施必不可少的内容。研究发现：不同土地覆盖类型间地表温度存在差异，年平均地表温度总体表现为建设用地 > 耕地 > 林地 > 水体。国内外学者利用有关土地利用类型变化对气象要素敏感性的影响研究的过程中，当土地利用类型发生改变时，近地面的气温、风速等气象要素都产生了影响。程宸、王晓云等利用 Landsat-TM 卫星资料反演的新城市建设用地资料，结合 WRF 耦合 UCM，进行个例模拟和平均场模拟两种方法分别模拟北京地区新、旧城市土地利用状况下的平均气温、湿度和风速，得出城市发展区整体气温上升明显。许溪利用城市环境气候与土地利用之间的关系规律，借助能有效利用二维空间反映气候环境的城市环境气象图对南宁市的城市空间发展进行分析。最后利用其空间分布的联系规律提出借助城市环境气候图为南宁城市规划设计和发展策略提供决策依据。

受秦岭山脉影响，陕西省南北气候差异显著，因此，在进行陕西省土地空间规划时，气象特征应作为考虑的重要因素之一。对陕西省不同区域的气象特征差异的详细描述，能够为政府土地合理规划提供指导意见。根据已有研究，当土地利用类型发生改变时，近地面的气温、风速、湿度等气象要素都产生了影响。因此，选取陕西省风速、气温、湿度等气象特征来对土地规划进行分析。

1.2.1 风速

1.2.1.1 年平均风速分布

黄河、渭河的汇合处韩城到咸阳一带以及秦岭高山和镇坪、平利一带山区，是陕西省风速较大区，年平均风速多在 2.3 米/秒以上。如韩城、合阳、宜君年平均风速在 3.2 米/秒以上，华山达 4.4 米/秒。定边、榆林为 2.3~3.2 米/秒。镇坪、平利等地风速也达 2.5~2.9 米/秒。陕西其他各地年平均风速多在 1~2 米/秒。镇巴、岚皋附近，只有 0.8~0.9 米/秒（见表 1–6）。

表 1–6 陕西省各地平均风速

单位：米/秒

站名	1月	4月	7月	10月	年平均
府谷	1.8	3.4	2.6	2.2	2.5
榆林	1.7	3.2	2.5	1.9	2.3
定边	2.9	3.9	3.1	2.7	3.2
绥德	1.7	3.1	2.3	2.0	2.3
延安	2.1	2.0	1.5	1.7	1.8
洛川	2.4	2.7	2.0	2.0	2.2
宜君	3.0	4.4	3.1	3.2	3.4
韩城	2.2	2.7	2.4	3.8	3.2
合阳	2.9	3.6	3.3	2.8	3.2
铜川	2.2	2.7	2.1	2.2	2.3
陇县	1.4	1.9	1.4	1.1	1.4
宝鸡	1.0	1.4	1.3	1.0	1.2
彬县	1.1	1.8	1.4	1.1	1.4

续表

站名	1 月	4 月	7 月	10 月	年平均
武功	1.7	2.1	2.0	1.5	1.9
西安	1.5	2.1	2.2	1.9	2.2
大荔	2.1	2.8	2.3	1.9	2.3
华山	5.1	4.7	3.7	4.0	4.4
华县	1.7	2.1	1.8	1.4	1.8
潼关	2.6	3.3	3.3	3.0	3.2
凤县	1.9	2.1	1.3	1.4	1.7
太白	3.0	3.3	2.3	2.4	2.7
留坝	1.8	2.0	1.3	1.4	1.6
宁陕	1.4	1.5	1.1	1.1	1.3
洛南	1.8	2.2	1.6	1.4	1.8
商县	2.5	2.8	2.2	1.9	2.4
镇安	1.6	1.8	1.3	1.1	1.5
商南	1.7	2.1	1.7	1.2	1.6
宁强	1.1	1.8	1.1	0.9	1.3
汉中	0.8	1.2	1.1	0.8	1.0
镇巴	1.0	1.1	0.8	0.8	0.9
岚皋	0.6	1.0	0.9	0.6	0.8
安康	1.1	1.4	1.3	0.9	1.3
白河	1.3	1.7	1.5	1.0	1.4
平利	3.1	3.3	2.6	2.7	2.9
镇坪	2.4	2.9	2.4	2.3	2.5

资料来源：陕西省气象志。

1.2.1.2　平均风速的年变化

陕西风速的季节变化很明显，榆林全年中以春季的 4 月和 5 月最大，夏季次之，12 月、1 月最小。西安风速以 3 月和 4 月最大，9 月、10 月、12 月和 1 月最小。汉中最大风速出现在 3~6 月，最小风速出现在 9 月至次年 1 月。华山全年的风速都很大，冬季最大，夏季最小（见表 1–7）。

表 1–7　榆林、西安、汉中、华山平均风速年变化

单位：米/秒

站名	1月	2月	3月	4月	5月	6月	7月	8月	9月	10月	11月	12月	全年
榆林	1.7	2.1	2.6	3.2	2.9	2.5	2.5	2.3	2.0	1.9	1.9	1.7	2.3
西安	1.5	1.8	2.1	2.1	1.8	2.0	1.9	1.9	1.5	1.5	1.6	1.5	1.8
汉中	0.8	1.1	1.2	1.2	1.1	1.2	1.1	1.0	1.0	0.8	0.8	0.7	1.0
华山	5.1	4.6	4.5	4.7	4.2	3.9	3.5	3.5	3.5	4.0	5.0	5.7	4.4

资料来源：陕西省气象志。

1.2.2　气温

总体来看，陕西省年平均气温从陕北—关中—陕南是逐渐升高的，高温中心在南部，低温中心在北部偏中西部。最小值出现在关中西南部的太白，为 7.9℃，其次是陕北西部的定边为 8.4℃；年平均气温最大值出现在陕南东南部的安康为 8℃，比最小值高 7.9℃。就地区而言，陕北地区全年平均气温远远低于全省平均气温值，且年平均气温从四周向中间升高，最低值出现在陕北西部地区的定边，比陕北地区平均气温（9.3℃）高出 0.9℃；关中地区气温的空间分布差异较大，关中西南部出现了全省年平均气温的最低值为太白（7.9℃），西北部尤其是东南部气温值较高，年平均气温最大值出现在西安（13.9℃）比关中地区平均气温（12.4℃）高出 1.5℃；陕南地区年平均气温为 13.3℃，远远高于全省平均气温（11.8℃），并且陕南出现了全省最高年平均气温中心——镇坪的 8℃，其次是汉中的 14.4℃，并且高于陕南地区平均气温的站点数和低于陕南地区平均气温的站点数是相等的，气温从四周向中心逐渐增大。

1.2.3　湿度

1.2.3.1　湿度的分布

（1）水汽压的分布。

陕西年平均水汽压的分布以陕北北部最小，不到 8 百帕，陕北南部 8~9 百帕。关中及商洛地区、秦岭南坡为 10~12 百帕。大巴山区 12~14 百帕。水汽压最大在汉江谷地，14~14.5 百帕。水汽压最小在定边，6.9 百帕。华山因海拔高，水汽压减小，只有 7.0 百帕。

（2）相对湿度的分布。

陕西省年平均相对湿度在 53%~80%，自北向南增加。陕北长城沿线最小，多在 60%以下。秦岭以南的汉中盆地和大巴山区，是相对湿度最大的地区，在 75%左右。关中地区为 60%~70%。

极端最小相对湿度，陕北、渭北、商洛地区为 0，关中南部为 1%~7%，陕南大部地区在 1%~10%，秦岭西部山区为 1%~2%。

1.2.3.2 湿度的年变化

相对湿度的年变化具有明显的一峰一谷型，不过峰谷出现的时间并不相同。陕北以榆林为例，平均相对湿度以 4 月、5 月最低，6 月开始升高，8 月和 9 月为全年最大，10 月以后又开始下降，最大值与最小值相差 24 个百分点。关中以西安为例，6 月平均相对湿度最小，为 61%，9 月平均相对湿度为 81%，为全年最大的月份，月最大值与月最小值相差 20 个百分点。陕南以汉中为例，3 月和 6 月为 75%，为全年最小月份，9 月和 10 月为全年最大月份，为 85%，月最大值与月最小值的差值没有陕北及关中大，只相差 10 个百分点。从全年看，春季和夏初的相对湿度最低，盛夏和秋季、初冬最高。

1.2.4 陕西省土地利用与环境气候关系探究

陕西省土地利用与环境气候具有密切的联系，充分利用两者之间的关联规律能够为城市空间发展规划提供客观导向和依据，增加规划的科学性和严谨性，提高城市的环境生态效益。本书依据已有研究结论，综合陕西省的气流分布、气温分布、地形地貌、土地利用等方面因素绘制了表 1-8，从气象学角度以陕西省现状热场分布、通风潜力等为依据，对陕西省不同区域进行城市气候级别划分，共划分为七大气候区，针对不同气候区的气候价值以及对人体舒适度的影响采取不同的空间规划措施。

1 级、2 级城市气候区位于城市的低中温区且具备良好的风流通潜力。主要包括了陕西省的水体、环城基本农田和林带，应予以重点保护，这些区域具有较高的城市气候价值，有利于维持陕西省城区气候环境，限制陕西省城市扩张和蔓延。

3 级、4 级城市气候区包括具有低风流通潜力的中温区和具有良好通风潜力的较高温区。它们主要位于陕西省城区外围，人口密度较低，建筑密度、容积率较低，缺乏绿地，而且没有有效地利用陕西省环城基本农田和林带的生态效益，因此规划应采取保护及改善的措施。保护现有的较为良好的通风潜力，通过建立陕西省环城基本农田和林带向陕西省城市内部渗透的绿道实现引风入城。

表 1-8 陕西省城市环境评估

序号	城市区域	城市气候级别	对人体热舒适度影响	城市气候价值/敏感度	规划措施
1	陕西省水体、农田和林带	低温区+良好风流通潜力	中度	具有城市气候高价值的区域	保护
2		中温区+良好风流通潜力	轻度		
3	陕西省城区外围，人口密度较低，建筑密度、容积率较低，缺乏绿地	中温区+低风流通潜力	中和	具有城市气候总价值的区域	保护及改善
4		较高温区+良好风流通潜力	轻度		
5	陕西省城市高密度建设区内的城市绿地	高温区+良好风流通潜力	中度	城市气候低敏区	改善
6	陕西省关中的中东部地区、安康盆地等高温核心区	较高温区+低风流通潜力	次强	城市气候敏感区	采取修补行动
7		高温区+低风流通潜力	强		

5 级城市气候区主要位于具有良好风流通潜力的高温区，这些区域主要包括位于城市高密度建设区内的城市绿地。这些区域的城市绿地、水体之间缺乏联系，也无法与陕西省环城生态绿地相连接，呈独立的“点”“面”的情况，规划应通过应用城市景观生态学的“板、廊、基”理论，增加城市高温区范围内的城市绿地、水体数量和面积，有机地沟通整合陕西省城市的绿地、水体，使其系统化，以更有利于发挥其改善城市局部气候的功能。

6 级、7 级城市气候区主要位于低风流通潜力的高温、较高温区，这些主要包括陕西省关中的中东部地区、安康盆地等高温核心区，这些区域是城市气候的敏感区，对人体热舒适度影响大，必须尽快采取改造措施。

1.3 水土流失状况及治理进展

1.3.1 陕西省水土流失状况综述

陕西省由于独特的地势地貌和降雨条件极易造成水土流失，且水土流失分布范围广、面积大，侵蚀类型多样，严重制约着生态环境改善、农业发展和社会经济水平的提高。开展陕西省水土流失状况分析及治理进展的研究，因地制宜地做好水土保持规划和水土流失治理，能够指导水土保持措施的科学制定和提高水土流失防治成效，对于建设生态文明，经济振兴，人民富庶的陕西省具有重要的现实意义。

陕西省辖 12 个市（区），107 个县级行政单位，1418 个乡级行政单位，总面积 2.06×10^5 平方千米，其中水土流失面积 1.22×10^5 平方千米，占总土地面积的 59.19%。轻度、中度、强烈、极强烈、剧烈侵蚀面积分别为 3.90×10^4 平方千米、3.15×10^4 平方千米、2.00×10^4 平方千米、1.58×10^4 平方千米、1.55×10^4 平方千米。

陕西省水土流失类型多样，主要表现为水蚀、风蚀、重力侵蚀、混合侵蚀等，全省平均土壤侵蚀模数为 3024.10 吨/平方千米·年（按照《省公报》中的侵蚀强度分级数据，加权平均所得），年均土壤侵蚀量约为 6.22×10^4 吨。

1.3.2　水土流失现状

按照陕西省水土保持勘测规划研究所划分的水土流失重点防治区标准，可以将陕西省按水土流失状况分为六大重大预防片区和六大重点治理片区：

1.3.2.1　六大重大预防片区

(1) 子午岭、黄龙山山地水土流失重点预防区：位于丘陵沟壑区和高原沟壑区接壤处的子午岭和黄龙山地区，包括延安市宝塔区、富县、甘泉县、黄陵县、黄龙县、洛川县、宜川县、铜川市印台区、耀州区、宜君县、韩城市、咸阳市旬邑县、渭南市合阳县的部分乡镇，共计 37 个，总土地面积 14441.46 平方千米，水土流失面积 7124.36 平方千米。

(2) 关中阶地、台塬基本农田水土流失重点预防区：位于高原沟壑区南部的台塬以及黄河、渭河、泾河等河流的沿岸阶地上的基本农田保护区，包括杨陵区、咸阳市秦都区、渭城区、武功县、兴平市、西安市高陵县、阎良区、新城区、雁塔区、莲湖区、未央区、碑林区的全部乡镇和宝鸡市金台区、陈仓区、凤翔县、扶风县、眉县、岐山县、咸阳市泾阳县、礼泉县、乾县、三原县、西安市灞桥区、长安区、临潼区、户县、周至县、渭南市临渭区、澄城县、大荔县、富平县、华县、华阴市、蒲城县的部分乡镇，共计 266 个，总土地面积 10560.29 平方千米，水土流失面积 1016.26 平方千米。

（3）关山山地水土流失重点预防区：位于关山、岐山和五指山的山地区，包括宝鸡市凤翔县、麟游县、陇县、岐山县、咸阳市彬县、淳化县、泾阳县、礼泉县、乾县、永寿县的部分乡镇，共计 21 个，总土地面积 3781.80 平方千米，水土流失面积 2314.82 平方千米。

（4）秦岭山地水土流失重点预防区：位于秦岭山坡向南北延伸的中高山地区，包括宝鸡市太白县的全部乡镇和宝鸡市渭滨区、陈仓区、凤县、眉县、岐山县、西安市长安区、户县、蓝田县、周至县、渭南市临渭区、华县、华阴市、潼关县、商洛市商州区、丹凤县、洛南县、山阳县、商南县、柞水县、镇安县、汉中市城固县、佛坪县、留坝县、略阳县、勉县、洋县、安康市汉阴县、宁陕县、石泉县、旬阳县、紫阳县的部分乡镇，共计 172 个，总土地面积 36100.04 平方千米，水土流失面积 14901.68 平方千米。

（5）汉中盆地基本农田水土流失重点预防区：位于汉江两岸的阶地、台塬上的基本农田保护区，包括汉中市汉台区、城固县、勉县、南郑县、洋县的部分乡镇 45 个，总土地面积 1823.34 平方千米，水土流失面积 371.95 平方千米。

（6）米仓山、巴山山地水土流失重点预防区：位于陕西省境内的米仓山、巴山中高山地区，包括汉中市勉县、南郑县、宁强县、西乡县、镇巴县、安康市白河县、岚皋县、平利县、旬阳县、镇坪县、紫阳县的部分乡镇，共计 63 个，总土地面积 10850.88 平方千米，水土流失面积 5105.59 平方千米。

1.3.2.2　六大重点治理片区

（1）陕北、大荔沙地重点治理区：位于毛乌素沙地南缘以及黄河岸边的大荔沙苑，包括榆林市神木县、榆阳区、横山县、靖边县、定边县以及渭南市大荔县的 38 个乡镇，总土地面积 14212.93 平方千米，水土流失面积 10312.49 平方千米。

（2）陕北丘陵沟壑重点治理区。主要为丘陵沟壑区，包括榆林市府谷县、佳县、米脂县、子洲县、绥德县、吴堡县、清涧县、延安市子长县、吴起县、志丹县、安塞县、延川县、延长县的全部乡镇和榆林市神木县、榆阳区、横山县、靖边县、定边县、延安市宝塔区、甘泉县、宜川县、韩城市部分乡镇，共计 230 个，总土地面积 51795.69 平方千米，水土流失面积 44823.25 平方千米。

（3）渭北高原沟壑重点治理区：主要为高原沟壑区以及渭北西部残塬丘陵地区，包括铜川市王益区、宝鸡市千阳县、渭南市白水县的全部乡镇和延安市富县、黄陵县、黄龙县、洛川县、铜川市印台区、耀州区、宜君县、韩城市、宝鸡市金台区、渭滨区、陈仓区、凤翔县、扶风县、麟游县、陇县、岐山县、咸阳市彬县、淳化县、泾阳县、礼泉县、乾县、三原县、旬邑县、永寿县、长武县、渭南市澄城县、大荔县、富平县、合阳县、蒲城县的部分乡镇，共计218个，总土地面积23115.62平方千米，水土流失面积12387.21平方千米。

（4）秦岭北麓低山、台塬重点治理区：位于秦岭北坡低山地、台塬及山前洪积扇上，包括西安市灞桥区、临潼区、长安区、鄠邑区、周至县、蓝田县、渭南市临渭区、华县、潼关县的部分乡镇，共计65个，总土地面积3708.71平方千米，水土流失面积1711.85平方千米。

（5）丹江周边低山丘陵重点治理区：位于丹江两岸的低山、台塬和丘陵地区。包括商洛市商州区、丹凤县、洛南县、山阳县、商南县、柞水县、镇安县的部分乡镇74个，总土地面积9877.45平方千米，水土流失面积5760.93平方千米。

（6）汉江周边低山丘陵重点治理区：位于汉江两岸的低山、台塬和丘陵地区，包括安康市汉滨区的全部乡镇和汉中市汉台区、城固县、佛坪县、略阳县、勉县、南郑县、宁强县、西乡县、洋县、镇巴县、安康市白河县、汉阴县、岚皋县、宁陕县、平利县、石泉县、旬阳县、紫阳县的部分乡镇，共计189个，总土地面积25526.25平方千米，水土流失面积15971.16平方千米。

1.3.3 水土流失治理情况

2017年，全省完成水土流失治理面积6568.80平方千米，占年度计划的101.06%（见表1-9）。完成总投资18.02亿元，其中中央投资7.34亿元，省级投资5.92亿元，市县投资1.62亿元，其他投资3.14亿元。

200条小流域综合治理工作全面完成。3月，将200条小流域综合治理任务分解到国家重点水土保持工程、坡耕地治理工程等国家及省级重点治理项目。各地积极组织实施，200条重点小流域完成治理水土流失面积1204.49平方千米，占年度计划的100.35%。

淤地坝建设超额完成。组织对70座病、险坝除险加固工程初步设计进行了审查，下达了病险淤地坝除险加固计划。配合黄河上中游管理局开展393病险淤地坝核实工作。全年建成淤地坝1033座（骨干坝202座，中型坝333座，小型坝498座），其中新建93座，加固维修940座。完成总投资2.25亿元。先后组织了10余次全省性的防汛大检查，及时排查安全隐患。

农村涝池水生态修复整治工作扩面增效。印发了《全省涝池、塘坝、站窖枯丰调节向陕北延伸扩面增效方案》，明确了扩面增效工作思路、总体目标和年度任务。4月，下达了计划，分解了任务，夯实了责任。以中省项目为支撑，加大投资力度，将省级补偿费等向涝池、塘坝、站窖倾斜。成功召开了全省涝池、塘坝、站窖水生态修复整治工作座谈会。全省共完成涝池修复整治1521座，占年度计划的101%。

表 1-9 陕西省分地区水土治理情况

单位：千公顷

地区	累计水土流失治理面积	累计小流域治理面积	本年新增治理面积	本年小流域治理面积	本年减少水土流失面积	本年减少水土流失面积（自然因素）	本年减少水土流失面积（人为因素）
全省	7765.02	2950.80	656.88	99.18	86.6	69.79	16.81
西安	197.11	24.19	28.01		3.10	1.62	1.48
铜川	212.43	75.68	21.31	1.51	8.27	7.85	0.42
宝鸡	603.55	164.8	40.5	6.99	3.68	2.20	1.48
咸阳	520.4	223.26	50.6	16.7	0.56	0.56	
渭南	500.39	185.51	59.03	6.30	15.55	12.16	3.39
延安	1555.67	440.65	101.08	42.34	7.82	7.11	0.71
汉中	892.67	368.37	85.00	6.18			
榆林	1795.93	788.62	115.35	12.25	42.25	35.82	6.43
安康	714.46	291.99	85.2	3.93	1.39		1.39
商洛	765.81	381.51	70.30	2.98	3.98	2.47	1.51

资料来源：《陕西省统计年鉴》（2018）。

1.4 陕西省地表资源量

1.4.1 陕西省耕地资源量

耕地资源保护一直是我国关注的核心问题之一，因为耕地是农民生产生活之本，也是我国农业改革的重中之重。陕西省作为传统农业大省，耕地资源显得尤为重要，但由于一些人为、自然因素的影响，不可避免地造成了耕地减少、耕地污染、耕地生态系统破坏等一系列的问题，直接限制了陕西省的可持续发展。2018年，陕西省委省政府印发了《关于进一步加强耕地保护和改进占补平衡的实施意见》（以下简称《意见》），《意见》指出，陕西省要牢固树立新发展理念，以落实最严格的耕地保护制度和节约集约用地制度为核心，以不改变土地公有制性质、不突破耕地红线、不损害农民利益为底线，强化耕地保护责任，严格控制建设占用，提高节约集约利用水平，着力构建数量、质量、生态三位一体的耕地综合保护体系。改进耕地占补平衡管理，实施藏粮于地、藏粮于技战略，提高粮食综合生产能力。同时，要按照严保严管、节约优先、统筹协调、改革创新的原则，坚守耕地红线，进一步推动保护资源和保障发展政策创新，促进耕地保护与经济社会发展、生态文明建设协调统一。到2020年，全省耕地保有量不少于5414万亩，永久基本农田保护面积不少于4595万亩。对陕西省未来耕地资源保护工作起到了指导作用。

1.4.2 陕西省森林资源量

陕西省植物资源丰富，种类繁多，具有明显的地带性分布特点，从北到南有温带草原地带、森林草原地带、暖温带落叶阔叶林地带、北亚热带常绿落叶阔叶林地带。

森林主要分布在秦巴山区、关山、黄龙山和桥山，秦岭林区是陕西省最大最主要的林区。森林主要分布于中高山区的中西段，绝大部分为次生林，原始林主要分布在人烟稀少、交通不便的高山区。巴山林区华中植物区系成分繁多，林木生长较快，但破坏严重，林相残败。黄龙山、桥山林区主要为次生林，林相较差，天然植被以子午岭和黄龙山为中心向四周扩展，离中心越远覆盖率越低。关山林区森林植被介于黄桥林区与秦岭林区之间，没有秦岭林区清晰。自20世纪90年代西部大开发以来，陕西省林业建设遵循尊重自然、顺应自然、人与自然和谐相处的生态理念，认真贯彻执行森林资源管理各项政策法规，积极推进保护和发展森林资源目标责任制和可持续经营，逐步强化征占用林地管理，全面停止天然林商品性采伐，并大力推行封山禁牧，不断加快植树造林步伐，森林资源总量持续增长，生态环境明显改善，绿色版图不断扩大。据最新森林资源清查，全省林地面积1236.79万公顷，占土地总面积的60.05%；森林面积886.84万公顷，森林覆盖率43.06%，活立木总蓄积51023.42万立方米；较第八次森林资源清查林地面积和蓄积都大幅提高。森林资源消耗呈下降趋势，采伐消耗得到了有效控制。间隔期内，林地面积增加 8.32 万公顷，森林面积增加 33.60 万公顷，森林覆盖率提高了 1.64 个百分点。

全省活立木总蓄积增加 8408.86 万立方米，年均净增率为 3.59%。年均总消耗量 837.49 万立方米，同比减少 5.08 万立方米，其中年采伐消耗量 410.71 万立方米，同比减少 102.73 万立方米。

陕西省北部生态环境依然脆弱，沙区、黄土丘陵沟壑区近十年造林后已成林的林木，受干旱等自然条件限制，若不加强后期管理措施，面临反弹的危险；中部依然缺林少绿，人为活动频繁地区周边的森林，若不进一步加强管理，也面临破坏消失的危险；南部森林质量不高，随着绿色休闲旅游人数的不断增多，林区白色垃圾污染问题日益突出，给森林资源保护提出了新课题。陕西省正处于快速发展时期，各类基础设施建设、民生工程和开发项目较多受耕地红线限制，项目使用林地规模明显加大，保持林地面积稳定的难度加大，局部地区已经出现负增长。全省栎类资源主要属于天然林，且林分质量不高，可利用木材的出材率低，随着食用菌生产规模的逐步扩大，现有资源很难满足食用菌生产需要，供需矛盾十分突出。

1.4.3 陕西省水资源量评估

陕西省地处祖国内陆腹地，属大陆性气候，多年平均降水量仅 676.4 毫米。多年地表水径流量 425.8 亿立方米，全省拥有水资源总量 445×10^8 立方米，居全国各省市第 19 位。人均水资源占有量为 1297 立方米，分别占全国平均水平的 54%。水资源地域、年际、年内分配都不均匀，水土组合极不协调，且与人口、耕地和工业布局极不相称，进一步加剧了水资源的供需矛盾。秦岭以南的长江流域，土地面积占全省的 35%，而水资源量占全省的 71%；秦岭以北的黄河流域，土地面积占全省面积的 65%，而水资源量仅占全省的 29%。其中在关中地区，人均占有水源量 401 立方米，每亩耕地平均占有水资源量为 323 立方米，仅为全国平均水平的 1/6 和 1/8，是全省最缺水的地区。长期以来，缺水不仅影响工农业生产发展，同时制约着城镇建设发展和人民生活水平的改善提高，严重阻碍了陕西省国民经济和社会的全面发展。

陕西地跨黄河、长江两大流域、总面积 20.56 万平方千米，其中黄河流域 13.33 万平方千米，占全省总面积的 64.8%；长江流域 7.23 万平方千米，占全省总面积的 35.2%。

第 2 章 陕西省地貌地质特征

陕西地处我国西北内陆腹地，山塬起伏，河川纵横，地形复杂。地跨黄河、长江两大流域和温带、暖温带、北亚热带三个气候带，地形南北狭长，横贯东西的秦岭和桥山将全省分为陕南秦巴山地、关中平原、陕北黄土高原和毛乌素沙地三大各具特色的自然区域。

2.1 陕西地貌特征

陕西省境内地形特点是西高东低，自西向东地势逐渐变低，最大高程差达3485 米。地貌自北而南可分为五个地貌单元，即陕北沙丘覆盖高原、陕北覆沙黄土高原、陕北黄土高原、关中断陷盆地及陕南秦巴山地。根据地貌形态，可划分为平原、台地、丘陵与山地四个一级地貌类型。下面将分为陕北、关中和陕南三大部分来叙述陕西的地貌特征。

2.1.1 陕北地貌特征

陕北包括榆林市和延安市，它们都在陕西的北部。本书主要分为陕北沙丘覆盖高原、陕北覆沙黄土高原和陕北黄土高原来进行描述。

（1）陕北沙丘覆盖高原。

其主要位于长城以北地区，是毛乌素沙地的东南缘，地形平坦，以活动沙丘、沙垄及片沙为主。风蚀严重，风沙移动显著。地势总的趋势是西高东低，海拔 900~1400 米，最高处在定边和靖边一带；最低处在神木县，该区气候干旱，地表起伏不大，组成物质松散，流水、重力作用不显著，沟壑不发育。风蚀风积地貌分布普遍，沙质荒漠化问题严重、土地盐渍化也有较大面积分布。二级地貌类型包括沙丘覆盖平原、泥沙质河谷平原与砂质土冲湖积平原，是陕西省沙质荒漠化最严重的地区，盐碱质荒漠化较为发育，地质灾害不发育。

（2）陕北覆沙黄土高原。

其分布于靖边、横山、榆阳区、佳县、神木和府谷县境内，由于毛乌素沙地的东侵南扩，沿窟野河、佳芦河、秃尾河、无定河干流一带形成明显的锯齿状沙带，形成典型的过渡性地貌，部分沟谷间地的梁面或峁面被风积沙覆盖，同时部分沟谷坡面被风积沙覆盖，沟谷密度较黄土梁峁丘陵区小，且沟谷坡面坡度减小，为典型的风蚀与水蚀过渡带，沙质荒漠化与水蚀荒漠化交错发育，随着风成沙覆盖面积与厚度的增大，沙质荒漠化强度增大，而水蚀荒漠化强度明显减弱，崩塌与滑坡等地质灾害不发育，在北部的活鸡兔与大柳塔等大型煤矿区由于采矿活动采空地面塌陷较为发育。

（3）陕北黄土高原。

陕北黄土高原是在第三纪末起伏和缓的准平原基础上，历经第四纪以来多次黄土堆积和侵蚀作用，地形破碎、沟壑发育。延安以北为黄土梁峁区，沟壑纵横，地面非常破碎，水土流失极为严重，生态环境相当脆弱；延安以南的西、南缘分布有岛状土石中低山。南部为中低山夹黄土塬。根据形态特征可分为六种地貌类型，是陕西省水蚀荒漠化最为严重的区域，也是以崩塌、滑坡为主地质灾害的主要发育区。同时由于南部彬长煤田与铜川、黄陵等煤田的开发，还是陕西省地面塌陷分布面积、危害程度最大的地区。

黄土丘陵沟壑区位于长城沿线风沙区与渭北旱原之间，主要包括榆林地区的南部和延安地区的中部和北部，土地面积约占陕北土地总面积的一半以上。该区的南部属梁状丘陵沟壑区，北部属命状丘陵沟壑区，海拔 800~1500 米，地形起伏，坡度大，耕垦指数高，自然植被稀少，土壤侵蚀强烈，是黄河中游水土流失最严重的地区。

综上所述，陕北主要包括沙丘覆盖高原、覆沙黄土高原以及黄土高原，整体地势西北高，东南低，共计面积 92521.4 平方千米，基本地貌类型是黄土塬、梁、峁、沟、塬，是黄土高原经过现代沟壑分割后留存下来的高原面。

2.1.2 关中地貌特征

关中断陷盆地，南依秦岭，北连黄土高原，为一西狭东阔的新生代断陷盆地，渭河横贯其中。盆地两侧地形向渭河倾斜，由洪积倾斜平原、黄土台塬、冲积平原组成，呈阶梯状地貌景观，荒漠化面积小、强度弱，荒漠化类型有水蚀荒漠化、沙质荒漠化、盐碱质荒漠化，黄土台塬区以崩塌、滑坡为主的地质灾害较为发育，同时位于冲积平原的西安市地面沉降与地裂缝发育，位于渭北台塬东部的渭北煤田开发造成的采空地面塌陷严重。

（1）冲积平原。

其位于盆地中部，系渭河及其支流冲积而成。眉县以西，渭河河谷狭窄，发育有四至五级阶地。以东河谷变宽，发育有三级阶地。漫滩及一、二级阶地宽广平坦，连续分布，三级以上阶地多断续分布。二级阶地以上各级阶地均为黄土覆盖。渭河北岸，泾河以东的泾、石、洛冲洪积三角洲平原，宽达 10~24 千米渭洛两河之间为在阶地基础上形成的沙丘地。

（2）黄土台塬。

其可分为两级黄土台塬。一级黄土台塬是在下更新世湖盆基础上形成的，黄土厚 100 余米，塬面高程 540~880 米，高出冲积平原 40~170 米，分布于渭河北岸及西安、渭南、潼关等地。塬面上有洼地，塬周冲沟发育，沟谷坡面陡峭。当斜坡下部有隔水的软弱土（岩）出露时，斜坡稳定性差。二级黄土台塬主要分布在宝鸡、乾县、蓝田、白水、澄城等地，高 600~100 米，高出一级黄土台塬或高阶地 50~150 米。二级黄土台塬是在第三纪末准平原或山前洪积扇上形成的，黄土厚度一般小于 100 米，沟壑发育，地形破碎。如蓝田横岭塬呈丘陵状地貌形态，沟谷切深逾 200 米，大多切入第三纪地层，侵蚀强烈。

（3）洪积平原。

其分布于秦岭和北山山前，由多期洪积扇组成。由于所处地质环境和物质来源不同，组成岩性亦异。秦岭山前以粗粒为主，北山山前则以细粒物质为主，且多被黄土覆盖。

关中断陷盆地基底构造复杂，具有南深北浅、东深西浅的特点。

2.1.3 陕南地貌特征

陕南秦巴山地由陇山、秦岭和巴山组成，为中生代末期以来全面隆起的褶皱山地。以中山地貌为主体，山间断陷盆地较多，汉江谷地贯穿于秦岭、巴山之间。是陕西省以崩塌、滑坡与泥石流为主的地质灾害最为发育的地区，同时水蚀荒漠化也较为发育。

（1）高山。

其主要分布在秦岭主峰太白山—鳌山一带，海拔3000~3767米，高出渭河平原2800米左右，由燕山期花岗岩、花岗片麻岩等组成。

（2）高中山。

其主要分布在秦岭主脊玉皇山—终南山华山、紫柏山—摩天岭—羊山及大巴山化龙山一带，海拔2000~3000米。其特点是山坡陡峻，山顶实兀、尖削，多齿状和刃状山脊。切割深度500~1200米，沟谷深邃。组成山体的岩石有片麻岩、花岗岩、变质砂岩、石灰岩和片岩等。现代地质作用以风化、重力崩塌和剥蚀侵蚀为主。亚高山已不适宜农作物生长，人类活动较少，仅在大巴山可见零星散居者。

（3）中山。

其主要分布于略阳、佛坪—宁陕、镇安—山阳—商州—丹风、宁强—镇巴—紫阳—岚皋—平利镇坪等地，海拔600~1800米山脊一般狭长平缓，起伏较小，局部有陡峭孤峰，切割深度500~1000米，组成地层主要为古老变质岩系（片岩、板岩、千枚岩等）、花岗岩、石灰岩等。外营力以流水侵蚀作用为主，季节冻融作用也较为普遍。中山适宜小麦、玉米、土豆、四季豆等农作物的生长。随着农耕范围的扩大，天然林受到不同程度的破坏。

（4）低山丘陵。

其主要分布于汉中、安康、商（州）丹（凤）和西乡盆地边缘，海拔170~1000米，绝大部分在800米以下。组成岩石是古生界片岩、千枚岩、板岩、花岗岩、砂岩及石灰岩。山势低缓破碎，深切河曲发育，切割深度一般不超过400米山坡较平缓。山坡、山脊上一般堆积有厚1~8米的残坡积层。滑坡、泥石流广泛发育，流水的侵蚀和堆积作用较强。低山丘陵地区土质较好，人类活动频繁。目前低山丘陵基本被开垦，是秦巴山区水土流失最严重的地区之一。

（5）盆地。

盆地是指经断陷作用与堆积作用所形成，由宽阔的阶地、坝子，以及丘陵、河谷等构成的地貌单元。主要有汉中盆地、西乡盆地、安康盆地和商丹盆地。盆地内普遍分布有一到四级阶地，一级阶地高出河床4~15米，阶地宽100~3500米。前缘以陡坎与漫滩或河床相接，由砂土、粉砂土及砂卵石组成。土壤肥沃，耕垦率甚高，主要城镇均位于此阶地上；二级阶地高出河床20~40米，前缘陡坎高10米以上，阶地宽100~3000米，汉中以北可达5000米，由于流水切割，阶地面已不太完整，多呈片状分布。主要地层为上更新统冲积粉土、粉砂及砂砾；三级阶地高出河床 40~70 米，在有些河段（如月河）高出河床 60~110 米。在汉中汉江北岸连续分布，南岸断续分布，一般宽 1~3 千米，在汉中消水河至河东店宽达 5~7 千米。地层岩性为更新统红色粘土、粉砂及砂砾层，粘土中含钙核；四级阶地主要分布在盆地边缘，高出河床 80~120 米。大多由粘土充填的砂砾石组成，局都盖有薄层粉质粘土。由于长期受侵蚀破坏，已成孤丘或残梁零星分布。

综上所述，陕南由于北部有秦岭山脉、南部有大巴山区、中部是汉水谷地、丹江平原，形成典型的“两山夹一川”地貌特征，从地势上看，呈现西高东低，东宽西窄。该区域的主要地貌是构成陕西三大地貌单元（高原、平原、山地）之一的秦巴山地，由高山、谷地、平原盆地组成。高大山系主要是由以秦岭山系和巴山山系为主的一系列山脉和山峰组成。盆地为汉江冲击而成，主要由汉中盆地和安康盆地两部分组成，从而使区域内地貌类型分为三种：山地、丘陵和盆地。

2.1.4　地貌总结

通过对上述分析可以得出，陕西省的地貌呈现着层次明显的特点。如今的“三秦”，便是指陕西省可被划分的三个区域：陕北、关中、陕南，通过对陕西地区的地貌分析，我们可以看到以下几个特点。

(1) 陕北地区在毛乌素沙漠以北为沙漠区，以南至延安南部为黄土高原，这种风尘地貌与黄土地貌的结合决定了陕北地区恶劣的农业发展环境，因而农村经济普遍不发达，而沙漠地貌区煤矿资源较丰富，因此决定了陕北地区的经济发展以能源为主要的发展导向。

(2) 关中地区主要地貌类型为地堑式断陷盆地，盆地内形成关中平原，渭河由西向东横贯关中平原，干流及支流泾河、北洛河等均有灌溉之利，土地较为肥沃且平坦，经济发展条件十分优越，因而是全省工农业经济最为发达的地区。

(3) 陕南地区的主要地貌类型为构造山地，北靠秦岭、南倚大巴山，汉江自西向东穿流而过，属北亚热带大陆性湿润季风气候，因而自然条件方面具有明显的南方地区特征。由于其境内多为山地，交通较为不便，经济发展相对滞后，但具有非常丰富的自然旅游资源，因此旅游业十分发达。

2.2 陕西地质特征

2.2.1 陕西地质简介

陕西的地质位置在我国具有得天独厚的特点，它处于中国南、北接壤，东、西过渡和三大构造域交汇地带，同时陕西省也是一个地质条件十分特殊的省份，有着得天独厚的自然环境，北部是浑厚广阔的黄土高原，南部是巍峨挺拔的秦岭群山，中间则是风光如画的八百里秦川。本书通过对陕西的工程地质条件和水文地质条件两大方面来对陕西的地质进行说明。

2.2.1.1 工程地质条件

（1）地层概括：

陕西省横跨华北、秦岭和扬子三个一级综合地层区。除上白垩统缺失、上保罗统尚有争议和下元古界尚不清楚外，各时代地层发育较为齐全，沉积类型复杂。

出露最老的地层为太古界，分布于华北地层区南缘，研究程度较低，仅划分到群或亚群一级岩石地层单位。元古界分布较广，为前寒武系的主体。按元古界三分方案，上元古界划分相对较细，一般可划分到系或相当于系的群（组），其中震旦系可划分到统，研究程度较高的扬子区上统尚可划分到组或段；中、下元古界可划分到群或组，少部分地层上限基本确定，下限不够清楚，成为跨系或跨界的地层单位。古生界构成南部地层的主体，一般可划分到统，研究程度较高的断代可划分到组（部分相当于阶的组）或更细（到段及化石带）；少数研究程度较低的断代或地区，则为跨统或跨系的地层单位。中、新生界遍及全省，集中于陕北、关中地区，均可划分到统；陕北、关中地区研究程度较高，一般可划分到组或段，其他地区一般可划分到组，部分划分到统或跨统的地层单位。总之，陕西的地层研究程度不一，划分精度各异，地层单元较多（大小单元达 263 个），反映了陕西省地层的复杂性。

（2）第四系：

陕西省第四系发育完整，沉积类型复杂，共发育 18 套第四系地层，其中以风成堆积分布最为广泛。根据地理位置及第四系发育类型的不同，将陕西省划分为三大分区：陕甘宁和六盘山分区、渭河分区和秦岭及大巴山分区。陕甘宁和六盘山分区的第四系以风积沙及高原黄土堆积为主。渭河分区，第四系发育最好，以河流冲积和洪积相的沉积为主，风积黄土主要分布于渭河南北塬区。秦岭及大巴山分区的第四系，发育于山间构造盆地，以河湖相及冲积、残坡积之粗粒堆积为主。

（3）岩土体类型：

根据岩性和第四系松散沉积物的分布、岩性、厚度、物理力学性质，以及与崩塌、滑坡、泥石流等地质灾害与岩土体的关系，将基岩与土体划分为 9 种类型。分别为：①坚硬岩石。②坚硬、半坚硬岩石。③半坚硬、半软弱岩石。④软弱岩石。⑤风成沙。⑥粘性土。⑦砂土、砾石层。⑧黄土及黄土状土。⑨红土。

（4）主要断裂带及其活动性：

陕西境内断裂主要发育于渭河以南，尤以秦岭最为密集。一、二级构造单元接壤地带往往以深、大断裂为界，构成主边界断裂。多数深、大断裂具有长期性、复活性及产状和性质的多变性。主要构造事件常伴有断裂的新生或前期继承，这些断裂在航卫片上影像显示突出。地台区断裂主要分布于地块边缘，但其内部有隐伏断裂显示。地槽褶皱系具多旋回特点，且以密集分布的断裂带出现，加之经长期挤压变形，在秦岭这一特定位置上构成中国大地构造图突出的“构造结”。

据现有研究程度，参考黄汲清教授（1977）和张文佑教授（1978）的划分原则，陕西省内断裂划分为深断裂、大断裂和一般断裂三级，其中深断裂 8 条，大断裂 13 条，隐伏断裂 6 条。

2.2.1.2　水文地质条件

陕西省不同地区的气象、水文、地形地貌、地质构造和地层岩性等因素都有较大差异，直接控制或影响了地下水形成和分布规律，因此形成了三个迥然不同的自然地质单元。陕西省由于特殊的自然地理条件，造成水文地质特征差异很大。陕北贫水区，气候干燥，年降水量小，蒸发量大，河流径流量小，含沙量大；陕南富水区，气候湿润，年降水量大，蒸发量小，河流径流量大，含沙量小；关中水资源较为丰富，水文特征介于二者之间。因此在调研过程中，陕南以汉中和安康两城市为代表，关中以咸阳和西安两城市为代表，陕北则以榆林市为代表。

（1）汉中地区。

水文条件：在汉中地区，各地的地层岩性、地质构造和地形等条件不同，地下水的分布也很不均衡。汉中、西乡盆地及河流宽谷坝子地段，入渗储存条件较好，地下水较丰富，广大的层状与块状基岩分布区，透水和储存条件较差，地下水一般较贫乏，仅在断裂裂隙发育和褶皱构造有利的部位，形成局部的富水地带。根据岩性特征及地下水在介质中的贮存状态，全区地下水划分如表 2-1 所示。

表 2-1　汉中地下水类型、分布及岩性特征

地下水类型	分布	岩性特征
孔隙水	分布于汉中、西乡盆地及各河流宽谷坝子地段	含水层由砂、砂砾、卵石层形成
岩溶裂隙水	分布于米仓山区的宁强、镇巴等地	含水层岩性主要为各种灰岩、硒质灰岩、白云岩和灰岩夹页岩等
碎屑盐类裂隙孔隙水	分布于镇巴—简池以南	含水岩组为上三迭统和侏罗系砂岩、砂砾岩等
基岩裂隙水	分布于汉中南部一带	有片岩、千枚岩、泥页岩和各类岩浆岩

水质条件：根据近年来地下水动态监测和水质分析，汉中盆地地下水属重碳酸盐钙镁型水，仅在局部地段硫酸根离子含量较高。地下水矿化度一般低于 1000 毫克/升，属低矿化度淡水。总硬度在 100~300 毫克/升（$CaCO_3$ 计），为软水至微硬水。pH 一般在 7.0~8.0，中性偏碱。总的看来，地下水水质较好，一般优于地下水Ⅲ类标准。

2018 年，全市主要河流水质总体为优，55 个监测断面水质均为Ⅰ~Ⅲ类，优良水体占比达到 100%。其中Ⅰ类水质断面 5 个，占比 9.1%，Ⅱ类水质断面 48 个，占比 87.2%，无Ⅳ类、Ⅴ类和劣Ⅴ类水质断面。29 个国、省控断面水质全部达到Ⅱ类以上，汉江、嘉陵江出境水质稳定达到Ⅱ类标准。全市集中式饮用水水源地水质达标率 100%。

（2）安康地区。

水文条件：①浅层含水岩组：含水层为粗砂、砾石、卵石等，深度在 18~33 米以下，该含水岩组受大气降水及区域地下水补给，承压性一般，水量较丰富，水质较好，可作为一般生产生活用水水源。②浅层承压水含水岩组：粗砂砾石、卵砾石、漂卵石等，深度在 70~80 米以下。该含水岩组受地下水补给，承压性好，水量较丰富，水质好，可作为生产生活饮用水水源。

水质条件：全市水化学类型属重碳酸型弱矿化水，水中主要离子含量在 200~300 毫克/升，pH 一般在 7.7~8.2。由于气候湿润，降雨量多，地表径流充沛，常年处于流水淋溶作用之下，可溶性盐少，矿化度低，地下水水质一般较好，矿化度小于 1 克/升，多属软水微硬水，水质均优于Ⅱ类。安康市地下水水质初步评价如表 2–2 所示。

表 2–2　安康市地下水水质初步评价

项目	颜色	温度（℃）	口味	气体	透明度	含砂量
结果	无	18	甘甜	无	透明	小于 1/5 万

（3）咸阳地区。

水文条件：咸阳市河流水系均属黄河流域渭河水系。渭河是黄河的最大一级支流，泾河是渭河的最大支流。泾河斜穿咸阳市，将其分为泾、渭两个流域单元，其中泾河流域面积 6705.3 平方千米，渭河流域面积 3519.2 平方千米，分别占全市总面积的 65.6%和 34.4%。

咸阳市的供水源全部来源于地下水的开采，地下水源地分布在渭河北岸，开采层为 2~70 米深的潜水含水层和 70~300 米深的承压含水层。潜水含水层为一套渭河冲积砂层，其厚度一般为 40~60 米。承压含水层一般厚度较大，由于沉积韵律的存在，承压含水层都具有多层的结构特点，层与层之间由厚度为 10~20 米不等的弱透水的亚砂土和粘土组成。浅层承压含水层顶板埋深为 60~80 米；深层承压含水层的顶板一般为 170 米左右。

水质条件：咸阳市地下水类型为潜水+承压水，潜水为硫酸重碳酸钠、钙型水。矿化度小于 1 克/升。浅层承压水为重碳酸、硫酸钠或重碳酸、硫酸氯化物钠型水，矿化度 0.51~0.55 克/升。深层承压水为重碳酸、氯化物、硫酸钠型水，矿化度 0.46~0.48 克/升。

从表 2–3 可知，全市地下水 pH 值范围为 6.0~7.0，略偏酸性，满足标准的规定值 6.5~8.5，各地区化学测试指标均可达到评价标准，因此，该地区地下水水质良好，能够满足地下水源热泵系统的水质要求。

表 2–3　咸阳市地下水水质检测结果

项目	评价标准	结果		
		泾、渭河阶地区	黄土台塬区	黄土沟壑区
浑浊度（度）	≤3	无	无	无
嗅和味	无	无	无	无
pH	6.5~8.5	6.0~7.0	6.0~7.0	6.0~7.0
总硬度（毫克/升）	≤450	476.31	254.51	233.57
硫酸盐（毫克/升）	≤250	163.2	67.5	37.1
氯化物（毫克/升）	≤250	91.7	68.3	21.3
溶解性总固体（毫克/升）	≤1000	727.2	524.0	324.0
氨氮（毫克/升）	≤0.5	0.13	0.05	0.01
硝酸盐（毫克/升）	≤20	0.12	0.03	0.17

（4）西安地区。

水文条件：西安地区地下水的类型主要包括潜水和承压水两大类。根据其具体的性质、条件及用途，可将研究区内 300 米以内的含水层，划分为潜水及第一、二承压含水岩组，如表 2–4 所示。

表 2–4　西安地区含水层岩组划分

含水岩组名称		岩性	地下水类型	含水层底板埋深（米）
潜水含水岩组	冲积层孔隙潜水	砂、砂砾石为主夹亚粘土、亚砂土或互层，间有砂砾卵石	潜水+弱承压水	平原区 70~80；支流阶地 30~50
	冲洪积层孔隙潜水	砂、砂砾卵石、部分黄土状土与亚粘土、亚粘土互层	潜水+弱承压水	45~70
	洪积层孔隙潜水	砂卵砾石层、砂砾石夹亚粘土，不等厚互层	潜水+弱承压水	40~80
	风积黄土层孔隙—裂隙水	黄土、黄土夹亚粘土，粉砂质黄土夹古土壤及钙质结核	潜水	60~70
承压水含水岩组	冲、洪、湖积层孔隙承压水	砂、砂砾石夹不等厚亚粘土或互层	潜水+承压水	140~180
	冲洪积层孔隙承压水	不等厚砂砾石层与亚粘土或黄土状土互层	承压水	180~220
	洪积层孔隙承压水	砂、砾卵石夹砂砾石、亚粘土层	潜水+承压水	170~180

续表

含水岩组名称		岩性	地下水类型	含水层底板埋深（米）
承压水含水岩组	第三系孔隙—裂隙水	砂岩、砂砾岩与砾质泥岩、泥岩互层	潜水+弱承压水	250~260
	冲、湖积层为主的孔隙承压水	砂、砂砾石夹亚粘土	承压水	290~310
	冲洪积层孔隙承压水	砂、砂砾石，局部有卵石与黄土状土、亚粘土不等厚互层	承压水	280~350
	洪积层孔隙承压水	砂砾卵石夹亚砂土，少数亚粘土或互层	潜水+弱承压水	300~310
	第三系孔隙—裂隙水	砂岩、砂质泥岩、泥岩互层	潜水+弱承压水	300~370

第四系含水层从山前至渭河河谷呈片状、带状分布，在冲洪积平原从洪积扇后缘至渭河河谷，岩性由洪积相的砂砾卵石递变为河流阶地冲积相的砂砾卵石，洪积含水层从洪积扇后缘至前缘，厚度由厚变薄，层次由少变多，富水性由强变弱，冲积含水层越接近河流厚度越大，富水性越强；黄土台塬区含水层岩性为黄土状古土壤，由于地形破碎，富水性较弱。

水质条件：通过分析结果得出地下水无色、无味，pH 为 7.6，属中性水；总硬度 202.7 毫克/升，属软水；矿化度 662.4 毫克/升，属淡水；水化学类型为 HCO_3–Ca·Na 和 HCO_3·Cl–Na 型水，CaO、Cl–、SO_4^{2-}等含量均符合热泵原水水质的要求。西安市地下水水质检测结果如表 2–5 所示。

表 2–5　西安市地下水水质检测结果

项目	允许值	结果	项目	允许值	结果
含砂量	≤1/20 万	2.7	SO_4^{2-}	≤200 毫克/升	76.8
浊度	≤20NTU	6.0	SiO_2	≤50 毫克/升	16
pH	6.5~8.5	7.6	Cu	≤0.2 毫克/升	无
硬度	≤200 毫克/升	202.7	矿化度	≤1000 毫克/升	662.4
总碱度	≤500 毫克/升	无	H_2S	≤0.5 毫克/升	无
全铁	≤0.3 毫克/升	<0.08	油污	≤5 毫克/升	无
CI–	≤100 毫克/升	109.5			

（5）榆林地区。

水文条件：榆林市境内有大小 53 条河流汇入黄河，均较短小，较大的河流主要是四川四河：皇甫川、清水川、孤山川、石马川、窟野河、秃尾河、佳芦河、无定河。汇入黄河的河流以黄河为侵蚀基准，流向由西北向东南（其中无定河上游流向三折），支流呈树枝状并从下游到上游增多。较大的河流下游为基岩峡谷，比降较大，支流少而短直；中游一般河谷宽阔，漫滩阶地发育，河道宽浅，较大的支流多在中游汇集。上游多发育在老谷涧上，河流深切成黄土（部分底部切入基岩）峡谷，比降大，多跌哨，流向受古地形的谷、涧走向控制，支流较多，但一般较直。主要行政区地表水资源量如表 2–6 所示。

表 2–6　榆林市主要行政区地表水资源量

行政区域	土地面积（平方千米）	径流深（毫米）	径流量（10^4 立方米）
榆阳区	7053	52	36580
横山区	4084	43	17445
府谷县	3212	61	19504
神木县	7635	78	59657
定边县	6920	33	23002
米脂县	1212	52	6303
清涧县	1881	49	9263

榆林市平均降水量 350~450 毫米，多年平均径流量 1.94×10^9 立方米，入境水量为 8.53×10^8 立方米。地下水总补给量 2.36×10^9 立方米，另有府谷黄河河漫滩地下水 5.6×10^7 立方米和岩溶水 7.9×10^7 立方米，扣除地表水与地下水重复量 1.21×10^9 立方米，全区平均水资源总量 3.09×10^9 立方米。与全国各个地区的年均水资源量比较，榆林市应该属于水资源量匮乏的地区，平均每平方千米年产水量为 7 万立方米。全市多年平均产水系数为 0.18。榆林市地下水资源相对丰富，地下水资源量占总水量的四分之三还要多。

水质条件：榆林城区及周边地区地下水质变化主要表现在硬度升高明显、铁、锰含量增加、重金属污染凸显。污染物入渗和水位下降是造成榆林市地下水质恶化的主要原因，包气带对地表环境的控制深度约为 20 米，即地下水防污安全埋深为 20 米。

通过对工程地质条件分析不难看出，陕西地跨三个一级地层、构造单元，地层发育齐全，地质构造复杂，岩土种类多样。水文地质方面，陕西因为地貌的原因，从而影响了地下水形成和分布规律，区域与区域之间的差异较大，所以如果在陕西设置功能区，必须是基于不同地区的区域特征来进行划分的，从而达到最高效的土地利用效率。

2.2.2　陕西地质公园

（1）陕西地质公园简介。

地质公园（Geopark）是以具有特殊地质科学意义，稀有的自然属性、较高的美学观赏价值，具有一定规模和分布范围的地质遗迹景观为主体，并融合其他自然景观与人文景观而构成的一种独特的自然区域。既为人们提供具有较高科学品位的观光旅游、度假休闲、保健疗养、文化娱乐的场所，又是地质遗迹景观和生态环境的重点保护区，地质科学研究与普及的基地。

不同的地质单元发育着特征迥异的地质遗迹，在漫长的地质历史中孕育和发生了类型多样的重大地质事件。如岩浆、断裂、地陷、岩溶、冰川、矿产及古人类、古生物等，这些地质事件遗存了大量的具有典型意义的地质遗迹。不言而喻，这些都为陕西省建立各种级别、各种类型的地质公园提供了丰富的基础资源条件。目前自然资源部应经批准建立十处国家地质公园，例如地质灾害型地质公园——秦岭终南山地质公园；瀑布型地质公园——黄河壶口瀑布国家地质公园；地层剖面型地质公园——洛川黄土国家地质公园；河流地貌型地质公园——陕西延川黄河蛇曲国家地质公园（见图 2–1）。

图 2–1　陕西延川黄河蛇曲国家地质公园

目前陕西共有十个国家地质公园，分别为：陕西洛川黄土国家地质公园、陕西延川黄河蛇曲国家地质公园、陕西秦岭终南山世界地质公园（陕西翠华山山崩地质公园)、陕西商南金丝峡国家地质公园、陕西岚皋南宫山国家地质公园、黄河壶口瀑布国家地质公园（山西/陕西)、陕西柞水溶洞国家地质公园、陕西汉中黎坪地质公园（2018 年 4 月批准)、陕西华山地质公园（2018 年 3 月批准）和陕西耀州照金丹霞国家地质公园，总结如表 2–7 所示。

表 2–7　陕西省国家地质公园一览

序号	国家地质公园名称	批准日期	面积（平方千米)	所处位置	景观特征
1	陕西秦岭终南山世界地质公园	2007.01	1074.85	西安市政府	古冰川作用的极大起伏高山，流水侵蚀剥蚀的中起伏低山，山岭与河谷、台地相间
2	陕西省耀州照金丹霞国家地质公园	2000.03	60.8	铜川市耀州	砾岩构成的石质山峰，沟溪纵横，山峦起伏，具有“华山之险”和“南山之秀”
3	陕西延川黄河蛇曲国家地质公园	2005.08	170	延川	主要为黄河及其周边支流、面流、潜流等侵蚀形成的地质遗迹景观
4	陕西洛川黄土国家地质公园	2001	8.2	洛川	以黄土剖面和黄土地质地貌景观为特色，并保存有脊椎动物化石、极其特殊的典型黄土地质景观遗迹
5	黄河壶口瀑布国家地质公园	2001	15	宜县	瀑布，涡穴，冲蚀凹槽，河心岛，侵蚀台地，悬谷，动植物化石遗迹
6	陕西柞水溶洞国家地质公园	2008	140	柞水县	中、上泥盆系岩相剖面则揭示了中秦岭泥盆纪构造发展的历史和古地理环境变迁，是国内重要的地层剖面类地质遗迹
7	陕西省华山地质公园	2018.03	159.28	渭南	华山型高山断崖绝壁型峰岭地貌、华山燕山期二长花岗岩体、华山山前大断裂和太古代太华群变质岩层
8	陕西汉中黎坪地质公园	2018.04	76.2	汉中	集山景、水景、林景、气候景观、田园景观、人文景观和地质奇观为一体的山岳型森林公园
9	陕西商南金丝峡国家地质公园	2009.08	28.6	商南县	主要地质遗迹为构造岩溶峡谷和多级瀑布景观
10	陕西岚皋南宫山国家地质公园	2009.08	72.93	岚皋县	以古火山地质遗迹为主志留纪火山岩以基性火山角砾熔岩为特征，形成一套超基性—基性—中性火山杂岩

(2) 陕西地质公园分类。

根据 2016 年颁布的《国家地质公园规划编制技术要求》，将目前的地质遗迹分为七大类、二十五类、五十六亚类，如表 2–8 所示。其中七大类包括地质剖面、地质构造、古生物、矿物与矿床、地貌景观、水体景观和环境地质遗迹景观。

表 2–8 地质遗迹类型划分

地质（体、层）剖面大类	1. 地层剖面
	2. 岩浆岩（体）剖面
	3. 变质岩相剖面
	4. 沉积岩相剖面
地质构造大类	5. 构造形迹
古生物大类	6. 古人类
	7. 古动物
	8. 古植物
	9. 古生物遗迹
矿物与矿床大类	10. 典型矿物产地
	11. 典型矿床
地貌景观大类	12. 岩石地貌景观
	13. 火山地貌景观
	14. 冰川地貌景观
	15. 流水地貌景观
	16. 海蚀海积景观
	17. 构造地貌景观
水体景观大类	18. 泉水景观
	19. 湖沼景观
	20. 河流景观
	21. 瀑布景观
环境地质遗迹景观大类	22. 地震遗迹景观
	23. 陨石冲击遗迹景观
	24. 地质灾害遗迹景观
	25. 采矿遗迹景观

目前，陕西十个地质公园中，主要是地质剖面、地貌景观和环境地质遗迹景观三大类。其中陕西洛川黄土国家地质公园属于地质剖面，秦岭终南山世界地质公园、陕西商南金丝峡国家地质公园、柞水溶洞国家地质公园属于环境地质遗迹景观，剩余的六个均属于地貌景观大类，如图 2–2 所示。由于个别地质遗迹可能

具备多种地质特征，为了方便归纳总结，这里我们基于主要遗址特征进行归纳分类研究。

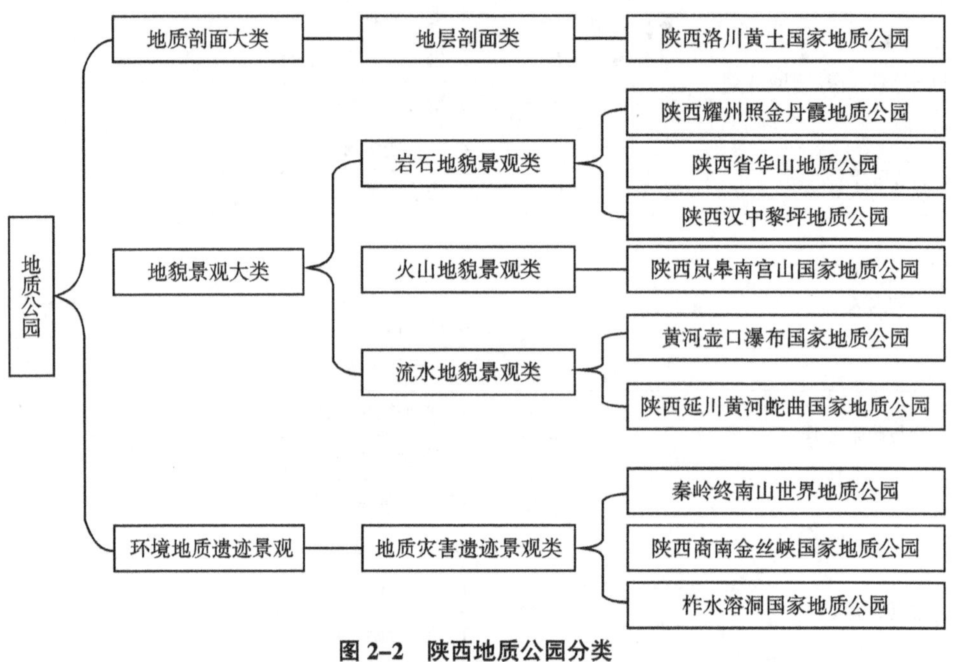

图 2-2　陕西地质公园分类

（3）陕西地质公园特征。

陕西作为拥有得天独厚的自然环境的省份，北部是浑厚广阔的黄土高原，南部是巍峨挺拔的秦岭群山，中间则是风光如画的八百里秦川。在这种地质条件下孕育出的地质遗迹也呈现出明显的特点：遗迹种类多样、人文气息浓厚、观赏性和科学性并存和国内独有的黄土地质遗迹。

1）遗迹种类多样。陕西省是中国西部内陆腹地，得天独厚的位置下孕育了丰富多彩的地质遗迹资源。既有的十家陕西省国家地质公园包含了特殊地质剖面、岩溶等多种自然资源，这些遗迹不仅在陕西省内具有较高的研究价值，在全国范围内业有让很多地区羡慕的科研价值和经济价值。陕西省的地质公园虽然建设硬件缺乏，但随着陕西省政府越来越重视陕西省地质公园的意义和重要性，良好的发展趋势不断显现出来。但拥有丰富多彩的地质遗迹资源对我们来说又是一次契机。我们可以把这个仍然蕴含着巨大开发潜力的地质遗迹资源再次开发建设起来，从而就遗迹种类多样这一优势真正地转变为其存在的价值。

2）人文气息浓厚。陕西省以丰富的历史背景，使现有的地质公园几乎都具有与之相关的人文景观，比如陕西省耀州照金丹霞地质公园以山区红军革命根据地旧址以及佛教文化资源为主体，以当地历史悠久的人文景观、幽静秀美的生态景观为辅衬。有关地质遗迹的各种神话传说、与地质遗迹相关的历史故事，都可以作为地质遗迹宣传的辅助材料，使人们更有兴趣去了解这些地质遗迹的真正科学成因，增加地质遗迹的可接受性。

3）观赏性和科学性并存。陕西省属于北方地区，北方地区有其特有的植被和自然景观，地质公园建成之后，辅衬以其特别的自然景观，这样就增加了地质公园的丰富性，从而使人们在欣赏地质遗迹的同时也不觉得乏味和枯燥。并且可以在这些自然景观的衬托下研究地质遗迹的代表性和典型性，有利于科研学者开展科研活动。

4）国内独有的黄土地质遗迹。黄土地质遗迹是长期的地质构造运动形成的，每一处地质遗迹景观都具有独特性和主要是为了防止沟谷扩展与沟头侵蚀对地质遗迹资源和生态环境造成威胁而形成的不可替代的地质公园。它是地球气候、构造运动和地貌形态演变的真实写照。主要的地质遗迹有：黄土剖面、黄土沟谷地貌、黄土微地貌景观等。

通过对地貌地质分析可以得出，陕西省的地貌层次明显，陕北、关中和陕南由于地形地貌的区别导致了不同地区的工程地质条件和水文地质条件呈现出明显的区别。正因为不同的地质单元发育着特征迥异的地质遗迹，在漫长的地质历史中孕育和发生了类型多样的重大地质事件，从而形成了多样化的地质遗迹，通过建立地质公园，可以改变传统的生产方式和资源利用方式，为地方旅游经济的发展提供新的机遇。同时，可以根据地质遗迹的特点，营造特色文化，发展旅游产业，促进地方经济发展。

第 3 章　环境地质及地质灾害

陕西省地质灾害类型多、分布广、频次高、危害严重，是我国地质灾害比较严重的省份之一。全省有 34 个地质灾害易发区，占全省国土面积的 90%。滑坡遍布全省 10 个地（市）大部分县（区），陕南秦巴山区的滑坡、崩塌、泥石流灾害尤为严重，地面塌陷、地裂缝、地面沉降等地质灾害在陕北和关中较为发育。

3.1　环境地质类型

3.1.1　地层概况

按照综合性地层区划原则，结合陕西的具体情况，陕西省划分为华北、秦岭和扬子 3 个地层区，14 个地层分区和 17 个地层小区（见图 3-1）。

（1）华北区。

其位于陕西北部，属整个华北区的西南边陲。南界由西而东大致是八渡—虢镇断裂、眉县—户县隐伏断裂、铁炉子—三要断裂的西段及陶湾群与罗圈组之间一线。该区西抵甘肃、宁夏，东和北入河南、山西和内蒙古等省区。

华北区在陕西省可划分为陕甘宁盆地、陕甘宁盆缘、汾渭及豫西四个地层分区。陕甘宁盆地分区以发育中、新生代陆相地层为特征。陕甘宁盆缘分区主要为早古生代海相地层，以泾河为界。汾渭分区以新生代地层广泛发育为特征，局部出露有太古代和元古代地层。豫西分区则以发育太古代和元古代地层为特征。

（2）秦岭区。

其位于华北区之南，南与扬子区自宁强宽川铺经勉县、洋县、石泉饶峰、紫阳麻柳坝至镇坪钟宝一线以区域性断裂为界，向西和西南延入甘肃、四川省境，

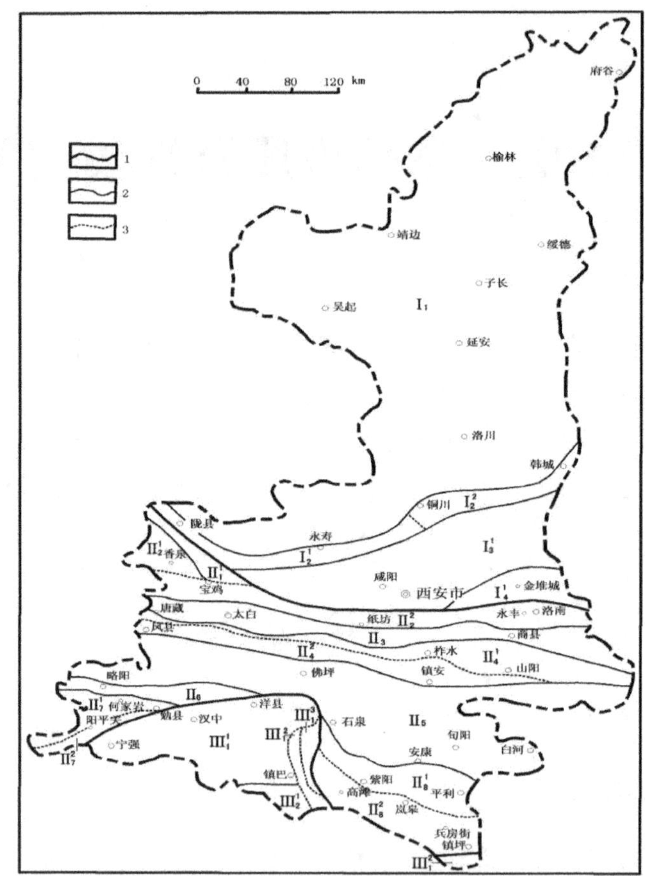

图 3–1 陕西省前寒武纪—三叠纪地层区划略图

东及东南伸入河南、湖北两省。

秦岭区在陕西省可划分为河西走廊—六盘山、宝鸡—洛南、太白—商县、礼县—柞水、徽县—旬阳、康县—略阳、文县—勉县及岚皋—竹溪八个地层分区。河西走廊—六盘山分区在省内称六盘山小区，仅发育下白垩统六盘山群红色建造。宝鸡—洛南分区可划分为香泉小区和纸房—永丰小区。太白—商县分区以中元古界中级变质海相碎屑岩、火山岩最为发育。礼县—柞水分区以广泛发育泥盆纪地层和缺失二叠三叠纪沉积为特征，并以凤镇—山阳断裂为界划分为两个地层小区。康县—略阳分区主要为泥盆系海相碎屑岩和碳酸盐岩。岚皋—竹溪分区以发育早古生代碳硅质岩、笔石页岩、介壳灰岩和缺失晚古生代地层为特征，可分为紫阳—平利和高滩—兵房街两个地层小区。

(3) 扬子区。

其位于陕西省南端，属整个扬子区的西北隅。其南、东南延入四川、湖北省境。扬子区在陕西省可划分为大巴山分区和四川盆地分区。大巴山分区又可进一步划分为宁强—镇巴、司上—鸡心岭和高川三个地层小区。宁强—镇巴小区以奥陶系、二叠—三叠系发育齐全，前震旦纪结晶基底出露较多为特征；司上—鸡心岭小区则以寒武系、奥陶系及二叠系发育较齐全，缺失中志留世至石炭纪及早三叠世以后的地层为特征；高川小区以发育晚古生代地层为特征。四川盆地分区在省内称长岭小区，仅发育有三叠系和侏罗系。

3.1.2　第四系

黄土滑坡与崩塌和堆积层滑坡、崩塌均与第四系有着密切的关系，第四系是这一类滑坡、崩塌形成的物质基础。地质灾害的发育与第四系的分布、岩性及厚度有着密切关系。陕西省第四系发育完整，沉积类型复杂，共发育 18 套第四系地层，其中以风成堆积分布最为广泛。根据地理位置及第四系发育类型的不同，将陕西省划分为三大分区：陕甘宁和六盘山分区、渭河分区和秦岭及大巴山分区。陕甘宁和六盘山分区的第四系以风积沙及高原黄土堆积为主。渭河分区，第四系发育最好，以河流冲积和洪积相的沉积为主，风积黄土主要分布于渭河南北塬区。秦岭及大巴山分区的第四系，发育于山间构造盆地，以河湖相及冲积、残坡积之粗粒堆积为主（见图 3–2）。

3.1.3　岩土体类型

根据岩性和第四系松散沉积物的分布、岩性、厚度、物理力学性质，以及与崩塌、滑坡、泥石流等地质灾害与岩土体的关系，将基岩与土体划分为 8 种类型。

(1) 坚硬岩石。

包括花岗岩、闪长岩、混合岩、片麻岩、辉绿岩、辉长岩、玄武岩、安山岩、流纹岩与凝灰岩等，无易滑岩层，整体性好，斜坡稳定，地质灾害不发育。

花岗岩、闪长岩、辉长岩：主要分布于秦巴山地的西部及秦巴山地东部的北部，节理裂隙发育，风化较为强烈，尤其是花岗岩，风化层厚度可达 20~40 米，部分风化强烈的地区崩塌、泥石流较为发育。

片麻岩、混合岩：包括太古界太华群、前奥陶系秦岭群的片麻岩类及混合岩类，夹薄层大理岩等，分布于商南—丹凤—太白梁—凤州以北地区，岩性坚硬，

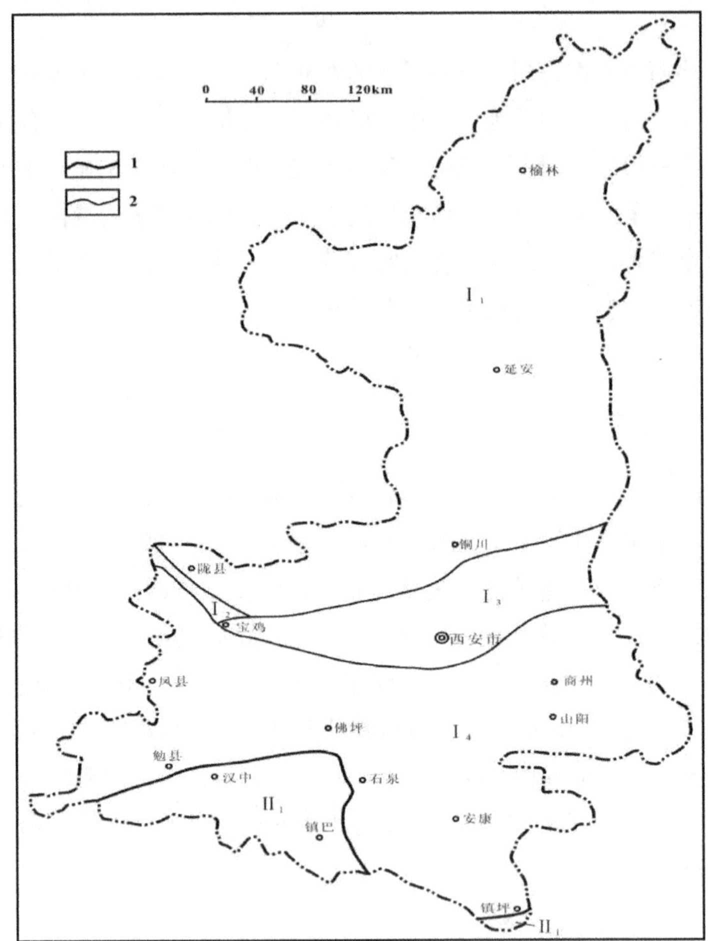

图 3-2 陕西省第四纪地层区划略图

组成的斜坡稳定。

玄武岩、安山岩、流纹岩与凝灰岩：包括长城系熊耳群、蓟县系西乡群、下震旦系郧西群、耀岭河群及奥陶系草滩沟群，主要分布于洛南—商南、安康—平利及陇山山地，岩石坚硬，斜坡稳定。

（2）坚硬、半坚硬岩石。

主要包括蓟县系、寒武系、奥陶系、上古生界及三叠系以石灰岩、白云岩、大理岩、石英岩为主的岩层，整体性较好，组成斜坡较为稳定，是陕西省石漠化较为严重的区域。

以坚硬层状为主的碳酸盐岩主要分布于蒲城至宝鸡一带渭北山地、秦巴山地的镇安以东。

碳酸盐岩夹碎屑岩主要分布于镇安至安康、洛南、汉中至佛坪，以及最南部的宁强至镇坪一带，地质灾害较为发育。

（3）半坚硬、半软弱岩石。

多系碎屑岩类，可分为泥页岩、含煤泥页岩、砂砾岩等，岩石软硬相间互层产出遇水软化变形显著的泥质岩石多，容易产生地质灾害，是陕西省出露面积最大的岩石类型。

泥页岩：主要分布于陕北黄土高原及陕南的宁强、镇巴、凤县等地，岩石易风化，遇水软化，强度降低，透水性差，为较好的隔水层，其中，在陕北黄土高原岩层多呈近水平，且大多出露厚度较小，上覆黄土或红土，斜坡较为稳定，地质灾害不发育；而陕南的宁强、镇巴、凤县等地，岩石风化严重，出露厚度较大，且岩层倾角较大，大多斜坡不稳定，地质灾害较为发育。

含煤泥页岩：主要分布于渭北山地、延安、延长、子洲、榆林、神木和府谷一带，以薄层、中厚层为主，易风化，进水膨胀软化强度降低（见表 3-1），岩层倾角较小，斜坡较为稳定，地质灾害不发育。

表 3-1　含煤泥页岩抗剪试验对比

地质时代	岩性	原状土多次剪		重塑土一次剪		重塑土多次剪	
		Φ	C	Φ	C	Φ	C
石炭系	煤泥	9° 55′	0.05	9° 05′	10.25	7° 10′ 5° 10′	0.10 0.10
	风化泥岩			8°	0.18	5° 10′ 6° 15′	0.05 0.06

砂砾岩：主要分布于陇县西及彬县、志丹一带，为白垩系、第三系砂砾岩，胶结不好，易遭风化，岩层倾角较小，组成边坡较为稳定，地质灾害不发育。

（4）软弱岩石。

岩性主要为片状易风化的千枚岩、片岩和板岩等，多分布于秦岭的中部与南部，以及地处大巴山的略阳、宁强、紫阳、平利、岚皋一带，片理发育，岩性软弱，风化强烈，组成的边坡多不稳定，地质灾害发育。

（5）风成沙。

主要分布于长城沿线以北，以及洛河与渭河一带的冲积平原，地势平缓，沟谷不发育，沙质荒漠化严重，地质灾害不发育，但随着神府煤田、榆横煤田、榆神煤田的开发，该区域采空地面塌陷分布面积较大。

(6) 粘性土。

分布于南部汉中、西乡、安康、商丹、洛南等山间盆地，面积 758.45 平方千米，其中汉中盆地有 518.25 平方千米，西乡盆地有 115.7 平方千米，安康盆地有 122.25 平方千米，主要发育于二级阶地及其以上高阶地与盆缘缓坡地带，汉中盆地一级阶地也有分布，一般厚度为几米至二十米。

(7) 砂土、砾石层。

包括沿河滩及部分河流的低级阶地堆积的亚砂土、亚粘土、砂砾石及陕南山地的坡积、残积含碎石亚砂土、亚粘土，主要为全新统与更新统堆积，其中，分布面积较大的晚更新统残坡积物主要分布于汉中盆地至西乡盆地一带，地质灾害较为发育。

(8) 黄土及黄土状土。

黄土广泛分布于黄土高原、关中盆地及凤县等山间盆地，面积约 9 万平方千米，是陕西省分布面积最大的基岩或土体类型，厚度一般为 100~200 米，按其形成时代又可分为上更新统黄土、中更新统黄土、下更新统黄土。黄土状土主要分布于黄河、渭河及其较大支流的低阶地和白于山涧地内，岩性为亚粘土，结构疏松，透水性能好，组成的边坡稳定性差，以崩塌、滑坡为主的地质灾害发育。

3.1.4 主要断裂带及其活动性

陕西境内断裂主要发育于渭河以南，尤以秦岭最为密集。主要构造事件常伴有断裂的新生或前期继承，这些断裂在航卫片上影像显示突出。地台区断裂主要分布于地块边缘，但其内部有隐伏断裂显示。地槽褶皱系具多旋回特点，且以密集分布的断裂带出现，加之经长期挤压变形，在秦岭这一特定位置上构成中国大地构造图突出的“构造结”。陕西省内断裂划分为深断裂、大断裂和一般断裂三级，其中深断裂 8 条，大断裂 13 条，隐伏断裂 6 条。

3.1.4.1 深断裂

(1) 八渡—虢镇—眉县—户县—铁炉子—三要断裂带（F9）。

其通常称为（中朝）台、（秦岭）槽分界断裂。省内长 450 千米，由西向东，自北西向转为近东西向，横贯本省中部，为中元古代台缘边界断裂。西段（八渡—虢镇间）为半隐伏状，切割中元古至古生代地层，控制了白垩纪断陷盆地的形成。

（2）油房沟—皇台断裂带（F11）。

其由若干断裂组成的多期活动性断裂带。省内长 380 千米，地表自然产状变化较大，西段因花岗岩焊接部分产状不清，中段南倾为主，东段北倾，倾角 60°~80°，蟒岭地区，低角度。大部分显露清楚，构成秦岭区三级构造单元分界线。

（3）唐藏—商南断裂带（F12）。

其省内长 400 千米，地表北倾，倾角 60°~80°，断裂带宽 500~1000 米，显露清楚，多处被酸性、基性岩焊接，为北秦岭优地槽与南秦岭冒地槽二级单元分界线。具多期反复拉张与挤压活动，推测晚元古代已有活动，构成北秦岭中元古褶皱带南部边界。

（4）凤镇—山阳断裂（F13）。

其向西经柞水南、东江口南至花石崖，以西衔接不太清楚，暂推延于太白黄柏塬，至凤县何家庄一带，破碎带宽数十米至数百米，地表向北倾，倾角 60°~80°，逆断裂，为二级单元分界断裂。

（5）略阳—马道断裂带（F16）。

其主要由状元碑—马道断裂（F16a）、略阳—勉县断裂（F16b）组成，为二级构造单元边界断裂。前者，向西经武都与青海玛沁深断裂相连，向东在洋县相交于阳平关断裂上，破碎带宽 50~200 米，两侧岩层挤压直立带 500~1000 米，旁侧派生的剪切小断裂发育，北倾，倾角 70°~80°；后者，在勉县以东与阳平关断裂相交，向西延至康县一带，破碎带宽 300~400 米，南倾，倾角 65°~80°或至直立。两断裂旁侧派生的剪切小断裂发育。

（6）阳平关—洋县断裂带（F27）。

断裂显露清楚，东、西段分别为一、二级单元界限。勉县以东被第四系覆盖，其钻孔控制的等深梯度线呈明显的陡坎。破碎带宽 600~700 米，地表西南段倾向北西，东北段倾向东南，倾角 60°~80°。

（7）饶峰—麻柳坝—钟宝断裂带（F22）。

其为一级构造单元分界线。往西与阳平关—洋县深断裂相连，往东经湖北房县与襄樊—广济断裂相交。断裂显露清楚，由一系列平行断裂组成，除饶峰—麻柳坝—钟宝断裂外，主要有司上—小洋坝及兴隆场断裂。断裂带的活动性及其位置，随其地质发展在横向上逐渐向北东迁移。

1）司上—小洋坝断裂（F22a），位于断裂带的西南侧，呈弧形展布，省内长

80 千米，倾向多变化，主要倾向东，倾角 60°，逆断裂。破碎带数十米到数百米，下震旦统碎屑岩与火山碎屑岩逆冲在三叠系之上。为前震旦纪扬子区与秦岭区的分界断裂。

2）兴隆场断裂（F22b），位于断裂带中部，省内长 70 千米，倾向东，倾角 60°~80°，为逆断裂。旁侧伴有派生的剪性断裂，呈弧形状交汇于 F22a 断裂上。为两侧块体互相作用时派生的断裂。

3）饶峰—麻柳坝—钟宝断裂（F22c），为主断裂，呈反 S 形弧状展布，破碎带数十米至数百米，倾向多变化，北段东倾，中段南西倾，东段北倾，到湖北境内复向 SW 倾，倾角 60°~80°，逆断裂。为古生代以来的台、槽分界断裂。

（8）红椿坝—曾家坝断裂带（F20）。

其为三级单元分界，西北端交在饶峰—麻柳坝断裂上，向东南延入湖北境内。断裂带显示明显，破碎带宽 50 米左右，地表倾向北东，倾角大于 60°，为逆断裂。

3.1.4.2 大断裂

（1）新集川—哑柏断裂（F8）。

其位于中朝准地台西南侧，走向北西，长约 200 千米，可能插入秦岭，倾向北东，倾角 60°~70°。推测石炭纪以前就已发生，并逐渐插入秦岭段受到右行扭动。

（2）桃园—龟川断裂（F10）。

半隐伏，走向北西，倾向东北，倾角 70°，正断层。断裂带岩石破碎，且强烈蚀变。中生代早期发生张裂，控制六盘山白垩纪断陷盆地的发生，喜马拉雅期切割白垩系与第三系，并有 22~30.4℃温泉水及 4.75 级地震发生。

（3）拓石—宝鸡—渭南断裂带（F5）。

即渭河断裂，向西可能经天水达漳县附近，向东延入豫西。宝鸡以西切割元古界—白垩系，倾向变化大，总体向北，倾角陡，为正断层。宝鸡以东隐伏在盆地中，其中宝鸡—临潼段位于周至、户县断凹的北侧，断面南倾；临潼以东位于固市断凹的南侧，断面北倾。

（4）石门断裂（F7）。

其向西隐入渭河盆地之下，向东可能经卢氏达南泥湖以东。破碎带宽 80~100 米，地表倾向北，倾角 75°为逆断层。可能发生于中元古代，构成华北地块南缘次级断裂。

（5）酒奠梁—板岩镇断裂（F14）。

省内长 425 千米，西延出省，东延交于凤镇—山阳断裂上。地表断面总体倾向北，倾角 50°~60°或更陡些，破碎带明显，为逆断层，控制三级构造单元。

（6）紫柏山—江口断裂带（F15）。

由紫柏山北麓而过，到江口一带与酒奠梁—板岩镇断裂汇合。倾向南，倾角 50°~60°或更陡，为逆断层，旁侧发育有派生的剪切小断裂。

（7）栗扎坪—七里峡断裂（F17）。

近东西向分布于镇安地区，航、卫影像显示明显，西起饶峰，东延大致经南宽坪，可能在印支期与阳平关—洋县断裂追踪相连。有一些大致平行排列的断裂相伴生，并被北西向的断裂剪切而不连贯，倾向变化大，西段南倾，东段北倾，倾角 70°左右，压扭性。

（8）公馆—白河断裂（F18）。

走向北西，西北端与栗扎坪—七里峡断裂相交，东南延入湖北。破碎带宽数十米至百余米，地表西段倾向南，东段倾向北，为逆断层，高角度。本断裂大致处在秦岭挤压应力中轴的南侧部位。

（9）月河断裂（F19）。

其通过石泉、安康，东端延展不够清楚。地表倾向北东，倾角 60°~80°，西段显示正断层，东段显示逆断层，破碎带宽 200~500 米。系二级构造单元分界，为沿早古生代次级隆起轴部产生的断裂，早古生代可能已有活动，构成北大巴山加里东褶皱北侧边界断裂。

（10）高桥—八仙街断裂（F21）。

其省内长 135 米，两端被麻柳坝—钟宝断裂切割，破碎带宽 250~300 米，地表倾向北东，倾角 50°~60°，逆断层。

（11）峡口—白勉峡断裂带（F24）。

其长约 60 千米，断裂带清楚，走向北东，地表倾向南东，倾角大于 45°，以压性为主，逆断层，南侧派生有平行断裂、斜断裂、横断裂。

（12）大竹坝—新集断裂（F25）。

三级单元界线，为宁强褶断束东南侧台阶式的断裂，西北侧地层褶皱紧密，产状陡峻；东南侧产状平缓，褶皱略宽阔。东北段倾向北西，倾角陡，逆断裂；西南段转向南东倾，正断裂，推测形成于加里东期。东北端有五级以上地震，说明燕山—喜马拉雅期仍在活动。

(13) 宽川铺断裂 (F26)。

其为扬子准地台西北边缘的分界断裂，呈 NE 方向波状伸展，两侧平行的小断裂、斜断裂、横断裂发育，本身也受斜断裂或横断裂分割。地表倾向北西，倾角 70°，逆断裂。

深大断裂对地质灾害的控制作用较为明显，渭河以南深大断裂较为密集，所以陕南秦巴山地是省内地质灾害发育集中区，种类多，数量大，在断裂带交界区域，地质灾害尤为发育。

3.1.4.3 隐伏断裂

(1) 吴旗—碛楞断裂带 (F1)。

重力、航磁探测均有明显 NE 向的梯度带显示，如重力梯度，每 20 千米梯度变幅达 100~150 毫伽，高出区域背景几十倍，深变质基底顶面起伏图形为明显变异阶梯。此带北侧并列有类似的异常梯度显示，指示可能还有靖边—神木平行断裂组存在，而且有三处五级以上地震分布相扣合。

(2) 定边—吴堡断裂 (F2)。

东西展布于北纬 37°~38°20′。断裂以北下古生界沉积较薄，以南较厚；上古生界相反；三叠系和侏罗系又反过来，南部较厚，为湖相，北部较薄，并以河流相为主；白垩纪反应不明显，新生代，北部相对隆起，基岩埋藏不深，广为沙漠，地形也较高，南部有第三系和较厚的黄土。地震资料反映，两侧不衔接，航磁显示有畸变梯度带。

(3) 口镇—官池断裂 (F3)。

近东西向分布，西段切割基岩，东段半隐伏。重力、航磁、地震等物探资料及航、卫影像都有反映，在基岩中有清楚的破碎带。切割古生代地层，控制下第三系的北界，在第四系中若隐若现，地貌有显示，黄土陡坎高差数十米至上百米。总体南倾，倾角 55°~70°。

(4) 渭河盆地北缘北山山前断裂带 (F4)。

即乾县—富平—韩城断裂。环盆地北缘分布，多被第四纪堆积物覆盖，但地貌上有显示，而且断裂面常若隐若现地暴露出来。大多数由平行紧密排列的台阶状断裂组构成，倾向南东，倾角 50°~80°，正断层，有地震及数个温泉分布，水温 23~41.5℃，而且越往北东段，泉水温度越高，说明北东段断裂切割较深，在韩城禹门口切割太古界涑水群。

（5）渭河盆地南缘秦岭山前断裂带（F6）。

即宝鸡—斜峪关—太要断裂。从宝鸡环盆地南缘呈弧形而过，构成高耸的秦岭山区与低凹的盆地仰俯悬殊的分界。多由紧密平行排列的台阶状断裂组构成，断面总体北倾，倾角50°~70°，为正断层。

（6）大池坝—镇巴断裂（F23）。

其为二级构造单元的分界线，重力梯度有所显示。西段为米仓山凸起南缘的台阶，东段为下三叠统的背斜岭脊，显示断裂以北地区抬升受剥蚀剧烈，以致出露梳状排列的背斜脊及大面积的二叠系；断裂以南控制三叠纪以后的沉积厚度，构成四川内陆构造盆地。

3.1.5　地震

陕西省是我国地震灾害较为发育的省份，分布有渭河平原地震带、六盘山带、天水—兰州地震带，据监测与历史记载，陕西省公元前1177年至1980年6月发生四级以上地震70次，1957年至1980年6月发生四级以下地震达229次，公元前232年至1936年发生四级以下地震299次，主要发生于渭河平原、秦巴山地，陕北黄土高原较少。

由于印度板块向欧亚板块挤压，武都—马边带的龙门山断裂出现活动，2008年5月12日四川汶川发生8.0级地震，强烈地震不仅激活诱发了县市地质灾害调查确定的滑坡、崩塌、泥石流隐患点，而且产生了新的地质灾害隐患点，地震灾区包括四川、甘肃和陕西，四川受灾最为严重，甘肃次之，陕西省受灾最轻，陕西省受灾县（市）主要分布于汉中市及安康市与宝鸡市的部分地区，包括汉中市的宁强、西乡、略阳、勉县、南郑、汉台区、城固、洋县、镇巴、留坝、佛坪，宝鸡市的渭滨区、陈仓区、陇县与凤县，安康市的汉滨区、汉阴、石泉与旬阳等19个县市（见表3-2），面积约46174平方千米，人口700多万。

汶川地震引发的陕西省滑坡、崩塌、泥石流地质灾害点525处，以滑坡、崩塌为主，汉中市分布数量最多，达365处，占地质灾害数量的69.52%，宝鸡市次之，有106处，占地质灾害数量的20.19%，仅勉县、略阳、宁强三县地质灾害数量达243处，是地质灾害分布最多的县，安康市较少，有54处，占地质灾害数量的10.29%，其中，滑坡326处，主要分布于勉县、略阳、宁强、陇县与凤县，崩塌185处，主要分布于略阳、宁强、陈仓区与勉县，泥石流10处，分布于略阳、勉县、汉滨区、佛坪、石泉与旬阳，地面塌陷和地裂缝共4处，分布

表 3-2　陕西省 19 个地震受灾县（市）地质灾害评估汇总

市	县区（市）	地质灾害基本情况								地质灾害危险性						
		主要地质灾害点（处）						重大隐患点（处）	滑体面积 10 万平方米或规模大于 100 万平方米以上的点数（处）	危害居民地（处）	危害公路（处）	危害公路（千米）	威胁堵塞河流（处）	威胁河流（千米）	威胁水库（座）	损毁土地（平方千米）
		合计	滑坡	崩塌	泥石流	地面塌陷	地裂缝									
宝鸡市	渭滨区	15	8	6		1		1		67	4	0.73				0.01
	陈仓区	27	7	20				3		429	2	0.26				
	陇县	38	33	5				2	1	5			8			0.2
	凤县	26	22	4				1	1	8	12	2.87				0.18
汉中市	汉台区	19	17	2				4	2	9	4	0.51				0.03
	南郑县	17	6	11				5	1	15	1	0.45				
	城固县	19	17	2				4		12	4	0.19	1		1	
	洋县	8	7	1				4		7						0.06
	西乡县	12	11	1				3		11	3	0.8	1			0.06
	勉县	50	36	12	2			13	9	44	5	0.6			2	1.54
	宁强县	94	45	49				3	5	66	2	0.38	13	1.99		0.04
	略阳县	99	44	52	3			10	7	67	17	3.82	16	3.89		0.09
	镇巴县	13	8	3		2		1		10	2		7			0.05
	留坝县	28	15	13				3	3	11	9	0.4				0.22
	佛坪县	6	5		1			3	1	3						

续表

市	县区（市）	地质灾害基本情况								地质灾害危险性						
		主要地质灾害点（处）						重大隐患点（处）	滑体面积10万平方米或规模大于100万平方米以上的点数（处）	危害居民地（处）	危害公路（处）	危害公路（千米）	威胁堵塞河流（处）	威胁河流（千米）	威胁水库（座）	损毁土地（平方千米）
		合计	滑坡	崩塌	泥石流	地面塌陷	地裂缝									
安康市	汉滨区	15	12		2		1	6		11	3					0.02
	汉阴县	9	9					2		7	9		1			
	石泉县	11	9	1	1			3		10						0.04
	旬阳县	19	15	3	1			12	2	14	4	0.65	1			
合计		525	326	185	10	3	1	83	32	806	81	11.66	48	5.88	3	2.54

资料来源：国土资源部，2002年县（市）地质灾害调查与区划成果 。

于渭滨区、镇巴与汉滨区。单体影响范围超过 10 万平方米或规模大于 100 万平方米的地质灾害点 32 处，重大地质灾害点 83 处，主要分布于勉县、略阳与旬阳。

居民点、重大工程、道路与河流受到地质灾害的危害，其中危害沿嘉陵江、汉江及渭河河谷分布的居民点 806 处，主要分布于陈仓区、渭滨区、勉县、宁强与略阳，仅陈仓区受危害的居民点高达 429 个，危害的各级公路 81 处，长度 11.66 千米，主要分布于凤县、略阳、留坝与汉阴县境内，受威胁的河流 48 处，长度 5.88 千米，主要位于陇县、略阳、宁强与镇巴县境内，受威胁的水库 3 处，分布于勉县与城固，损毁农林地 2.54 平方千米，主要分布于勉县境内。

3.1.6 水文地质

根据自然地理与地质条件所形成的南北差异与分带性的水文地质特点，可将全省划分为陕北黄土高原、关中盆地和陕南秦巴山地三个水文地质区（见表 3–3）。

（1）陕北黄土高原。

其富水性弱，是省内严重的干旱缺水地区，除局部基岩山地外，普遍为上覆黄土及沙层孔隙潜水与下伏碎屑岩孔隙、裂隙承压水的双层叠置。仅在北山一带有碳酸盐岩类裂隙溶洞水的分布。

黄土层中潜水以大气降水的渗入补给为主，富水性受到地形地貌的控制。梁峁区地形破碎，沟谷密布，不利于地下水的聚集与储存，故水量极其贫乏。黄土塬区降水渗入补给与储存条件较好，潜水分布普遍，塬中洼地是相对富水地段。大多以泉的形式排泄于沟谷，或渗水排泄而出。长城以北沙漠草原区地势较平坦，为冲洪积或风积砂层孔隙含水，富水性较好。

碎屑岩类孔隙裂隙水富水性不均，东部富水性差，西部由于构造条件优越，并有大面积分布的白垩系厚层较疏松的砂岩为其主要含水层，因此富水性好。北山一带奥陶系厚层灰岩裂隙溶洞水分布不均，地下水储存于断裂带控制的溶洞发育地段，常形成较丰富的脉状地下径流。

黄土高原区地形破碎，沟壑发育，下垫的第三系泥岩等隔水层多已出露，潜水多沿此出露形成泉，软弱层在地下水浸润软化下，强度降低，同时地下水溢出潜蚀坡脚，常导致边坡失稳而产生滑坡，如洛川塬作善沟、黑木沟滑坡分布地段均为地下水溢出地带。

表 3–3　陕西省地下水特征

类型	富水程度	分布特征		
		陕北黄土高原	关中盆地	陕南秦巴山地
松散岩类孔隙水	富水性强		主要分布于渭河二级阶地和一级阶地部分地段，潜水埋深 3~15 米，含水层为冲积砂砾层，厚 20~40 米，一般水质良好，个别地段工业污染严重	分布于汉中、西乡、安康盆地高漫滩、一级阶地，潜水含水层为更新统与全新统砂砾层，厚 10~50 米，水位埋深 2~20 米，局部自流，水质好，局部污染
	富水性中等	分布于长城以北，含水层为中更新统与晚更新统，厚 5~80 米，水位埋深 2~10 米，涌水量 1~4 吨/时。红柳沟东为淡水，以西为咸水	渭河一、二、三级阶地支流区。潜水埋深 5~10 米，含水层为亚砂土、粉细沙及沙砾石，厚 10~40 米，下部承压水水位埋深 5~30 米，山前洪积层厚 30~80 米，潜水位埋深 5~40 米，黄土含水层为黄土台塬区，厚数十米，潜水位深 10~50 米	分布于秦岭山间盆地，含水层为冲积砂砾层，水质好
	富水性弱	分布于洛川、长武等黄土塬。含水层为更新统，厚 30~75 米，水位埋深 30~80 米，为重碳酸型水	北山山前洪积含水层，厚数十米至百米，潜水埋深 20~40 米，水质好，下部承压水埋深 10~50 米	分布于汉江三级阶地，含水层为中更新统与晚更新统，厚 5~30 米，水位埋深 5~30 米，下部承压水埋深 4~50 米
	富水性极弱	黄土高原广大梁峁区，含水层为中更新统，水位埋深 45~120 米，重碳酸盐型淡水		
碎屑岩类孔隙裂隙水	富水性中等	横山、旬邑以西。含水层为上白垩统中、粗砂岩。局部为承压水，水质好		
	富水性弱	分布于黄土高原广大地区，含水层为中生界砂岩、页岩。风化壳中潜水多溢出成泉，河床以下承压，河谷中水位埋深 5~20 米。水质矿化度随深度增加		分布于秦岭中部，含水层为中生界砂岩、砾岩。水质好

续表

类型	富水程度	分布特征		
		陕北黄土高原	关中盆地	陕南秦巴山地
层状基岩裂隙层间水	富水性中等			分布于汉中盆地以北及陕南东部，呈东西向及北西向，含水层为古生界与中生界沉积岩、层状变质岩
	富水性弱			主要分布于秦岭南坡及大巴山东部，呈东西向及北西向，含水层为古生界与中生界沉积岩、层状变质岩
碳酸盐岩内裂隙溶洞水	富水性极强			分布于巴山的宁强至镇巴一带，含水层为古生界碳酸盐岩。岩溶十分发育，地下水分布不均，常具承压性
	富水性强			分布于秦岭南坡羊山、新开岭、洛南等地，呈东西向、北西向。含水层为古生界与中生界碳酸盐岩夹碎屑岩。岩溶发育，沿断裂带及岩溶发育区富水性好
	富水性中等	分布于高原南缘的北山，呈北东东向，含水层为古生界灰岩，局部断层带岩溶发育，地下水位埋深 200~500 米，水质好		
块状基岩裂隙水	富水性弱		仅分布于骊山一带，含水层为太古界片麻岩与花岗岩。水质好	分布于秦巴山区的广大地区，含水层由太古界片麻岩、花岗片麻岩与花岗岩组成，为风化裂隙及局部断裂构造含水。水质一般较好

资料来源：陕西省遥感地质图集。

（2）关中盆地。

其具有第四系松散岩类典型盆地的水文地质特征，堆积厚度巨大的沙砾卵石及亚粘土层，构成稳定的含水空间，潜水与承压水丰富，潜水含水层主要分布于渭河等冲积平原冲积砂砾石层、洪积平原洪积泥沙与沙砾卵石层及黄土台塬风成黄土含水层。承压水含水层主要为第四系下更新统冲洪积、冲湖积砂、砂砾石层，宝鸡与蓝田一带为上第三系较疏松的砂砾石层，含水层厚度一般在冲积平原中部及山前地带较大，并由山麓向盆地中西缓倾斜。

地下水对关中盆地的影响主要分布于黄土台塬区，影响机理与陕北黄土高原区相似，如宝鸡北坡的滑坡与地下水溢出关系密切。

（3）陕南秦巴山地。

地貌上为谷深坡陡的褶皱断块山地，地层岩性与地质构造复杂，不同含水岩类的岩层相互交接，并被各类构造穿插，地下水的形成、分布、运移、赋集受地貌、岩性与构造的严格控制，具有富水性分布极为不均的显著特点。秦岭南坡山地宽阔，地层岩性复杂，一般块状花岗岩分布区富水性较弱，广大变质岩地区的富水性主要决定于所夹碳酸盐岩类的厚度及其岩溶发育程度。秦岭北坡主要为块状花岗岩裂隙含水，沟谷深短，不利于地下水的补给与储存，富水性较差；山间盆地是松散岩类孔隙水的富水地区，其中汉中、安康、西乡盆地面积最大，河漫滩、一级阶地富水性最好，远离河流富水性减弱。

地下水对秦巴山地的影响主要分布于残坡积较为发育的地区，特别是板岩、片岩与千枚岩分布地区，残坡积物厚度较大，常在其接触面上有泉溢出，常常造成滑坡，如宝成线白水江滑坡的前缘有泉水 25 处，1956 年施工开挖边坡，老滑坡恢复活动，后采用了排水疏干工程，地表湿地与泉水相继消失，滑坡趋于稳定。

3.2　地质灾害分布与特征

3.2.1　地质灾害发育类型及特征

由于陕西省地质构造复杂、水系发育、沟谷深切、地形破碎、斜坡陡峻，同时强降雨较多，矿产资源开发、土地资源利用、工程建设等人类活动对地质灾害的发育影响较为强烈，因此，陕西省地质灾害类型多、分布广，是我国地质灾害较为严重的省份，崩塌、滑坡、泥石流、地面塌陷、地裂缝和地面沉降等地质灾害类型均有分布（见附录）。

3.2.1.1 滑坡

滑坡不仅分布广泛、数量大，全省共计滑坡 6000 处，且因自然条件的差异，滑坡的规模、形态、结构、物质组成、位移动力等也极不一致，除渭河冲积平原和陕北长城沿线以北的毛乌素沙地及陕南山间盆地的地形平坦，滑坡不发育外，黄土梁峁丘陵、黄土塬、黄土台塬、土石山地、覆沙黄土丘陵、石质丘陵、石质山地等均有不同坡度的边坡，为滑坡提供了足够滑动的临空面。陕北的黄土高原和关中盆地的黄土台塬，在中更新统黄土下伏有一不透水层，为地下水的蕴集提供了很好的条件，在富水的情况下，它又极易软化，抗剪强度降低，形成易滑地层；而在秦巴山区，大量的风化层、堆积物堆积在斜坡基岩表面，这些坡积物是良好的透水层，地表降水极易下浸聚集在基岩表面，一旦含水过饱和，沿基岩表面即形成易滑层，发生滑坡。

按滑动岩体性质和滑坡物质组成成分，可分为黄土滑坡、粘性土滑坡、堆积层滑坡和基岩滑坡四种类型。

（1）黄土滑坡。

其集中分布于陕北、关中与秦岭山区的凤县、太白、洛南等县，是陕西省分布面积最大，数量最多的滑坡之一。分布密度最高的地区是榆林市南四县即米脂、绥德、佳县、子洲及延安市的宝塔区，咸阳市北三县长武、彬县、淳化，渭滨区—常兴黄土塬边坡带，秦岭山前黄土台塬区及骊山；分布密度较高的地区有志丹、安塞、子长、吴起，黄龙山北宜川县，关中盆地内洛河两岸。

按滑床埋藏深度可分为浅层滑坡、中层滑坡、深层滑坡三种类型（见表 3–4）。

表 3–4 按滑床埋藏深度划分的黄土滑坡

类型	基本特征
浅层滑坡	滑坡多见于同类黄土层中，滑床多产生在不同时期（或不同成因）黄土的接触界面，古、老滑坡体的边缘地带，以及滑坡平台前缘。滑体规模小，深度仅数米，多属近期新生滑坡
中层滑坡	滑坡多见于沟谷中上游或古、老滑坡体内，前者滑床沿不同时期（或不同成因）黄土接触面滑移，后者是在古老滑坡的基础上产生，属古、老滑坡复活部分。滑床多呈上陡、中部弧度大、前缘平直的弧形
深层滑坡	滑坡分布较广，多发生在黄土层厚的陡峻斜坡上，滑床多切穿黄土或下部基岩（新近系红土或前第四系泥页岩），滑体厚 30~80 米不等，滑床多呈上陡、中缓、前翘的勺形。该类滑坡变形急剧，速度快、动能大，破坏力强，具有崩塌性

由于地形地貌条件的差异，黄土滑坡发育程度不同，在黄土梁峁沟壑地区，或黄土底部缺失易软化的软弱层，或黄土潜水贫乏，或地形起伏和缓，滑坡密度小，一般为规模小的浅层顺层滑坡，但多成群分布，常形成延伸很长的滑动斜坡，稳定性差，故危害也较大。在黄土塬或台塬地区，因黄土层厚，沟谷深切，边坡陡峻，在地下水活动及沟谷流水对坡脚掏蚀作用，易产生深层推移式滑坡，规模大而数量多，但大多数为稳定状态的古、老滑坡，然而由于人类活动影响，稳定性遭受破坏引起复活，造成巨大的经济损失，黄土滑坡由小到大与活动强度由弱到强分别为黄土塬、土石低山区、土石丘陵区、残塬长梁区、沟壑丘陵区，在相同切割度的区域，滑坡发育程度的差异取决于黄土的性质与厚度。

（2）粘性土滑坡。

其主要分布于汉中、西乡、安康、商丹、洛南盆地以及秦岭北麓的白鹿原一带，是分布面积较小的滑坡，且数量较少。分布于汉中、西乡、安康等盆地的膨胀土，其抗剪强度有随风化程度加深而变弱的特点（见表 3–5）。在膨胀土组成的斜坡或人工斜坡，当坡度大于 15°时，受连续降雨的诱发，坡面即产生塑性滑塌，滑坡规模小，数量多、成群分布，滑面沿膨胀土体内风化界面产生，滑床平直，具多组滑动面，对路堑边坡和路堤稳定性危害极大。

表 3–5　膨胀土抗剪强度随深度变化

风化分带	抗剪强度		干容重（克/立方厘米）
	凝聚力 C（千克/平方厘米）	内摩擦角 Φ	
强风化带	0.17	13° 10′	1.52~1.60
弱风化带	0.30	20° 20′	1.61~1.66
微风化带	0.45	13°	1.68~1.73
未风化带	0.81	13° 30′	1.79~1.83

（3）堆积层滑坡。

其是陕西省数量最大的滑坡类型，且分布面积较大，主要分布于陕南秦巴山地，在子午岭一带有零星分布。滑坡体由第四系松散堆积物（主要为残积物、坡积物）组成，岩性为含碎石、砾石、岩屑的砂质土或砂质亚粘土，一般厚 5~10 米，少数可达 20~30 米，滑面为松散堆积层与基岩的接触界面。

（4）基岩滑坡。

其是指由各种岩石为滑坡主体成分的滑坡。在陕西省多发生在页岩、砂质泥岩、板岩、千枚岩或强烈风化的花岗岩分布区。基岩滑坡滑面切入基岩，滑床多呈折线状，特点是规模大，突发性强，速度快，位移大，是陕西省分布面积较小、数量较少的滑坡类型，仅零星分布于陕北黄土高原子午岭一带由中生界碎屑岩组成的山地、关中盆地以太古界花岗岩组成的骊山一带、秦巴山地以古生界板岩、片岩、千枚岩组成的略阳、宁强、勉县一带。

县（市）地质灾害调查结果表明，陕西省有以下 10 个滑坡集中发育地区。

（1）柳林—铜川—洛川区：位于黄龙山与子午岭间，面积约 7260 平方千米，区内大部分为黄土塬及黄土梁峁，沟谷发育，沟坡陡，沟深百余米，沟谷已切穿黄土出露上新统红土。据统计，洛川塬一带宽度大于 500 米的滑坡平均每百平方千米为 12.75 个，其中宽 500~1000 米者占 92%，小寺庄地区形成延伸 6 千米的滑坡带，滑坡体宽度大于 500 米者平均每百平方千米达 20 个，其中 500~1000 米占 78%，1000~2000 米者占 18%，滑坡稳定系数为 0.9~1.05，在工程影响下容易复活。西部柳林一带凤凰山庄，为中生代含煤碎屑岩组成的山地，岩性软弱易风化，残、坡积物发育，厚 10 余米，富含伊利石等粘土矿物。浅层堆积层滑坡十分发育，如梅七公路 40~70 千米区段有滑坡 37 个，其中 56~65 千米区间斜坡土体普遍滑动，大多数是多次活动的老滑坡，滑坡稳定性差，容易复活。区内煤藏丰富，瑶曲—焦坪地区，自明、清以来就开采煤炭。由于采煤、煤层自燃等，引起煤层顶板塌落和底板滑动，形成滑坡，成为滑坡发育的斜坡不稳定地带。故在煤田建设开采中，常产生规模较大的岩质滑坡。

（2）宝鸡—常兴区：位于渭河左岸黄土台塬前缘斜坡地带，面积约 530 平方千米。斜坡高 120~210 米，中上部为百余米厚的黄土，下部有砂砾卵石出露，底部为上新统红土，顺坡脚沿红土顶面普遍有地下水溢出。斜坡前缘渭河阶地呈断续分布。斜坡稳定性差，在长 98 千米、宽 2~3 千米范围内，共有滑坡 170 余个。古滑坡、老滑坡、新滑坡皆有，岩王村、奎刘村、魏家堡、卧龙寺等滑坡，在连续降雨影响和人类工程活动破坏下，极易引起滑坡复活。

（3）蓝田—沈河区：位于渭河南侧沈河至石堤河间的黄土台塬区，面积约 1170 平方千米，为关中盆地内相对上升处，流水侵蚀作用活跃，沟谷发育，谷深达百余米，已切穿黄，沿沟坡下部多有第三系泥岩或下更新统粘土出露，泉水发育，单泉流量可达 1.38 升/秒。区内高黄土台塬已侵蚀成丘陵地形，谷坡稍缓，黄土层较薄，多形成浅层顺层黄土滑坡，往往成群分布，稳定性差。如沈河上游约 50 平方千米内有面积较大的滑坡 30 余个，其中滑坡体宽度 500~1000 米的有

20 个，占 67%，其余的小于 500 米。低级黄土塬保存较好，黄土层厚；塬边斜坡高陡，多发育深层推动式黄土滑坡，规模较大。在河流的侵蚀岸滑坡呈带状分布，形成塬边滑坡带，如灞河左岸白鹿原东侧塬坎下的黄土滑坡带。区内滑坡的活动与降水关系密切。

（4）新城—周湾区：位于红柳河、芦河河源涧地区，面积约 780 平方千米。属白于山上升隆起地带，沟谷下切及溯源侵蚀强烈，沟深 150 米，坡陡（多大于 45℃），加之涧地堆积的黄土状土抗侵蚀能力差，在地下水溢出及地表水冲掏下，易形成浅层黄土滑坡。滑坡规模小，滑床坡度大，成群分布，滑坡群面积可占谷坡面积的 70%~80%。临近白于山主脊带，谷坡上部为厚层黄土，下部常有红土或泥岩出露，常形成规模较大的黄土滑坡，滑坡体堆积沟底形成堰塞湖，俗称“聚湫”，如靖边宋大湾滑坡等。

（5）吴起区：位于北洛河上游吴起县境内，北临白于山隆起，面积约 650 平方千米。属黄土梁峁地区，现代流水作用活跃，沟谷多已切穿黄土，其下红土出露并倾向沟谷，沿粘土顶面形成地下水溢出带。因谷深坡高，故多形成推动式大型黄土滑坡，并形成“聚湫”。

（6）子洲区：位于淮宁河及其以北的子洲县境内，面积约 1760 平方千米，属黄土梁峁丘陵区。据统计淮宁河流域滑坡体宽度小于 50 米者占 74%，500~1000 米者占 24%。上述地区以北，沟谷多红土、含煤泥（页）岩出露，泉水广布，浅层黄土滑坡及大型推动式黄土滑坡均较发育。

（7）略阳—阳平关—洋县地区：位于陕南山地阳平关—勉县断裂（北东向）与略阳—洋县断裂（近东西向）的斜接部位，属低、中山区和汉中盆地，面积约 4530 平方千米。山区以片岩、千枚岩为主，局部有片麻岩及混合岩出露，岩石节理发育，岩体破碎，斜坡稳定性差。大多数滑坡处于暂时稳定状态、不稳定状态。汉中盆地胀缩土滑坡普遍，危害也大。

（8）白河—紫阳区：位于汉江两侧，属低中山区，面积约 2560 平方千米。区内片岩、板岩、千枚岩等软弱岩层广布，风化层厚 10~30 米，大断裂发育，且北西及北东向两组共轭剪切裂隙发育，岩体破碎，常沿断裂面或节理面产生滑坡，以堆积层滑坡及岩质滑坡为主，岩质滑坡多为切层滑坡。襄渝铁路白河—安康 120 千米区段内有滑坡 30 个。安康盆地广布胀缩土，道路路堑边坡不稳定，胀缩土滑坡极发育。

（9）凤县—留坝区：位于凤县、留坝间，面积约 1850 平方千米，为中低山丘陵区。片岩页岩等软弱岩层风化层厚度达 15~20 米，凤县盆地黄土分布也较为普遍，形成规模小的浅层黄土滑坡，其次为岩质滑坡。

（10）西乡区：位于西乡盆地，面积约 140 平方千米，属胀缩土滑坡发育地区。

3.2.1.2 崩塌

山区与丘陵是陕西省的主要地貌类型，崩塌较为发育，共计 1790 处，以土质崩塌为主。黄土梁峁丘陵、黄土塬、黄土台塬等黄土分布区，坡度大于 60°，坡高大于 5 米的黄土陡崖是黄土崩塌的主要斜坡；秦巴山区地形高差大，侵蚀作用强烈，由于活动性断裂较多，岩石节理发育，风化作用和重力作用使节理裂缝扩张贯通，危崖危石遍布，故多崖崩和落石，条件合适时则转化成滑坡，2011 年 7 月 5 日略阳县发生的崩塌灾害，造成 18 人死亡，2 人受伤，省道 309 交通中断，其主要原因为：其一，灾点位于嘉陵江沿岸，地形地貌、坡体岩性与结构条件易于形成崩塌，坡面陡峻，坡脚 60°，岩性为强风化千枚岩，坡体结构疏松。其二，降雨因素，7 月 2 日以来的持续降雨，7 月 5 日 3 时至 12 时，9 小时降水达 100 毫米，坡体饱和增重，部分地表水进入节理裂隙，降低了岩体强度，并产生水压力。其三，“5·12”地震使坡体松动，节理向纵深发展，使岩体整体稳定性降低。其四，建筑物紧靠坡体，无避灾缓冲带。

3.2.1.3 泥石流

其具有分布广、种类多、数量大的特点，共计 381 处，根据泥石流形成的水源和动力条件，陕西省泥石流均属暴雨型泥石流。按物质组成分为泥流、泥石流和水石流三种类型。

（1）泥流。

其多发生在黄土及泥质岩石分布区，如凤县盆地一带。区内泥流中，流域面积多小于 1 平方千米，植被覆盖率较低，滑坡、溜塌发育，松散固体物质储备量较大。如凤县何家沟，沟长不到 1 千米，流域面积 0.49 平方千米，流域呈下游窄、上游宽的漏斗状，流域内广布第四系黄土，1981 年 8 月 21 日大雨，何家山村南发生滑坡，形成泥石流。

（2）泥石流。

其广布于片岩、千枚岩、砂页岩及花岗岩出露地区。如凤县双石铺大湾沟泥石流，沟长 1.05 千米，流域面积 0.33 平方千米，呈长卵叶状，沟床顺直，无支沟。流域内出露白垩系下统东河群砂岩、粉砂岩及第四系中、上更新统黄土，错落、崩塌、溜塌发育。1981 年 8 月 21 日发生的泥石流可分为三阵：第一、三阵泥石流的固体物质由黄土崩塌体等补给，容重为 1.6~1.8 吨/立方米，呈紊流状；第二阵泥石流的固体物质由砂砾岩崩塌补给，容重为 2.1 吨/立方米，呈蠕动流状。

陕西省泥石流主要集中发育于以下地区：吴起—宜川以北黄土梁峁丘陵泥流发育区，凤县泥石流发育区，略阳—勉县—宁强泥石流发育区，紫阳泥石流发育区和旬阳—白河泥石流发育区。

（3）水石流。

发育于花岗岩及片麻岩等坚硬岩石分布区。如华山北坡白水峪沟，流域面积 0.82 平方千米，下游开阔，中游稍狭窄，平均纵比降 40%，沟谷处形成跌水陡坎，高出陇海铁路 5 米。流域内出露花岗岩，沟床下切 1~1.5 米，固体径流堆积在沟口下铁路路基上，厚 2~3 米，岩性为碎块石及砂，块石直径一般为 0.2~1.1 米，最大达 5 米。

综上所述，陕西省泥石流有如下分布规律和活动特点：

（1）泥石流分布于黄土高原的黄土梁峁丘陵区与秦巴山地的中低山区。

（2）在断裂交接部位岩石破碎、山坡稳定性差，泥石流成群分布。

（3）泥石流多分布于片岩、千枚岩、泥岩、页岩等出露或坡残积层地段。水石流主要分布于花岗岩强烈风化地段。泥流多分布于黄土分布地段。

（4）泥石流分布区往往也是崩塌、滑坡等自然地质灾害的发育区，国土开发迅速发展地区，泥石流有发展趋势。

3.2.1.4　地面塌陷

陕西省是我国地面塌陷分布面积较大的省份之一，共计 249 处，包括岩溶塌陷、采空塌陷与黄土湿陷塌陷，以采空塌陷为主。而且随着矿产资源开发强度的增大，采空地面塌陷近年来出现了快速增加的态势，“十二五”期间，陕西省已将采空地面塌陷作为重点治理类型。

岩溶塌陷主要分布于汉中市的宁强、镇巴、西乡、南郑及安康市镇坪境内，共计 13 处，岩性多为碳酸盐类地区，在地下水的作用下，矿物质溶解成空洞引发地表陷落。

采空区塌陷包括煤炭采空塌陷与金属矿采空塌陷，以煤炭采空区为主，共计 181 处。煤炭采空塌陷主要分布于陕北的神木、府谷、黄陵、子长与渭北的铜川、蒲城、白水、韩城煤矿区，其中，神府矿区、榆神矿区和榆横矿区是近年来采空地面塌陷面积增加最快的区域，大柳塔、活鸡兔、榆家梁等煤矿已经发生了大面积塌陷，新建的锦界、凉水井、柠条塔等可能引发大面积的地面塌陷，近年来，采空塌陷过程还诱发了人工地震。铜川、蒲白、澄合、韩城等矿区采空塌陷面积较大，但新增采空地面塌陷面积较少，彬长、黄陵矿区新建大型煤矿较多，是塌陷未来发生的主要区域之一，由于神府矿区、榆神矿区和榆横矿区地处毛乌素沙地与陕北黄土高原过渡的生态脆弱带，以荒漠化草原生态系统为主，塌陷对草地及耕地造成危害，其生态影响应重视，铜川、蒲白、澄合、韩城、彬长、黄陵矿区地处黄土台塬、黄土塬，以农业生态系统为主，塌陷对耕地及居民地影响较大（见图 3-3 和图 3-4）；金属矿采空塌陷主要分布于凤县铅锌矿区、洛南钼矿区、勉略宁铁矿区（见图 3-5），塌陷面积小。

图 3-3 地面塌陷破坏果园

图 3-4 地面塌陷损毁建筑物

资料来源：IKONOS，2012 年。图 3-4 和图 3-5 同。

图 3-5 略阳杨家坝铁矿地面塌陷遥感影像

湿陷性黄土塌陷 55 处，主要分布于渭河两岸咸阳、渭南等境内的黄土塬区及渭河二、三级阶地陡坎局部，如在咸阳的秦都区与渭城区有 9 处，渭南的临渭区有 7 处。

3.2.1.5　地面沉降

陕西省地面沉降主要是由过量开采地下水引起的，沉降发展历史较长，40 余年来沉降面积达 145.5 平方千米，沉降中心最大沉降量已超过 2600 毫米，随着城市引水工程的进展，过量抽取地下水的势头得到遏制，地面沉降的趋势得到了缓减。

西安市是陕西省地面沉降的主要发育区。主要发生在城区和近郊区。从 1959 年开始大范围的水准测量以来，累计沉降量超过 200 毫米的范围（见图 3-6）。西起鱼化寨，东到纺织城，南抵三爻村，北至辛家庙，面积为 145.5 平方千米。

在西安沉降区内，13 条地裂缝呈北北东向展布，把沉降区分割成同走向的条块体，使地面沉降水平方向的发展受到了制约。地面沉降的强度表现在累计沉降量与沉降速率大小上。多年监测资料表明，地面沉降的空间分布极不均匀，总体规律是：累计沉降量在西安市东南郊较大，西北郊较小。沉降区内形成了 7 个沉降槽，中心分别位于北郊的辛家庙、西安交通大学、沙坡村、南郊的大雁塔什字、东八里村和西北工业大学。西安城郊大部分地区（除城区西北角外）累计沉降量均超过了 600 毫米，有 41 平方千米的地区超过了 1000 毫米，东八里村、大雁塔什字、沙坡村、胡家庙沉降中心超过了 2000 毫米，其中东八里村地段达到 2322 毫米。

3.2.1.6　地裂缝

地裂缝是一种特殊的地质灾害，城市、乡村均有发现，共计 177 处，以西安区地裂与关中平原地裂缝最为典型，仅泾阳县分布地裂缝达 66 条，大荔县 12 条、西安城区 13 条、咸阳城区 13 条、彬县 10 条（见图 3-7）。

地裂缝出现在渭河盆地两侧的山前洪积扇、黄土台塬一侧和中间的渭河河谷平原的阶地上，主要发生在风积、洪积、冲积的砂砾互层、细砂层、粘土层和黄土层等第四纪的松散沉积物中，其中有 90%属于构造地裂缝。

西安地裂缝群分布范围西至皂河，东到纺织城，南起三爻村，北至井上村，面积约 155 平方千米。它发育在特殊的黄土梁洼地貌的基础上，呈带状发育，准平行等间距，主地裂缝均显示南倾南降特点。

西安市区根据地表出露形迹和多种勘察手段确定的地裂缝带有 13 条，由南

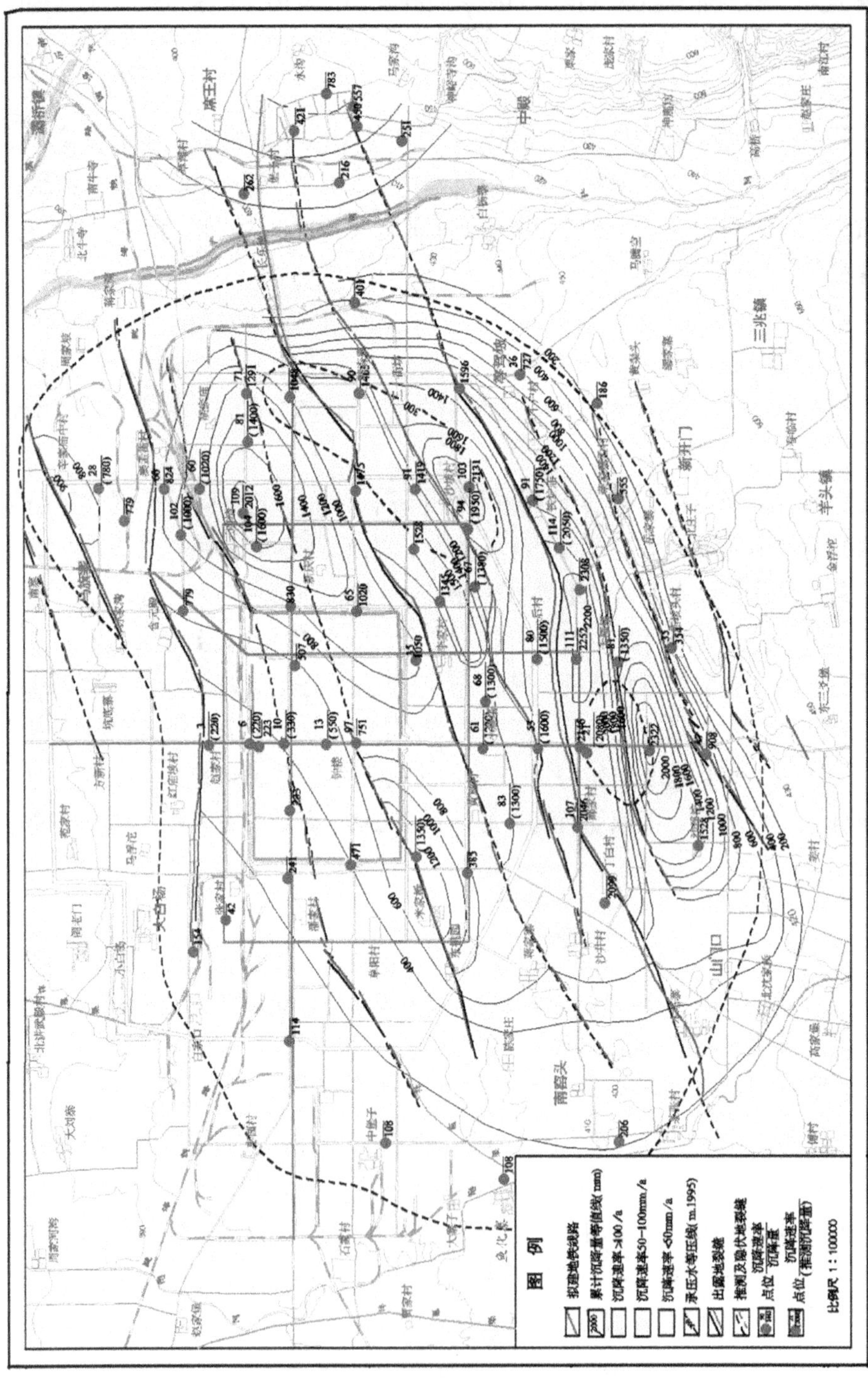

图 3-6 西安市地面沉降分布

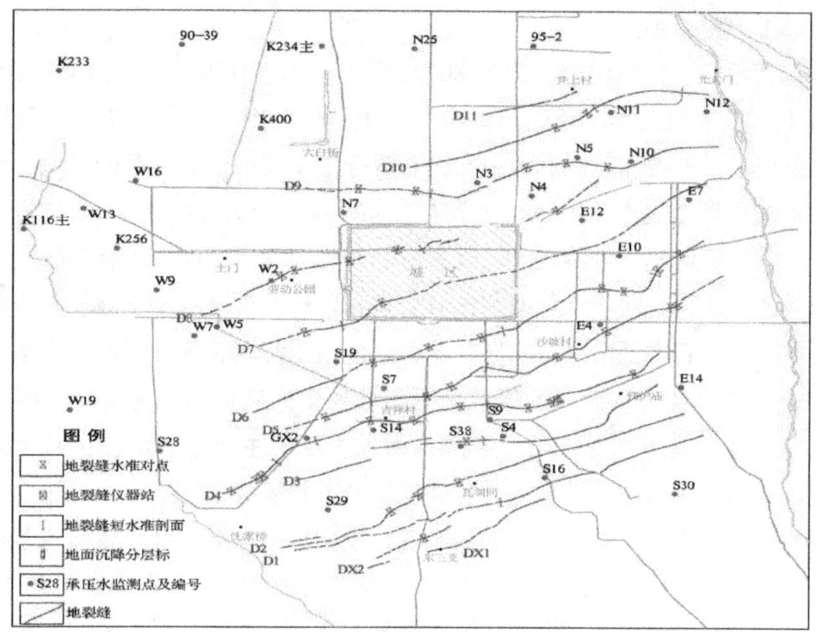

图 3–7 西安市地裂缝分布示意图

往北依次为：东三爻—曲江池地裂缝带（DX1），南寨子—新小寨地裂缝带（DX2），南三爻—射击场地裂缝带（D1），陕西师范大学—陆家寨地裂缝带（D2），大雁塔—北池头地裂缝带（D3），陕西宾馆—小寨地裂缝带（D4），沙井村—秦川厂地裂缝带（D5），黄雁村—和平门地裂缝带（D6），西北大学—西光厂地裂缝带（D7），劳动公园—铁路材料总厂地裂缝带（D8），红庙坡—八府庄地裂缝带（D9），大明宫—辛家庙地裂缝带（D10），以及方新村—井上村地裂缝带（D11）。

上述 13 条地裂缝带出露总长度 73.57 千米，延伸总长度 120.47 千米。

地裂缝危害严重，损坏农田、水渠、道路，造成建筑物开裂，影响人民生活，危及人民生命安全，造成损失巨大，因此建议采取避让和防护措施。

3.2.2 地质灾害分布规律

由于自然条件与人类活动的差异，地质灾害的类型、密度、危害性等在空间上具有很大的差别，陕南是地质灾害最为发育、危害最大的地区，地质灾害密度达百平方千米 10.53 处，关中地区次之，地质灾害密度百平方千米 5.95 处，陕北地区地质灾害密度较小，为百平方千米 2.74 处。

3.2.2.1 陕北地区

其包括延安、榆林两市，面积 80290 平方千米，地貌类型主要有风沙滩地、覆沙黄土丘陵、黄土梁峁丘陵、黄土塬、土石中低山，以黄土梁峁丘陵地貌为主，也是崩塌、滑坡、以泥流为主的泥石流等地质灾害最为发育的区域，位于洛川一带的黄土塬崩塌、滑坡也较为发育，同时黄土与黄土状土分布区也是崩塌、滑坡、泥石流等地质灾害易发区，砾岩、泥岩为主的半坚硬、半软弱岩石是崩塌发生的主要地质体。地下水类型为松散岩类孔隙水，覆沙黄土丘陵、黄土梁峁丘陵、黄土塬、土石中低山区富水性较弱，红色粘土与泥岩等是很好的隔水层，往往沿黄土与红色粘土、泥岩的接触面是滑坡发生的软弱面。为干旱、半干旱气候，但夏季暴雨多发，是泥流与崩塌、滑坡发生的主要季节。位于黄土梁峁丘陵、黄土塬的农业生态系统是地质灾害发生的主要区域。

地质灾害主要有崩塌、滑坡、泥石流、地面塌陷与地裂缝，目前有各类地质灾害隐患点 2199 处，地质灾害密度为百平方千米 2.74 处，较 2002 年的 1859 处增加了 340 处，陕西省地质灾害防治规划列为崩塌、滑坡、泥石流灾害重点防治区有 5 个，分别为米脂—子洲—绥德—清涧以黄土崩塌、滑坡和泥流为主的防治区，定边—吴起—志丹以黄土崩塌、滑坡和泥流为主的防治区，子长—安塞—宝塔以黄土崩塌、滑坡和泥流为主的防治区，洛川—黄龙以黄土崩塌、滑坡为主的防治区，黄陵以黄土崩塌、滑坡和泥流为主的防治区，列为地面塌陷灾害重点防治区有三个，分别为神木—府谷以地面塌陷为主的防治区、榆阳—横山以地面塌陷为主的防治区、黄陵以地面塌陷为主的防治区。列为地质灾害重点防治城镇有 8 个，分别为榆阳区、神木县、横山县、子洲县、宝塔区、子长县、延川县和洛川县。列为重点防治路段有西延线蒲城—富县段、神延线延安—绥德段、神朔线店塔—府谷段、包茂高速安塞—靖边段、黄陵—铜川段、国道 210 清涧—延川—宝塔区姚店段、省道 301 神木—府谷段等。列为地质灾害重点防治矿区有黄陵县煤矿区（双龙井田、店头矿区暗角井田、店头李章河井田、仓村井田等）、子长煤矿区（羊马河井田等）、神府—新民国家煤炭规划区、榆林—神木国家煤炭规划区、榆林—横山国家煤炭规划区，此外，新建的神木县锦界、凉水井、柠条塔煤矿和未来规划建设的煤矿区都有可能引发地面塌陷和地裂缝灾害。

白于山区及黄河沿岸土石山区是陕北地质灾害较为发育的地区，主要类型有崩塌、滑坡及不稳定斜坡等，对当地群众的生命财产安全造成了一定的威胁。

3.2.2.2 关中地区

其包括宝鸡、咸阳、西安、渭南和铜川5市，面积55384平方千米。主要地貌类型有土石中低山、黄土塬、黄土台塬、冲积平原、冲洪积平原、石质山地，以黄土台塬、冲积平原为主，地质灾害主要发育于黄土塬、黄土台塬、石质山地。黄土与黄土状土、花岗岩为主的坚硬岩石是地质灾害较为发育的地区，秦岭北麓山前等活动性断裂与地质灾害的发育密切相关，为半湿润气候，强降水集中的7月、8月、9月是地质灾害多发期，森林生态系统以泥石流为主，农业生态系统以崩塌、滑坡为主，城市生态系统的地面沉降、地裂缝灾害较为发育，如西安市是我国受地面沉降灾害影响最大的城市之一，由于地处陕西省经济最发达地带，人类活动强度较大，西安市过度开采地下水引起的地面沉降等。

地质灾害类型有滑坡、崩塌、泥石流、地面塌陷、地面沉降、地裂缝，目前有各类地质灾害隐患点3294处，地质灾害密度为百平方千米5.95处，较2002年的2992处增加了302处。陕西省地质灾害防治规划列为崩塌、滑坡、泥石流灾害重点防治区有5个，分别为王益—印台—宜君—澄城以黄土崩塌、滑坡为主的防治区，长武—彬县—旬邑以黄土崩塌、滑坡为主的防治区，金台—陈仓—眉县—扶风渭河两岸黄土塬边以黄土崩塌、滑坡为主的防治区，蓝田—临渭—华县—华阴—潼关以泥石流、黄土崩塌及滑坡为主的防治区，凤县—太白以堆积层滑坡和泥流为主的防治区，列为地面塌陷、地面沉降及地裂缝灾害重点防治区有2个，分别为彬长—铜川—蒲白—澄合—韩城以地面塌陷为主的防治区、西安—咸阳以地面沉降与地裂缝为主的防治区。列为地质灾害重点防治城镇有10个，分别为金台区、渭滨区、陈仓区、淳化县、旬邑县、三原县、蓝田县、王益区、印台区和宜君县。列为重点防治路段有宝成线凤州—阳平关段、西南线临渭区—华县段、陇海线—凤阁岭段、华县—潼关段、西延线蒲城—富县段；公路重点防治段有包茂高速G65黄陵—铜川段、京昆高速G5户县—洋县段、长安区沣峪口—宁陕县广货街段、国道108周至—佛坪段，国道312永寿—彬县段，列为地质灾害重点防治矿区有黄陵县煤矿区（双龙井田、店头矿区暗角井田、店头李章河井田、仓村井田等）、子长煤矿区（羊马河井田等）、神府—新民国家煤炭规划区、榆林—神木国家煤炭规划区、榆林—横山国家煤炭规划区，此外，新建的神木县锦界、凉水井、柠条塔煤矿和未来规划建设的煤矿区都有可能引发地面塌陷和地裂缝灾害。

3.2.2.3 陕南地区

陕南地区包括汉中、安康、商洛 3 市，面积 69929 平方千米。主要地貌类型有冲洪积平原、石质丘陵及石质山地，除崩塌、滑坡、泥石流外，部分地区有少量岩溶塌陷，以砂岩、泥岩、砾岩为主的半坚硬、半软弱岩石和以板岩、片岩为主的软弱岩石区地质灾害发育，如柞水—商南一带、略阳—洋县一带、紫阳—白河一带均为地质灾害多发区，以粘土、亚粘土为主的膨胀土属崩塌、滑坡发育区。属湿润、半湿润气候，米仓山、大巴山是暴雨中心主要分布区，主要涉及勉县、略阳、宁强、汉中、南郑、镇巴、西乡、岚皋、石泉、紫阳、安康、旬阳、平利、白河、镇坪等县，植被覆盖度高，分布有多个国家级自然保护区，有效降低了地质灾害的发生。

地质灾害类型有滑坡、崩塌、泥石流、地面塌陷，目前有各类地质灾害隐患点 7362 处，地质灾害密度达百平方千米 10.53 处，分别是关中与陕北地区的 2 倍与 4 倍，较 2002 年的 4383 处增加了 2979 处。陕西省地质灾害防治规划列为崩塌、滑坡、泥石流灾害重点防治区有 11 个，分别为洛南县北部以泥石流为主的防治区，商州—洛南县南部以堆积层滑坡为主的防治区，留坝以堆积层滑坡和泥石流为主的防治区，略阳—勉县—宁强以滑坡、崩塌、泥石流及采空区地面塌陷为主的防治区，城固—洋县以膨胀土、堆积层滑坡为主的防治区，佛坪—宁陕以堆积层滑坡及泥石流为主的防治区，西乡—石泉—汉阴以膨胀土、堆积层滑坡为主的防治区。镇安—柞水—山阳—丹凤—商南以堆积层滑坡及泥石流为主的防治区，旬阳—汉滨—白河以滑坡、崩塌、泥石流为主的防治区，镇巴—紫阳—岚皋以滑坡、崩塌、泥石流及少量岩溶地面塌陷为主的防治区，平利—镇坪以滑坡、泥石流及岩溶地面塌陷为主的防治区，列为重点防治城镇有佛坪县、略阳县、宁强县、镇巴县、紫阳县、岚皋县、镇坪县、宁陕县、旬阳县、白河县、镇安县、柞水县、山阳县和蓝田县等，列为重点防治路段有宝成线凤州—阳平关段、阳安线阳平关—勉县段、襄渝线安康—七里沟段和紫阳—紫黄段及旬阳—白河段、西康线柞水—安康段；公路重点防治段有包茂高速小河口—安康、京昆高速 G5 户县—洋县段、国道 316 酒奠梁—河东店段、旬阳—白河段，国道 210 长安区沣峪口—宁陕县广货街段、西乡县古城—镇巴县渔渡镇段，国道 108 周至—佛坪段，省道 308 平利—镇坪段，省道 207 岚皋—镇坪段，省道 203 商周—山阳段，十天高速安康—白河段等。列为地质灾害重点防治矿区有略阳县煎茶岭金矿区、宁强县黎家营锰矿区、勉县茶店磷矿区、凤县铅锌矿区（铅峒山矿区、手搬崖矿区、银洞梁矿区、银母寺矿区、八方山矿区、四方金矿区）、太白县双王金矿区、洛南县黄龙铺钼矿区、柞水县大西沟铁矿区、紫阳县瓦板岩矿区等。

陕南地质灾害十分发育，受“5·12”地震影响，在强降雨作用下，很容易发生多点域、突发性、毁灭性的地质灾害。2010 年 7 月，陕南地区先后出现了多次大范围降雨，部分地区出现百年一遇的特大暴雨，引发山洪、滑坡、泥石流等重大自然灾害，受灾范围之广、强度之大、损失之重历史罕见。为从根本上消除自然灾害对陕南人民群众生命财产威胁，省委、省政府决定，从 2011 年起，对陕南三市 28 县居住在深山半坡和滑坡点的 60 万户 240 万人民群众实施移民搬迁，规模为中华人民共和国成立后最大的移民搬迁工程。

3.3 地质灾害分区

3.3.1 地质灾害分区的方法

根据地质灾害分区的原则、方法和命名等，将陕西省地质灾害划分为 5 个地质灾害区与 27 个地质灾害亚区（见表 3–6）。

表 3–6 陕西省地质灾害分区

地质灾害区	地质灾害亚区
地面塌陷、崩塌、滑坡为主地质灾害区（Ⅰ）	神府、榆神、榆横矿区风沙滩地、覆沙黄土梁岗与黄土丘陵中等发育亚区（I_1）
	子长矿区黄土梁峁强烈发育亚区（I_2）
	黄陵矿区和铜川矿区西北部黄土塬、土石山地强烈发育亚区（I_3）
	彬长矿区黄土塬极强烈发育亚区（I_4）
	渭北矿区黄土台塬极强烈发育亚区（I_5）
崩塌、滑坡为主地质灾害区（Ⅱ）	白于山一带黄土梁峁中等发育亚区（II_1）
	米脂—延安一带黄土梁峁强烈发育亚区（II_2）
	延长以北黄土梁峁大部弱发育亚区（II_3）
	宜川一带黄土梁峁中等发育亚区（II_4）
	子午岭、黄龙山土石山地弱发育亚区（II_5）

续表

地质灾害区	地质灾害亚区
崩塌、滑坡为主地质灾害区（Ⅱ）	洛川塬黄土梁峁中等发育亚区（$Ⅱ_6$）
	渭北高黄土台塬强烈发育亚区（$Ⅱ_7$）
	渭北低黄土台塬弱发育亚区（$Ⅱ_8$）
	千山土石山地中等发育亚区（$Ⅱ_9$）
	泾阳—宝鸡低黄土台塬极强烈发育亚区（$Ⅱ_{10}$）
	关中冲洪积平原弱发育亚区（$Ⅱ_{11}$）
	长安—潼关黄土塬与土石山地极强烈发育亚区（$Ⅱ_{12}$）
崩塌、滑坡、泥石流为主地质灾害区（Ⅲ）	陇山南部—留坝石质山地强烈发育亚区（$Ⅲ_1$）
	秦岭北麓太白—蓝田一带石质山地强烈发育亚区（$Ⅲ_2$）
	华山北麓石质山地强烈发育亚区（$Ⅲ_3$）
	秦巴山地大部石质山地中等发育区（$Ⅲ_4$）
	西乡—白河、商南石质山地强烈发育亚区（$Ⅲ_5$）
	佛坪—略阳石质山地强烈发育亚区（$Ⅲ_6$）
	镇巴南部石质山地强烈发育亚区（$Ⅲ_7$）
	紫阳—镇坪石质山地极强烈发育亚区（$Ⅲ_8$）
地面沉降、地裂缝为主地质灾害区（Ⅳ）	西安市一带冲积平原强烈发育亚区（$Ⅳ_1$）
无地质灾害区（Ⅴ）	毛乌素沙地大部无地质灾害亚区（$Ⅴ_1$）

3.3.2 主要分区

3.3.2.1 地面塌陷、崩塌、滑坡为主地质灾害区（Ⅰ）

其划分为神府、榆神、榆横矿区风沙滩地、覆沙黄土梁岗与黄土丘陵中等发育亚区和渭北矿区黄土台塬极强烈发育亚区五个地质灾害亚区，地质灾害类型有崩塌、滑坡、泥石流、地面塌陷与地裂缝，地质灾害最为发育，地质灾害密度达百平方千米 6.26 处，以地面塌陷、滑坡与崩塌为主。陕西省是我国由于煤炭资源开发引起地质灾害最严重的省份之一，不仅分布面积大，而且危害性较大，对长城沿线一带的荒漠化草原生态系统、渭北台塬区与彬长黄土塬区的农业生态系统及秦巴山地的森林生态系统造成明显影响，同时随着近年来煤炭资源开发规模的增大，地面塌陷、崩塌、滑坡为主的地质灾害呈现快速上升趋势。

（1）神府、榆神、榆横矿区风沙滩地、覆沙黄土梁岗与黄土丘陵中等发育亚区（I_1）。

该区包括榆林市的榆阳区、神木县、府谷县及横山县。地处毛乌素沙漠东南缘与陕北黄土高原北缘的交接地带。地势大致从西向东、从西北向东南倾斜，地形总体表现为西北高、东南低。植被覆盖度较低，土壤侵蚀严重，土地贫瘠，地形支离破碎。

地质灾害类型有崩塌、滑坡、泥石流、地面塌陷与地裂缝，地质灾害发育，以地面塌陷、滑坡与崩塌为主，发育崩塌 73 处，滑坡 25 处，泥石流 13 处，地面塌陷 36 处，地质灾害密度为百平方千米 2.30 处。2002 年地面塌陷 36 处，而至 2004 年，地面塌陷增加至 42 处，其中神木、府谷各 18 处，榆阳区、横山各 3 处。主要分布于神木县的大柳塔、店塔、麻家塔、西沟，府谷县的大昌汗、新民、老高川、庙沟门，榆阳区的大河塔、牛家梁，横山县殿市、韩岔等乡镇。

神木县采空塌陷最为严重，有各类煤矿 164 个，占有井田面积 1402.69 平方千米，采空区面积达 130 余平方千米，塌陷面积 72.67 平方千米。造成区域性地表水渗漏，地下水位下降，目前全县已有数十条地表径流断流，20 多个泉眼干涸，窟野河一年三分之一以上的时间断流或基本断流（见图 3-10 和图 3-11）。

（2）子长矿区黄土梁峁强烈发育亚区（I_2）。

子长矿区黄土梁峁强烈发育亚区（I_2）位于黄土高原中部、延安市北部，属陕北黄土高原峁梁丘陵沟壑区，地形西北高东南低。区内地下资源丰富，煤炭、石油、天然气、石灰石等埋藏浅，储量大，极具开发价值。煤炭储量 28.9 亿吨，探明储量 8.02 亿吨，居延安地区之首。

图 3-8　塌陷导致路面裂缝

图 3-9　塌陷导致房屋损毁

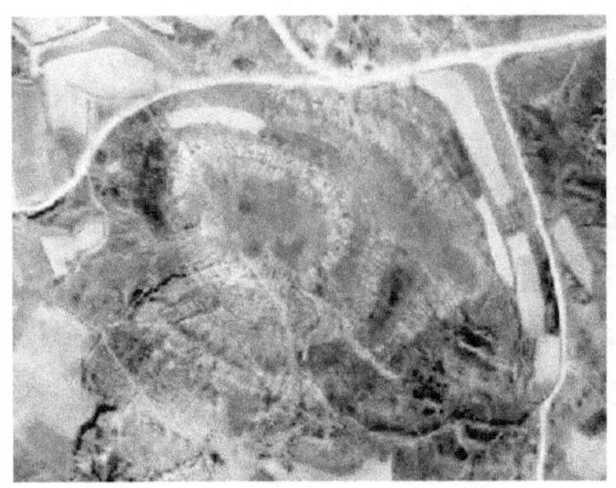

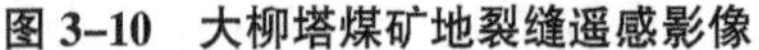

图 3-10　大柳塔煤矿地裂缝遥感影像

图 3-11　大柳塔煤矿地裂缝实地照片

地质灾害类型有崩塌、滑坡、泥石流、地面塌陷，地质灾害发育，地质灾害密度达百平方千米 7.63 处，以滑坡、崩塌、地面塌陷为主，地面塌陷点 2 个，分别为南家咀地面塌陷和庙砭地面塌陷，滑坡共 33 处，崩塌 4 处（见图 3-12 和图 3-13）。地质灾害主要集中分布于该区中部秀延河、涧峪岔河两岸及其支流中。主要集中分布于安定镇、李家岔镇、栾家坪乡、瓦窑堡镇、玉家湾镇、涧峪岔镇 6 乡镇。

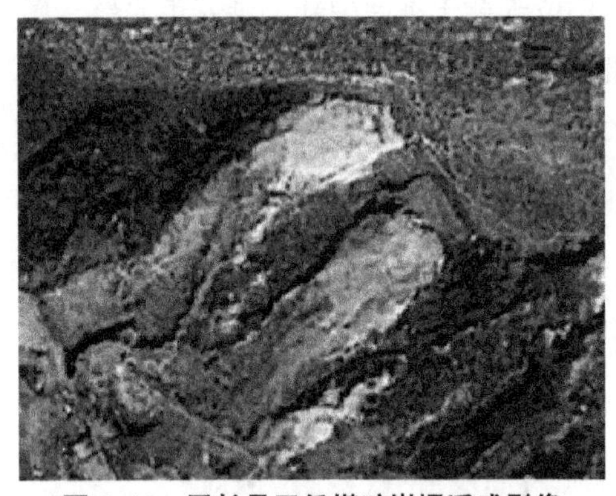

图 3-12　子长县天任煤矿崩塌遥感影像

图 3-13　子长县天任煤矿崩塌实地照片

（3）黄陵矿区和铜川矿区西北部黄土塬、土石山地强烈发育亚区（I_3）。

地质灾害类型有崩塌、滑坡、泥石流、地面塌陷与地裂缝，地质灾害发育，地质灾害密度达百平方千米 7.71 处，以地面塌陷、滑坡与崩塌为主，其中与采矿活动直接相关的地面塌陷点达 24 处。

1）黄陵矿区。

其位于陕北黄土高原南部的低山丘陵区，地处陕西延安地区的南部。为黄土残塬沟壑切割地貌，地表沟壑纵横，沟坡区植被以灌木、松树等为主，覆盖密度较大，地表径流不太发育，煤层上覆基岩厚度一般在 100~250 米，黄土层厚度一般在 100~180 米。开采煤层上覆基岩厚度一般在 150 米左右，矿井开采的主采煤层为 2 号煤，其厚度一般在 2.5~3.0 米，倾角 3°~5°，煤层埋藏稳定。在开采引起地表沉陷的作用下，遇到雨水浸蚀的作用，地表沉陷破坏持续发展扩大，并引发各种地质灾害。

黄陵矿区地方煤矿和小煤矿开采历史长、数量多，其掠夺式的开采，破坏了斜坡的应力平衡状态和黄土结构条件，导致矿区地质环境恶化，滑坡、崩塌、地面塌陷等地质灾害频发。地面塌陷较为严重，塌陷破坏农田、果园、道路，损毁地表建筑物，严重影响了当地群众正常的生产生活。塌陷多发生在黄陵一号矿、仓村一号矿等大型矿山的采空区内，集中分布于沟西村、姜咀村、杨岭村以及南河寨村等（见图 3–14 和图 3–15）。

图 3–14　黄陵县西沟村地裂缝

图 3–15　黄陵县杨岭村塌陷坑

滑坡数量较大，严重威胁着矿区的生产及居民的生命财产安全（见表 3–7）。以黄土滑坡为主，同时存在一定数量的坐落性滑坡，表现为垂直位移大于水平位移。其中，车村矿子弟中学滑坡与郑家峁滑坡是区内两个比较典型的滑坡。

崩塌是黄陵矿区地质灾害的主要表现形式之一。随着煤炭资源开采规模的不断扩大，黄土崩塌不断增多，如黄陵一号矿地面塌陷区（见图 3–16）。

表 3–7 黄陵矿区滑坡调查统计

编号	名称	地点	类型	成因	规模	致灾程度	动态
1	白石村滑坡	白石村西山坡	切层崩滑	小窑采空	175×35×6（10^4 立方米）	阻塞河道	蠕动、崩塌
2	后鲁寺滑坡	鲁寺村西沟口	黄土滑坡	自然陡坡	80×40×4（10^4 立方米）	影响交通	暂时稳定
3	420 矿北山滑坡	420 矿家属区北山	黄土滑坡	切坡、冲刷	160×110×11（10^4 立方米）		暂时稳定
4	七丰娘娘庙滑坡	七丰村后山坡	黄土滑坡	矸石山加荷	110×50×6（10^4 立方米）	毁窑洞 12 间	暂时稳定
5	芋子渠矿滑坡	芋子渠矿北沟	黄土滑坡	地下采空	60×35×5（10^4 立方米）	阻塞沟道	崩塌
6	芋子渠滑坡群	芋子渠沟南坡	黄土滑坡	老窑采空	古滑坡 5 个	毁坏耕地、林区	稳定
7	磁窑洞滑坡群	店头沮水河南坡	黄土滑坡	老窑采空	滑坡 3 个	毁坏林区	暂时稳定
8	厚子坪滑坡	厚子坪村后山	黄土滑坡	自然陡坡	330×160（10^4 立方米）		稳定
9	集贤村滑坡	集贤村后山	黄土滑坡	老窑、切坡	130×50×7（10^4 立方米）	毁田毁林	稳定
10	秋林子滑坡	秋林子沟口	黄土滑坡	地下采空	120×70×5（10^4 立方米）	堵塞沟河	蠕动、崩塌
11	车村矿井口棚滑坡	车村矿矿部	黄土滑坡	采空、切坡	170×100×8（10^4 立方米）	井口、绞车房变形	蠕动
12	车村矿子中滑坡	车村矿工人村后山	黄土滑坡	采空、切坡	200×140×6（10^4 立方米）	锅楼房毁坏	暂时稳定
13	芋园矿崩塌	芋园矿后山	黄土滑坡	地下采空	50×35×4（10^4 立方米）	毁坏耕地	后缘崩塌
14	红石岩矿滑坡	曹家峪沟内	切层崩滑	采空、冲刷	90×20×5（10^4 立方米）	堵塞沟河	后壁危岩
15	陈家沟滑坡	陈家沟山梁	黄土滑坡	自然陡坡	150×60（10^4 立方米）		稳定
16	鲁寺沟滑坡	仓斜 1 号措施井	黄土滑坡	陡坡、侧蚀	28×15×3（10^4 立方米）	堵塞沟道	暂时稳定
17	鲁寺沟崩滑	仓斜 2 号措施井	切层崩滑	切坡、采空		堵塞交通	后缘崩塌
18	郑家峁滑坡	桥山北坡西梁	黄土滑坡	切坡	193×135×14（10^4 立方米）	毁窑、危害铁路	蠕动
19	印台山滑坡	西延公路边	黄土滑坡	工程切坡	50×40×4（10^4 立方米）	毁路 200 米	蠕动
20	麦洛湾滑坡	麦洛湾村河对岸	黄土滑坡	冲刷	110×60（10^4 立方米）	破坏耕地	暂时稳定
21	天平村崩塌	天平村河南岸	黄土滑坡	陡坡、冲刷	180×50（10^4 立方米）	堵塞河道	暂时稳定
22	长祥村滑坡	长祥村河西岸	黄土滑坡	自然陡坡			稳定

资料来源：陕西省地质环境监测总站《陕西省矿山地质环境调查与评估报告》。

图 3–16　黄陵 1 号矿地面塌陷区崩塌动态对比

2）焦坪矿区。

其位于铜川市西北部，处于陕北黄土高原与关中盆地的交接地带。按地貌形态和物质构成看，整体可分为低中山区和黄土残塬梁峁区两个大的地貌单元。煤炭资源丰富，开采历史悠久，含煤地层为侏罗系延安组，根据岩性及含煤性可分三段：下段由砂岩、粉砂岩、泥岩和煤层等组成。

地质灾害发育，以地面塌陷和滑坡为主，崩塌次之。地面塌陷多为中小型，稳定性差，滑坡、崩塌大多为隐患点，稳定性差或较差。

（4）彬长矿区黄土塬极强烈发育亚区（I_4）。

其属陕北黄土高原与陇东黄土高原接合部，为黄陇侏罗纪煤田的一部分，位于陕西省西北部的长武、彬县境内，地貌有河谷阶地、黄土塬和黄土梁峁三种，黄土层厚。地形起伏较大，黄土中垂直节理发育，高陡崖以及高边坡多，为滑坡、崩塌等地质灾害的发生提供了地形条件和物质来源。

地质灾害类型有崩塌、滑坡、地面塌陷与地裂缝，地质灾害极为发育，密度达百平方千米 10.19 处，以地面塌陷、滑坡与崩塌为主，其中与采矿活动直接相关的地面塌陷点达 20 处。随着大佛寺、亭南等大型矿井的投产，地面塌陷也随之增多，通过遥感调查，煤矿采空引起的地面塌陷面积达 1986.73 公顷。塌陷较为严重的村庄有彬县莲花池村、姜渠塬村、菜子村、炭店村、高渠村、坡头庄村、东新村和小灵台村等，多位于亭南煤矿、下沟煤矿、大佛寺煤矿、火石咀煤矿及陈家坪煤矿的采空区内。塌陷造成村庄房屋开裂，道路和农田不同程度损毁，地下水系统被破坏，村民吃水困难，严重影响了当地村民正常的生产与生活（见图 3–17）。此外，近年建设的部分新农村房屋也出现裂缝，彬县炭店乡炭店村新农村裂缝较为严重。滑坡与崩塌也十分发育，共计 136 处（见图 3-18）。

图 3-17　彬县菜子村地面塌陷

图 3-18　彬长矿区黄土滑坡

（5）渭北矿区黄土台塬极强烈发育亚区（I_5）。

渭北煤矿区位于陕西省中部，是陕西省的重要煤炭基地。矿区东起黄河之滨的韩城，经澄城、白水至铜川，依次分属韩城、澄合、蒲白和铜川四个矿务局。地处渭北黄土台塬区，大面积被黄土覆盖，基岩仅见于深切的河谷底部。

地质灾害类型有崩塌、滑坡、地面塌陷与地裂缝，地质灾害极为发育，地质灾害密度达百平方千米 11.95 处，以地面塌陷、滑坡与崩塌为主，其中与采矿活动直接相关的地面塌陷点达 82 处，蒲白、澄合、韩城与铜川矿区都有分布（见图 3-19、图 3-20、图 3-21、图 3-22），由于大多地处黄土台塬区，人口密度较大、耕地分布广，因此，地面塌陷对人身安全的威胁与耕地的破坏较大，如桑树坪地面塌陷主要分布于赵家山村，由于韩城矿务局桑树坪煤矿多年开采，范围较大的采空区沉降较为严重，赵家山村部分村民房屋出现不同程度的裂缝，部分房屋已经倒塌，公路出现裂缝。

图 3–19　韩城市王封村地面塌陷

图 3–20　澄城县光禄村地面塌陷

近年来，渭北煤矿区内滑坡活动频繁，也极为普遍，共发育滑坡 108 处，致灾程度十分严重（见图 3–21）。韩城电厂滑坡，位于象山，它是 7 个滑体组成的子母式复合型大滑坡，面积约 1 平方千米，滑体直接造成电厂建筑物的破坏和变形，并威胁了电厂的安全和存在，造成严重经济损失。

图 3–21　铜川矿区地面塌陷损毁建筑物

图 3–22　铜川矿区黄土滑坡

3.3.2.2　崩塌、滑坡为主地质灾害区（Ⅱ）

其集中分布于陕北黄土高原区，即榆林市北部长城以南，关中北山以北地区以及关中盆地西、南部分地区。包括延安市以及榆林市大部分地区，铜川市的耀州区、宜君县、王益区，宝鸡市的陇县、麟游县、千阳县、凤翔县、岐山县、扶风县、陈仓区、眉县，咸阳市的永寿县、乾县、礼泉县、淳化县、泾阳县，西安市的周至县、蓝田县、临潼区自西向东条带区域，渭南市的富平县、澄城县、合阳县、华县、华阴市、潼关县的部分地区。从区域特征看，延安市以北地面切割严重，为以峁为主的黄土梁峁区，绥德、米脂一带最为典型，宝塔区、延长县和延川县以梁为主，沟壑纵横，地形破碎，梁峁顶面海拔800~1800米，切割深度100~400米。延安以南至关中盆地以北为以塬为主的塬梁沟壑区黄土塬区，塬面平坦，周边沟谷深切；宜川一带因沟谷蚕食形成了破碎塬。西南缘分布有岛状中低山，主要由中生界和古生界砂页岩组成，海拔1400~1800米，植被覆盖率高。此外，黄土高原上分布海拔较低的山地，有白于山、子午岭、崂山、黄龙山等，六盘山余脉，向南延伸到陇县和宝鸡市西部，向东一直延伸到千阳、凤翔、岐山、永寿，与北山相连。

区域新构造运动活跃，强烈的隆升，差异性升降，掀斜运动造成的斜坡体极易产生滑坡、崩塌，特别是活动性断裂破碎带更是斜坡不稳定带。差异性强烈上升地带，主要有宝鸡—渭南大断裂，断裂两侧差异性升降明显，在断层上升盘如关中盆地北缘和宝鸡—常兴塬边造成陡峻斜坡，极易滑塌，华县莲花寺等滑坡滑塌也是这个原因。鄂尔多斯台地是陕西省新构造运动整体抬升地区，不断抬升造成流水下切、动力地质作用强烈，滑坡和崩塌分布广泛。

地质灾害类型有崩塌、滑坡、泥石流、地面塌陷与地裂缝，地质灾害较为发育，地质灾害密度为百平方千米3.46处，以滑坡与崩塌为主。

(1) 白于山一带黄土梁峁中等发育亚区（II_1）。

其包含吴起县城以北、靖边县南部和志丹县西北部，黄土垂直节理有利于降水入渗和风化作用的进行，同时破坏了土体结构，降低土体的抗拉强度，有利于滑坡、崩塌的产生。区内地质构造不发育，仅有的几组剪切裂隙在与边坡组合关系适合的情况下对基岩边坡稳定有不利的影响。定汉线（定边至陕川界）在建高速公路由定边向东南经吴起县出陕甘界，沿线为土石中山向丘陵过渡地貌，曾发生多处崩塌滑坡，修路过程中仍可能造成以往地质灾害隐患点复发及新灾害的发生。

地质灾害较为发育，灾害数量148处，其中崩塌64处，滑坡72处，泥石流2处，不稳定斜坡10处，以黄土滑坡与黄土崩塌为主，主要分布于王古城乡、吴起镇、王洼子乡、新寨乡、周湾镇、长城乡、大路沟乡、五里湾乡、周河镇、中山涧镇、新安边镇、樊学乡等地。面积2348.22平方千米，灾害点密度为每百平方千米4.6处。

滑坡最为发育，全区均有分布，多为黄土滑坡，如吴起县饲养场黄土滑坡，滑坡发生后，虽采取了生物治理措施，植树造林，但不规范人类工程活动仍未停止，滑坡右侧仍在切坡建窑，形成更大的临空面，宽约150米，现已和原滑体连成一体。滑坡稳定性差，趋向不稳定。

两处泥石流均位于吴起县吴起镇，均为泥流，1处为小型，1处为中型，稳定性均为差，危害程度为重大级。10处不稳定斜坡大多位于靖边县，以中小型为主，多为黄土斜坡，稳定性较差。

（2）米脂—延安一带黄土梁峁强烈发育亚区（$Ⅱ_2$）。

其包含佳县、米脂县、绥德县、子长县、宝塔区大部分地区及榆阳区、清涧县、安塞县、延长县局部地区。地貌类型为黄土丘陵，总地势为西北向东南倾斜，平均海拔700~1300米，沟壑纵横，梁峁起伏，最大切割深度200米左右，遇水容易发生崩解、湿陷，是地质灾害形成的物质基础。

地质灾害十分发育，以黄土滑坡与黄土崩塌为主，灾害数量达676处，其中崩塌161处，滑坡433处，泥石流7处，地面塌陷4处，不稳定斜坡72处，地裂缝1处。崩塌滑坡多为中小型，仅见5处大型滑坡和1处大型地面塌陷。面积10985.06平方千米，灾害点密度为百平方千米6.17处。

滑坡是本区内最为发育的地质灾害，分布广，数量多、规模小，但活动频繁，危害程度较大，多为黄土滑坡，极少堆积层滑坡、岩质滑坡和土岩复合滑坡。主要分布在黄土梁峁区的边部陡坡地带。

崩塌较为发育，主要集中分布于佳县境内和西南宝塔区以南。多为黄土崩塌，少有基岩崩塌。产生崩塌的坡型一般为凸型或直线型，坡顶高程在1050~1235米，坡高8~50米，坡度多为50°~70°。宝塔区麻塔崩塌位于桥儿沟镇麻塔村新建210过境公路西侧黄土斜坡上，为倾倒式崩塌。边坡高25米、宽30米、坡度65°。在暴雨天气或连阴雨天气，可能会形成泥流，影响居民正常生活。坡体前部紧邻210国道，如发生破坏，会给国道交通造成一定影响。

泥石流仅7处发育，分布在无定河支流米脂至绥德段及子洲县境内淮宁河北岸，该地区广泛分布的第四系黄土，结构松散，耐侵蚀性差，容易被大气降水冲蚀，发生崩塌、滑坡，为泥石流的产生提供了丰富的物质来源。

不稳定斜坡主要分布于区内西南部宝塔区、安塞县、子长县和清涧县内，宝塔区至安塞县河谷两侧较为集中，多为基岩与黄土或黄土斜坡。多位于黄土沟谷源头、基岩高陡斜坡或沟谷侵蚀岸等地带。

（3）延长以北黄土梁峁大部弱发育亚区（$Ⅱ_3$）。

其包含榆阳区、府谷县、神木、佳县、吴堡县、横山县、安塞县、延长县等陕北 14 个区县的大部分地区。地貌类型包括梁峁型黄土丘陵、覆沙黄土丘陵与土石丘陵，以梁峁型黄土丘陵为主，梁峁型黄土丘陵区的地质灾害较为发育，而覆沙黄土丘陵与土石丘陵的地质灾害较少。沟呈“V”字型，相对切割深度 150~200 米，黄土层厚达 30~60 米。滑、崩、流地质灾害主要发育于上、下陡、中间缓和上陡下缓斜坡前缘临空地段。

地质灾害发育程度弱，以黄土滑坡、崩塌为主，少见基岩及岩土复合滑坡、黄土崩塌及堆积层滑坡，东北部府谷县、神木县基岩崩塌数量较多。灾害数量达 549 处，其中崩塌 267 处，滑坡 193 处，泥石流 9 处，地面塌陷 3 处，不稳定斜坡 77 处。崩塌滑坡以小型最多，中型次之，大型地质灾害仅 11 处，分布于吴堡、府谷及神木三县，中东部地质灾害点明显多于西部。面积 30437.09 平方千米，灾害点密度为百平方千米 1.80 处。

滑坡主要分布于吴堡县，志丹县西南部和榆阳区、神木县、府谷县东部的黄土梁峁区，延长县延河、延川县清涧河、清涧县无定河入黄河段的河谷两侧也有分布。黄土梁峁区，多发育在黄土边坡、滑坡主要受控于极度发育的黄土节理及临空张裂隙，尤其是垂直节理和顺坡（卸荷）裂隙。吴堡县丁家湾乡逯家塌滑坡为典型的大型黄土滑坡，地处土石峁区，斜坡上、下部为耕地和红枣经济林，中部为村庄，坡脚为长年干涸的大沟，沟内为新建的淤地坝。滑体长 600 米，宽 400 米，厚度 35 米左右，面积 24×10^4 平方米，体积 840×10^4 立方米，滑动方向 330°，坡度 10°。滑体平面形态呈舌形，剖面形态呈波形。滑体后部可见多条 0.4~0.6 米的滑动错坎，中前部有明显的滑坡平台。滑体由黄土组成，控滑结构面为岩土接触界面。黄土与基岩的接触面为岩性差异界面，黄土结构疏松、节理发育，雨水易渗透，水分饱和后大大地降低了接触面的抗剪性和粘聚力，加速了斜坡稳定性的破坏或变形，使斜坡失稳、下滑。该滑坡体不稳定，危险。尤其是在长期降雨和前部淤地坝被冲毁失去支撑时，会再次滑动，将会威胁坡下村民和村道及供电系统。

崩塌是区内最为发育的地质灾害，东部自北向南广泛分布，西部志丹县和靖边县洛河、周河、红柳河一带沟谷两侧也有零星分布，集中分布在公路及铁路沿线。岩质崩塌主要分布于出露地层为三叠系和侏罗系砂岩、砂页岩，软硬相间砂泥岩互层的地区，软的泥岩易于风化剥离落，造成坚硬的砂岩空悬，砂岩垂直节理发育，呈厚层—巨厚层，产状较平缓。地貌上表现为陡边坡，坡度多大于 65°，高度一般为 10~30 米，临空面大。遇降雨或春季融冻等作用造成空悬的危岩坠落，形成崩塌，另外在榆阳区南部放炮采石是造成陡坡失稳形成岩质崩塌的重要原因。

（4）宜川一带黄土梁峁中等发育亚区（II_4）。

其包括宜川县东北部及延长县东南部分地区。有延河、雷多河、云岩河及县川河等。地势由西向东倾斜，县川河以北主要是经过强烈切割的破碎黄土塬，偏西则为梁状丘陵地；黄河干流一带为基岩裸露的峡谷，属于丘陵区。

地质灾害发育程度中等，临近东部黄河沿岸，基岩出露高度逐渐增大，黄土厚度逐渐变薄，以基岩崩塌为主，中北部残塬区以黄土崩塌、滑坡和趋于崩塌的不稳定斜坡灾害为主。总灾害数量达 45 处，其中崩塌 32 处，滑坡 8 处，不稳定斜坡 5 处。崩塌、滑坡全部为中、小型。面积 1354.93 平方千米，地质灾害密度为百平方千米 3.32 处。

以浅层滑坡为主，多为小型，占滑坡总数的 75%。黄土滑坡主要分布于中北部的县川河、云岩河河谷斜坡地带；按控滑面所处位置不同可分为层内滑动和接触面滑动。如宜川县哨皮滑坡位于秋林镇显头村哨皮组，物质组成为第四系黄土，呈舌形，后缘有滑壁或裂缝，坡面有潜蚀洞，前缘临空，坡度 20°~40°。坡体干燥时，易发生崩塌，当坡体潮湿或有地下水溢出时，易发生滑坡（见图 3-23）。

图 3-23　哨皮滑坡（黄土层内滑动）

崩塌最为发育，黄土崩塌主要分布于中北部黄土残塬沟谷区，人们削坡平基建宅（拱窑或建房）或垂直崖壁在土体内挖掘窑洞（土窑洞），形成人工边坡—宅基边坡。基岩崩塌主要分布于 309 国道宜川—壶口、延（安）—壶（口）路云岩—新市河段，发育在三叠系软硬相间的砂页岩、砂泥岩分布的陡崖地段，形成的斜坡坡度大于 50°，常因软弱岩层脱落后使上部砂岩悬空拉裂形成基岩崩塌或危岩、危石，对行人及过往车辆构成威胁。

（5）子午岭、黄龙山土石山地弱发育亚区（II_5）。

黄龙山以北土石山区，包含黄龙县、甘泉县，部分涉及的行政单元有韩城市、宜川县、洛川县、宝塔区、安塞县、志丹县、富县、黄陵县、旬邑县。总体地貌为梁状丘陵沟壑区，地势起伏较大，沟壑纵横，梁峁起伏，沟谷深切，黄土塬、梁、峁即沟间地，丘陵为主，部分沟谷和山梁，在洛河、葫芦河等沿岸比较平坦。斜坡的相对高差和地形的陡峭程度决定了地质灾害的发生概率，在“U”形和“V”形地形区是诱发地质灾害的重要空间。区内黄土切割强烈，为滑坡、崩塌形成了地质条件。

地质灾害发育较弱，总的分布特点为东部多、西部少，集中分布在南川河、蔡家河、沮水河、洛河、大东沟等黄河与渭河水域的一、二级支流两岸，由塬、梁、峁沟间地向川、沟、壑沟谷地地质灾害分布密度由小到大，由河谷到支沟，由下游到上游地质灾害分布密度也是由小到大，多见黄土滑坡、崩塌，基岩崩塌、滑坡及堆积层滑坡极少。总灾害数量达 115 处，其中崩塌 60 处，滑坡 34 处，泥石流 1 处，地面塌陷 1 处，不稳定斜坡 19 处。崩塌滑坡以中、小型为主，仅 1 处大型崩塌发生在富县茶坊镇兰宜公路段，1 处大型泥石流发生在张家湾镇王家角村王家角，两处灾害点稳定性较差，属隐患点。面积 16027.68 平方千米，灾害点密度为百平方千米 0.72 处。

滑坡是本区较发育的地质灾害，各处均有分布，较大水系岸坡段多，如洛河甘泉县段，支流岸坡或坡裙地较少。黄土滑坡主要分布在圈椅状地形、双沟同源地形和斜坡较陡地段，坡角一般大于 20°，其物质成分主要为上更新统（Q_3）的马兰黄土。

崩塌是主要的灾害类型，主要分布在黄龙县东北部和东南部，及沟谷中上游及其支沟中，如洛河甘泉县县城段左右两岸，其他黄河和渭河的二级支流，如葫芦河、仕望河也有零星发育。

(6) 洛川塬黄土梁峁中等发育亚区 ($Ⅱ_6$)。

其包含洛川县大部分地区、富县东部、黄陵县东部、宜君县和白水县北部，属于渭北黄土高原沟壑区，主要是黄土塬，塬面开阔平直，比较完整，塬边沟谷深切，水土流失严重。洛河自北向南贯穿全区，期间多条支流汇入。包茂高速、青兰高速公路分别由东北向西南斜穿和北部东西穿越该区。土体以第四系风积黄土为主，容易引发地质灾害的斜坡体主要为中更新统离石黄土与上更新统马兰黄土组成的黄土斜坡。

地质灾害十分发育，地质灾害基本遍布全区，西北和东南少些，在塬边沟谷深切处及包茂高速公路两侧最为密集，多见黄土滑坡、崩塌，基岩崩塌、滑坡及堆积层滑坡极少，发现两处填土滑坡。总灾害数量达 110 处，其中崩塌 33 处，滑坡 51 处，泥石流 2 处，地面塌陷 1 处，地裂缝 4 处，不稳定斜坡 20 处。崩塌、滑坡以小型为主，其次是中型，本区面积 2978.32 平方千米，灾害点密度为百平方千米 3.69 处。

滑坡是最为发育的地质灾害，集中分布在中部地区，主要发育在自然、人工高陡边坡地段及河（沟）谷区的上下缓中间陡的复合黄土陡坡地段，如 210 国道、304 省道及县级乡镇级公路高陡边坡地段；人工切坡建窑形成的窑后黄土陡坡、陡崖地段（这类斜坡在洛川县交口河镇、城区东沟、枣子沟沿岸较多）滑坡发育，有较强的致灾性。

崩塌是本区次级发育的地质灾害，从东北向西南均匀分布，主要发育在沟间地向沟谷地的转折处即塬畔、沟砭、崾崄及窑崖、公路沿线的陡崖处。基岩崩塌主要分布在河谷两岸的公路旁（包茂和青兰高速公路），河流侧蚀、下蚀使基岩高出河床达数十米。修公路人工爆破平路基，基岩完整性被破坏，形成了破碎岩质陡崖，崩塌体（崖面松动岩块）稳定程度极差。

4 条小型地裂缝全部分布在黄陵县，类型均为黄土地裂缝，主要分布于黄陵东部黄土塬区，规模较小，数十米至二百余米不等，其形成受黄土垂直节理及降雨控制。在降水条件下，黄土垂直节理被溶蚀掏空，并继续延伸扩展，形成地裂缝，有时还伴随有黄土陷穴发生，如桥山镇暖泉沟杨堋村地裂缝。该类型地裂缝多发育于在塬边、沟畔相对较近的地带，当其延伸宽展至塬边时，则有可能诱发滑坡。

不稳定斜坡在本区也较为发育，主要分布黄陵县，富县也有分布，一般发育在公路沿线和居住村民的陡坡地段，分为土质和岩质斜坡两种类型，一般稳定性差，为潜在的滑坡、崩塌隐患点。土质斜坡主要分布于黄土沟坡地段，坡多为坡下挖窑、切坡建房、坡脚取土所形成，一般仅威胁到一户或数户村民，可是一旦形成灾害却造成较大的人员伤亡事件。岩质斜坡主要分布于公路沿线，斜坡高陡，坡体由砂岩、泥页岩构成，岩体受结构面切割和风化淘蚀作用，多形成独立块体，随时有崩落的可能性。一旦发生崩塌即造成公路中断，并对过往行人安全构成威胁。

（7）渭北高黄土台塬强烈发育亚区（$Ⅱ_7$）。

其涉及行政单元较多，包括韩城市、合阳县、蒲城县、三原县、泾阳县、礼泉县、乾县、永寿县、旬邑县、淳化县、耀州区、印台区、宜君县、白水县等17个县市。京昆高速、福银高速、包茂高速榆商线（府谷县—商州区）、大凤线（大荔县—凤翔县）、合凤线（合阳县—凤翔县）等高速公路，呈网状交错分布全区。地处黄土高原南部边缘，以黄土台塬为主，北部边缘为土石质低、中山区。地势整体向南倾斜，地貌以塬、梁、沟、峁为主，塬面大而山地少，沟谷多而水流小。构造位置处于中朝准地台陕甘宁台坳南侧和汾渭断陷。褶皱构造不太发育，且规模小。黄土残塬区内黄土厚度大，河水、重力侵蚀作用和剥蚀作用强烈，形成沟壑纵横、支离破碎的地形，在降雨和人类工程活动等因素影响下，极易形成崩塌、滑坡灾害。

地质灾害发育较弱，总的特点是东部少于西部，但东部黄河边分布集中，多见黄土滑坡、崩塌，基岩崩塌、滑坡、土岩复合滑坡及堆积层滑坡极少。总灾害数量达474处，其中崩塌204处，滑坡181处，泥石流4处，地面塌陷9处，地裂缝48处，不稳定斜坡28处。崩塌滑坡以小型为主，其次是中型，25处大型地质灾害中多为滑坡，仅2处崩塌和1处泥石流，主要集中分布在中西部，东部少见。面积8287.23平方千米，灾害点密度为百平方千米5.72处。

滑坡是较为发育的地质灾害，主要分布于永寿县至宜君县条带之间，以淳化县最为集中，东部黄河边零星分布。安家堡滑坡位于淳化县城关镇南嵕岘村安家堡冶峪河次级河谷右岸阶地上。滑坡体长250米，宽700米，厚30米，面积150000平方米，体积262.5×10^4立方米。滑向210°，滑体现处于不稳定状态，危险性大。

崩塌是最为发育的地质灾害，主要分布于西部永寿县、淳化县，及北部宜君县，东部较少，以黄土崩塌为主。如淳化县马家镇茨坪电站崩塌，位于泾河左岸，规模为中型，危害程度为特大型。该处组际均为整合接触，产状326°∠6°。

灾体长 20 米，宽 120 米，厚 80 米。面积 2400 平方米，体积 7.7×10^4 立方米（见图 3-24）。砂岩节理，裂隙极度发育，见有四组以上。尤以 155°∠88°和 45°∠85°两组近直交裂隙颇发育，且局部贯通，张开成为裂缝。裂缝将砂岩切成菱形块体且与母体分离，构成临空危石，摇摇欲坠，极不稳定。

图 3-24　茨坪电站岩

地面塌陷分布在东西两侧，涉及县市为旬邑县、淳化县、永寿县、韩城市、合阳县、大荔县。此处的地面塌陷专指黄土在地下水的潜蚀和溶蚀作用下生成地下洞穴（黄土喀斯特），而后引起地表土层的塌陷。地裂缝主要分布于泾阳县、三原县、大荔县等地。区内地裂缝主要分布在嵯峨山山前口镇—关山断裂带上盘，呈带状分布，此外在某些断裂带的延伸方向两侧密集出现。在空间分布上具有方向性强的特点，径直延伸。许多地裂缝常密集分布在活断层近侧成带分布。在时间分布上则与活断层的活动呈正相关并稍滞后。

（8）渭北低黄土台塬弱发育亚区（II_8）。

其分为东、西两区，西区涉及行政单元有凤翔县、岐山县、扶风县、乾县、礼泉县、杨陵区、武功县和兴平市等地，东部包括富平县南部和蒲城县中部地区。属低黄土台塬区，除部分渭河支流谷地外，塬面完全开阔，地势起伏不大。本区第四系黄土形成时代以中上更新统为主，岩性为粉质粘土，土质均匀，结构疏松，大孔隙、垂直节理发育，黄土具有较强的渗透性和湿陷性，因而，在一定的地貌环境和诱发因素的影响下，易发生崩塌、滑坡等地质灾害。位于渭河断陷盆地中部，北邻鄂尔多斯地台，南接秦岭地槽，西区北部有渭河盆地北缘北山山前断裂带东西横切，南有拓石—宝鸡—渭南断裂带；东区渭河盆地北缘北山山前断裂带呈西南—东北向穿越。

地质灾害发育程度较弱，西区岐山县、乾县等地有零散分布；东区蒲城县境内零星分布，多见黄土滑坡、崩塌。总灾害数量 41 处，其中崩塌 22 处，滑坡 7 处，地面塌陷 7 处，地裂缝 3 处，不稳定斜坡 2 处。崩塌滑坡以小型为主，其次是中型。本区面积 4265.63 平方千米，灾害点密度为百平方千米 0.96 处。

(9) 千山土石山地中等发育亚区（$Ⅱ_9$）。

其包含陇县、千阳县、麟游县，陈仓区、凤翔县、岐山县、永寿县的北部和彬县南部。分为南部低山丘陵区、中西部黄土梁峁沟壑区和东、北部黄土残塬区。低山丘陵区和黄土梁峁沟壑区，沟谷发育，坡度陡立，且人口集中，工程活动强烈，在重力、卸荷等各种营力的作用下，斜坡地段时有滑坡、崩塌等地质现象发生；黄土残塬塬区地形平缓，缺乏地质灾害形成的临空条件，无滑坡、崩塌灾害；但塬面四周沟谷深切斜坡高陡，滑坡、崩塌现象频繁。区内灾害主要受新集川—哑柏、固关—八渡活动性深大断裂控制，沿断裂走向呈束状与之相伴生。另外还有桃园—龟川活动性深断裂，但对地质灾害影响不大。

地质灾害发育程度中等，中东部分布较均匀，西南部少见，主要集中分布在千河陇县—千阳县段的河谷两岸，及麟游县西南部低山丘陵和黄土梁峁沟壑区。多见黄土滑坡、崩塌，基岩崩塌、滑坡及碎石土层滑坡极少。总灾害数量达 213 处，其中崩塌 76 处，滑坡 105 处，地面塌陷 4 处，地裂缝 1 处，不稳定斜坡 27 处。崩塌滑坡以小型为主，其次是中、大型，大型地质灾害中以滑坡为主，3 处巨型滑坡分布在凤翔县、千阳县和陇县。本区面积 6112.04 平方千米，灾害点密度为百平方千米 3.48 处。

(10) 泾阳—宝鸡低黄土台塬极强烈发育亚区（$Ⅱ_{10}$）。

其涉及的行政单元有陈仓区、金台区、渭滨区、眉县、岐山县、扶风县、杨陵区、武功县、兴平市、渭城区、秦都区和泾阳县。黄土塬斜坡地段一般坡高大于 30 米，坡度在 25°~36°，部分地段呈近直立的陡崖，加之人类削挖坡脚严重，滑坡、崩塌等地质灾害极易形成。岩性以黄土最为广泛，大多为弱透水性下更新统冲积粉质粘土层或上第三系红色粉质粘土层，疏松至致密，具湿陷性，这些弱透水面形成斜坡的软弱结构面，易形成崩滑。区内存在三条深大断裂，八渡—虢镇—眉县—户县—铁炉子—三要断裂带和新集川—哑柏断裂北西向穿过，拓石—宝鸡—渭南断裂带在中部东西穿过本区，这些断裂具有长期活动和晚近期活动特征。构造控制了区内地形地貌的格局，也使岩体结构较为破碎，从而有利于地质灾害的形成。

地质灾害极为发育，主要集中分布于宝鸡一带渭河南北岸以及泾河下游西岸的黄土塬边、残塬边的沟谷地带。多见黄土滑坡、崩塌，基岩崩塌、滑坡多数稳定性较好，主要集中在陈仓区。总灾害数量达 448 处，其中崩塌 128 处，滑坡 300 处，泥石流 2 处，地面塌陷 8 处，地裂缝 7 条，不稳定斜坡 3 处。崩塌滑坡以中、小型为主。面积 1907.20 平方千米，灾害点密度为百平方千米 23.49 处。

（11）关中冲洪积平原弱发育亚区（II_{11}）。

其涉及行政单元有眉县、周至县、户县、三原县、泾阳县、阎良区、高陵县、临潼区、大荔县等地。地貌以流水地貌为主。西部自渭河水系覆盖处为冲积河漫滩、向南北分别为河流低阶地，南岸河流低阶地以南为倾斜的冲积平原；东部自渭河冲积河漫滩，向北为河流低阶地，河流高阶地及冲积地、高台地交错分布，冲积低台地面积分布较大，主要在大荔县、阎良区和高陵县，临渭区北部为独立的冲积洼地，大荔县南部为风积冲积沙质平原，呈东西椭圆状分布，再向北为小面积的倾斜冲积平原。黄土台塬和冲洪积平原均沉积了巨厚层的新生代第四系地层，其中黄土台塬地层主要为中上更新统风积黄土，以粉质粘土为主；冲洪积平原地层主要为上更新统黄土、粉质粘土及全新统黄土状粉质粘土。断裂较发育，有四条深大断裂发育。拓石—宝鸡—渭南断裂带自西向东贯穿全区；八渡—虢镇—眉县—户县—铁炉子—三要断裂带、新集川—哑柏断裂在本区西部呈西北东南分布；口镇—关山断裂自三原向东呈东西走向分布，使断裂以北上升为黄土台塬，以南下降为冲洪积平原，两者接触带形成高陡之塬边斜坡，为崩滑等地质灾害的产生提供了斜坡环境。

地质灾害不发育，滑坡崩塌多发育在冲积平原与黄土台塬的交接地带。总灾害数量 149 处，其中崩塌 48 处，滑坡 27 处，地面塌陷 9 处，地裂缝 47 条，不稳定斜坡 18 处。崩塌滑坡以小型为主。1 处大型滑坡也发生在泾阳县太平镇寨头村。面积 8037.4 平方千米，灾害点密度为百平方千米 1.85 处。

（12）长安—潼关黄土塬与土石山地极强烈发育亚区（II_{12}）。

其包括灞桥区、长安区、蓝田县、临潼区、临渭区、华县、华阴县、潼关县等地区，为西宽东窄的条带区域。地貌可分为渭河冲积平原、山前冲积扇、骊山丘陵区和黄土台塬区。在山前洪积扇上和丘陵区，地质灾害发生在有一定坡度的洪积锥裙部位；黄土台塬区及渭河平原区，在平坦的塬面和川道中没有崩、滑、流等地质灾害发育，但在华山附近受河流切割冲沟发育，多呈南北向的条带，有

“南北走，有上有下；东西走，有沟有岔”之说。以黄土堆积为主，地形坡度大，沟谷切割强烈，为地质灾害高发地段。新生界松散岩层，可分为下更新统阳郭组、中更新统泻湖组、上更新统马兰组和全新统，主要以黄土为主，广泛分布于山区、台塬和各级河流二级以上阶地之上，成为第四系松散堆积层，在堆积层之下，大多基岩都为变质岩及薄层岩石，如太古界至元古界的片岩、千枚岩、板岩及变质砂岩等以及第三系的砂砾岩和花岗岩等，这些松散堆积物为地质灾害的普遍发育奠定了物质基础。区内有两处深大断裂发育，分别为八渡—虢镇—眉县—户县—铁炉子—三要断裂带和拓石—宝鸡—渭南断裂带，前者在本区西南部东西横穿，后者自临潼区—潼关东西分布，皆为隐伏断裂。断裂构造在一定程度上控制了本区地质灾害点的分布，尤其在华县沿山前大断裂附近地质灾害十分发育。不断活动的断裂构造是地质灾害发育的动力来源，同时也表明断裂构造附近是地质灾害的高发地段。

地质灾害极为发育，分布上西部明显多于东部，华县以西一带最为集中。多为黄土滑坡和崩塌，少见基岩崩塌滑坡，但在华县境内堆积层滑坡较多、华阴县境内基岩崩塌逐渐增多。总灾害数量达 377 处，其中崩塌 180 处，滑坡 162 处，泥石流 14 处，地面塌陷 7 处，地裂缝 4 处，不稳定斜坡 10 处。崩塌滑坡以小型为主，10 处巨型滑坡均发生在金台区。面积 2871.71 平方千米，灾害点密度为每百平方千米 13.13 处。

3.3.2.3 崩塌、滑坡、泥石流为主地质灾害区（Ⅲ）

其集中分布于秦巴山地及陇山南部区，包括汉中、商洛、安康三市，以及宝鸡市的凤县、太白、眉县、陇县和西安市的周至、户县、蓝田和渭南市的华县、华阴、潼关等县，以山地为主，间有盆地分布，地势呈西高东低，南北高，中间低，汉江横贯中部，北为秦岭、陇山，南为米仓山与大巴山，按地貌形态分为高山、中山、低山、丘陵及山间盆地，高山分布于太白山、鳌山等地，为花岗岩组成的强烈上升的断块山，高程多在 3000~3500 米，寒冻风化作用强烈，中山占全区面积的 2/3 以上，相对切割深度 300~1000 米，山势陡峻，2000 米以上的分水岭有冰斗等古冰川遗迹，河流溯源侵蚀强烈，沟谷纵比降大，崩塌、滑坡、泥石流等现象较为发育，中低山与低山丘陵主要分布于石泉以下汉江两岸及山间盆地四周，相对切割深度 100~700 米，谷坡上缓下陡，剥蚀作用强烈，边坡稳定性差，崩塌、滑坡、泥石流等现象发育，山间盆地主要有汉中、安康、西乡、洛南与商丹盆地，盆地边缘是地质灾害多发区。

岩石种类多，不仅有变质岩、岩浆岩、沉积岩建造，而且残积物、坡积物、冲积物等第四系分布较为广泛，为崩塌、滑坡与泥石流的形成提供了物质基础，按岩性可分为以下八类：①松散土包括黄土与其他粘性土，其中黄土主要分布于凤县、太白、洛南等盆地及嘉陵江两岸的高阶地，厚几米到数十米，粉砂含量高，结构疏松，是崩塌、滑坡与泥石流发育的主要地区之一，其他粘性土包括亚砂土、亚粘土及膨胀土，分布于汉中、西乡、安康等盆地；②泥岩、砂砾岩零星出露于山间盆地，主要为第三系与白垩系的泥岩、砂岩与砂砾岩，胶结差，易风化；③砂岩、页岩分布于宁强—镇巴一带，主要为下古生界、上三叠统及侏罗系的砂岩、页岩夹灰岩；④片岩、千枚岩、板岩广泛分布于秦岭中部与南部地区，包括古生界碧口群以及长城系宽坪群、陶湾群，片理发育，风化强烈，组成的边坡稳定性差；⑤片麻岩分布于商南—丹凤—柞水—凤州以北地区，包括太古界太华群，前奥陶系的片麻岩类及混合岩夹大理岩等，岩石坚硬；⑥碳酸盐岩主要分布于洛南、羊山—湘河、米仓山及大巴山北坡，岩石致密坚硬；⑦火山岩主要分布于洛南—商南、安康—平利及陇山地区，包括长城系熊耳群、蓟县系西乡群、下震旦郧西群、耀岭河群及奥陶系草滩沟，主要为玄武岩、安山岩、流纹岩、流纹岩、凝灰岩夹片岩，岩石较坚硬；⑧侵入岩分布广泛，包括各侵入期的花岗岩类、闪长岩类、辉长岩类，节理发育，风化强烈，花岗岩的风化厚度可达 40 米左右，其风化层是泥石流的主要物质来源。

秦巴山区是走向近东西的强烈挤压带，系有一系列紧密褶皱和压型断层组成，经历了多次构造运动，地质构造极为复杂，变质作用与岩浆活动表现为北强南弱的规律，商县—凤州以北岩石变质程度深，岩浆活动强烈，断裂发育，规模大，多为区域性断裂，具继承性与多期活动特点，断裂带结构复杂，宽度大，构造岩发育。沿断裂带及其两侧岩体破碎塌滑严重，新构造运动以断块掀斜上升运动和断裂活动为主，上升幅度北强南弱，西部上升幅度大于东部，形成了秦岭山地北坡陡峻，南坡宽缓和山地高程自西向东降低的地势特征。

(1) 陇山南部—留坝石质山地强烈发育亚区（Ⅲ_1）。

其主要地貌类型有中高山、低山，凤县县城一带为河谷盆地，岩性主要为燕山期花岗岩，前奥陶系秦岭群、上古生界及下三叠统的片麻岩、片岩、灰岩，下白垩统砂岩、砂砾岩，第四系黄土零星分布，厚度较大，褶皱发育，主要断裂有黄牛铺—皇台、凤州—桃川、紫柏山—江口、扈家岱—江口、草凉驿、红花铺和杨家湾断裂等。断裂带宽，岩石破碎，构造岩发育。新构造运动以强烈上升为特征，沟谷深切，边坡稳定性差，沿断裂带山坡块体运动普遍。

地质灾害十分发育，灾害密度达百平方千米 5.52 处，其中滑坡最为发育，共 210 处，以黄土滑坡与堆积层滑坡为主，如凤州—桃川断裂带通过嘉陵江支流安河流域，安河中游白鹿母寺沟至王家岱沟口仅 1 千米长度内有崩塌、滑坡及泥石流 40 余处，温江寺一带形成长达 10 千米之崩塌带。

泥石流类型在白家店以北以水石流为主，以南以泥流和泥石流为主。泥石流按其形态特征可分为三类：第一类是流域面积较大，形成区比较开阔明显，流通区域狭长，纵坡降大，堆积区较平缓，有泥石流堆积扇，如鹿母寺沟、何家沟、龙王沟等。第二类是沟谷狭长，形成区和流通区不易区分，水源主要来自上游，固体物质则来源于中游，堆积区明显，泥石流发生时，堆积区灾害严重，如凤县红花铺沟泥石流，沟长 4.6 千米，流域面积 4.3 平方千米，沟床顺直，基岩裸露，中游沟底宽缓呈葫芦状，沟口有泥石扇。第三类流域呈斗状或掌状，面积一般小于 1 平方千米，为新生沟谷，形成区与堆积区相连，无明显流通区，流程较短，固体物质主要来源于上游山坡，泥石流规模小。

（2）秦岭北麓太白—蓝田一带石质山地强烈发育亚区（$Ⅲ_2$）。

其位于秦岭北麓石质山地区，由西向东跨太白、眉县、周至、户县、长安、蓝田等县。秦岭北麓山大沟深，地表水侵蚀下切强烈，岩石裸露面积大，风化淋滤较强；在低缓山垭或凹槽处堆积层分布广泛，降雨时斜坡失稳变形，为滑坡、泥石流的发生提供有利地形地貌条件。在中—低山区，往往堆积着不同厚度的松散残坡积碎石土，碎石土本身与下伏基岩存在天然的结构面，因此在雨季，残坡积碎石土易于渗水，渗水到达结构面，由于岩石破碎，易于富水，结构面遇水即形成软弱滑动面，在重力作用下，堆积层便会沿软弱结构面下滑形成滑坡。同时在基岩裸露区，由于岩石破碎，也易于形成崩塌。油房沟—皇台断裂带（F_{11}）、唐藏—商南断裂带（F_{12}）呈近东西向贯穿全区，控制区内地质灾害的发育。

地质灾害发育，密度为百平方千米 6.02 处。共发育各类灾害点 232 处，其中滑坡 162 处，崩塌 40 处，泥石流 23 处，不稳定斜坡 7 处，均以中小型为主，稳定性多为较差。

由于地形地貌及深大断裂因素，滑坡、崩塌相对发育，加之修建公路、建房、采石开矿等人类工程活动的大量废弃堆积物，都为泥石流的形成提供了丰富的松散土石碎屑固体物质来源。泥石流可分为山坡型泥石流和沟谷型泥石流，以沟谷型泥石流为主，多发育在主沟或较大支沟上，在户县、眉县、太白一带较为集中。

(3) 华山北麓石质山地强烈发育亚区（$Ⅲ_3$）。

其位于秦岭北坡，与关中盆地毗邻，宝鸡—蓝田—华阴秦岭山前断裂通过，发育有百余米宽的糜棱岩，新构造差异运动强烈，地震频繁，1556 年华县 8 级大地震即发生于附近。华山北坡沟谷发育，沟短，纵坡降大，横断面呈“V”型，侵蚀作用强烈，出露的主要地层为太华群中—深变质岩及燕山期花岗岩体，花岗岩及片麻岩类，虽系坚硬岩石，但因节理发育，岩石风化强烈，沿山前地带崩塌、滑坡及溜塌等自然地质现象发育，1982 年 7 月 28~31 日连续降雨，雨量为 118.80~189.2 毫米，7 月 31 日暴雨强度为 92.0~158.2 毫米，暴发泥石流等山地灾害，自孟塬至华县秦岭山麓发生山坡溜塌 20 余处，泥石流 5 处。

地质灾害十分发育，密度达百平方千米 8.13 处，灾害类型以泥石流为主，共 32 处，崩塌，滑坡次之，分别为 14 处、6 处。集中分布于华山与北部黄土台塬区交界地带，地形主要为沟口狭窄、沟内相对较宽缓、有较大汇水面积，沟内修公路、采矿、采石形成的大量的废渣随意堆放，为泥石流提供丰富的物质来源。

(4) 秦巴山地大部石质山地中等发育区（$Ⅲ_4$）。

地貌类型有高山、中山、低山、丘陵等，沟谷较为发育，主要出露片麻岩、花岗岩和碳酸盐岩，以坚硬、半坚硬岩类为主，同时人口密度小，坡耕地开垦与自然植被破坏等人类活动范围小、强度弱，是自然保护区集中分布区域，植被覆盖度较高，地质灾害主要沿断裂带分布，以崩塌、滑坡为主，泥石流少见，在碳酸盐岩区有岩溶塌陷分布。

地质灾害发育程度中等，密度为每平方千米 2.12 处，共有地质灾害 647 处，其中滑坡 440 处，崩塌 55 处，泥石流 50 处，地面塌陷和不稳定斜坡分别为 10 处和 92 处，分布较为分散。

(5) 西乡—白河、商南石质山地强烈发育亚区（$Ⅲ_5$）。

其包括镇安、山阳、商州、商南、石泉、汉阴、汉滨、旬阳、白河等地区，属中山、低山与丘陵地貌，以中山、低山为主，丘陵仅分布于商南县南部、山阳县、西乡县东北和安康市北部。为树枝状水系，沟谷发育，支沟纵比降大，沟谷多深切曲流，谷坡上缓下陡，斜坡坡度大多在 25°以上。主要出露印支期花岗岩体及泥盆系片岩、板岩与砂岩，岩石风化强烈，残坡积物发育，渗透性强，降水渗入后与下伏基岩形成上层滞水，使松散层快速饱水软化，接触面抗剪强度降低，同时降水量较大。1983 年 10 月，镇安、山阳、商县等地连续降水 5 天，降雨总量为160~191.50毫米，日最大降雨量为62~102.3毫米，发生了重大的崩塌、滑坡、泥石流地质灾害。20世纪50~70年代，自然植被破坏较为严重，坡耕地开垦现象普遍，随着近年来退耕还林政策的实施，自然植被得到了有效恢复。构造以近东西向褶皱和断裂为主，并有北东、北西及南北向断裂切割，沿断裂带崩塌、滑坡等地质现象普遍。

地质灾害十分发育，密度达百平方千米7.75处，以滑坡最为发育，占地质灾害总数的90.5%。崩塌、泥石流有少量分布，分别为76处和75处，占地质灾害总数的4.5%和4.4%，地面塌陷和不稳定斜坡仅零星分布。

（6）佛坪—略阳石质山地强烈发育亚区（$Ⅲ_6$）。

以中山和低山地貌为主，地处东西向断裂和北东向断裂反接部位，岩体破碎。近东西向断裂有木瓜园—马道、略阳—勉县—洋县、阳平关—勉县及宽川铺断裂等；北东向断裂有乐素河、麻柳铺—阳平关、峡口驿—代家坝断裂等。除嘉陵江两岸阶地及斜坡低凹处有厚1~10米的松散土层外，基岩裸露主要为上元古界、古生界的片岩、砂岩、页岩及灰岩等。区内也属新构造运动上升强烈地区，近期断裂活动明显。沿活动性断裂带，岩层风化严重，崩塌、滑坡、泥石流发育。地质灾害密度达每平方千米7.11处，共发育地质灾害740处，以滑坡为主，崩塌、泥石流、地面塌陷和不稳定斜坡有少量分布。

（7）镇巴南部石质山地强烈发育亚区（$Ⅲ_7$）。

地处米仓山的东部与大巴山的西部，沟谷发育，坡面陡峻，其中15°~25°的沟谷坡面是残坡积物堆积厚度最大、分布最为集中的区域，人类活动剧烈，自然植被破坏严重，坡耕地分布广泛，居民地分布密集，因房屋建造及筑路等开挖坡脚较为普遍，出露的主要岩性为三叠系、侏罗系的砂岩、泥岩、页岩互层的含煤地层及灰岩、页岩或凝灰岩的互层，呈平行分布的近南北向褶皱与断裂构造密集，地层产状35°~45°，残坡积物厚1~8米，堆积层滑坡发育。

地质灾害发育，密度为百平方千米5.36处，共发育地质灾害110处，以滑坡为主，其余地质灾害零星发育。堆积层滑坡分布最广泛，发育数量多，主要分布于低山区及部分中山区斜坡地带，其物质成分为覆盖于基岩面之上的各种松散堆积物，主要为残坡积碎石土。结构疏松，粘结力小，透水性强，与下伏基岩存在明显差异，易在此接触带上形成滑面（带），大多数滑坡目前处于蠕动变形阶段。

（8）紫阳—镇坪石质山地极强烈发育亚区（$Ⅲ_8$）。

其位于大巴山北段，巴山弧形构造与北西向构造斜接部位。褶皱紧密，断裂发育，较大断裂有三花石—汉王城、红椿坝—曾家、饶峰—麻坝断裂等，断裂破碎带宽一般为100~500米，三花石—汉王城断裂挤压破碎带宽达2~3千米。下古生界千枚岩、片岩出露广泛，岩石节理发育，岩石破碎，风化层厚15~20米，缓坡上往往有残积碎石土堆积。区内河谷深切，谷坡陡峭，岩体稳定性差，重力侵蚀显著。如襄渝铁路松树坝车站附近，断裂带岩石挤压破碎，强风化层厚20余米，谷坡上形成2千米长的滑坡群。

地质灾害极为发育，密度达百平方千米11.62处，共发育地质灾害1138处，其中滑坡1040处，崩塌29处，泥石流46处，地面塌陷1处，不稳定斜坡22处，多发育在河道两侧的沟谷中。

3.3.2.4　地面沉降、地裂缝为主地质灾害区（Ⅳ）

其主要包括西安市城五区（雁塔区、碑林区、未央区、莲湖区、新城区）和灞桥区。区内总的来说地表平整，微地貌影响不大，发育有西安黄土梁洼地貌，共有十条北东东向展布、平行等间距排列的黄土梁和洼地，间距为1000~1500米；黄土梁和洼地的横剖面形态都不对称，黄土梁南高北低、南陡北缓；洼地北深南浅，两者组成箕形盆地和“南仰北俯”的断块山形式的地貌形态，其总的地势是东南高西北低，黄土梁的顶面高程和洼地底部的高程自南而北逐渐降低。地裂缝发育在黄土梁的南侧陡坎。据前期研究成果，黄土梁的相对高度反映了隐伏断裂的活动强度，现今地裂缝活动强度具有明显的继承性。

城五区是黄土的发育区，具有湿陷性。上更新统黄土湿陷性强，湿陷量大，分布在二级阶地及高于二级阶地以上的各地貌单元上；全新统黄土状土和填土湿陷性弱，湿陷量小，浐河、灞河漫滩区全新统黄土状粉质粘土厚度薄，其下为砂、砂砾石，均属非湿陷性土。黄土厚度一般在5~50米，土质以粉土和粉质粘土为主，结构松散，节理裂隙发育，虫孔多，遇水易流失，常形成深切沟谷、陡崖、陡坡，受降水和人类工程活动的影响，极易发生地裂缝、崩塌等地质灾害。

西安市区位于西安凹陷的东部边缘，构造活动长期以来一直处于下沉状态，位于西安凹陷东南边界的长安—临潼断裂进行着南升北降的活动，同时位于西安断陷北侧边界的渭河北岸断裂进行着北升南降的活动，这两个断层的活动对西安地区的地面沉降有一定影响。有关资料显示，由于构造活动造成的区域沉降量，占总沉降量的3%左右。西安11条地裂缝带均处于下降的北盘，其分布及活动均受长安—临潼断裂控制，多年跨断层水准测量资料表明，长安—临潼断裂平均垂向活动速率为3.98毫米/年，约占地裂缝平均垂向活动量的7.3%。

地质灾害以地面沉降，地裂缝为主，少数崩塌及不稳定斜坡发育。灾害数量达28处，其中地裂缝17条，分别在城五区有13条发育，灞桥区有4条发育；地面沉降主要发生在城区和近郊区，截至1996年累计沉降量超过200毫米的范围；崩塌9处和不稳定斜坡2处，位于灞桥区。面积477.29平方千米，灾害点密度为百平方千米5.87处。

地面沉降不但使地下各种管网（供水、供气、排污等）遭到破坏，水井报废，给西安市工农业生产及市民正常生活造成了严重影响，而且对地表建筑物产生很大危害，如著名的大雁塔向西北方向倾斜990毫米，市中心钟楼下沉1000毫米之多。更为严重的是地面不均匀沉降加剧了地裂缝的垂直活动量，使地表大量建筑物开裂、报废。

地裂缝群（共13条）分布范围西至皂河，东到纺织城，南起三爻村，北至井上村，面积约155平方千米。它发育在特殊的黄土梁洼地貌的基础上，呈带状发育，准平行等间距，北北东向展布，主地裂缝均显示南倾南降特点，规模以巨型为主。

3.4 主要流域地质灾害特征

陕西河流以秦岭为界，分属黄河、长江两大水系。黄河水系流域面积占全省总面积的63%，占水资源总量的26.5%；长江水系流域面积占全省总面积的35%，占水资源总量的73.5%。通常可划分为渭河流域、黄河北干流流域、汉江流域、丹江流域、洛河（南洛河）流域和嘉陵江流域。丹江流域地质灾害最为发育，密度达百平方千米6.74处，然后是汉江流域、嘉陵江流域和渭河流域，地质灾害密度依次为每百平方千米6.41处、4.96处、4.32处和3.27处。地质灾害发育程度最弱的是黄河北干流流域，密度仅为百平方千米2.77处（见图3–25）。

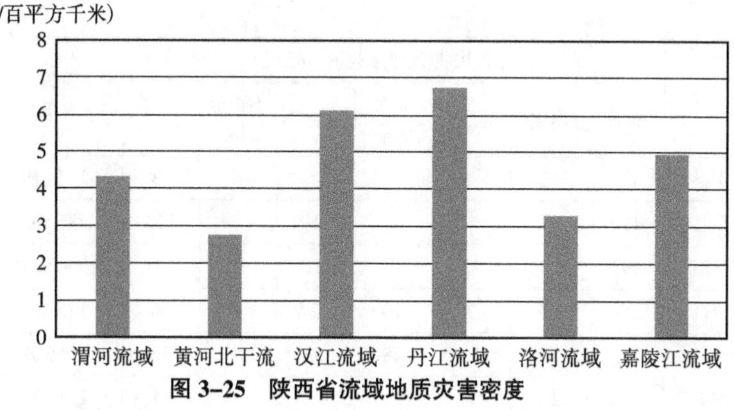

图 3–25 陕西省流域地质灾害密度

3.4.1 渭河流域地质灾害特征

渭河是黄河的最大支流，同时也是流经陕西境内鄂尔多斯内流区、黄河与长江流域中的最大支流，流域面积 67804 平方千米，面积大于 500 平方千米的一级支流较多，北岸有千河、漆水河、泾河、洛河等河流；南岸有黑河、涝河、沣河、灞河、赤水河等河流。

渭河流域地貌复杂，包括山地、丘陵、台地与平原等。地形特点是西高东低，自西向东地势逐渐变缓，最大高程差达 3485 米。地貌类型有河床、河漫滩、阶地、平原、台塬与山地等。渭河流域地质灾害比较发育，灾害密度为每百平方千米 4.32 处，类型主要有滑坡、崩塌，泥石流、地面塌陷、地面沉降与地裂缝等（见表 3–8）。

表 3–8 渭河流域各县区地质灾害统计

市	县区（市）	地质灾害类型及数量（处）							面积（平方千米）	密度（处/百平方千米）
		滑坡	崩塌	泥石流	地面塌陷	地裂缝	不稳定斜坡	合计		
西安市	城五区					13		13	514	2.53
	灞桥区	12	27			4	8	51	320.47	15.91
	长安区	44	28	3		1		76	1575.67	4.82
	阎良区		6			2		8	244.15	3.28
	临潼区	42	58	2				102	931.13	10.95
	高陵县		2		2			4	286.54	1.40
	户县	26	4	8				38	1244.26	3.05

续表

市	县区（市）	地质灾害类型及数量（处）							面积（平方千米）	密度（处/百平方千米）
		滑坡	崩塌	泥石流	地面塌陷	地裂缝	不稳定斜坡	合计		
西安市	蓝田县	63	12	4			4	83	1976.19	4.20
	周至县	110	17	5		1		133	2850.9	4.67
	合计	297	154	22	2	21	12	508	9943.31	5.11
渭南市	临渭区	23	24	7	10	2		66	1257.03	5.25
	白水县	4	39		28	2		73	966.09	7.56
	澄城县	5	12	1	13			31	1130.31	2.74
	大荔县		16		2	11		29	1473.4	1.97
	富平县	10	10			1		21	1230.45	1.71
	合阳县	1	13		1			15	218.39	6.87
	华县	12	38			1		51	879.99	5.80
	华阴市	2	12	15				29	645.3	4.49
	蒲城县	4	4		23			31	1592.94	1.95
	潼关县	1	16	23				40	410.24	9.75
	合计	62	184	46	77	17		386	9804.14	3.94
延安市	宝塔区		1					1	3.36	29.76
	富县	5	26	1	1		9	42	4213.67	1.00
	甘泉县	7	6				4	17	2263.25	0.75
	黄龙县	8	8					16	1285.60	1.24
	黄陵县	30	14	2	14	18	28	106	2238.62	4.74
	洛川县	33	12					45	1875.00	2.40
	吴起县	36	34	2				72	3413.49	2.11
	志丹县	24	18	1			1	44	3104.89	1.42
	合计	143	119	6	15	18	42	343	18397.88	1.86
咸阳市	秦都区		8		2	2		12	274.87	4.37
	渭城区		6		7	4		17	255.62	6.65
	彬县	46	19		9	10	42	126	1203.48	10.47
	淳化县	55	25		3	4	20	107	957.46	11.18
	长武县	12	30		6		14	62	574.4	10.79
	泾阳县	11	19	2	2	66		100	790.72	12.65

续表

市	县区（市）	地质灾害类型及数量（处）							面积（平方千米）	密度（处/百平方千米）
		滑坡	崩塌	泥石流	地面塌陷	地裂缝	不稳定斜坡	合计		
咸阳市	礼泉县	10	8			2		20	990.15	2.02
	乾县	4	20				2	26	1027.39	2.53
	三原县	3	18		1	9		31	574.3	5.40
	武功县	1	18					19	392	4.85
	兴平市		5				1	6	489.33	1.23
	旬邑县	41	13		8	6		68	1774.21	3.83
	杨陵区	2	3					5	104.05	4.81
	永寿县	19	21		2	1	7	50	899.07	5.56
	合计	204	213	2	40	104	86	649	10307.05	6.30
宝鸡市	陈仓区	165	11	6				182	2998.29	6.07
	渭滨区	90	1	4				95	566.21	16.78
	金台区	40						40	60.41	66.21
	凤翔县	9	21			1		31	1222.44	2.54
	扶风县	18	34					52	740.74	7.02
	陇县	32	4					36	2311.31	1.56
	麟游县	22	25		1		11	59	1727.63	3.42
	眉县	15	16	3			19	53	865.52	6.12
	岐山县	11	58				4	73	850.56	8.58
	千阳县	25	10					35	997.25	3.51
	太白县	16	1	4			6	27	653.6	4.13
	合计	443	181	17	1	1	40	683	12993.96	5.26
榆林市	定边县	4	22				1	27	2437.10	1.11
	靖边县	7	1				3	11	225.51	4.88
	合计	11	23				4	38	2662.61	1.43
铜川市	王益区	44	15		7			66	151.45	43.58
	宜君县	39	70	3	3	1	4	120	1485.18	8.08
	印台区	36	6		5			47	635.01	7.40
	耀州区	58	24		7	1		90	1615.71	5.57
	合计	177	115	3	22	2	4	323	3887.35	8.31
总计		1337	989	96	157	163	188	2930	67996.3	4.32

资料来源：煤炭地质总局航测遥感局《陕西省主要流域地质灾害分布》。

崩塌与滑坡是流域内最发育的地质灾害类型，分布广、数量大，主要分布于洛河上游的白于山、洛川源区、彬长塬区、黄土高台塬、骊山山地及秦岭北麓的基岩山地，其中黄土崩塌与滑坡广泛分布于秦岭北麓以北黄土区，堆积层与岩质崩塌与滑坡主要分布于秦岭北麓的基岩山地；泥石流主要分布于陇山南部与华山北麓各流域；地面塌陷分布面积较大，是地面塌陷分布面积最大的流域，主要分布于洛河黄陵以下河段的黄土塬与黄土台塬、石川河、泾河等支流，包括采空塌陷与湿陷性黄土塌陷，以采空塌陷为主，采空塌陷集中分布于渭北石炭二叠系煤田、黄陵—长武一带侏罗系煤田，以及金堆城钼矿区，湿陷性黄土塌陷主要分布于渭河两岸咸阳、渭南等境内的黄土塬区及渭河二、三级阶地陡坎局部，如在咸阳的秦都区与渭城区有 9 处，渭南的临渭区有 7 处；地裂缝发育，以西安城区地裂缝与关中平原地裂缝最为典型，仅泾阳县分布地裂缝达 66 条、大荔县 12 条、西安城区 13 条、咸阳城区 13 条、彬县 10 条。

3.4.2 黄河北干流地质灾害特征

黄河经内蒙古托克托至陕西潼关河段称黄河北干流，位于黄河中游，全长 716.6 千米。陕西境内由北向南流经榆林市、延安市和渭南市。主要支流有窟野河、秃尾河、无定河、延河等。

黄河北干流地貌复杂，地形破碎，地跨四个地貌单元，依次为风沙滩地、黄土梁峁、土石山地和黄土台塬。风沙滩地分布于无定河、窟野河、秃尾河等支流的上游，是毛乌素沙漠的南缘，地势西高东低，地形较平坦，海拔 900~1400 米，同时由于风沙的东侵南扩，在东南部边缘形成覆沙黄土丘陵地貌，以活动沙丘、沙垄及片沙为主。黄河北干流地质灾害发育较弱，灾害密度为每百平方千米 2.77 处，地质灾害类型主要有滑坡、崩塌，泥石流、地面塌陷、地裂缝和不稳定斜坡等。地质灾害共计 1640 处，其中滑坡 751 处，崩塌 597 处，泥石流 31 处，地面塌陷 59 处，地裂缝 14 处，不稳定斜坡 188 处，分别占地质灾害总数的 45.79%、36.40%、1.90%、3.60%、0.85%与 11.46%，是陕西省主要流域中地质灾害发育程度最弱的（见表 3–9）。

崩塌与滑坡是最发育的地质灾害类型，共发育 1348 处，分布广、数量大、稳定性差。佳县至延安一带佳芦河、无定河、清涧河、延河等支流中下游的黄土梁峁区，以及韩城至合阳一带的煤矿开采区、孤山川至窟野河一带的煤矿开采区，崩塌与滑坡发育以土质崩塌与滑坡为主；在宜川一带黄土残塬区、吴堡至府

表 3–9　黄河北干流各县区地质灾害统计

市	县区（市）	地质灾害类型及数量（处）							面积（平方千米）	密度（处/百平方千米）
		滑坡	崩塌	泥石流	地面塌陷	地裂缝	不稳定斜坡	合计		
延安市	宝塔区	190	25				25	240	3545.26	6.77
	安塞县	27	4	2			35	68	2944.99	2.31
	黄龙县	2	14					16	1505.05	1.06
	吴起县	9	3					12	394.53	3.04
	延川县	32	20	1			16	69	1987.90	3.47
	延长县	17	29				8	54	2365.96	2.28
	宜川县	11	36				4	51	2976.68	1.71
	子长县	54	10	1	2		27	94	2431.44	3.87
	志丹县	3	4					7	783	0.89
	合计	345	145	4	2		115	611	18934.81	3.23
榆林市	榆阳区	33	22		4			59	6904.93	0.85
	定边县	3	5					8	1376.27	0.58
	府谷县	26	51	11	10			98	3235.94	3.03
	横山县	16	34	3	3		8	64	4254.51	1.50
	靖边县	27	13	1			16	57	4789.88	1.19
	佳县	6	43		1			50	2031.81	2.46
	米脂县	67	13	3				83	1163.71	7.13
	清涧县	23	34				9	66	1857.32	3.55
	绥德县	28	28	3				59	1854.02	3.18
	神木县	19	75	1	21		34	150	7504.05	2.00
	吴堡县	25	16	3				44	421.81	10.43
	子洲县	78	44	1	4	1		128	1997.59	6.41
	合计	351	378	26	43	1	67	866	37391.83	2.32
渭南市	大荔县	3	8			1		12	277.52	4.32
	韩城市	28	31	1	10	10	6	86	1604.18	5.36
	合阳县	24	35		4	2		65	1125.92	5.77
	合计	55	74	1	14	13	6	163	3007.62	5.42
总计		751	597	31	59	14	188	1640	59334.26	2.77

资料来源：煤炭地质总局航测遥感局《陕西省主要流域地质灾害分布》。

谷一带的土石丘陵，崩塌与滑坡较为发育，其中宜川一带黄土残塬区以岩质滑坡与崩塌为主；在南部各支流流经的黄龙山，以及大面积的黄土梁峁区，崩塌与滑坡发育较弱；在靖边至神木以北的无定河、佳芦河、秃尾河及窟野河中上游覆沙黄土丘陵与风沙滩地区，崩塌与滑坡不发育。

3.4.3 汉江流域地质灾害特征

汉江流域在陕西境内长 652 千米，流经陕西境内面积 54753 平方千米，陕西境内多年平均径流量 216 亿立方米，地貌类型包括高山及中高山、中山、低山、丘陵与河谷盆地，以中山与低山地貌为主，高山及中高山主要分布于略阳至柞水一带，中山广泛分布于秦岭南坡的中部及米仓山、大巴山北坡的上部，低山广泛分布于秦岭南坡及米仓山、大巴山北坡的下部，丘陵主要分布于汉中盆地以南、西乡盆地以南及安康盆地的东北，河谷盆地主要包括汉中、西乡与安康盆地。

汉江流域为陕西省地质灾害最发育的流域，地质灾害 3549 处，地质灾害密度达百平方千米 6.41 处，地质灾害类型有滑坡、崩塌、泥石流、地面塌陷与不稳定斜坡，以滑坡为主，其中，滑坡 3006 处、崩塌 152 处、泥石流 154 处、地面塌陷 19 处、不稳定斜坡 218 处。空间分布差异大，南岸地质灾害较北岸发育，南岸东段地质灾害最为发育（见表 3–10）。

表 3–10 汉江流域各县区地质灾害统计

市	县区（市）	地质灾害类型及数量（处）							面积（平方千米）	密度（处/百平方千米）
		滑坡	崩塌	泥石流	地面塌陷	地裂缝	不稳定斜坡	合计		
西安	周至县			1				1	152.43	0.66
	合计			1				1	152.43	0.66
安康市	汉滨区	214	11	20	1			246	3655.69	6.73
	白河县	145	3	1				149	1458.94	10.21
	汉阴县	72	9	4				85	1323.76	6.42
	岚皋县	297	1	5				303	1975.21	15.34
	宁陕县	48		4			30	82	3650.2	2.25
	平利县	233	4	3				240	2625.3	9.14
	石泉县	138	8	2				148	1548.33	9.56
	镇坪县	87	18	11			22	138	1498.78	9.21
	紫阳县	315	3	22				340	2179.78	15.60
	合计	1549	57	72	1		52	1731	19915.99	8.69

续表

市	县区（市）	地质灾害类型及数量（处）							面积（平方千米）	密度（处/百平方千米）
		滑坡	崩塌	泥石流	地面塌陷	地裂缝	不稳定斜坡	合计		
汉中市	汉台区	48	19	2				69	526.74	13.10
	留坝县	90	4	4			105	203	1962.48	10.34
	城固县	60	2				1	63	2219.09	2.84
	佛坪县	65		1				66	1300.53	5.07
	略阳县	25	4	1				30	795.67	3.77
	勉县	86	8	1	3			98	2382.45	4.11
	宁强县	57	6	2				65	1112.33	5.84
	南郑县	79	1	7	1		4	92	1765.69	5.21
	旬阳县	234	5	12				251	3533.97	7.10
	西乡县	57	1	1	1			60	2892.53	2.07
	洋县	61	1	2			13	77	3180.23	2.42
	镇巴县	59	2	3	6		1	71	1706.55	4.16
	合计	921	53	36	11		124	1145	23378.26	4.90
宝鸡市	凤县	26		7			6	39	707.47	5.51
	太白县	36	8	7	1		36	88	2086.9	4.22
	合计	62	8	14	1		42	127	2794.37	4.54
商洛市	商州区	9			1			10	374.76	2.67
	山阳县	181	2	4	2			189	2883.62	6.55
	镇安县	227	17	10	3			257	3483.53	7.38
	柞水县	57	15	17				89	2360.83	3.77
	合计	474	34	31	6			545	9102.74	5.99
总计		3006	152	154	19		218	3549	55343.79	6.41

资料来源：煤炭地质总局航测遥感局《陕西省主要流域地质灾害分布》。

崩塌与滑坡数量大、分布广，达 3158 处，占总地质灾害点的 88.98%，以堆积层滑坡为主，岩质滑坡较少，主要分布于玉带河、漾水河、冷水河、牧马河、任河、洞河、岚河、汇湾河、坝河、黄洋河、白石河、褒河、金水河及旬河；泥石流发育，共 154 处，是泥石流最为发育的流域。杜川河及支流，汉江干流安康至旬阳段，渚河南岸支流，岚河中游泥石流分布较为集中。地面塌陷在流域内有零星分布，以岩溶塌陷为主。不稳定斜坡较为发育，共 218 处，主要分布于褒河、红岩河、汶水河等流域。

3.4.4 丹江流域地质灾害特征

为陕西省地质灾害最发育的流域之一，地质灾害 522 处，灾害密度为每百平方千米 6.74 处，以滑坡为主，其中，滑坡 478 处、崩塌 26 处、泥石流 15 处、不稳定斜坡 3 处。空间分布差异大，南岸地质灾害较北岸发育，南岸东段与北岸东段较西段发育，南岸东段地质灾害最为发育（见表 3-11）。

表 3-11 丹江流域各县区地质灾害统计

市	县区（市）	地质灾害类型及数量（处）							面积（平方千米）	密度（处/百平方千米）
		滑坡	崩塌	泥石流	地面塌陷	地裂缝	不稳定斜坡	合计		
商洛市	商州区	59	6				1	66	2262.13	2.92
	丹凤县	83	4	6			2	95	2398.74	3.96
	洛南县	5	1					6	118.48	5.05
	商南县	261	13	7				281	2316.02	12.13
	山阳县	70	2	2				74	637.35	11.61
	合计	478	26	15			3	522	7732.72	6.74

资料来源：煤炭地质总局航测遥感局《陕西省主要流域地质灾害分布》。

崩塌与滑坡是流域内最发育的地质灾害类型，分布广、数量大，主要分布于丹江中下游及银花河上游和中游一带，以堆积层崩塌、滑坡为主，多分布于各沟谷斜坡地带的坡积裙（裾）及坡脚；泥石流共 15 处，丹江中下游一带分布较为集中，其余地区为零星分布。包括水石流和泥石流两种类型，水石流流域范围小，流程短。泥石流流速高，惯性大，并携带大量巨石，能产生巨大的冲刷、撞击能力，是一种暴发突然，威力巨大，且难预料和防备的地质灾害。

3.4.5 嘉陵江流域地质灾害特征

嘉陵江流域地势为西、北、东高，西南、南面低，东南最低。上源地跨秦巴山地，河流穿行于秦岭、摩天岭、米仓山等崇山峻岭之中，山川起伏达 400~1000 米。河谷深切，形成峡谷，水流湍急。

地貌类型包括高山及中高山及高中山、中山、低山，高山及高中山主要分布在嘉陵江上游凤县一带，地质灾害十分发育；中山主要分布在略阳县及宁强县西北部一带，地质灾害发育程度强烈；低山主要分布在宁强县东南部以及南郑县、西乡县和镇巴县南部一带，地质灾害发育程度较弱。

共发育地质灾害 489 处，包括崩塌、滑坡、泥石流、地面塌陷和不稳定斜坡。其中崩塌 19 处、滑坡 367 处、泥石流 61 处、地面塌陷 10 处、不稳定斜坡 32 处，地质灾害密度为每百平方千米 4.96 处。地质灾害主要分布在嘉陵江上游干流、安河、旺峪河、窑坪河、广坪河以及干流略阳至宁强段以西（见表 3–12）。

表 3–12 嘉陵江流域各县区地质灾害统计

市	县区（市）	地质灾害类型及数量（处）							面积（平方千米）	密度（处/百平方千米）
		滑坡	崩塌	泥石流	地面塌陷	地裂缝	不稳定斜坡	合计		
宝鸡市	凤县	65		45			30	140	2458.48	5.69
	合计	65		45			30	140	2458.48	5.69
汉中市	略阳县	112	12	7	3			134	2043.81	6.56
	宁强县	117	3	8	3			131	2145.19	6.11
	南郑县	25	1	1			2	29	1083.07	2.68
	西乡县		1					1	393.12	0.25
	镇巴县	48	2		4			54	1726.65	3.13
	合计	302	19	16	10		2	349	7391.84	4.72
总计		367	19	61	10		32	489	9850.32	4.96

资料来源：煤炭地质总局航测遥感局《陕西省主要流域地质灾害分布》。

滑坡是最发育的地质灾害类型，以堆积层滑坡为主，多为中小型，稳定性以不稳定为主，主要分布在安河、旺峪河河谷两侧，嘉陵江干流略阳至宁强段及其支流，八道河、碑坝河一带也较为发育；泥石流是仅次于滑坡的灾种，主要分布在嘉陵江上游凤县以北的干流及支流中，在嘉陵江及支流安河、小峪河两岸天然形成的泥石流居多，而旺峪河和西河流域沟谷，则人为产生的泥石流隐患点多，多因采矿弃渣乱堆乱放造成；崩塌少有发育，多为岩质崩塌，以小型为主，在交通干道沿线硬质岩分布区，崩塌时有发生，主要由物理风化所致。地面塌陷有零星分布，多是由于矿山开发引起的采空地面塌陷。

第 4 章　陕西省土地功能区划

各级各类空间规划在支撑城镇化快速发展、促进国土空间合理利用和有效保护方面发挥了积极作用。陕西省国土空间呈现的特点是：山地多而川原少，适宜开发的土地资源有限；水资源总量不足，时空分布与发展需求不匹配；能源和矿产资源丰富，开发利用前景广阔；生态重要性突出，生态环境相对脆弱；自然灾害发生频率较高，对经济社会发展和人民群众安全威胁较大；经济综合实力提升较快，但欠发达依然是基本省情；总体开发程度不高，后续开发潜力较大。

4.1　陕西省土地功能区划基础研究

主体功能区划是指在对不同区域的资源环境承载能力、现有开发密度和发展潜力等要素进行综合分析的基础之上，以自然环境要素、社会经济发展水平、生态系统特征以及人类活动形式的空间分异为依据，划分出具有某种特定主体功能的地域空间单元。主体功能区划不同于一般的经济区划，它在考虑经济活动时更强调人与自然、社会及经济的协调发展。主体功能区划工作的深入开展是我国社会经济发展的重大战略调整，是落实科学发展观、规范空间开发秩序、优化空间结构的有效手段。当前，我国在国家、省、市、县等不同层面对主体功能区划的研究，都处于探索和讨论阶段。陕西地处西北地区西部，境内资源环境和社会经济发展差异较大，为了落实“区别对待，分类指导”的思想，依据相应标准划分出不同的类型区，实行不同的管理建设措施，对于促进陕西省全面、协调、可持续发展有重要的理论和实践意义。

4.1.1 全国主体功能区分类及特征

（1）主体功能区划类型。

根据《国务院关于印发全国主体功能区规划的通知》（国发〔2010〕46 号）将我国国土空间分为以下主体功能区：按开发方式划分，我国国土空间可分为优化开发区域、重点开发区域、限制开发区域和禁止开发区域四类；根据开发内容划分，又可以分为城市化地区、农产品主产区和重点生态功能区。再者，按照主体功能区的层级划分，可以分为国家和省级两个层面（见图 4–1）。

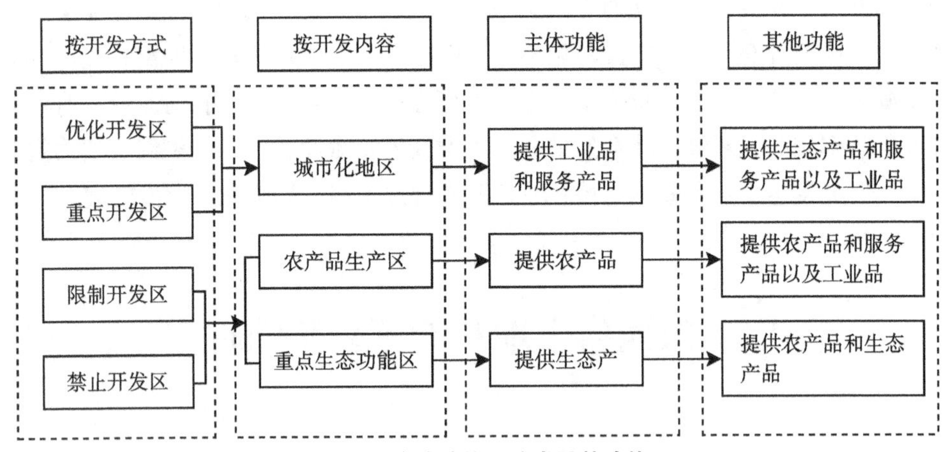

图 4–1 主体功能区分类及其功能

（2）各类主体功能区的特征。

优化开发区域：该类地区是指国土开发密度已经较高、资源环境承载能力开始减弱的区域，是较大的人口密集和强大的经济密集区域。一般具有以下特征：一是承载了大量的人口和经济活动；二是发展条件和基础较好，区域竞争优势明显；三是进一步发展受到环境容量的限制；四是转变产业结构优化升级和经济增长方式的压力比较大。

重点开发区域：重点开发区域是指资源环境承载能力较强、人口和经济集聚条件较好的区域。一般具有以下几点特征：一是具有较好的资源环境条件和经济社会发展潜力；二是对全国和区域经济社会发展具有主导作用；三是具有承接人口集聚和产业转移的条件和能力；四是区域基础设施水平和其他经济社会发展条件有待进一步改善。

限制开发区域：该类地区是指资源环境承载能力较弱，大规模集聚经济和人口条件不够好，并关系到全国或较大区域范围生态安全的区域。这类地区具有以下几点特征：一是自然条件差，经济社会发展水平低；二是具有明显生态保障功能；三是开发成本和开发后修复成本较高；四是人类活动超过了当地资源环境承载能力。

禁止开发区域：这是指依法设立的各类自然、文化保护区域。该类区域具有以下几点特征：一是广泛分布于优化开发、重点开发和限制开发区域中；二是具有重要的自然生态和人文价值功能；三是大多具有较好的旅游休憩开发价值；四是保护和脱贫之间存在尖锐矛盾。

（3）主体功能区划与其他区划的关系。

区划作为分异规律的区域划分，是地理学以区域为对象、致力开展的一项重要工作。中华人民共和国成立以后，我国相继开展自然区划、农业区划、经济区划、生态功能区划、行政区划等重大基础性工作，在理论和方法上积累了大量经验，并给予主体功能区划很好的研究基础和启发。

自然区划是对气候、地形、地貌、土壤、植被等要素根据地带性与非地带性相结合、发生一致性、区域共轭性等原则，划分不同等级的自然地理综合体。

农业区划是以农业类型、农业区域作为农业系统划分的空间单元，自然地域分异规律与社会劳动地域分工规律相结合，在综合自然区划的基础上，根据农业特点和条件的内部相似性和外部差异性而划分出具有不同的比较优势、发展前景和建设途径的区域，为合理调整农业内部结构与生产布局提供科学的可行性依据。

经济区划是根据社会劳动地域分工规律及各地区发展条件，指出各经济区专业化发展方向和产业结构特点，是对未来社会劳动地域分工新格局的构想。

生态功能区划是根据生态环境要素、生态环境敏感性和生态服务功能分区的空间分异规律，在考虑了自然环境特征和人类活动的影响过程的基础上，划分不同的生态功能区，为制订区域环境保护与建设规划、维护区域生态安全以及资源合理开发利用与生产力布局提供科学依据。

行政区划是国家结构体系的空间安排，是一个国家根据政治、经济发展和行政管理的需要，按照一定标准，将领土划分成不同层次结构的区域。

主体功能区划除了考虑区域的自然属性，还要考虑区域的经济、社会、文化属性，是建立在自然区划和经济区划基础上的综合性区划。主体功能区划是根据资源环境承载能力、现有开发密度和发展潜力的组合特征，划定区域内各类功能区的“红线”，确定特定空间的开发强度和方向（见表4–1）。因此它既遵循了区划的区域一致性、差异性、等级性等特点，且具有更强的综合性、控制性。首先，主体功能必须充分体现其自然生态价值和经济开发价值；其次，主体功能区划除了明确各类型区的开发重点和导向外，更重要的是从人地协调及可持续发展观的角度出发，确定空间开发限制的内涵；最后，主体功能区划要让开发成本低、资源环境容量大、发展需求旺盛的地区承担高强度的社会经济活动，使区域的经济、生态比较优势得到充分发挥，从总体空间上协调经济发展与生态环境矛盾。

表 4-1　不同类型的区划思路和方法比较

类型	理论依据	划分原则	指标体系	类型划分
自然区划	自然地域分异规律	相似性	气候、地形、地貌、土壤、植被	地貌、气候、植被等划分类型
农业区划	农业地域分异规律	农业条件、生产特征和发展方向类似性	农业生产资源的自然属性评价	农业类型与农业区（两级）
经济区划	经济地域分异规律和劳动地域分工规律	主导因素	区域经济要素	各类经济区域
生态区划	区域生态系统结构、过程及生态服务功能空间分异规律	生态系统的主导服务功能为主	生态环境要素、生态环境敏感性和生态服务功能指标	生态功能区（三级）
行政区划	行政管理制度和政府管理行为	尊重历史和习惯、行政管理的有效性原则	政治、经济、民族、人口、地理、历史及国防等因素	各级行政区
主体功能区划	资源环境承载力和经济开发程度	综合评价	资源环境承载能力、现有开发密度和发展潜力指标	四类主体功能区

（4）主体功能区的作用。

主体功能区划改变了传统空间规划不考虑资源环境承载能力的弊端，使空间规划真正建立在以资源环境承载能力为前提的合理开发和科学发展的基础之上。主体功能区划是从促进经济、人口、资源和环境协调发展以及综合效益最大化的角度出发，划定区域内各类功能区，使尽可能多的经济社会活动配置在低环境敏感性、低开发成本资源、低资源供给约束、高发展潜力的空间上。其作用主要体现在以下四个方面：

1）促进人与自然和谐发展。主体功能区划实际上是针对国土开发适宜性评价而进行的区域划分，有利于促进人与自然的和谐发展，引导经济布局、人口分布与资源环境承载力相适应。

2）有利于实行空间管治。划分不同类型的主体功能区，明确哪些区域应该优化开发，哪些区域应该重点开发，哪些区域应该限制或禁止开发，有利于实行并强化空间管治，规范和优化空间开发秩序，逐步形成合理的空间开发结构。

3）优化资源空间配置。在主体功能区划的基础上，明确各区域的主体功能定位和发展方向，有利于优化资源空间配置、提高资源空间配置效率、推动形成各具特色的区域结构和分工格局。

4）便于分类管理和调控。从科学发展和适宜性评价的角度，对不同主体功能区实行分类的区域政策和政绩考核，避免过去宏观调控中长期存在的“一刀切”现象。

4.1.2　陕西省土地功能区划的分类

根据《陕西省主体功能区划规划》、陕西省主体功能区划分方案，以县级行政区划为基本单元，结合陕西省实际，统筹考虑全省土地资源、水资源、环境容量、生态脆弱性、生态重要性、自然灾害危害程度、人口分布、经济发展水平、交通优势度和发展战略等十大类 61 项指标，运用多种评价方法，综合分析而得出。

陕西省主体功能区划，按开发方式，分为重点开发区域、限制开发区域和禁止开发区域三类；按开发内容，分为城市化地区、农产品主产区和重点生态功能区三类；按层级，分为国家级和省级（见图 4–2）。

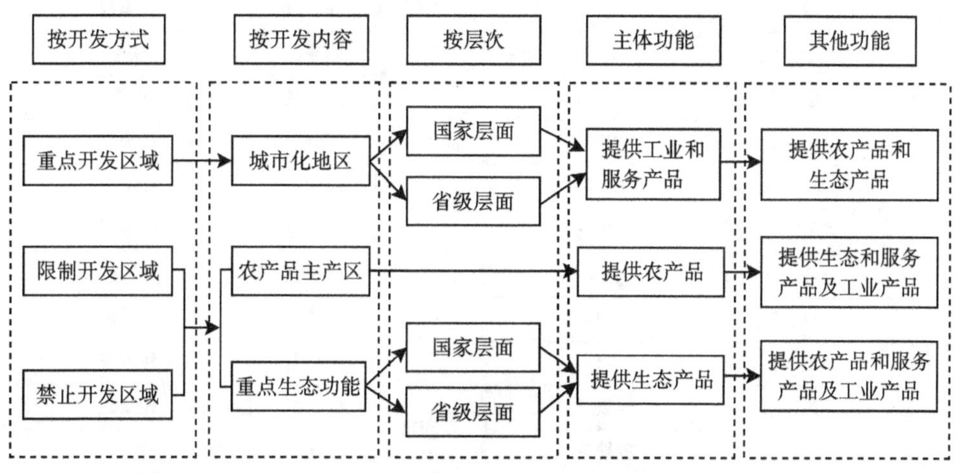

图 4–2　主体功能区分类及其功能

4.1.3 陕西省土地功能区划的现状

(1) 土地资源。

海拔800米以下的平原、河川、盆地、台塬、山前洪积扇仅占土地总面积的20%左右，其余多为山地和高原。陕西地带性自然土壤包括粟钙土、黑垆土、褐土、黄褐土和棕壤等，由于长期耕种和自然力的侵蚀，已演变成复杂多样的农业土壤。全省农业用地（耕地、林地、园地、牧草地）2772万亩，未利用土地1503万亩。耕地后备资源不足，且多分布在陕南陕北生态脆弱区，开发利用难度大。土地资源分布与三大区域经济社会发展需求的不平衡性极为突出（见表4–2）。

表 4–2 人均可利用土地资源评价

所属地市	县名称	人均可利用土地资源评价	所属地市	县名称	人均可利用土地资源评价
西安市	灞桥区	缺乏	宝鸡市	岐山县	中等
	临潼区	缺乏		凤翔县	较丰富
	长安区	缺乏		扶风县	中等
	新城区	缺乏		千阳县	丰富
	阎良区	缺乏		麟游县	丰富
	高陵区	中等		陇　县	较丰富
	莲湖区	缺乏	汉中市	汉台区	中等
	雁塔区	缺乏		城固县	中等
	碑林区	缺乏		洋　县	较丰富
	未央区	缺乏		西乡县	缺乏
	蓝田县	较丰富		勉　县	中等
	周至县	中等		宁强县	较缺乏
	户　县	中等		略阳县	较缺乏
宝鸡市	渭滨区	较缺乏		留坝县	较缺乏
	陈仓区	中等		佛坪县	缺乏
	金台区	中等		南郑县	中等
	眉　县	中等		镇巴县	较缺乏
	凤　县	较缺乏	安康市	汉滨区	较缺乏
	太白县	较缺乏		汉阴县	中等

续表

所属地市	县名称	人均可利用土地资源评价
安康市	石泉县	中等
	宁陕县	中等
	紫阳县	较缺乏
	岚皋县	较缺乏
	平利县	较缺乏
	镇坪县	较缺乏
	白河县	较缺乏
	旬阳县	较缺乏
商洛市	商州区	缺乏
	洛南县	较丰富
	丹凤县	缺乏
	商南县	较缺乏
	山阳县	较缺乏
	镇安县	较缺乏
	柞水县	较缺乏
咸阳市	秦都区	缺乏
	杨陵区	中等
	渭城区	缺乏
	兴平市	中等
	泾阳县	中等
	乾县	较丰富
	礼泉县	较丰富
	永寿县	丰富
	彬　县	较丰富
	长武县	较丰富
	旬邑县	较丰富
	淳化县	丰富
	武功县	中等
	三原县	中等
延安市	宝塔区	中等
	延长县	丰富

所属地市	县名称	人均可利用土地资源评价
延安市	延川县	较丰富
	子长县	较丰富
	志丹县	较丰富
	吴起县	丰富
	甘泉县	较丰富
	安塞县	较丰富
	富　县	较丰富
	洛川县	丰富
	宜川县	丰富
	黄龙县	较丰富
	黄陵县	中等
榆林市	榆阳区	较丰富
	府谷县	较丰富
	靖边县	较丰富
	定边县	丰富
	绥德县	较丰富
	米脂县	较丰富
	佳　县	丰富
	吴堡县	丰富
	清涧县	丰富
	子洲县	较缺乏
	横山县	较丰富
	神木县	较丰富
渭南市	临渭区	中等
	韩城市	较丰富
	华阴市	中等
	华县	中等
	潼关县	中等
	大荔县	较丰富
	合阳县	较丰富
	澄城县	较丰富

续表

所属地市	县名称	人均可利用土地资源评价	所属地市	县名称	人均可利用土地资源评价
渭南市	蒲城县	较丰富	铜川市	印台区	较丰富
	白水县	较丰富		耀州区	中等
	富平县	中等		宜君县	较丰富
				王益区	较丰富

（2）水资源。

陕西横跨黄河、长江两大流域，全省平均年降水量 702.1 毫米，水资源总量 416.49 亿立方米。全省最大年水资源量可达 847 亿立方米，最小年只有 168 亿立方米，丰枯比在 3.0 以上。水资源时空分布严重不均，时间分布上，全省年降雨量的 60%~70%集中在 7~10 月，往往造成汛期洪水成灾，春夏两季旱情多发；地域分布上，秦岭以南的长江流域，面积占全省的 36.7%，水资源量占全省总量的 71%；秦岭以北的黄河流域，面积占全省的 63.3%，水资源量仅占全省的 29%。与区域人口、产业集聚度和未来发展需求不相匹配，生产、生活、生态用水压力较大。汉丹江流域、沿黄地区水资源丰富，开发利用潜力较大，后续保障能力较强（见表 4–3）。

表 4–3　人均可利用水资源评价

所属地市	县名称	人均可利用水资源评价	所属地市	县名称	人均可利用水资源评价
西安市	灞桥区	缺乏	西安市	户　县	中等
	临潼区	缺乏	宝鸡市	渭滨区	较丰富
	长安区	较缺乏		陈仓区	较丰富
	新城区	缺乏		金台区	较丰富
	阎良区	缺乏		眉　县	较缺乏
	高陵区	缺乏		凤　县	丰富
	莲湖区	缺乏		太白县	丰富
	雁塔区	缺乏		岐山县	缺乏
	碑林区	缺乏		凤翔县	较缺乏
	未央区	缺乏		扶风县	缺乏
	蓝田县	中等		千阳县	中等
	周至县	较丰富		麟游县	较丰富

续表

所属地市	县名称	人均可利用水资源评价	所属地市	县名称	人均可利用水资源评价
宝鸡市	陇　县	较丰富	咸阳市	渭城区	缺乏
汉中市	汉台区	较缺乏		兴平市	缺乏
	城固县	中等		泾阳县	缺乏
	洋　县	较缺乏		乾　县	缺乏
	西乡县	丰富		礼泉县	较缺乏
	勉　县	较缺乏		永寿县	较缺乏
	宁强县	丰富		彬　县	较缺乏
	略阳县	较丰富		长武县	缺乏
	留坝县	丰富		旬邑县	较缺乏
	佛坪县	丰富		淳化县	较缺乏
	南郑县	丰富		武功县	缺乏
	镇巴县	丰富		三原县	缺乏
安康市	汉滨区	丰富	延安市	宝塔区	较缺乏
	汉阴县	较缺乏		延长县	中等
	石泉县	丰富		延川县	缺乏
	宁陕县	丰富		子长县	缺乏
	紫阳县	丰富		志丹县	缺乏
	岚皋县	丰富		吴起县	较缺乏
	平利县	丰富		甘泉县	缺乏
	镇坪县	较丰富		安塞县	缺乏
	白河县	较丰富		富　县	缺乏
	旬阳县	丰富		洛川县	缺乏
商洛市	商州区	中等		宜川县	缺乏
	洛南县	中等		黄龙县	中等
	丹凤县	中等		黄陵县	较缺乏
	商南县	较丰富	榆林市	榆阳区	较丰富
	山阳县	中等		府谷县	较缺乏
	镇安县	丰富		靖边县	较缺乏
	柞水县	较丰富		定边县	缺乏
咸阳市	秦都区	缺乏		绥德县	缺乏
	杨陵区	缺乏		米脂县	较缺乏

续表

所属地市	县名称	人均可利用水资源评价	所属地市	县名称	人均可利用水资源评价
榆林市	佳　县	缺乏	渭南市	大荔县	缺乏
	吴堡县	较缺乏		合阳县	较丰富
	清涧县	较缺乏		澄城县	缺乏
	子洲县	较缺乏		蒲城县	较缺乏
	横山县	较丰富		白水县	较丰富
	神木县	中等		富平县	缺乏
渭南市	临渭区	缺乏	铜川市	王益区	中等
	韩城市	丰富		印台区	中等
	华阴市	中等		耀州区	中等
	华　县	较缺乏		宜君县	中等
	潼关县	较缺乏			

（3）生态环境。

从生态重要性（见表 4–4、表 4–5）看，生态重要程度高和较高的区域约占全省总面积的 70%。从生态脆弱性看，中度以上生态脆弱区域占全省总面积的 35.4%。水土流失、土地荒漠化、沙化和湿地退化等生态问题仍然存在，大气与地表水环境质量面临较大压力。

表 4–4　生态重要性评价

所属地市	县名称	生态重要性评价	所属地市	县名称	生态重要性评价
西安市	灞桥区	中等	西安市	周至县	高
	临潼区	中等		户　县	较高
	长安区	较高	宝鸡市	渭滨区	中等
	新城区	中等		陈仓区	中等
	阎良区	较高		金台区	中等
	高陵区	较低		眉　县	高
	莲湖区	中等		凤　县	较高
	雁塔区	中等		太白县	高
	碑林区	中等		岐山县	中等
	未央区	中等		凤翔县	中等
	蓝田县	较高		扶风县	中等

续表

所属地市	县名称	生态重要性评价	所属地市	县名称	生态重要性评价
宝鸡市	千阳县	中等	商洛市	柞水县	较高
	麟游县	较低	咸阳市	秦都区	中等
	陇 县	中等		杨陵区	中等
汉中市	汉台区	较高		渭城区	中等
	城固县	较高		兴平市	中等
	洋 县	高		泾阳县	较低
	西乡县	较高		乾 县	较低
	勉 县	较高		礼泉县	较低
	宁强县	较高		永寿县	中等
	略阳县	高		彬 县	较高
	留坝县	高		长武县	较高
	佛坪县	高		旬邑县	中等
	南郑县	较高		淳化县	中等
	镇巴县	较高		武功县	较低
安康市	汉滨区	较高		三原县	较低
	汉阴县	较高	延安市	宝塔区	中等
	石泉县	较高		延长县	较高
	宁陕县	高		延川县	高
	紫阳县	较高		子长县	高
	岚皋县	较高		志丹县	较高
	平利县	较高		吴起县	高
	镇坪县	较高		甘泉县	较低
	白河县	中等		安塞县	高
	旬阳县	较高		富 县	中等
商洛市	商州区	较高		洛川县	较低
	洛南县	较高		宜川县	较高
	丹凤县	较高		黄龙县	中等
	商南县	较高		黄陵县	中等
	山阳县	较高	榆林市	榆阳区	中等
	镇安县	较高		府谷县	高

续表

所属地市	县名称	生态重要性评价	所属地市	县名称	生态重要性评价
榆林市	靖边县	中等	渭南市	华　县	较高
	定边县	较高		潼关县	较高
	绥德县	高		大荔县	中等
	米脂县	高		合阳县	中等
	佳　县	高		澄城县	中等
	吴堡县	高		蒲城县	中等
	清涧县	高		白水县	较低
	子洲县	高		富平县	较低
	横山县	较高	铜川市	王益区	较低
	神木县	较高		印台区	较低
渭南市	临渭区	较高		耀州区	中等
	韩城市	中等		宜君县	较低
	华阴市	较高			

表 4–5　生态脆弱性评价

所属地市	县名称	生态脆弱性评价	所属地市	县名称	生态脆弱性评价
西安市	灞桥区	一般脆弱	宝鸡市	陈仓区	略脆弱
	临潼区	一般脆弱		金台区	略脆弱
	长安区	不脆弱		眉　县	不脆弱
	新城区	一般脆弱		凤　县	不脆弱
	阎良区	一般脆弱		太白县	不脆弱
	高陵区	一般脆弱		岐山县	一般脆弱
	莲湖区	一般脆弱		凤翔县	不脆弱
	雁塔区	一般脆弱		扶风县	不脆弱
	碑林区	一般脆弱		千阳县	不脆弱
	未央区	一般脆弱		麟游县	不脆弱
	蓝田县	略脆弱		陇　县	略脆弱
	周至县	不脆弱	汉中市	汉台区	不脆弱
	户　县	不脆弱		城固县	不脆弱
宝鸡市	渭滨区	略脆弱		洋　县	不脆弱

续表

所属地市	县名称	生态脆弱性评价	所属地市	县名称	生态脆弱性评价
汉中市	西乡县	略脆弱	咸阳市	礼泉县	一般脆弱
	勉　县	略脆弱		永寿县	一般脆弱
	宁强县	一般脆弱		彬　县	较脆弱
	略阳县	一般脆弱		长武县	较脆弱
	留坝县	不脆弱		旬邑县	一般脆弱
	佛坪县	不脆弱		淳化县	一般脆弱
	南郑县	一般脆弱		武功县	不脆弱
	镇巴县	不脆弱		三原县	一般脆弱
安康市	汉滨区	略脆弱	延安市	宝塔区	一般脆弱
	汉阴县	略脆弱		延长县	较脆弱
	石泉县	略脆弱		延川县	脆弱
	宁陕县	不脆弱		子长县	脆弱
	紫阳县	略脆弱		志丹县	较脆弱
	岚皋县	不脆弱		吴起县	脆弱
	平利县	不脆弱		甘泉县	不脆弱
	镇坪县	不脆弱		安塞县	脆弱
	白河县	略脆弱		富　县	不脆弱
	旬阳县	略脆弱		洛川县	不脆弱
商洛市	商州区	不脆弱		宜川县	一般脆弱
	洛南县	略脆弱		黄龙县	不脆弱
	丹凤县	不脆弱		黄陵县	不脆弱
	商南县	不脆弱	榆林市	榆阳区	较脆弱
	山阳县	不脆弱		府谷县	脆弱
	镇安县	略脆弱		靖边县	一般脆弱
	柞水县	不脆弱		定边县	较脆弱
咸阳市	秦都区	不脆弱		绥德县	脆弱
	杨陵区	不脆弱		米脂县	脆弱
	渭城区	不脆弱		佳　县	脆弱
	兴平市	不脆弱		吴堡县	脆弱
	泾阳县	不脆弱		清涧县	脆弱
	乾　县	一般脆弱		子洲县	脆弱

续表

所属地市	县名称	生态脆弱性评价	所属地市	县名称	生态脆弱性评价
榆林市	横山县	较脆弱	渭南市	澄城县	不脆弱
	神木县	较脆弱		蒲城县	不脆弱
渭南市	临渭区	一般脆弱		白水县	不脆弱
	韩城市	略脆弱		富平县	一般脆弱
	华阴市	一般脆弱	铜川市	王益区	略脆弱
	华　县	不脆弱		印台区	略脆弱
	潼关县	略脆弱		耀州区	略脆弱
	大荔县	一般脆弱		宜君县	略脆弱
	合阳县	不脆弱			

（4）自然灾害。

自然灾害发生频率较高，且区域性、季节性、伴生性特征突出。灾害类型主要有滑坡、泥石流、洪涝、干旱、沙尘暴等。灾害危险性总体呈现南高北低，程度高和较高的地区占全省总面积的 27%，主要集中在秦巴山区、黄土高原丘陵沟壑区等区域（见表 4–6）。

表 4–6　自然灾害危险性评价

所属地市	县名称	自然灾害危险性评价	所属地市	县名称	自然灾害危险性评价
西安市	灞桥区	较大	宝鸡市	渭滨区	较大
	临潼区	较大		陈仓区	较大
	长安区	较大		金台区	较大
	新城区	较大		眉　县	大
	阎良区	较大		凤　县	大
	高陵区	较大		太白县	略大
	莲湖区	较大		岐山县	大
	雁塔区	较大		凤翔县	较大
	碑林区	较大		扶风县	极大
	未央区	较大		千阳县	较大
	蓝田县	大		麟游县	略大
	周至县	大		陇　县	较大
	户　县	大	汉中市	汉台区	极大

续表

所属地市	县名称	自然灾害危险性评价	所属地市	县名称	自然灾害危险性评价
汉中市	城固县	大	咸阳市	泾阳县	较大
	洋　县	大		乾　县	略大
	西乡县	略大		礼泉县	略大
	勉　县	大		永寿县	略大
	宁强县	略大		彬　县	大
	略阳县	大		长武县	较大
	留坝县	较大		旬邑县	较大
	佛坪县	较大		淳化县	较大
	南郑县	大		武功县	略大
	镇巴县	略大		三原县	略大
安康市	汉滨区	大	延安市	宝塔区	较大
	汉阴县	较大		延长县	较大
	石泉县	较大		延川县	无
	宁陕县	较大		子长县	较大
	紫阳县	较大		志丹县	无
	岚皋县	较大		吴起县	无
	平利县	略大		甘泉县	无
	镇坪县	较大		安塞县	较大
	白河县	大		富　县	无
	旬阳县	大		洛川县	略大
商洛市	商州区	大		宜川县	无
	洛南县	大		黄龙县	无
	丹凤县	较大		黄陵县	略大
	商南县	较大	榆林市	榆阳区	较大
	山阳县	大		府谷县	较大
	镇安县	大		靖边县	无
	柞水县	大		定边县	较大
咸阳市	秦都区	略大		绥德县	极大
	杨陵区	较大		米脂县	较大
	渭城区	略大		佳　县	略大
	兴平市	略大		吴堡县	极大

续表

所属地市	县名称	自然灾害危险性评价	所属地市	县名称	自然灾害危险性评价
榆林市	清涧县	略大	渭南市	合阳县	较大
	子洲县	较大		澄城县	较大
	横山县	较大		蒲城县	略大
	神木县	较大		白水县	大
渭南市	临渭区	较大		富平县	略大
	韩城市	较大	铜川市	王益区	极大
	华阴市	大		印台区	极大
	华　县	较大		耀州区	较大
	潼关县	大		宜君县	较大
	大荔县	较大			

（5）经济发展。

陕西省经济发展水平空间差异较大，“两极”集聚态势明显，经济发展水平较高的地区主要集中在关中平原和榆林北部两个地区，以及区域中心城市和重要交通枢纽等地段（见表4–7和表4–8）。

表4–7　地均生产总值评价

所属地市	县名称	地均生产总值评价	所属地市	县名称	地均生产总值评价
西安市	灞桥区	>4000	宝鸡市	渭滨区	2000~4000
	临潼区	>4000		陈仓区	250~500
	长安区	>4000		金台区	2000~4000
	新城区	>4000		眉　县	500~1000
	阎良区	>4000		凤　县	<250
	高陵区	>4000		太白县	<250
	莲湖区	>4000		岐山县	500~1000
	雁塔区	>4000		凤翔县	500~1000
	碑林区	>4000		扶风县	500~1000
	未央区	>4000		千阳县	<250
	蓝田县	250~500		麟游县	<250
	周至县	<250		陇　县	<250
	户县	500~1000	汉中市	汉台区	1000~2000

续表

所属地市	县名称	地均生产总值评价	所属地市	县名称	地均生产总值评价
汉中市	城固县	250~500	咸阳市	泾阳县	500~1000
	洋　县	<250		乾　县	500~1000
	西乡县	<250		礼泉县	500~1000
	勉　县	<250		永寿县	<250
	宁强县	<250		彬　县	500~1000
	略阳县	<250		长武县	250~500
	留坝县	<250		旬邑县	<250
	佛坪县	<250		淳化县	<250
	南郑县	<250		武功县	1000~2000
	镇巴县	<250		三原县	1000~2000
安康市	汉滨区	250~500	延安市	宝塔区	250~500
	汉阴县	<250		延长县	<250
	石泉县	<250		延川县	250~500
	宁陕县	<250		子长县	<250
	紫阳县	<250		志丹县	250~500
	岚皋县	<250		吴起县	<250
	平利县	<250		甘泉县	<250
	镇坪县	<250		安塞县	<250
	白河县	<250		富　县	<250
	旬阳县	<250		洛川县	500~1000
商洛市	商州区	<250		宜川县	<250
	洛南县	<250		黄龙县	<250
	丹凤县	<250		黄陵县	<250
	商南县	<250	榆林市	榆阳区	250~500
	山阳县	<250		府谷县	500~1000
	镇安县	<250		靖边县	250~500
	柞水县	<250		定边县	<250
咸阳市	秦都区	>4000		绥德县	<250
	杨陵区	>4000		米脂县	<250
	渭城区	>4000		佳　县	<250
	兴平市	1000~2000		吴堡县	<250

续表

所属地市	县名称	地均生产总值评价	所属地市	县名称	地均生产总值评价
榆林市	清涧县	<250	渭南市	合阳县	250~500
	子洲县	<250		澄城县	250~500
	横山县	<250		蒲城县	250~500
	神木县	500~1000		白水县	250~500
渭南市	临渭区	1000~2000		富平县	250~500
	韩城市	500~1000	铜川市	王益区	500~1000
	华阴市	250~500		印台区	500~1000
	华　县	500~1000		耀州区	250~500
	潼关县	250~500		宜君县	<250
	大荔县	250~500			

表 4-8　经济发展水平评价

所属地市	县名称	经济发展水平评价	所属地市	县名称	经济发展水平评价
西安市	灞桥区	较高	宝鸡市	太白县	较低
	临潼区	较高		岐山县	中等
	长安区	中等		凤翔县	中等
	新城区	较高		扶风县	较低
	阎良区	较高		千阳县	低
	高陵区	较高		麟游县	较低
	莲湖区	较高		陇　县	低
	雁塔区	较高	汉中市	汉台区	中等
	碑林区	较高		城固县	较低
	未央区	较高		洋县	低
	蓝田县	较低		西乡县	低
	周至县	低		勉　县	较低
	户　县	中等		宁强县	低
宝鸡市	渭滨区	较高		略阳县	较低
	陈仓区	中等		留坝县	较低
	金台区	较高		佛坪县	低
	眉　县	较低		南郑县	较低
	凤县	较高		镇巴县	低

续表

所属地市	县名称	经济发展水平评价	所属地市	县名称	经济发展水平评价
安康市	汉滨区	较低	咸阳市	三原县	中等
	汉阴县	低	延安市	宝塔区	中等
	石泉县	较低		延长县	中等
	宁陕县	较低		延川县	中等
	紫阳县	低		子长县	中等
	岚皋县	低		志丹县	高
	平利县	较低		吴起县	高
	镇坪县	较低		甘泉县	中等
	白河县	较低		安塞县	较高
	旬阳县	较低		富　县	低
商洛市	商州区	较低		洛川县	较高
	洛南县	低		宜川县	低
	丹凤县	低		黄龙县	较低
	商南县	较低		黄陵县	较高
	山阳县	低	榆林市	榆阳区	较高
	镇安县	较低		府谷县	高
	柞水县	中等		靖边县	高
咸阳市	秦都区	中等		定边县	较高
	杨陵区	中等		绥德县	低
	渭城区	中等		米脂县	较低
	兴平市	较低		佳　县	低
	泾阳县	中等		吴堡县	较低
	乾县	较低		清涧县	较低
	礼泉县	较低		子洲县	较低
	永寿县	低		横山县	中等
	彬　县	中等		神木县	高
	长武县	较低	渭南市	临渭区	中等
	旬邑县	较低		韩城市	中等
	淳化县	较低		华阴市	较低
	武功县	较低		华　县	中等

续表

所属地市	县名称	经济发展水平评价	所属地市	县名称	经济发展水平评价
渭南市	潼关县	较低	渭南市	富平县	低
	大荔县	低	铜川市	王益区	较低
	合阳县	低		印台区	较低
	澄城县	低		耀州区	中等
	蒲城县	低		宜君县	较低
	白水县	较低			

（6）战略选择。

关中地区正在按照国家《关中—天水经济区发展规划》要求，着力打造全国内陆型经济开发开放战略高地、统筹科技资源改革示范基地、全国重要的先进制造业基地、现代农业高技术产业基地和彰显华夏文明的历史文化基地。陕北地区煤、油、气、盐资源富集，是国家重要的能源化工基地。陕南地区山清水秀，水利、矿产和生物资源丰富，汉中盆地、月河川道、商丹谷地正着力打造国家级循环经济示范区（见表 4-9）。

表 4-9　战略选择评价

所属地市	县名称	战略选择评价	所属地市	县名称	战略选择评价
西安市	灞桥区	重要性高区	宝鸡市	渭滨区	重要性高区
	临潼区	重要性高区		陈仓区	重要性高区
	长安区	重要性高区		金台区	重要性高区
	新城区	重要性高区		眉　县	重要性中等区
	阎良区	重要性高区		凤　县	重要性较高区
	高陵区	重要性较高区		太白县	重要性中等区
	莲湖区	重要性高区		岐山县	重要性较高区
	雁塔区	重要性高区		凤翔县	重要性较高区
	碑林区	重要性高区		扶风县	重要性中等区
	未央区	重要性高区		千阳县	重要性中等区
	蓝田县	重要性较高区		麟游县	重要性中等区
	周至县	重要性中等区		陇　县	重要性中等区
	户　县	重要性较高区	汉中市	汉台区	重要性高区

续表

所属地市	县名称	战略选择评价	所属地市	县名称	战略选择评价
汉中市	城固县	重要性较高区	咸阳市	泾阳县	重要性较高区
	洋　县	重要性一般区		乾　县	重要性中等区
	西乡县	重要性中等区		礼泉县	重要性较高区
	勉　县	重要性中等区		永寿县	重要性中等区
	宁强县	重要性一般区		彬　县	重要性中等区
	略阳县	重要性中等区		长武县	重要性中等区
	留坝县	重要性较高区		旬邑县	重要性中等区
	佛坪县	重要性一般区		淳化县	重要性一般区
	南郑县	重要性中等区		武功县	重要性较高区
	镇巴县	重要性一般区		三原县	重要性较高区
安康市	汉滨区	重要性较高区	延安市	宝塔区	重要性高区
	汉阴县	重要性中等区		延长县	重要性较高区
	石泉县	重要性中等区		延川县	重要性较高区
	宁陕县	重要性中等区		子长县	重要性较高区
	紫阳县	重要性一般区		志丹县	重要性高区
	岚皋县	重要性一般区		吴起县	重要性高区
	平利县	重要性一般区		甘泉县	重要性较高区
	镇坪县	重要性一般区		安塞县	重要性较高区
	白河县	重要性一般区		富　县	重要性较高区
	旬阳县	重要性中等区		洛川县	重要性较高区
商洛市	商州区	重要性中等区		宜川县	重要性中等区
	洛南县	重要性中等区		黄龙县	重要性中等区
	丹凤县	重要性中等区		黄陵县	重要性高区
	商南县	重要性中等区	榆林市	榆阳区	重要性高区
	山阳县	重要性一般区		府谷县	重要性高区
	镇安县	重要性中等区		靖边县	重要性高区
	柞水县	重要性中等区		定边县	重要性较高区
咸阳市	秦都区	重要性高区		绥德县	重要性较高区
	杨陵区	重要性较高区		米脂县	重要性中等区
	渭城区	重要性高区		佳　县	重要性一般区
	兴平市	重要性高区		吴堡县	重要性中等区

续表

所属地市	县名称	战略选择评价	所属地市	县名称	战略选择评价
榆林市	清涧县	重要性一般区	渭南市	合阳县	重要性中等区
	子洲县	重要性中等区		澄城县	重要性较高区
	横山县	重要性中等区		蒲城县	重要性中等区
	神木县	重要性高区		白水县	重要性中等区
渭南市	临渭区	重要性高区		富平县	重要性较高区
	韩城市	重要性高区	铜川市	王益区	重要性高区
	华阴市	重要性高区		印台区	重要性高区
	华　县	重要性较高区		耀州区	重要性高区
	潼关县	重要性较高区		宜君县	重要性中等区
	大荔县	重要性中等区			

4.1.4 陕西省土地功能区划呈现的问题

（1）土地粗放经营与土地的高质量高效率精细化发展的矛盾。

随着经济发展进入新常态，“十三五”期间，新增建设用地需求正由高速增长向缓中趋稳转变。与此同时，全省批而未征、征而未供和闲置土地面积较大，虽然整改处置力度不断加大，但新的涉嫌闲置土地行为仍在发生；城镇建设重扩张轻挖潜、各类园区“圈而不建、建而不用”、农村居民点建新不拆旧等问题尚未得到根本缓解，全省建设用地利用呈现出新增建设用地稳中有降、批而未用和闲置土地增加并存的态势。

（2）土地生态脆弱性与土地向绿色发展的矛盾。

全省水土流失面积 12.18 万平方千米，占全省土地总面积的 59%，陕北、渭北黄土高原丘陵沟壑区是黄河流域水土流失的主要区域。近年来，全省荒漠化治理取得显著成就，但仍有 2120 万亩沙化土地需要治理；局部地区土壤盐碱化、土壤污染严重，土地退化严重威胁全省生态环境安全。陕西省仍属于欠发达省份，既要加快发展，又要妥善应对气候变化。这就需要转变以往的开发模式，尽可能地扩大绿色生态空间，提高森林覆盖率，增强固碳能力。

（3）资源环境与社会经济发展的矛盾。

一是建设用地比例偏低。截至 2015 年底，全省建设用地面积仅占土地总面积的 4.55%，所占比例远低于中东部及沿海经济发达省份（如北京市 21%、山东省 18%）和周边省份（如河南省 15%）。二是耕地保护压力加大。由于新型工业化、城镇化加快，以及退耕还林等原因，耕地数量明显减少。截至 2015 年底，陕西省耕地面积 5998.33 万亩，其中旱地 4171.09 万亩，占耕地总面积的 69.54%；25°以上坡耕地 1272.94 万亩，占耕地总面积的 21.22%，耕地总体质量较低。截至 2015 年底，全省宜耕后备土地资源面积 186.56 万亩，数量少且多分布在陕北生态脆弱区，开发利用难度大，耕地补充潜力十分有限，宜耕后备土地资源开发潜力有限。

4.1.5　未来国土空间开发的趋势

未来一段时间，是陕西省推进陕西经济区建设和全面建成小康社会的关键时期，也是工业化和城市化加快发展的时期，国土空间开发将呈现一些新的趋势：

（1）陕西省经济发展将由工业化中期迈向工业化后期阶段，产业结构转型升级，对工业、能源、水利、环保等用地需求持续增加。

（2）城镇化进程加快，大量人口从省外和农村转移到城市，城市居住、基础设施、公共服务等建设用地需求将较大幅度增加。

（3）随着人民生活水平的提高，汽车更加普及，旅游休闲等长距离出行增多，交通用地保持旺盛需求。

（4）人们的环境意识增强，对人居环境和绿色空间的要求更高，生态用地需求将增加。

面对这一新趋势，只有科学规划国土空间开发，根据资源环境承载力、现有开发密度和发展潜力，统筹考虑未来陕西省人口分布、经济布局和城镇化格局，将国土空间划分为优化开发、重点开发、限制开发和禁止开发四类主体功能区，按照主题功能定位加强引导和约束，规范空间开发秩序，才能妥善应对压力和挑战，增强可持续发展能力。

4.2 陕西省土地功能区划要求和方法

4.2.1 区划目标与原则

4.2.1.1 区划目标

根据党的十九大关于到2020年基本形成主体功能区布局的总体要求，陕西省推进形成主体功能区的主要目标是：

（1）空间开发格局清晰。

以“一核四极两轴”为主体的城市化格局基本形成，陕西省主要城市化地区集中了60%以上人口和70%以上经济总量；以“五区十八基地”为主体的农业战略格局基本形成，农产品供应体系进一步完善；以“两屏三带”为主体的生态安全战略格局基本形成。

（2）空间结构得到优化。

陕西省国土空间的开发强度控制在4.56%，建设用地总规模控制在9390平方千米。其中城市空间控制在2320平方千米以内，农村居民点占地减少到5034平方千米，耕地保有量不低于38913平方千米（5837万亩），基本农田不低于35227平方千米（5284万亩）。绿色生态空间扩大，林地面积达到1242万公顷，湿地面积有所增加。

（3）空间利用效率提高。

经济布局更趋集中均衡，产业集聚布局，人口集中居住，城镇密集分布，城市空间单位面积创造的生产总值大幅度提高，提高土地集约节约利用水平。粮食和经济作物的单产水平提高10%以上。单位绿色生态空间林木蓄积量、产草量和涵养的水量明显增加。

（4）城乡区域协调发展。

农村人口向城市有序转移，所腾出的生活空间得到复垦还耕还林还草还湿，农业经营的规模化水平、农业劳动生产率和农民人均收入大幅提高，城市化地区反哺农业地区的能力增强，城乡差距逐步缩小。人口更多地生活在更适宜人居的地方，农产品主产区和重点生态功能区的人口向城市化地区逐步转移，城市化地区在集聚经济的同时集聚相应规模的人口，城乡区域间公共服务和生活条件的差距缩小。

（5）可持续发展能力增强。

生态系统稳定性明显增强，生态环境质量显著改善。荒漠化、草原退化和湿地退化等得到有效遏制，退耕还林（草）面积增加。资源开发对环境的影响明显降低，主要污染物排放得到有效控制，渭河等主要流域水质明显改善。秦巴山区生物多样性得到切实保护，水源涵养功能进一步强化。自然灾害防御水平进一步提升。应对气候变化能力明显增强。到 2030 年，力争全省森林覆盖率提高到 50%左右，森林蓄积总量达到 5.37 亿立方米，主要河湖水功能区水质达标率达到 90%以上。

4.2.1.2　区划原则

主体功能区的划分对一个地区今后的发展影响深远，把握和设计主体功能区划的原则，科学划分四类功能区。

（1）坚持人与自然和谐相处的原则。

按照建设环境友好型社会的要求，以保护自然生态为前提，以人的全面发展为目标，划定生态红线并制定相应的环境标准和环境政策，在符合资源承载能力和环境容量的前提下有度有序开发，确保生态安全，不断改善环境质量，实现人与自然和谐相处。

（2）基本依托行政区的原则。

主体功能区划从理论上讲应该不囿于行政区划，根据区域的资源环境承载能力、开发密度和发展潜力等自然和经济要素，确立科学合理的区划方案。但在实际应用中，相关的政策没有实施主体，难以得到有效实施和推行。而且目前我国社会经济发展的统计数据还是以行政区划为单元进行采集和逐级汇总的。因此，主体功能区划在很大程度上仍然要依托现有的行政区划，照顾到现有的行政区边界，在局部区域特别是限制开发和禁止开发区域的划分，可以适度打破行政区，构建跨行政区的主体功能区。

（3）自上而下、下级功能区划服从上级功能区划的原则。

我国的主体功能区划采用自上而下的划分方法，上一级主体功能区划具有全局性、引导性、约束性或强制性的特点。因此，主体功能区划应坚持自上而下，下级功能区划服从上级功能区划的原则。目前国家主体功能区划工作正在进行，待国家级主体功能区划通过后，省级区划必须与国家级区划相衔接。

（4）国土全覆盖原则。

区划从理论上讲是一个全国土地覆盖的概念。由于我国的基本国情和目前所处的发展阶段，市场机制尚未健全，政府的财力、管理能力和手段有限，现阶段的国家级主体功能区划可以考虑按照国土部分覆盖的原则进行。对省级主体功能区划而言，尤其是国土面积较小的省份，其所有区域在某一特定时段内的开发保护取向应该明确，所以省级主体功能区划分应当实行全省国土全覆盖，否则难以通过功能区划来实现优化空间布局、加强空间管理的目的。陕西省主体功能区划全覆盖陕西省的陆地国土，经过协调确定。

（5）定性和定量相结合的原则。

要按照典型性、可得性的要求，通过建立简单易懂、概念清晰、结构均衡的评价指标体系，合理确定指标权重系数，运用 RS、GIS 等先进技术手段，对各区域进行定量分析，是科学划分主体功能区的基础和保障。同时，要根据区域的战略选择，强化定性研判，充分反映战略和政策取向等主观因素在主体功能区划分中的作用。确有必要时，可以结合省情，适当增加辅助指标和辅助分析方法。

（6）专家主导与部门协调相结合原则。

国土空间功能分区以地域功能空间组织规律为指导，建立在详细、全面、客观的国土空间综合评价的基础上，结合区划技术手段，最终确定国土空间开发格局。在这个过程中必须以科学为准绳，发挥专家的主导作用。此外，为了与上下层级的空间规划相衔接，主导省域各类空间规划的职能部门也需要参与功能分区的过程，在最终方案的形成过程中发改、国土、规划、建设、农业等部门以及各乡镇政府进行了多次协调会商，保证了规划方案的广泛代表性。

4.2.2 区划流程

主体功能区划分的流程是：第一步，运用国土空间综合评价指数法提出初步划分方案。第二步，运用主导因素法和分层划区法分别遴选省级各类功能区，作为辅助方案。第三步，综合考虑三类方法的划分结果，充分考虑其他辅助因素，提出主体功能区划方案（见图 4-3）。

陕西省主体功能区划主要采用三种划分方法，即国土空间综合评价法、主导因素法和分层划区法。其中国土空间综合评价法和主导因素法是国家技术规程明确的技术方法，在浙江区划应用中，除对个别指标的算法进行了适当的调整外，基本上和国家的方法相一致。分层划区法，则是比较开发潜力和剩余开发潜力的理论，自下而上对各个基本单元进行主体功能区判别，最终形成总体方案。

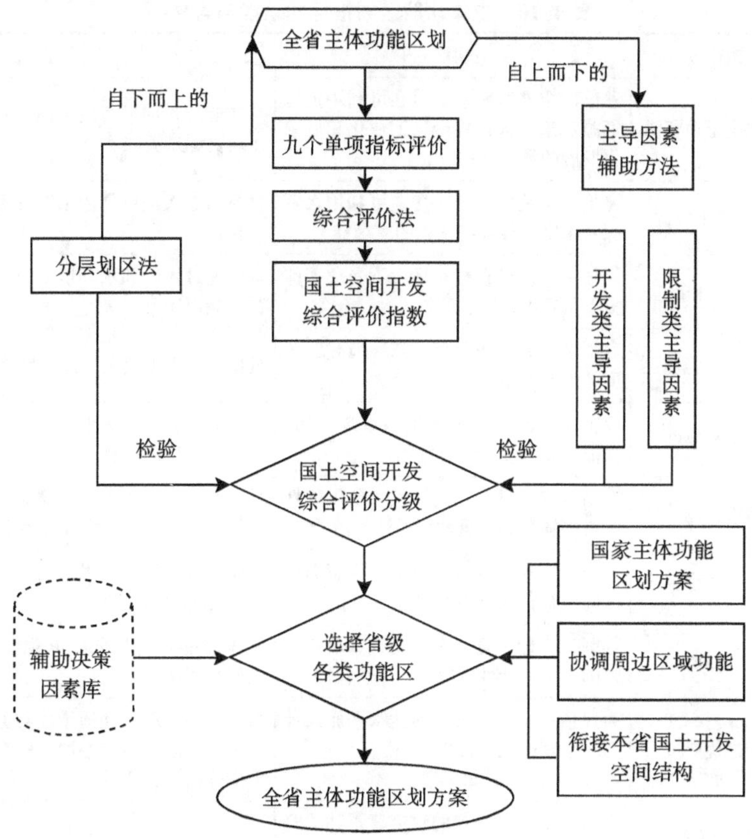

图 4–3　陕西省主体功能区划技术路径

4.2.3　区划指标体系和方法

4.2.3.1　区划指标体系

主体功能区的划分要注意与相邻区域主体功能之间的良性互动，要有利于各功能区之间形成合理分工和有机联系。

根据国家发改委《省级主体功能区划分技术规程》，省级主体功能区划的指标体系包括各指标项（见表 4–10），即可利用土地资源、可利用水资源、环境容量、生态系统脆弱性、生态重要性、自然灾害危险性、人口集聚度、经济发展水平、交通优势度和战略选择。其中，前 9 项属于可计量指标项，经过计算复合形成国土空间综合评价指数；战略选择是调控类指标项，作为主体功能区划分的重要依据，但不纳入国土空间综合评价指数计算。

表 4–10　主体功能区划指标的功能与含义

序号	指标项	功能	含义
1	可利用土地资源	评价一个地区剩余或潜在可利用土地资源对未来人口集聚、工业化和城镇化发展的承载能力	具体通过人均可利用土地资源或可利用土地资源来反映
2	可利用水资源	评价一个地区剩余或潜在可利用水资源对未来社会经济发展的支撑能力	具体通过人均可利用水资源潜力数量来反映
3	环境容量	评估一个地区在生态环境不受危害前提下可容纳污染物的能力	具体通过大气和水环境对典型污染物的容纳能力来反映
4	生态系统脆弱性	表征全省或区域尺度生态环境脆弱程度的集成性指标	具体通过水土流失指标来反映
5	生态重要性	表征全省或区域尺度生态系统结构、功能重要程度的综合性指标	具体通过森林、湿地和自然保护区域面积占比指标来反映
6	自然灾害危险性	评估特定区域自然灾害发生的可能性和灾害损失的严重性而设计的指标	具体通过地质灾害、地震灾害、洪灾害和热带气旋灾害危险性程度来反映
7	人口集聚度	评估一个地区现有人口集聚状态而设计的一个集成性指标项	具体通过采用县域人口密度和吸纳流动人口的规模来反映
8	经济发展水平	刻画一个地区经济发展现状和增长活力的一个综合性指标	具体通过县域人均 GDP 规模和 GDP 增长率来反映
9	交通优势度	为评估一个地区现有通达水平而设计的一个集成性评价指标项	由公路网密度、交通干线的拥有性或空间影响范围和与中心城市的交通距离三个指标构成
10	战略选择	评估一个地区发展的政策背景和战略选择的差异	

资料来源：转引自国家发改委《省级主体功能区划技术规程（试行）》。

4.2.3.2　区划方法

陕西省国土空间区划采用城市边界划分的思路。首先，通过开展国土空间可利用评价，并与“多规”现有空间管控手段相衔接，划定刚性国土空间开发边界；其次，通过发展条件、发展需求、发展定位等方面开展的国土空间发展研判，对“多规”存在的差异进行协调，划定弹性国土开发边界；最后，依据划定成果对相关法定规划提出修改建议。具体方法如下：

（1）国土空间综合评价法。

国土空间综合评价法是指通过利用参与指标计算的 9 项评价类指标，通过指标的归并、评价和综合计算分级，采用定性和定量相结合的方法，划分主体功能区的过程。此外，禁止开发区域根据定义规定可直接划出。

1）指标归并。

对陕西每一个县（市、区）除战略指标项以外的九项指标进行标准化分级打分。1 分为最低等级，5 分为最高等级，并根据指标项的内在含义及指标之间的相互关系，将九个指标项分为三种类型：

第一类指标：包括人口集聚度、经济发展水平和交通优势度三项指标，这三项指标从不同的视角刻画了一个区域经济社会发展的现状；

第二类指标：包括生态系统脆弱性和生态重要性两项指标，这两项指标反映了区域生态系统应被保护的程度；

第三类指标：包括人均可利用土地资源、可利用水资源、自然灾害危险性和环境容量四项指标，通过这四项指标反映区域国土空间开发的支撑保障条件。

2）指数评价法。

指数评价法是国土空间综合评价的定量方法，也是划分省级各类主体功能区的主要方法。在九个单项指标评价的基础上构建国土空间开发综合评价指数，以该指数的结果为依据可以初步划分出优化开发区域、重点开发区域以及限制开发的生态地区。

首先，对三大类分类指标综合指数进行计算，其方法分别如下：

$$P_1=\sqrt{\frac{1}{3}([\text{人口集聚长}]^2+[\text{经济发展水平}]^2+[\text{交通优势度}]^2)}$$

$$P_2=\max([\text{生态系统脆弱性}],[\text{生态重要性}])$$

$$P_3=\frac{\min([\text{人均可利用土地资源}],[\text{可利用水资源}])}{\max([\text{自然灾害危险性}],[\text{环境容量}])}$$

其次，在指标分类归并的基础上，构建出国土空间开发综合评价指数，并通过该指数区分出“开发”或“保护”两类地域主体功能。其中“开发”类就是指优化和重点开发区域。

P_1 和 P_2 分别体现出对于一个行政单元两种地域功能类型的评价结果，把两个综合指数相减，分值之差越高的地区地域功能越偏向于“开发类”，反之则偏向于“保护类”。

考虑第三类指标对地域功能取向起到的是辅助性的作用，因此对 P_3 通过正弦变换化为取值在一定范围内的标准化指数 K，$k=f(P_3)$。

K 作为支撑系数约束发展类指标综合得分，以准确地反映支撑条件对国土空间开发评价结果的影响。

因此，国土空间开发综合评价指数（A）的计算方法如下：$A=KP_1-P_2$。

根据《技术规程》规定把国土空间开发综合评价指数评价结果分为八级（见表 4–11），可以得出每一个评价单元 A 的值及其指数等级。

表 4–11 国土综合开发指数分级

级别	八	七	六	五
得分范围	–2.5 以下	–2.5~–1.5	–1.5~–0.5	–0.5~0.5
级别	四	三	二	一
得分范围	0.5~1.5	1.5~2.5	2.5~3.5	3.5 以上

资料来源：国家发改委《省级主体功能区划技术规程（试行）》。

3）各类主体功能区的选择。

基于国土空间开发综合评价指数，选取不同的阈值作为划分三类开发区域的依据。根据国土空间开发综合指数、等级及位序，结合陕西省省情和各等级县域空间单元的特征，可以做以下考虑：一、二等级的县域单位国土空间开发指数较高，属于发展类地域，且开发已有一定程度，基本上划分为优化开发区域；四、五等级的县域单位空间开发程度处于中等水平，也属于发展类地域，基本上划分为重点开发区域；七、八等级的县域单位国土空间开发指数较低，属于保护类地域，基本上划分为限制开发区域；第三等级处于过渡地带，有可能划分为重点开发区域或优化开发区域，可根据区域的实际情况，在重点开发区域和优化开发区域中进行选择；第六等级处于过渡地带，有可能划分为限制开发区域或重点开发区域，可根据区域的实际情况，在限制开发区域和重点开发区域中进行选择。按照上述方法，可以得到三类主体功能区划的结果。

（2）主导因素法。

主导因素法是自上而下划分主体功能区的技术方法，通过选取不同类型主体功能区的主导因素，按照主导因素指标项的评价结果，结合分析其他指标项的影响，确定各区域主体功能定位，得到区划的备选结果。

1）基于主导因素初步划分优化开发区域。

优化开发区域是指在省域范围内国土开发密度比较高、产业结构面临提升与转型、区域资源环境压力明显增大的区域。从国内外区域发展经验来看，这类地区的核心区域，大多是人口密度和经济发展水平比较很高，并有较大规模的都市区支撑。结合陕西的实际情况，提出确定优化开发区域的主要特征指标如下：

——城市化水平大于全省平均值的 10%（57%）；

——人口密度大于全省平均值的 10%（186 人/平方千米）；

——人均 GDP 大于全省平均值的 10%（22582 元/人）；

——因人口、产业集聚而出现较大的生态环境压力，产生了水土资源短缺、环境污染等问题；

——基本单元集中连片。

根据上述主导因素，通过对全省县域单位的提选，可以确定优化开发区域。

2）基于主导因素初步划分重点开发区域。

重点开发区域是指省区范围内，经济和人口集聚有一定基础、资源环境承载能力还有较大空间的区域。从区域整体发展来看，这类区域具备形成都市经济区的基础条件，能够承接优化开发区域的产业转移、承接限制开发区域和禁止开发区域的人口转移。结合陕西的实际情况，提出确定重点开发区域的主要特征指标如下：

——已具有一定的发展基础，至少有 1 个具有较强辐射能力的中心城市；

——人口密度处于全省平均水平附近（大于 100 人/平方千米，小于 186 人/平方千米）；

——人均 GDP 处于全省平均水平附近（大于 17582 元/人，小于 22582 元/人）；

——城镇化水平处于全省平均水平附近（大于 42%，小于 57%）；

——基本组成单元集中连片。

根据上述主导因素可以确定全省重点开发区域。

3）基于主导因素划分限制开发区域的重点生态功能区。

决定限制开发区域重点生态功能区的主导因素是生态保障，关键指标是生态环境脆弱性和生态重要性。根据陕西省的实际情况，生态环境脆弱性指标通过土壤侵蚀等生态环境问题的严重程度分级，以此来确定不同类型生态环境问题脆弱性程度。原则上，生态环境脆弱性程度高的区域应划分为限制开发区域类型的重点生态功能区。

生态重要性指标首先要确定不同生态系统对人类经济社会发展的重要性程度划分标准，从而确定不同生态系统重要性的分级评价。原则上，具有重要生态服务功能的区域应划为限制开发区域类型的重点生态功能区。

4）基于主导因素划分限制开发区域的农产品主产区。

限制开发区域的农产品主产区分为两类，即以种植业为主的农产品主产区和以草原牧业为主的农产品主产区。根据浙江省实际情况，该省的限制开发区域的农产品主产区主要以种植业为主的农产品主产区。根据《技术规程》以种植业为主的农产品主产区以耕地面积占县域国土面积的比重和人均粮食产量为主要指标。根据陕西实际，初步考虑耕地面积占县域国土面积的比重和全县人均粮食产量两项指标均高于全省平均水平 85%以上的区域，划分为限制开发区域的农产品主产区。

对于一些有可能成为重点或优化开发区域的农业指标较高的县域单元，其功能定位综合考虑了未来国土开发及城市发展的战略和方向。对于农业指标和生态指标取值均高或均低的县域，一般划为重点生态功能区。

(3) 分层划区法。

分层划区法是根据比较开发潜力和剩余开发潜力的理论，自下而上对各个基本单元进行主体功能区判别的区划方法（见图 4–4）。

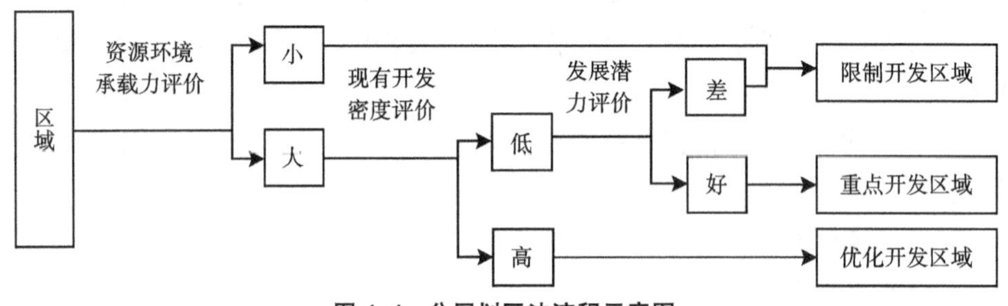

图 4–4　分层划区法流程示意图

如图 4–4 所示，该方法首先评价资源环境承载能力，如果承载能力低于某一阈值，即使该区域现有开发密度再低或者发展潜力再好，都必须作为限制开发区域。其次，对资源环境承载能力大的区域进行现有开发密度分析，根据现有开发密度高低，分两种情况：一种是现有开发密度高的，无论其发展潜力如何，都应划为优化开发区域。另一种是现有开发密度低的，应对该区域的发展潜力进行分析，若发展潜力好，则划为重点开发区域；若发展潜力差，应在一定时期内限制其开发，待区域基础、战略环境等开发条件成熟后再重点开发，即本轮划为限制开发区域。

根据前述的主体功能区指标体系，可以把十个指标分成三大类（见表 4–

12)，加权计算可得资源环境承载能力、现有开发密度和发展潜力三个复合指标。

表 4–12 分层划区法的指标体系

目标层	准则层	指标层
分层划区法的指标体系	资源环境承载能力	可利用土地资源
		可利用水资源
		生态重要性
		自然灾害危险性
		生态脆弱性
		环境容量
	现有开发密度	人口集聚度
		经济发展水平
	发展潜力	交通通达性
		战略选择

$$T_j = \sum T_{ij} WT_i$$

其中，T_j 为 j 区域在指标体系中的准则层级的得分，T_{ij} 为 j 区域在指标体系中指标层级 T_i 指标的标准分值，WT_i 为 T_i 指标的权重值。

按照上述公式计算出陕西省每个县（市、区）的资源环境承载能力、现有开发密度和发展潜力三个复合指标值后，根据主体功能区划分的基本原则，设定相应的阈值，按照图的流程方法，可以将全省各县（市、区）划分为优化开发、重点开发和限制开发三类功能区，得到分层划区法试划结果。

陕西省土地功能区划方法采用定性与定量相结合的方法。定量方法包括综合指数法和空间分析法，定性方法是根据专家建议和国家及陕西省政策，对定量方法确定的方案进行修正。

（4）定性方法。

1）继承、传承现有规划成果。

当前我国国土空间开发战略格局有区域发展总体战略和主体功能区战略，它们共同构成了我国当前的国土空间开发战略总格局。区域发展总体战略，包括深入实施西部大开发、全面振兴东北地区老工业基地、大力促进中部地区崛起、积极支持东部地区率先发展等内容；主体功能区战略，构建了城市化地区、农业地区和生态地区三大格局和优化开发、重点开发、限制开发和禁止开发四类开发模式。这两种空间开发战略是前人智慧的结晶，体现着国家对国土区域开发次序的协调，因此在此次陕西省国土区划过程中，应充分考虑现有规划成果，对其加以继承、传承，并对新时期面临的问题加以分析，提出符合新时代要求的综合分区方案。

2）协调、综合各领域专家成果。

针对目前现有的各领域综合规划或者区划、陕西土地功能规划、陕西城市总体规划等等，在此次国土规划过程中，要统筹考虑这些现有成果，从而协调综合符合新时期国土空间开发战略要求的规划区划方案。在对此次国土规划进行综合分区工作时，主要采用“多规合一”的思想，通过专家和政府各部门的研讨，以此来继承、协调、综合现有区域发展战略成果以及各领域区划成果，体现国家发展的大政方针、区域战略与政策和规划的继承性。

综上所述，根据专家意见和国家以及陕西政策要求，对定量方法确定的方案再进行修正，如根据对资源环境的综合评价分区与社会经济综合评价分区的叠加分析后，得出陕西中部的凤翔县、扶风县、泾阳县、乾县、咸阳市、潼关、华阴县、高陵县、三原县等为开发区，但这些地区基本上都位于国家重点开发轴线上，是陕西高新技术产业开发区和经济技术开发区集中分布的区域，也是我国西部地区经济发展的核心区域、最大的科技创新和高技术产业发展的中心；同时，制造业和现代服务业的比重在不断上升，该区域在全国的发展格局中具有战略安全性，其地位不断上升，正在迎来难得的战略发展机遇。因此在陕西省土地空间区划的大尺度下，将它们修正为开发区。

4.3 区划最终方案设计

陕西省国土空间区划是对陕西国土空间做出的全局安排，是陕西国土空间保护、开发、利用、修复的政策和总纲，具有战略性的意义。本区划根据《全国主体功能区规划》《陕西省主体功能规划（2013)》《陕西省“十三五”土地资源保护与开发利用规划》《陕西省城乡总体规划》《陕西省“十三五”生态环境规划》《陕西省“十三五”农业社会经济发展规划》等空间规划，在确定基本农田保护范围、城市增长边界、生态红线等方面发挥了重要的作用，功能分区需要建立起与之对接的机制。与此同时，功能区的分类体系也要与各部门空间规划的用地分类体系相衔接，使分区方案能够成为基层空间规划的“最大公约数”。

4.3.1　区划方案集成

（1）充分体现国家主体功能区规划的定位。

省级主体功能区规划是全国主体功能区规划的重要组成部分，根据下位规划必须服从上位规划的要求，国家确定的主体功能区必须在省级层面主体功能区划中保持性质和范围不变。根据国务院印发的《全国主体功能区规划》，陕西省纳入国家层面的主体功能区主要是两类地区：一是呼包鄂榆国家级重点开发区域。全国规划明确提出呼包鄂榆重点开发区域包括内蒙古自治区呼和浩特、包头、鄂尔多斯和陕西省榆林的部分地区，规划虽然没有明确陕西榆林的具体范围，但是在规划内容中对其资源优势、交通干线等进行了有关定位的表述，可以明确这个市部分或者绝大部分县（市、区）均属于国家级重点开发区域，因此在省级主体功能区划分中，必须进行落实，并明确具体范围。二是关中—天水地区国家级重点开发区域。全国规划明确关中—天水地区，包括陕西省中部以西安为中心的部分地区和甘肃省天水的部分地区，并在规划内容中对西安作了明确表述，即“构建以西安—咸阳为核心，以陇海铁路、连霍高速沿线走廊为主轴，以关中环线、包茂、京昆、银武高速公路关中段沿线走廊为副轴的空间开发格局。强化西安科技、教育、商贸、金融、文化和交通枢纽功能，推进西安、咸阳一体化进程和西咸新区建设，加强产业合作和城市功能对接，建设全国重要的科技研发和文化教育中心、高新技术产业和先进制造业基地、区域性商贸物流会展中心以及国际一流旅游目的地。壮大宝鸡、铜川、渭南、商洛、杨凌、兴平、天水等城市的规模，形成西部地区重要的城市群。加强渭河、泾河、石头河、黑河源头和秦岭北麓等水源涵养区的保护，加强地下水保护，修复水面、湿地、林地、草地，构建以秦岭北麓、渭河和泾河沿岸生态廊道为主体的生态格局。为此，必须在省级主体功能区划中，进一步明确西安市整体作为国家级重点开发区域的重要组成部分，落实到具体县市的范围。根据西安市的国土空间综合评价结果，考虑到与国家规划的衔接，可以把西安周边的县市区确定为国家级重点开发区域。

（2）充分体现陕西省发展战略和国土空间布局。

科学的主体功能区划分将对调整和完善区域发展战略意义重大，同时，主体功能区划也是落实区域发展总体战略的具体手段，因此，在省域主体功能区划分中必须充分反映省级党委、政府关于区域发展的战略意图，并充分反映长期以来形成的国土空间开发格局。从陕西的实际看，无论从发展战略还是从空间开发格局的实际看，都已经形成了“一核四极两轴”“两屏三带”“五区十八基地”的空间格局，因此主体功能区的总体布局必须与此相吻合，即优化开发和重点开发等开发类主体功能区应主要布局在“一核四极两轴”上，限制开发区域则主要布局在“两屏三带”“五区十八基地”上。此外，近年来，国务院先后批复实施了陕西高陵、富平改革试点等国家战略举措，按照落实这四大战略举措的要求，必须在主体功能区的空间布局上与之相匹配，力求把四大战略举措落到空间的实处。

(3) 协调周边省市相邻区域的主体功能定位。

相邻的主体功能区之间不应发生功能冲突和干扰，地处同一流域的不同功能区，要处理好流域上下游之间的关系，位于省域边界周围均质性较强的地区，应确定为同一类型主体功能区。根据上述要求，陕西省主体功能区划还应与周边的山西、河南、宁夏、甘肃、四川、重庆、湖北、内蒙古做好衔接，要充分考虑周边省市资源环境和经济社会发展的特点及其对本省主体功能区划分的影响，主体功能区的划分要有利于形成与边界两侧资源环境相协调、经济社会发展良性互动的开发格局。

4.3.2 区划类型

陕西省全省面积 20.58 万平方千米，以县为单位，共计 107 个区（县）。在地理学中，功能区划有着成熟的理论基础和大量的实践经验。然而，省域国土空间分区具有很强的规划指向、协调性，因此不仅要保证科学性，还要有利于空间管制的实施，以满足总量控制目标的实现、符合空间结构设计的需求并尽可能地适应空间布局变化的不确定性。

因此，在划分各类功能区的过程之中，必须充分体现国家主体功能区规划对陕西的定位，协调周边省市相邻区域的主体功能定位，并充分体现全省国土空间开发的总体战略和业已形成的格局，充分发挥了专家主导与部门协商相结合、自上而下、下级功能区划服从上级功能区划的原则，综合运用多种方法，我们提出“保护区域”和“开发区域”的土地功能区划设想，最终生成省级区划方案。

陕西省主体功能区划，按是否可利用，分为开发区域和保护区域两类；按开发方式，分为重点开发区域、限制开发区域和禁止开发区域三类；按开发内容，分为城市化地区、农产品主产区和重点生态功能区三类；按层级，分为国家级和省级（见图 4-5）。

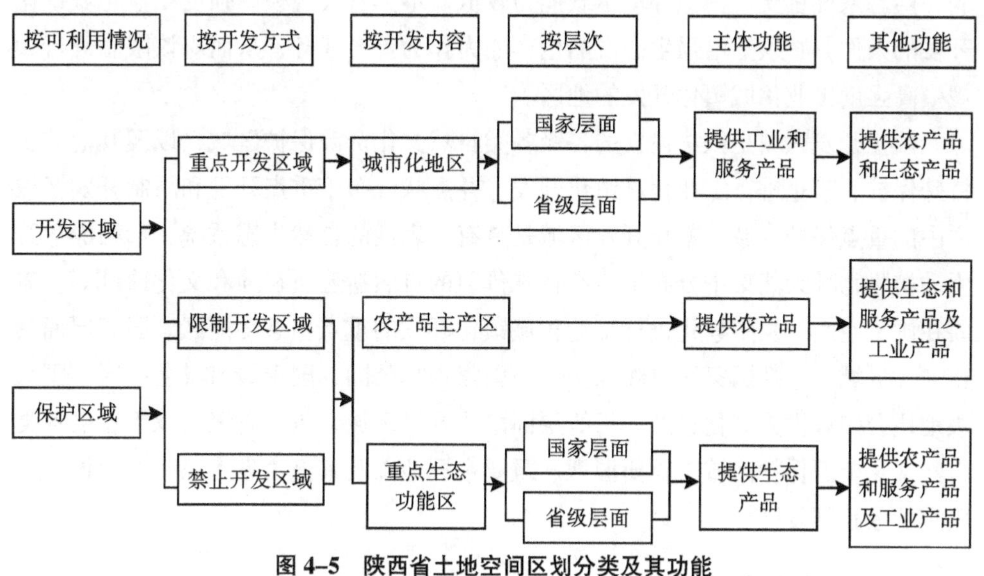

图 4-5　陕西省土地空间区划分类及其功能

开发区域和保护区域是基于国土空间是否可利用开发，以是否适宜或如何进行大规模高强度工业化城镇化开发为基准划分的。

重点开发区域、限制开发区域和禁止开发区域，是基于不同区域的资源环境承载能力、现有开发强度和未来发展潜力，以是否适宜或如何进行大规模高强度工业化城镇化开发为基准划分的。

城市化地区、农产品主产区和重点生态功能区，是以提供主体产品的类型为基准划分的。城市化地区是以提供工业品和服务产品为主体功能的地区，也提供农产品和生态产品；农产品主产区是以提供农产品为主体功能的地区，也提供生态产品、服务产品和部分工业品；重点生态功能区是以提供生态产品为主体功能的地区，也提供一定的农产品、服务产品和工业品。

重点开发区域是有一定经济基础、资源环境承载能力较强、发展潜力较大、集聚人口和经济条件较好，从而应该重点进行大规模高强度工业化城镇化开发的城市化地区。

限制开发区域分为两类：一类是农产品主产区，即耕地较多、农业发展条件较好，虽也适宜工业化城镇化开发，但从保障农产品安全以及区域永续发展的需要出发，必须把增强农业综合生产能力作为发展的首要任务，从而应该限制进行大规模高强度工业化城镇化开发的地区；另一类是重点生态功能区，即生态脆弱，生态系统重要，资源环境承载能力较低，不具备大规模高强度工业化城镇化开发的条件，必须把增强生态产品生产能力作为首要任务，从而应该限制进行大规模高强度工业化城镇化开发的地区。

禁止开发区域是依法设立的各级各类自然文化资源保护区域，以及其他需要特殊保护、禁止进行工业化城镇化开发，并点状分布于重点开发和限制开发区域之中的重点保护区域。禁止开发区域是具有代表性的自然生态系统、珍稀濒危野生动植物物种天然集中分布地、有特殊价值的自然遗迹所在地和文化遗址等，需要在国土空间开发中禁止进行工业化城镇化开发的重点生态功能区。国家层面禁止开发区域，包括国家级自然保护区、国家森林公园、国家级风景名胜区、国家级地质公园和世界文化遗产。省级层面禁止开发区域，包括省级及以下各级各类自然文化资源保护区域、重要湿地、重要水源地以及其他由省人民政府根据需要确定的禁止开发区域。

4.3.3 开发区域

开发区是指土地空间可用于开发利用的区域，包含已经开发、正在开发以及可以开发但还未开发利用的区域。开发区域由重点开发区域和限制开发区域（农产品主产区）两部分所构成，总面积 72739 平方千米，占全省国土面积的 35.4%。扣除基本农田后面积 32540 平方千米，占全省的 31%。其中，重点开发区又分为国家层面的重点开发区域和省级层面的重点开发区域。从开发内容看，重点开发区即城市化区域，是城市化建设用地区域；限制开发区域（农产品主产区）是农业建设用地。

4.3.3.1 空间分布

（1）国家层面重点开发区域主要包括两个区域，即关中—天水重点开发区域的关中地区和呼包鄂榆重点开发区域的榆林北部地区，总面积 33836 平方千米，占全省国土面积的 16.5%。扣除基本农田后面积 25978 平方千米，占全省面积的 12.6%。具体分布如表 4-13 所示。

（2）省级层面重点开发区域主要包括延安市、汉中市和安康市的三个区块 4 个县（区），总面积 7634 平方千米，占全省国土面积的 3.7%。扣除基本农田后面积 6662 平方千米，占全省面积的 3.2%。具体分布如表 4-14 所示。

表 4-13 重点开发区域名录

区域		范围	面积（平方千米）
国家层面重点开发区域	关中地区	西安、铜川、宝鸡、咸阳、渭南、商洛、杨凌	21117
	榆林北部	榆阳区、神木市、府谷县、横山县、靖边县、定边县	12719
省级层面重点开发区域	延安区块	宝塔山、甘泉县	4089
	汉中区块	汉台区、城固区	1760
	安康区块	汉滨区	1915

表 4-14 限制开发区域（农产品主产区）分布

区域	范围	面积（平方千米）
渭河平原小麦主产区	宝鸡市：凤翔县、岐山县、扶风县、眉县，咸阳市：武功县、三原县、泾阳县、礼泉县、乾县，渭南市：富平县、蒲城县、大荔县、合阳县、澄城县	17788
渭北东部粮果区	渭南市白水县、延安市洛川县	2780
渭北西部农牧区	宝鸡市：陇县、千阳县、麟游县，咸阳市：永寿县、淳化县	7866
洛南特色农业区	洛南县	2835

（3）限制开发区域（农产品主产区）主要分布在渭河平原、渭北台塬和商洛北部，共计 24 个县（区），总面积 31269 平方千米，占全省国土面积的 15.2%。具体分布如表 4-14 所示。

4.3.3.2 功能定位

重点开发区域：支撑全省乃至全国经济发展的重要增长极，提升综合实力和产业竞争力的核心区，引领科技创新和推动经济发展方式转变的示范区，全省重要的人口和经济密集区。

限制开发区域（农产品主产区）：保障农产品供给安全、现代农业发展的核心区、农村居民安居乐业的美好家园、社会主义新农村发展的示范区。

4.3.3.3 发展方向

重点开发区域：完善提升城镇功能，统筹规划发展空间、促进人口合理集聚、形成现代产业体系、提高发展质量、完善基础设施。

限制开发区域（农产品主产区）：着力保护耕地、稳定粮食生产、提高农业综合生产能力、保障农民收入、优化农业产业结构、着力提高品质和单产、保障农产品供给。

4.3.3.4 六大重点开发区域

重点开发区域具备较强的经济基础，具有一定的科技创新能力和较好的发展潜力；城镇体系初步形成，具备经济一体化的条件，中心城市有一定的辐射带动能力，有可能发展成为新的大城市群或区域城市群；能够带动周边地区发展，且对促进全省区域协调发展意义重大。

各开发区域确定：首先，划定各重点开发区域（关中开发区域、榆神开发区域、靖定吴开发区域、汉江开发区域、绥米开发区域、韩合开发区域）的空间行政边界，紧接着在其边界内进行精细化落实，将该区域分散的开发区整合到该保护区中，并保证该开发区的覆盖率和质量不减。

关中开发区域：西安、宝鸡、咸阳、渭南、铜川、商洛、杨凌六市一区，此开发区是国家级重点开发区。

榆神开发区域：榆阳区、神木市、府谷县。

靖定吴开发区域：靖边县、定边县、吴起县。

汉江开发区域：城固县、汉台区、汉滨区。

绥米开发区：绥德县、米脂县。

韩合开发区：韩城市、合阳县。

4.3.4 保护区域

保护区域是指土地空间不可再用于开发利用的区域。保护区域由限制开发区域（重点生态功能区）和禁止开发区域两部分区域所构成。从开发内容看，限制开发区域（重点生态功能区）是生态环境建设用地；禁止开发区域是文化遗址保护建设用地。

4.3.4.1 空间分布

（1）限制开发区域（重点生态功能区）包括国家层面重点生态功能区和省级重点生态功能区，共 43 个县（市、区）以及重点开发区域中部分生态功能重要的区块，面积为 133061 平方千米，占全省国土面积的 64.6%。具体分布情况如表 4–15 所示。

（2）禁止开发区域呈点状分布于开发区域之中，陕西省境内共 407 处各级各类保护区域，扣除部分互相重叠的区域后总面积 22949 平方千米（不含陕西省省政府公布的 55 个重要湿地面积），占全省面积的 11.1%（见表 4–16 和表 4–17）。

表 4–15　限制开发区域（重点生态功能区）分布情况

区域		范围	面积（平方千米）
国家层面生态功能区	黄土高原丘陵沟壑水土流失防治区	吴起县、志丹县、安塞县、子长县、绥德县、米脂县、子洲县、清涧县、佳县、吴堡县	22285
	秦巴山地生物多样性功能区	周至县、宝鸡市凤县、太白县、汉中市南郑县、洋县、西乡县、勉县、佛坪县、宁强县、略阳县、留坝县、镇巴县，安康市汉阴县、石泉县、宁陕县、紫阳县、岚皋县、平利县、旬阳县、镇坪县、白河县、商洛市镇安县、柞水县	58917
省级层面生态功能区	子午林森林生态片区	富县、黄陵县、甘泉县、宜君县	7981
	沿黄土长梁沟壑水土保护区	宜川县、延长县、延川县	7295
	黄龙山生态多样性保护片区	黄龙县	2757
	秦岭东段中低山水土保护片区	商南县、山阳县	5848

表 4–16　国家层面禁止开发区域基本情况

主要类型	个数	面积（平方千米）	占全省国土比例（%）
自然保护区	17	5271.21	2.56
森林公园	32	1636.44	0.80
风景名胜区	6	1013.08	0.49
地质公园	8	1458.26	0.71
世界文化自然遗产	1	56.25	0.03
总计	64	9435.24	4.59

资料来源：《陕西省主体功能区规划（2013）》。

表 4–17　省级层面禁止开发区域基本情况

主要类型	个数	面积（平方千米）	占全省国土比例（%）
自然保护区	41	6199.52	3.01
森林公园	46	1444.38	0.70
风景名胜区	29	1852.45	0.90
地质公园	2	231.91	0.11
世界文化自然遗产	45	2089.26	1.06
水产种质资源保护区	15	748.7	0.36
重要湿地（含湿地公园）	69	219.69	0.11

续表

主要类型	个数	面积（平方千米）	占全省国土比例（%）
重要水源地	96	2314.58	1.18
总计	343	15100.49	7.43

资料来源：《陕西省主体功能区规划（2013）》。

今后新设立的自然保护区、森林公园、风景名胜区、地质公园、文化自然遗产、水产种质资源保护区、重要湿地（湿地公园）、重要水源地等，自动进入禁止开发区域名录。

4.3.4.2　功能定位

限制开发区域（重点生态功能区）：保障国家和地方生态安全的重要区域是人与自然和谐相处的示范区。

禁止开发区域：保护自然文化资源的重要区域，珍稀动植物基因资源保护地。

4.3.4.3　发展方向

限制开发区域（重点生态功能区）：提升生态服务功能、发展环境友好型产业、有序引导人口转移转化、显著提高公共服务水平。

4.3.4.4　七大重点保护区域

重点保护区域具备生态脆弱，生态系统重要，资源环境承载能力较低，具有代表性的自然生态系统、珍稀濒危野生动植物物种天然集中分布地、有特殊价值的自然遗迹所在地和文化遗址等，不具备大规模高强度工业化城镇化开发的条件，必须把增强生态产品生产能力作为首要任务，从而应该限制进行大规模高强度工业化城镇化开发的地区。

各重点保护区域确定：首先，划定各重点保护区域的空间行政边界，紧接着在其边界内进行精细化落实；其次，将各个区域分散的保护区的图斑整合到该保护区中，并保证该开发区的覆盖率和质量不减，反增。

秦岭保护区：陕西省秦岭山脉，主要包含两部分：①核心保护区：海拔 2 千米以上的区域，秦岭山系主梁两侧各 1 千米以内，主要支脉两侧各 0.5 千米以内的区域，以及与上述区域生态功能集中连片；国家公园核心保护区、自然保护区核心区和缓冲区，自然文物遗产；饮用水水源一级保护区。②重点保护区：海拔 1.5 千米至 2 千米的区域，以及上述区域生态功能集中连片的区域；国家公园一般控制区中的生态修复区、自然保护区的实验区、饮用水水源地二级保护区、准保护区；风景名胜区、森林公园、地质公园、湿地公园、植物园、水利风景区；重要的湿地、水库、湖泊；重点文物保护单位，古栈道、古遗址、古墓葬、古建筑、摩崖石刻等文化遗存；划入生态保护红线范围内的其他区域。隶属地：西安市、商洛市等。

巴山保护区域：主要指秦巴山生物多样性区域，包括汉中、安康、商洛 3 个地市的全部和宝鸡市的太白、凤县共 30 个县（区）。隶属地：宝鸡市、汉中市、安康市、商洛县。

黄陵黄龙保护区域：黄龙县和黄陵县的重要水源地、水产种质资源保护区、风景名胜区、森林公园、自然保护区、文化遗存等的总和。隶属地：延安市。

黄河湿地保护区域：从府谷县墙头乡到渭南市潼关县秦东镇十里铺村，包括陕西省域内的黄河河道、河滩、泛洪区及河道陕西一侧 1 千米范围内的人工湿地。含陕西黄河湿地自然保护区。隶属地：榆林市、延安市、渭南市。

渭河滩保护区域：从宝鸡市陈仓区凤阁岭到潼关县港口沿渭至渭河与黄河交汇处，包括渭河河道、河滩、泛洪区及河道两岸 1 千米范围内的人工湿地。含西安泾渭湿地自然保护区。隶属地：宝鸡市、咸阳市、西安市、渭南市等。

红碱淖保护区域：西至神木县尔林兔镇东葫芦村，北至中鸡镇壕赖村，东至尔林兔镇贾家梁村，南至尔林兔镇后尔林兔村。含陕西红碱淖自然保护区。隶属地：神木县。

丹江保护区域：主要指陕西丹江武关河省级自然保护区，位于商洛市丹凤县境内，地理坐标东经 110°25′30"~110°49′33"，北纬 33°37′42"~33°52′18"。保护区的主要保护对象为国家二级重点保护水生野生动物大鲵、水獭和秦巴北鲵、多鳞铲颌鱼及其栖息生境。隶属地：商洛市。

4.3.5　区划结果分析

上述主体功能区划分结果，对照陕西省的自然地理特点和区域经济布局，可以看出总体上该方案是合理的，符合陕西发展的实际。

（1）从主体功能区的比例构成上，区划结果总体上反映了陕西山地多川原少的地貌特征。陕西省的开发类主体功能区的面积比重为 35.4%，如果再扣除点状分布的禁止开发区域和基本农田，其比重将低于 35.4%。由于本次区划的基本单元是县级行政区，因此在开发类主体功能区中也包括了大量的山地丘陵，考虑到这层因素，本次区划的结果应该是充分反映了陕西“地域狭长，地势南北高、中间低，从北到南依次为陕北高原、关中平原和秦巴山地”地貌特征，结果总体是合理的。

(2) 从主体功能区的空间布局上，区划结果也总体上符合陕西区域经济发展的实际。首先，本次区划西安是全省经济最为发达的地区，也是陕西开发较早、开发密度较高、资源环境承载能力逐渐下降的地区，将该地区确定为重点开发区域，既符合国家的定位，也符合陕西的实际。其次，本次区划把陕西的宝鸡市、渭南市、商洛市、延安市、榆林市等的部分区域确定为开发区域，也符合这些地区开发条件较好，可利用土地资源相对丰富的实际，并且符合国家建设两横三纵、七区二十三带、两屏三带的重大战略布局。

4.4 陕西省土地功能区划重点

陕西省国土空间规划是对全省国土空间的全局安排，是全省国土空间保护、开发、利用、修复的政策和总纲，侧重战略性。陕西省国土空间功能分区作为本省顶层的空间功能分区，需要体现出承上启下的作用。一方面，它应该是对上位功能区划方案的细化，在分区类型上对接主体功能区规划；另一方面，出于指导部门空间规划的目的，分类体系应与城乡用地分类、土地利用分类标准等相衔接。

陕西省的生态系统脆弱，且资源环境和社会经济发展矛盾比较突出。随着我国西部大开发战略的实施，陕西省的土地资源有限性更加突出。同时，由于土地粗放经营、利用效率低等原因，使陕西省的土地利用大部分处于不持续的状态，为数不多的耕地在减少，土壤侵蚀、养分流失、土壤板结、水污染等环境问题日益突出。

结合全省土地利用实际情况，从社会、经济以及生态发展来看，陕西省土地功能区划建设重点主要有：农业建设用地、城市化发展建设用地、生态建设用地、文化遗址保护建设用地。

4.4.1 农业建设用地

农业建设用地主要是保障农产品供给安全的重要区域，是现代农业发展的核心区，区内鼓励开展农业基础设施建设，鼓励实施农用地整理项目，鼓励优化农业生产布局，限制进行工业化、城镇化开发，提高农业资源开发强度，促进农业资源的永续利用。

因此，我们分析农业建设用地应从以下几方面进行：第一，从农业区划的角度分析粮食主产区、梁果主产区、农牧区的情况；第二，现代农业基础建设的重点工程分析以及建设的手段；第三，基本农田分布及保护以及远景规划。最终构建以“五区十八基地”为主体的农业战略格局。

4.4.2　城市建设用地

城市建设用地鼓励支撑产业发展，优化开发区和工业园区用地空间结构，建设立体城市优化空间布局、减少土地占用、提高土地利用率，提高城市绿化率、增加人均绿地面积，改善人居环境，鼓励完善交通、能源等基础设施建设。城市建设用地规模和布局调整主要与社会经济发展和基础设施建设密切相关，控制建设用地的总规模，提高节约集约利用建设用地对于促进经济可持续发展，城乡一体化发展有着重要意义。

因此，我们分析城市建设用地时，要通过分析陕西省城市发展土地利用现状，进一步预测陕西省城市发展土地建设用地，找到未来陕西省城市发展土地优化布局的重点，促进陕西省城市建设用地节约集约利用，支持陕西省新型城镇化建设与追赶超越，构建以“一核四极两轴”为主题的城市化战略格局。

4.4.3　生态环境建设用地

生态环境建设用地是保障全省生态安全的重要区域，是“两屏三带”生态安全格局的主要组成部分。生态环境建设用地规划主要是通过对生态类用地的开发保护进行合理的控制，从而达到生态环境和谐发展的目的。

陕西省的生态系统脆弱，且资源环境和社会经济发展矛盾比较突出，为了使全省生态环境质量总体改善，主要污染物排放总量大幅减少，环境风险得到有效控制，重点生态功能区服务能力明显增强，重点治理区域生态环境突出问题有效解决，生物多样性保护得到加强，生态安全屏障更加牢固，生态文明建设水平与全面建成小康社会目标相适应，三秦大地山更绿、水更清、天更蓝。

因此，我们分析生态环境建设用地应该从以下几个方面分析：第一，陕西省生态环境现状及存在问题分析；第二，生态足迹视角下陕西省生态建设前景的展望；第三，陕西省区域生态建设的工作重点。最终构建以“两屏三带”为主体的生态安全战略格局。

4.4.4 文化遗址保护建设用地

文化遗址保护规划是依据区域历史文化内涵而编制的对历史古迹进行合理保护和开发利用，对人文资源进行保护并宣传的规划。文化保护规划的目的在于传承保护区域的历史文化，推进精神文明建设，满足人们日益增长的精神需求。

陕西是中华民族文明的发祥地之一，文明史源远流长，文化遗产浩如烟海，散落在三秦大地。这些文物资源，作为中华民族悠久历史和民族精神的物质见证和载体，是三秦儿女的宝贵财富，更是全民族建设共有精神家园的重要基石。陕西的土地空间规划对土地空间中所存在的文化遗址的保护非常重要，从而对文化遗址保护建设用地的规划尤为重要。如何充分保护开发和利用文化遗址，使土地空间规划得到和谐发展，进而促进全省的社会经济和谐发展，成为土地空间发展规划中必须研究和解决的问题之一。

因此，文化遗址保护建设用地从对陕西土地空间中文化遗址现状进行分析，了解陕西文化遗址保护和利用与土地空间规划存在的矛盾和问题，用科学的方法对文化遗址进行评估；通过借鉴国内外遗址保护的经验和教训，结合陕西省土地空间规划，设计陕西文化遗址保护和利用方案；最后确定陕西省土地空间发展文化遗址保护和利用重点。

4.5 保障措施

建设土地功能区是陕西省经济发展和生态环境保护的大战略，是优化国土空间开发保护格局的必然要求、促进区域协调发展的战略需要、从源头上保护生态环境的根本举措。要把推动土地功能区战略格局在市县层面精准落地，作为完善主体功能区战略和制度的关键抓手，扎实做好基础评价、科学划定“三区三线”、统筹绘制“一张蓝图”、搭建统一共享信息平台。要建立健全规划统筹衔接机制、空间结构动态调整机制、高效管控机制、精细化配套政策体系、差异化绩效考核评价机制等，形成有利于推进差别化空间发展的长效机制，为推动土地功能区战略精准落地提供保障。根据推进形成土地功能区的要求，实行分类管制的区域政策，形成市场土地行为符合区域主体功能区定位的利益导向机制。

4.5.1　财政政策

——完善财政转移支付制度。建立限制开发区域和禁止开发区域转移支付制度，合理确定转移支付系数，加大对禁止和限制开发区域的转移支付力度；建立健全省级生态环境补偿机制，逐步加大对重点生态功能区的支持力度，逐步实现基本公共服务均等化。

——建立地区间横向援助机制。生态受益地区采取资金补助、定向援助、对口支援等多种方式，对重点生态功能区因加强生态保护导致的利益损失进行补偿。

——加大各级财政对自然保护区的投入力度。在定范围、定面积、定功能的基础上定经费，并分清省、市、县各自的财政责任。

——实施财政奖励制度。对农产品生产和生态保护贡献突出的区域，由省级财政给予补助奖励。

4.5.2　投资政策

——按照主体功能区安排的政府预算内投资，主要用于支持限制开发的重点生态功能区和农产品主产区的发展，包括生态修复与环境保护、农业综合生产能力建设、公共服务建设、生态移民、促进就业、基础设施建设以及支持适宜产业发展等。

——按领域安排的政府预算内投资，要符合各区域的主体功能定位与发展方向。逐步加大政府投资用于农业、生态建设、环境保护等方面的比例，加强农业综合生产和生态产品生产能力建设。对重点生态功能区和农产品主产区内中、省支持的建设项目，逐步降低市、县（区）政府的投资比例。

——鼓励和引导民间资本按照不同区域的主体功能定位投资。对重点开发区域，鼓励和引导民间资本进入法律法规未明确禁止准入的行业和领域。对限制开发区域，主要鼓励民间资本投向基础设施、市政公用事业和社会事业等。

——积极利用金融手段引导社会投资。引导商业银行按主体功能区定位调整区域信贷投向，鼓励向符合主体功能区定位的项目提供贷款，严格限制向不符合主体功能定位的项目提供贷款。

4.5.3 产业政策

——严格执行国家相关产业政策，进一步明确不同主体功能区鼓励、限制和禁止的产业。

——编制专项规划、重大项目布局，必须符合主体功能区定位。国家和省级重大项目，优先布局在重点开发区域。

——严格市场准入制度，对不同主体功能区的项目实行不同的占地、耗能、耗水、资源回收、资源综合利用、工艺装备、“三废”排放和生态保护强制性标准。

——建立市场退出制度，对限制开发区域不符合主体功能区定位的现有产业，要通过设备折旧补贴、设备贷款担保、迁移补贴等手段，促进产业跨区域转移或关闭。

4.5.4 土地政策

——按照不同主体功能区的功能定位和发展方向，实行差别化土地政策，科学确定各类用地规模。严格控制工业用地，适度增加城市居住用地，逐步减少农村居住用地。

——适度扩大重点开发区域建设用地规模，保障重大基础设施和重点项目建设用地，引导产业集中布局、集群发展。严格控制农产品主产区建设用地规模，将基本农田落实到地块并标注到农村土地承包经营权证书上，禁止改变基本农田的用途和地块位置。严禁改变重点生态功能区生态用地用途，严禁自然文化资源保护区土地的开发建设。

——实行城乡建设用地增减挂钩政策。城镇建设用地的增加要与本地区农村建设用地的减少相挂钩。

——妥善处理自然保护区和风景名胜区内农牧地的产权关系，引导自然保护区核心区、缓冲区人口逐步转移。

4.5.5 农业政策

——逐步完善支持和保护农业发展的政策，加大强农惠农政策力度，并重点向农产品主产区倾斜。

——调整财政支出、固定资产投资、信贷投放结构，保证各级财政对农业投入增长幅度高于经常性收入增长幅度，加大对农业基础设施和农村公共服务投入，大幅度提高政府土地出让收益、耕地占用税新增收入用于农业的比例。

——探索建立土地承包经营权流转制度，引导耕地等农业生产要素向种田大户、家庭农场和农机合作社等集聚，发展多种形式的适度规模经营，大幅度提高劳动生产率。

——健全农业补贴制度，规范程序，完善办法，特别要支持增产增收，落实并完善农资综合补贴动态调整机制，做好农民种粮补贴工作 。

——完善农产品市场调控体系，稳步提高粮食最低收购价格，改善其他主要农产品市场调控手段，保持农产品价格合理水平。

4.5.6　人口政策

——重点开发区域要实施积极的人口迁入政策，加强人口集聚和吸纳能力建设，破除人口迁入的制度障碍，鼓励外来人口迁入和定居，将在城市有稳定职业和住所的流动人口逐步实现本地化。

——限制开发区域和禁止开发区域要实施积极的人口迁出政策。切实加强义务教育、职业教育与职业技能培训，增强劳动力跨区域转移就业能力，鼓励人口到重点开发区域就业并定居。

——完善以奖励扶助、困难补助、养老和医疗扶助为主体的人口和计划生育利益导向机制，并综合运用其他经济手段，引导人口自然增长率较高的限制开发区域和禁止开发区域的居民自觉降低生育水平。

——逐步统一城乡户口登记管理制度，将公共服务领域各项法律法规和政策与现行户口性质相剥离。将流动人口纳入居住地教育、就业、医疗、社会保障、住房保障等体系，切实保障流动人口与本地人口享有均等的基本公共服务和同等的权益。

——探索建立人口评估机制。构建经济社会政策及重大建设项目与人口发展政策之间的衔接协调机制，重大建设项目的布局和社会事业发展应充分考虑人口集聚和人口布局优化的需要，以及人口结构变动带来需求的变化。

4.5.7　环境政策

——制定分类的污染物排放标准。重点开发区域要结合环境容量，实行严格的污染物排放总量控制指标，较大幅度地减少污染物排放量。限制开发区域要通过治理、限制或关闭污染排放企业等手段，实现污染物排放总量持续下降和环境质量状况达标。禁止开发区域要依法关闭所有污染排放企业，确保污染物“零排放”，难以做到的，必须限期迁出。

——制定分类的产业准入环境标准。重点开发区域要按照国内先进水平，根据环境容量，逐步提高产业准入环境标准。农产品主产区要按照保护和恢复地力的要求设置产业准入环境标准。重点生态功能区要按照生态功能恢复和保育原则设置产业准入环境标准。禁止开发区域要按照强制保护原则设置产业准入环境标准。

——制定分类的污染控制和管理措施。

4.5.8 应对气候变化

——有条件的地区积极发展风能、太阳能、生物质能、地热能等新能源，充分利用非化石能源。

——农产品主产区要继续加强农业基础设施建设，推进农业结构和种植制度调整，选育抗逆品种，加强新技术的研究和开发，减缓农业农村温室气体排放，增强农业生产适应气候变化能力。

——积极探索建立碳排放交易机制，逐步实现重点开发区域的碳排放需求与限制和禁止开发区域的碳汇能力的有机对接。

——开展气候变化对水资源、农业和生态环境等的影响评估，实行基础设施和重大工程气象灾害风险评估和气候可行性论证制度，提高极端天气气候事件监测预警能力，加强自然灾害的应急和防御能力建设。

4.5.9 绩效评价政策

调整完善现行目标责任考核制度，建立符合科学发展观并有利于推进形成主体功能区的绩效评价体系。要强化对各地区提供公共服务、加强社会管理、增强可持续发展能力等方面的评价，增加开发强度、耕地保有量、环境质量、社会保障覆盖面等评价指标。在此基础上，按照不同区域的主体功能定位，实行各有侧重的绩效评价和考核办法。强化考核结果运用，有效引导各市县推进形成主体功能区。

——重点开发区域。实行工业化城镇化水平和转变发展方式优先的绩效评价制度，综合评价经济增长、吸纳人口、质量效益、产业结构、资源消耗、环境保护以及外来人口公共服务覆盖面等，弱化对投资增长速度等的评价。主要考核地区生产总值、研发投入经费比重、非农产业就业比重、财政收入占地区生产总值比重、单位地区生产总值能耗和用地量、单位工业增加值和用水量、二氧化碳排放强度、污染物总量排放目标、“三废” 处理率、大气和水体质量、吸纳外来人口规模等指标。

——限制开发区域。限制开发的农产品主产区，实行农业发展优先的绩效评价制度，强化对农产品保障能力的评价，弱化对工业化城镇化相关经济指标的评价。主要考核农业综合生产能力、农民收入等指标，不考核地区生产总值、投资、工业、财政收入和城镇化率等指标。限制开发的重点生态功能区，实行生态保护优先的绩效评价，强化对提供生态产品能力的评价，弱化对工业化城镇化相关经济指标的评价。主要考核大气和水体质量、水土流失治理、森林覆盖率、森林蓄积量、林地面积、草畜平衡、生物多样性、农田灌溉水有效利用系数和重要江河湖泊水功能区达标率等指标，不考核地区生产总值、投资、工业、农产品生产、财政收入和城镇化率等指标。

——禁止开发区域。根据法律法规和规划要求，按照保护对象确定评价内容，强化对自然文化资源原真性和完整性保护情况的评价。主要考核依法管理的情况，污染物“零排放”情况，保护目标实现程度，保护对象完好程度，是否存在违法违规建设情况，不考核旅游收入等经济指标。

第 5 章　陕西省农业区划及现代农业发展规划

陕西农业区划是在农业资源调查的基础上，根据陕西各种条件特征及农业经济状况等，按照区内相关性和区间差异性，在保持地区边界完整的基础上，将省区划分为若干不同类型和等级的农业区域。

5.1　陕西省农业区划及发展现状

5.1.1　陕西省农业区划现状

主产农作物和其生产情况以及各市区的特色农业发展现状是反映地区气候、自然资源特征以及农业经济状况的一个实际的、可循的维度。因此，以下从陕西省主要农业作物和特色农业发展这两个角度体现全省农业区划发展的状态。

5.1.1.1　陕西省农作物生产地理分布现状

陕西省气候条件复杂，生态条件差异大。因此造成各市区地形差异较大，跨越温带、暖温带、北亚热带。农作物种类、耕作栽培制度、人们的生活、生产方式和社会经济条件等各个方面都具有北方与南方以及南、北方过渡的中间类型特点和独特的资源优势，也由此在各市区形成了独特的农业物种分布格局。

陕北地区中，陕西省最北部榆林市区，属于长城以北沙滩重半干旱气候区。地貌类型有风沙地、丘陵地、河川地和沟道地等。为陕西省降水量最少地区，适合一年一熟作物生长。分布的农业物种有玉米、大豆、花生、红枣和杏。延安市位于延安一长城高原丘陵沟壑半干旱气候区，地势由北向南，由西向东呈倾斜状。境内丘陵起伏，梁峁相间，沟壑纵横。自然资源丰富，但利用率低。风沙、干旱、冰雹、霜冻常有发生。耕作制度为一年两熟。玉米是其产量和经济效益都比较高的大宗粮食作物，此处还分布有苹果、大豆和蔬菜等农业物种。

关中城市中，咸阳、铜川两市地处渭北—延安高原丘陵沟壑半湿润气候区，地势以黄土高原沟壑为主，兼有丘陵、川道和土石山地。地形多样，高原沟壑纵横，多为残原。农业生产多为两年三熟，是陕西省农牧业的主要开发地，苹果、烤烟商品生产的主要基地，也是全省小麦主产区之一，此外，此地农作物还分布有梨、葡萄、桃、杏和蔬菜。渭南市地处关中东部大荔—澄湖半干旱气候区，以旱作农业为主，是陕西省农业生产水平较高的地区，地势平坦，土壤肥沃。光热水资源及社会经济条件优越，水利设施较好，是陕西省主要灌溉农业区，也是小麦、棉花等作物的主要商品生产基地。此地农业资源丰富，物种分布有玉米、花生、红枣、苹果、梨、葡萄、桃、柿子和花椒。西安、宝鸡两市位于秦岭山地湿润气候区，光热条件较好，水资源丰富。耕作制度多为两年三熟，是陕西省粮食、蔬菜生产重点开发地区，又是全省猕猴桃的唯一主产区，也是桑蚕、柞蚕的集中产地。

陕南地区中，汉中、安康两市属于汉江河谷地湿润气候区。南、北分别与巴山、秦岭低山丘陵区相邻，地势较平坦，大部分地区海拔 410~550 米，是陕西省水稻和油菜的集中产区。

表 5-1 给出了 2017 年陕西省各市（区）主要农作物的产量数据，根据农作物种植特点可以将农业区域划分为风沙滩地区、陕北丘陵沟壑区、渭北高原区、关中平原区、秦岭中山区、秦巴低山丘陵区、汉江—月河盆地区、巴山中山区八个区。

风沙滩地区地处陕西省最北部，海拔 900~1500 米，日照充足但热量较低，作物一年一熟，适宜春小麦、蔬菜、向日葵等生长。陕北丘陵沟壑区地处渭北高原的宜川、富县以北的黄土高原，海拔 800~1200 米，作物一年两熟。适宜豆类、杂果等生长。渭北高原区海拔 1000~1600 米，作物两年三熟，适宜小麦、玉米、烤烟、苹果等生长。关中平原区位于陕西中部，秦岭北部。海拔 400~700 米，地势平坦，土壤肥沃，是小麦、玉米、棉花、花生、蔬菜和蚕桑生长区。秦岭中山区位于秦岭浅山丘陵区北部，海拔 1500~3000 米，适宜春玉米、小麦、药材、猕猴桃生长。秦巴低山丘陵区地处秦岭—巴山山脉低山丘陵地带，光热条件较好，水资源丰富。适宜水稻、小麦、春玉米、茶叶、柑橘等生长。汉江—月河盆区位于汉江、月河盆地川道，海拔 600 米以下。地势较平坦，是水稻、小麦、油菜种植区。巴山中山区位于陕西最南部，大巴山和米仓山海拔 900 米以上的中山地带。气候温和，雨量充沛，植物资源丰富，是陕西省重要的药材生产基地，适宜黄连、党参、天麻、杜仲、当归等生长。

陕西省最具比较优势的农作物是玉米和小麦，其传统种植结构是陕北种植小杂粮，关中主产小麦和玉米，陕南地区主要种植小麦、玉米、水稻。从种植面积来讲，小麦和玉米的播种面积占粮食总播种面积的 70%以上；就种植范围来讲，这两种粮食作物在陕北、关中、陕南都有种植；就作物产量来讲，这两种作物的产量在整个粮食作物生产中占 80%左右。

表 5–1　2017 年陕西省各市（区）主要农作物产量

单位：万吨

地区	小麦	玉米	大豆	棉花	油菜籽	花生	蔬菜	苹果	猕猴桃	葡萄
西安市	97.89	85.36	1.28	0.0239	0.8607	0.0492	445.43	13.1349	45.6634	17.5293
铜川市	7.25	16	0.33		0.7591		18.84	75.3057		0.7905
宝鸡市	80.68	57.51	1.53	0.0047	1.6399	0.002	150.17	77.9411	58.0343	4.6244
咸阳市	88.43	71	1.19	0.0008	4.6785	0.0298	361.86	476.3278	1.6536	16.3466
渭南市	114.01	91.41	1.79	2.198	3.6531	2.7809	282.19	214.8145	0.6388	27.1037
韩城市	3.79	2.26	0.08	0.0121	0.15	0.0061	14.19	10.303		0.367
延安市	0.99	46.28	5.32	0.0773	0.7292	0.5081	138.46	323.1505		0.6505
汉中市	14.08	21.51	1.8	0.0053	17.8172	1.2926	255.91	0.5039	2.3032	0.5741
榆林市	0.51	78.84	9.45	0.0134	0.0478	2.4406	93.12	27.1992		2.4917
安康市	12.63	25.11	1.96	0.0027	12.1255	2.1366	160.8	0.5145	0.3147	0.5072
商洛市	13.38	25.9	3.3	0.0002	0.9599	1.5531	53.23	0.7931	0.1385	0.1899
杨凌示范区	0.96	0.97			0.0064		14.75	0.691	3.0925	0.112

资料来源：《陕西统计年鉴》。

从表 5–2 可以看出，陕西省耕地面积有所减少，农作物和粮食作物的播种面积总体变化趋势一致，但粮食作物播种面积减幅大，涨幅小。2008~2012 年农作物播种面积与粮食作物播种面积相比涨幅大了将近 10.12 万公顷，2013~2018 年减幅也明显大于粮食作物播种面积。2008 年粮食播种面积占农作物播种面积的 76.6%，到 2014 年降为 74.3%。

此外，主要粮食作物小麦的种植面积呈减少趋势，一方面是由于耕地面积的减少，另一方面是因为生产成本不断增加，种粮效益比较低，农民种粮积极性的

表 5-2 陕西省主要粮食作物播种面积和产量变动情况

年份	耕地面积（万公顷）	农作物播种面积（万公顷）	粮食作物播种面积（万公顷）	小麦		玉米	
				播种面积（万公顷）	产量（万吨）	播种面积（万公顷）	产量（万吨）
2008	405. 03	404.47	309.98	114. 46	359. 1	115. 40	493. 9
2009		416.58	312.60	114. 00	391. 5	115. 76	483. 6
2010		415.41	313.40	114. 60	383. 1	116. 40	526. 1
2011		418. 56	315. 97	114. 89	403. 8	118. 24	532. 2
2012		418. 10	313. 49	113. 67	410. 9	117. 78	550. 7
2013		423. 83	312. 75	112. 76	435. 5	116. 74	566. 9
2014		426. 90	310. 51	109. 48	389. 8	116. 62	586. 7
2015		426. 21	307. 65	108. 29	417. 2	115. 37	539. 6
2016		428.45	307.35	108.56	458.10	115.17	543.10
2017	398.95	427.69	306.87	108.26	445.00	115.02	545.40
2018		406.39	301.94	96.31	406.40	119.69	551.10

资料来源：《中国统计年鉴》。

下降。玉米播种面积总体呈先下降后上升的趋势，从 2008 年开始，陕西省玉米播种面积逐年增加，2012 年到了最高点，此后又在五年内降到 2008 年的水平，但是在 2018 年达到近十年内最高播种面积值，为 119.69 万公顷。玉米播种面积的增加，主要是由于随着畜牧业的发展和新技术的应用，玉米发展为重要的粮食作物、饲料作物和经济作物，同时随着支农惠农政策的落实，玉米种植经济效益有所提高，农民播种积极性增加。

5.1.1.2 陕西省特色农业区划分布现状

全省特色农产品集群正在加速形成，截至 2017 年 10 月，陕西省 412 件农产品已被列入全国地域特色产品资源普查名录，89 件农产品获得地理标志注册保护。与此同时，陕西“四大宝”——苹果、酥梨、猕猴桃、红枣，陕北的优质小杂粮、大枣以及陕南的林特产品、茶叶、中药材在国内外市场上均享有盛誉。临潼石榴、韩城大红袍花椒、凤县大红袍花椒、紫阳富硒茶、汉中仙毫、富平柿饼以及镇安板栗等都已成为陕西独特的农业品牌。眉县猕猴桃更是成功获得“国家级农产品地理标志示范样板”的称号。此外，大荔冬枣、留坝蜂蜜、商南茶和洋县黑米、洛南核桃、直罗贡米等陕西优质特色农产品市场价值与综合效益都在稳步提升。陕西省正在从水果产业、设施农业、畜牧业和休闲农业四个方面大力发展其特色农业，表 5-3 给出了特色农业 2010 年到 2017 年的产值。

表 5-3　2010~2017 年陕西省特色农业年产值

单位：千万元

年份	苹果	茶叶	蔬菜	药材	禽蛋	猪的饲养	林木培育和种植	农林牧渔服务业
2010	2188.454	153.710	2860.449	372.044	412.596	1965.196	198.270	803.544
2011	2877.250	183.000	3635.465	471.964	469.131	2703.848	232.767	915.679
2012	3172.407	226.630	4151.458	528.849	475.850	2881.879	336.971	1051.616
2013	3589.931	293.448	4826.254	613.581	575.052	2999.724	402.415	1186.628
2014	4104.869	352.101	5103.123	677.847	629.475	2939.376	456.365	1292.931
2015	3927.966	358.122	5622.451	683.497	649.706	2912.672	516.380	1378.896
2016	4077.043	379.149	6013.724	709.899	702.921	3005.863	613.567	1504.824
2017	4296.365	421.778	6051.277	743.426	600.873	2809.190	721.734	1627.780

资料来源：《陕西统计年鉴》。

水果产业是陕西农业中有相对优势的产业，也是发展特色农业的重点项目，从表 5-3 可以看出，全省苹果产值整体处于逐年上升趋势。全省苹果种植面积和产量、猕猴桃种植面积和产量、果汁加工生产能力和出口量、绿色果品种植面积等生产指标列全国第一位并出口至多国。优势产业带动各地深入推进区域布局和品种结构调整，积极推广苹果生产，以省级示范园建设为龙头，带动了全省果园标准化生产水平的提高，加大了陕西果品的品牌宣传力度。近年来，陕西的蔬菜产业已成为继果业之后的又一优势特色产业。近几年陕西蔬菜产业稳步发展，种植面积、产量占全国比重逐年提高，单产水平和生产效率也稳步提高，从表中可以看出，2017 年相对于 2010 年全省蔬菜产值翻了两番。此外，中药材规范化种植水平较高，是陕西特色农业产品中在全国地位最高的产业，近年来在全国的位次不断提升，而表中给出药材的产值在七年内上升幅度为七十多万元。

设施农业属于高投入高产出，资金、技术、劳动力密集型的产业，是人类运用现代化技术将依赖自然因素的传统农业生产过程改造为能够逐步摆脱或完全摆脱自然的束缚，走向现代工厂化农业的必由之路。近年来，陕西省已经形成了陕北地区以日光温室为主、关中地区以杨凌现代农业高科技示范区为核心的现代农业产业园区，投资兴建的一批现代化的智能温室，代表了国内现代农业发展水平。陕南地区以塑料大棚为主，并以关中地区的设施农业发展为开拓重点，向榆林沙漠化地区以及陕北向阳山坡等非耕地发展。而设施蔬菜与常规露地蔬菜相比，其经济效益提高了 1.5~3.5 倍。

畜牧业是陕西特色产业之一，近年来，陕西省把畜牧业作为农业结构调整的主导产业，加大了投资力度。此外，健全良种建设、推广标准化饲养、大力实施科技兴牧战略，也促进了畜牧业的快速发展。在一系列政策力度下效果显著，近年来陕西省畜产品产量、畜禽出栏全面增长，再加上畜牧业结构不断优化、畜产品构成不断调整，使生产效益明显提高，表 5-3 可以看出，虽然由猪的饲养和禽蛋 2017 年的产值相比去年有所下滑，但是相比 2010 年，畜牧业带来的产值仍处于稳步上升状态。

休闲农业是指，各地、市、城郊及乡镇结合自己的农业特点、自然资源和文化遗产，将生态农业、园林绿化与生态旅游自然地结合起来，形成一类独具特色的科技示范园，是现代农业发展的一种新思路，属于农业生产的一种体制创新。目前陕西省已初步形成了以西安周边地区为核心，以关中平原为主带，以陕南和陕北为两大辐射区的休闲农业发展格局。表 5-3 给出的由农林牧渔服务业带来的产值在七年内翻了两番。休闲农业的主要类型有：观光农园、农业公园和教育农园。观光农园主要是提供农作物、园艺作物、花卉、茶等让游客可以进行欣赏、品尝、购买等活动的园区，而将农业生产、农产品销售、旅游、休闲娱乐和园林结合起来的园区称为农业公园，以农业生产、农业科普教育，又兼顾园林和旅游的园区可称为教育农园。通过休闲农业，可以将第一产业和第二、三产业有效地结合起来，促进地方招商引资，大幅度提高农业生产力水平。不仅可以为市民在短期内提供鲜嫩、鲜活的蔬菜、畜禽、果品及水产品，农林牧渔服务业也为农业生产开辟了更多的就业渠道，为农村劳动力转移提供了更多的就业机会，如表 5-3 所示，提高了农民收入。

陕西省发展特色农业具有明显的自然资源优势、政策优势和科技优势。发展特色农业、建立农业龙头品牌是提高农业综合生产能力、增加农民收入的有效途径。近年来，陕西的特色区域农业已初具规模。在以后的农业建设过程中，陕西省更要立足地区资源优势，科学制订产业规划，通过发展绿色产业，创建科技示范基地，发展龙头企业，引进科技交流等措施，使全省优势主导产业得到培育壮大，农业效益得到大幅度提高，促进农村经济发展和农民收入的增长。

5.1.2 陕西省农业发展现状

对陕西省农业发展现状的评价是农业区划工作的重点内容，而影响陕西省农业发展的因素众多且其相互关系难以精确测量，而由于灰色综合评价方法对多种因素之间相互作用关系不确定时的测量有显著的理论分析优势。因此，采用基于灰色关联分析的灰色综合评价方法对陕西省十市一区的农业发展水平做优劣排序，并采用熵权法为各个影响因素进行赋权，最后再对关中、陕北、陕南三大区域间和区域内的市区发展情况进行排序。

首先确定指标的类型，再用熵权法为各个指标赋予相应的权重，并且为各正向指标和负向指标选出其最优参考值。其次计算依据指标性质确定的最优参考值与各市区具体指标数据的关联度。最后给出各市区现代化水平的优劣顺序。表 5-4 给出了各市区农业现代化的指标数据。

熵值可以用来判断某个指标的离散程度，指标的离散程度越大，该指标对综合评价的影响越大。因此，可以采用熵权法为各个农业现代化指标进行赋权。再对正向和负向指标进行标准化处理之后，计算每个指标的熵值，最后通过计算信息熵冗余度来计算出各项指标的权重，计算结果如表 5-5 显示。

在计算各市区指标数据对于最优参考数据的关联度时，先给出市区的指标数据列为：

$\{x_1\}$ = {254，9275，8501，31726，18833，80899，1467，7656，14169，2366，76916，255267，3158}

$\{x_2\}$ = {33，4730，3835，11535，6726，880，152，464，2361，1547，998，55236，683}

$\{x_3\}$ = {241，18496，21918，38748，47540，20013，2434，7528，47561，316，20325，253248，1632}

$\{x_4\}$ = {268，16425，16334，34327，26638，32625，2046，8386，19281，11921，33120，445085，6256}

$\{x_5\}$ = {553，30809，75815，57144，107676，67265，5419，17043，24688，13518，47228，709163，15486}

$\{x_6\}$ = {160，7373，50585，11130，61866，10208，5574，217，6768，6453，13443，148509，3786}

$\{x_7\}$ = {184，5870，4000，3772，4693，36461，6754，963，89781，886，

表 5-4　陕西省各市（区）农业现代化情况

指标	西安市	铜川市	宝鸡市	咸阳市	渭南市	延安市	汉中市	榆林市	安康市	商洛市	杨凌示范区
农用机械总动力（万千瓦）	254	33	241	268	553	160	184	279	193	69	8
大中型拖拉机（台）	9275	4730	18496	16425	30809	7373	5870	28016	1714	418	657
小型拖拉机（台）	8501	3835	21918	16334	75815	50585	4000	18366	10483	3544	190
大中型机配农具（部）	31726	11535	38748	34327	57144	11130	3772	32747	917	803	1242
小型机配农具（部）	18833	6726	47540	26638	107676	61866	4693	27084	3515	6169	1020
农用排灌电动机（台）	80899	880	20013	32625	67265	10208	36461	39236	26436	24251	502
农用排灌柴油机（台）	1467	152	2434	2046	5419	5574	6754	6320	17907	1754	
联合收割机（台）	7656	464	7528	8386	17043	217	963	712	204	21	104
机动脱粒机（台）	14169	2361	47561	19281	24688	6768	89781	43857	169713	70265	73
节水灌溉类机械（套）	2366	1547	316	11921	13518	6453	886	960	2801	3124	
农用水泵（台）	76916	998	20325	33120	47228	13443	34953	57294	29816	21813	502
化肥施用折纯量（吨）	255267	55236	253248	445085	709163	148509	136611	144865	111667	57330	4506
农用塑料薄膜使用量（吨）	3158	683	1632	6256	15486	3786	2792	4675	3051	1765	670

资料来源：《陕西统计年鉴》。

表 5-5　各指标性质

农机名称	权重	指标类型	最优参考值
农用机械总动力（万千瓦）	0.0446	正向	553
大中型拖拉机（台）	0.0727	正向	30809
小型拖拉机（台）	0.0868	负向	190
大中型机配农具（部）	0.0797	正向	57144
小型机配农具（部）	0.0907	负向	1020
农用排灌电动机（台）	0.0542	正向	80899
农用排灌柴油机（台）	0.0758	正向	17907
联合收割机（台）	0.1298	正向	17043
机动脱粒机（台）	0.0818	正向	169713
节水灌溉类机械（套）	0.0864	正向	11921
农用水泵（台）	0.0492	正向	76916
化肥施用折纯量（吨）	0.0618	正向	709163
农用塑料薄膜使用量（吨）	0.0866	正向	15486

34953，136611，2792}

{x_8} = {279，28016，18366，32747，27084，39236，6320，712，43857，960，57294，144865，4675}

{x_9} = {193，1714，10483，917，3515，26436，17907，204，169713，2801，29816，111667，3051}

{x_{10}} = {69418，3544，803，6169，24251，1754，21，70265，3124，21813，57330，1765}

{x_{11}} = {8，657，190，1242，1020，502，1，104，73，1，502，4506，670}

计算得到的关联系数如下所示，再结合熵权法赋予的各个指标的权重系数得出各市（区）的关联度及其优劣顺序如表 5-6 所示。

表 5-6　陕西省各市（区）关联度及优劣次序

地区	关联系数	关联度	优劣次序
西安市	0.9254	9.2518	2
铜川市	0.7837	8.0524	8
宝鸡市	0.9285	9.1010	3

续表

地区	关联系数	关联度	优劣次序
咸阳市	0.9212	8.7587	4
渭南市	0.8730	8.4578	7
延安市	0.9466	8.7087	5
汉中市	0.5467	7.6218	9
榆林市	0.7319	7.5903	10
安康市	0.6413	7.5616	11
商洛市	0.9564	8.5228	6
杨凌示范区	0.9971	9.3768	1

从表 5-6 中可以看出，杨凌在关联度优劣次序中处于领先地位，西安和宝鸡分别位于第二位和第三位。咸阳市、延安市、商洛市、渭南市和铜川市关联度与最优参数相差较远，而汉中市、榆林市和安康市和最优参数的关联度是最低的。从三大农业区域看，区域之间现代农业发展水平评分略显不均衡，关中地区整体排名靠前，陕北黄土高原区和陕南山地丘陵区各市区评价排名相对落后。而且同一区域内部现代农业发展水平的评价有明显差距。就关中地区而言，杨凌、西安、宝鸡在优劣次序中排名靠前，但是渭南和铜川则没有达到同等水平。在陕北，延安评分水平相对较高，榆林则远落后于延安。陕南地区中，商洛与汉中和安康的排名水平也相差较大。

陕西省各地区农业经济想要得到长足发展，需要因地制宜，加大资金和技术投入力度，大力实施政府与企业、高校合作共进的举措，具体来讲，关中地区应充分利用资金、技术、土地资源优势，发展高附加值的设施农业和有竞争力的外向型农业，推进农业适度规模化经营和专业化生产。陕北地区应着力农业可持续发展工程建设，加速生态环境治理，发展绿色农业，打造一批知名绿色农产品品牌。陕南地区应充分发挥丰富的农业资源和良好的生态环境优势，以发展绿色生态现代农业为突破口，因地制宜发展立体农业、循环农业、生态观光农业和特色林果业。

此外，各地区之间应整合区域优势资源，构建三大区域农业协同发展机制，实现优势互补。例如，关中地区应发挥其资金、科技、人才优势，为陕北、陕南两地区提供产前、产中和产后社会化服务，构建区域农业生产、流通、加工、销售和消费生产经营一体化体系，助力农业全产业链发展；特别是发挥杨凌示范区在农业发展中的示范带头作用，在农技培训、科技推广、高效示范等方面服务全省，推动各地区现代农业快速发展。而陕北地区和陕南地区应发挥特色农业资源和农产品优势，向关中地区输送农畜产品和果蔬产品等生活消费品，提供农业休闲观光旅游等农业增值服务，改善区域居民消费结构，提高区域居民生活质量。

最后，陕西省地形地貌多样，农业景观独特，农业历史悠久，民俗文化独具特色，具有推动三产融合的天然优势。各地政府应充分运用现代农业、现代工业和现代服务业发展成果，增强农产品的特色和竞争力，以特色农产品为依托，以消费者需求为核心，推动三次产业融合。更重要的是，政府应在坚持和完善家庭联产承包责任制基础上，充分尊重农民意愿和保护农民权益，引导农户依法自愿有序流转土地经营权，解决农村土地细碎化问题，提高机械化水平、有效灌溉水平和生产效率。加快土地流转和培育农业经营主题步伐，在适度规模下提高陕西省农业产出效益。

5.2 陕西省现代农业区划改进方案

5.2.1 陕西省现代农业区划改进的终极任务

5.2.1.1 陕西省现代农业区划改进对保障粮食安全的战略意义

现代化是世界各国各地区谋求发展的必经之路，尽管不同经济发展阶段下的现代化目标顺序有所差异，但是农业现代化始终构成国家现代化的重要基础，承担着解决特定粮食安全问题的终极任务。其重要性主要体现在人口和粮食的供需矛盾上，即供需矛盾突出，粮食安全问题严峻，则农业现代化就越受重视。

中国作为人口大国，始终面临着人口增加、耕地面积减少两大压力，特别是随着经济快速发展与城市化进程加剧，建设用地占用耕地的数量居高不下。粮食安全不仅成为理论界关注的焦点问题，也促使中央提出了“保 18 亿亩耕地红线”的规划目标。保障粮食安全作为一项永久性任务，需要在有限的水、土等资源条件下，通过优化农业区域布局，推进结构性调整，生产出更多的粮食。

陕西省作为人口大省，虽然粮食的单产在不断提高，但是，随着城市化的快速推进，建设用地需求增长明显，与此同时，在西部大开发的战略下，为了完成生态建设任务，大面积的退耕还林加剧了耕地数量的下降幅度，粮食安全与经济发展之间的矛盾日益突出，现有粮食的综合生产能力很难满足全省日益增加的粮食需求。如果不提升粮食种植效率、完善调拨环节，很有可能出现危及全省粮食安全的严重问题。因此，通过现代农业区划改进将粮食布局在生产优势区域，促进粮食生产提质增效，对于保障陕西粮食安全具有战略性的意义。

5.2.1.2 基于专家打分法的陕西粮食安全测度研究

粮食安全已成为我国近年来热切关注的问题，联合国粮农组织将粮食安全定义为保证任何人在任何地方都能得到为了生存和健康所需要的足够食品。根据该定义结合生态环境保护目标，粮食安全的主要内容应包括粮食供给量的充足性和稳定性，供给品质的优良性和品种的多样性，生产、储运及加工、消费的环境安全性和生态合理性。20 世纪 90 年代以来，我国的经济飞速发展，人口也逐渐增多，粮食供求与生产布局也有了巨大变化。国内粮食安全评价主要用于国与国之间粮食安全比较或者国内某个地区或省级行政区粮食安全评价，比较流行的方法是从粮食总产量波动系数、粮食自给率、粮食储备水平、人均粮食占有量和贫困人口的粮食保障水平等方面进行评估，并用指标加和的方法得到综合评价指数。

（1）陕西粮食种植的自然资源。

陕西省处于我国东部湿润区向西部干旱区过渡地带，地处东经 105°29′~111°15′，北纬 31°42′~39°35′。全省南北长 870 千米，东西宽 200~500 千米，土地面积 20.56 万平方千米。季风气候和大陆性气候的影响都较明显，由南至北呈现北亚热带湿润气候，暖温带半湿润气候和暖温带、温带半干旱气候的特征。秦岭山脉横亘省境中南部，南北气候差异显著。陕西地域狭长，地势南北高、中间低，有山地、平原、高原、盆地和峡谷等多种地形，从北到南分为陕北高原、关中平原、秦巴山地三个大地貌区。高原位于本省北部，占全省土地面积的 45%，生态失调，水土流失严重，仅山地之间的河川地适宜耕作。平原包括关中平原和汉中盆地、安康盆地，占全省土地面积的 29%，开阔、平坦，土地肥沃，灌溉条件好，是陕西省主要产粮区之一。山地以秦岭、巴山为主体，适宜发展经济林、用材林，不适宜耕作，低山区一般坡陡、土薄，可以种植，但不宜过量耕垦。全省自然土壤包括栗钙土、黑垆土、褐色土、黄褐土和棕壤土等。关中平原以壤土为主，耐涝、抗旱，生产性能良好，但由于水肥条件差，土壤的生产潜力还未能完全发挥。黄土高原的黑垆土土壤腐殖层厚，疏松宜耕，由于缺水，以旱作为主。汉江两岸分布的黄褐土和棕壤土土壤肥沃，所以是全省稻米的主要产区。

（2）指标与权重。

本部分采用粮食安全系数评价法对陕西省 11 个地市的粮食安全状况进行评价。根据陕西社会经济、自然条件的实际情况，选择了 5 个易于获取、操作性强，并且最能客观反映各地粮食安全现状的指标，即粮食自给率、人均粮食占有量、粮食单产水平、人均耕地、粮食生产波动系数，采用专家打分法确定各个指标的权重。

1）人均粮食占有量（L）。该指标反映各地市人均占有的粮食数量，在一定程度上反映区域粮食安全水平，该指标值越大粮食安全度越高，指标权重值取 0.25。

2）粮食自给率（Z）。该指标反映区域内的粮食生产量满足其消费总量的程度，也从一个侧面反映了区域粮食的对外依存度，其计算公式为：粮食自给率＝粮食生产量/粮食消费量，指标值越大则粮食安全度越高，指标权重值取 0.20。

3）粮食单产水平（D）。该指标综合反映了区域土地资源质量禀赋、投入水平高低、生产条件好坏，是衡量土地生产力水平高低的重要指标，在土地资源数量有限的情况下，粮食产量的提高主要依靠单产水平的提高，它与粮食安全度呈正相关，指标权重值取 0.35。

4）人均耕地（G）。该指标反映了土地资源数量对粮食生产的制约作用。一般情况下，人均耕地越多则粮食安全度越高，指标权重值取 0.10。

5）粮食生产波动系数（B）。反映粮食产量的年度波动幅度，其计算公式为：

$$B = (Y_t - Y_{1t}) / Y_{1t}$$

式中，Y_t 为 t 年的粮食实际生产量；Y_{1t} 为粮食产量的平均值，采取 3 年移动平均法进行求取。粮食生产波动系数越小粮食安全度越高，指标权重值取 0.10。

（3）测算过程。

粮食自给率（Z）、人均粮食占有量（L）、粮食单产水平（D）、人均耕地（G）、粮食生产波动系数（B）所对应的取值分别为 Z1、L1、D1、G1、B1，则粮食安全系数的分值 F 为：

$$F = 0.25 \times Z + 0.20 \times L + 0.35 \times D + 0.10 \times G + 0.10 \times B$$

在构建各指标的安全系数分值时，参照朱泽等的取值标准，同时考虑了陕西各地市的实际情况，确定各项指标的系数分值（见表 5-7）。

表 5-7　粮食安全系数取值

分值	粮食自给率 (Z)(%)	人均粮食占有量 (L)(千克)	粮食单产水平 (D)(千克/平方千米)	人均耕地 (G)(公顷/人)	粮食生产波动系数 (B)(%)
0.1	20~30	100~150	1500~2000	0.022~0.026	17~19
0.2	30~40	150~200	2000~2500	0.026~0.031	15~17
0.3	40~50	200~250	2500~3000	0.031~0.038	13~15
0.4	50~60	250~300	3000~3500	0.038~0.045	11~13
0.5	60~70	300~350	3500~4000	0.045~0.053	9~11
0.6	70~80	350~400	4000~4500	0.053~0.062	7~9
0.7	80~90	400~600	4500~5000	0.062~0.073	5~7
0.8	90~95	600~800	5000~5500	0.073~0.085	3~5
0.9	95~100	800~1000	5500~6500	0.085~0.150	1~3
1.0	100	1000	0		

根据陕西省的实际情况和以上数据，本书采取以下划分标准：

Ⅰ级，安全级，系数分值为 0.70 分以上；

Ⅱ级，基本安全级，系数分值为 0.6~0.7 分；

Ⅲ级，临界安全级，系数分值为 0.5~0.6 分；

Ⅳ级，不安全级，系数分值为 0.5 分以下。

（4）主要结论。

通过对粮食产量数据、社会经济数据的收集，计算出陕西省各地市 2009~2017 年粮食安全综合评价分值 F，得到 F 值随时间的变化趋势如图 5-1 和图 5-2 所示。

以陕西省各地市 2009~2017 年的五项指标为基础，按照 F 值公式计算了各地市的粮食安全综合指数。本书将陕西省的十一个市区分为关中和陕南、陕北两部分进行观测，发现陕西省粮食安全指数的总体变化比较稳定，但是有降低趋势，各地粮食安全有显著差异。在 2010 年各地市粮食安全指数有明显下降，主要原因是当年发生了干旱灾害以及受退耕还林的影响。

由图 5-1、图 5-2 可以将陕西省大致分为三类地区：咸阳、宝鸡、榆林、渭南、延安属于粮食安全区，铜川、西安、汉中、安康、杨凌属于粮食基本安全区，商洛属于粮食临界安全区。

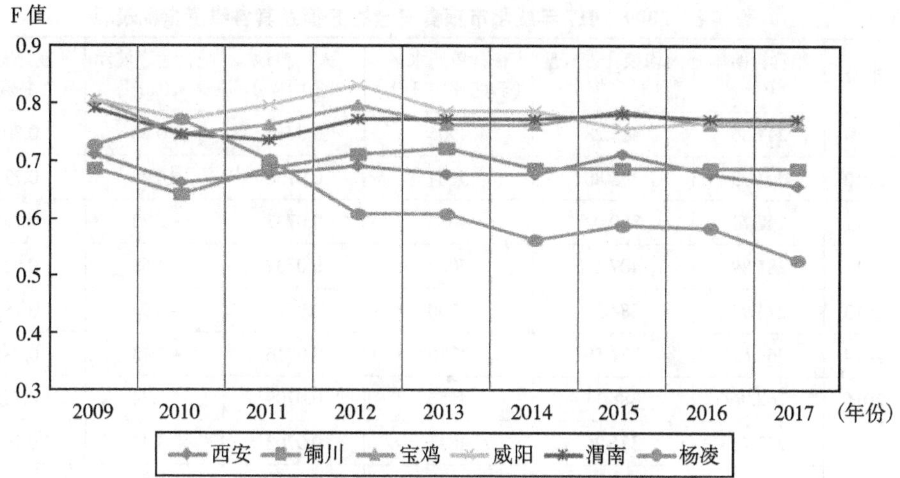

图 5–1　关中各地粮食安全综合评价 F 值变化

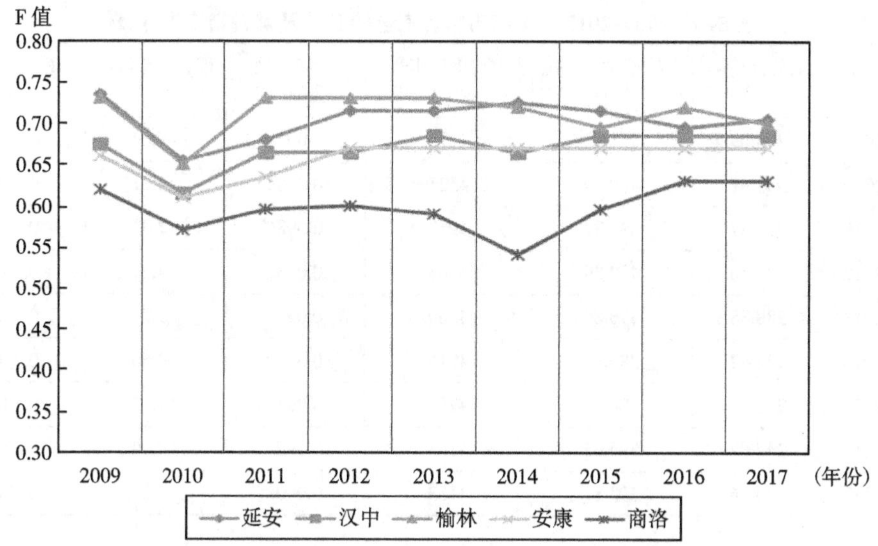

图 5–2　陕南、陕北各地粮食安全综合评价 F 值变化

(5) 原因分析。

咸阳、宝鸡、渭南地处平原，耕地面积广大，是陕西省主要的产粮地区，气候适宜，土壤肥沃，粮食产量大，均是陕西省的粮食基地与西北地区的产量大市，粮食的自给率（%）、单产水平（千克/平方千米）以及人均耕地（公顷/人）等指标表现突出，属于粮食安全区（见表 5–8 至表 5–10）。

表 5-8　2009~2017 年咸阳市粮食安全的 F 值及其各维度指标表现

年份	粮食自给率（%）	人均粮食占有量（千克）	粮食单产水平（千克/平方千米）	人均耕地（公顷/人）	粮食生产波动（%）	粮食安全 F 值
2009	244.86	415.28	4905	0.0716	0.36	0.805
2010	304.73	455.88	5164	0.0736	16.28	0.77
2011	247.73	380.02	4667	0.0733	–2.73	0.795
2012	281.89	407.61	5003	0.0732	4.68	0.83
2013	274.94	384.37	4750	0.0724	–0.96	0.785
2014	264.62	372.59	4710	0.0716	–3.73	0.785
2015	268.96	388.11	4953	0.0709	6.34	0.755
2016	233.41	376.26	4841	0.0703	3.42	0.765
2017	194.40	327.38	4800	0.0639	–9.76	0.765

表 5-9　2009~2017 年渭南市粮食安全的 F 值及其各维度指标表现

年份	粮食自给率（%）	人均粮食占有量（千克）	粮食单产水平（千克/平方千米）	人均耕地（公顷/人）	粮食生产波动（%）	粮食安全 F 值
2009	266.09	451.29	4290	0.0958	–0.04	0.790
2010	333.81	499.39	4525	0.0985	16.71	0.745
2011	259.37	397.87	3912	0.0986	–7.02	0.735
2012	292.46	422.89	4301	0.0983	4.91	0.770
2013	283.88	396.86	4060	0.0976	–1.25	0.770
2014	274.42	386.39	4016	0.0959	–3.66	0.770
2015	281.80	406.64	4254	0.0946	1.79	0.780
2016	244.82	394.65	4163	0.0921	–0.90	0.770
2017	233.86	393.81	4183	0.0908	–0.89	0.770

表 5-10　2009~2017 年宝鸡市粮食安全的 F 值及其各维度指标表现

年份	粮食自给率（%）	人均粮食占有量（千克）	粮食单产水平（千克/平方千米）	人均耕地（公顷/人）	粮食生产波动（%）	粮食安全 F 值
2009	263.87	447.53	4665	0.0828	2.47	0.805
2010	308.89	462.10	4796	0.0827	13.99	0.745
2011	249.80	383.19	4249	0.0822	–5.26	0.760
2012	284.98	412.08	4551	0.0804	3.89	0.795

续表

年份	粮食自给率（%）	人均粮食占有量（千克）	粮食单产水平（千克/平方千米）	人均耕地（公顷/人）	粮食生产波动（%）	粮食安全F值
2013	278.70	389.62	4314	0.0803	−1.52	0.760
2014	273.73	385.41	4334	0.0797	−2.38	0.760
2015	276.32	398.73	4504	0.0792	2.45	0.785
2016	240.12	387.08	4452	0.0786	−0.28	0.760
2017	224.79	378.54	4400	0.0780	−2.17	0.760

榆林、延安等陕北地区的粮食安全有了显著提高，虽然其区域内土壤贫瘠，退耕还林后耕地面积大幅减少，但却一直处于粮食安全状态，主要有三个方面的原因：其一，通过大力兴修基本农田、新增耕地、加强基本农田保护等措施，耕地质量得到了提高。其二，省外、跨市调入粮食已成为榆林市粮食调剂的主要来源渠道，市场调节功能对实现粮食供需平衡发挥了决定性的作用。其三，农户调整了种植结构，亩产较高的粮食作物面积比例增加，亩产较低的粮食作物种植面积减少（见表 5–11 和表 5–12）。

表 5–11　2009~2017 年榆林市粮食安全的 F 值及其各维度指标表现

年份	粮食自给率（%）	人均粮食占有量（千克）	粮食单产水平（千克/平方千米）	人均耕地（公顷/人）	粮食生产波动（%）	粮食安全F值
2009	269.21	456.58	3135	0.1713	−0.17	0.730
2010	329.89	493.51	3311	0.1716	16.85	0.650
2011	276.04	423.44	3046	0.1714	0.51	0.735
2012	317.75	459.46	3269	0.1732	−1.03	0.730
2013	329.79	461.05	3265	0.1772	−0.55	0.730
2014	333.17	469.10	3319	0.1788	1.58	0.720
2015	292.65	422.29	2962	0.1932	−8.57	0.695
2016	291.98	470.67	3284	0.2015	2.42	0.725
2017	291.28	490.51	3398	0.2331	6.14	0.705

表 5-12　2009~2017 年延安市粮食安全的 F 值及其各维度指标表现

年份	粮食自给率（%）	人均粮食占有量（千克）	粮食单产水平（千克/平方千米）	人均耕地（公顷/人）	粮食生产波动（%）	粮食安全 F 值
2009	211.26	358.30	3690	0.1085	0.62	0.735
2010	252.64	377.94	3915	0.1081	15.99	0.655
2011	203.93	312.83	3489	0.1075	-3.19	0.680
2012	241.39	349.04	3871	0.1096	0.06	0.715
2013	241.95	338.25	3729	0.1094	-2.86	0.715
2014	253.30	356.65	3926	0.1110	2.80	0.725
2015	225.99	326.11	3577	0.1116	-4.54	0.715
2016	216.88	349.62	3852	0.1102	3.13	0.695
2017	202.20	340.51	3811	0.1134	1.41	0.705

铜川、安康、汉中虽然气候适宜，农业水资源丰富，土壤肥力相对较好。但是区域面积较小，耕地平均生产力比较低下，经济发展相对落后，地势地貌不宜推广种植，农业科技推广较为困难。而人口刚性增长和人均消费日益增加，使粮食供给与消费矛盾突出，属于粮食基本安全区。如何合理利用农业自然资源，使资源最优配置，发挥地区农业优势，实现粮食产量最大化，确保区域粮食供需平衡，是目前亟待解决的问题（见表 5-13 至表 5-15）。

表 5-13　2009~2017 年铜川市粮食安全的 F 值及其各维度指标表现

年份	粮食自给率（%）	人均粮食占有量（千克）	粮食单产水平（千克/平方千米）	人均耕地（公顷/人）	粮食生产波动（%）	粮食安全 F 值
2009	163.46	277.22	3840	0.0744	-3.04	0.685
2010	213.67	319.65	4220	0.0753	19.95	0.640
2011	167.38	256.77	3651	0.0758	-3.42	0.685
2012	201.40	291.22	4117	0.0770	2.02	0.710
2013	204.01	285.20	4013	0.0769	0.22	0.720
2014	197.11	277.53	3895	0.0767	-2.24	0.685
2015	197.71	285.29	3910	0.0766	-0.34	0.685
2016	177.26	285.75	3858	0.0794	-0.06	0.685
2017	170.25	286.71	3835	0.0809	0.40	0.685

表 5-14　2009~2017 年安康市粮食安全的 F 值及其各维度指标表现

年份	粮食自给率（%）	人均粮食占有量（千克）	粮食单产水平（千克/平方千米）	人均耕地（公顷/人）	粮食生产波动（%）	粮食安全 F 值
2009	196.04	332.48	3180	0.0730	1.20	0.660
2010	236.38	353.63	3238	0.0743	15.37	0.610
2011	206.40	316.62	2992	0.0779	-0.69	0.635
2012	223.92	323.79	3156	0.0752	-0.74	0.670
2013	234.21	327.42	3195	0.0751	0.48	0.670
2014	231.68	326.21	3202	0.0748	0.26	0.670
2015	228.60	329.86	3233	0.0743	-0.37	0.670
2016	205.18	330.75	3262	0.0740	0.20	0.670
2017	195.92	329.93	3276	0.0735	0.18	0.670

表 5-15　2009~2017 年汉中市粮食安全的 F 值及其各维度指标表现

年份	粮食自给率（%）	人均粮食占有量（千克）	粮食单产水平（千克/平方千米）	人均耕地（公顷/人）	粮食生产波动（%）	粮食安全 F 值
2009	184.04	312.14	3870	0.0577	1.87	0.675
2010	223.01	333.63	3992	0.0595	14.64	0.615
2011	181.47	278.38	3563	0.0599	-4.44	0.665
2012	205.26	296.80	3770	0.0601	-0.55	0.665
2013	214.82	300.32	3813	0.0600	0.72	0.685
2014	210.99	297.08	3793	0.0599	-0.17	0.665
2015	208.50	300.86	3861	0.0595	-0.47	0.685
2016	187.02	301.47	3893	0.0593	-0.07	0.685
2017	179.68	302.59	3933	0.0610	0.54	0.685

西安与杨凌也属于粮食基本安全区，其中，西安市由于人口比较集中，人口增长快，建设用地占用了大量的耕地资源，耕地压力指数不断增高，粮食安全状况有所下降，但是始终处于基本安全状态。杨凌示范区成立时间不久，粮食单产量大，特别是随着科技推广工作的开展，以现代农业示范园为依托，杨凌在科技成果引进，发展新模式探索等方面，做出了巨大贡献，成为陕西省乃至中国农业高效、农民增收、农村繁荣和城乡统筹的“样板”。但是，其区域内人口较多，人均粮食占有量和人均耕地面积相对不足，粮食自给率偏低，合成后的粮食安全

系数处于基本安全状态，仍有较大提升空间（见表 5-16 和表 5-17）。

表 5-16　2009~2017 年西安市粮食安全的 F 值及其各维度指标表现

年份	粮食自给率（%）	人均粮食占有量（千克）	粮食单产水平（千克/平方千米）	人均耕地（公顷/人）	粮食生产波动（%）	粮食安全 F 值
2009	152.53	258.70	5205.00	0.0307	3.03	0.710
2010	175.66	262.79	5348.00	0.0303	13.38	0.660
2011	140.04	214.82	4764.00	0.0297	-6.88	0.675
2012	156.40	226.16	5045.00	0.0290	4.78	0.690
2013	153.15	214.10	4837.00	0.0285	-0.35	0.675
2014	145.23	204.48	4777.00	0.0280	-4.43	0.675
2015	145.28	209.63	5045.00	0.0276	-0.27	0.710
2016	124.94	201.40	4983.00	0.0266	-3.32	0.675
2017	126.32	212.72	4944.00	0.0283	3.60	0.655

表 5-17　2009~2017 年杨凌粮食安全的 F 值及其各维度指标表现

年份	粮食自给率（%）	人均粮食占有量（千克）	粮食单产水平（千克/平方千米）	人均耕地（公顷/人）	粮食生产波动（%）	粮食安全 F 值
2009	174.07	295.22	6435.00	0.0318	9.20	0.725
2010	98.77	260.96	6646.00	0.0305	6.70	0.770
2011	174.44	151.52	5911.00	0.0288	-37.90	0.700
2012	101.15	146.26	6237.00	0.0281	24.30	0.605
2013	79.32	110.89	6076.00	0.0275	-5.62	0.605
2014	67.72	95.36	6132.00	0.0270	18.68	0.560
2015	72.03	103.94	6398.00	0.0267	3.26	0.585
2016	62.83	101.28	6441.00	0.0253	0.82	0.580
2017	56.80	95.66	6435.00	0.0318	-4.08	0.525

商洛属于粮食临界安全区。商洛地处陕南秦巴山区，由于区域内生态退耕、城镇建设、经济发展等因素作用，耕地面积大量减少，粮食单产水平相对较低，人口增长明显，区域粮食安全问题较为严峻，出现明显的下降趋势，处于临界安全状态，亟需在加强农业科技引进的同时，加强耕地保护与深度开放，提高土地资源利用效率（见表 5-18）。

表 5-18　2009~2017 年商洛市粮食安全的 F 值及其各维度指标表现

年份	粮食自给率（%）	人均粮食占有量（千克）	粮食单产水平（千克/平方千米）	人均耕地（公顷/人）	粮食生产波动（%）	粮食安全 F 值
2009	166.56	282.49	3120	0.0549	1.30	0.620
2010	202.44	302.84	3202	0.0564	15.26	0.570
2011	166.39	255.24	2869	0.0569	–2.99	0.595
2012	190.34	275.23	3064	0.0572	6.24	0.605
2013	198.75	277.85	3100	0.0570	7.51	0.590
2014	158.02	222.50	2491	0.0569	–13.75	0.540
2015	181.12	261.36	2969	0.0568	–0.36	0.590
2016	162.84	262.49	3048	0.0567	0.35	0.635
2017	154.41	260.02	3057	0.0564	0.01	0.630

陕西省粮食状况在最近 9 年变化不大，总体是安全的，陕西省应继续加大粮食实物性补贴以及扶贫政策力度，以保证地区的粮食安全和生态安全，落实贫困地区的粮食储备制度。对于粮食基本安全区应着力防止因人口、经济的快速增长导致的过低粮食自给率而影响到粮食安全保障能力，积极确立地区基本耕地尤其是高产耕地保护，以及粮食播种面积的警戒线，切实保护地区粮食种植业、提高粮食生产能力，以确保地区的粮食安全。同时应该积极促进粮食市场的稳定发展，建立完善的粮食储备制度，优化粮食配置，关注粮食生产供给和市场平衡，抓紧建立粮食安全预警机制，保护生态环境，加强粮食政策的整体协调和综合分析，确保区域粮食—经济—社会的可持续发展。

5.2.1.3　基于粮食安全保障目标的陕西现代农业区划改进任务

结合粮食安全的测度结果，可以看出陕西现代农业区划改进的关键任务，在于解决以下紧迫性问题：

一是转变传统粮食供需平衡方式。陕西的粮食供给与需求平衡方式具有很强的地域特征，整体表现为“区内平衡为主，外部补充为辅”，其中，关中平原、汉中盆地以“自给+生产型保障供给”为主，陕南、陕北山区多采取“自给+调入”结合。虽然能够实现基本均衡，但是随着新型工业化与城镇化步伐的加快，再加上国内粮食供应“紧平衡”影响，传统的供需平衡方式面临较大的外部补充压力。

二是化解长期存在的结构性矛盾。具体来说，属种结构和消费偏好存在错位，表现为小麦、大米供应不足，而玉米相对过剩；受到资源禀赋与发展战略差异的影响，粮食供给超量（宝鸡、咸阳等）与短缺现象（商洛、杨凌等）并存。

三是增强粮食供需平衡的动态调整能力。储备粮管理方式落后，库点布局未能在省外建立稳固的粮食源基地，在供应网络体系与信息化平台建设等方面仍存在不足，直接影响陕西粮食供需矛盾的动态化解能力。

四是消解农民增收与粮食安全之间的内在矛盾。受到社会文化氛围与城镇化进程的影响，农民的增收渠道增多，免税与补贴赶不上农资成本上涨，致使农业劳动力数量与农民种粮积极性均有所下降，甚至出现“丢荒”“弃粮”。

五是实现耕地资源的区域占补平衡。在“退耕还林—土地治理”等宏观政策的影响下，耕地资源载体的下降趋势有所缓解，但是从质量来看，耕地资源流失的大多是长期投入累积多的良田，而复垦增加与新开荒地的质量远不如流失耕地。除此以外，耕地后备资源分布集中，占补呈现明显的“南弱北强”特征，加剧了粮食安全的紧迫性。

5.2.2 陕西省现代农业区划改进的目标与原则

5.2.2.1 陕西省农业区划改进的总体目标

依据《全国农业现代化规划（2016~2020 年）》《全国农业可持续发展规划（2015~2030 年）》《陕西省“十三五”现代农业发展规划（2016~2020 年）》《陕西省农业现代化推进规划》等相关文件的基本要求，立足陕西省现代农业发展现状，制定如下总体目标：

坚定不移加快陕西农业发展方式转变，积极探索质效并重、创新驱动、资源节约、产品安全、环境友好的现代农业发展新路径；突出“促改革、调结构、补短板”，围绕“稳粮食、强产业、保供给、促增收”，把陕西农业建成具有现代农业特征的特色农业、加工农业、开放农业、城市农业和生态农业；培育现代农业追赶超越的新动能与新优势，全面统筹经济、社会和生态效益，率先实现农业现代化。

5.2.2.2 陕西省农业区划改进的阶段目标

近期目标（2017~2020 年）：到 2020 年，农业现代化取得明显进展，现代农业体系初步构建，农业产业结构不断优化，物质技术装备条件明显提高，农业生产能力、竞争能力、可持续发展能力显著增强，资源综合利用水平、农产品质量安全水平稳步提高，农民收入赶超全国平均水平。

中期目标（2020~2025 年）：到 2025 年，农业现代化取得突破性进展，现代农业的“产业—生产—经营”三维体系建成，农业产业结构明显优化；农业三产融合加快，打造一批高质量的现代农业创新、人才、产业高地，探索创新驱动发展路径，形成可复制、可推广的发展模式；农产品质量安全水平、资源综合利用水平大幅提高，生态系统功能得到有效恢复，可持续发展水平增强。

远期目标（2025~2030 年）：到 2030 年，农业现代化基本建成，农业结构质量效益明显增强，现代农业的“产业—生产—经营”三维体系进一步完善；农业三产融合发展新动能的主导地位确立，构建创新驱动型现代农业发展路径，形成符合陕西区域自身实际与发展特色的全产业链“组织—运营—品牌”发展模式；农产品质量安全可控，资源高效循环利用，生态系统功能稳定增强，可持续发展的新格局均基本确立。

5.2.2.3　陕西省农业区划改进的基本原则

第一，坚持稳定粮食生产与优化农业结构相结合的原则。粮食是具有战略意义的特殊商品，抓好粮食生产是确保粮食安全的基础，更是优化农业结构与增加农民收入的基础。要从陕西省经济社会稳定发展的大局出发，在增强粮食生产、确保粮食安全的前提下，立足陕北、关中、陕南的资源禀赋与气候条件，充分发挥区域比较优势，明确农副产品的优生区、适生区、次生区，优化陕西农业区划布局。向特色产业要效益，向主导产业要质量，优化种养结构、产品结构、区域结构，科学处理“稳粮、增收、调结构”三者之间的关系，形成“以粮食为基础、果畜为支柱、菜茶为特色”的产业布局。

第二，坚持转变发展方式与培育新型主体相结合的原则。主动加快农业发展方式转变，以构建现代农业的“生产—经营—产业”三维体系为重点，着力转变农业经营方式、生产方式、资源利用方式和管理方式，依靠科技创新驱动和劳动素质提升，切实推动农业由数量式增长跃迁至高质量发展的新轨道。构建集约化、专业化、组织化、社会化相结合的立体复合新型农业经营体系，既是陕西农业高质量发展的应有之义，也是生产力与生产关系协调发展的重要基础，加强市场主体培育，就是要以特色产业为依托，加快创新农业经营主体培育载体，大力实施经营主体培育工程，全面构建农业社会化生产服务组织体系，形成各类经营主体共同发展、利益共享的新局面。

第三，坚持发挥市场导向与加快提质增效相结合的原则。发展现代农业，不仅要遵循自然规律，更要符合经济规律。坚持市场的决定性作用，要认识到质量型消费需求增长对陕西农业产业模式转型和价值链再造的机遇与意义，从单纯强调资源禀赋的生产导向转变为逐渐突出特色的市场导向，加快政府职能转变，主要发挥其在市场监管、法制服务等方面的作用。加快农业提质增效，要聚集各类要素资源，发挥陕西科技资源优势在农业提质增效中的引擎作用，推进“互联网+”背景下农业商业模式创新，同时结合需求导向实行差异化发展战略，形成“品牌—项目—工程”的梯次化提质增效方案。

第四，坚持深化改革创新与增强开放融合相结合的原则。加快供给侧结构性改革，优化农业区域规划，做大做强特色产业与国家地理标志产品；加快新旧动能转换，适度淘汰低效、落后的农业产能，加快现代农业新动能培育；降低农业成本，发展适度规模经营，完善农业产业技术体系、农田水利配套设施与农业物流运输体系；立足资源多样性，发挥科技创新、制度创新与理念创新在陕西农业现代化建设中的协同作用。增强开放融合，以中国（陕西杨凌）自由贸易试验区为依托，加快涉农先进要素“引进来”、优势农产品“走出去”，推进农业三产融合与全产业链开发，创新融合机制、发展新业态新模式，加大信息技术的应用、推广力度，实现助农脱贫与发展振兴。

第五，坚持生态系统保护与农业绿色发展相结合的原则。以资源环境承载力为基础，正确处理开发与保护、整体与局部、当前与长远之间的关系，严守生态功能保障基线、环境质量安全底线、自然资源利用上线，全面落实耕地保护制度与水资源管理制度，避免投入品过量使用，提高生态资源利用率，增强污染风险防控能力，切实化解陕西农业经济发展过程中生态足迹与生态承载力之间的矛盾。坚持绿色发展，突出绿色产品供给、农民收入增长与生态系统保护的协调统一，制定绿色生产、质量安全、生态循环、品牌战略等标准体系，完善过程检测、风险防范、结果追溯的法律制度与政策环境，加强绿色科技创新、应用与推广，实现生产、生活、生态互利“共赢”。

5.2.3 陕西省现代农业区划改进的方案设计

5.2.3.1 陕西省农业区划的主要观点

陕西省位于我国中部黄河中游，与山西、内蒙古、四川等省区相邻。整体地貌由陕北黄土高原、关中盆地与陕南山地构成。地形南北狭长，秦岭横穿中部，在自然条件与农业资源方面均有较大差异，现有农业区划的主要代表性观点分为以下四种：

一是基于农用地等级的区划。《农用地分等规程》将陕西省划分为四川盆地与黄土高原两个一级区。其中，四川盆地下辖一个二级区，即盆周秦巴山区；黄土高原区细分为四个二级区，包括豫西山地丘陵区、汾渭谷地、晋陵丘陵沟谷区和宁南陇中青东黄土沟壑区，如表 5–19 所示。

表 5–19　基于农用地等级的陕西农业区划

依据	一级区	二级区	对应地区
农用地等级	四川盆地	盆周秦巴山区	除洛南县以外的所有陕南县市
	黄土高原区	豫西山地丘陵区	洛南一个县
		汾渭谷地	陕西农业区划的关中平原区
		晋陵丘陵沟谷区	陕北长城沿线风沙区塾区
		宁南陇中青东黄土沟壑区	陕北黄土高原丘陵沟

二是基于乡镇边界的农业区划。《陕西农业区划》以乡镇为边界，将全省划分为六个农业综合发展区，包括长城沿线风沙区、陕北丘陵沟壑区、渭北汉塬区、关中平原区、陕南低山平坝区和陕南中高山区，如表 5–20 所示。

表 5–20　基于乡镇边界的陕西农业区划

依据	名称	分布范围（县、市、区）
乡村边界	长城沿线风沙区（6）	府谷县、神木县、榆阳区、横山县、靖边县、定边县
	陕北丘陵沟壑区（14）	佳县、米脂县、吴堡县、绥德县、子洲县、清涧县、宝塔区、子长县、延长县、延川县、甘泉县、安塞县、志丹县、吴起县
	渭北旱塬区（21）	宜川县、黄龙县、洛川县、富县、黄陵县、韩城市、合阳县、澄城县、白水县、王益区、印台区、宜君县、耀州区、旬邑县、淳化县、永寿县、彬县、长武县、麟游县、千阳县、陇县
	关中平原区（36）	临渭区、大荔县、潼关县、华阴市、华县、蒲城县、富平县、秦都区、渭城区、三原县、泾阳县、礼泉县、兴平市、武功县、乾县、金台区、渭滨区、扶风县、眉县、岐山、凤翔县、陈仓区、阎良区、未央区、新城区、碑林区、莲湖区、雁塔区、灞桥区、临潼区、蓝田县、高陵县、户县、长安区、周至县、杨凌示范区
	陕南中高山区（22）	商州区、丹凤县、商南县、山阳县、柞水县、镇安县、白河县、旬阳县、平利县、镇坪县、贵皋县、紫阳县、宁陕县、石泉县、佛坪县、镇巴县、留现县、宁强县、凤县、太白县、略阳县、洛南市
	陕南低山平坝区（8）	汉滨区、汉阴县、汉台区、南郑县、城固县、洋县、西乡县、勉县

三是基于乡镇边界与种植业细分的农业区划。以《陕西农业区划》为基础，按照全省种植业的分布类型、特点，将陕西农业区域划分为 9 个一级地域区与 24 个二级亚区，如表 5-21 所示。

表 5-21　基于乡镇边界与种植业的陕西农业区划

区划观点	一级区	对应种植业大类	二级区	对应种植业亚类
乡村边界与种植业	长城沿线风沙滩地	春麦、小油料、杂粮	西部旱滩区	杂粮、向日葵
			中部旱滩区	水地春麦、玉米、水稻、向日葵、葡萄
			东部梁峁、片沙区	杂粮
	陕北丘陵沟壑	谷糜、马铃薯、豆类（大豆、杂豆）、杂果、草（绿肥）	涧滩丘陵区	谷糜、荞麦、胡麻、绿肥
			丘陵沟壑区	谷糜、薯、豆、花生、苹果、绿肥
			黄河沿岸土石丘陵区	麦、豆、杂粮、花生、枣、果
	渭北高原区	小麦、春玉米、烤烟、苹果、大豆	丘陵川原区	小麦、玉米、油菜、苹果、大豆
			高原沟壑区	小麦、玉米、烤烟、苹果、油、豆
			土石山川区	玉米、小麦、薯、豆、药材
	关中旱原区	小麦、花生、甘薯、蚕桑	西部旱原区	小麦、玉米、油、豆、杂粮
			东部旱原区	小麦、花生、烟、薯、葡萄、桑蚕
			南部旱原区	小麦、玉米、花生、桑、果区
	关中灌区	小麦、玉米、棉花、油菜、杂果、蔬菜、桑蚕	西原区	小麦、玉米、油、豆
			泾河下游区	小麦、玉米、棉、麻
			东部区	棉、麦、玉米、花生
			渭河沿岸区	小麦、玉米、菜、桑
			秦岭北麓区	小麦、玉米、稻、果
	秦岭中山区	春玉米、小麦、药材、猕猴桃	秦岭北麓区	玉米、小麦
			秦岭南麓区	玉米、小麦、薯、药、林、猕猴桃
			秦岭东南部川谷地	小麦、玉米、果树
	秦巴低山丘陵区	水稻、小麦、春玉米、桑蚕、茶叶、柑橘	秦岭西部	稻、麦、玉米、柑橘
			秦岭东部	玉米、小麦、薯、豆
			巴山西部	稻、麦、玉米、茶、桑、药
			巴山东部	稻、麦、玉米、桑、茶、橘、药
	汉江、月河盆地川道区	水稻、小麦、油菜	无	无
	巴山中山区	药材、马铃薯、春玉米、小麦、杂豆	无	无

四是基于板块归属与乡镇边界的区划。以从北到南的区域板块为基础，兼顾县域边界的完整性，按照 70%的土地面积归属标准，将陕西农业划分为三个区域，即陕北黄土高原区（陕北地区）、关中平原区（关中地区）和陕南秦巴山地区（陕南地区），如表 5-22 所示。

表 5-22　基于板块归属与县域边界的陕西农业区划

依据	区划板块	对应范围
板块归属与县域边界	陕北黄土高原区	长城沿线风沙区
		陕北丘陵沟壑区
	关中平原区	渭北旱塬区
		关中平原区
	陕南秦巴山地区	陕南中高山区
		陕南低山平坝区

5.2.3.2　陕西省现代农业区划改进的总体思路

围绕农业现代化建设目标，综合考虑地理环境、生产能力与地域功能三大约束，确定区划改进的总体思路，具体内容如下：

一是以调整粮食种植结构、优化果业品种结构、提升养殖规模水平、加快菜茶转型升级为核心，加快推进陕西省农业供给侧结构性改革。

二是以建设特色农业、城市农业和生态农业为重点，扎实推进现代农业产业体系构建、城乡融合发展与农业绿色发展。

三是以明确质量标准、健全投入机制、改善发展环境为依托，有效保障陕西省农业生产经营方式的根本性转变。

四是以区域化布局、专业化生产、产业化经营、企业化管理、社会化服务为抓手，切实提高陕西农产品的市场竞争力与综合生产能力。

5.2.3.3　陕西省现代农业区划改进的具体方案

按照加快推进现代农业建设的基本要求，结合《陕西省国民经济和社会发展第十三个五年规划》《陕西省“十三五”现代农业发展规划（2016~2020 年）》《陕西省“十三五”土地资源保护与开发利用规划》等文件精神。陕西省农业空间布局的优化方案，充分发挥市场导向作用与区域比较优势，在统筹城乡发展的基础上，以转变农业发展方式为统领，将产业结构优化调整与特色主导产业发展相结合，注重“经济—社会—生态”效益的协调统一，不断深化农业生产主体功能，因地制宜，形成“中心—功能层—产业带—区域功能”的发展格局。

（1）都市农业中心。

都市农业主要分布在高度城市化的大都市区及其延伸地带，是现代农业的重要组成部分，主要承担产业、科技、休闲、生态等功能，具有集约化、高效益、市场化等特征。近年来，在农业科技进步、绿色意识觉醒等内外因素的交互作用下，陕西省已经出现了特色化的都市农业发展类型。

依据中国现代都市农业竞争力研究课题组制定的评价标准，可以发现，2018年西安市的现代都市农业竞争力综合指数为73.478，位列第17名；在省辖市的综合评价范畴，杨凌示范区位列第一，达到79.747，位列第34名，铜川市区表现相对最差，以72.351排在第151位。这说明现阶段，陕西省的都市农业发展仍有很大的进步空间。具体来说，农业生态和可持续发展能力、科技化程度相对较高，但主要依赖于部分省辖市的作用；三产融合能力、农村居民生活水平提升能力相对较弱，需要重点增强；在农产品供给质量、政府支持保障、物质技术装备等方面，关注与投入均不足，因此表现居中（见表5-23和图5-3）。

表5-23　现代都市农业竞争力评价指标体系

一级指标	二级指标	三级指标
农产品供给质量	主要“菜篮子”产品自给率	以目标值为基础，综合考察每周（日）的人均蔬菜、肉类、水产品、禽蛋摄入等指标
	农产品质量安全水平	农产品质量合格抽检率
	农产品标准化程度	经过“三品”认证的比重
生态可持续发展	化肥、农药施用强度	以目标值为基础，综合考察化肥施用、农药施用等指标占耕地面积
	农业节能减排	单位能耗的增加值创造能力和综合利用能力
三产融合能力	农业产业化水平	农产品加工业产值占比
	农产品品牌化水平	农产品品牌建设水平
	传统要素产出率	劳均、地均农林牧渔增加值
农村居民生活水平	收入水平	农村居民人均可支配收入
	耐用品消费能力	每百户农户小汽车拥有量
科技化水平	信息化支撑	互联网普及率
	科技服务能力	农业技术推广人员
物质技术装备	机械装备水平	耕种收综合机械化程度
	电气化水平	农村居民人均用电量

续表

一级指标	二级指标	三级指标
政府保障支撑	财政支撑	农林水事务支出占比
	金融投入	农业保险、信贷资金投入

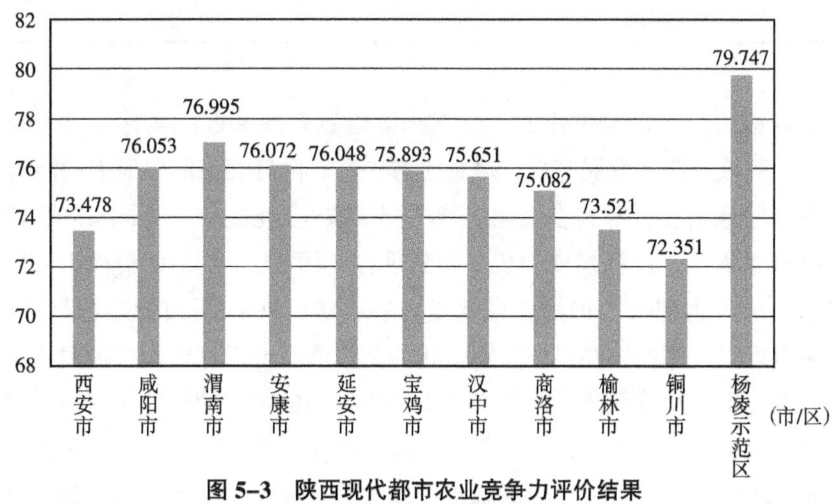

图 5-3 陕西现代都市农业竞争力评价结果

未来的农业区划优化主要从以下三个方面入手：

其一，推进西咸都市农业建设。《西咸新区总体规划》中明确提出，“建设都市农业和城市建设高度融合的新区，重点发展特色农业、休闲农业、外向型农业，建设西安国际化大都市的菜篮子基地和现代农业基地”。在空间布局上，形成“核心—拓展—外围”的圈层式发展导向。其中，主城区以城市建筑、交通载体为基础，服务市民生活，建设有利于发挥绿色文化功能的公共空间；拓展区以科技园区为依托，追求经济效益，提供高品质的农副产品，营造良好的生态环境；外围区以生产集中地为载体，发展规模适度农业，鼓励交通沿线农业先导带动、耕作区精深发展。在具体功能上，因地制宜，最大限度发挥多样化、差异化的功能组合效用，如表 5-24 所示。

其二，发挥杨凌都市农业的对外开放、科技引领作用。杨凌农科城不仅是我国唯一的教育、科研、示范、推广一体化现代农科城，也是“一带一路”农业国际合作引领区。未来杨凌都市农业区建设的优化思路：科技型都市农业，以国际农业合作园区、农业技术外援培训基地为依托，进一步发挥科技引领作用；产业型都市农业，即在增强农业科技应用、转化能力的基础上，提升农副产品质量与

表 5-24　西咸都市农业的区域功能

城市区域	承担功能
西安、咸阳主城	环境构建
沣东、沣西、秦汉新城	文化传播
泾河新城	示范引领
空港新城	生产经济

产业化经营能力；示范型都市农业，突出陇海铁路线和西宝高速公路的交通优势，紧抓“一带一路”发展契机，增强生态旅游、内外交流的辐射带动能力。

其三，因地制宜，形成多元化的特色都市农业建设中心。对于其他省辖市，应该明确资源优势，抢抓发展契机，找到现存“短板”。例如，渭南市应以“次核心城市”建设为契机，加快“果业强、果农富、果乡美”的现代果业强市建设。宝鸡市可以通过加快高科技、智能化的都市农业开发区建设，同时形成以休闲观光旅游、生态种养示范、绿色产品供给为导向的可持续性都市产业。延安市针对水资源匮乏的现实约束，将旱作节水技术和循环农业技术作为主要支撑，以水资源高效利用为导向，加快优质林果业和谷物、薯类等旱作产业发展，真正实现“山绿、果丰、粮多、农民富”的生态型都市农业建设。

(2) 垂直功能层。

全面保障粮食安全是陕西推进现代农业建设的基本目标，划定永久基本农田就是要将优质、易占的耕地保护起来，同时明确“三还”（还林、还牧、还湖）耕地与生态保护层。立足于土地利用的基本现状与农业地貌的分布规律，以 25°的坡度为标准，将陕西农业区域的垂直空间划分为两个层次：

一是坡度小于 25°的农业开发层，既是陕西省现代农业建设的重要区域，也

表 5-25　陕西省五大区域土地利用现状

单位：万公顷

	耕地	园地	林地	牧草地	未利用	其他
长城沿线风沙区	745.84	18.18	891.83	1378.91	201.23	135.66
丘陵沟壑区	1107.23	99.77	82.64	1017.95	82.64	120.87
关中平原区	979.77	123.1	827.34	45.61	171.1	608.55
渭北高原区	1059.83	180.17	1752.14	489.25	341.7	119.55
秦巴山区	1247.79	57.97	5388.9	248.27	3737.73	225.46

是高标准农田建设的配置基础。陕西省实有土地面积 20.56 万公顷。其中，耕地 398.95 万公顷，园地 81.83 万公顷，林地 1117.19 万公顷，草地 287.10 万公顷。

未来农业区划优化应着力提高五大区划的耕地、牧草地等土地资源利用效率，以粮食主产县和旱作农业县为重点，全面提升关注稳定粮食产能，保障粮食安全。按照《农业现代化推进规划》的基本要求，全面建设“陕北长城沿线全膜玉米、地膜马铃薯旱作区，渭北旱地小麦和地膜玉米旱作区，关中灌区小麦玉米超吨粮区，陕南川道水稻油菜一体化产业区。”以千亿斤粮食生产为目标，争取实现高产粮田 2400 万亩，年粮食播种面积 3500 万亩，单产 300 公斤以上，总产 1000 万吨，占全省粮食总产 80%以上。

二是坡度大于 25°的生态保护层。主要以用材林、防护林、经济林、竹林和草山草坡等建设为主。生态保护层是陕西农业经济可持续发展的关注重点，该区域自然生态服务功能价值大，人类社会活动较弱，开发强度较小，在维持陕西省生态支持系统中具有重要的地位。

未来农业区划优化需要在保持人均口粮温饱的前提下，有计划地逐年退耕还林，明确耕地、林地、草原、河流、湖泊、湿地等保护边界，同时稳步恢复重点区域的生态服务功能。主要包括：秦巴山区、子午岭和黄龙山片区的水源涵养功能区，陕北黄土高原丘陵沟壑区和秦岭低山区的水土保持功能区，长城沿线风沙草滩区的防风固沙功能区。就区域层面而言，一是突出关中生态功能，以秦岭北麓、渭河沿线和渭北台地为支撑，构建以西安为中心的“两带三区”① 生态新体系；二是深入实施黄土高原大绿化工程，增强综合治理力度，打造陕北“黄土高原生态屏障—长城沿线防风固沙林带”生态安全新格局；三是依托绿色生态资源，构建生态型产业发展新体系与秦巴绿色生态新格局。

（3）特色产业带。

陕西省农业主导产业空间布局，依据地形地貌、区域内现有农业生产特色和比较优势划分农业产业带，按照“北扩西进”的思路确立具体优化方案。

1）渭北、陕北、关中苹果产业带。

在现阶段的陕西省农业发展过程中，水果产业效益较好、发展潜力巨大，具有明显的竞争优势与比较优势，特别是苹果产业，已经成为陕西农村经济发展的

---

① 重点建设渭河生态防护景观林带、宝鸡至潼关高速公路景观林带，统筹推进秦岭水源涵养林区、关中田园生态景观区、渭北生态经济防护林区。

区域性亮点，而推进现有果园改造，加快绿色基地与有机果园建设，共同构成未来苹果产业发展优化的主攻方向。具体来说，一是优化区域生产布局，因势利导地将非适生区已配置的果树向优生区集中，实现苹果规模达到1200万亩的基本目标；二是推进品种结构调整，有计划地更换优质品种，推进绿色有机标准化生产，合理化布局早中晚熟品种搭配和加工型品种；三是以出口外贸基地为突破口，实现“种植技术—产品质量—经营机制”的三维创新，打造一批知名的公共品牌和企业品牌。

2）秦川牛、陕南生猪、陕北肉羊产业带。

秦川牛、肉羊、陕北白绒山羊以及陕南瘦肉型猪，均是陕西省畜牧业的特色、明星产品，发达的畜牧业是现代农业的重要组成部分，现阶段的陕西省畜牧业发展，依旧面临着加工能力不足、手段落后的现实约束，需要在扩大规模的同时，加快转变养殖方式。未来的优化方向如下：一是形成“扩规模+调结构”的养殖新模式，以适度规模为判断标准，加快品种改良和技术应用，形成专业化、规模化、科学化、标准化、高效化现代养殖新模式，建设标准化的肉羊育肥场和适度规模的家庭牧场，使年出栏规模尽快达到甚至超过800万只；陕南依托生猪产业联盟发展生猪600万头。二是做大做强品牌。充分挖掘、彰显并维护品牌特色，通过科技创新、营销创新等不断提升品牌价值，鼓励深加工技术研发及转化，加快确立行业质量标准，全方位打造山地羊肉、秦川黄牛、生态黑猪的特色产业品牌，并最大限度地激发特色品牌带动下的集团效应。

3）关中奶畜产业带。

无论从存栏量还是牛奶产量来看，陕西奶牛均呈现出明显的规模优势。特别是关中地区奶畜的产业基础良好、种质资源丰富，同时拥有丰富的科技资源支撑和高规格的国际交流平台，在加快产业结构调整、解决“三农”问题方面，起到了积极的作用。现阶段主要面临的难点，在于其发展阶段已经进入“提质增效”的全面调整期。未来的优化方向在于：需要从小区养殖向规模牧场转型，包括提高良种率、实施标准化管理、完善营销网络、加快龙头企业创新能力四个方面，最终实现建成关中年产150万吨牛奶、50万吨羊奶的高端基地。

4）秦巴山区茶叶产业带。

秦巴山区自然资源富饶，环境保护严格，是天然的生态屏障，为秦巴茶产业提供了天然优势。秦巴山区的茶产业不仅有上千年的产茶历史，在发展过程中茶产业的规模不断增大，截至2018年，秦巴山区的茶叶生产县已有50多个，茶园面积达到675.36万亩，占全国茶园面积的15.4%，茶产业已成为陕西带动贫困群众增收，促进陕南经济循环发展的支柱产业。未来秦巴山区的茶叶产业带优化，需要在茶叶质量上下功夫，改进茶叶种植技术，加快无性系茶苗繁育、低产茶园改造和清洁化加工，优化茶叶生产线，利用科学技术实现茶业提质增效和提档升级，促进农业绿色发展，在建设280万亩茶产业带的基础上，为国家脱贫攻坚战略做出贡献。

（4）区域发展。

1）陕北现代农业区划优化。

陕北地处毛乌素沙地东南缘，黄土高原腹地，具有风沙与黄土相结合的地貌特征。土地沙漠化蔓延、土壤肥力低下、干旱缺水严重，自然灾害频发，相对脆弱的生态环境是制约现代农业经济发展的重要因素，面临着生产能力低、结构调整慢、农民增收难等问题。

但是，陕北也具备现代农业发展与区划优化的一些有利条件。从光热条件来看，具有昼夜温差大的特征，有利于作物的干物质积累以及瓜果着色；从科学管理来看，在国家扶持下，形成了一整套能够解决现实问题的旱作农业技术，包括适期播种、配方施肥、病虫害综合防治等，培育出一批高产、稳产的典型样板，例如地膜玉米双沟覆膜栽培；从作物种类来看，发展出以杂粮、果、羊、薯等为核心的主导产业格局；从项目建设来看，先后实施了榆林风沙滩区综合开发、延安宝塔区生态农业建设，米脂县黄土高原综合治理等重点项目，为现代农业发展提供了良好的契机。未来区划优化的主要内容包括如下：

一是明确以能源为主要导向的经济发展战略，突出现代农业区划优化的服务功能，协同推进现代特色农业基地与能源化工基地建设，使其成为陕北可持续发展的双驱动力。现代特色农业基地作为陕北农业发展的切入点，在战略定位上与能源化工基地建设同等。具体来说，围绕能源基地建设，大力发展大棚蔬菜、养禽业、奶业等工矿型农业；针对毛乌素沙地、黄土丘陵沟壑区等生态环境特征，发展“水田”绿洲型农业；大力推广旱作农业技术，发展沟壑型主体农业；以天然草场为依托，发展草地型畜牧业。

二是将稳定发展粮食生产作为区划优化前提，全面对接农业区划的实际功能与特色产业的发展方向，以农业科技为支撑，主攻多层次、系列化、区域性优势农业主导产业。其中，补充、自给性农业，主要包括：“高产、高效”的玉米、马铃薯，承担“补充、商品”复合功能的荞麦、谷子、糜子、绿豆等名优小杂粮。商品型果、菜、牧业，主要包括：苹果、红枣、扁杏等特色果业，茄果、瓜菜、叶菜等设施蔬菜大类，羊产业及肉、蛋、奶，皮毛相关畜产品。保护型林业包括：防风固沙林、农田防护林、牧场防护林、水土保持林等多功能综合体系。在路径上，以优良品种与适生、次生区为依托，通过“一村一品”发展模式、生产基地建设，全面推动技术标准化、产品优质化、经营产业化与品牌国际化。

三是以生态恢复重建为契机，紧密结合生态环境建设与农业产业结构优化，突出高效、集约、持续特征，形成生态化与现代化良性互动的农业系统。陕北生态农业发展要以现代科技为先导，形成粮食生产与经济作物、种植业与林牧副渔业、农业与第二三产业充分相结合的良好局面。发展模式上，在退耕地、荒山荒坡地和梁状丘陵地，可以将农林草畜业作为中心，通过开发林牧业资源、沼气利用等途径，实现以牧促林，保障生态、经济协同发展；在川地、台地、涧坝地和梯田等种植区，可以采取种养、加工相结合的生态模式，形成“土壤肥力—经瘠瘦入—土地投入”的良性循环体系；在川地、台地，可推广种植、养殖、沼气紧密结合的综合利用体系；在发展棚栽业的川道地区，积极推广种植、养殖与微生物农业有机结合的日光温室模式。

2）陕南现代农业区划优化。

陕南地区的南依大巴山北坡，北靠秦岭，主要地貌类型为构造山地，江流经过处有狭川道。地理位置的“边缘”特征明显，不易与周边经济发达城市形成紧密联系，整体经济实力较为薄弱，农业现代化水平相对滞后，面临着自然条件差、生态灾害多、结构转化慢、科技含量低等问题。

但是，陕南也具备现代农业发展与区划优化的一些有利条件。从资源条件来看，作为南北过渡区，生物种类繁多，林特资源丰富，灌溉条件非常优越。从区位条件来看，随着政府投资力度加大，交通运输基本形成了内联外达的网络体系，与周边地区的交流与沟通明显增强。从科学管理来看，以移民搬迁为契机，陕南农业迎来了大范围、强力度现代化建设的重要转折点，形成了现代农业园区、家庭农场等多样化的组织管理方式。从项目建设来看，围绕农业资源开发、绿色循环产业与生态环境保护，先后实施了园区建设项目、特色产业链项目与重点改造项目，积累了丰富经验。未来区划优化重点包括以下三个方面：

一是明确以旅游为主要导向的经济发展战略，突出现代农业区划优化的服务功能，全面推进特色旅游资源开发与绿色农业基地建设，使其成为陕南可持续发展的双驱动力。“休闲—观光—文化”农业既是特色旅游与现代农业的重要连接点，也是农业功能拓展的产物，需要与教育、服务等产业深度融合才能够实现。旅游导向下的陕南地区农业区划优化，要充分挖掘自然资源，发挥生态区位优势，以农家、田园、乡村为依托，全面探索“农业+旅游”的新项目。重点开发蚕业、茶业、果业、汉江渔业等观光农业，深度开发教育、美食、节庆等主题休闲农业，积极开发贯穿生产、经营、加工等产业链的创意文化农业。

二是将稳定粮食生产、保障农业发展作为区划优化前提，因地制宜，挖掘资源优势，紧密结合农业区划优化与主导产业选择。具体来说，依托汉江、丹江流域低山丘陵和平坝区光、热、水资源，积极建设优质稻米、油料生产基地，加快自给、补充向商品、经济的功能转变；依托秦岭、巴山中低山、中高山与丘陵区建立特色产业基地，主要包括：柑橘、核桃等林果业，木耳、野菜等菌类，杜仲、山萸、天麻等名贵中药材，秦巴雾毫、汉水银梭等茶业。除此以外，还应依托自然条件优势，大力发展食草型畜牧业、生态黑猪以及汉江库区渔业。在路径上，坚持“市场导向—基地建设—农户联合”思路，集聚现代农业区域优化与产业深度开发的良性合力，为陕南区域的社会经济发展提供有力的支撑。

三是实施特色化的绿色循环农业经济发展策略，将生产力布局和重点项目建设纳入现代农业区划范畴，通过提高资源利用率来推进现代农业的可持续发展。坚持耕地开发、利用与保护、节约相结合的基本原则，着重提高耕地质量及其产出水平。在发展策略上，汉中市以城固—南郑—汉合—勉县为主体，着重发展以机农产品种养和特色食品加工为核心的绿色农业；安康市以约合川岛为主体、旬阳、平利为两翼，重点发展“绿色食品+生态旅游”项目；商洛市依托商丹循环经济园区，主要发展绿色、无公害食品、生态旅游产业链。通过“产业体系主导—示范园区带动—合作项目保障”，促进现代农业的生产布局与产品结构优化，全面加快产业共生发展，充分发挥生态涵养作用，促进现代农业可持续发展。

3）关中现代农业区划优化。

关中介于陕北高原与秦岭山地之间，地势平坦，土质肥沃，水源丰富，是陕西自然条件最好、工农经济最发达的地区，属于西部地区经济战略布局的关键组成部分。但是较东部发达地区而言，关中农业的现代化进程，呈现出产业组织程度低、品牌建设起步晚、市场体系不健全、外部竞争压力大等现实问题。

但是，关中现代农业发展与区划优化的有利条件十分明显。从自然条件来看，关中地貌的区域分异特征明显，耕种土层深厚，养分与质量条件优良，成为粮、油、菜、果的主产区，加之渭河生态环境的不断改善，基本具备无公害农业与有机农业发展的必要条件。从科技支撑来看，关中拥有全国唯一国家级的农业高新技术产业示范区，专业科研机构、技术人员充足，经费投入强度。从产业体系来看，在以工促农的发展战略下，形成了粮食生产、蔬菜瓜果、林特花卉和畜牧业为主的农业产业带，市场化、开放度远超过陕南、陕北地区。从项目建设来看，通过国家级、省级等层次化现代农业园区建设，积累了高新科技、农副产品、生态观光等多功能农业发展经验。未来区划优化的主要内容如下：

一是明确“科技+现代高效农业”的发展战略，通过多功能示范项目建设，促进关中农业的现代化、专业化、规模化、标准化、集约化水平全面提升。坚持资源依托、科技引领、市场导向，针对现代农业综合能力提升的制约因素、关键环节与重点领域，通过完善“技术—资金—人才”支撑体系，建立集中、连片的高效农业典型。推进专业化运作、集约化种植、标准化生产、产业化经营，将农业劳动生产率、土地生产率和农产品商品率作为农业发展效率的判断标准，确保经济、社会与生态效益同步发展。着力打造现代农业科技创新、良种繁殖、标准化生产、农产品加工等示范项目，形成“核心示范—区内带动—区外辐射”的新格局。

二是以连片现代粮食基地建设为前提，按照“资源整合、板块推进”的设计思路，加快高效农业、特色农业发展，紧密结合农业区划优化与现代产业体系构建。具体来说，加快优质小麦、高产玉米、无公害油料基地建设，聚焦关中一年两熟灌区，推广高产集成配套技术，促进单产水平提升，重点发展小麦、玉米一体化超吨粮田。形成以宝鸡、渭南等为代表的高效果菜农业板块，积极发挥现代果业产业带与蔬菜产业集群的带动作用，全面推进集约高效果蔬的栽培示范区、标准引领区、产业聚集区。其中，渭南发展设施瓜菜200万亩，宝鸡发展高效果菜100万亩。生态畜牧业方面，发挥市场区位和产业基础优势，以基地县为重点，通过饲草饲料建设和畜群结构优化，促进关中奶牛、奶羊、蛋鸡等畜牧产业提质增效。

三是围绕优势、特色产业带，以资源节约、环境友好、安全高效为导向，通过农业区划优化为协同推进绿色现代农业发展与关中平原生态修复。在优化产业结构的过程中，注重推广农业新技术、树立循环发展典型、促进绿色品牌建设。加快推广“粮畜”“草畜”与“果畜”相结合的生态、多层循环模式，积极构建设施蔬菜和时令瓜果实的“标准生产—质量认证—监测预警”体系。围绕优势、特色果蔬、畜牧业，形成以旅游开发与绿色农业相结合的业态升级思路，以西安都市休闲农业圈为中心，建设一批体验、观光特色鲜明的农园、农庄、农村，使其成为促进农业现代化建设、带动农业增收，改善乡村环境的重要载体。

5.3 陕西省现代农业建设重点

上一节基于对可耕地状况及前景的预测，明确陕西粮食安全状况，并且就此提出陕西农业区划优化的原则、目标以及农业区划的具体方案。为了保证陕西省农业区划及现代农业规划顺利进行，基本农田保护问题、现代农业基础设施问题和加快农业机械化水平这三大问题是建设重点。通过基本农田保护协调陕西省农业用地与建设用地的矛盾，严格控制对耕地的占用，切实保护耕地，对实现耕地总量动态平衡起到了重要作用。并且通过大力实施土地整理，才能有效地改善农业生产条件，促进农业生产发展。现代农业基础设施建设和加快农业机械化属于农业区划和现代农业规划进行的重要条件和推动力，需要引起重视，本部分结合陕西省农业具体发展现状，分别提出具体的建设方案。

5.3.1 基本农田保护

陕西省人口多耕地少，耕地后备资源不足，维护陕西粮食安全，保持社会稳定，始终是陕西的一个重大问题。对基本农田实行特殊保护，以满足陕西省未来人口和国民经济发展对农产品的需求，为农业生产乃至陕西经济的持续、稳定、快速发展起到保障作用。

5.3.1.1 保证安全的粮食种植面积

自古以来，地处东部湿润地区和西部干旱地区交叉带的陕西都是农业发展的重要地带，是中国古老农业区之一。民以食为天，粮食生产关系千家万户的生活。区域粮食供需平衡是确保一个地区粮食安全的基本前提，充裕的粮食供给也是构建和谐社会的重要物质基础。因此，保证安全的粮食种植面积是重要的一个环节。

（1）陕西粮食种植面积变化情况。

通过对陕西省粮食种植面积情况进行分析，2013~2018 年陕西省粮食种植面积均处于递减的状态，六年粮食种植面积减少 10 万公顷，年均减少 0.51%，尤其是 2014 年和 2017 年分别减少 0.9%和 0.8%。从表 5-26 可以看出，粮食种植面积减少比重最大的 2014 年和 2017 年也是粮食总产量递减的两个年份。因此可以看出，粮食种植面积直接影响到了粮食总产量。

表 5-26　2013~2018 年陕西省粮食种植面积变化情况

单位：千公顷，%

年份	粮食种植面积	增减百分比
2013	3105.13	−0.7
2014	3076.53	−0.9
2015	3073.5	−0.1
2016	3068.73	−0.2
2017	3045.3	−0.8
2018	3005.98	−0.4

资料来源：《陕西省农业统计公报》。

1996 年陕西省耕地总面积 514 万顷，到 2017 年全省耕地只有 398.9 万顷，21 年共减少耕地面积 115.1 万顷，减少比例达到了 22.39%，年均减少速度达到 1%。耕地的减少使粮食种植面积显著减少，进而影响了粮食生产。

从表 5-27 可以看出，2013~2018 年的六年间，陕西省采取一系列人才新政，人口数量逐年提高，但是粮食总产量没有能够保证稳定地增长，处于波动状态，2013 年粮食总产量 1215.8 万吨，至 2018 年仅增长 11 万吨，2014 年和 2017 年粮食总产量都略有回落，这说明陕西地区粮食生产存在很多问题，陕西应该充分利用自身资源，积极解决自身的粮食问题。

表 5-27　2013~2018 年陕西省粮食总产量情况

单位：万吨

年份	粮食总产量	夏粮产量	秋粮产量
2013	1215.8	423.6	792.2
2014	1197.8	451.3	746.5
2015	1226.8	491.7	735.1
2016	1228.3	479.1	749.2
2017	1216.2	482.5	733.7
2018	1226.3	438.3	788

资料来源：《陕西省农业统计公报》。

耕地是生产粮食的最根本要素，耕地数量的变化必将导致粮食播种面积的变化，从而引起粮食生产的波动，影响到粮食的供给安全。本书统计了 1978~2017 年陕西省耕地面积与粮食种植面积的相关数据并进行对比发现，从图 5-4 可以看出，耕地面积的变化与粮食种植面积的变化有一定的趋同性，总体上均处于下降趋势，耕地面积减少幅度大的年份粮食种植面积曲线斜率也更大。

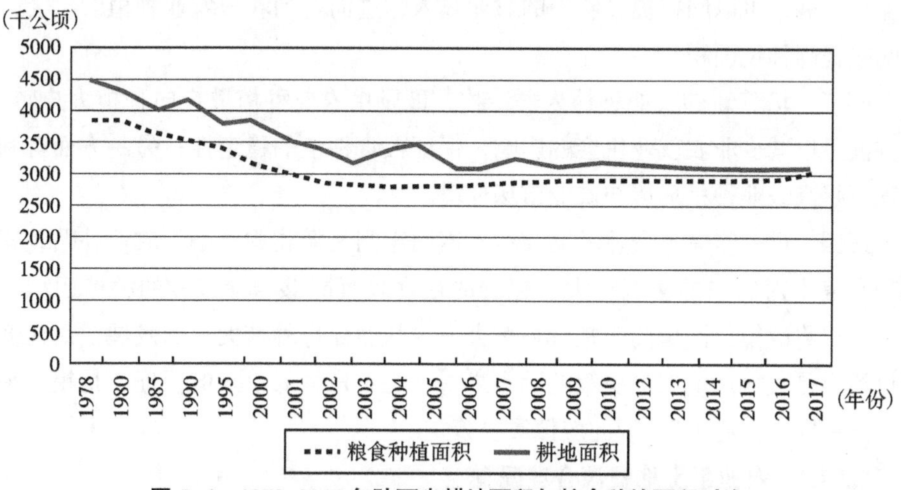

图 5-4　1978~2017 年陕西省耕地面积与粮食种植面积对比

（2）影响粮食种植面积的因素。

影响粮食种植面积的因素有很多，除了上述耕地面积因素之外，国家宏观环境应该是影响粮食种植面积的一大因素，它们均能通过成本、收入和税收的手段影响农民的种植积极性。除了与粮食相关的国家宏观政策外，还可能有其他因素，如市场交易、劳动力、物资、科学技术投入水平、种植能力和自然环境等。其中自然因素是决定粮食种植面积的关键原因，陕西省多样的气候条件，复杂的地貌类型，良好的土壤环境使适宜种植的粮食作物品种较多，主要类型有玉米、小麦、稻谷、豆类等。粮食作物播种面积比重不断发生变化，小麦播种面积占粮食作物播种面积由 1978 年的 35.75%降低到 2017 年的 23.69%，稻谷播种面积比重由 3.57%降低到 2.69%，玉米播种面积比重由 24.30%提高到 25.59%，大豆的生产播种面积比重由 4.59%降低到 2.5%。小麦播种面积变化最大，其他作物变化相对较小。

（3）保证粮食种植面积的措施。

第一，提高粮食市场的信息化程度，加快政府到农户的信息流通。农户对于价格变化的滞后性很大程度源于信息传递的滞后，因此建立健全完善的农业市场信息传递机制可以提高短期价格弹性，缩短农户对价格变化的反应时间，从而促进农户对价格作出理性的决策。

第二，加大对农业生产技术研发方面的投入，推动农业多样化发展。随着我国经济的发展，非农就业机会在以后会越来越多，因此加大技术投入，推动农业多样化发展，可以间接提高农户的农业收入，进而增加农户农业种植的机会，进而间接提高种植面积。

第三，培养新的农业种植人群结构，鼓励由农业种植散户向种植大户转变。一方面可以减少非农就业机会的影响，保证粮食种植的稳定性；另一方面有利于管理，提高农业种植环境与农业市场环境。

第四，进一步完善农业补贴政策，谨慎定制最低收购价格。农业补贴政策在某种程度上对农户的影响很大，完善的粮食政策能够增加粮食的种植面积，另外，可以将政策逐渐偏向于粮食种植大户，从而促进种植大户的发展；而最低收购价格也是直接影响农户决策的因素之一，是农户最低收入的保证，是粮食种植农户的一颗“定心丸”，因此应慎重决策。

5.3.1.2 农业用土地资源合理配置

（1）农业用地分类与分布情况。

1）数量关系。

2017 年，陕西省生态系统类型以林地和耕地为主。全省林地覆盖率 43.66%，草地覆盖率 26.97%，耕地率 22.51%，城乡、工矿、居民用地率 4.31%，水域率 1.04%，未利用土地率 1.51%。

从农业数据上来看，2017 年农用地面积约为 1856.26 万公顷，约占总土地面积的 78.57%，年末基本农田面积仅占土地总体利用面积的 12.97%，与 2016 年相比还下降了 14%，如表 5–28 所示。

表 5–28 2016~2017 年陕西省土地总体利用现状

单位：万公顷

指标名称	2016 年	2017 年	同比增减率
农用地	1857.67	1856.26	(0.00)
建设用地	95.37	96.8	0.02
未利用地	103.19	103.17	(0.00)
年末基本农田面积	354.8	306.35	(0.14)

资料来源：《陕西省农业统计公报》。

2）分布格局。

表 5–29 是陕西省 2016 年与 2017 年农用地利用现状，从表中可以看出，陕西省园地以果园占地的比重最大，约占 4/5，主要分布在咸阳、延安、安康和宝鸡 4 个地（市）区，其他地（市）区较少，关中和陕北的果园多种植苹果、桃、杏、枣和石榴等，近年来葡萄也逐渐增加。陕西省的茶园和桑园在园地中仅占 1/5 左右，茶园大于桑园，主要分布在汉中和安康两地区的大巴山丘陵缓坡上，与灌木林和草地交错分布；柑橘园分布在汉中和安康盆地，它和茶园是陕西省北亚热带的典型标志土地利用类型。

表 5–29 2016~2017 年陕西省农用地利用现状

单位：公顷

指标名称	2016 年	2017 年
农用地	18576727.75	18562648.53
耕地	3989489.65	3982887.32
水田	157792.19	157118.67
水浇地	1053218.89	1048818.61
旱地	2778478.57	2776950.04
园地	818284.86	816367.18
果园	680389.84	678812.83
茶园	18625.36	18612.29
其他园地	119269.66	118942.06
林地	11171828.75	11166810.16
草地	2170919.33	2169378.13
其他农用地	426205.16	427205.74

资料来源：《陕西省农业统计公报》。

林地中以成林地和灌木林较多，疏林地和未成林地很少，前两者合占 95%以上，但木材的蓄积量不大，多为次生的稍林，原始林仅分布在秦岭 2000 米以上的中高山。陕西省森林主要分布在秦岭、巴山、关山、桥山（子午岭）和黄龙山五大林区，多为暖温带落叶阔叶林、针阔混交林和中温带针叶林。

牧草地绝大部分是天然草场，约占 99%，分布广泛，主要集中在陕北和陕南的丘陵低山缓坡上，与起耕地交错分布，多呈零散状，大片草地较少，主要分布在榆林、延安、宝鸡和商洛 4 个地（市）区，是陕西省畜牧业的重要基地。牧草地类型多，但高质量的牧草地面积少，加之牧草地利用不合理，草场退化严重，特别是农林牧相互争占土地，致使牧草地面积减小，限制着陕西省畜牧业潜力的发挥。

3）区域特征。

陕西省土地利用特点的地区差异明显。陕北土地利用的特点是：农、林、牧业的比例基本上各占 1/3，土地利用结构虽然比较合理，但林地成林得过少，农地过垦，草地过牧，园地特少；未利用土地占的比重大，约占 10%以上。关中地区土地利用的特点是：生产用地面积大，约占 4/5，其中农耕地将近 1/2；城乡居民点、工矿和交通用地面积大，约占 5%以上，达到陕西省同类面积的 1/2；未利用土地面积相对较小，约占 5%以下，且多分布在山区。陕南土地利用的特点是：林地和园地约占 1/2，荒坡草地约占 1/5，但耕地面积小，仅占 10%左右；城乡公共设施用地面积小，仅占 2%。而且耕地分布的地区差异大，表现出极大的不平衡性，以关中平原和汉中盆地最为集中；耕地中以坡耕地的面积最大。

从图 5-5 来看，2017 年坡度小于 2°的平地为 1964.25 万亩，占耕地的 32.88%，而坡度大于 6°的坡耕地占 54.16%，不利于精耕细作、集约经营和水土保持，尤以陕北和陕南为甚；耕地中旱地占地面积很大，约占耕地面积的 3/4，集中分布在陕北的黄土梁、峁丘陵沟壑区和陕南低山丘陵区，其肥力差，产量低，而水地仅占 1/4 左右，水浇地多分布在关中的河流阶地和渭北旱塬，水田多分布在汉中和安康等盆地，水浇地和水田产量高，适宜性广，是粮食和经济作物

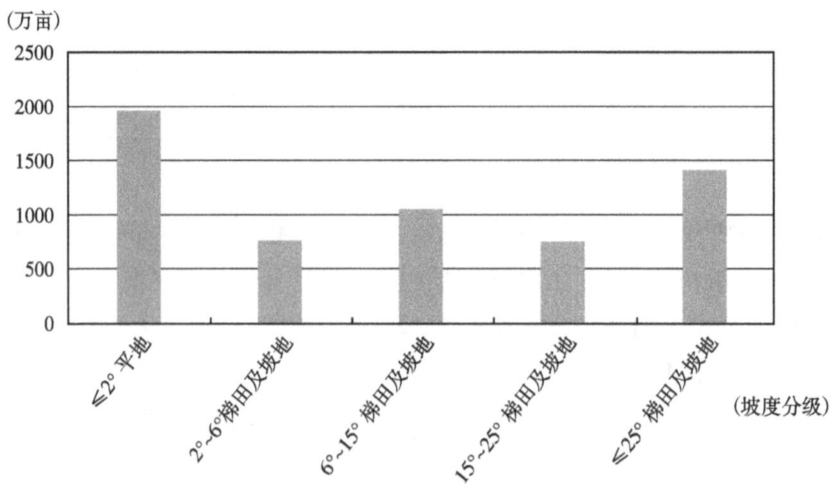

图 5-5　2017 年陕西省耕地坡度分级面积情况

生产的基地。

4）结构变化趋势。

陕西省土地利用现状结构变化有以下趋势：耕地所占的比重将会越来越小，相反的交通用地、居民点及工矿用地和园地将会逐渐增加，尤以关中地区表现得最为突出；同时，随着生产的发展，营造防护林和沙漠治理、水土保持等，未利用土地面积将会逐渐减少；随着改革开放和市场经济的发展，以及各种改造的治理措施的实施，土地利用现状的内部结构将要产生变化。像坡耕地改为水平梯田、旱地改为水浇地，选用优良品种，推广增产技术措施，增加土地投入等，使耕地质量向良性方向发展；再如，随着还林还牧的实现，林地和牧草地面积将增加，特别是人工林地和草地的扩大，促使着林地和牧草地内部结构的改变；园地、居民地和交通用地内部结构也将发生改变。

（2）农业用土地资源开发现状。

陕西省始终以土地资源开发利用为依据，进行一系列农业用地开发，如半下旱风蚀沙化的开发，在水资源较丰富的沙地或河湾滩地，通过引水拉沙或机械平沙造田或沿河造田；黄土塬梁沟壑的开发。在有条件的地方适度兴修水平条田，以满足人均基本农田的需要。平整土地配套完善渠、路、林、电等设施，建成高标准基本农田；渭北黄土台塬的开发。适度兴修水平条田，对塬上以及川道已有自流或抽水的大、中、小型灌区的基本农田，按照方田建设要求，平整土地、完善配套灌抓水利设施及道路、防护林网、电力工程等；渭河河谷冲积平原的开发。对少量坡耕地、旧庄基、废弃砖瓦窑等进行土地平整，对大、中、小型灌区按照方田建设要求，平整土地，完善配套水利设施及道路、防护林网、电力等，对渭河支流两岸滩涂及水毁农田，实施以堤防工程、水利灌排设施配套、道路工程等的土地综合整治；秦巴山区的开发。选择地形平缓、土层深厚处适度修筑石坎梯田，并布设截水沟、排水沟、引水渠、灌溉渠、沉沙池等工程；在河谷川道，通过新修或完善配套塘堰、引水工程、泵站、机井、道路等，改造小灌区或川台地水田；在小流域沟道，通过提斯、塘堰、机井等，新建或恢复水毁农田；汉中盆地川道的开发。在中、小型灌区归并田块，平整土地，进行渠道、渠系建筑物、田间道路等配套设施的完善，将少量坡耕地建成水平梯田，对旧庄基、废弃砖挖窖等进行复垦，对小流域沟道内的川台地，进行土地平整，修筑堤防予以保护。认真实施土地用途管制制度，在保护耕地，控制用地总量，开发整理耕地后备资源，科学合理安排用地等方面发挥了积极作用。

与此同时，陕西农业用地开发还存在一些问题。耕地总量开发呈下降趋势。据统计，1996~2017 年，陕西省减少了耕地面积 115.1 万公顷。耕地连年锐减的主要原因是农业结构调整和三项建设用地增大，伴随着人口增长，经济的高速发展和城镇化进程的不断加速，城市和交通建设对耕地资源的需求将大大增大，人地矛盾将日益尖锐；土地开发不太乐观。地形多山地丘陵，后备土地资源难以开发。陕西后备耕地资源多分布在生态条件较差的长城沿线风沙区，渭北高原区和关中平原区有一定的分布，陕北丘陵沟壑区、陕南秦巴山区耕地后备资源潜力很小，开发利用的制约因素多，还存在很多生态顾虑。

同时，农业用地开发利用总体上重用轻养、低效利用。由于过度使用及不平衡施肥引起土地污染和土壤退化，进而对农林牧和生态环境造成严重影响。土壤退化不仅直接影响农业生产，而且也导致作物减产及粮食品质的下降。

（3）土地资源合理配置。

土地资源配置方案一般分为三种，分别为高投入发展方案、常规投入发展方案和低投入发展方案。高投入发展方案国民经济快速发展，国民生产总值年递增速度超过历史最快发展时期。基本建设和各类土地利用的投资额增大，城镇、工矿及交通等项目用地的规模扩大。用于农业的投入年平均占总投资额的 20%以上，因而耕地单产增幅较大，耕地需求量较少，退耕强度加大。相应地，园地、林地、改良草地面积因退耕而有明显增加，同时未利用地得到大规模开发利用。常规投入发展方案国民经济协调发展，国民生产总值增长速度与历史最快发展时期的速度持平。基本建设投资额较高投入方案少，但处于可稳定保证的水平上。城镇、工矿、交通建设占地较高投入少。土地利用投入中用于农业的部分占 15%~20%，因此，耕地单产增幅较高投入方案小，耕地需要量相对较大。相应地，林地、园地、改良草地规模较高，投入方案小，未利用土地资源的开发利用受到一定限制，但该方案的技术经济可行性明显提高，各类用地争地的矛盾较易于协调。低投入发展方案国民生产总值年增长率与历史时期平均速度持平，基本建设投资被限定在目前可接受的水平上。城镇、工矿、交通的发展在一定程度上受到限制，用地规模较前述两种方案都小。土地利用中用于农业的部分更少，一般不超过 15%，因而耕地单产增幅最低，用量增加。相应地，林地、园地、改良草地用地规模也变小，未利用土地资源的开发受到更强的限制。

实施上述不同方案将会取得不同的社会、经济与生态效益，其实施时的保证条件也不相同。由于方案的优劣由其期望综合效益大小和实施的可行性程度两方面共同决定，因此，常规投入协调发展方案在三个方案中更为理想。高投入快速发展方案虽有很好的效益，但实施难度较大；低投入保守发展方案虽易于实施，但效益又欠佳；唯有常规投入协调发展方案兼取高、低投入方案之长，既有好的综合效益，又较易于实施。

同时，也要立足于陕西省土地利用的特点和地区差异进行土地资源的合理配置。

1）陕北。

陕北地区农林牧业的比例基本平衡，结构较为合理，退耕还林面积逐渐上升，存在近 10%的未利用土地，应充分且适当地利用土地，用建设优质杂粮干果基地、春玉米生产基地、大漠蔬菜基地、绒山羊产业基地为主。

①延安。稳定耕地面积，提高耕地质量，加强基本农田建设，巩固退耕还林还草成果，继续推广“淤地坝”建设，增加农用地面积。抓好粮食生产，确保粮食安全。

根据市域土地资源禀赋，土地利用现状和农业产业结构调整方向，延安南部黄土高原地区，适当扩大园地面积，加快苹果基地建设；北部丘陵沟壑区重点发展草畜业，加强天然草场保护，建设高标准人工草场，发展商品牧草基地。

②榆林。依托榆林市域黄土高原和风沙滩地的土地资源独特优势，围绕发展优质、高产、高效、生态、安全农业的总体目标，坚持“稳粮、扩草、兴牧、优果、保杂、增菜”的基本要求，优化农业结构，发展无公害、绿色和有机农业，重点发展“草、羊、枣、薯”四大主导产业，提高农用地利用效益，保障农业发展、农村繁荣和农民增收。

2）关中。

关中平原耕地后备资源基本已到开垦极限，潜力不多。仅有的一些耕地后备资源也大多分布在气候、土壤和交通条件相对较差的陕北地区和秦巴山区，其开发难度大、投资多，增加有效耕地面积难度大。应该在此基础上承担起保护耕地和节约集约用地的责任。可以采取必要手段提高粮食单产，如品种改良、提高耕作和管理水平、加强农田基本水利设施建设、适当添加肥料等。渭北台塬适宜建设优质果品产业基地、杂粮生产基地、奶畜产品产业基地和生猪生产基地；关中平原适宜建设优质专用小麦生产基地、优质专用玉米生产基地和设施蔬菜生产基地。

①西安。落实耕地保护和节约集约用地责任制。按土地利用总体规划确定的

目标和任务，明确各区（县）、镇（乡、街办）保护耕地和节约集约用地的责任，建立相应的考核体系和规划实施的问责制，各级政府主要负责人对本行政区内土地管理和耕地保护负总责。秦岭北坡集中连片的大面积林地，是西安的天然生态屏障，是西安基础性生态用地保护区，严格生态用地用途管制，建立生物多样性维护功能区。

②铜川。稳定耕地面积、提高耕地质量，确保基本口粮田；加强黄土台塬、梁和河谷地区的耕地保护和基本农田建设，发展节水农业，努力提高水浇地的比重，增加农作物产量；发挥该市土地资源区位优势，扩大园地面积，支持苹果和核桃等干杂果产业，壮大畜、药、菜特色产业。

③宝鸡。根据宝鸡市自然条件和社会经济条件，土地资源承载能力、土地利用现状和土地开发潜力以及经济社会发展对土地资源的需求，实施南、北、中差别化的区域土地利用方针，重点优化中部，优先保护南部，综合整治北部。中部地区要重点发展粮油菜生产基地，稳定耕地面积，提高耕地质量，保护基本农田；按照节约土地、集约发展的原则，加快中心市区发展建设，为“宝鸡—蔡家坡—绛帐”百千米产业带和“关中天水城镇群”建设提供土地资源保障。优先保护南部中高山区和国家、省级自然保护区、森林公园，以保护林地为主的基础性生态用地。在生态安全的前提下，适度发展农、牧、矿、果、药和旅游业。综合整治北部千山、陇山山地丘陵区。该区地形复杂，起伏较大，水源缺乏，生态脆弱，需加大综合治理力度，有效控制水土流失，抚育保护森林资源，农林、林牧相结合。

④咸阳。南部平原和中部黄土台塬区，按照“稳粮、优果、兴牧、强菜”的思路，充分发挥农用地的优势，加强耕地保护和基本农田建设，促进粮、菜、果、畜产业基地建设，发展名、优、特、鲜农产品生产，围绕优势产业，建设三大标准化基地，发展高产、优质、高效、生态、安全农业，推进传统农业向现代农业转变。同时保障北部优势煤矿、中部建材资源开发和交通水利设施建设用地。

⑤渭南。按照布局区域化、生产标准化、经营生产化的方针，加强名、优、特农产品基地建设。切实保护耕地和基本农田，坚持稳粮、强牧、优果、增菜的思路，创建优质小麦、绿色果业、名优蔬菜、特色牧业品牌，提高农业经济水平。适度开发其他用地，增加农用地面积。

⑥杨凌。充分发挥杨凌示范区耕地质量高、农业科技雄厚的优势，通过体制改革和科技创新，依靠科技示范和产业化带动，推进干旱、半干旱农业实现可持

续发展。稳定农用地面积，特别是耕地面积，提高耕地质量，保护基本农田，为农业科技示范提供优质土地资源支持和保障。

3）陕南。

陕南土地林地和园地多，耕地面积小，需要稳定现有耕地面积。采用工程、生物措施，加大耕地投入，提高耕地质量。对陡坡耕地要有计划地退耕。可以在秦巴山地建立中药材产业基地、林特产品产业基地、茶叶产业基地；在汉中盆地建立优质水稻生产基地、畜产品产业基地、“双低”油菜产业基地。

①汉中。必须切实保护耕地和基本农田，加强汉中盆地基本农田的成片建设，提高耕地质量，稳定水稻产量。调整农业产业结构，重点安排好茶、桑等名、优、特农产品基地建设等。

②安康。重点支持扩展安康丝绸、茶叶基地、秦巴医药、烟草及绿色食品所需的农业用地；重点保护一系列自然保护区，规划好区域性水能源基地建设。

③商洛。实施南水北调的水源涵养区、关中经济区的生态屏障、西安的绿色食品生产基地。重点培育现代中药、绿色食品产业集群。加强自然保护区的建设，保护好动植物、强化水源涵养。

5.3.1.3　耕地占补平衡

（1）耕地资源动态变化。

2017 年末，陕西省耕地面积为 398.29 万顷，占农用地总面积的 21.45%，灌溉水田 15.7 万顷，水浇地 104.88 万顷，占耕地面积的 5.6%；旱地 277.69 万顷，占耕地面积的 14.96。

表 5-30　2015~2017 年陕西省耕地资源分布

单位：公顷

指标名称	2015 年	2016 年	2017 年
耕地	3995173.60	3989489.65	3982887.32
水田	158579.36	157792.19	157118.67
水浇地	1056533.17	1053218.89	1048818.61
旱地	2780061.07	2778478.57	2776950.04

资料来源：《陕西省农业统计公报》。

另外，因自然条件和历史发展等原因，耕地分布极不均衡。关中土地面积占陕西省土地总面积的 26.96%，却集中了陕西省 52.87%的耕地。其中区内地势平坦、土壤肥沃、水利条件好、有效灌溉的耕地面积占陕西省同类耕地的 80%以上。陕南土地面积占陕西省土地总面积34.1%，由山区、丘陵盆地区等组成，耕地主要分布于川坪坝区，并且以中低产田为主。陕北土地面积占陕西省土地总面积的38.94%，人均耕地少，区内丘陵沟壑面积大，水土流失严重，耕地贫瘠，作物复种指数低。

表 5-31　2013~2017 年陕西省耕地面积变化情况

单位：千公顷

年份		2013	2014	2015	2016	2017
陕西省		2870.98	2865.99	2904.11	2915.08	3014.38
关中	西安市	244.15	240.49	237.93	231.20	249.63
	铜川市	64.67	64.64	64.70	67.16	68.51
	宝鸡市	299.99	298.36	297.31	295.95	294.49
	咸阳市	356.85	353.96	351.24	349.75	318.62
	渭南市	519.41	511.14	505.34	493.48	487.79
	韩城市	27.24	25.30	23.37	24.71	24.57
	杨凌示范区	5.56	5.46	5.45	5.44	5.19
陕南	汉中市	205.08	205.15	204.05	203.77	210.21
	安康市	197.82	197.30	196.36	196.19	195.32
	商洛市	133.43	133.39	133.59	133.61	133.73
陕北	榆林市	594.87	602.62	653.68	685.46	788.30
	延安市	240.55	244.87	247.15	245.93	255.44

资料来源：《陕西省农业统计公报》。

（2）耕地面积变化驱动力分析。

在导致耕地和粮田减少的驱动力中，农业结构内部调整、生态退耕、建设用地占有突出地位，耕地毁灭性减少也日趋增加。由表 5-32 可以看出，在耕地流失因素中，建设用地占用耕地是主导因素，其次是农业结构调整。而耕地新增耕地能补充部分耕地流失，耕地面积基本保持平衡。

地处黄土高原的陕西省延安市情况特殊，从 1999 年起，延安市响应国家启动退耕还林政策，据陕西省农业遥感中心提供的数据显示，实施退耕还林以来，至 2007 年延安累计完成国家计划内退耕还林面积 873.06 万亩。截至 2018 年，延安完成退耕还林面积 1077.46 万亩。在延安植被覆盖度大幅提升的同时，退耕还林也成为延安市耕地面积变化的重要因素。

表 5-32　2016 年与 2017 年陕西省耕地面积变化情况

单位：公顷

指标名称	2016 年	2017 年
年初耕地面积	3995173.60	3989489.65
年内增加耕地面积	3123.55	3054.10
其中：土地整治	2929.50	2989.10
增减挂钩	141.61	4.58
工矿废弃地复垦	44.72	52.13
其他活动	0.89	1.23
农业结构调整	6.83	7.06
年内减少耕地面积	8807.50	9656.43
其中：建设占用	7606.15	8284.43
灾害损毁	187.10	310.48
生态退耕	1.67	
农业结构调整	1012.58	1061.52
年末耕地面积	3989489.65	3982887.32

资料来源：《陕西省农业统计公报》。

（3）耕地占补平衡对策。

第一，要严格控制建设占用耕地，加强土地规划计划管控。发挥各级土地利用总体规划的管控作用，从严核定新增建设用地规模，优化建设用地布局，严控建设占用耕地特别是优质耕地。统筹安排土地利用中的新增和存量计划，实行差别化配置，推进有条件地区建设用地减量化。将用地计划安排与土地节约集约利用水平、补充耕地能力挂钩，对土地节约集约利用水平不高、补充耕地能力不足的地区，适当调减新增建设用地计划指标，充分发挥耕地占补平衡倒逼机制作用，落实耕地严保严管。

第二，改进耕地占补平衡管理，落实耕地占补平衡责任。非农业建设经批准占用耕地的，按照占多少、垦多少的原则，由建设单位依法履行补充耕地义务，负责开垦与所占耕地数量和质量相当耕地。没有条件开垦或开垦耕地不符合要求的，按规定缴纳耕地开垦费，由项目所在市、县（市、区）政府代为补充。市、县（市、区）政府按照省上下达各市年度补充耕地指标任务，通过组织实施土地综合整治，增加耕地数量，提高耕地质量，负责落实辖区内建设项目（含国家和省上交通、能源、水利、军事等重大建设项目）占用耕地的补充。

第三，拓展补充耕地途径。在保护生态环境的前提下，充分论证、合理规划耕地开发后备区域，充分发挥财政资金作用，鼓励采取政府和社会资本合作（PPP）模式、以奖代补等方式，引导农村集体经济组织、农民和新型农业经营主体等，通过实施土地综合整治、高标准农田建设、城乡建设用地增减挂钩、工矿废弃地复垦等形成的新增耕地，经核定后纳入占补平衡范围。未纳入耕地保护范围的园地、残次林地等适宜开发的农用地，经县级人民政府评估论证，省级国土资源部门复核认定后统筹纳入土地整治范围，新增耕地用于占补平衡。

第四，建立耕地保护补偿机制。建立省级耕地保护补偿激励机制，落实省级耕地保护激励各项措施。省政府对全省耕地保护、占补平衡、高标准农田建设等工作成效突出的市、县（市、区）政府以及相关单位、个人给予表扬和资金奖励。奖励资金用于农田基础设施后期管护与修缮、地力培育、耕地保护管理等。各市、县（市、区）政府要按照“谁保护，谁受益”的原则，研究出台耕地保护补偿激励政策，给予承担耕地保护任务和责任的农村集体经济组织和农户一定的补助，充分调动社会各方保护耕地的积极性。对按时完成省级统筹调剂补充耕地指标任务的，省上将在耕地保护激励、用地计划和土地整治项目安排等方面给予倾斜支持；对超额完成、积极提供补充耕地指标的地区，优先给予倾斜支持；对不能按时完成省级统筹调剂补充耕地指标任务的地区，同比例扣减下一年度新增建设占用耕地计划。

5.3.2 现代农业基础设施建设

现代农业基础设施属于高投入高产出、资金、技术、劳动力密集型的产业；是人类运用现代科学技术、现代物质装备、现代管理方法将完全顺从和适应自然造化的传统农业生产过程，改造为能够逐步摆脱或完全摆脱自然的束缚，走向现代工厂化农业、环境安全型农业生产、无毒农业的必由之路。现代农业基础设施作为一种高端的农业产业模式，不仅对推动传统农业向现代农业、数量农业向质量农业转变有重要的意义，而且也是促进农业科技成果转化和农业产业化进程的重要措施。当前，传统农业生产面临着资源紧缺、生态环境污染严重、增收日益艰难、市场竞争日趋激烈等严峻形势。作为陕西可持续发展总体战略的重要组成和优先领域，实现农业可持续发展是陕西省现代农业发展的理性抉择和根本出路。现代农业基础设施能在一定程度上打破传统农业的地域性和季节性限制，实现农产品的反季节上市，加强资源的集约高效利用，提高农业生产系统的生产力，是推进农产品规模化生产和产业化经营、繁荣农村经济、增加农民收入、维护农村社会稳定的有效途径。

5.3.2.1 陕西省现代农业基础设施建设现状

陕西农业自然资源在全国居中游偏上地位。属于过渡性、中间型，利用水平低，开发潜力大，属于适合现代农业基础设施建设的区域。

(1) 农业固定资产等投资不断增加。

农业固定资产投资就是各种投资主体，包括各级政府部门、农村集体、农村个人、银行、外资等，为了提高农业劳动生产率和农业综合生产能力，增加农业生产效益，以及形成新的农业固定资产，而投入一定的货币、资本或实物，用以改善农业基本生产条件，并期望最终获取更大利益的一种投资行为。

从图 5-6 中可以看出，从 1978 年至 2017 年陕西省农户固定资产投资额呈指数增长，尤其是 2010~2012 年增速最大。1978 年农户固定资产投资额仅 1.24 亿元，2017 年投资额已达到 351.17 亿元。

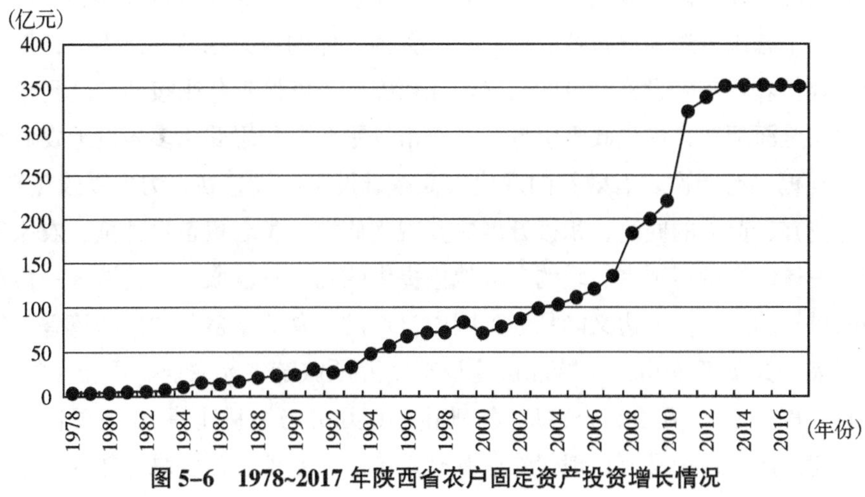

图 5-6 1978~2017 年陕西省农户固定资产投资增长情况

基础建设投资情况关系到农业生产条件的改善和农业长期稳定发展的能力，因此保持农业基本建设投资的数量和适当比例对于农业生产的发展非常重要。表 5-33 显示，2008 年，陕西省基础设施投资 10330067 万元，到 2017 年，基础建设投资总额已经增长到 86265008 万元，增长近 7 倍有余。2017 年，水利、环境和公共设施管理业投资额为 57054735 万元，占基础设施投资比重为 66.1%，相比 2008 年增长 24.5%，其中占比最高和增长最快的都是公共设施管理业，占比

57.6%，比十年前增长 24.7%。

表 5-33　2008 年和 2017 年陕西省基础设施投资情况

年份	2008		2017	
指标名称	投资额（万元）	占基础设施投资比重（%）	投资额（万元）	占基础设施投资比重（%）
基础设施投资总额	10330067		86265008	
水利、环境和公共设施管理业	4293606	41.6	57054735	66.1
水利管理业	567378	5.5	5151133	6
生态保护和环境治理业	328205	3.2	2189204	2.5
公共设施管理业	3398023	32.9	49714398	57.6

资料来源：《陕西省农业统计公报》。

（2）设施功能不断拓展。

在利用现代农业基础设施资源优势、开展科普宣传的同时，目前全国大型现代农业基础设施建设企业大力发展生态、观光农业，从而导致科技体验型、休闲度假型、生态旅游型等集科技、观光、美食为一体的农家乐园层出不穷，极大地拓展了现代农业基础设施建设的功能。如西安市长安区近年来按照“立足地方资源，面向全面配置，加强政策引导，打造市场平台”的思路，多角度地发展有特色、有规模、有档次、有效益的现代农业基础设施建设，在大力发展设施蔬菜、瓜果等花卉、苗木的同时，积极开展农业观光旅游，集名贵苗木种植、农家乐餐饮等为一体，供游客观赏、垂钓，为他们提供购物、餐饮服务，让游客一边在感受田园风光的同时，一边又能品尝到园内自产的“营养丰富”“口味清香”的新鲜农产品。又如西安市沿秦岭北麓建设有 2 万顷旅游观光农业、周至 1.33 万顷猕猴桃、阎良 0.67 万顷无公害瓜菜、临潼 10 万头奶牛基地等 10 条现代农业基础设施建设产业带户县万亩现代农业基础设施建设基地、西安绿叶花卉鲜果设施示范园等 44 个现代农业基础设施建设项目，以项目的科研、开发和示范，带动和促进城郊型现代农业基础设施建设和社会主义新农村的全方位发展。

（3）投资和经营方式不断创新。

目前全国关于现代农业基础设施建设投资方式主要包括以下几种形式：一是企业投资建设且自主经营方式。例如西安石羊集团等投资的现代农业基础设施建设。二是政府或集体投资建设，租赁给企业或能人经营的方式。例如，泾阳县政府投资建设的泾阳县无公害蔬菜园区。三是合作经济组织投资建设和运作方式，如阎良区新兴蔬菜产销合作社。四是农民自主投资建设方式。该种现代农业基础设施建设的技术水平相对较低，主要以钢架、竹木棚为主，如由长安区农民自主投资的长安区设施蔬菜、设施西甜瓜生产基地。在陕西农业产业化经营扶持资金、农业产业化项目发展基金和农产品展示展销活动基金的扶持下，陕西省精心培育各类市场主体、龙头企业，大力发展经济合作组织，着力壮大农民经纪人队伍，着力构建从生产到销售一体化的产销链，从而有效地解决了产品销售问题。截至目前，全省的经济合作组织达到 1 万多家，各类农民经纪人达到 0.35 万人。

5.3.2.2　陕西省现代农业基础设施建设存在的问题

陕西省现代农业基础设施建设投入一直在增加，速度在提升，建设内容在不断拓展丰富，成绩比较显著，但是由于原来的起点低、底子薄，陕西省当前现代农业基础设施建设管理与农村社会经济发展的要求仍然存在很大差距，存在许多的问题：

（1）现代农业基础设施投资效率低下。

投资增长相对缓慢，总体投资仍然不足。也就是说，长期以来，不仅陕西省对农业基础设施的投资力度不够，而且主要用于对国民经济和社会发展具有战略意义的交通、能源、电信等重点工程的建设及大江大河的治理，直接用于改善农业生产条件和农民生活条件的基础设施的投资比例偏小。农村中小型基础设施建设投资严重不足，设施及配套设施功能陈旧、老化、落后，很难适应农业现代化发展的需要。

投资渠道分散，投资效率低。目前陕西省对农业的投资渠道较多，在农业基础设施方面的财政投入有农业基本建设投资、农业综合开发资金、财政扶贫资金和财政部门直接安排的建设性预算投入。这种农业投入多头分散的管理体制使不同渠道的资金分散在不同政府管理部门，包括发改委、财政部门、农业部门、水利部门等十几个部门。各个部门都倾向于使本部门的预算规模最大化，而把资金的使用效果放在其次，必然不利于有效实施国内农业支持措施和提高资金使用效率。很多调查和分析都表明，不同渠道条块分割，信息沟通不够，相互之间缺乏协调，交易费用高，难以形成合力，甚至在使用方向、建设内容等方面存在相当程度的重复和交叉造成资源浪费。这样一来，虽然陕西省农业支持投入的项目种类不少，名目繁多，但因缺乏协调而影响资金使用的效果。

（2）现代农业基础设施脆弱，抵御自然灾害能力不强。

陕西省现有的农田水利工程修建较早，由于之后的一段时间里农业基础设施建设投入不足，大部分年久失修、设施老化，渠系灌溉设施配套不全，省内多处水库、排洪工程设施需要维修，许多河道淤积，行洪排涝能力下降。另外，由于农业基本建设投入不足，使中低产田的改造难以实现。由于农业基本建设投入逐年下降，使中低产田改造费用少且难以落实，土坡质量越来越差，综合肥力下降，水土流失面积越来越大。

（3）现代农业基础设施建设跟不上经济现代化的发展要求。

以农村电力基础设施为例，由于长期对农村电网投入不足，使农村电力设施建设和发展缓慢，供电设施落后，设备陈旧老化，性能低下，供电可靠性和质量较差，线损率相当高，并且农村与城市实行不同的电价，农村的电价高于城市，农村电力设施已不能满足农村地区随着经济建设用电快速增长的需要。

（4）现代农业基础设施技术水平低，资源浪费严重。

在农业用水方面，由于灌溉技术及管理水平落后，陕西主要灌区的渠系水有效利用率只有 30%~40%，而发达城市和国家已达 50%~70%，也就是说有一半以上的水白白浪费掉了，在田间灌水中，习惯了大畦漫灌，每次的灌水量过大，总的灌溉定额也偏大，尤其是陕西所处的北方灌区的灌溉定额高出作物实际需要的 2~5 倍，浪费过高。农药浪费现象更甚，真正能够对农作物产生作用的只有 10%~30%。

（5）现代农业基础设施重建轻管的现象严重。

以农田水利设施为例，由于现存的农田水利设施中非经营性资产比重过大，资产沉积较严重。虽然很多地方进行了改制，但由于机制设置不合理，没有真正提高设施的管护水平和效率。近两年新建工程的速度还赶不上建于 20 世纪五六十年代老水利工程报废的速度。由于缺乏必要的管护，病险设施严重制约了陕西现代农业基础设施的建设而且还可能危及人民生命财产安全。

总体而言，目前我国农业基础设施建设发展缓慢，多数地方“靠天吃饭”的局面仍未解决，农民抗自然灾害的能力依然十分有限，迫切需要政府加大投入，进行相关政策创新，激励更多的社会资源以多样化的方式进入农业基础设施建设与管理领域，迅速改变农业基础设施有效供给不足的现实瓶颈，加速我国农业现代化的进程和农村小康社会的建设。

5.3.2.3 基础设施供给效率提升的实现机制与政策建议

作为现代农业发展的一种重要形式，现代农业基础设施建设把土地、资金、技术和劳动力等要素都汇集起来，陕西省发展高效农业基础设施的思路必须在科学发展观的指导下，围绕农业增效、农民增收的中心，按照农业现代化建设的要求，以市场为导向，立足现代科学技术、现代物质装备和现代产业体系，力争将陕西省发展成为现代基础设施建设强省。

（1）实现机制。

1）合理定位农业基础设施建设的近、中、长期目标，调整农业基础设施建设资金的支出结构，分步和稳步推进农业基础设施建设。近期主要是加强以小型水利设施为重点的农田基本建设，尤其要把以改善农民基本生产条件的中小型基础设施建设投入纳入各级政府基本建设投资范畴，改变其主要依靠农民群众投资投劳的现状。

2）改革过度集权的财政体制，增强县级财政的现代农业基础设施供给能力，建立以县级财政为核心的支农资金管理体制。现行财政体制框架下，由于财力层层上移，目前政府财政投入的现代农业基础设施建设与管理资金中，中央和省级财政发挥了关键性作用，乡级财政已经名存实亡，县级财政仅能勉强维持运转，县乡财政基本上丧失了现代农业基础设施的主动供给能力。而县乡政府恰恰处于现代农业基础设施供给的第一线，最清楚本辖区农民的真实需求，相对中央和省级政府具有更好的信息优势，理应加强其主动供给能力。因此，在目前的财政体制框架下，中央和省级政府要根据公平优先、兼顾效率的原则加大对县乡基层政府的财政转移支付力度，使基层政府的财权与事权相适应，确保基层政府有足够财力为农民提供基础设施，而不致因此陷入负债困境。同时，县乡政府要精减人员，大力发展县域经济，增加县级财政的自主收入能力。

3）提倡支农资金信息的公开化、透明化、建立适应农村特点的财政资金监督体制。现代农业基础设施建设资金盘大、渠道多、部门多，在投入上分散、额度小、范围广，要构建起财政监督、审计监督、立法监督和社会监督四位一体的内外结合的完备的监督体系，尤其要让农业基础设施受益主体——农民自主参与监督。为此，要求有关的全部信息应该以农民能够理解的方式向大众公布，保证农民的知情权、参与权，确保现代农业基础设施建设充分满足农户的真正需求。

4）选择适宜的现代农业基础设施建设的财政资金投入方式，最大限度放大财政资金的效用。现代农业基础设施建设与管理既需要政府的投入和监管，更需要重视私人部门的投入。绝大部分现代农业基础设施具有准公共产品性质，在政府财力有限的情况下，财政不能够，也无力全部承担，应充分发挥财政资金的导向作用，选用财政补助、财政贴息、税费减免、以奖代补、以奖代投、以工代服等方式，也可采用担保、保险、物资援助等政府出资、市场运作的财政资金运作模式或 BOT、BT、TOT、PPP 等模式，吸引更多民间资金投向现代农业基础设施建设。

5）实现农业基础设施管护多元化，同时兼顾效率与公平。现代农业基础设施按属性划分不同层次，分别采用市场化程度不同的管护模式。现在各地采取不同方式从制度和组织上进行创新，如股份制、股份合作制、用户协会等，有效动员了现代农业基础设施管护的积极性，正向激励可观，值得借鉴。政府应及时总结成功经验，大力宣传，因时因地推广，并在适当的时候以参股或奖励方式给予财力支持。

（2）政策建议。

1）继续坚持多措并举，创新土地流转模式。坚持党在农村的基本经营制度，根据“机制市场化、形式多样化、主体多元化、程序规范化”的要求，按照“依法、自愿、有偿”的原则，进一步加快农村集体土地承包经营权流转，使土地向农业园区和种养大户集中，切实拓展现代农业基础设施建设发展空间。因此，在加快农村集体土地承包经营权流转时，应当以继续发展和完善“龙头指导型”“委托经营型”“入股分红型”“村两委＋合作社＋农户”等土地流转模式为基础，因地制宜、大胆创新、挖掘潜力。在流转确有困难的地区，应在切实保障农民承包经营权的同时，采取示范辐射、大户带动、以地换地等做法，引导农民流转，有效推进现代农业基础设施建设。

2）进一步拓宽投资渠道。现代农业基础设施建设的发展涉及的诸多要素如土地、资金、技术和劳动力等，最终都可归结为货币化的资金供给问题。因此，今后应当以坚持“政府引导、三资开发、农民参与”的方针为基础，进一步明确“财政扶持为导向、招商项目为引领、社会资本为主体”的现代农业基础设施建设融资机制和融资模式。一是各级政府要坚决做到“存量调整、增量倾斜、使用集中”。同时，还要提高现代农业基础设施建设的宣传力度，营造良好的投资环境，尤其要按照规划的要求完善水、电、路等基础设施，创造良好的现代农业基础设施建设发展氛围，为现代农业基础设施建设打好基础。二是引导龙头企业建立现代农业基础设施建设基地或跨行业投入。三是加大招商引资的力度。鼓励有能力的企业和个人投资我国的现代农业基础设施建设，通过签订经济合同，将市场、企业和农户连接起来，形成技术—生产—销售为一体的经济利益共同体；发展大规模种养业，推动现代农业基础设施建设利用外资的进程。四是鼓励民间资本投向现代农业基础设施建设，并积极引导广大农民群众直接参与现代农业基础设施建设投资。

3）合理调整、优化现代农业基础设施建设结构。根据当地资源条件、经济状况和农业生产能力，合理调整、优化现代农业基础设施建设布局，科学确定现代农业基础设施建设的发展方向、发展模式、发展种类，大力推进“一镇一品”甚至“一村一品”，切实将资源优势转化为产业优势和产品优势。一是大力发展特色果蔬、花卉生产。目前，在陕西省各大中型城市的市场上，陕西省本土生产的樱桃、草莓、葡萄、西甜瓜等产品的知名度都较高，而且这些产品的生产技术也相对成熟，设施产业的效益高。因此，今后应当在稳定现有面积的基础上，逐渐扩大生产规模。二是稳定传统的蔬菜种植面积。继续稳步发展知名度高、有特色、软（不易保存运输）、鲜的绿色安全蔬菜（如紫菜、芦笋、生菜）等。三是积极发展高价值的花卉苗木生产。目前，陕西省 60%以上的设施用来生产辣椒、黄瓜、西红柿、茄子等少数几个品种的蔬菜，设施花卉苗木种植面积不足设施面积的 5%。种植结构上的重菜轻花在一定程度上导致了现代农业基础设施建设的效益低下，因此今后应当加大花卉苗木的种植比重。

4）加强现代农业基础设施建设生产的全程管理。一是在国内外先进的管理经验和成功的管理模式上进一步创新和发展，建立健全现代农业基础设施建设管理组织机构，建立现代农业基础设施建设协调联席会议工作机制，制定现代农业基础设施建设标准；在市场运行机制的作用下，分步骤、分阶段对陕西现代农业基础设施建设进行全封闭式管理，力求管理体系和运行机制的渐次完善的同时，提高陕西现代农业基础设施建设的社会效益、生态效益和经济效益。在运行成本降低和污染减少的同时，使土地和其他资源都得到充分合理的利用，实现现代农业基础设施建设的良性循环。二是进一步提升生产者和管理者的技术水平。目前陕西省现代农业基础设施建设中某些关键技术的开发、管理与国外水平还存在较大差距，在现代农业基础设施建设的技术开发、管理等方面，陕西省还缺乏高素质的人才。因此，必须通过各种途径大力普及现代农业基础设施建设的科学知识，注重培养、提高技术人员、管理人员和生产者的技术水平。

5.3.3　加快农业机械化进程

农业机械化是现代农业的基础，是促进传统农业向现代农业转变的主导力量。因此，加快推进农业机械化是发展现代农业的必经之路。本部分概括了陕西省农业机械化的发展进程、特征和存在的基本问题，提出了现阶段陕西省农业机械化的发展思路和建议。

5.3.3.1 陕西省农业机械化的发展进程及特征

(1) 陕西农业机械化的发展进程。

在农机购置补贴和一系列强农惠农政策的支持带动下，陕西农机装备总量快速增长、作业水平显著提升、经营收入大幅提高，公共服务和社会化服务能力不断增强，发展现代农业的物质基础更加牢固，机械化生产已成为陕西农业生产的主要方式。

表 5-34 陕西省农业机械化主要指标

指标名称	2015 年	2016 年	2017 年
农业机械总动力合计（万千瓦）	2667.27	2171.91	2242.51
大中型拖拉机（万台）	11.11	11.82	12.38
小型拖拉机（万台）	21.81	21.72	21.36
大中型拖拉机配套农具（万部）	19.93	21.24	22.41
小型拖拉机配套农具（万部）	29.86	30.57	31.18
农用排灌电动机（万台）	33.33	34.07	33.88
农用排灌柴油机（万台）	5.72	5.98	4.98
当年机械收获面积（千公顷）	1821.77	1832.78	1876.21
农用化肥施用量（折纯量）(万吨)	231.95	233.05	232.15
农用塑料薄膜使用量（吨）	43068.40	43716.55	43953.56
地膜覆盖面积（千公顷）	454.14	437.53	436.92
农用柴油使用量（万吨）	92.32	92.77	93.43
农药使用量（吨）	13092.33	13190.43	13335.07

资料来源：《陕西省农业统计公报》。

农机总量快速增长，支撑保障能力明显增强。2017 年底，农机机械总动力达 2242.51 万千瓦。大中型拖拉机达 12.38 万台，2017 年机械收获面积为 1876.21 千公顷；农机装备结构持续优化，机具配套比不断提升，大马力、多功能、高性能及薄弱环节农业机械增长迅速，果、畜、菜、茶等生产加工机械大幅度增长，资源节约型、环境友好型农机装备稳步发展，支撑保障能力明显增强。

机械化作业水平大幅提升，农业生产方式实现新跨越。如表 5-35 所示，

2017 年底，主要农作物耕种收综合机械化水平达到 64.05%，分别约比“十二五”和“十一五”末增长 3%和 12%。小麦生产基本实现全程机械化，耕种收综合机械化水平达到 90%左右；玉米耕种收综合机械化水平达 76.1%，分别约比“十二五”和“十一五”末增长 4%和 10%；水稻、马铃薯耕种收综合机械化水平分别达 56.76%和 33.6%，比 2010 年末增长 16.76 个和 21.5 个百分点。果业施肥施药基本实现机械化。农业机械化呈现速度、质量、效益并重发展的特征，农业生产方式发生了根本性变革。

表 5–35　陕西省主要农作物耕种收机械化水平

单位：%

年份	2010	2015	2017
总体	52.23	61.23	64.05
小麦	89.50	91.00	88.96
玉米	65.76	72.47	76.10
水稻	40	56.04	56.76
马铃薯	12.13	31.92	33.60

资料来源：《陕西省农业统计公报》。

（2）陕西农业机械化的特征及问题。

1）农机装备稳步增长，但结构不合理。2017 年陕西省农机总动力达到 2242.51 万千瓦，比上年增长 3.25%。其他如农副产品加工、畜牧、植保以及农用排灌等机械也有一定的增长。但由于大中型拖拉机更新项目刚刚启动，农业机械动力结构很不合理，大中型拖拉机与小型拖拉机比例、大中型机具的配套比、小型机具配套均比分别比全国的平均水平略低。

2）农机化水平明显提高，但因部分作业机具短缺或性能达不到要求而发展不平衡各地市农机部门因地制宜，有重点地扩大了农机作业范围和规模，不仅提高了农业机械的利用率，也有效地促进了农民收入的增加。但是由于部分农机作业机具欠缺或性能不稳定，制约了农机化水平的提高，特别是玉米收获、水稻抛（插）秧等作业机械储备不足，因而机械化水平还比较低。

3）农机科技推广作用加大，但发展不平衡。以精量半精量播种、联合收获、秸秆还田、硬茬播种、水稻抛秧、旱地保护耕作、饲草加工为核心的重大农机化新技术、新机具的推广规模明显增大，提高了农业机械化生产能力。由于农机“节本增效”“丰收计划”、旱地保护性耕作、秸秆综合利用、牧草机械化技术等项目的带动，促进了先进农机化科技成果的转化和农机技术与机具的创新和推广力度，全年推广先进农机具5000余台。但由于农机推广资金不足，影响了饲草加工和畜产品加工机械化的发展。在果业产业化中，果品的机械化加工、贮藏保鲜项目更是空白。

5.3.3.2 影响陕西省农业机械化水平的因素

（1）农民收入水平。

农民收入水平的提高是农业机械化发展的必要条件。农民收入主要包括家庭经营性收入、工资性收入、财产性收入和国家对农户的政策性补贴等，其中家庭经营性收入占农民总收入的75%~90%。现阶段，由于农产品的需求缺乏弹性、以家庭为主导的农业生产规模小、规模效益差，导致农民家庭经营性收入低；同时，农民受教育程度也比较低，缺乏基本技能，务工的工资性收入也很低；加上农民财产有限，并且国家对农业的补贴才刚刚起步等原因导致农民收入增长缓慢。农民收入过低影响农民对农业机械的投入。但是在现阶段农民收入水平较低的情况下，可以通过提高农民收入和政府补贴等方法，解决农业机械化的前期投入问题。从长远来看，农业机械化的发展必然提高农业生产效益，从而增加农民的收入。

（2）农机工业的发展水平与农机产品的使用成本。

农机工业发展水平的提高与农机产品使用成本的降低是农业机械化发展的基础。农业机械化就是用现代化的生产力来改造农业，尤其是农机制造业来武装农业，为农业机械化的发展提供保障。同时农机工业水平提高还可以降低农机的生产成本，降低农机产品的使用价格，使农机产品的使用在经济上可行，能够被农民所接受，从而提高农业机械的普及率，促进农业机械化事业的不断发展。

（3）农村剩余劳动力转移速度与劳动力价格。

农村剩余劳动力转移速度的加快与劳动力价格的提高是农业机械化发展的前提。在农业生产过程中实现机械对人畜力的替代，除了依靠高质量的农业机械外，在很大程度上还取决于劳动力价格的高低，即取决于劳动力的稀缺程度。也就是说，农业机械化的发展必须是以农村劳动力的相对稀缺为前提的。随着国民经济的发展，农村剩余劳动力大量向第二、三产业转移，劳动力价格越来越高，农村劳动力成为稀缺资源，使采用机器在经济上更可行，从而促进农业机械化的快速发展。

（4）耕地经营规模。

耕地规模化经营是农业机械化发展的客观要求。近几年随着农业劳动力的转移，农民的劳均耕地面积稍有增加，但还没有达到促进农机化发展的规模和增长速度。耕地经营规模是指在一定的自然、社会、经济、技术条件下所能允许的经营规模。耕地经营规模值的大小要受到很多因素的影响。当前的家庭联产承包经营，按照人口平均分配土地使地块过于零碎，影响了土地的规模效益。因此探讨农村土地流转机制，使农村土地相对集中、规模化经营，有利于农业机械的使用，从而获得土地的规模效益。

5.3.3.3　促进陕西省农机化发展的措施和建议

（1）提升对农业机械化的科研创新能力。

根据陕西省农业生产需要和农业机械化技术装备发展的需求，制订农业机械化科技创新的发展规划，坚持引进、消化吸收和自主创新相结合，以自主创新为主的原则，走出陕西省自己的农业机械化科技创新之路，改变农业机械研发生产各自为政的局面，整合各方面的科研力量和生产企业，优化农业机械科技研究、开发、生产等各种资源配置，加强推进农机与农艺相结合，加强基础性研究，提高自主创新能力和技术储备水平，为陕西省农业机械不断的创新和发展提供源源不断的技术支撑。加大对有关科研机构和院校从事农业机械化科学技术研究的支持力度，尽快建立农业机械科技开发专项基金，组织实施重大新型农业机械产品和配套机具的开发和生产，重点加快研制农业生产中急需的农业机械化关键技术攻关，切实解决农业产业结构调整过程中农业机械化技术在经济作物生产和农产品加工等方面的滞后问题，解决主要粮食作物生产机械化技术“瓶颈”问题，为农业生产提供有力的技术支撑。

（2）加强农艺农机结合，实施标准化的机械化农业生产。

国内外发展经验表明，只有农机与农艺有机结合，才能使农业机械化在促进农业生产发展中发挥应有的作用，不能强调农机一定要适应当地农艺的要求，而要从生物学、农艺学的角度组织多学科专家科学评价，开发有利于机械化作业的新品种、新农艺等，为机械化作业创造条件。

围绕做好农机与农艺的有机协调，首先，要制定科学合理的农艺标准和机械作业规范。要实现机械化农业生产，就必须以机械作业为前提，制定适用于机械操作的统一作业标准和规范，作物种植要模式化、规范化、标准化，要明确较长期的农艺规划，有相应的稳定周期；同时，要从农业现代化的角度出发，制定合理的机械化工艺规范，把各种栽培措施如播期、密度、施肥期、施肥量等加以定量化、指标化，对各种田间作业方法及手段制定统一标准和指标，形成完整、协调的机械化工艺方案，使其既能达到增产、增收的目的，又能提高机械化水平，获得较好的综合效益，同时也为农业机械制造的标准化和农业机械化的健康发展奠定良好的基础。其次，要制定主要农业机械的技术规格及性能指标。要从系统优化的角度，制定主要农业机械的技术规格及性能指标，形成配套的机器系统，确定合理的技术标准，以降低机械的使用成本。最后，要加大农艺与农机协同攻关和农机研制开发的力度。要建立农艺和农机专家共同研究农业耕作、栽培技术的有效机制，以农业系统高产、优质、高效和可持续发展为目标，进行联合攻关。对于不同作物和不同阶段，有些需要农机适应农艺，有些则需要改善农艺以适应农机。重点围绕作物优良品种及其配套的机械化耕作技术、产前与产后加工技术等开展研究，逐步形成先进合理的技术体系。对于一些工艺相对成熟的关键作业，要加紧配套机具的研制开发，以获得更大的生产效益。

(3) 增加人力资本投资，提高农业劳动力素质。

农业机械化的发展主要靠的是人才队伍，要充分利用好高等院校与科研院所的作用。加强对农业机械主管部门职工干部的培训，提高广大农机人员的业务技术水平，开展各种各样的业务能力竞赛，通过各种交流与学习来强化业务能力。在强化人才队伍的同时，还要加大农业机械化技术的推广力度，建立相应的技术推广站点长年进行农业技术的宣传与推广，使广大农民能够真正地了解先进农业技术的使用方法。广大乡镇农机服务站点可以举办农机培训班来提高农民对于农机器具的了解程度，除此之外，在每年的“科技下乡”中，加大对于农业机械技术的支持和扶持力度，从资金、技术、人才三个方面来保障先进农机技术在农村的普及。

农业机械化的发展关系着中国农业未来的走向，陕西作为西部农业大省，农业机械化的发展速度相对全国来说仍然比较缓慢，农业的机械化作业，水利灌溉设施及农业资源的利用方面还存在很大的不足。建设西部强省，农业必须先行，发展中，陕西急需乘着西部大开发的东风，大力推动农业机械化建设的步伐，利用好陕西丰富的科教资源优势与国家农业高新技术产业区的技术支撑，做好农业技术的推广与转换工作，必须始终牢牢把握推进中国农业机械化的历史使命。发展现代农业，要不断推进农业技术创新、农业生产方式创新，不断提高农业市场化、产业化程度，用现代农业高新技术改造提升传统农业，大力发展高技术农业、生态农业、绿色农业、循环农业、观光农业等新型农业，大力提高农业科技创新能力、综合生产能力、抗风险能力和持续发展能力，着力转变农业发展方式，促进农村经济又好又快发展。

(4) 科学实施农机购置补贴政策。

为更好地推动陕西省农业机械化事业的发展，各级政府要加大对农业机械化的资金投入和补贴力度，必须建立促进农业机械化发展的长效投入机制，建立以财政扶持和信贷支持为导向，农民和集体自筹为主体，社会资金为补充的多元化、多层次、多渠道投资体制。

要长久坚持各级政府财政对购置农业机械进行补贴的政策，根据农业机械化发展的需要不断加大资金投放量，不断扩大补贴的范围和品种，针对陕西省的实际情况在保证对新型和大型农机进行补贴和提供贷款的同时，应重点支持重大和关键农机装备的购置。对大功率拖拉机、玉米收获机、水稻插秧机、水稻收获机、青贮饲料收获机、保护性耕作机械、节能型农业机械、环保型机械设备等能够有效促进新农村建设的农机装备作为补贴的重点；要研究和推行老旧拖拉机和配套农业机械报废更新资金补贴的政策，以此推动老旧农业机械的淘汰和农业机械结构的调整优化；要加快农业机械作业用油补贴政策的研究论证，尽快出台相关的用油补贴政策，特别是目前油价上涨严重影响农民增收的情况下，尤为迫切。补贴比例应以农机购买者有钱可赚，能够承担投资风险为标准，一般应达到25%以上。若补贴过低，则使购机者使用成本加大，不利于农业机械化的发展。最后，制定优惠政策引导社会资金和国外境外资金投资农业机械生产和农业机械化发展领域，借用各方面的力量推动陕西省农业机械化的快速推进。

各级金融、信贷、税收等要不断增加农业机械生产新增贷款的规模，优先为市场急需的农业机械的生产提供贷款；对民间和社会进行新机械研发的贷款给予低息和贴息优惠，鼓励社会各方面进行农业机械化技术创新；要建立农民购置农业机械小额贷款制度，并扩大贷款范围，贷款额度应控制在购机资金的 50%以内，对购机信贷实行低息或免息优惠。允许以购买的机械向银行抵押，同时要简化审批手续。贷款期限亦应延长，这样能有效降低购机者所承担的风险，有利于提高农机购买者购机与进行生产经营及管理的积极性和责任感，支持农民发展农业机械化。同时，要建立相应的农机信贷监管及风险管理制度，对大额农机信贷实行信用评价制度，农机转移后补贴，贷款收回制度，防止农业机械化发展资金无序流动和流失。

（5）因地制宜，克服困难。

根据不同的地域条件与社会经济发展状况，可以提出相应的措施来提高农业机械化水平。

对于地处关中地区的渭南、西安、咸阳、铜川来说，农业机械化水平普遍较高。渭南的农业机械化水平最高，但是，节水灌溉技术发展相对较为缓慢。渭南市可以在保持原有先进机械化耕作的基础上大力发展节水灌溉类设施，要十分重视农田水利设施建设，积极实施中低产田改造，为提高农业综合生产能力奠定基础。注意建设利用各种形式的节水灌溉工程，以扩大灌溉面积和提高灌溉效益。要研究示范推广各类雨水利用工程，以扩大灌溉区域，降低干旱威胁。还需要提高农作物在收获后的脱粒技术的发展。对于西安与咸阳来说要继续利用好自己优越的地理条件与科技优势，巩固好农业生产方面的有利资源。对于宝鸡和铜川来说要借鉴关中其他城市的发展经验，加大农业技术人员的交流，使本地区的农业机械化发展能有较大的突破。

对于榆林市、延安市来说，都属于工业化的城市，在发展农业机械化的过程中具有一定的资源优势，对于延安来说，存在的最大问题还是农业水利设施的发展，由于延安地区的地形、地貌，农业水利设施的发展困难很大。在未来的发展中加强以农田水利为主的基础设施建设。解决好水源问题，加大节水力度，进一步扩大有效灌溉面积。榆林在农业发展中要集中发展，既要提高农业机械化设施的普及度，更需要不断改善灌溉、节水、新资源的开发与利用。

对于陕南三市来说，农业机械化整体较低，需要突破观念、转变思路。陕南具有丰富的绿色资源，但农业机械化作业较低，在发展中需要重点突破制约绿色农业发展的技术难关，不断研究和开发新技术、新产品，围绕三市农业机械化发展中遇到的主要问题，采取“走出去，引进来”的方式，聘请专家学者进行指导、做技术顾问，也可以尝试运用技术难题招标的方式解决农业机械化发展中的技术难题。

第 6 章　城市化发展及建设用地预测和调控

城市化进程中，土地资源同时拥有自然资源属性与社会资源属性，其是一种不可或缺的基础投入要素。如果将城市看作一个系统，那么城市建设用地涵盖了城市以及生活在城市中的居民衣食住行各个方面，是城市赖以存在的基础。随着陕西省城市化进程的不断深入，西安、咸阳、宝鸡等快速城市化地区的城市建设用地需求不断增加，在严守耕地红线与实现追赶超越目标的背景下，如何调控并解决城市建设用地供需矛盾是陕西省政府管理部门亟须解决的重要问题。

本章通过分析陕西省城市发展土地利用现状，进一步预测陕西省城市发展土地建设用地，找到未来陕西省城市发展土地优化布局的重点，促进陕西省城市建设用地节约集约利用，支持陕西省新型城镇化建设与追赶超越。

6.1　陕西省城市发展土地利用现状分析

6.1.1　陕西省城市建设用地规模与结构分析

根据各年度的《陕西省国土资源公报》数据，陕西省土地利用分类可以简单分为农业用地、建设用地和未利用地。但是建设用地只细分为居民点及工矿用地、交通用地与水利设施用地这三类，未能进一步细分为城市建设用地。并且，《陕西省国土资源公报》中只提供了西安市建设用地数据，而没有陕西省其他城市的建设用地数据。为了更好地分析陕西城市发展土地利用现状，研究团队采用《中国城市建设统计年鉴》中陕西省及各城市的城市土地利用相关数据。

根据 2011 年中国颁布的《城市用地分类与规划建设用地标准》，城市建设用地分为居住用地、公共管理与公共服务用地、商业服务业设施用地、工业用地、物流仓储用地、道路与交通设施用地、公用设施用地及绿地与广场用地。原国家标准中城市建设用地分为居住用地、公共设施用地、工业用地、仓储用地、对外交通用地、道路广场用地、市政公用设施用地、绿地以及特殊用地。新旧标准对城市建设用地的分类中，除工业用地之外，每个大类中的中类发生交互调整，无法进行合并处理，因此研究采用分时段分析陕西省城市建设用地的结构现状。

6.1.1.1　陕西省整体城市建设用地现状分析

（1）城市建设用地规模。

长期来看陕西省城市建设用地呈现递增趋势，图 6-1 显示了 2001~2017 年陕西省城市建设用地总面积的变化，可以看出陕西省建设用地总面积由 2001 年的 451.67 平方千米增长到 2017 年的 1229.9 平方千米，绝对量增长了 778.23 平方千米，增长幅度达到了 172.3%，年均增速达到了 5.76%。陕西省城市建设用地的增长具有明显的阶段性特征，2001~2005 年建设用地的年际增长比较温和，这是因为经济发展水平不高，固定资产投资规模较小，致使陕西省城市建设增长缓慢。2006 年建设用地大幅增长，比 2005 年增长了 72.54 平方千米。2008 年在国家“4 万亿”投资的带动下，陕西省城市建设用地年增长率达到了 11.67%，这是新一轮的快速增长期。但是 2009 年陕西省城市建设用地扩张出现下降趋势，主要是因为开始消化比较宽裕的存量土地。2009 年后陕西省城市建设用地开始呈现出缓慢扩张态势。2009~2017 年，这 8 年时间陕西省城市建设用地面积总共增长了 562.3 平方千米。

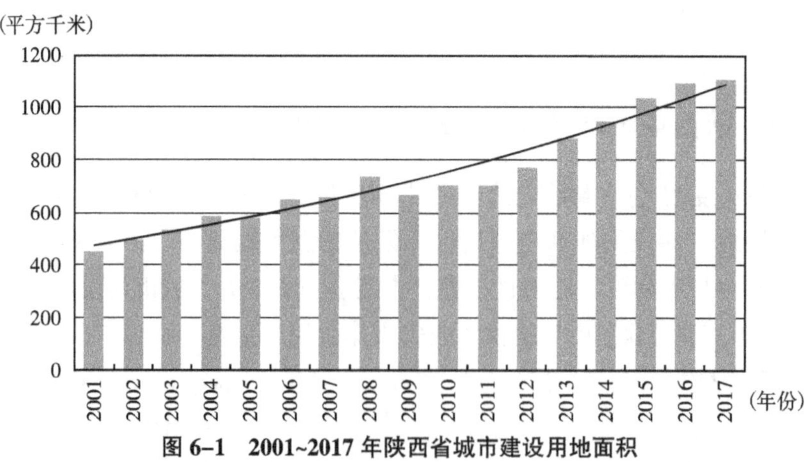

图 6-1　2001~2017 年陕西省城市建设用地面积

资料来源：《中国城市建设统计年鉴》。

(2) 建设用地结构分析。

2001~2011 年陕西省城市建设用地分为居住用地、公共设施用地、工业用地、仓储用地、对外交通用地、道路广场用地、市政公用设施用地、绿地以及特殊用地。其中占比最大的是居住用地，其次是工业用地、公共设施用地，占比最小的是仓储用地和特殊用地（见图 6-2 和图 6-3）。

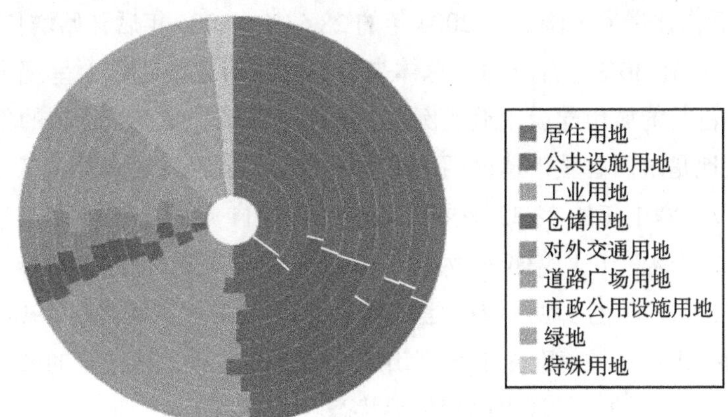

图 6-2　2001~2011 年陕西省城市建设用地结构

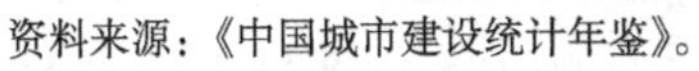

资料来源：《中国城市建设统计年鉴》。

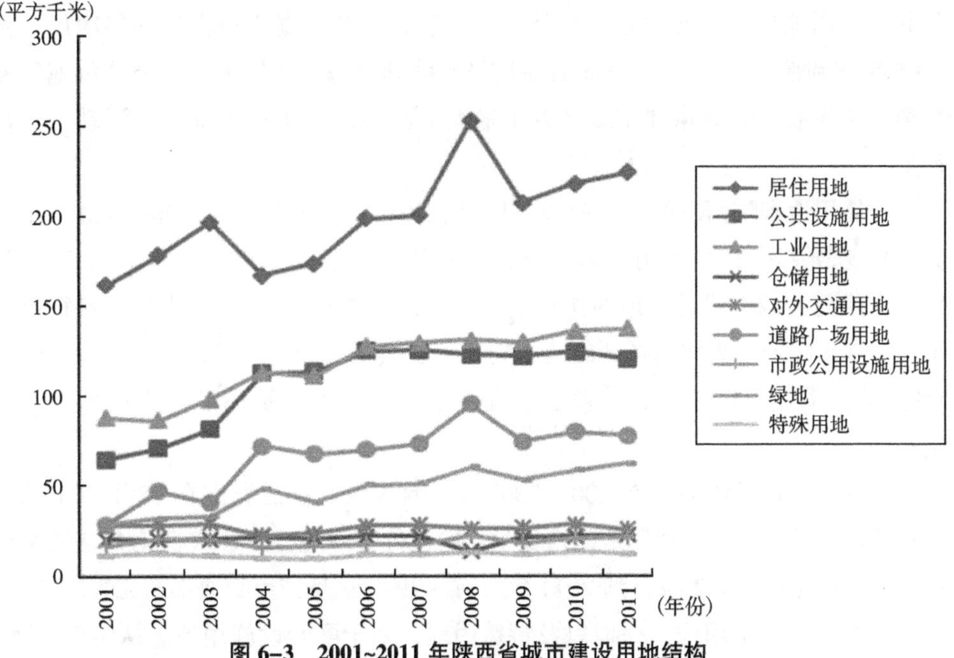

图 6-3　2001~2011 年陕西省城市建设用地结构

资料来源：《中国城市建设统计年鉴》。

陕西省居住用地从绝对量来看，2001~2003 年陕西省居住用地从 161.69 平方千米增长到 196.51 平方千米，年平均增长率为 10.24%。2004 年开始下降，从 2004~2008 年呈现出增长趋势，2008 年达到 252.38 平方千米，成为这几年的最大值，随后呈现缓慢增加态势至 2011 年的 223.78 平方千米。近几年的下降均可认为是消化富裕的土地存量；从占比来看，2001 年居住用地占城市建设用地的 35.8%，随后占比慢慢下降，至 2004 年的 28.53%，2005 年后开始增长至 2008 年的 34.12%，后在 30%左右波动。总体来看，居住用地绝对量上呈现出逐年增加的趋势，其占总的城市建设用地比例在 30%上下浮动，呈现出比较的稳定状态。

工业用地是陕西省城市建设用地中的第二位。从绝对量来看，工业用地面积逐年增加，从 2001 年的 88.32 平方千米增加到 2011 年的 137.34 平方千米，增加了 49.02 平方千米，年均增长率达到 2.8%；从占比来看，除 2002 年、2003 年、2008 年这三年，工业用地占城市建设用地不足 19%，其余均在 19%上下浮动。因此，陕西省工业用地绝对量上呈现出逐年增加的趋势，其占总的城市建设用地比例在 19%上下浮动，呈现出比较稳定状态。

公共设施用地是第三大用地。从绝对量来看，2001~2007 年公共设施拥挤不断增加，从 2001 年的 65.23 平方千米增加至 2007 年的 125.64 平方千米，此后，公共设施用地呈现出波动趋势；从占比来看，公共设施用地占比逐年增加，在 2005 年达到最大值 19.54%，此后占比呈现波动状态。总体来看，公共设施用地在经历增长后，绝对量在 120 平方千米上下浮动，占比在 18%上下浮动，比较稳定。

仓储用地和陕西省的电子商务发展息息相关。从绝对量看，2001~2011 年仓储用地比较平稳在 22 平方千米上下浮动；从占比来看，2001 年和 2002 年仓储用地占陕西省城市建设用地的比重最大，达到了 4%以上，这是由于物流行业的迅速发展，随着各类物流场地的建设完成，在接下类的年份里，仓储用地占比在 3%上下浮动。总体来说，陕西省仓储用地无论是绝对量还是占比均呈现出稳定态势。

对外交通用地绝对量在 2001~2003 年逐年增长，随后稳定在 28 平方千米左右；从占比看，对外交通用地的占比呈现阶段性下降趋势，2001 年对外交通用地占城市建设用地的 6.23%，到 2011 年只有 3.7%。这是城市交通不断完善的结果。

市政公共设施用地、绿地以及特殊用地，属于配套设施用地。从绝对值看，市政公共设施用地在 18 平方千米左右浮动，特殊用地在 13 平方千米上下浮动，而绿地逐年增加，从2001年的29.43平方千米增加到了2012年的62.53平方千米，年均增长率达到了7.83%；从占比来看市政设施用地在3%左右浮动，特殊用地在2%左右浮动，而绿地占比逐年增大，从2001年的6.5%增加到2011年的8.85%。

2012~2017年，陕西省城市建设用地中居住用地、道路与交通设施用地以及绿地与广场用地呈现出相同的变化趋势，如表6-1所示。2012~2017年从绝对量上看，居住用地从210.91平方千米增加到297.26平方千米；道路与交通设施用地也从99.03平方千米增加到了208.51平方千米；绿地广场从99.41平方千米增加到了289.58平方千米。从占比上来看居住用地维持在24%左右；道路与交通设施用地维持在16.5%左右，绿地与广场用地维持在23%左右。总体来说这三类用地绝对量不断增加，占比相对稳定，其中居住用地和2001~2011年相比减少是因为新的土地分类中居住用地内涵收缩。

表6-1 2012~2017年陕西省城市建设用地结构

单位：平方千米

年份	居住用地	公共管理与公共服务	商业服务业设施	工业用地	物流仓储用地	道路交通设施	公用设施用地	绿地与广场用地
2012	210.91	130.04	100.64	79.90	21.07	99.03	35.18	99.41
2013	234.67	98.33	64.18	114.01	18.50	143.81	33.73	177.81
2014	226.06	101.42	79.56	118.16	21.24	156.45	31.32	212.23
2015	246.20	106.62	82.66	129.50	23.97	172.47	37.64	238.83
2016	266.18	109.50	86.40	132.41	24.64	182.00	39.12	256.01
2017	297.26	117.88	101.34	145.98	27.14	208.51	42.21	289.58

资料来源：《中国城市建设统计年鉴》。

公共管理与公共服务用地在2012年新分类后面积为130.04平方千米，此后在100平方千米波动，2015年后开始缓慢增加，2017年达到了117.88平方千米；从占比来看其保持在10%上下浮动。商业服务业设施用地和公共管理与公共服务用地有相同的变化趋势。

工业用地从绝对值上呈现出逐年递增的趋势，从2012年的79.9平方千米增加到了2017年的145.98平方千米，占比在11%上下浮动。总体来看工业用地和2001~2011年的趋势符合。

物流仓储用地和公用设施用地，从绝对值和占比来看，均有波动，但是波动不大。物流仓储用地绝对量在 23 平方千米左右，占比在 2.7%上下浮动；公用设施用地在 35 平方千米波动，占比在 3.5%上下浮动。

6.1.1.2 陕西省内部各城市的城市建设用地现状分析

(1) 各城市建设用地规模。

根据统计数据显示，陕西省建设用地主要分布在西安市，2017 年西安市城市建设用地占陕西省总量的 56.49%，其次是宝鸡市及咸阳市，其分别占陕西省总量的 8.3%和 8.24%。榆林市和渭南市从 2001 年开始城市建设用地逐年递增，分别从 2001 年的 23.27 平方千米、31.73 平方千米增加至 2017 年的 69.74 平方千米、63.74 平方千米，分别占陕西省的 6.3%和 5.76%，年均增长率达到了 7.1%，4.46%。铜川、安康、延安以及汉中从 2008 年开始呈现出递增趋势，但是各城市占陕西省的城市建设用地面积比较小，这四个地区总体 2001 年占陕西省城市建设用地的 18.12%，2017 年占陕西省的 14.65%。这是因为与关中地区相比，这四个城市处于陕北和陕南，多高山丘陵，土地资源禀赋小，因而用于城市建设用地的绝对量相比西安、咸阳等小很多。商洛、兴平、华阴、韩城这些城市建设用地从 2001 年以来趋于稳定状态，只有商洛在 2017 年时发生了波动较大的增长，从 2016 年的 19 平方千米增长到 2017 年的 45 平方千米，增长了 136.84%，这是由于陕南移民搬迁政策的实施，促使了商洛市 2017 年城市建设用地大幅度增加（见图 6–4）。

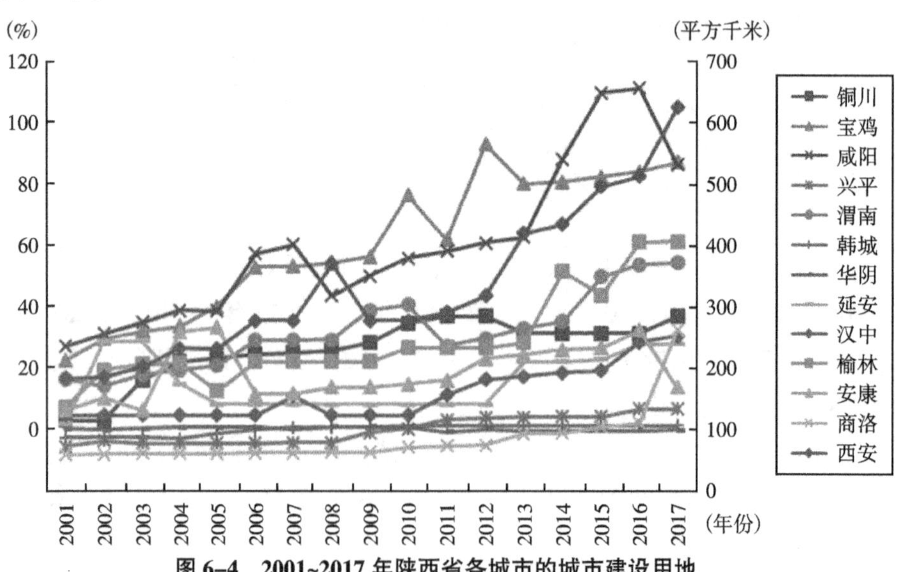

图 6–4 2001~2017 年陕西省各城市的城市建设用地

资料来源：《中国城市建设统计年鉴》。

（2）建设用地结构分析。

2001~2011 年我们从居住用地、公共设施用地、仓储用地、工业用地、对外交通用地、道路广场用地、市政公用设施用地、城市绿地以及特殊用地来进行用地结构分析（见图 6-5~图 6-18）。

2001~2011 年，陕西省 13 个地级市间的居住用地呈现出不同的变动趋势。西安、咸阳、渭南、铜川、安康、延安、榆林、宝鸡呈现出阶段性增长趋势。从绝对量来看，2017 年西安市的居住面积最大，其次是宝鸡，安康、榆林、渭南以及铜川紧随其后。西安市居住用地从 2001~2003 年逐年增加，增加到 2003 年的 85.78 平方千米，2004 年又开始回落到 50.75 平方千米，此后逐年增加，并在 2008 年达到峰值 122.22 平方千米，2009 年又回落到 65.72 平方千米，后两年趋于稳定。咸阳、延安以及安康这三个城市和西安一样，居住用地波动较大。咸阳在 2007 年达到峰值 15.69 平方千米，2008 年回落到 11.09 平方千米，后几年逐年增加至 2011 年的 12.82 平方千米。延安市的居住用地在 2002 年和 2003 年达到最大值，均为 21.09 平方千米，在 2004 年时下降到 8.39 平方千米，又开始逐年增长至 2011 年的 13.71 平方千米。安康市在 2005 年达到最大值 22.08 平方千米，2006 年又回落到 18 平方千米，随后又上升至 2011 年的 19 平方千米。渭南市居住用地逐年增加，在 2010 年达到了最大值 20.22 平方千米，2011 年又下降到 17.71 平方千米。铜川、宝鸡以及榆林的居住用地逐年增长。铜川市从 2001 年的 5 平方千米增长到 2011 年的 18.58 平方千米，年均增长率为 14.07%。宝鸡市从 2001 年的 9.1 平方千米增加到 2011 年的 25.55 平方千米，年均增长率达到了 10.88%。榆林市从 2001 年的 10.44 平方千米增加到 2011 年的 17.1 平方千米，年均增长率达到了 5.06%。兴平、韩城、华阴、汉中以及商洛居住用地面积从 2001 年以来几乎没有变动，趋于稳定状态。兴平、韩城市虽有增加，但是年均增长率仅为 3.76%、1.4%，华阴、商洛年均增长率不足 1%，汉中除了 2007 年为 5.6 平方千米，其他年份维持在 4.7 平方千米没有改变。

从相对量来看，兴平、韩城、华阴、延安、榆林以及安康的居住用地占全市用地的比重较高，达到了 40%以上。2011 年安康市，居住用地占全市城市建设用地总面积的 61.49%，其次是延安占 56.56%。西安市居住用地占全市的比重在 2001~2003 年时在 40%以上，后几年维持在 23%左右。铜川市居住用地占比呈现阶段性，在 2003 年以后在 38%左右浮动，但是没有超过 40%。渭南和商洛占比逐年增加，2011 年分别占比 43.76%、30.51%。宝鸡、咸阳以及汉中市居住用地

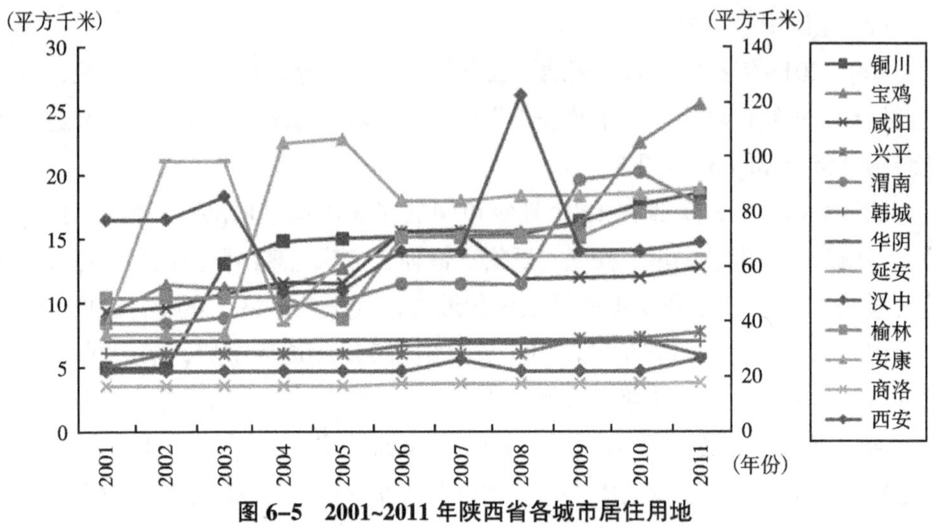

图 6-5 2001~2011 年陕西省各城市居住用地

资料来源：《中国城市建设统计年鉴》。

占比波动不大，在 20%~30%。

2001~2011 年陕西省各城市公用设施用地差异化比较大，从绝对值来看，西安市公用设施用地是陕西省最大的，并且逐年增大在 2011 年达到了 77.15 平方千米，其次是咸阳、渭南、宝鸡、榆林，咸阳和渭南在公用设施用地上呈现出了阶段性变化，分别在 2007 年、2008 年达到最大值 11.21 平方千米、8.78 平方千米，宝鸡和榆林逐年增加，但是呈现出不同的增加幅度，宝鸡在 2010 年达到最大值 9.41 平方千米，榆林呈现出较稳定的状态，维持在 4.7 平方千米左右。铜川、华阴、延安、汉中、兴平、安康以及商洛公共设施用地在 2 平方千米左右，并且呈现出稳定的状态。

从相对值来看，西安市公用设施用地占比逐年增加，到 2011 年已经达到了陕西省的 64%；宝鸡、咸阳、渭南、榆林占比陕西省 5%~10%，且随着时间呈现出稳定状态；铜川、兴平、华阴、延安、汉中、安康以及商洛占比在 1%~5%，并且随着时间推移变化不大；韩城市的城市公用设施用地占陕西省公用设施用地不足 1%。

仓储用地是城市建设用地中比较少的一类用地。从绝对值来看，西安市依然是最大的，并且逐年增加在 2011 年达到了最大值 12.19 平方千米，其次是宝鸡、咸阳、韩城、渭南以及汉中，这些城市的仓储用地均在 1 平方千米以上；铜川、兴平、华阴、延安、榆林以及商洛均不足 1 平方千米，安康是变动最大的，在

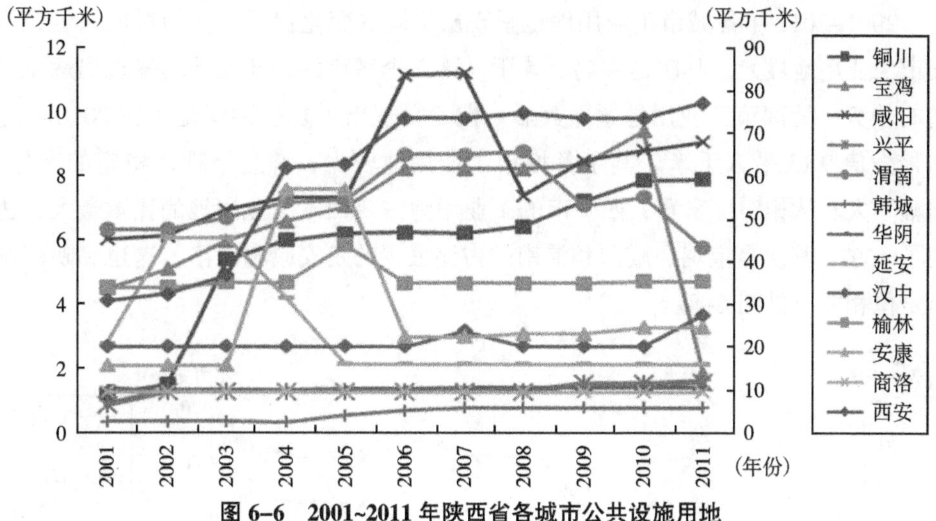

图 6-6 2001~2011 年陕西省各城市公共设施用地

资料来源：《中国城市建设统计年鉴》。

2004 年、2005 年达到最大值 4.5 平方千米，此后下降为 0.2 平方千米左右。从相对值来看，西安占陕西省的 50%，其次是咸阳，2011 年达到了陕西省的 11%，汉中、韩城在 5%左右，安康市在 2004 年、2005 年仓储用地占陕西省仓储用地的 20%，随后不足 1%，变动较大，和其绝对值有相同的变动趋势。其他城市均低于 5%，并且整体上各城市仓储用地占陕西省比例变动不大，呈现出稳定的趋势（见图 6-7）。

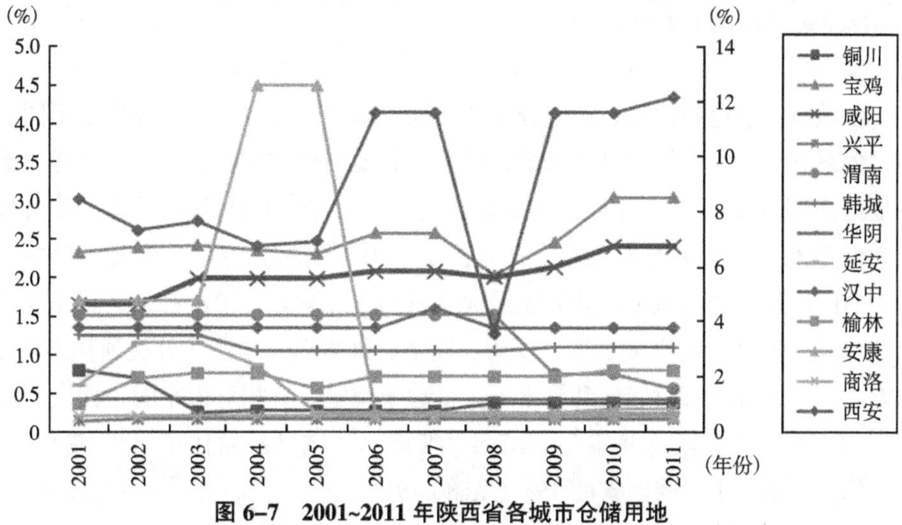

图 6-7 2001~2011 年陕西省各城市仓储用地

资料来源：《中国城市建设统计年鉴》。

2001~2011 年各城市工业用地也呈现出不同的变化特征。从绝对值来看，西安市工业用地最大，其次是宝鸡、咸阳，这三个城市的工业用地均呈现出逐年递增的趋势。渭南市工业用地紧随其后，但是呈现出了阶段性变化，在 2010 年达到最大值 9.13 平方千米。其余各城市工业用地较少，并且呈现出稳定的态势，增幅不大。从相对值来看，西安市的工业用地占陕西省工业用地的比重最大，达到了 46%，其次是宝鸡、咸阳和渭南。占比最少的是安康和商洛，这也和陕南城市定位相关（见图 6-8）。

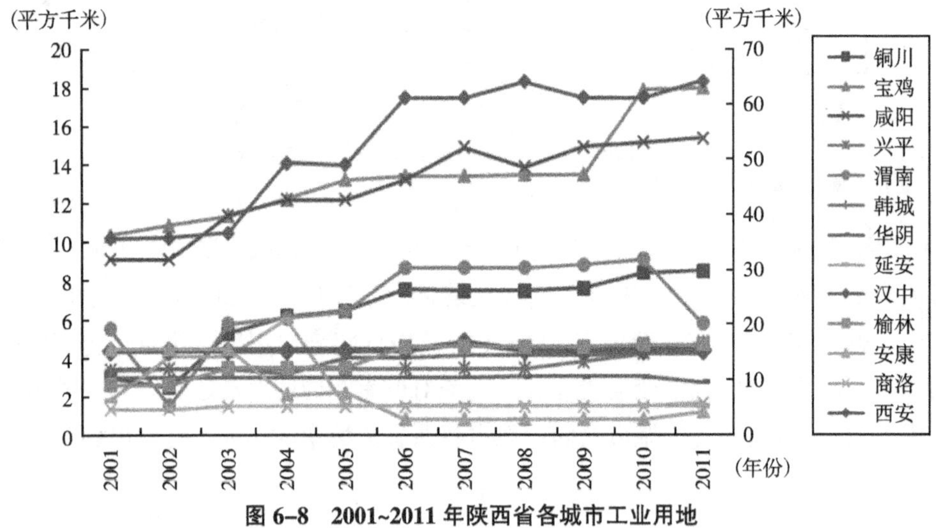

图 6-8 2001~2011 年陕西省各城市工业用地

资料来源：《中国城市建设统计年鉴》。

各城市由于地理位置、开放程度的不同，城市建设中对外交通用地不同。从绝对值来看，西安市依然是最大的，但是和其他用地结构相比，对外交通用地关中地区内部差异不大。西安市在 2003 年达到最大值 11.15 平方千米，此后虽有波动但是维持在 8 平方千米左右；其次是铜川、宝鸡、咸阳、延安、汉中、榆林、渭南和韩城这些城市对外交通用地总量均在 2 平方千米左右，并且呈现出阶段性增长，但是变动幅度不大；安康、商洛、兴平以及华阴对外交通用地不足 1 平方千米，并且随着时间变动幅度不大，趋于稳定。从相对值来看，西安市占陕西省的 30%左右，其次是宝鸡、咸阳、渭南、韩城以及榆林在 10% 左右变动，最少的是商洛，不足陕西省的 1%（见图 6-9）。

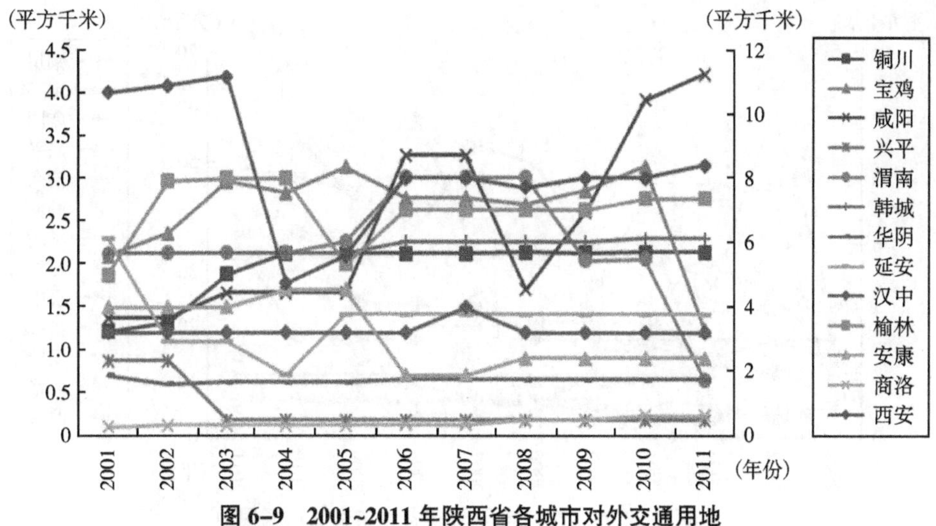

图 6-9　2001~2011 年陕西省各城市对外交通用地

资料来源：《中国城市建设统计年鉴》。

从绝对值来看，道路广场用地陕西省范围内西安最大，2011 年达到了 34.32 平方千米；其次是铜川、咸阳、渭南、汉中以及榆林，并且这些城市的道路广场用地逐年增加，但是增加幅度呈现出阶段性差异，2011 年均保持在了 5 平方千米左右；华阴、延安、安康以及商洛城市道路广场用地较为稳定，用地数量较少，不足 2 平方千米。从相对值来看，西安的城市道路广场用地依然是陕西省最大的比重，2008 年达到了最大值 60.8%，后几年维持在 40%，咸阳、榆林以及渭南均维持在 10%左右，延安、韩城、华阴、安康以及商洛均不足 3%，尤其是商洛由于城市发展落后，城市道路广场用地占陕西省的 1%左右（见图 6-10）。

陕西省城市市政公用设施用地均比较少，从绝对值来看，西安最大，呈现不同程度的波动，在 2003 年达到最大值 7.16 平方千米，此后又开始减少，2005 年后维持在 5 平方千米左右；铜川、宝鸡、咸阳、榆林、安康均在 1 平方千米以上，并且均呈现出阶段性增长的态势；兴平、渭南、韩城、华阴、延安、汉中以及商洛城市市政公用设施用地均不足 1 平方千米，并且随着时间呈现出稳定的态势。从相对值来看，西安市占陕西省范围最大，但是呈现出逐年下降的趋势，2001 年西安市市政公用设施用地占陕西省的 38%，2011 年占 23.09%；其次是宝鸡、咸阳占 20%左右；铜川、汉中、榆林以及安康占 10%左右；商洛占比依然最低不足 1%，剩余城市均维持在 3%左右（见图 6-11）。

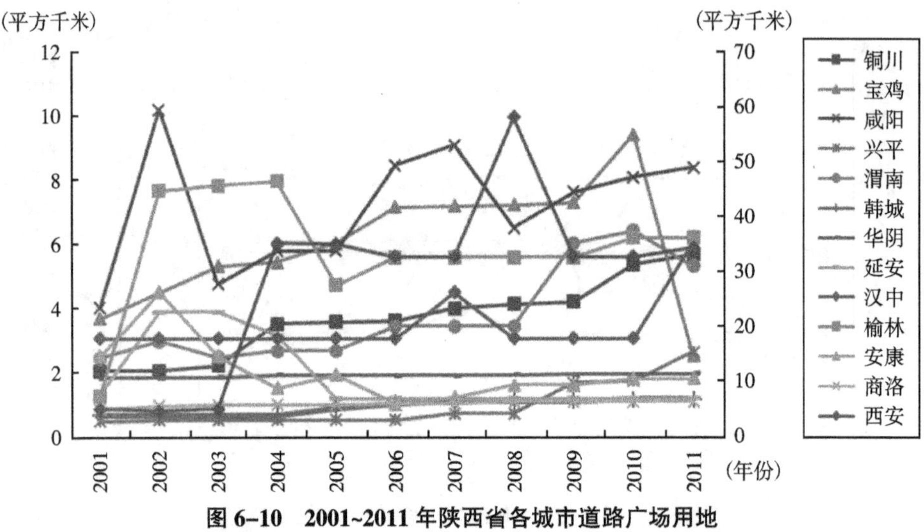

图 6-10　2001~2011 年陕西省各城市道路广场用地

资料来源：《中国城市建设统计年鉴》。

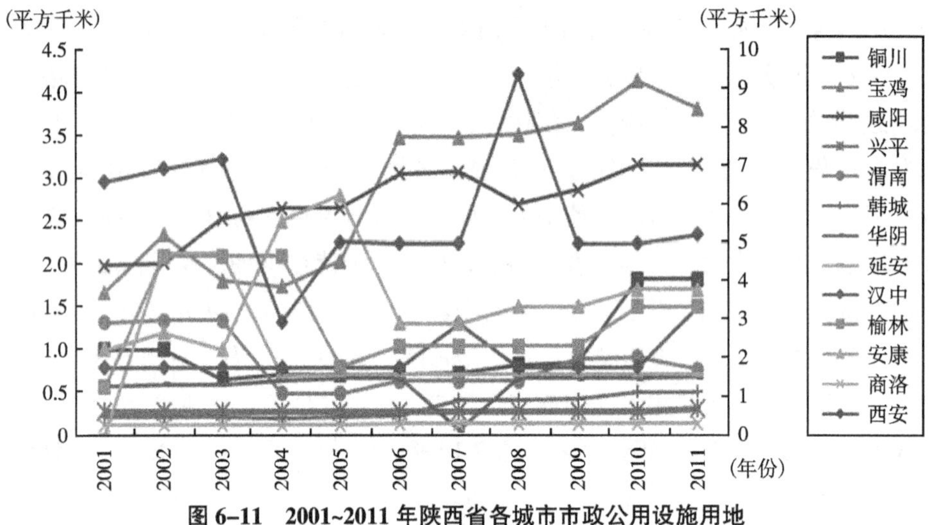

图 6-11　2001~2011 年陕西省各城市市政公用设施用地

资料来源：《中国城市建设统计年鉴》。

从绝对值来看，西安市绿地面积最大，宝鸡、咸阳紧随其后，并且三个城市差距不大，均呈现出阶段性增长的趋势；其次是铜川、渭南、延安、汉中、安康以及商洛，这些城市的绿地面积趋于稳定态势，维持在 3 平方千米左右；兴平、榆林、华阴、韩城是陕西省绿地较少的城市，尤其是韩城，不足 1 平方千米，这和韩城市本身作为资源型城市有很大关系。从相对值来看，依然是西安、宝鸡、咸阳占比最大，2011 年分别达到了 23.43%、21.16%、16.79%，兴平、韩城占比最少，韩城不足 1%。而陕南安康、汉中、商洛则占比居中，这和城市的自然资源环境有很大关系（见图 6–12）。

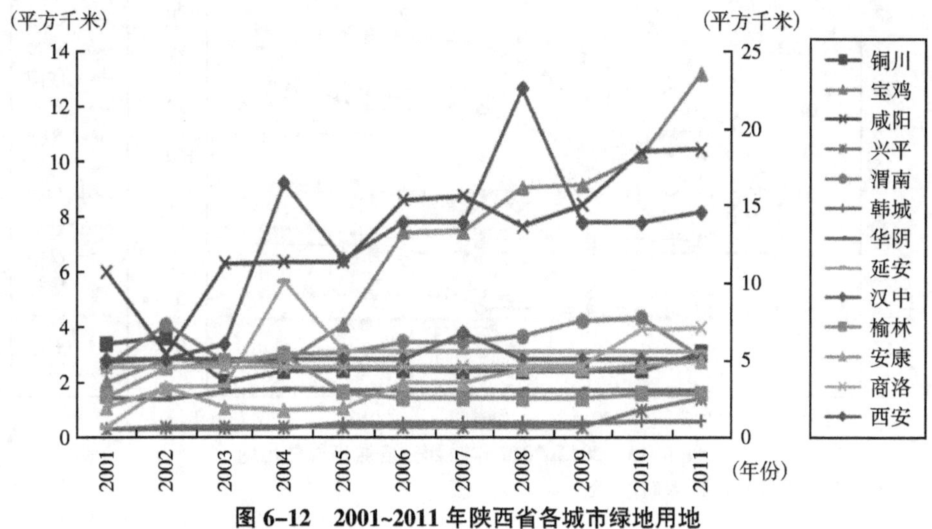

图 6–12　2001~2011 年陕西省各城市绿地用地

资料来源：《中国城市建设统计年鉴》。

2012~2017 年根据我国新的城市建设用地分类标准，各城市居住用地发生了不同的变化。从绝对值来看，西安是陕西省居住用地最大的城市，并且逐年递增，在 2017 年达到了 144.32 平方千米；其次是咸阳、渭南、宝鸡、延安以及榆林，这些城市的居住用地均呈现出稳定态势，维持在 10~20 平方千米；兴平、韩城、华阴、汉中、商洛城市居住用地面积较小，均不足 10 平方千米，并且随着时间逐年增加，但是增加幅度较小。安康、铜川的城市居住用地呈现出下降趋势，这和两个城市本身的土地总面积和人口有很大关系。从相对值来看，西安、咸阳、渭南居住用地占陕西省居住用地的比重较大，2017 年西安达到了 50%，咸阳和渭南分别占比 7%和 8%。兴平、韩城、华阴、汉中、榆林以及商洛占比在 3%左右；铜川、宝鸡、延安、安康随着时间居住用地占陕西省的比重呈现下降趋势，2017 年均在 2%~5%（见图 6–13）。

2012~2017 年陕西省各城市公共管理与公共服务用地均呈现出平稳的态势。从绝对值看，西安市城市公共管理与公共服务用地最多，在 80 平方千米左右波动；其次是铜川、咸阳、宝鸡；城市公共管理与公共服务用地最少的是兴平、韩城、华阴。从相对值来看，西安市城市公共管理与公共服务用地占陕西省的 60%

左右，铜川、宝鸡、咸阳占10%左右，韩城占比最少，不足1%，其余城市占比在2%~5%（见图6-14）。

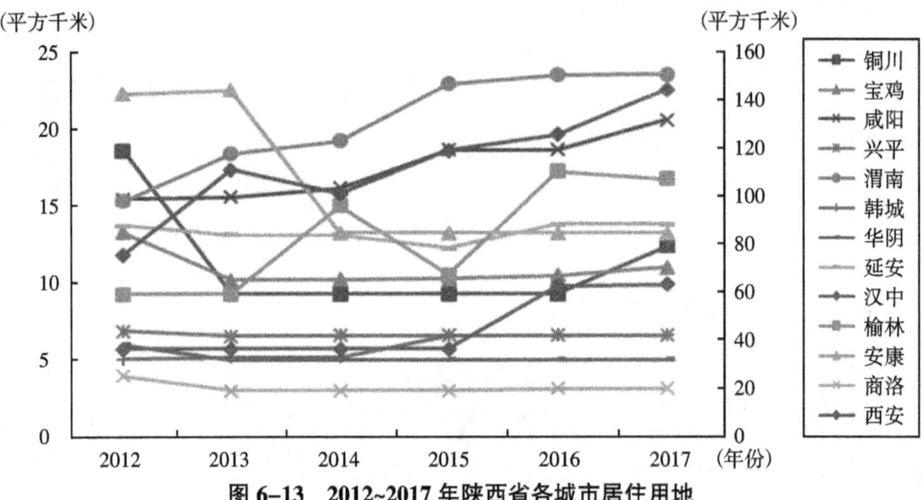

图6-13　2012~2017年陕西省各城市居住用地

资料来源：《中国城市建设统计年鉴》。

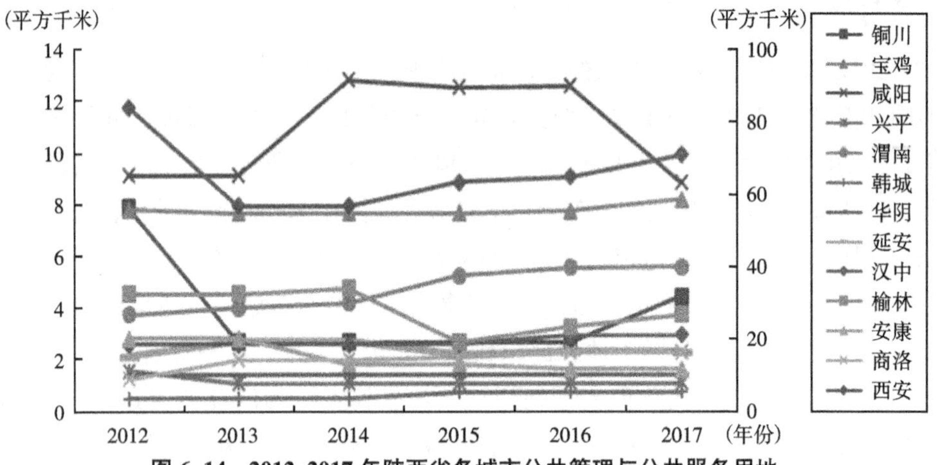

图6-14　2012~2017年陕西省各城市公共管理与公共服务用地

资料来源：《中国城市建设统计年鉴》。

2012~2017年陕西省各城市商业用地各个城市呈现出了较大的差异。从绝对值来看，西安、宝鸡、汉中商业服务业设施用地数量大；其次是渭南、华阴、延安、安康和商洛，这些城市商业服务业设施用地在2~3平方千米，最少的是铜川、咸阳、兴平、韩城，这和这些城市的行政区域大小、经济发展都有很大关系。榆林是陕西省商业服务业用地变动最大的城市，从 2012 年的 0.64 平方千米增加到 2017 年的 9.58 平方千米。从相对值来看，西安、宝鸡占陕西省比重最大，西安达到了陕西省的 60%，宝鸡在 10%，华阴、渭南、延安、汉中、安康、商洛在 1%~5%，铜川、咸阳、兴平、韩城以及榆林占比不足 1%（见图 6-15）。

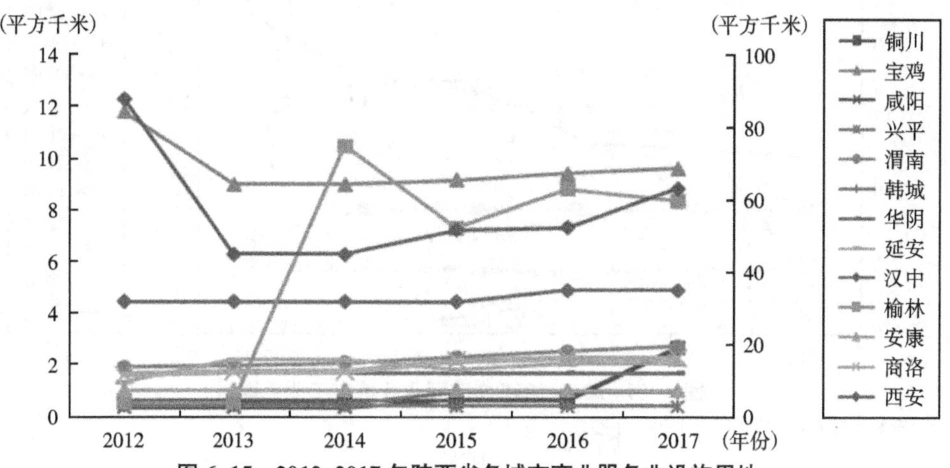

图 6-15　2012~2017 年陕西省各城市商业服务业设施用地

资料来源：《中国城市建设统计年鉴》。

2012~2017 年各城市工业用地变动不大。从绝对值来看，西安、宝鸡、咸阳工业用地较大，西安最大，2017 年达到了 78.42 平方千米，宝鸡、咸阳在 20 平方千米左右，其次是铜川、兴平、渭南汉中、榆林达到了 5 平方千米以上。由此可以看出，虽然铜川、兴平较小，但是它们属于工业型城市，因此工业用地也较大。韩城、华阴、延安、安康、商洛工业用地较小，尤其是商洛，这和每个城市的功能定位，工业发展有很大关系。从相对值来看，西安、宝鸡、咸阳工业用地占了陕西省的绝大部分，西安市达到了 50%以上，宝鸡、咸阳在 10%以上，兴平、渭南、汉中、榆林在 5%左右，韩城、华阴、延安、安康以及商洛均不足 1%（见图 6-16）。

2012~2017 年部分城市仓储用地呈现出阶段性增长，但是增长幅度不大，并且整体呈现出稳定态势。从绝对值来看，西安、宝鸡、渭南、汉中、商洛物流仓储用地在 2017 年均达到了 1 平方千米以上，而其余城市物流仓储用地均不足 1 平方千米。其中安康最少，并且逐年降低从 2012 年的 0.24 平方千米下降到 2017 年的 0.15 平方千米。从相对值来看，西安、宝鸡、渭南、汉中、商洛占陕西省的比重较大，其中西安占到了陕西省的 50%，宝鸡占 10%以上，渭南、汉中、商洛均占比在 5%以上。铜川、咸阳、兴平、韩城、华阴、延安、榆林以及安康占陕西省比重较小，其中 2017 年安康仅占陕西省的 0.55%（见图 6-17）。

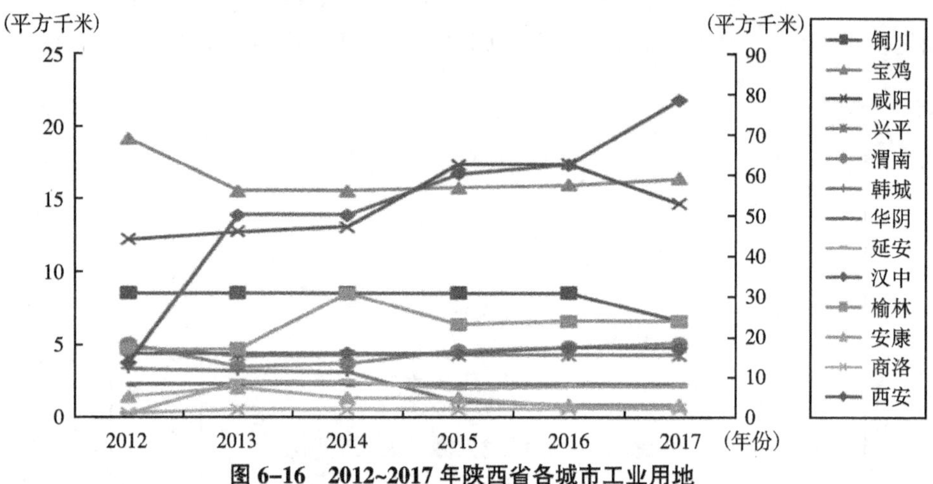

图 6-16　2012~2017 年陕西省各城市工业用地

资料来源：《中国城市建设统计年鉴》。

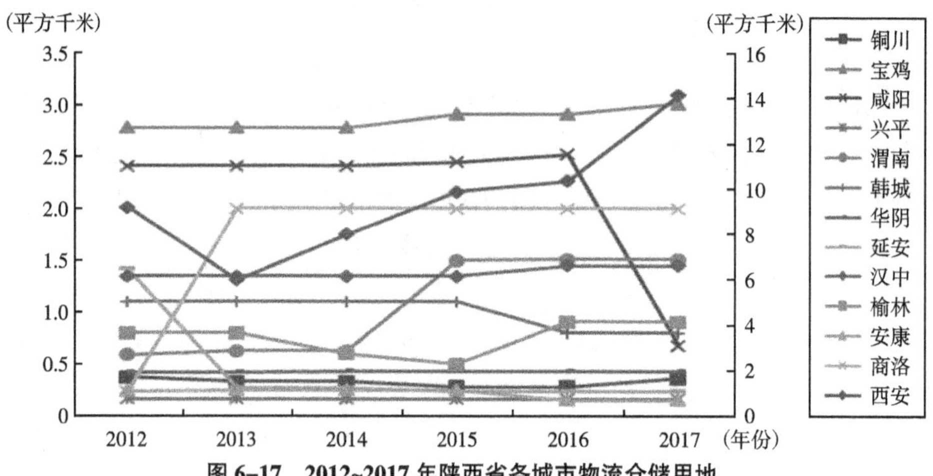

图 6-17　2012~2017 年陕西省各城市物流仓储用地

资料来源：《中国城市建设统计年鉴》。

交通设施用地和城市的开放程度息息相关。2012~2017 年城市道路交通设施用地随着时间呈现出了阶段性增长。从绝对值来看，西安、咸阳、宝鸡、榆林道路交通设施用地较大，并且逐年增长；铜川、渭南、延安、汉中、安康次之，并且随着时间逐年增长，但是增长幅度不大，兴平、韩城、华阴、商洛道路交通设施用地较少，并且随着时间变化平稳。从相对值来看，西安、宝鸡、咸阳占比加大，西安市占陕西省的 50%左右，宝鸡、咸阳占陕西省的 10%左右，其余城市维持在陕西省的 1%~5%（见图 6-18）。

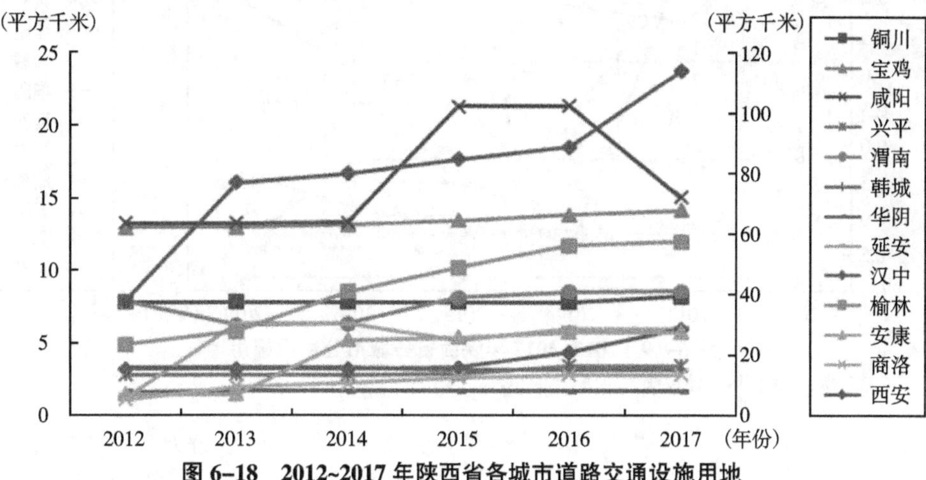

图 6-18　2012~2017 年陕西省各城市道路交通设施用地

资料来源：《中国城市建设统计年鉴》。

各个城市的公用设施用地随着时间呈现出较大差异的变动。从绝对值来看，西安的公用设施用地最大，2017 年达到了 23.93 平方千米。宝鸡、汉中、榆林、渭南、安康次之，但是安康、榆林随着时间呈现出下降趋势，宝鸡、汉中、渭南均呈现出逐年增长，但是增长幅度不大。铜川、咸阳、兴平、韩城、华阴、延安公用设施用地较少，不足 1 平方千米。从相对值来看，西安占陕西省的 50%，宝鸡占陕西省的 10%，汉中、安康占陕西省的 6%左右，其余城市维持在 3%左右（见图 6-19）。

各个城市的城市绿地和广场用地均随着时间呈现出了逐年增长的趋势。从绝对值来看，西安最大，从 2012 年的 15.3 平方千米增长到 2017 年的 128.8 平方千米，铜川、宝鸡、咸阳、渭南、延安、汉中、榆林、安康逐年增长并维持在 20 平方千米左右，相比之下，兴平、韩城、华阴、商洛绿地与广场用地面积较小。从相对值来看，西安市占陕西省的 44%左右，铜川、宝鸡、咸阳、渭南、延安、汉中、榆林、安康在 5%~10%，兴平、韩城、华阴、商洛均占不到陕西省的 2%（见图 6-20）。

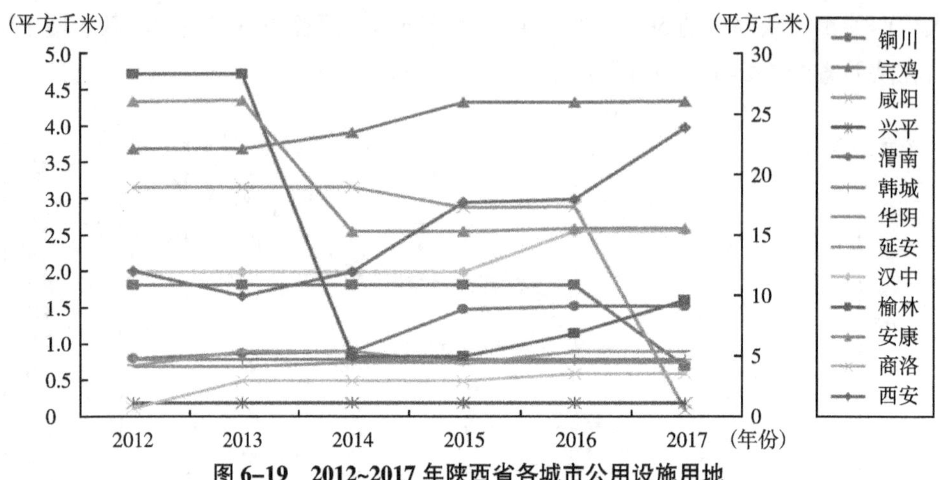

图 6-19 2012~2017 年陕西省各城市公用设施用地

资料来源:《中国城市建设统计年鉴》。

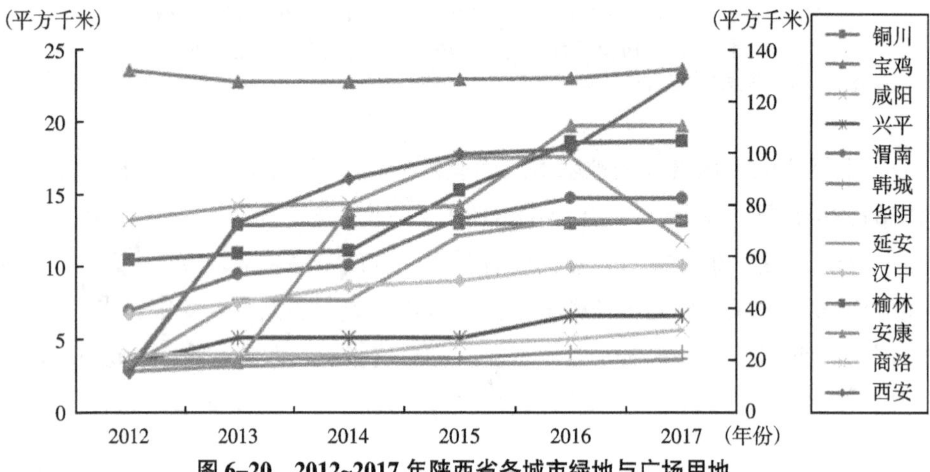

图 6-20 2012~2017 年陕西省各城市绿地与广场用地

资料来源:《中国城市建设统计年鉴》。

6.1.2 陕西省人口城市化与土地城市化空间分析

6.1.2.1 陕西省人口城市化水平分析

人口城市化是指人口由农村向城市的转移和城市人口的增加，这是传统城市化的基本观点，由于可量化性较强，目前依然是城市化水平衡量中应用最广的指标。对于陕西，由于外来人口所占比重较大，流动性较强，在衡量城市化水平时，从户籍人口的角度会导致对城市化水平的低估。因此，用城镇人口而非户籍人口来衡量人口城市化水平，即人口城市化水平 = 城镇人口/总人口。

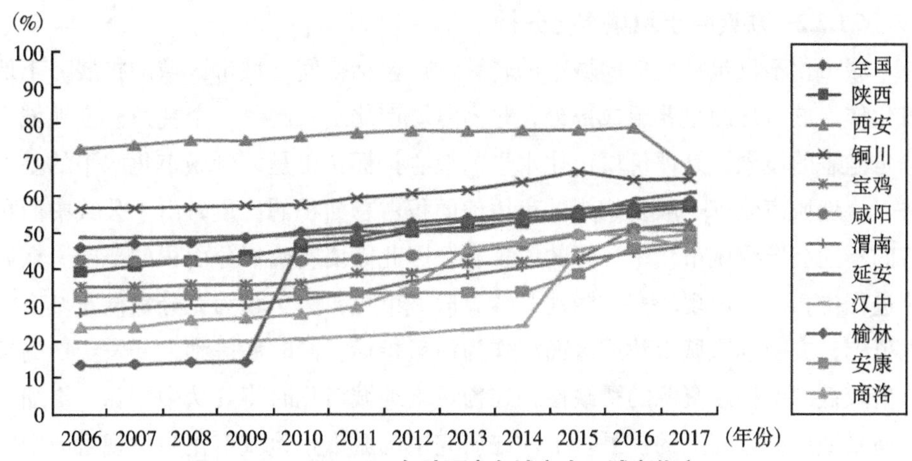

图 6-21　2006~2017 年陕西省各城市人口城市化率

资料来源：《中国城市建设统计年鉴》。

从 2006 年开始，陕西省人口城市化进程一直处于加速发展阶段。城镇人口从 2006 年的 1447 万增加到 2017 年的 2178 万，共增加了 731 万，增加了 50.52%。2006 年时，全国平均城市化率是 45.7%，2017 年是 58.52%。可以看出，经过十几年的发展，陕西省人口城市化水平已经逐渐接近全国平均水平，但是整体人口城市化率仍然偏低。进入 21 世纪以来，随着西部大开发，陕西省人口城市化水平提升明显，但与全国平均水平和沿海省份相比，仍有比较大的差距。

此外，陕西省人口城市化发展仍存在比较严重的区域不均衡。从图 6-21 可以看出：西安市人口城市化水平远高于其于地市，铜川市位居第二，延安市位居第三。2006~2009 年，咸阳市位居第四，2010~2017 年榆林市位居第四；西安、铜川、延安、榆林人口城市化水平高于陕西省平均水平，其余地市则低于陕西省平均水平，而且宝鸡、咸阳的人口城市化水平提升幅度较小，对于陕西省人口城市化水平达到或赶超全国平均水平有一定的阻碍作用。

整体上看，区域人口城市化水平发展不均衡性较为严重，而且三大区域的人口城市化水平差异较大。关中地区继续保持着人口城市化发展上的领先优势。省会城市西安，作为国际性大都市，人口城市化水平超过 70%，但是在人口城市化水平整体较高的关中内部也存在差异，如渭南市。而陕北的榆林和延安人口城市化水平都超过了 50%，达到或接近了全国平均水平。陕南的汉中、安康和商洛，人口城市化水平都在 45% 左右，在陕西省三大区域中最低，未来有非常大的发展空间。

6.1.2.2 陕西省土地城市化分析

城市化不仅包括人口向城市的转移，还包括空间上城市区域的扩展，土地城市化作为城市化的重要组成部分，是衡量城市化水平的另一个视角。土地城市化率是静态的概念，是评价城市化水平的核心指标，也是评价城市化水平的基本方法。土地城市化率一般公式为城市用地面积占总面积的比重，由于公式中面积数值的不同会导致城市化率计算的不精确，因此需要明确划分面积的范围。在城市化进程中，由于出现较多“圈地”式虚假城市化，为了较为充分地衡量城市的空间范围，文中选取城市建成区面积作为衡量指标。同时考虑到未开发土地的经济价值较低，不构成资源的稀缺性，在衡量土地城市化时将其从中剔除，更加客观地衡量城市在空间上的扩展。王洋在研究中国城市土地城市化中发现目前中国城市主要有市区、城区、建成区三种地域层次。由于城区范围适中且稳定，因此城区更具现实意义，也是最适合作为评价土地城市化率的基本地域单元。城市用地面积指城市化发展所占用的土地面积，学者们目前常用城市建成区面积或城市建设用地面积来表示城市用地面积。研究认为城市建设用地面积更突出用地性质的概念，并且城市建设用地面积中还包括了“城中村”等地区，所涵盖的区域更加全面。这样选取区域范围，可降低误差，使计算结果更加精确。本书采用王洋在《中国城市土地城市化水平与进程的空间评价》中将土地城市化率定义为指城区中城市建设用地面积所占的比重。

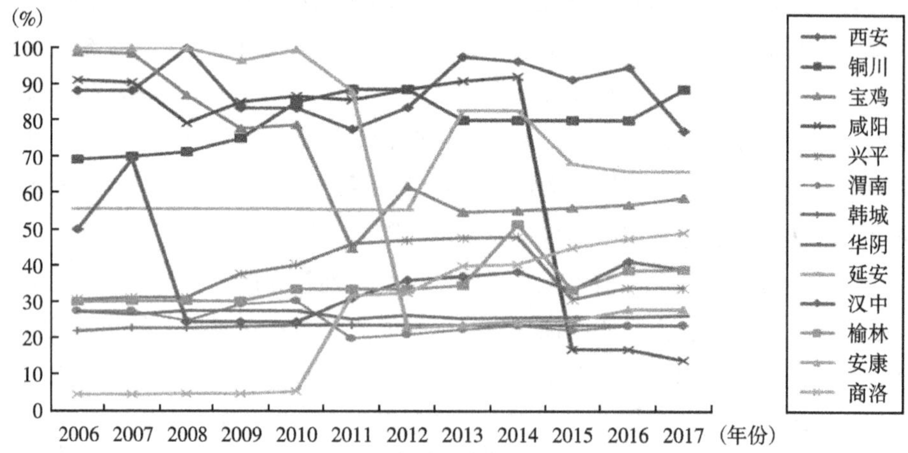

图 6-22 2006~2017 年陕西省各城市土地城市化率

资料来源：《中国城市建设统计年鉴》。

即土地城市化率=城区中城市建设用地面积/城区面积。

2006~2017 年陕西省城市土地城市化率的空间分布格局与城市建设用地规模空间分异格局有很大差别。土地城市化率较高的城市分布较为分散，关中、陕北、陕南地区都分布有城市化率较高的城市，并且随着时间推移，土地城市化率也出现了很大不同。2013 年后西安市城市化率最高，并显示出以西安为中心，城市化率向四周逐渐降低的形式。相比之前关中地区普遍比陕南、陕北地区土地城市化率高的现象，现如今形势有了很大的改变。西安市作为陕西省省会，其经济发展名列前茅。在西安市的带动下，关中地区的经济飞速发展。其中宝鸡、咸阳、渭南，建设用地面积虽然较大，但城区面积更大，这是其土地城市化率降低的一个原因。而位于陕南、陕北的城市开发历史较晚，并且存在地势上的先天不足，交通不畅不仅阻碍了城市与城市之间的交流，更阻碍了城市的开发建设。其中延安、榆林、商洛这三个城市的城市化率都有所提高，特别是商洛市。这说明这些地区克服了其固有限制，扬长避短，发展自己的优势产业，使城市化率不断提高。

2006~2017 年，陕西省各城市的城区面积与建设用地面积不断增加，说明城市正在高速发展，城市建设正在不断完善。而关中、陕南、陕北三个地区的发展也更加平衡，通过计算陕西省城市土地城市化率变化幅度可知，十年间陕西省城市的土地城市化率出现了正增长与负增长两种增长模式。

宝鸡市、咸阳市、渭南市、汉中市、安康市出现了土地城市化率负增长。其中安康市土地城市化率出现-71.88%的变化幅度，安康市 2006 年城区面积与建设用地面积相同，即土地城市化率达到了 100%。这是由于 2006 年的安康还没有明确划分城市用地类型，使城区面积与建设用地面积相同，我们衡量土地城市化率的指标此时是无效的。2017 年安康城市化率为 28.13% ，由此看出安康已明确划分城市用地类型，即安康开始注重城市用地类型的划分以及城市用地的合理安排。宝鸡、咸阳、渭南、华阴、汉中出现负增长的变化幅度分别为-40.13%、-77.24%、-3.65%、-1.08%、-10.99%。其中，咸阳是陕西省出现负增长情况最严重的城市。而它们出现负增长都有一个共同的因素，近年来 5 个城市的城区面积与城市建设用地面积虽然都有所增加，但城区扩展面积更大，例如咸阳，10 年间城市建设用地面积增加了 5.25 平方千米而城区面积增长了 434.98 平方千米。可以看出城市建设用地面积的增长速度赶不上城区面积的扩张速度，因此城市化率出现负增长的情况。此外，各个城市也存在自身的阻碍因素：宝鸡的城市化，其阻碍因素在于人口规模和基础设施的建设；咸阳由于城市规模较小、经济结构、产业结构不合理等对城市的经济发展造成硬性制约，导致城市建设受阻；渭南市人口城市化赶不上土地城市化，导致出现“空城”现象，而城市承载能力和聚集能力较弱，基础设施较为薄弱，这些都阻碍了城市的发展；华阴市由于经济发展、人口等限制，使城市整体建设比较落后；汉中市由于区域竞争压力大以及城市受到水源地、土地资源等的环境容量制约等原因，使其发展受阻。

其他城市城区面积的扩张与城市建设用地面积的增加比例基本协调，都呈正增长模式。但由于增长速度的不同导致城市化率变化幅度的不同。商洛城市化率增长幅度最大，为 44.62%。近几年商洛不管是经济、人口、政治还是文化都在迅速发展，而城市的发展离不开土地的支撑，因此城区面积会逐步增长，城市建设用地面积也逐渐扩大，而随着城市的不断发展，城区内的土地基本为城市建设用地，导致城市化率增长幅度很大；铜川市次之，增长幅度为 19.38%。近年来铜川经济发展迅速，在快速发展的经济带动下城市发展逐步提高，城市化率增长幅度偏大；延安市近几年发展较为迅速，城市化率增长幅度为 10.38%，但依旧存在经济发展水平低下以及产业结构不合理的现象；另外，延安位于黄土高原中部，受地形条件制约，不利于交通路线的铺设，从而阻碍了与外部的交流；相比之下同处于陕北地区的榆林市城市化率增长幅度偏小，为 8.76%。单一能源经济的快速发展导致经济结构的失衡、经济与社会事业发展不协调等因素限制着榆林市的经济发展；而西安市作为陕西省的省会，2017 年出现了负增长为-11.04%，2006~2016 年增长也仅为 6.3%。因为西安长期处于经济快速发展模式下，城市用地规模已趋于饱和，导致城市化率增长幅度不大，随着进一步发展，西安市城市土地开发利用达到了饱和，出现了负增长。韩城、兴平由于区域位置小，因此无论是城市建设用地还是城区面积基本都得到了开发，因此基本保持平衡。

6.1.2.3 人口城市化与土地城市化协调性分析

人口城镇化与土地城镇化相互作用、相互影响。人口城市化通过数量与结构来影响土地城市化。城市中更好的就业与生活条件吸引大量农村人口来到城市，会增加对居住、教育、医疗以及公共设施的用地需求，进而引起城市规模扩大。另外，农村剩余劳动力作为一种廉价劳动力会刺激当地工业规模扩大以获得规模效益；同时当地政府为了推动经济发展、促进就业以及提升政绩，也有着扩大生产的激励。这样城市工业用地的规模就会扩大，从而推进土地城镇化的发展。另外，土地的利用结构与城市化发展阶段密切相关，城市发展初期，主要以农业和手工业为主，农业用地占比最大；随着城市化进程的加速，工业成为城市发展的主要动力，此时工业用地规模迅速增长；城镇化发展中后期，人们更加注重人口、社会和环境的可持续发展，公共绿地以及公共服务设施的需求增加，因此人口城市化会促进土地城市化结构的改变。

土地城镇化是人口城镇化发展的基础，土地城镇化对人口城镇化的影响主要通过向城市迁移的农村劳动力和政府两个行为主体以及土地城镇化的生态效应体现的。

首先，城市规模的扩大以及各类城市功能的需求使政府不断征收城市边缘地带土地，针对失去土地的农民政府会给予一定补偿，同时由于失去土地这部分农民只能去城市寻找工作，而他们获得的征地补偿便成了他们进城务工的资本。其次，城市具有增值效应。随着城市的不断发展，城市地价会越来越高，政府通过土地租金实施新城区的开发、道路扩建以及完善公共设施等项目，这就会吸引更多的农村剩余劳动力来到城市就业。因此，土地城镇化的增值效应会带动人口城镇化的发展。最后，土地城镇化会对人口城镇化产生生态环境方面的影响。土地城市化伴随着大量的农用地转化为城市建设用地，这一方面会对粮食生产产生压力，另一方面造成生态环境的破坏。农用地涵养水源、保护绿色植物的作用，无限制的征地会对城市中人类的生存环境造成巨大的破坏，如水资源污染、雾霾、热岛效应等，造成人口城镇化质量的低下。

根据已有文献对人口城市化和土地城市化的研究成果，借鉴土地增长弹性系数，即城镇建设用地增长率与人口增长率之比值，定量分析城市建设用地与城市人口之间的变化关系。以土地增长弹性系数来反映建设用地和人口在增长率上的变化比例，反映建设用地变化与人口变化是否相适应：

$$\text{增长弹性系数}=\frac{\Delta C}{Ct}/\frac{\Delta P}{Pt}$$

式中，Ct、Pt 分别表示研究期末年份的建设用地总量和人口总量；ΔC、ΔP 分别表示城市建设用地变化量和人口变化量（ΔC 等于期末年份的建设用地面积减去基期年份的建设用地面积；ΔP 等于期末年份的人口数量减去基期年份的人口数量）。

从图 6-23 可以看出，2001~2017 年陕西省城镇人口增长平稳，每年保持 2%~3%的增长速度，但是城市建设用地面积，呈现出了阶段性的不同，最高年增长率可以达到 14%以上，而在 2005 年、2009 年城市建设用地出现了递减的趋势。

从城市发展规律看，土地城镇化速度相比于人口城镇化而言要适度提前，但两者之比不能太大或太小。

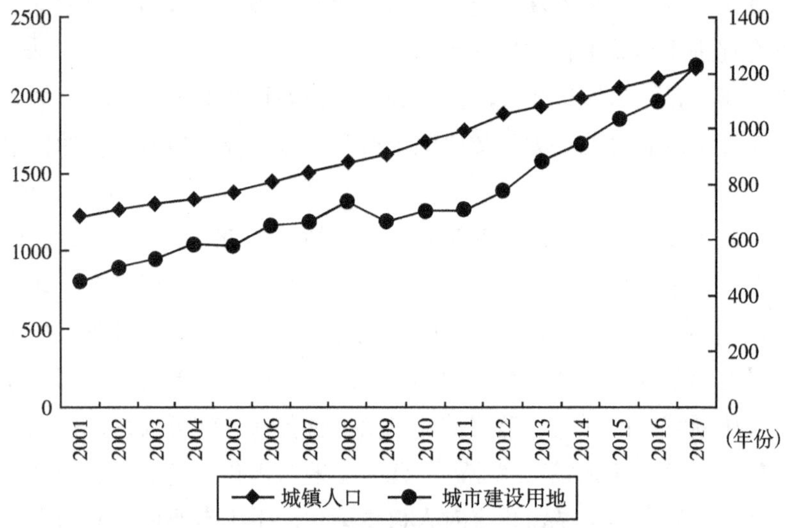

图 6-23　2001~2017 年陕西省城镇人口和城市建设用地

资料来源：《中国城市建设统计年鉴》《陕西省统计年鉴》。

根据现有文献，人口城市化和土地城市化被划分为五种关系分别是：土地城镇化过度扩张型（1.5 以上）、土地城镇化超前扩张型（1.1~1.5）、土地城镇化与人口城镇化平衡发展型（0.8~1.1）、土地城镇化滞后扩张型（0.4~0.8）、土地城镇化严重滞后扩张型（0.4 以下）。

通过计算 2006~2017 年全国、陕西省以及陕西各城市的土地弹性系数，全国土地弹性系数为 1.56，陕西省为 1.67，陕西省土地弹性系数高于全国平均水平。从整体上来看，陕西省属于土地城市过度扩张型。城市土地资源增加的幅度大于人口增长的幅度，即土地城市化快于人口城市化。

表 6-2　2006~2016 年陕西省各城市土地弹性系数

地区	城市建设用地增长率（%）	城镇人口增长率（%）	土地弹性系数
全国	5.14	3.09	1.56
陕西	5.92	3.79	1.67
西安	7.67	6.20	1.24
铜川	2.26	2.99	0.76
宝鸡	3.55	7.33	0.49

续表

地区	城市建设用地增长率（%）	城镇人口增长率（%）	土地弹性系数
咸阳	2.95	7.13	0.41
渭南	3.84	4.76	0.81
延安	4.96	8.79	0.56
汉中	6.78	7.93	0.85
榆林	6.20	11.80	0.52
安康	0.65	9.79	0.07
商洛	13.99	10.31	1.36

资料来源：《中国城市建设统计年鉴》《陕西省统计年鉴》。

分地区来看，西安、商洛属于土地城镇化超前扩张型。土地城镇化速度快于人口城镇化速度，虽然土地城镇化为城镇人口提供了更多的发展空间，但城镇用地的过度供给将导致土地价格下调，土地市场需求同步增加，并产生更多的投资项目，进一步拉动了人口城镇化。近 11 年以来，省会城市西安的土地城市化快于人口城市化，但是随着西安城市的进一步发展，2017 年西安市实施人才引进政策，这也将有利于整个西安土地和人口城市化的均衡发展。对于经济发展较为落后的商洛，近十年以来土地城镇化得到了快速发展，这和陕南地区移民搬迁政策有很大关系，但在以后的发展过程中，促进人口发展依然是协调发展的必由之路。

整体来看，汉中、渭南属于土地城镇化与人口城镇化平衡发展型。土地城镇化速度和人口城镇化速度达到相对平衡，这种均衡的关系不仅促进城镇化顺利推进，还有助于实现社会和谐进步。

铜川属于土地城市化超前扩张型，这是由于铜川市本身土地资源匮乏，铜川东西最宽为 80.97 千米，南北最长为 84.025 千米。区划总面积 3882 平方千米，占陕西省总面积的 1.9%。近几年随着资源型城市的转型，城市建设不断加大，土地城市化快于人口城市化。

宝鸡、榆林、咸阳属于土地城镇化滞后扩张型。这几个城市由于离西安较近，其发展均受到了西安市发展的影响，大量的人口进入城市，但是由于其整体经济发展与西安市依然存在差距，城市建设相对于人口增长出现了滞后现象。

安康市属于土地城镇化严重滞后扩张型。土地城镇化速度远慢于人口城镇化速度，土地弹性系数仅为 0.07。这就表示安康市人口城镇化的发展会受制于土地空间的“瓶颈”，而这个“瓶颈”也会阻碍土地城镇化的发展。

土地城镇化和人口城镇化在一定程度上既相互制约又相互促进，而两者间的相互促进作用只有在良性平衡发展状态下才会显现。一旦两者的平衡关系被打破，则会对新型城镇化的发展产生严重的不良影响。因此，在社会经济发展的过程中，需要密切关注土地城镇化和人口城镇化间的关系，只有均衡发展才能产生良性互动，才能发挥两者的最大功效，促进城镇化健康发展。

6.1.3 陕西省城市建设用地经济效率比较

6.1.3.1 陕西省各城市经济发展状况分析

由图 6-24 可以看出，2001~2017 年陕西省各城市的 GDP 均呈现出了逐年增长的趋势。从绝对量上看，西安市 GDP 在陕西省范围内最高，其次是榆林、咸阳、宝鸡、渭南、延安、汉中。GDP 在陕西省后三位的城市是安康、商洛、铜川。

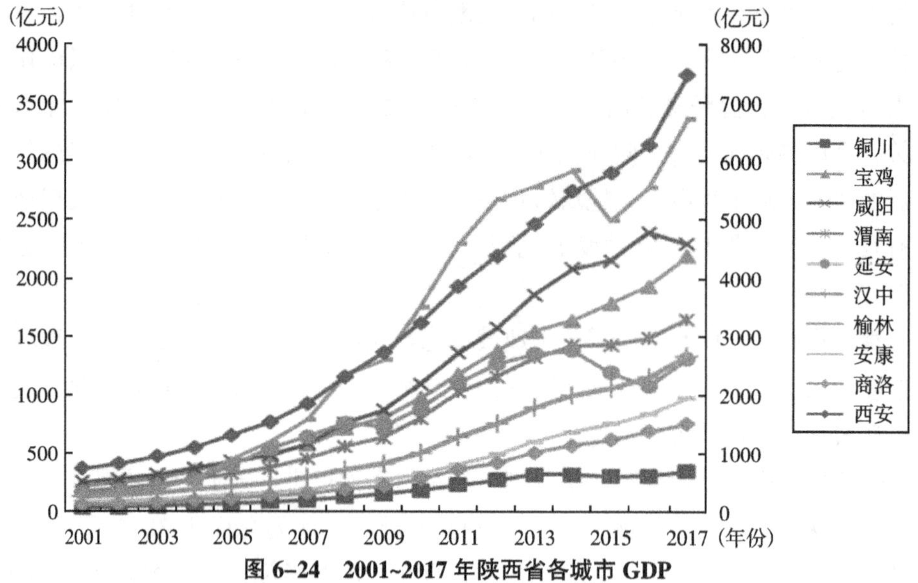

图 6-24 2001~2017 年陕西省各城市 GDP

资料来源：《陕西省统计年鉴》。

从绝对量看，增长最多的是西安市，从 2001 年的 734.86 亿元增长到 2017 年的 7471.89 亿元，共增长了 6737.03 亿元，年均增长率达到了 14.62%。其次是榆林，增长了 3231.98 亿元，年均增长率达到了 21.12%。宝鸡、咸阳、渭南、延安、汉中分别增长了 1969.73 亿元、2035.43 亿元、1469.18 亿元、1154.26 亿元、1203.98 亿元，年均增长率分别达到了 14.42%、13.74%、13.87%、13.25%、

14.71%。增幅比较小的是铜川、安康以及商洛，分别为 311.35 亿元、893.92 亿元、698.17 亿元，年增长率达到了 14.09%、15.78%、16.21%。

从相对量来看，西安占陕西省 GDP 的 30%以上，但是随着经济的发展，西安市 GDP 占全省的份额有所降低，基本稳定在 30%。宝鸡、咸阳、渭南、延安、榆林在 10%上下波动，随着经济发展，榆林市 GDP 占陕西省的份额有所增加，共增加了 8.92%，其他几个城市均有所降低，但基本保持稳定。铜川、汉中、安康、商洛占陕西省 GDP 的总份额较少，但是安康和商洛占陕西省的 GDP 份额有所增加，可以看出近几年来，安康和商洛经济取得了发展。

6.1.3.2 城市建设用地效率时序分析

土地利用效率是区域一定时间内土地投入与土地上产出的比率。土地利用效率的高低反映了一个地区的土地利用管理水平，是制定土地利用政策的重要参考依据，也是政府部门重点监测的土地管理指标。土地利用效率受区域经济水平、土地管理政策、产业结构状况等多个因素的影响。本章采用土地产出强度来衡量城市建设用地的效率。指标的公式如下：

$$D = P_t / S_t$$

式中，D 为土地产出强度，P_t 为第 t 年的城市第二、三产业产值，S_t 为第 t

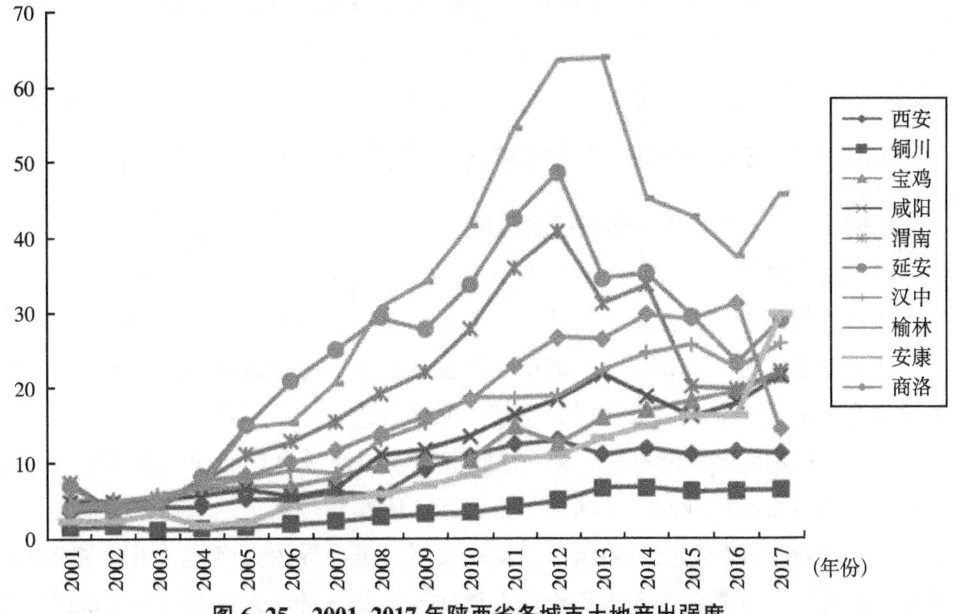

图 6-25 2001~2017 年陕西省各城市土地产出强度

资料来源：《陕西省统计年鉴》《中国城市统计年鉴》。

年的城市建设用地面积。

不同城市的发展水平和发展速度存在差异，因此各城市的土地利用效率变化存在差异。2001 年，陕西省土地产出强度最高的城市是渭南，每平方千米建设用地的产值达到了 7.65 亿元。紧随其后的城市分别是延安、宝鸡、咸阳、榆林，这几个城市的土地产出强度达到了较高水平，铜川的土地利用效率最低，每平方千米土地的产值只有 1.69 亿元。西安市的土地利用效率是每平方千米 3.75 亿元，并不是陕西省最高的。总体来看土地利用效率的空间格局是：陕北地区城市的土地利用效率高，其次是陕南，关中城市的土地利用效率较低。与 2001 年相比，陕西省 10 个城市 2017 年的建设利用地效率全部都有较大幅度提高。土地利用效率最高的城市仍然是榆林，每平方千米土地的产值达到了 45.79 亿元；土地利用效率最低的城市却变成了铜川，每平方千米土地的产值仅有 6.63 亿元。土地利用效率最高城市与最低城市的差距在缩小。土地利用效率的空间格局变化明显：陕北地区城市的土地利用效率提高最快；陕南地区城市的土地利用效率涨幅超过了关中；关中地区城市的土地利用效率增长最慢。

6.2 陕西省城市发展建设用地预测

6.2.1 城市发展建设用地需求的影响因素分析

6.2.1.1 城市建设用地影响因素梳理

(1) 社会因素。

城市建设用地的扩张除了经济因素的驱动作用，很大程度上还依赖于社会因素，诸如政府政策、人口增长、城市化建设和基础设施建设等行为直接推动了城市建设用地的扩张。根据前人研究文献，梳理后选择以下影响因素：

1) 人是城市发展的基本元素，是城市建设用地最直接的使用主体。人口数量的增长就会带动就业岗位、居住、出行和休闲娱乐等需求的增长，这就会推动房地产、工业、商业和交通运输等产业的发展，进而导致城市建设用地需求量的增长。需要指出的是：由于人口流动性存在的事实，常住人口对一个城市或区域人口的解释力度更具有说服力。

2）城市化进程的持续推进使大量农业人口转化为非农人口，这直接表现为城市居民对住房用地、商服用地、公共交通和公共设施用地需求的增加；另外，城市化进程的推进还促使产业结构发生变化，这直接表现为大量的非建设用地转为建设用地。因此，城市化水平的高低直接影响了城市建设用地规模的大小。

3）随着经济与社会的发展，人民对社会公共服务的需求不仅体现在数量上增长，还表现为质量的提高。为了满足人民和社会进步的需求，同时为了逐步完善城市功能，政府逐年加大城市基础设施建设的力度，这将会占用大量的城市建设用地。此外，城市经济与社会的发展需要完善的交通系统，随着经济发展和城市人口的不断增多，城市需要逐步改善城市交通环境来满足经济与社会发展的需求。

（2）经济因素。

经济活动可谓是人类活动中最活跃的活动类型，经济活动不仅会以城市建设用地作为活动元素，还会间接通过其他因素联动来影响城市建设用地的变化。经济因素会以不同的表现形式对城市建设用地规模产生影响，其中比较有代表性的是经济发展、产业结构变化和工业化水平三种表现形式。通过对国内外文献的学习和研究，对建设用地需求量产生影响的具体因素可能有以下几点：

1）经济发展是城市建设用地扩张的根本驱动因素，经济发展需要不断扩大的城市形态来容纳各种经济行为的增长，同时不断扩大的城市形态又会反作用于经济发展方向和模式。经济发展会对城市建设用地扩张产生直接或间接的驱动作用，经济发展是以不同的产业类型为载体进行的，诸如制造业等第二产业和房地产业等第三产业，这些产业的形成与发展需要城市建设用地作为投入要素进行生产，这就是经济发展对城市建设用地扩张的直接驱动原理；经济发展还会通过集聚效应来扩大一个区域的人口规模，人口规模的扩大必然会引起住宅和商业用地、基础设施和公共设施用地等城市建设用地需求的大幅增加，这就是经济发展对城市建设用地扩张间接驱动的一种体现。

2）产业结构变化是经济因素中与城市建设用地扩张关联较大的因素，因为第一产业主要对非建设用地加以利用，而第二三产业发展的土地载体就是城市建设用地。当下我国经济发展正处于工业化阶段，第二三产业所占比重较大，并且第二三产业所占比重一直在加大，这样就会需要大量的工业、物流仓储和商服用地等各类城市建设用地来满足经济发展需求；我国产业结构正处于调整阶段，不仅是第二三产业所占比重发生变化，亦有第二产业向第三产业转移的事实，这样也造成了城市建设用地规模发生变化。另外，产业结构变化会直接影响劳动力结构发生变化，第二三产业劳动力数量的增多同样会促使城市建设用地规模的扩张。

3）工业化水平是衡量国家经济与社会发展水平的重要标志，而工业化是影响城市建设用地扩张的一个重要因素。我国目前正处于工业化快速发展的阶段，在此时期工业化的持续推进会造成我国第一产业的比重持续下滑，第二三产业比重持续上升，这就会使大量的非建设用地转化为建设用地；另外工业化的持续推进也会带来城镇居民收入和政府财政收入的增加、城市化进程加快等正面效应，由此会引发城市住宅用地、基础设施建设用地等城市建设用地规模的扩大。

6.2.1.2 相关指标选取

通过对于影响因素的分析，研究可以分别用 GDP、第二三产业比重、固定资产投资作为经济社会因素中的影响因子。用年末总人口、城镇化率作为社会因素中的影响因子。

6.2.2 陕西省城市发展建设用地预测模型构建

6.2.2.1 基于单因素预测法的城市建设用地预测模型

即只确定某一因素作为唯一的变量来预测建设用地的需求大小。用人均用地标准乘以城市人口规模来预测城镇建设用地面积。

$U = P \times A/10000$

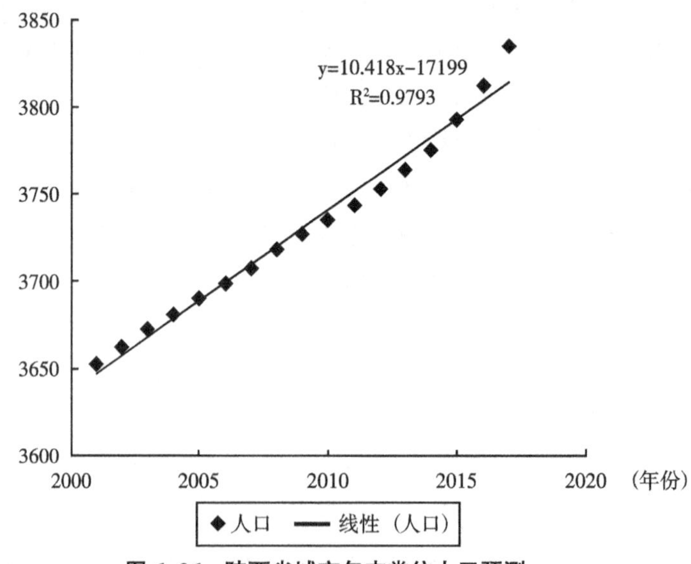

图 6-26 陕西省城市年末常住人口预测

式中，U 代表规划期城镇建设用地面积公顷，P 代表规划期城镇人口（人），A 代表规划期城镇人均建设用地指标。

只要先预测出规划期的城镇人口数，再根据《城市用地分类与规划建设用地标准》中的城镇人均建设用地指标，即可得出规划期城镇建设用地面积。所以，现行城镇建设用地预测采用的是一种偏重人口预测的简单、易操作的方法。

根据对陕西省城市年末常住人口的预测可知，人口随时间变化为：y=10.418x−17199。未来十年陕西省城市人口变化如下：

表 6–3　2020~2030 年陕西省城市人口预测

年份	人口（万人）
2020	3845.36
2021	3855.78
2022	3866.20
2023	3876.61
2024	3887.03
2025	3897.45
2026	3907.87
2027	3918.29
2028	3928.70
2029	3939.12
2030	3949.54

根据《城市用地分类与规划建设用地标准》，我们可知现有城市的规划人均建设用地指标如表 6–4 所示。

表 6–4　现有城市规划人均建设用地标准

现状人均建设用地水平（平方微米/人）	指标级别	规划人均建设用地指标（平方米/人）	允许调整幅度（平方米/人）
≤60.0	Ⅰ	60.1~75.0	+0.1~+25.0
60.1~75.0	Ⅰ	60.1~75.0	>0
	Ⅱ	75.1~90.0	+0.1~+20.0
75.1~90.0	Ⅱ	75.1~90.0	不限
	Ⅲ	90.1~105.0	+0.1~+15.0

续表

现状人均建设用地水平（平方微米/人）	指标级别	规划人均建设用地指标（平方米/人）	允许调整幅度（平方米/人）
90.1~105.0	Ⅱ	75.1~90.0	-15.0~0
	Ⅲ	90.1~105.0	不限
	Ⅳ	105.1~120.0	+0.1~+15.0
105.1~120.0	Ⅲ	90.1~105.0	-20.0~0
	Ⅳ	105.1~120.0	不限
≥120.0	Ⅲ	90.1~105.0	<0
	Ⅳ	105.1~120.0	<0

资料来源：《城市用地分类与规划建设用地标准》。

通过计算陕西省 2001~2017 年人均建设用地，可知陕西省现状人均建设用地水平幅度在 12~33 平方米/人，因此陕西省规划建设用地标准应该在 60.1~75.0 平方米/人。因此，陕西省 2020~2030 年城市建设用地面积如下：

表 6-5　2020~2030 年陕西省城市建设用地预测值

年份	上限	下限
2020	2311.06	2884.02
2021	2317.32	2891.83
2022	2323.58	2899.65
2023	2329.85	2907.46
2024	2336.11	2915.27
2025	2342.37	2923.09
2026	2348.63	2930.90
2027	2354.89	2938.71
2028	2361.15	2946.53
2029	2367.41	2954.34
2030	2373.67	2962.16

6.2.2.2　基于多元回归法的城市建设用地预测模型

通过城市建设用地影响因素分析，得出与建设用地关联程度较大的影响因素，一般为第二、三产业总值所占 GDP 比重（W）、城市化率（City）、年末总人口（People）、城镇固定资产投资（Invest）、人均 GDP（Pergdp）共同建立多元线性回归模型。为了消除时间影响，我们对所有的影响因子取对数处理，建立回归方程如下：

$$y = b_0 + b_1 \ln w + b_2 \ln city + b_3 \ln people + b_4 \ln Invet + b_5 \ln pergdp$$

根据回归得知：

$$y = -160118.1 + 448.55 \ln city + 20042.87 \ln people + 5.26 \ln Invest - 821.33 \ln w - 197.91 \ln pergdp$$

表 6–6　2020~2030 年陕西省城市建设用地预测

年份	预测建设用地面积（平方千米）
2020	1205.19
2021	1246.53
2022	1287.87
2023	1329.22
2024	1370.56
2025	1411.9
2026	1453.25
2027	1494.59
2028	1535.93
2029	1577.27
2030	1618.62

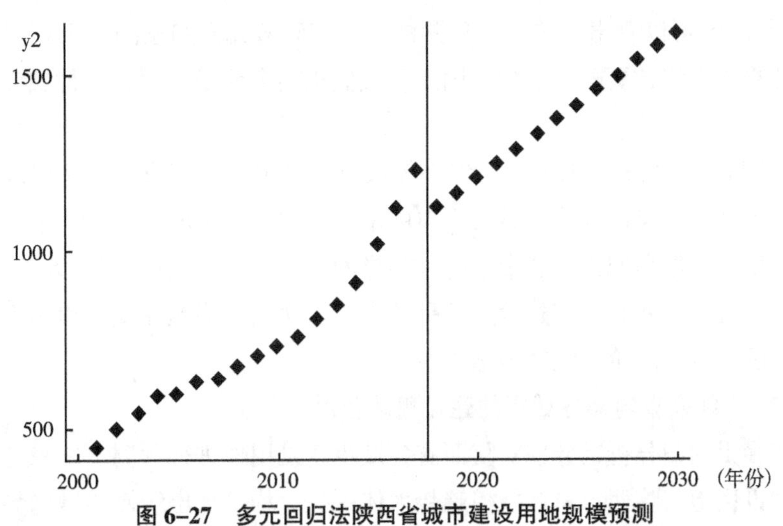

图 6–27　多元回归法陕西省城市建设用地规模预测

6.2.3 陕西省城市发展建设用地预测结果分析

6.2.3.1 陕西省城市建设用地预测结果分析

通过单因素和多元回归方法，对陕西省城市建设用地规模预测。单因素主要依靠人口的增长，对城市建设用地面积进行预测。而多元回归则是按照城市建设用地的用途，从经济因素、社会因素两大方面，选取 5 个指标对城市建设用地面积进行预测。

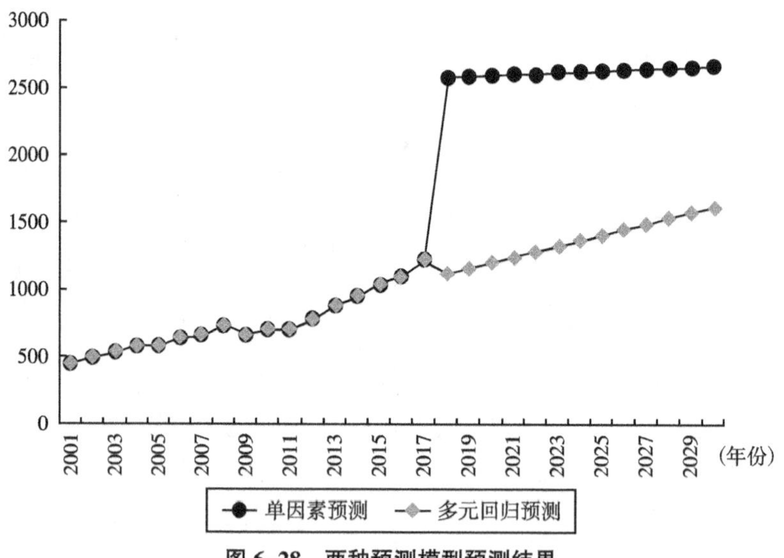

图 6–28 两种预测模型预测结果

由图 6–28 可以看出，单因素预测的中间值和多元回归预测结果相比，多元回归预测更加平缓，更贴合实际。因此，我们选用多元回归模型进行城市建设用地规模的预测。

根据图 6–28 可知，未来陕西省整体城市建设用地规模依然会呈现出递增趋势。随着陕西省的经济发展，城市人口的增加、城市建设的增强，城市建设用地规模不断增大，但是城市化会带来各种各样的“城市病”，反作用于人口城市化。因此总体而言，陕西省城市建设用地呈现出缓慢递增，当然在此过程中不排除由于政策原因，带来的阶段性突出增长。

6.2.3.2 陕西省内部各城市的建设用地预测

采用多元回归分析，分别对陕西省各城市建设用地进行预测。未来各个城市的城市建设用地与陕西省总体规模趋势大体一致，均呈现出缓慢递增趋势。但是不同城市间总量显示出地域差异。陕西省建设用地主要分布在西安市，其次是宝鸡市及咸阳市，榆林、渭南紧随其后。榆林主要是由于近几年经济的快速发展，带动了城市建设，城市建设用地增加。关中的几个城市则更有可能是受到西安市大都市圈的发展影响，例如西咸一体化等，使周边的城市得到了发展。安康、商

表 6-7　陕西省各城市建设用地规模预测

单位：平方千米

城市	2020	2021	2022	2023	2024	2025	2026	2027	2028	2029	2030
西安	619.21	647.19	675.17	703.14	731.12	759.10	787.08	815.06	843.04	871.02	898.99
铜川	50.14	50.86	51.59	52.32	53.05	53.78	54.51	55.24	55.97	56.69	57.42
宝鸡	104.72	107.77	110.83	113.88	116.94	119.99	123.05	126.10	129.16	132.22	135.27
咸阳	114.55	118.91	123.28	127.64	132.00	136.37	140.73	145.10	149.46	153.82	158.19
渭南	64.63	66.44	68.24	70.04	71.84	73.64	75.45	77.25	79.05	80.85	82.65
延安	45.38	47.20	49.02	50.83	52.65	54.47	56.28	58.10	59.92	61.74	63.55
汉中	46.04	48.00	49.97	51.94	53.90	55.87	57.84	59.80	61.77	63.74	65.70
榆林	73.19	76.30	79.41	82.53	85.64	88.75	91.87	94.98	98.09	101.21	104.32
安康	43.63	44.83	46.03	47.22	48.42	49.62	50.82	52.01	53.21	54.41	55.61
商洛	32.34	34.23	36.12	38.01	39.91	41.80	43.69	45.59	47.48	49.37	51.26

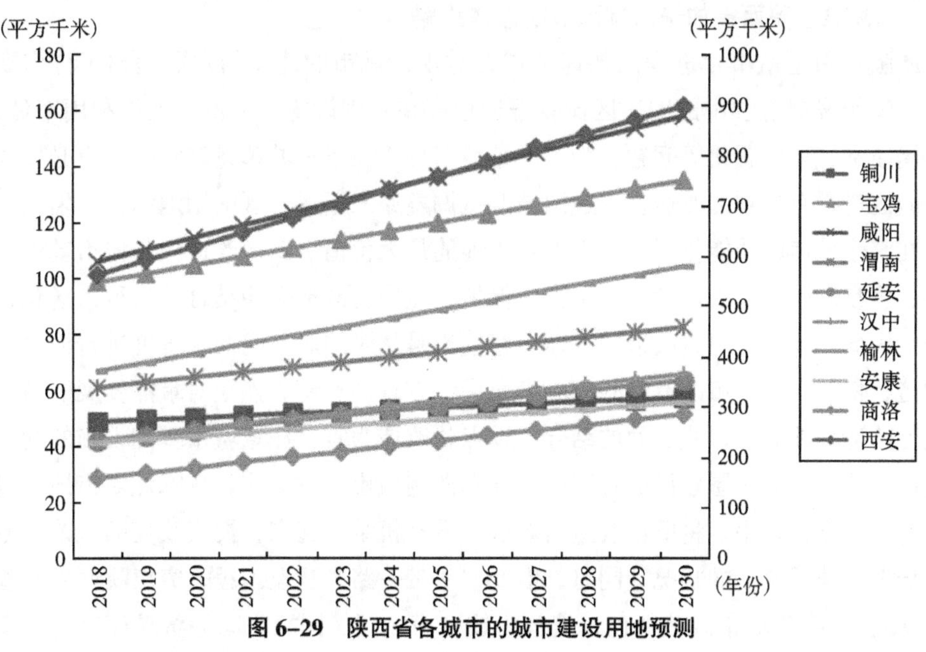

图 6-29　陕西省各城市的城市建设用地预测

洛城市建设规模依然比较小，这和多高山丘陵，土地资源禀赋小的自然条件有很大关系。铜川、延安、汉中处于中游，一方面是因为铜川市土地资源少，另一方面延安和汉中受自然资源的影响，城市建设受到限制。

6.3 陕西省城市发展土地利用优化布局重点

从以上对陕西省的用地分析可以看出陕西省土地利用的主要矛盾是非农用地需求不断增加与现有用地相对不足的矛盾，表现为旧城区人口密度增加与现有用地相对不足的矛盾、地下用地相对较多与地下建设相对不足的矛盾、各类用地容积率发展不平衡与立体城市发展的矛盾、各类用地数据资源稀缺与智慧城市发展的矛盾、城市规模扩大与城市可持续发展的矛盾。因此，陕西省城市发展的土地利用优化布局重点应当从加快旧城改造、发展地下工程、建设立体城市、建设智慧城市与加强城市绿化这几方面入手。

6.3.1 加快旧城改造

6.3.1.1 陕西省加快旧城改造的总体思路

随着新型城市化进程的加速推进，对现代城市的建设与发展提出了许多要求，城镇发展过程中的旧城区比较普遍地存在基础设施水平低，土地利用率低，布局凌乱，环境恶化等问题，为了改善城镇环境质量和城镇设施水平，有必要对旧城区进行有计划的改造，通过旧城改造调整原来不尽合理的用地结构，增强旧城在整个城市的功能作用，实现旧城土地的最大价值。旧城改造应与城市基础设施、生态环境、文物古迹、历史街区保护、城中村改造等相结合，进行市场化运作。因此，陕西省旧城改造的总体思路应当是从时间和空间两个维度进行旧城区改造，依托现有城市改造经验和城市布局，有计划、有重点地对重点发展旧城区进行改造。注意点、线、面的结合，以点状改造为宜，注意城市基础设施的配套建设，严格控制房屋建设的容积率，合理调制城市地域结构，从降低城市地区过高的人口密度入手，将旧城改造与新区开发有机结合起来，彻底改变旧城改造零星分散、缺乏统一的状况。同时，借助“一带一路”建设工程，突出陕西省“丝路文化”，突出城市改造特色，造福沿线省份之间、国家之间的贸易往来与人文交流。并利用现有资源与政策制度创新扶持，实现陕西省土地的高效利用。对全省高密度人口地区和高速发展地区按照“丝路推进、由点及面、拉大框架、组团发展、促进增长”的总体思路进行建设，成为实现城市功能升级和形象提升的“加速器”，即“以丝路起点为契机，加大城市形象建设；以改善居住环境为前提，加大廉租房和经济适用房建设；以历史建筑风貌保护为基础，传承历史文化，打造历史街区；以路网建设为龙头，提升城市价值；以实现良性循环为目标，建立新的改造模式”。

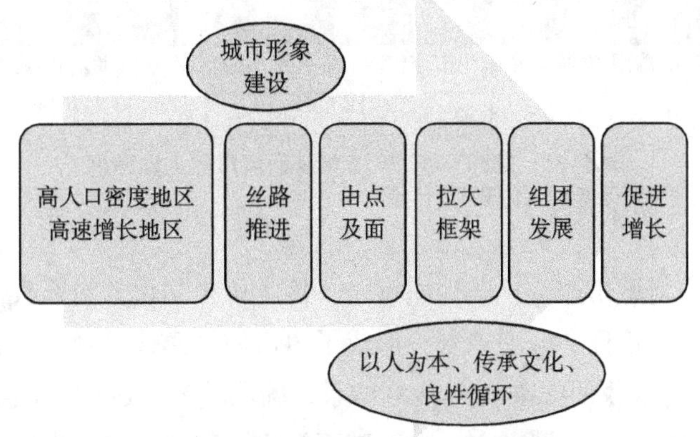

图 6-30　陕西省旧城改造总体思路

6.3.1.2　陕西省加快旧城改造的具体布局

对陕西省整体旧城区改造应当坚持以人为本、保护文化遗产、突出特色、全面考虑的原则。陕西省内各市县建成区国有土地上的建设年代久远、结构陈旧、存在安全隐患、基础设施不配套、影响城市功能及公共利益，需要拆迁的房屋及其附属物均应纳入旧城改造范围。按照轻重缓急，旧城改造可以划分为重点改造区域、支持改造区域、允许改造区域和其他需要改造区域。为挖掘古老街区的历史文化，按照“因地制宜、分类实施”的原则，对于不属于危房且有历史文化价值的建筑，予以修缮保护；对于破损严重、经鉴定确属危房的，将结合按照国家棚户区改造的要求进行征收。依据城市的人口密度和各实现的经济基础情况，具体布局如下：

（1）重点改造区域：影响市县重点工程、城市规划、重大基础设施建设等公共利益需要拆迁的区域。目的在于通过公共基础设施的乘数效应，激活城市发展。其中各市县的重点思路：西安市——打造国际化大都市；榆林市和延安

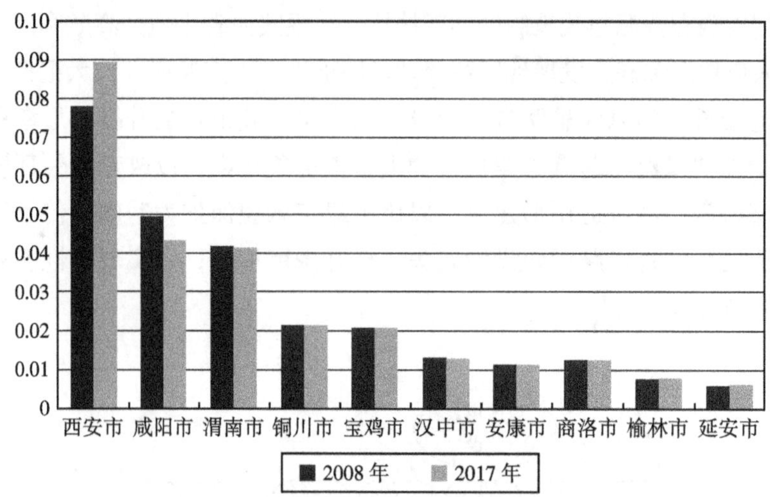

图 6-31 2008 年与 2017 年陕西省市区人口密度

资料来源：《陕西省统计年鉴》《中国统计年鉴》。

市——新能源高新城市改造；其他城市——传承历史文化的街区改造。这类重点改造区域应当充分论证，合理规划，形成了由市域城镇体系规划、总体规划、详细规划和各类专项规划组成的城乡规划体系，确保城市规划有据可循、有规可依。

（2）支持改造区域：城市主、次干道两侧房屋陈旧，与周边环境不协调的区域；破产或外迁企业旧厂区或生活区；拆迁房屋建筑面积在 1 万平方米以上的成片区域。其核心目的在于保护老建筑、开发新经济。旧城中丰富的历史文化遗存，是城市不可再生的宝贵资源，是一个城市区别于其他城市和地区独一无二的品牌形象，对于提升城市核心竞争力具有重要意义。因此，在旧城改造中对历史文化遗存应当进行合理保护和有效适度开发，发挥出城市文化的强大积聚效应，展现城市文化的独特魅力。通过采用改造内部结构和功能、保留建筑外皮、引进新的生活概念等方式，将旧有元素与新时代符号结合，在新旧的对比、历史与现代的融合中完成保护并实现创新发展。

（3）允许改造区域：居民居住条件需要改善，城市配套功能需要提升，按照旧城改造规划应当成片开发的区域。

（4）其他需要改造的区域：市县政府根据实际情况确定的其他需要改造的区域。

6.3.1.3 陕西省加快旧城改造的政策与制度支撑

加快旧城改造，除了科学合理的布局，还应当有配套设施完善与政策支持，一方面，应当做好城市配套设施建设，保证旧城改造满足居民福祉；另一方面，依靠多种政策组合与制度支撑，保证旧城改造顺利进行。

第一，做好城市配套设施建设。包括加快推进城区集中供热、完善天然气主干管网工程，改造城区天然气管网和处理配套设施，天然气普及率达到90%；完善城市污水处理、垃圾收集系统。完成旧城区给排水管网改造，生活污水、垃圾处理率均达到95%以上；增强中心城市区域辐射功能。建成会展中心、国际会议中心、博物馆、图书馆、城市规划展览馆等标志性工程和地标性建筑，全面提升中心城市品位，打造区域交通枢纽和金融中心，不断强化中心城市辐射吸纳功能；同时，确保利益共享。旧城改造不可避免地要涉及城市的发展方向和居民的具体利益。要把构建和谐社会的理念贯穿于旧城改造始终，为构建和谐社会做贡献，在可持续发展的基础上，探求城市的更新与发展，重视旧城区作为一个有机组织的成长过程，让全体市民共享改革开放和城市建设的辉煌成果。

第二，优惠政策支持。包括鼓励依法投资旧城改造土地开发整理。投资开发整理土地的企业或单位在土地招标、拍卖、挂牌出让时未竞得土地的，按照实际投入成本加同期银行贷款利息退还费用，以减少投资风险；用于产权调换的安置房和非经营性公共配套设施，除国家、省明文规定不得减免的收费项目外，由财政全供单位执收的行政事业性收费按法定程序予以免收，其余行政事业性收费及各类经营服务性收费按法定程序减半征收；旧城改造项目土地使用权出让收入，按照规定提取相关费用，余额经市县政府批准后用于该旧城改造项目。重点改造区域实行全额拨付，支持改造区域按照80%的比例拨付，允许改造区域按照50%的比例拨付，其他改造区域按市县政府批准的比例拨付。

第三，政府主导与社会资本相互扶持。当前，旧城改造主要有政府主导和社会资本主导两种模式，两种模式的核心问题实际上是利益分配问题，政府获取更多的土地增值利益，就必须承担更大的资金投入压力；如引入社会资本采取PPP等模式，其资金投入压力就会减少，但政府必将让渡部分土地增值利益。在旧城改造当中，两者应当相互扶持，确保利益共享。

6.3.2　发展地下工程

随着经济的持续发展，现有的土地资源已不能满足市场发展的需要，大规模开发利用城市地下空间是提高土地利用率、增强城市综合承载能力的重要途径。通过地下空间的开发与利用，城市许多功能可以转入地下，包括商业、交通、娱乐、工业生产等，这种空间上的开发能够通过扩大空间容量，提高城市集约度，消除人车过多产生的混杂现象，解决交通拥挤、停车空间缺乏、基础设施扩容改造等城市发展中存在的典型问题，真正实现城市土地利用率的提高。

陕西省城市地下空间开发与利用已经起步，但总体水平较低，依旧存在系统规划欠缺，开发条件复杂、管理统筹较弱等问题。据陕西省住房和城乡建设厅统计，目前陕西省人防工程建设面积 756.61 万平方米，地下停车库面积达到 127.77 万平方米，地下商业设施建筑面积约 200 万平方米，地下人行通道 2.74 万平方米，地下管线长约 14253.1 千米，远低于社会需求。为了解决城市土地资源紧张及利用率低下的问题进行城市地下空间开发时，需要综合考虑城市发展规模、经济社会发展水平、城市用地布局、地质地理条件等情况。对陕西省地下工程的发展而言，主要应考虑到各城市的实际情况与建设需求。表 6-8 为陕西省各县市地下工程布局重点，以下将针对不同种类的城市公共设施，对其利用地下空间的布局进行陈述。

表 6-8　陕西省各县市地下工程布局重点

地下工程 城市	地下商业 文娱设施	地下公用 设施	地下人防 工程	地下仓储 物流	地下 停车场	综合廊管	开发形式
西安	☆☆☆☆☆	☆☆☆☆☆	☆☆☆☆	☆☆☆	☆☆☆☆☆	☆☆☆	综合开发
咸阳	☆☆☆☆	☆☆☆	☆☆☆	☆☆☆☆	☆☆☆☆	☆☆☆☆☆	西咸一体化
宝鸡	☆☆☆☆	☆☆☆	☆☆☆	☆☆☆	☆☆☆	☆☆☆☆☆	沿渭河南北扩张
铜川、渭南、汉中、安康、商洛、延安、榆林、杨凌区	☆☆☆	☆☆☆	☆☆☆	☆☆☆☆☆	☆☆☆	☆☆☆☆	合理开发适宜区域
其他县城	☆☆	☆☆	☆☆	☆☆	☆☆	☆☆	试点开发

6.3.2.1　地下商业文娱设施布局

其主要是在商业区和生活区等人口聚集区，在地质结构符合建设的条件下，加快建设地下综合体和地下商业街等商业文娱设施，通过文化、娱乐和商业等功能的良性互动，形成功能有机综合的地下商业综合服务体，满足当地市民日益增长的文化需求和社会增长所需，在地下有限空间范围内实行经济、社会、文化效益的优化，为居民生活质量的提升奠定良好基础。这就要求当地政府在进行地下空间开发时，一方面要充分考虑商业文娱综合服务体的辐射范围，最大限度地服务周边居民的生产生活；另一方面要有效协调和维护已有建筑，特别是涉及具有一定历史价值的设施，应该在规划建设过程中建设对其的影响和损伤，实现不同建筑群之间的良性发展。而省会城市西安是地下商业文娱设施最主要的布局之地，其丰富的经济资源与历史文化为建设地下商业文娱设施，实现西安进一步发展提供了优质的条件，是重点开发地区。

6.3.2.2　地下公用设施布局

城市的发展离不开高效率的公共设施，特别是地下交通、商业以及仓储、物流等设施的建设。完备的公共设施不仅保障其他地下设施的良性运行，有效减少路面反复开挖带来的损失和影响，也可以美化城市地上建设的布局。各地区可以通过因地制宜地建设地下市政管线、地下能源、地下水资源等设施，实现市政管线的廊道化和市政设施的地下化，保障其他地下设施的正常运行。各地区在建设地下公共设施的过程中：一方面，加强地下公共服务设施的资金支持力度，构建高速、移动、安全的新一代信息基础设施，推动全省各地区城市率先实现光纤网络全覆盖，持续提升网络接入能力。另一方面，建立城市群政务信息共享和业务协同机制，推动电子政务平台跨部门、跨城市横向对接和数据共享，积极推进市县数字城市地理空间框架建设与应用，加快智慧城市时空大数据与云平台建设，推进建设信息惠民试点城市。为了促使西咸一体化，咸阳与宝鸡等城市应当加快综合廊管建设，保证其经济发展。

6.3.2.3　地下仓储物流设施布局

陕西拥有重要的战略资源和粮食生产基地，合理建设地下仓储物流设施对于稳定这些地区经济、社会的稳定发展具有积极的保障作用。从目前的仓储物流设施建设情况来看，主要包括地下粮库、油库、水库、物资储备库等。对于总人口超过千万的超大城市群，有必要充分利用地理条件，建设地下仓储物流设施，以应对物资、能源的及时分配和供给。考虑到地下仓储物流建设的特点，在建设过程中：一是要在硬件建设过程中严控质量关，只有在建设过程中采取严格的建设标准，才能保证仓储、物流设施的正常运行，而且要避免地质断层等特殊区域，从而保障仓储、物流货物的安全；二是要装备先进的软件维护和管理体系，积极借鉴德国、日本等发达国家地下仓储物流建设经验，为实施高效率的管理提供有益的帮助。铜川、渭南、汉中、安康、商洛、延安、榆林、杨凌区是主要的资源储备区，应当重点建设地下仓储物流。

6.3.2.4 地下停车场设施布局

考虑到陕西省内交通拥堵和城市道路车位短缺情况，积极建设地下停车场不仅能够提高广场、公园等公共空间利用空间，也能够有效缓解人口聚集及交通繁忙地区的流通状况，促进各种交通工具间如私家车与公共交通间的衔接。因此，一是要结合城市人群和商业聚集区的分布特点，科学设计地下停车场的选址，并按照车型标准设计车道尺寸，尤其是根据地下停车场的空间与功能区分布，车道设计的路线方式可采用双车道双向行驶，避免车流量大时造成的拥堵。二是要保障设备管线尽量采用风道平行设置、尽量不要设在风道下方，且各类管线交叉点不要设在主车道处，使“主风道”靠近车道边侧设置，降低安全隐患。三是要建立安全高效的防火体系，准确划分防火分区、人员安全出口，规定每个防火分区内，人员安全出口不应少于两个，楼梯间尽量分散布置。四是设计高效的地下排水体系，降低地下停车场出现严重积水的可能，避免地下停车场出现返潮、泡水、发鼓、脱层等现象。依据人口密度，西安将是地下停车场布局的重点区域，其他县市应当在适宜区域进行建设。

6.3.2.5 人防工程设施布局

人防工程是城市地下空间的重要组成部分，其建设需要结合城市总体规划。随着关中地区经济地位的提升，人防工程的重要性逐渐凸显出来，为了保障经济和社会安全，在该经济区内发展地下人防工程设施时：一方面，根据不同城市发展定位，针对特殊功能区建设相应的人防工程建设，既保证不同地下人防工程满足特定目的的需要，也能够在紧急情况下作为人民群众、物资等资源的遮蔽地点。另一方面，在特定城市区内或者工业园区内，积极借鉴京津冀、长三角等城市群建设理念，在城市地下轨道、物流管道等的建设过程中，应该按照应急管理的需要，设计必要的人防工程空间比例，构建必要的人防工程工事，以满足保存经济发展潜力、有效地掩蔽人员和物资的战略需要。

6.3.3 建设立体城市

6.3.3.1 城市综合容积率的历史经验分析

容积率是反映城镇建设用地的利用效率的一项重要指标，同时也是评价城市土地开发利用的合理程度的重要指标。容积率过高，将带来诸如交通拥堵、居住环境质量下降等“大城市病”，影响城市的生态安全；过低则会造成土地利用效率低、土地浪费，对于像我国这样耕地资源匮乏的国家来说，还会引发粮食安全问题。如表 6-9 所示，国内大城市的总体容积率基本在 0.8~1.0，大体随纬度的增加而降低，但变化幅度不大。最北的哈尔滨最低为 0.68，偏南的重庆由于位处山地，发展空间受限，容积率最高为 1.02。由于总体容积率包含了山川湖泊等因素，不具有可比性，下面我们就居住容积率、商业用地容积率以及工业用地容积率等分别进行分析。

表 6-9 主要大城市综合容积率

地区	容积率
北京	0.82
上海	0.87
深圳	0.98
重庆	1.02
哈尔滨	0.68
东京	0.99
纽约	1.23
伦敦	0.84

（1）居住用地容积率。

如表 6-10 所示，我国城市居住用地容积率一般依据国家有关标准以及各城市根据自身情况制定的标准进行控制。根据国家标准《城市居住区规划设计规范》和各城市的地方规定，居住区容积率根据不同住宅层数、不同气候区划，取值在 1~3.5。新加坡的大多数以高层为主的居住用地容积率为 2.8~3.0，仅有少量特殊地块达到 4.0。日本东京由于日照间距限制、高度限制等，除低密度的别墅区外，各类住宅的实际容积率为 2.36。我国城市与国外城市的居住用地的容积率的允许值及实际建设容积率总体相差不大。国外大城市的居住用地的最大允许容积率高

表 6-10 我国部分城市居住用地容积率控制指标

城市	哈尔滨	北京	上海	重庆	武汉	深圳
纬度	45	40	31	30	30	22
低密度	—	0.6~1.0	0.3~0.9	0.9	1.5	1.0
中密度	2.2	1.6	1.0~1.8	1.8	1.8~2.3	1.8
高密度	4.5	2.8	2.5	3.0	2.8~3.2	3.2

表 6-11　西安市在售住宅类物业容积率

项目名称	物业类型	地址	容积率
蓝光公园华府	普通住宅，花园洋房	（西咸新区）天台路与征和四路西南角	3.2
保利和光尘樾	普通住宅，花园洋房，住宅底商	沣东征和四路与太平路十字东南角	2.8
万达西安 one	普通住宅，商住公寓，LOFT	科技六路与唐延路交汇处东南角	3.0
中海长安府	普通住宅	学府大道与翰林路十字东北角	3.1
颐馨·湿地壹號	普通住宅	秦汉大道与灞河东路交汇处向北 200 米	3.49

于我国城市，但是实际建设的容积率与我国接近。这是因为在多数情况下，我国城市规划管理的容积率指标就是实际允许开发的最大值，而国外和地区的城市规划管理通常是使用综合的技术手段进行管理，容积率只是其中的一个指标。陕西近期以高层住宅为主的居住区，容积率指标主要集中在 2.5~3.0。由于我国目前对低密度住宅严格控制，甚至对别墅项目禁止供地，基于此可以判断，近期陕西设高层住宅用地项目的容积率总体仍在 3.0 左右。

（2）商业服务业建筑容积率。

与国外城市比较，我国大城市商业服务业设施用地的容积率不仅不低，而且随着我国经济实力的增强，北京、上海等城市的中央商务区在规划规模和容量方面已经超过了其他亚洲城市。如东京商业服务业设施用地的平均容积率为 4.25，其中写字楼比较集中的新宿副都心为 6.25；新加坡中央商务区目前建成的地块中，大部分地块的容积率为 5.6~8.4；北京商业中心用地的容积率基本在 10.8~

表 6-12　西安市在售商服物业容积率

项目名称	物业类型	地址	容积率
汉华曲江中心	标准写字楼，商住公寓	曲江雁翔路与雁曲五路十字向东	6.97
SPRING+钛茂	标准写字楼，酒店写字楼，总部园区	欧亚大道与兴泰四街交汇处	5.5
KingMall 未来中心	商住公寓	城西昆明路 330 号	8.41
天地源悦熙广场	商住公寓，LOFT	高新太白南路与电子三路交汇处东北角	4.96
星河 9 号	商用公寓	长安东长安街与神舟四路十字东南角	5.48

21.64，远远超过了国际水平，而陕西省西安市商业用地容积率在 1.7~8.5，基本上与国际水平持平，商业服务业建筑容积率过高。

（3）工业用地容积率。

我国目前针对工业用地的容积率控制的规定主要是自然资源部发布的《工业项目建设用地控制指标》，其中根据行业分类，要求工业建设项目的最低容积率在 0.5~1.0。北京市规定，除工艺流程或安全生产有特殊要求的项目外，在中心城区，工业用地的容积率一般为 1.0~2.5；在中心城外地区，工业用地的容积率一般为 0.8~2.0。重庆市根据城市的密度分区规定工业建筑的容积率不得低于 0.9~2.0。《上海市城市规划管理技术规定》规定工业建筑的容积率为 1.0~3.0。在实际建设中，北京市城六区的工业用地的平均容积率是 0.7；就工业集中的开发区来说，北京亦庄工业用地的容积率基本在 0.8~1.5，天津经济技术开发区工业用地的容积率为 0.39，由于开发区早期建设多以招商引资为目的，不重视土地开发强度，加之建设所谓低密度“花园工厂”的认识，使早期工业项目的容积率更低。

因此，从整体看来，目前陕西仍处于经济发展较低水平，居住容积率与全国水平一致，但工业用地容积率以及商业用地容积率低于适度水平，因此适合发展立体城市。

表 6–13　陕西省工业物业容积率

项目名称	物业类型	地址	容积率
丝路融豪工业城	厂房	高陵西高路与旅游大道	1.04
中电光谷 CEC 信息港	园区，厂房，研发楼，办公楼	草滩十路与尚稷路十字 1288 号	3.06
中南高科·西安渭河云谷智造基地	厂房	西安市临潼区秦王二路与渭水七路十字西北角	2.0
鄠邑区大王镇	厂房	鄠邑区大王镇	1.0

6.3.3.2　陕西省建设立体城市的布局思路

从二维“摊大饼”布局向三维空间立体布局转型。

从整体效应来看，立体空间布局主要有以下功能：①从环境效应角度来说，更密集的城市生活可以使公共交通更有效率，更好地促进步行，更有利于建筑的隔离和与近邻共享服务，通过减少能源消耗，提高能源效率的双向引导，提升城市发展进程中的能源效率。②从经济效应角度来说，一定规模的基础设施就能服务较多数量的城市居民，这样能降低城市建设和管理的基本成本，通过减少基础设施的成本投入，提升城市发展进程中基础设施的利用效率。③从社会效应角度来说，人口更大的集中将会形成更加密集、更加多样的生活方式，这就意味着更广泛的健康、文化、娱乐、休闲和其他服务会以更为亲密的方式呈现，通过多元且自由的娱乐方式提升城市居民自我实现的效率。

应当树立从二维“摊大饼”布局向三维空间立体布局转型。即发展坚持新城市、发展新产业、形成新业态，保护历史文化、保护生态、保护农民利益。以“大开大合”规划理念，形成“核心板块支撑、快捷交通连接、优美小镇点缀、都市农业衬托”的城市格局。实现人口承载力和集约用地两个目标。其整体思路主要有以下三点：

(1) 竖向发展，将城市发展从“摊大饼式”向“三维立体式”转变。立体城市将以往分散在地面的各种设施，通过科学规划设计垂直分布在立体的空间结构里，通过垂直空间的集约化设计，大大提高土地资源的利用率。把原有平面无序延展的城市集中起来，向垂直空间方向拉伸，改变原有居住模式，高效利用了土地，为城市里自然与城市农业发展留下空间，推进城市立体竖向发展。

(2) 大疏大密，立体城市分为敞开田园和集中居住两部分。立体城市把建筑集约在 1 平方千米的土地上，发展高端服务业、绿色低碳、持续发展、先进技术于一体的微型城市，形成“大密”的城市发展形态。在城市周边开展观光和生产型农业，不仅为居民带来了绿色写意的田园风光，还创造出“人在园中，城在田中”美丽景致，体现了立体城市所倡导的景观绿化和生活生产兼顾的双重功能，形成“大疏”的田园观光区。

(3) 产城一体，人居生活与生产相结合。立体城市不仅具备现代化城市功能设施，如住宅、商业、酒店、制造业、学校、医疗卫生、立体农业等，充分满足人们的城市生活需求。而且，通过发展产业为生活在城里的人提供充足的就业机会，解决传统规划单一的城市区间人流走势，形成城市内部的流动和活力。这样既减低了内外交通压力，又创造了本地的经济价值，使人们真正生活在全功能城市空间中，形成城市产城一体的可持续模式。

6.3.3.3 陕西省建设立体城市的基本布局

本部分以西安市为例，探讨立体城市的基本布局。从立体城市的功效来看，基于人口密度和人均 GDP 的分布可以作为立体城市布局的指导原则。图 6-33 给出了西安市 13 个区县的人均 GDP 与人口密度图示，从图中可以看出，建设立体城市可以以人口密度和人均 GDP 均超高的莲湖区向西进行立体城市的改造。

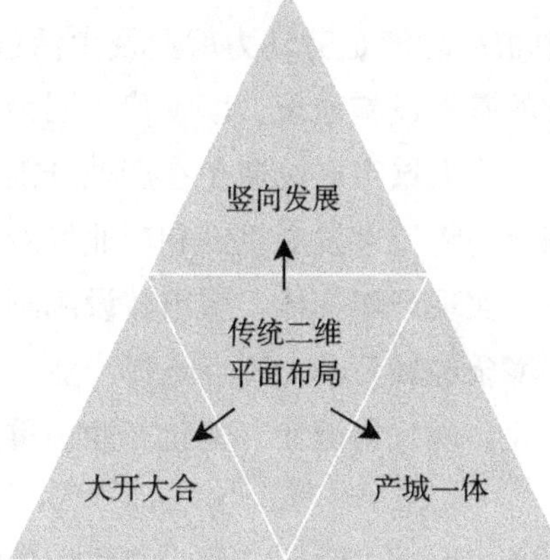

图 6-32　陕西省建设立体城市布局的总体思路

资料来源：《陕西省统计年鉴》《中国统计年鉴》。

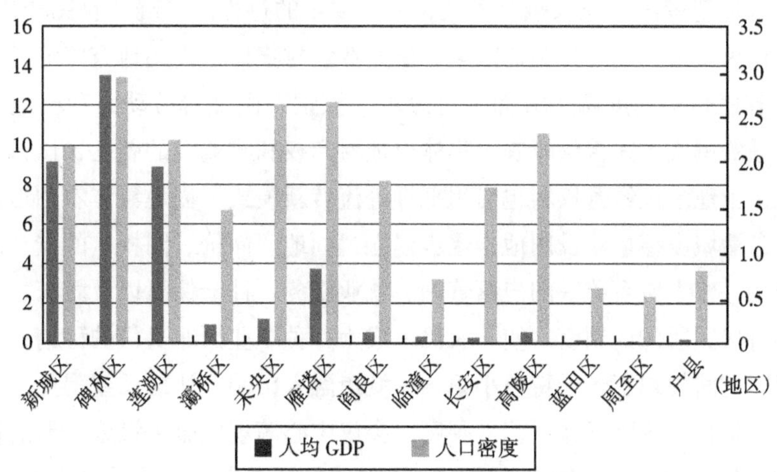

图 6-33　2017 年西安市人均 GDP 与人口密度

（1）大开大合，划定城市发展边界。按照"现代田园城市"大开大合的规划建设理念，构建新区"一河、两带、四轴、五组团"的城市发展格局，发展"核心城区板块、小城镇、村落小镇"的市镇体系。布局了市区九大组团，每个新城均有明确的产业布局和功能定位。通过两条帝陵遗址带，渭河、泾河、沣河三条生态景观廊道，以及组团间楔形绿地为分隔，形成"廊道贯穿、组团布局"的"大开"城市总体空间形态。在城市组团间的敞开空间发展复合型田园农业，形成特色鲜明的优美小镇。

（2）产城一体，打造产业园区升级版。加强产业—社区型城市建设，增强产业集群和居民生产生活配套服务功能，能够有效地减少交通和环境压力，克服“城市病”。围绕产业集中布局和满足劳动力就业及生活条件、方式改善的需要，加快产业园区、产业集群的基础设施建设，以现代田园为依托，围绕都市发展城市组团，实现产城一体，让广大城市居民避免在产城分割的格局中耗费精力，提升幸福指数。在发展机制上，将城市发展机制和产业发展机制相契合，以就业和城市功能为导向布局产业，实现产城一体，城市建设刚刚启动，产业项目已基本布局到位。综合资源、环境条件和劳动力特点选择产业，更加注重以就业为核心来布局产业，以信息服务业、现代物流业、文化产业为重点，大力发展战略性新兴产业。

（3）城乡一体，推动以人为核心的城镇化。城镇化是促进城乡互动相融的过程，就是城镇与乡村这两个不同质的经济社会单元和人类聚落空间，在一个相互依存的区域范围内，谋求融合发展，协调共生的过程。围绕“农民转化为市民、农业转化为城市产业”的关键问题，研究在农村集体建设用地有序流转制度和农村人口有序转移制度两个方面推进改革。探索农民带着劳动力和土地“两个资本”进城的模式。完善保障农民集体土地财产权和收益权的制度，试行土地权益股份化、土地承包经营权转包出租抵押等流转新模式。创建集体农用地流转补偿机制，盘活城乡存量建设用地，逐步建立“同地、同价、同权”的城乡统一建设用地市场；建立城乡统一的户籍管理、就业服务、社会保障以及教育、医疗等制度，实行居民居住证制度，使“农民”成为一种职业而非身份的称谓；在城市的开敞田园空间规划了若干特色小镇，让城市融入田园，让居民望得见山水、看得见田园，集合了休闲餐饮、艺术画廊、会议中心等现代服务设施，形成符合都市服务功能的现代农庄，使农业成为高附加值的都市产业；通过农地确权、流转，建设现代农业园区，部分农民进镇落户，农民既是土地拥有者，又是职业农民，实现了让农民带着劳动力和土地两个资本进城的目标。

（4）融入自然，保护生态环境和历史文化。注重生态建设，以“生态廊道”的概念，强调利用山川河流、利用大遗址保护区进行大面积绿化，保留相当一部分农田作为城市的生态功能区、生态廊道。在城市核心区以绿化景观为首选，以软质的绿地广场代替硬质广场，并结合文化雕塑、园林小品，构成绿地广场，形成城市的缓冲带。

（5）创新城市建设模式，创造市场导向、企业为主体的城市建设模式。在城市发展模式上，改变了以往政府主导的模式，代之以市场导向、企业主体的模式。推动城市管理、社区公共政策创新，提供良好的制度环境。未来城市的管理模式主要以社会化和市场化的社会管理模式为主，明确政府在城市管理的地位和作用，以少量的政府执法人员和大量的企业人员共同管理城市，并且城市的公共管理、公共服务机构可以引入村委会、居委会选举的办法，在局部进行一些改革试验。

6.3.4　建设智慧城市

6.3.4.1　陕西省建设智慧城市的思路

智慧城市是新一代信息技术支撑、知识社会下一代创新环境下的城市形态。试点城市通过智慧城市（区、镇）的实践，从政府和企业角度，促使城市“不得病”“少得病”和“快治病”，保障城市健康和谐发展；从企业角度，利用智慧城市技术手段，提升企业自身运营效力、降低运营成本、提升竞争力；从百姓角度，让百姓感受到智慧城市带来的“便民”“利民”和“惠民”，给百姓生活方式带来更好的变化。

第一，土地利用空间导向。在严格控制新增建设用地占用耕地以及耕地保有量等规划指标控制的前提下，进行用地布局调整。工业用地尽量向工业基础强且具有发展优势的地区集中，将保护、开发耕地的任务更多地交给那些工业基础薄弱且适合发展农业的地区。通过土地利用类型的置换和用地布局的调整，产生块状经济和规模效应，促进产业链的形成，提高土地效益。

第二，土地利用结构导向。规划调整农村和城镇用地，增加农田保护面积，开发土地利用潜力，合理开发利用城镇土地，提高环境调控能力。控制城市及工业园用地，保护耕地面积，提高土地利用率。

第三，空间综合利用率导向。在智慧城市地下空间的综合开发过程中，城市地下综合管廊、城市智能地下立体停车场和城市防涝地下水道这三者将是地下空间开发的重要组成部分。城市地下综合管廊将成为地下管线综合体，可以改善线路混乱等缺陷；智能地下立体停车场用以缓解车位少停车难等矛盾；地下水道则用以解决城市内涝排放等问题。针对建设推广过程中遇到的问题，提出相应的发展建议，引导地下空间科学有效发展。

6.3.4.2 陕西省建设智慧城市的基本布局

首先是建立全省统一的数据资源网；其次把社会上各类政务数据、社会数据、企业数据汇集到一起，形成数据资源池；最后推行数据的开放和开发利用，并在惠民服务、政府治理、产业发展等方面开发出一批高效务实的创新应用项目，提高全省城市综合管理和服务质量。

建立“五横两纵”的新型智慧城市建设技术架构。“五横”是新型智慧城市建设的核心。它主要分为五层：第一层为基础资源层，主要包括机房、计算资源、存储资源、网络等信息化基础设施；第二层为数据汇聚层，是在第一层的基础之上，要搭建汇聚政府的、社会的、企业的各类数据资源的数据共享交换平台等公共软件；第三层为数据管理层，汇聚起来的数据在这一层要进行标准化处理，形成人口、法人、地理信息等基础数据库和一些专属的数据库，形成标准数据；第四层为新型智慧城市应用支撑层，构建相应的应用支撑系统；第五层就是智慧应用层，广泛开展智慧交通、智慧医疗、智慧环保等政府、社会、企业和市民都需要的智慧应用软件。“两纵”是新型智慧城市建设的保障。一方面指的是要制定相应的政策法规和管理制度，另一方面要有相应的标准规范和安全保障措施。

6.3.4.3 陕西省智慧城市建设试点

通过智慧城市试点工作，城市信息化基础设施更加完善，城市现代化管理水平显著增强，智慧应用效能明显，形成以信息化公共平台为基础推进惠及城乡居民的智慧城市基本框架。形成具有特色的智慧城市投资、建设、运营、管理、服务体系。陕西省智慧城市的建设，应优先选择为民服务、条件成熟、特色鲜明的领域进行试点，具体要求和组织保障有力、政策保障到位、示范作用突出、支撑、实施、服务及运营主体明确。目前，全省数字城市、智慧城市建设工作已在西安、榆林、咸阳、安康、汉中、铜川、渭南、杨凌示范区完成建设，其他城市正在积极推进中。

6.3.5 加强城市绿化

6.3.5.1 城市绿化的基本思路

城市绿地的创建、发展、更新、蜕变，既能相应体现社会大众对于审美意趣、精神文化、人居环境、自然生态、健康生活的理解与追求，也总与城市空间形态及功能结构的表象特征与内生动因协同相关。西安是陕西省的一个缩影，陕西省应采用“适古应今，内聚外合，景城相协、人地共生”的绿地格局演进模式，这将有助于陕西省更好地建立城市绿地与生态空间协同发展的生态城市。

城市绿化工作的指导思想是：以加强城市生态环境建设，创造良好的人居环境，促进城市可持续发展为中心；坚持政府组织、群众参与、统一规划、因地制宜、讲求实效的原则，以种植树木为主，努力建成总量适宜、分布合理、植物多样、景观优美的城市绿地系统。

由于陕西省各地城市经济、社会发展状况和自然条件差别很大，各地应根据当地的实际情况确定不同城市的绿化目标。为此，要加强城市规划建成区的绿化建设，尽快改变建成区绿地不足的状况，特别是城市中心区的绿化要有大的改观，要多种树、种大树，增加绿化面积，改善生态质量。加快城市范围内道路和铁路两侧林带、河边、湖边、海边、山坡绿化带建设步伐。城市道路绿化应当兼具功能性和生态效果，道路绿化设计充分考虑道路性质，与周边的建筑、交通、基础设施等相协调，绿化带根据道路宽窄和车流量多少选择单行或双行种植，有效分离人流与车流的同时发挥道路照明、管道铺设、净化空气、保护路面等作用。建成一批有一定规模、一定水平和分布合理的城市公园，有条件的城市要加快植物园、动物园、森林公园和儿童公园等各类公园的建设。居住区绿化、单位绿化及各类建设项目的配套绿化都要达到《城市绿化规划建设指标的规定》的标准。住宅区周边设计绿色隔离区减少交通喧扰，小区内绿化规划应充分利用土地，根据裸露土地大小设计花园型、草坪型、庭院型等多种绿化格局。商业区绿化通过规定单位庭院绿化标准、推行花园式单位建设、主体绿色单位建设等加强单位绿化建设，结合办公区域特点主要采用花卉绿植等进行装饰，营造清新惬意的氛围。要大力推进城郊绿化，特别是在特大城市和风沙侵害严重的城市周围形成较大的绿化隔离林带，在城市功能分区的交界处建设绿化隔离带，初步形成各类绿地合理配置，以植树造林为主，乔、灌、花、草有机搭配，城郊一体的城市绿化体系。

6.3.5.2　陕西省建设绿地的布局形式及规划

第一，建立完善的城市绿地系统规划结构体系，形成自然绿色空间结构，结合当地自然条件，维护和强化整体山水格局的完整性和连续性，保护和发扬地方自然特色。政府行政管理部门应当积极地做好城市绿化规划工作，加强宣传教育和宣传力度，提高人民绿化意识，规划编制工作充分考虑区域发展特点和人口结构，立足当下放眼长远相应制订短期和长期规划，根据人口分布和区域位置设计建设相应的区域园林，使城市绿化建设具有生态功能性和环境适应性。同时，对已经建成的绿地进行定期考察和生态效益评价，整理城市绿化生态效益基础数据，为行政部门进行生态城市建设提供理论支撑。

第二，加强从区域的大空间范围整体考虑城市绿地系统规划。21 世纪的城市绿化建设方向应当是充分利用土地和空间的高效率、立体化、可持续性发展，因此可以充分藤蔓植物形成绿篱、绿墙，既能美化环境，也能改善人居环境。

第三，建立城市绿色生态保护绿地结构，保护和恢复河流湖泊、海岸、山体、湿地等生态敏感区的自然属性，保护和建立多样化的乡土生境系统，并注意增强其完整性和连续性。加强城市园林建设，充分发挥城市园林在保护环境、美化城市、休闲娱乐等功能的同时考虑种植果树、药材、建筑用料等经济性植物，使城市绿化建设兼具欣赏价值和经济价值。

第四，结合城市地脉特征、史脉形象、人脉内涵，从场所文脉主义角度建设城市绿地系统，建立体现城市自然、历史和人文文化的具有个性和内涵的特色绿地空间结构。我国幅员辽阔，区域特征明显，不同城市地理环境和自然条件各异，因此城市的发展水平、绿化基础、布局特点也有很大差别，因此城市绿化规划的布局结构、面积大小、定额标准要充分考虑实际，结合当地人文、历史、地域特征进行设计。

第五，最大可能地与城市其他功能建设相结合，准确地预测和科学地把握城市的发展趋势，规划建设与城市发展相一致的弹性的、动态的，并具有积极引导性的复合功能城市绿地系统布局结构。城市绿化建设应当与住宅区、商业区、基础设施、公共交通的建设做到协调统一，充分利用闲置土地，不侵占其他建设用地，提高土地利用率。在城镇用地布局上提高土地使用效率，尽量不占用耕地，利用荒山、低洼等劣势地形进行绿化布局，因地制宜考虑绿化种植对周围环境的作用如防止水土流失、阻隔噪声污染、美化环境等相应选择种植品种，常绿树与落叶树结合保证四季常绿，花草灌乔结合丰富绿化内容，普通树与花果树结合发挥经济效益。

第 7 章　陕西省文化遗址保护与利用

陕西文明史源远流长，文化遗产浩如烟海，散落在三秦大地。这些文物资源，作为中华民族悠久历史和民族精神的物质见证和载体，是三秦儿女的宝贵财富，更是全民族建设共有精神家园的重要基石。因此，陕西的土地空间规划必须包括对于土地空间中所存在的文化遗址的保护、利用和规划。如何充分保护开发和利用文化遗址，使土地空间规划得到和谐发展，进而促进全省的社会经济和谐发展，成为土地空间发展规划中必须研究和解决的问题之一。

7.1　陕西省文化遗址现状分析与评价

7.1.1　陕西省文化遗址分布现状

7.1.1.1　陕西省文化遗址分布情况

陕西省作为十四朝古都定都之地，中华最具盛名的周、秦、汉、唐几千年历史都在这里上演，整个三秦大地遗留了大量珍贵的历史文化遗址。根据前面的范围定义，通过查阅《陕西省文物保护总体规划（2016~2030)》，归纳出陕西省文化遗址分布现状。

本书相关的文化遗址包括：不可移动文物、历史文化名城名镇名村，以及线性遗址。下面分别用文字说明及图表归纳其分布的情况。

（1）不可移动文物分布现状。

根据第三次全国不可移动文物普查资料统计，陕西有各类不可移动文物 49058 处，其中古遗址 23453 处、古墓葬 14367 处、古建筑 6702 处、石窟寺及石刻 1068 处、近现代重要史迹及代表性建筑 3213 处、其他不可移动文物 255

处。其中 235 处被公布为全国重点文物保护单位、811 处被公布为陕西省文物保护单位、3172 处被公布为市县级文物保护。

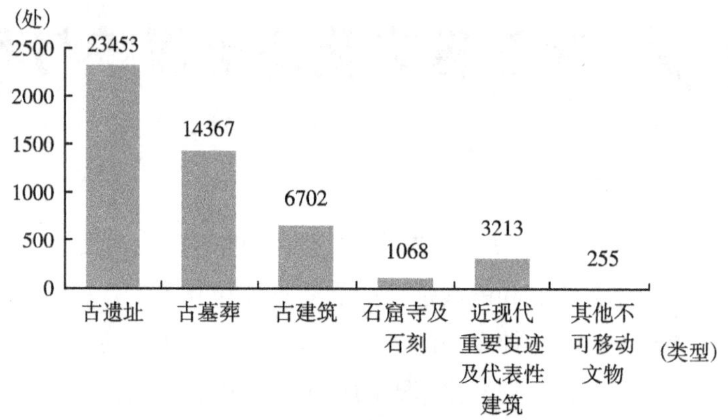

图 7-1 陕西省不可移动文物数量统计

1）全国重点文物保护单位。

截至 2015 年，国务院共公布全国重点文物保护单位七批，陕西共有 235 处列入，这些文物保护单位是陕西文物资源中的精粹，其保护管理状况相对较好，“四有工作”较为完备，是各级文物行政部门开展日常工作的主要对象，部分已经对外展示开放，社会影响较大。

2）陕西省文物保护单位。

截至 2015 年，陕西省人民政府共公布陕西省文物保护单位六批，合计 811 处，这些文物保护单位是陕西文物资源的重要构成，其保护管理工作初见成效，“四有工作”有待提升，是各级文物行政部门开展日常工作的次要对象，少部分对外展示开放。

表 7-1 陕西省全国重点文物保护单位数量统计（按类型分）

遗产类型	数量（处）	比重（%）
古遗址	78	33.19
古墓葬	37	15.74
古建筑	91	38.72
石窟寺及石刻	12	5.11
近现代重要史迹及代表性建筑	16	6.81
其他	1	0.43
总计	235	100

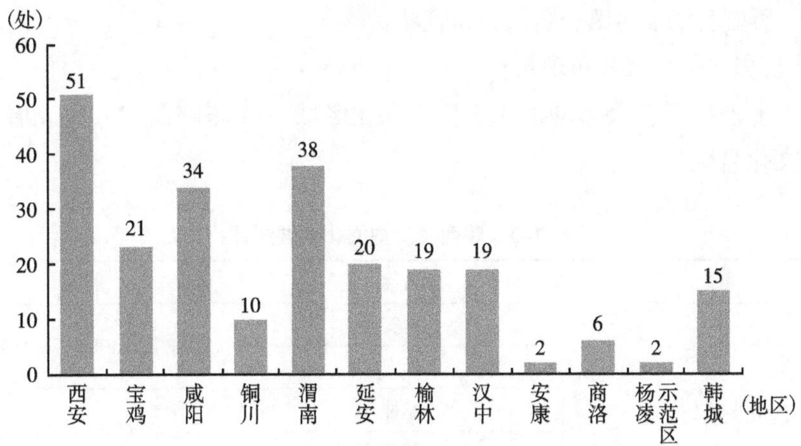

图 7-2　陕西省全国重点文物保护单位数量统计

表 7-2　陕西省级文物保护单位分类型统计

遗产类型	数量（处）	比重（%）
古遗址	271	33.42
古墓葬	262	32.31
古建筑	121	14.92
石窟寺及石刻	92	11.34
近现代重要史迹及代表性建筑	52	6.41
其他	13	1.60
总计	811	100

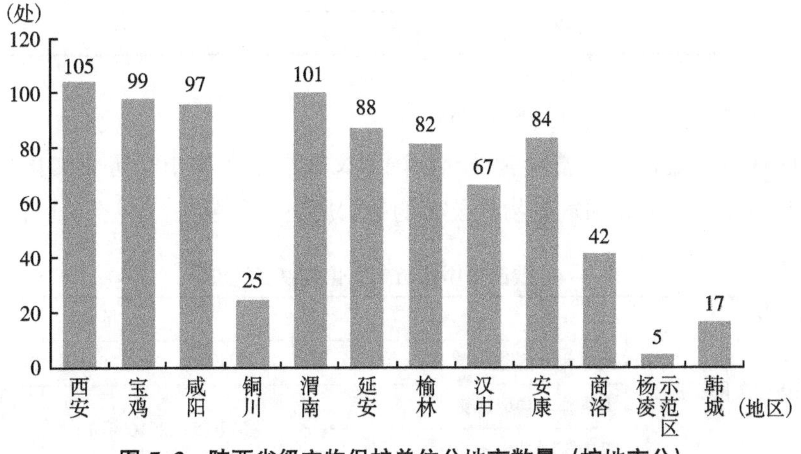

图 7-3　陕西省级文物保护单位分地市数量（按地市分）

（2）历史名城、名镇、名村分布现状。

1）历史文化名城分布现状。

现有 6 座国务院公布的国家级历史文化名城，11 座陕西省人民政府公布的省历史文化名城。

表 7-3 陕西省历史文化名城统计

级别	名称	批次
国家历史文化名城（6 座）	西安	第一批（1982 年 2 月公布）
	延安	
	榆林	第二批（1986 年 12 月公布）
	韩城	
	咸阳	第三批（1994 年 1 月公布）
	汉中	
省级历史文化名城（11 座）	凤翔	第一批（1991 年 3 月公布）
	黄陵	第二批（1993 年 8 月公布）
	乾县	
	三原	
	蒲城	
	华阴	
	城固	
	勉县	
	府谷	
	神木	
	佳县	

2）历史文化名镇、名村分布现状。

陕西现有 7 处住房和城乡建设部和国家文物局公布的中国历史文化名镇，3 处住房和城乡建设部和国家文物局公布的中国历史文化名村。

表 7-4 陕西省中国历史文化名镇名村统计

分类	名称	批次
中国历史文化名镇（7 个）	铜川印台区陈炉镇	第四批（2009 年 9 月 19 日公布）
	商洛柞水县凤凰镇	第五批（2010 年 12 月 13 日公布）
	汉中宁强县青木川镇	

续表

分类	名称	批次
中国历史文化名镇（7 个）	榆木神木县高家堡镇	第六批（2014 年 2 月 19 日公布）
	安康旬阳县蜀河镇	
	安康石泉县熨斗镇	
	渭南澄城县尧头镇	
中国历史文化名村（3 个）	渭南韩城市西庄镇党家村	第一批（2003 年 10 月 8 日公布）
	榆木米脂县杨家沟镇杨家沟村	第二批（2005 年 9 月 16 日公布）
	咸阳三原县新兴镇柏社村	第六批（2014 年 3 月 10 日公布）

（3）线性遗址分布现状。

1）陕北古长城。

明长城在陕西境内主要分布于榆林市的府谷县、神木县、榆阳区、横山县、靖边县、定边县以及延安市的吴起县境内，东与内蒙古准噶尔旗长城相接，再向东隔黄河是山西明长城，西与宁夏明长城相接。墙体长 1170 千米，单体建筑 1151 座，关堡 112 座，相关遗存 53 处，是比较完整并能清晰地看到墙体、烽火台、营堡等遗迹的长城遗址。

隋长城分布于神木县、靖边县、定边县，墙体总长 19 千米，单体建筑 35 座。

秦昭王长城分布于神木、榆阳、横山、靖边、吴起、志丹等县区，墙体全长 459 千米，单体建筑 451 座，关堡 22 座，相关遗存 44 处。

2）秦直道。

秦直道陕西段起点位于淳化县境内，向北进入旬邑县境内，与黄陵县境内秦直道相连，黄陵县境内的秦直道全长 60 千米。直道遗址两侧还保存有垭口、兵站、驿站以及烽火台遗迹。2006 年 5 月 25 日，秦直道遗址被中华人民共和国国务院公布为第六批全国重点文物保护单位。2018 年，秦直道遗址纳入了《陕西省申遗工作规划》，规范进入秦直道保护区域的人群行为，秦直道保护制度化。

3）秦蜀古道。

秦蜀古道是古长安到成都的古道，全长 1000 千米左右。从长安出发，分别从长安子午古道、周至驼峪口的傥骆古道、眉县的褒斜道、宝鸡陈仓道出发，到达汉中，再由汉中到达成都。

4）陕南茶马古道。

陕甘茶马古道这条商道形成于明朝初年，从陕西紫阳始发，再到汉中，再分

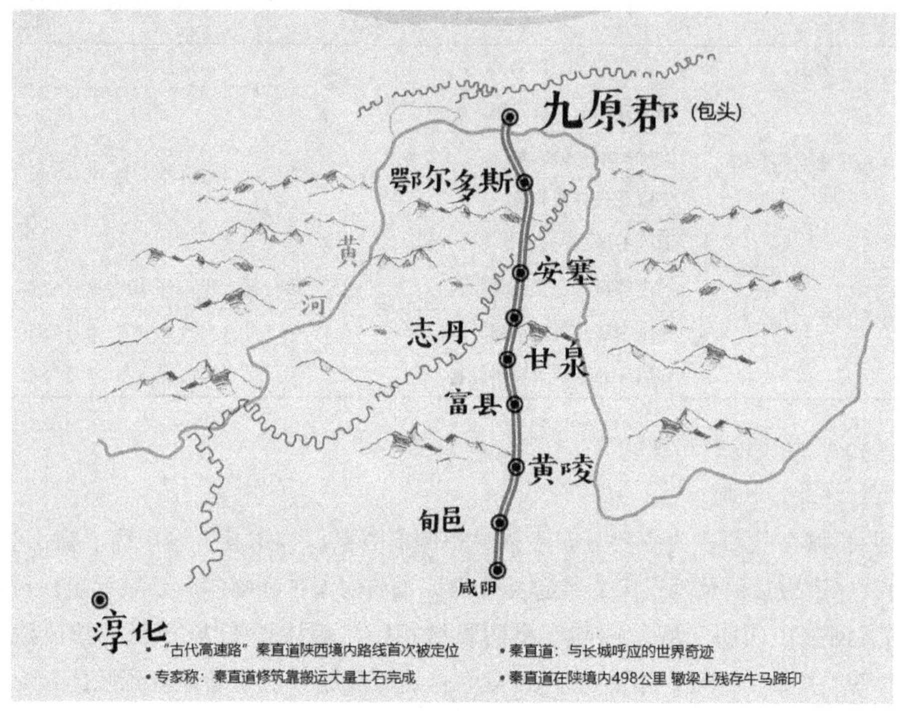

图 7–4 秦直道分布

两路向青藏。覆盖面积很大，是当时联结东西的主要贸易通道。陕康藏茶马古道从西安出发，再分六路汇集到汉中，再到康定，后进藏。2013 年 3 月 5 日，茶马古道被国务院列为第七批全国重点文物保护单位。

5）丝绸之路。

丝绸之路在陕西境内的遗址分布有 7 处，分别为汉长城未央宫遗址、张骞墓、唐长安城大明宫遗址、大雁塔、小雁塔、兴教寺塔、彬县大佛寺石窟。2014 年 6 月 22 日在卡塔尔多哈进行的第 38 届世界遗产大会宣布，中哈吉三国联合申报的古丝绸之路的东段：“丝绸之路：长安—天山廊道的路网”成功申报世界文化遗产，成为首例跨国合作、成功申遗的项目。

6）郑国渠。

郑国渠是古代劳动人民修建的一项伟大工程，属于最早在关中建设的大型水利工程，位于今天的陕西省泾阳县西北 25 千米的泾河北岸。它西引泾水东注洛水，长达 300 余里（灌溉面积号称 4 万顷）。郑国渠在战国末年由秦国穿凿。公元前 246 年（秦王嬴政元年）由韩国水工郑国主持兴建，约十年后完工。2016

年 11 月 8 日，在泰国清迈召开的第二届世界灌溉论坛暨 67 届国际执行理事会传来喜讯，郑国渠申遗成功，成为陕西省第一处世界灌溉工程遗产。

7.1.1.2　陕西省文化遗址中大遗址项目

大遗址主要包括反映中国古代历史各个发展阶段涉及政治、宗教、军事、科技、工业、农业、建筑、交通、水利等方面历史文化信息，具有规模宏大、价值重大、影响深远的大型聚落、城址、宫室、陵寝、墓葬等遗址、遗址群。

陕西省列入“十二五”专项规划有 150 处重要大遗址。陕西省重点大遗址名单如表 7–5 所示。其中陕西省省内大遗址有：秦咸阳城遗址、周原遗址、阿房宫遗址、汉长安城遗址、秦始皇陵、秦雍城遗址、西汉帝陵（含薄太后陵）、唐代帝陵（含唐顺陵）、统万城遗址、黄堡镇耀州窑遗址、丰镐遗址、石峁遗址、杨官寨遗址、黄帝陵；跨省大遗址有：长城（北京、天津、河北、山西、内蒙古、辽宁、吉林、山东、陕西、甘肃、宁夏、青海、新疆、河南、黑龙江）；丝绸之路（新疆、甘肃、青海、宁夏、陕西、河南）；秦直道（内蒙古、陕西、甘肃）；茶马古道（云南、四川、西藏、贵州、青海、甘肃、陕西）；蜀道（陕西、四川、重庆）。

表 7–5　陕西省重点大遗址名单

属性	遗址名称	区位
跨省大遗址	丝绸之路	新疆、甘肃、青海、宁夏、陕西、河南
	秦直道	内蒙古、陕西、甘肃
	茶马古道	云南、四川、西藏、贵州、青海、甘肃、陕西
	蜀道	陕西、四川、重庆
	长城	北京、天津、河北、山西、内蒙古、辽宁、吉林、山东、陕西、甘肃、宁夏、青海、新疆、河南、黑龙江
陕西省省内大遗址	秦咸阳城遗址	咸阳市
	周原遗址	宝鸡市
	阿房宫遗址	西安市
	汉长安城遗址	西安市
	大明宫遗址	西安市
	秦始皇陵	西安市
	秦雍城遗址	宝鸡市
	西汉帝陵（含薄太后陵）	西安市、咸阳市

续表

属性	遗址名称	区位
陕西省省内大遗址	唐代帝陵（含唐顺陵）	西安市、咸阳市、渭南市
	统万城遗址	榆林市
	黄堡镇耀州窑遗址	铜川市
	丰镐遗址	西安市
	龙岗寺遗址	汉中市
	石峁遗址	榆林市

7.1.2 陕西省文化遗址特点与评价

7.1.2.1 特点

（1）从分布来看，陕西文化遗址资源关中地区所占比重高、密度大，陕北、陕南所占比重低、密度小。而且，关中地区文化遗址等级高。以国保单位为例，陕西国保单位中分布在关中地区的占全省数量的72%，达到173处。

（2）从文化遗址资源特色来看，陕西各区域文化遗址资源文化特色显著，主题鲜明。例如，关中地区以周、秦、汉、唐文物遗存价值最为突出；陕北地区，榆林地区以体现边塞文化的长城遗存、少数民族文化遗址及延安红色文化遗址最具特色；陕南以陕南会馆建筑群最具特色（以区域归纳文化遗址分布特色）。

7.1.2.2 评价

（1）陕西文化遗址资源是享誉世界的文化名片，具有文化吸引力。

陕西是著名的文化线路丝绸之路的起点，为东西方文明交流、对话和文化融合做出了重要贡献。当代，闻名世界的秦始皇陵、大明宫遗址、汉长安城遗址等厚重的文物资源是中华民族悠久历史、传统文化的重要载体，已成为研究中外交流和人类文明史的重要资料，成为陕西享誉世界的文化名片，也使陕西成为闻名遐迩的世界旅游目的地。

（2）陕西文化遗址是中华文明的精神标识，具有文明代表性。

陕西众多文物资源是中华民族悠久文明的见证和民族精神的象征。从华夏文明的发展、中外文明的交流到当代革命的发展，陕西文物在一定程度上构成了中华文明史发展的完整序列，是重要的精神标识，凸显了陕西作为中华民族共有精神家园的显著地位。

(3) 陕西文化遗址是中华民族鼎盛时期的代表，具有典型性。

陕西是中华文明的重要发祥地，也是世界早期文明的重要发祥地之一。自西周以来，先后有 14 个王朝在陕建都，历代均留下了众多等级高、价值突出的文化遗存。特别是文明代表程度较高的周、秦、汉、唐遗存，不仅是其所处时代社会、科技、文化发展最高水平的典型代表，也是文明发展辉煌成就的重要见证。就全国而言，这些文物资源等级普遍较高，部分遗存更是同类型的典型遗存或同时代的唯一遗存，显示出了一定的典型性和至高性。

(4) 陕西文化遗址类型丰富、蕴含信息全面，具有多样性。

陕西文物资源时代序列完整，涵盖了史前时期至近现代各时期，文化延续性较强。不同时期的遗存涵盖了大遗址、线性遗产等多种遗产类型，比较全面地反映了中国古代政治、经济、文化、社会生活的方方面面，在一定程度上展示和体现了完整的中华文明史和陕西文明史。

(5) 陕西文化遗址区域特色显著，关中文物具有集聚优势。

陕西各区域文物资源文化特色显著，主题鲜明。西安、咸阳地区以秦、汉、唐文物遗存价值最为突出；宝鸡文物遗存的周文化特色明显；安康、商洛、韩城地区古建筑保存较多；延安地区以革命旧址保护为重点；榆林地区以体现边塞文化的长城遗存最具特色；汉中地区则拥有众多的两汉三国文物资源。

从分布看，陕西文物资源关中地区所占比重高、密度大，陕北、陕南所占比重低、密度小。而且，文物等级越高，关中地区所占比重越大。

(6) 保护难度大，资源类型多为古遗址、古墓葬。

在 49085 处不可移动文物中包含遗址 23453 处，古墓葬 14367 处。

7.1.3　陕西省文化遗址保护和利用的现状及存在问题

7.1.3.1　保护现状

(1) 陕西省遗址保护环境情况。

1) 陕北地区：土遗址类遗存由于气候干旱、降雨集中，均存在水土流失、风沙侵蚀、霜冻等问题，保护工作以遗址加固、防治水土为主；建筑类遗存则多为窑洞建筑，经过多年维修目前保存较好，但仍需加强日常维护；长城遗存保护则应在加快规划、有效管理的基础上，实施保护维修。

2) 关中地区：土遗址类遗存由于夏季降水集中，也存在水土流失、冲蚀、垮塌等问题，保护工作以遗址加固、排水为主；建筑类遗存中国家级保护与陕西省保护单位目前保存较好，应加强日常维护与管理，但低等级文物建筑则普遍缺乏管理，消亡速度较快。

3）陕南地区：土遗址及文物建筑均存在雨蚀破坏，特别对砂石质文物保护不力，潮湿环境同样威胁了陕南出土文物的保存，易产生霉变、脱胶等现象。

（2）保护管理现状。

近年来，陕西各级文物管理机构不断加强和完善，无论从规模、规格，还是人员编制数量上，都位居全国各省、市、自治区前列，这为陕西文物事业健康发展提供了重要保障。

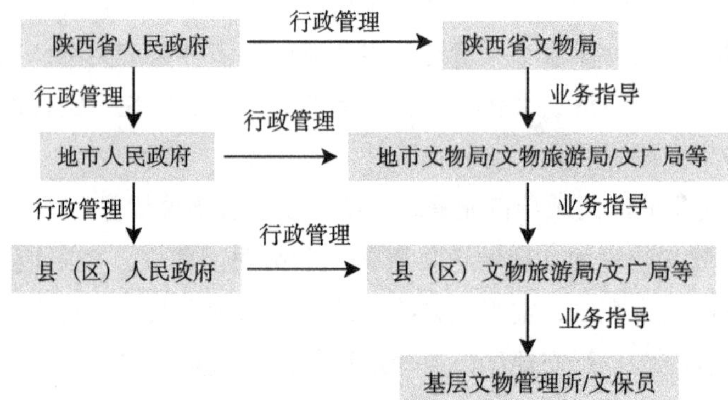

图 7–5　陕西文物管理机构运行机制示意图

陕西文物科研力量主要分布在文物系统、高等院校及相关研究部门。省文物局多年来依托并联合在陕相关高校和科研机构，开展文物保护科学研究及实践工作，并加大基础科技条件建设，形成了以省级专业文物保护机构为主体、高等院校为依托的科研模式。此外，还建立了门类齐全、设备先进、技术领先的文物科技保护体系。

（3）陕西省文化遗址保护法律法规建设现状。

陕西文物工作除贯彻执行国家颁布的相关法律法规外，还制定了《陕西省文物保护条例》等地方性法规，并针对重要文物保护单位制定了专项法规条例，如《陕西省秦始皇陵管理条例》《延安革命遗址保护条例》《黄帝陵保护条例》《陕西省帝陵保护条例》《石峁遗址保护条例》等。

（4）大遗址保护现状。

大遗址是我国文化遗产最重要的组成部分，是构成中华五千年辉煌文明的主体，是中华文明曾经高度发达并对世界文明与进步产生过巨大影响的历史见证。

陕西大遗址保护工作坚持“大遗址保护与当地经济社会发展相结合、与当地群众生活水平提高相结合、与当地城乡基本建设相结合、与当地环境改善相结合”的“四个结合”理念，通过实践探索出文物保护的“五种保护利用模式”(国家公园模式、集团运作模式、市民公园模式、民营建设模式、退耕还林模式)，实施了多项大遗址保护展示工程，使陕西大遗址保护工作的整体水平迅速提高，积累了丰富的大遗址保护工作经验。

(5) 历史文化名城、名镇、名村保护现状。

历史文化名城名镇名村和传统村落是陕西文化遗产保护的重要组成部分。自 20 世纪 80 年代以来，陕西历史文化名城名镇名村保护工作取得了可喜的成绩，遴选出了一批保存文物特别丰富、具有重要历史或纪念价值的历史文化名城名镇名村和传统村落，并按照《历史文化名城名镇名村保护条例》等相关法律法规，规范了保护与管理工作，加大了资金投入。2013 年，国家文物局《关于开展古村落保护利用综合试点工作的通知》中，韩城党家村是六个试点古村落之一。目前，名城名镇名村和传统村落保护已经成为推进陕西城镇化和建设新农村过程中的一项重要工作。

(6) 线性遗址保护现状。

线性遗址横跨多个行政区域，具有独特的历史价值，并随着时代的改变而兴衰。在地理区位上，多处于交通不发达地区，偏离城市发展的重点区域，经济发展相对落后，社会变革相对缓慢。随着线性遗址其历史职能的改变而导致本身职能的减弱，部分地区因为交通位置的差异和与外界交流的改变，从而丧失其关键位置，使其逐渐转变成边缘地带。因发展相对滞后，线性遗址本身所在的村镇与其所在行政区的核心城镇产生了较大的差异而形成文化和心理反差，导致人口外迁，从而加剧了线性遗址区位边缘化的格局。陕西跨省线性大遗址：丝绸之路、秦直道、蜀道、茶马古道、长城被列为大遗址，但保护形势非常严峻。

7.1.3.2 利用现状

(1) 文化遗址利用总体空间格局。

根据陕西文物资源地域分布特点、综合现状、保护需求，为发挥陕西文物的优势地位和资源特色，实现文物事业发展服务公共文化事业、服务社会经济发展、服务国家“一带一路”倡议建设，形成了“一个中心、五条线路、六个重点、十二片区”文化遗址利用总体空间格局。

一个中心：以西咸及其周边区域为中心，重点开展周、秦、汉、唐都城遗址及帝王陵墓，凸显历史鼎盛时期文化风貌。

五条线路：以陕西五条重要的线性文化遗产为轴线，即“丝绸之路”、汉唐帝陵带、陕西长城、秦蜀古道、秦直道，串联沿线文物资源，促进利用发展。

六个重点：以边塞文化、人文始祖文化、红色文化、周文化、两汉三国文化和会馆文化的相关遗存为利用重点，丰富展示节点，拓展资源深度。

十二片区：以行政界线为依据，落实属地保护利用责任制，将全省文物资源利用状况划分为十二个片区，分别为以西安为核心的都城址及唐文化片区、以宝鸡及周边地区为核心的周与先秦文化片区、以咸阳为核心的秦汉文化片区、以铜川为核心的窑瓷文化片区、以渭南为核心的唐代帝陵文化片区、以延安为核心的革命历史文化片区、以榆林为核心的长城边塞文化片区、以汉中为核心的两汉三国文化片区、以安康为核心的会馆文化片区、以商洛为核心的商于古道文化片区、以韩城为核心的早期古建筑文化片区、以杨凌为核心的农业文化片区。

（2）文化遗址申遗现状。

“世界文化遗产”相当于一个“著名品牌”，有了品牌，就有了影响力，对于旅游开发，提升利用经济效益都有好处。申遗最成功的例子就是山西平遥古城，1997 年平遥古城被纳入“世界文化遗产名录”，1996 年平遥古城门票收入为 82 万元，2004 年高达 4760 万元，增长了整整 57 倍。申遗成功，是无形的财富和资产，更利于文化遗址的保护和利用。

陕西现有世界文化遗产三处共九个遗产点。这些世界文化遗产或是陕西乃至中国在世界上文化形象的重要代表，或是人类文明发展历程和中华民族精神的杰出象征，或是我国古代具有世界影响力的都城和古代东西方文明之间交流、对话的历史见证，它们是陕西璀璨历史和文化形象的突出代表。陕西作为佛教“第二故乡”，佛教资源丰富，文化底蕴深厚。特别是佛教六大祖庭均在陕西境内，省政府拟将祖庭打包申遗。目前，陕西各世界遗产地保护管理水平不断提升，不同

表 7–6 陕西现有世界文化遗产统计

名称	列入时间
秦始皇陵及兵马俑坑	1987 年
中国长城（陕西段）	1987 年
丝绸之路：长安—天山廊道路网（陕西段） （包括汉长安城未央宫遗址、唐长安城大明宫遗址、大雁塔、小雁塔、张骞墓、彬县大佛寺石窟和兴教寺塔共七个遗产点）	2014 年

程度地建立了遗产监测管理体制、机构和系统平台，将监测作为一项重要辅助手段应用于遗产保护管理，取得了良好的效果，奠定了良好的工作基础。

（3）文化遗址宣传。

近年来，陕西各级政府及文物部门积极开展文物宣传工作，加大了宣传力度，每年利用报刊、网络各类媒体、注册微信公众号等，刊登陕西文物工作信息几千余条；利用“中国文化遗产日”“国际博物馆日”“12·4 国家宪法日”等重大主题活动，各市和各类博物馆举办了丰富多彩、各具特色的主题活动，提高了全省人民保护文物意识；组织出版相关书籍，如考古资料整理和出版《陕西文物年鉴》《陕西第三次全国文物普查丛书》《陕西博物馆丛书》《丝绸之路文化遗产丛书》等，在面向大众传播文化知识方面发挥着积极作用，并且多部图书荣获“全国文化遗产十佳图书奖”；拍摄了大量的宣传陕西省历史文化遗址的纪录片，比如“大秦岭”“苏醒的军团”“问道楼观”“法门寺”“东方帝王谷”“大明宫”“望长安”“西安 2020”“帝陵”“西安城墙”。

陕西文物展览交流、文物保护科技交流等成果卓著，引世人瞩目。尤其是改革开放以来，陕西文物出国（境）展览数量逐年增多，已在 30 多个国家和地区自主举办、协助举办各类文物展览 150 场次，提升了陕西的国际影响力，传播了中华优秀文化。

（4）打造中华民族文化自信、爱国主义教育宣传基地。

国家共公布了四批全国爱国主义教育示范基地名单，陕西有 11 处，分别为延安革命纪念地、西安事变纪念馆、八路军西安办事处纪念馆、陕西历史博物馆、秦始皇帝陵博物院、黄帝陵、半坡遗址博物馆、洛川会议纪念馆、榆林杨家沟革命纪念馆、渭南渭华起义纪念馆和铜川陕甘边照金革命根据地纪念馆。

7.1.3.3　陕西省文化遗址保护和利用存在的问题

陕西省大遗址的保护与利用大部分采用的是传统方法，即建立遗址保护区或遗址博物馆等。随着经济的发展，城市化进程加快，基建用地不断扩张，加上周围社区产生的生产、生活垃圾不断蚕食遗址，使遗址的生存和保护受到日益严重的挑战。特别是随着经济建设的迅猛发展，遗址保护区与其他地区人们的经济收入差距逐渐扩大，人们的致富愿望日益强烈，不少人将遗址的保护视为经济发展的障碍，纷纷冲破限制，改变土地用途，对遗址的保护构成很大的威胁。

根据《西安市旅游发展总体规划（2005~2020 年）》提交的“城市遗产保护与利用研究报告”的调研，在西安市繁荣发展的旅游业背景之下，遗产保护状况却并不令人满意。这份调研报告的专家组调查了几十处汉、唐古迹遗址和文物，认为总体保护现状不容乐观。导致遗址遭受破坏的情况较为普遍，如在遗址附近修建道路，而且长期以来过往车辆行驶震动，造成遗址裂缝、坍塌。企业直接进驻遗址区，对遗址保护区域的空气、土壤、水质等造成污染，种植业对遗址的破坏等。归纳起来主要有：

(1) 遗址保护存在的表象问题：

1) 人为因素的破坏。

①城市化进程的加快所带来的破坏。如在遗址区修建工厂等，对遗址环境风貌造成严重破坏。

②基础性建设带来的破坏。随着遗址保护区内基础设施的建设，遗址内的违章建设活动愈演愈烈。

③农业生产和生活带来的破坏。种植对遗址的破坏；建筑遗址将因深耕、退耕种树造成毁灭性破坏；农田灌溉水流的冲刷和积淤对遗址也造成破坏。

④不合理的旅游开发造成的威胁。由于错位、超载开发，导致考古大遗址区被人工化、商业化、城市化，结果导致自然度、美感度和灵感度严重下降，自然生态系统遭到严重破坏。

⑤文物盗窃对大遗址造成的破坏。盗掘文物活动不仅会导致大量文物的流失，同时还会对大遗址的构造和布局造成不可挽回的破坏。

2) 自然环境因素的破坏。

①风蚀。在风蚀的作用下遗址的墙面会千疮百孔，有的凹凸不平呈蜂窝状，有的显鳞片状皲裂剥离甚至被风蚀穿透。遗址的墙基大部分被风蚀凹进，很容易造成坍塌破坏。

②温差、地震导致的墙体开裂，产生纵横交错的裂隙。

③雨水冲蚀、冲沟发育。由于裂隙的存在，雨水流入其中形成冲沟不但可加速裂隙的发展还会导致遗址建筑大面积坍塌。

④风化。风化是古遗址地面裸露受自然环境侵蚀最普遍的病害，也是加速上述各种危害发展的重要因素。

(2) 文化遗址保护存在的实质问题。

无论是不可移动遗址还是名城、名镇、名村及线性遗址，都是分布在地上或地下。遗址本来就依存土地而存在，我国现阶段的土地制度设计与我国涉及土地问题的文化遗产保护的制度设计，两者几乎失联。遗址保护和管理失控的所有问题，都要从我国现行的土地制度去追寻，它是产生其他破坏大遗址问题的症结。

1）土地区划性质导致与遗址保护争地。

“集体行动的土地流转交易与政府管制的对抗”：遗址区内的农户或村集体基于土地使用权赋予的承包权、收益权、处置权，按照市场经济机制将自己的土地出租，从收益高的工业和建筑业获取更大收益，从而与“政府关于遗址区农地必须承担文物保护的土地用途管制”规定发生冲突。

2）“遗址区内外土地价格完全受城市规划界限的影响”。

遗址区的农民将自己的贫困归咎于遗址用地的土地管制，对遗址存在怨恨和敌意，加速了遗址区内文物遗址保护用地流转为非农用地的非法交易。

3）“政府规制对文物保护用地的失控”。

由于遗址区内村民和村集体都有将土地流转为非农业用地的强烈愿望，因而村集体组织往往以农户对承包土地有自由处置权为由，拒绝对遗址区内的农地进行管理，并向上隐瞒文物保护用地流转为非农用地事实，导致政府对村庄农地保护和文物保护用地的规制失控。

4）特别是“大遗址”面积广大，占有遗址土地的情况也错综复杂。尽管在现阶段中国的土地法规中，土地从所有制上仍然属于名义上的公有（国有、集体），但实际占有情况（使用权）却有多种情况。

土地空间的规划与遗址保护的矛盾是文化遗址保护最根本的问题。

7.2　国内外文化遗址保护和利用的经验

文化遗产是一个民族的历史积淀，文化遗址作为文化遗产的重要组成部分，其保护理念因各民族文化渊源的影响而有所差异。各个国家在基于其文化遗产特点所开展的对文化遗址的保护和利用工作中，都积累了大量的经验和教训。而这些经验和教训，对陕西省文化遗址保护和利用可起到学习和借鉴作用。

7.2.1　国外遗址保护、开发和利用经验

国外许多国家在遗址管理方面起步较早，针对文化遗址的保护与利用，有较高的创新理念，以及成熟的团队管理，在此方面有着闪耀的成绩。

从世界范围来看，当前遗址保护理念大致表现出三种倾向：第一种是以希腊、土耳其、意大利等国家为代表的欧洲模式，其特点是严格讲求保护的真实性和完整性；第二种是日本模式，主要采取保护与利用协调共进的方式，并注重遗存环境的展示与保护；第三种是美国模式，以灵活多样的历史文化保护体系和政策激励机制为主要特征。

7.2.1.1 欧洲模式

欧洲是近代考古学的发源地，早在 16 世纪就已经产生遗址保护的概念，到 19 世纪末期逐渐系统化、科学化，并在最近一百多年的发展历程中，形成了比较成熟的遗址保护与发展模式。欧洲模式主张保护遗址现状，以保护遗址的原真性和完整性为倾向，这一保护理念在世界范围内具有主导性的作用。希腊通过遗产保护相关法律的约束，古物工作者对古物的修复极为严谨审慎，比如为了保留雅典卫城的原始风貌，对城市的建筑高度、城市密度、城市色彩都做了严格的限制，最终使遗址保护与城市发展达到了完美的契合。土耳其坚持可持续的遗产保护政策，并使当地社区融入遗址保护的实践当中，从而使文化遗产得到妥善保护。意大利在文物保护方面严格保留遗址本身及其周围的地形地貌，残缺部分作为遗址原真性的一部分不会轻率修补，重视遗址遗迹艺术风格的完整统一。

7.2.1.2 日本模式

日本大遗址保护理念在东亚具有一定的影响，尤其是对古代都城遗址的保护已经走在了世界前列。其主要特点是保护对象从物至人，并通过遗址公园的建设，逐渐扩大到遗址周边环境，使保护内容逐渐深化。从 20 世纪 70 年代起，日本大力投入史迹公园建设，使用复原设计和“重建”手段“再现”历史场景，以大遗址及其周围环境为保存展示的主要内容，讲求文化遗产的可观赏性。在保护大遗址的同时，不仅带动了旅游业的飞速发展，也化解了遗址保护与城市发展的矛盾。

7.2.1.3 美国模式

美国遗址保护工作经过近百年来的积累与沉淀，逐渐形成了与其政治、经济体制相适应，并且具有鲜明个性的历史文化遗产保护体系和保护机制。保护主体源于爱国主义情结的私人捐助和民间团体，之后政府给予关注，到如今已经建立起由联邦政府、州政府、地方政府、民间团体和私人共同参与并紧密联结的保护体制。美国的大遗址保护强调以市民为主体，通过建立完整的法律体系和政府机构，在景观控制、环境教育等方面展开多方位的保护运动，在保障遗址区社区能力的基础上，实现历史遗产功能的转换和持续发展。而且因为无论是保护还是再生，其设计的着眼点都在于如何使本地居民生活更美好、环境更宜人，类似的保护运动得以在美国各地、各城镇扩展开来。

7.2.2 国内文化遗址保护和利用经验

国内对遗址保护工作的探索和实践起步较晚，保护形式上也主要受日本的影响，一直采取以“限制型保护”为中心的传统保护模式。这一静态的、以防止遗址受到损害为主要目的保护形式，在一定程度上对保护遗址起到了积极作用。目前尽管全国各地就遗址保护开展了许多相关工作，但多处于探索阶段，并且由于我国遗址复杂多样，保护模式因地制宜各有特色，因此很难用一些基本模式简单概括。根据不同的遗址类型、遗址价值、遗址周边的地理环境特征以及遗址区的社会文化效应，可将遗址保护模式分为遗址博物馆、遗址公园和遗址历史文化园区。

7.2.2.1 遗址博物馆

通过遗址博物馆空间展示手段，可以使人们对遗址本体的历史环境、文化氛围具有良好的感知，并了解到更为丰富的历史文化知识，如北京周口店遗址博物馆、半坡遗址博物馆、浙江余杭良渚文化博物馆、四川广汉三星堆博物馆等。这种形象与意境的构建拉近了遗址与人们现实生活的距离，但这种模式主要是在封闭性空间里的陈列型展示，表现方式较为单一，在人们更多地诉诸真正文化心理需求的现代社会里，不应仅把文化遗产的数量和现存状态作为保护重点，而应更加关注文化遗产在当今社会的生命力、认同度和未来的发展空间。

7.2.2.2 遗址公园

遗址公园模式是将大遗址保护与公园设计相结合，将已发掘或未发掘的大遗址完整保存在公园范围内，运用保护、修复、重新整合、再生等一系列手法对有效保护下来的大遗址进行展示，是目前对大遗址进行保护、发掘、研究、展示的较好模式。从国内大遗址保护工作开展情况来看，遗址公园的类型主要有遗址绿化公园、考古遗址公园、遗址文化公园和森林公园。遗址绿化公园。以保护大遗址本体为主，对大遗址重点实施绿化保护，同时对遗址周边进行环境整治，主要运用于古城墙的保护与展示，最具代表性的案例是北京元大都城垣遗址公园、西安唐城墙遗址公园。大面积绿化使遗址得到了较好保护的同时，改善了城市的生态环境，为居民提供了开放式的观赏、休闲和娱乐空间，使城市发展与遗址保护得到有机结合。但其开放性空间使游客数量不易控制，往往造成对遗址本体以及周边环境的破坏，加大了遗址保护管理的难度。

7.2.2.3 考古遗址公园

考古遗址公园明显特征是将考古遗址作为主体进行展示，同时通过对遗址周边环境的综合治理，逐步恢复历史原貌，确保遗址环境风貌的完整性和真实性。例如秦始皇陵遗址公园、汉阳陵遗址公园、半坡遗址公园等。这类公园主要是依托文物保护与展示发展当地的文化旅游业，从而提高地方在国内外的知名度和美誉度。然而，由于具有较强的专业性，这类遗址公园对于大多数游客来说，不具有重复旅游的吸引力。

7.2.2.4 遗址文化公园

遗址文化公园是将考古发掘的成果，在大遗址的保护范围之外或近边依照历史的原貌，借助于现代技术科学地复原历史场景，同时对遗址进行绿化，使人们从现实与远古历史文化遗址的鲜明对比中体会其丰富的文化内涵。例如河南安阳殷墟史前文化遗址公园。这类遗址公园以保护历史文化遗迹为主，兼具旅游功能，同时带动了关联产业，促进地方经济的发展。然而一旦开发不当，在文物景点和景区内兴建各种商业设施、娱乐设施和旅游接待设施，就会严重污染或破坏大遗址的环境，甚至对文物本体构成严重威胁。

7.2.2.5 森林公园

森林公园的建设多见于城市郊区的大遗址区，以墓葬区为主，其主要特点是将陵墓的保护与城市森林公园的建设相结合，在保护了遗址本体的同时，更从生态保护角度防止了大遗址区的水土流失，提高了城市生态环境质量。如位于邯郸市近郊的赵王陵开辟为森林公园，从建设陵区生态农业林入手，实现大面积的森林覆盖，创造了生态环境效益和经济效益，培育成新的经济增长点。由于这类遗址公园大多位于城市边缘区，快速发展的城乡建设对大遗址保护构成了极大威胁，过多的人力营造和大中型基础设施对大遗址产生较为严重的负面影响。

7.2.2.6 遗址历史文化园区

遗址历史文化园区一般以大遗址为依托，采取大遗址保护区与文化产业园区相结合的方式，将遗址的考古文化研究成果转化为文化产业，从而产生良好的经济效益和社会效益。文化产业园将大遗址文化融入企业文化中，形成极具吸引力的产业，具备文化旅游、科考博览、休闲度假、探索等功能。这种模式以大遗址保护与利用相互促进、协调发展为基本出发点，可配套多个文化产业园区，从不同角度发展文化产业，是实现遗址保护可持续发展的有效途径，在我国具有广泛的适用意义。

7.2.3 国内外遗址保护和利用的启示

7.2.3.1 促进大遗址保护与社会民生、生态环境的互动发展

中外文化遗址保护的实践证明，保护文化遗产是提升一个地区文化形象的重要因素，并且对于提升区域文化软实力与核心竞争力具有重要的现实意义。通过大遗址保护工程的实施，促进产业结构的调整，提高人民生活水平，改善区域生态环境，已经成为历史城市拉动城市经济发展，破解城市发展难题的重要之举。对于大遗址密集分布的关中地区而言，应积极将遗址区社会民生的改善与生态环境的建设贯彻在大遗址保护工作中。遗址区管理部门要在充分认识和理解遗址区居民对于经济发展的强烈愿望基础上，积极引导产业结构的优化和调整，提升遗址区基础设施与公共设施水平，提高遗址区居民的生活质量。与此同时，管理部门不仅要关注遗址本体的保护，更要在遗址区域构建良好的自然环境以及和谐人文环境，以实现遗址区历史环境的整体延续。

7.2.3.2 实现大遗址保护与城市建设的互相融合

大遗址是人类发展进程中的文化坐标，保护好、利用好大遗址有助于进一步提升区域文化形象。通过建成集教育、科研、游览等多项功能于一体的城市公共文化空间，将大遗址建设成城市最具特色的文化景观，不仅有助于改善人们生活环境，推动城市建设，更为区域经济发展构建优越的文化软环境。在关中大遗址保护与城市建设的工作实践中，除对古城格局和整体风貌需严格控制、延续历史脉络外，采取可逆性和可识别性的保护手段，塑造具有较高文化品位的城市空间环境；同时，突出城市个性，注重人性，加强城市的归属感。

7.2.3.3 促进大遗址保护与开发主体的多元化

大遗址保护与开发需要长期大量的资金投入。针对当前关中地区大遗址保护资金短缺问题，建议打破政府包办一切的局面，大遗址资源开发利用应由政府主导型向多元主体转变。大遗址保护与开发要充分发挥社会力量，利用社会资本，鼓励民众的广泛参与，培育社会服务组织，探索建立政府、科研单位和开发主体等多元实体相结合的保护机制。而政府主要从宏观的角度对遗址保护进行全面的协调与规划，并对参与大遗址开发经营的企业进行资质审查。

7.2.3.4 促进大遗址文化旅游产业的发展

促进大遗址文化旅游产业的发展是实现大遗址保护工作可持续进行的重要支撑。通过挖掘以大遗址自身所蕴含的历史信息与文化价值，发展文化旅游产业，能够促进遗址文化传播，提升其文化价值，增加政府财政收入，反哺文化遗址保护。关中地区要以大遗址为文化资源载体，通过拓展遗址文化旅游产业的产业体系，实施大项目带动，增强辐射能力，带动整个城市群遗址文化产业发展，在城市群范围建立起一个相对完整的遗址文化旅游产业体系，形成一个依托大遗址的城市文化生活圈，以规模化发展、品牌推进战略为理念，努力发展特色明显的遗址文化旅游产业集群。

7.3 陕西省文化遗址保护和利用方案构建

方案设计应以国家颁布的法律法规为前提，结合土地空间发展规划范围内的功能定位和发展设想，借鉴国内国外遗址保护和利用的经验，提出文化遗址保护、开发和利用的方案。

7.3.1 设计原则及法律法规

7.3.1.1 设计原则

（1）保护第一。

坚持“保护为主，抢救第一，合理利用，加强管理”。

（2）合理利用。

陕西是中华民族和华夏文明的重要发祥地之一，《关中—天水经济区发展规划》提出把“关中—天水经济区”打造为彰显华夏文明的历史文化基地。陕西的文化遗址是历史留给我们的宝贵财富，对文化遗址不仅仅是保护，更需要合理开发和利用，使历史文化遗址在新时代下不仅发挥中华文明和文化教育的功能，也给当地经济发展创造更大的价值。合理利用，才能更好保护。

（3）项目带动。

坚持项目带动战略，通过实施各项重要保护展示工程和重大文化景区建设项目，整合资源，凝聚力量，充分发挥陕西丰富的文物资源优势，形成布局合理、优势明显的项目集群和产业高地，推动文化遗址保护利用工作的可持续发展。

（4）科学管理。

建立系统、全局的战略保护观。解决好土地权益的问题，是保护好文化遗址特别是“大遗址”的前提条件；建立统一保护管理机构，是实现大遗址保护的组织保证；建立国土、住建、林业、旅游等部门的统一的管理机构，并以文物保护、管理和利用作为该机构的主要责任考核目标。对于那些最为重要的历史文化遗址，还可仿效美国的国家公园制度，建立垂直的分级管理机构。构建科学完善有效的文物保护管理体制机制，为陕西文物保护事业发展提供制度保障。

（5）服务社会。

继续坚持“文物保护与当地经济社会发展相结合、与当地群众生活水平提高相结合、与当地城乡基本建设相结合、与当地环境改善相结合”的四个理念。

7.3.1.2　文化遗址保护法律法规

（1）国家法律、法规与文件。

1）《中华人民共和国文物保护法》（2015）。

2）《中华人民共和国文物保护法实施条例》（2013）。

3）《博物馆条例》（2015）。

4）《中华人民共和国城乡规划法》（2008）。

5）《中华人民共和国土地管理法》（2004）。

6）《中华人民共和国环境保护法》（2015）。

7）《国务院关于进一步加强文物工作的指导意见》（2016）。

8）《中共中央关于全面深化改革若干重大问题的决定》（2013）。

9）《关于加快构建现代公共文化服务体系的意见》（2015）。

（2）地方性法规与文件。

1）《陕西省文物保护条例》（2012）。

2）《陕西省建筑保护条例》（2013）。

3）《陕西省城市公共空间管理条例》（2014）。

4）《陕西省风景名胜区管理条例》（2008）。

5）《陕西省文物系统行政执法人员执法行为规范》（2012）。

（3）国内、国际宪章、公约和文件。

1）《中国文物古迹保护准则》（2015）。

2）《雅典宪章》（1933）。

3)《关于保护景观和遗址的风貌与特征的建议》(1962)。

4)《关于古迹遗址保护与修复的国际宪章(威尼斯宪章)》(1964)。

5)《保护世界文化和自然遗产公约》(1972)。

6)《佛罗伦萨宪章》(1981)。

7)《保护历史城镇与城区宪章(华盛顿宪章)》(1987)。

8)《奈良真实性文件》(1994)。

9)《国际文化旅游宪章(重要文化古迹遗址旅游管理原则与指南)》(2002)。

10)《实施〈保护世界文化和自然遗产公约〉的操作指南》(2005)。

7.3.2 方案构建

遗址文化产业以及其衍生产业,正在成为后现代时期地区发展的重要增长点。在加快农村土地资源改革、推进新型城市化发展的新阶段,重视和加强对遗址的保护,挖掘和弘扬遗址的历史文化价值,已经成为新时期我国实现文化大发展大繁荣的重要内容,也是推动中华文化复兴、提升中国文化国际竞争力的重要之举,更是推动文化产业成为国民经济支柱产业的重要依托。在经济迅速发展背景下,陕西省如何实现遗址保护与地区的和谐发展,在土地空间规划设计中如何实现对土地空间中文化遗址的保护和利用,如何依托本省丰富的遗址文化资源,提升地区的文化形象,带动旅游等相关产业的发展,改善地区的人居环境,让遗址区的百姓从"靠山吃山靠水吃水"过渡到"躺在遗产上享福",达到"多赢"的局面,实现遗址保护从突击式、抢救性、应急式向形成长效机制转变,使遗址保护和利用与土地空间的发展布局和谐共存。

(1)在城镇化推进过程中,遗址本体抢修与旧城综合改造相呼应。

随着陕西经济的加快发展,土地空间规划进入了新的阶段。越来越多的遗址进入经济开发区(农业开发区、工业开发区、城市开发区)。发展给文化遗址保护带来了一定的冲击和破坏。土地空间的发展布局一定要与遗址保护和利用和谐共存。

强化政府对遗址本体保护、抢修和旧城改造的科学部署、统一安排,尤其在决策前要注意积极、广泛地征求专家学者、辖区居民、社会公众的意见。与此同时,应借鉴国内外先进经验,采取各项措施鼓励引入和积极引导民间社会资本在对遗址本体保护和抢修的前提之下,对旧城地块科学合理、稳妥有序地改造开发;充分挖掘遗址的文化传承和科普教育等价值,将其贯穿和拓展到文化旅游、休闲娱乐等相关产业。旧城区改造为生活居住区时，应注意遗址抢修、保护与居民日常生活环境的相融，在改善居民生活环境和方便居民日常活动的同时，利用遗址文化的普及教育功能，提高居民文化素养。需要格外注意的是，在招商引资对旧城区改造的同时，要注意防止和减少对遗址文化的“过度包装”和“泛商业化”开发，尤其要防止对遗址文化的“滥用”和“错用”，遗址的科普教育质量关系到优秀历史文化的继承准确性。

（2）遗址本体保护与新区规划布局相契合。

土地空间特色质量的优劣是评判地区的宜居性与吸引力的重要标准，通过历史文化环境的营造能够提升地区空间的内在品质，从而加强地区空间特色的保护。这就需要在保护历史物质遗存和传统文化内涵的过程中，将传统的因素如文物古迹、历史街区、历史风貌、城市的传统格局以及历史文化传统等，赋之以合理的角色和功能后，契入土地空间设计之中，纳入土地空间总体规划，形成各种保护条例，构成遗址保护的法律法规。在逐步改善地区生活环境的同时，保护包括古城及古城遗址、古建筑等整体空间环境。

（3）遗址环境整治与地区环境改善相融合。

针对不同区域、不同特点的遗址，实施遗址绿化公园、遗址农业园区、历史风景旅游区、遗址历史公园等载体示范工程的建设，在突出每个遗址特色的同时，应注意与周边环境相融合，营造良好的地区环境。例如：

1）建设遗址绿化公园。以保护遗址本体为主，对遗址重点实施绿化保护，同时对遗址周边进行环境整治，大面积绿化对于保持水土、净化空气、调节气候、减少噪声、增加鸟类栖息地等起到了积极作用。环境整治不仅使遗址得到了较好的保护，并且改善了地区的生态环境，为附近居民提供了开放式的观赏、休闲和娱乐空间，是地区发展与遗址保护的有机结合，对于社会和谐、景观审美具有积极的意义。

2）建设大遗址农业园区。针对规模庞大、居民数量众多的大遗址，政府难以拨出大量资金实施保护。通过引导区域内居民依附原有农业，开展一些基础好、效益高、风险低的经济作物休闲观光活动和农业观光活动，建设观光农园、市民休闲体验农业园、现代高科技农业园区等，以此带动居民致富。

3）建设大遗址风景旅游区。本着充分保护大遗址和自然生态环境的理念，将部分遗址区作为旅游景区逐步开发，形成集历史文化、人文景观和自然景观于一体的特色旅游景区。同时，不断完善基础设施建设，创造良好的内、外部条件，形成高品质的集自然、人文和历史景观于一体的旅游环境。

4）建设大遗址历史文化公园。把部分遗址区作为历史文化公园开发，对一些具有重大教育意义的遗址可以酌情采用全部复原或部分复原的方法，将遗址本身及周围的自然环境妥善保存并有效展示，对社会开放。对于不能挖掘或不能完全复原的遗址，利用 AR、VR 等现代信息技术，设计全面的文物及遗址全貌展示系统，把遗址保护与展示相结合，让人们在身临其境中有所感悟和体验。

（4）遗址文化挖掘与产业发展相衔接。

遗址遗迹作为文化的载体，对地区文化氛围的营造具有指示性作用。在遗址的保护和开发利用过程中，以保护为主导的遗址生态环境修复和以利用为主导的文化产业链开发都将为产业发展注入新的活力。遗址遗迹所具有的综合价值，能够提供新的消费服务，满足人们更高层次的文化与精神需求。在人们以各种方式消费这种文化资源的过程中，也带动了遗址文化产业的发展，并渗透其他关联产业，从而促进经济生态的繁荣和持续发展。

（5）选择符合实际的遗址保护模式。目前，我国正处在加速城市化进程中，越来越多的遗址进入都市圈内。在文化繁荣与城市特色化建设的背景下，目前，各地以城市特色化建设之名，假借文化遗址保护进行遗址区域大拆大建，大搞中国“文化景观”类主题公园的现象十分普遍，尤其对“遗址公园”特别是“国家考古遗址公园”极度狂热。因此大遗址保护毕竟是需要投入大量人力、物力、财力的“文明工程”，这种“好大喜功”，往往大大超越了城市经济社会发展的阶段，给城市带来了沉重的负担。如何选择适宜的遗址保护与开发模式，既关系着遗址保护的效果，也关系着城市的发展与遗址区域居民的生产生活。尤其是很多遗址，由于历史悠远，虽然名气很大，历史价值、文物价值可能难以估量，但旅游价值、休闲价值已经不高。如何选择合适的保护与开发模式，既需要因地制宜，更需要管理者的智慧。

7.3.3 大遗址保护方案设计

针对大遗址保护和管理存在的问题，文物行政管理部门和考古、规划和文物保护相关单位也采取了一系列措施，如强调大遗址保护是遗址所在地政府的责任，并积极从国家财政方面加大了对大遗址保护的经费投入，设立了大遗址保护专项资金；再如，强调文物保护，尤其是大遗址保护，要注重考古工作和基础研究，要先行编制保护规划，按规划采取保护措施；还如，为了使大遗址保护受到社会更广泛的关注，为了鼓励地方政府投资保护大遗址的积极性，国家文物局还启动了国家考古遗址公园的评选和建设工作，先后公布了几批国家考古遗址公园。通过这样一些举措，大遗址保护和管理存在的某些问题已经有所缓解，但占压大遗址、蚕食大遗址和在大遗址重要地段深挖土地的现象仍然屡禁不止，之所以仍然存在这种现象，笔者认为，就是我们对大遗址存在的根本性问题分析不到位，迄今还没形成系统有效的保护策略，采取的措施自然也就缺乏针对性或完全是“隔靴搔痒”。要保护好大遗址，需要研究并寻求将遗址所在的集体农用土地流转为国有文物保护用地的制度层面的设计，重要的大遗址需要建立包括权益相关方统一的管理机构，遗址的规划也不能是“自娱自乐”的文物保护规划，而是应建立在有权益和机制制度保障基础上的切实可行的遗址保护与利用的综合规划。

（1）解决好土地权益的问题，是保护好“大遗址”的前提条件。

完善的法律法规体系，是遗产保护和管理得以有法可依的前提条件。我国大遗址保护的核心问题是土地所有权不明确，以及在此基础上形成的公权和私权法律上的不完善，还有在具体处理公共利益时缺乏可以依据的法理程序，使我们文物主管部门在保护涉及大量土地和居民的大遗址时，不得不寄希望于地方政府采取行政手段来处理出现的矛盾和问题。因此，要保护和管理好大遗址，完成大遗址基本构成要素区域的土地转化是基础，土地征收和居民拆迁安置的资金又是保证，而要实现大遗址重要区域的土地征收和居民拆迁安置，中央财政的支持至关重要。

古代人们聚居的地方往往也是现代人们聚居的地方，大多数大遗址现地表的土地利用现状类型主要是耕地和园地，另有一些住宅用地，耕地中还有不少属于基本农田。如果为了文物保护的需要征收集体的耕地，会涉及不少基本农田，转变其用地性质也会有政策上的限制和障碍。因此，探讨土地利用类型是否应该专设“保护用地”之类的新类型或兼顾文物用地和耕地的复合用途类型，也是我们文物保护管理部门和专家应该关注的问题。在我国现行的土地利用现状分类中，“公共管理与公共服务用地”有七个二级类型，没有专门的文物或文化遗产的保护性用地类型，只是风景名胜设施用地“包括名胜古迹、旅游景点、革命遗址等”景点及管理机构的建筑用地。占了国土面积相当比例的包括古遗址在内的文物或遗产保护用地，应该在国家按用途分类的土地用地分类表中有自己的位置。在新的土地空间规划中，明确文化遗址保护用地类型，从而解决遗址保护中土地的矛盾。

(2) 建立统一保护管理机构，是实现大遗址保护的组织保证。

遗产保护，有法可依只是前提条件之一，前提条件之二就是要有执行相关法规和监督法规落实的机制和机构。正如有学者指出的那样，大遗址由于地面有各种不同的利益群体，涉及的管理机构也相当多。除了文物行政和业务管理部门外，还有国土、住建、农业、林业、环保、交通、旅游等行业管理部门，并有乡镇、乡村、街道、社区等直接管理遗址范围内人群的基层政府机构，有的大遗址还专门设立有经济开发区、文化产业园区等，还有的大遗址分属于不同的县区、乡镇、社区等行政管理机构，遗址的保护管理当然就更加复杂。因此，在仍由城市或农村居民居住和生产的大遗址地域建立集合了乡镇、村社基层政府机构，并包含有文物、国土、住建、林业、旅游等部门的统一的管理机构，并以文物保护、管理和利用作为该机构的主要责任考核目标。对于那些最为重要的古代都城遗址，还可仿效美国的国家公园制度，建立垂直的分级管理机构。

大遗址范围广大，除了少数草原荒漠的大遗址外，大多数遗址所在区域内都有城市居民或农村居民。在中国人多地少的情况下，人口密度很大的遗址，遗址范围外也都是人口密集的区域，只有城郊类型的遗址比较容易将遗址上的人口迁移到城市之中，乡村类型的遗址周边都没有空隙地域可以安置整村的拆迁人口，更没有多余的田地可以分配给这些外来移民，不大可能将所有大遗址上的村镇、单位和个人全都迁出遗址范围。在相当长的时期内，大遗址内仍然会有城镇、乡村和文物保护以外的企事业单位。可以探讨仿效高新技术区、经济开发区、工业园区等模式，在重要的大遗址上建立以文物保护和管理为主要目标责任的“遗址保护区”（或“遗产保护区”“文化集聚区”之类），成立包括文物保护、环境保护、居民管理、产业管理（包括生态农业、旅游业）等合一的综合保护管理机构，以集约化的方式解决存在的矛盾，节约管理成本，提高保护管理水平。

(3) 编制好切实可行的综合保护管理规划，是保护好大遗址的技术保障。

“文物保护，规划先行”，全国重点文物保护单位，尤其是大遗址都要求先有规划，然后才能着手制订具体的保护防护方案。这些规划是在现有考古资料基础上，先确定遗址的保护区划，对不同层次的保护区划制订保护规定并提出保护措施，然后再制订一些相关的专项规划，如研究规划、保护规划、管理规划、利用规划等，最后给出实施这些保护、管理、展示所需要的经费。

编制大遗址保护规划，首先应有系统论和系统规划论的思想，要有全局观念，不应将目光只局限在自己受委托编制规划的孤立遗址上。古代遗址范围内，除了草原、荒漠和山区的遗址没有居民或居民很少以外，绝大多数遗址区域的地下是古代的遗址，地面就是现代的乡镇、村社和企业，这些现代的聚落和企业，城市居民和农村居民也各自构成系统。遗址保护需要在维系地下和地面这两个系统的完整性，并在照顾两者之间平衡中做出选择。中国的古代都城、地方中心城市、皇家陵园、大型矿冶遗址等遗址的占地面积都很大，某些历代建都的地区，拥有多个都城及陵园遗址，如古都西安仅都城和皇陵遗址就有周都丰镐、秦都咸阳、汉都长安、隋唐大兴/长安，以及秦东陵、秦始皇陵、汉十一陵等遗址，这些遗址动辄数十上百平方千米。西安市面积不过 10108 平方千米，加上西咸新区的部分咸阳县域，不会超过 15000 平方千米，这个区域内的古都遗址，即使除去规模宏大但边界不清的秦都咸阳外，其总面积也超过了 180 平方千米，而皇家陵寝面积，仅是秦、汉两代陵墓就至少有 280 平方千米（丰镐遗址 17 平方千米、汉长安城 65 平方千米、唐长安城近 100 平方千米：秦东陵 24 平方千米、秦始皇陵 56 平方千米，汉十陵如以汉景帝阳陵 20 平方千米为标准共 200 平方千米，除去位于兴平县的 50 平方千米的汉茂陵），仅此两类遗址就占了西安地区一带 460 平方千米的土地。如果不统筹考虑保护区划、规定和措施，理想化地将自己负责规划的某个遗址用两三个套圈圈起来，并将遗址上的全部乡镇、村社迁往遗址外的某个方向安置，这实际上是很难做到的。

例如秦始皇陵遗址的保护，最初规划不合理，而且由于历史原因，当时仅在遗址核心区陵园外城以内，就住有 3 个行政村、15 个村民小组、1007 户村民、6266 人和 24 个企事业单位。而外城以内部分建筑遗址埋藏较浅，有的仅距地表 30~40 厘米；许多遗迹就分布在民宅、企事业单位院落之下。遗址上修房建厂、农田耕作、凿井修渠、水利灌溉等生产、生活活动直接破坏了地下文物和地面建筑遗存，对文物遗址保护造成极大危害，严重影响了陵园的历史环境和景观，影响了国家的声誉和形象，不如从根本上得到彻底解决，势必将会对秦始皇帝陵这一人类珍贵文化遗产造成难以补救的损失。

陕西省政府协同当地政府及相关部门，在对秦始皇陵遗址考古，特别是边界区划确定后，决定建设秦始皇考古遗址公园。公园建设遵照“整体规划，分期实施”原则，逐步建成以秦俑、石质铠甲坑等若干遗址博物馆为主体的秦始皇帝陵公园秦始皇帝陵博物院。与此同时，完成秦俑馆周边环境治理，并积极创造条件，在未来适当时机，逐步扩大管理范围，满足秦始皇帝陵公园秦始皇帝陵博物院永续发展的需要。临潼区政府主要负责征地拆迁和移民安置工作，为了确保征地拆迁工作按时完成，区政府专门成立了征地拆迁指挥部，完成了全部用地范围的构筑物、建筑物、地面附着物摸底调查，全部征地手续上报省国土资源厅。

经过反复研究，决定采取“统一规划，集中安置”的办法安置村民，安置区定点、定位经省政府同意。新建移民区，区委、区政府的思路借这次机会，使搬迁的村民从以前的单纯农业生产中摆脱出来，引导他们依托秦始皇帝陵遗址公园，从事为旅游服务配套的第三产业。因此，政府对新村进行统一规划，配套道路、水电等基础设施和学校、医院等公共服务设施，在新村中积极策划、实施民俗风情旅游项目，开发旅游纪念品制作、加工、销售市场，把新村建成一个风格独特的农家乐民俗旅游村。

秦始皇陵园总面积为 56.25 平方千米，而考古遗址公园保护面积近 36 平方千米。

只有在查明大遗址的基本构成要素以后，再编制遗址的保护规划，保护规划的保护对象才具有针对性。在把握了某些大遗址的范围边界、道路系统、功能分区、重要节点等的信息，并对这些大遗址的结构、类型、性质、特点有了真正的理解和把握后，保护规划的编制者要首先树立分级保护的思想，将构成遗址边界的城壕城墙、构成遗址脉络的道路水渠、构成遗址重心的宫殿衙署、寺观祠庙、作坊工厂等作为重要的保护对象，在保护区划上要把它们作为重点保护范围，在保护措施上要将这些重点保护范围的土地转变为国有文物保护用地，并在经费预算上要纳入这些重点保护范围的土地征用、拆迁安置、环境保护等项目所需资金额度。

第 8 章　陕西省生态环境建设问题和前景

建立国土空间规划体系是推进生态文明建设的关键举措和重要内容，是实现高质量发展的重要手段，不但是提升治理体系和治理能力水平的必然要求，而且是空间治理体系现代化的基础。生态建设与环境保护是统筹生产、生活和生态空间，控制建设用地总规模，严格划定并执行各类生态红线的基础。

8.1　陕西省生态环境现状及问题分析

陕西省践行“绿水青山就是金山银山”，贯彻“山水林田湖草生命共同体”理念，坚持保护优先、自然恢复为主，以形成生产空间集约高效、生活空间宜居适度、生态空间山清水秀的国土空间格局为核心，以加快建设生态文明为目标，坚持“生活、生产、生态”国土空间均衡布局的问题导向，实施重要生态功能区保护和生态退化地区修复，水土流失治理和退耕还林还草成效显著，保证了汉江“一江清水送北京”，持续开展大气、水、土壤污染防治行动，不但提高了生态建设与环境保护水平，而且形成了布局合理、功能完善的国土空间，筑牢了生态安全屏障。

陕西省在国土空间布局中推进生态空间修复，以退耕还林还草创造了优质的生态产品和优美的生态环境。自 1999 年以来的 20 年里，陕西完成退耕还林还草任务 4039.7 万亩，占全国的 7.8%。其中，退耕地还林还草 1867.5 万亩，占全国的 9%，居全国第一。陕西治理水土流失 9.08 万平方千米，森林覆盖率由退耕前的 30.92%恢复到 43.06%，居全国第 10 位，北方省份第 2 位。2018 年，陕西植被覆盖度 73.17%，以陕北为核心的黄土高原成为全国连片增绿幅度最大的地区。

随着陕西省资源承载压力越来越大，陕西省发展不平衡、不充分的问题更加突出，为此，应将国土空间布局与调控问题上升到战略调整高度上来，增强陕西省空间管控能力，科学有序地统筹布局生态、农业、城镇等功能空间，划定空间管控边界。陕西正处于高质量发展和城市化进程的重要时期，产业结构的转型升级更加迫切，科学评价陕西省资源环境承载能力，是确定功能定位和发展方向、提出国土空间调控需求的基础。

8.1.1 陕西省生态环境现状分析

8.1.1.1 生态保护

陕西省森林面积 13302.6 万亩，森林覆盖率提高到 43.06%。沙化土地面积减少 88.91 万亩，种草保留面积 57 万公顷。城市建成区绿化覆盖率 34.45%，绿地率 28.95%，人均公园绿地面积 10.18 平方米。根据《陕西省划定并严守生态保护红线工作方案》，编制《陕西省生物多样性保护优先区规划》。根据《关于开展“绿盾 2017”自然保护区监督检查专项行动的通知》，开展陕西省自然保护区专项行动。陕西省摩天岭自然保护区晋升为国家级自然保护区，新建陕西省宜川原麝省级自然保护区。截至 2017 年底，陕西省共建立自然保护区 61 个，保护区总面积 1.15 万平方千米，占陕西省国土面积的 5.73%，其中，国家级自然保护区 25 个。

8.1.1.2 环境质量

陕西省累计建成污水处理厂 120 座，实现县区污水处理厂的全覆盖，总设计能力 425.28 万吨/日，城镇污水处理率 83.2%。火电脱硫脱硝装机容量分别占总装机容量的 99.2%、96.4%，新型干法水泥生产线全部实现脱硝，75 平方米以上钢铁烧结机、石油石化催化裂化装置全部完成脱硫改造。

8.1.1.3 空气质量

2017 年，陕西省 13 个市（区）优良天数比例在 42.2%~90.7%，平均优良率为 65.3%，平均超标天数比例为 34.5%。同 2016 年相比，韩城、商洛、安康、西咸、杨凌、铜川、宝鸡、汉中、渭南 9 个市（区）空气质量有所改善，榆林、延安、西安、咸阳 4 个城市空气质量有所下降。陕西省 13 个地级及以上城市可吸入颗粒物（PM10）年均值范围为 63~136 微克/立方米，平均为 103 微克/立方米，安康、商洛达到年均值二级标准（≤70 微克/立方米），其他市（区）超标。细颗粒物（PM2.5）各市（区）细颗粒物年均值范围为 35~80 微克/立方米，平均为 57

微克/立方米，榆林达到年均值二级标准（≤35 微克/立方米），其他市（区）超标。关中平均优良天数同比增加 7.5 天；PM10 浓度同比 2016 年下降 9.8%，PM2.5 浓度下降 8.2%。《大气污染防治行动计划》在陕西省的空气质量改善目标和重点工作任务全面完成。

陕西省以改善环境质量为目标，不断优化污染物总量减排行动。督导落实各市（区）减排指标和重点减排工程任务，完成减排重点工程 71 个，完成率 100%。陕北、陕南完成 21 台 655 万千瓦燃煤火电机组超低排放改造，占区域燃煤火电机组总装机容量的 56%，超过年度目标 6 个百分点。排污权交易总成交额 2.2 亿元，同比增长 70%。在火电行业开征排污权有偿使用费，核发 13 个重点行业 348 家企业排污许可证，核发进度居全国前列。

陕西省推进清洁能源替代，推动散煤治理取得新进展，完成清洁能源替代 84.55 万户，占年度计划的 131%；规模以上工业减煤方面，煤炭消费 5334 万吨，同比削减 342 万吨；燃煤锅炉拆改方面，共摸排出需要拆改的 35 蒸吨/时以下燃煤锅炉 4040 台 5080 蒸吨，已完成拆改 3433 台 3528 蒸吨，拆改率 85%。陕西省累计摸排“散乱污”企业 27705 户，完成综合整治 19449 户，治理挥发性有机物企业 467 家、餐饮油烟企业 7150 家，完成燃气锅炉低氮燃烧改造 987 台。为从严管控机动车污染，陕西省制定了限制性措施和经济激励政策，出台柴油货车避让西安绕城高速指导意见、老旧机动车淘汰更新计划和资金补助办法。陕西省累计推广新能源汽车 2.47 万辆。开展省级人民政府控制温室气体排放目标责任评价考核，陕西省碳强度下降率首次纳入国民经济和社会发展统计公报。

8.1.1.4　水质量

2017 年，陕西省河流Ⅰ~Ⅲ类水质断面比例为 65.1%，较上年上升 10.9 个百分点；Ⅳ~Ⅴ类水质断面比例为 26.9%，较上年下降 6.4 个百分点；劣Ⅴ类水质断面比例为 8.0%，较上年下降 4.5 个百分点。其中，50 个国考断面Ⅰ~Ⅲ类优良比例为 66%，优于国家年度目标考核任务 4 个百分点，优于上年度 2 个百分点。同上年相比，关中渭河流域水质稳中向好，干流保持轻度污染；陕北延河由轻度污染转为中度污染、无定河保持轻度污染；陕南汉江、丹江、嘉陵江水质继续保持优；黄河干流保持轻度污染。石门水库水质优，王瑶水库水质良好，红碱淖重度污染，同比水质无明显变化。瀛湖水质良好，同比上年的优，水质下降。

黄河干流轻度污染，同 2016 年相比，无明显变化。龙门禹门口大桥因化学需氧量和总磷浓度下降，水质好转；柏树坪因总磷浓度上升，水质下降。入黄支流（除渭河）的11条支流中，佳芦河、云岩河水质优；犊牛川、秃尾河、仕望河、南洛河和徐水河水质良好；窟野河、清涧河、濛水河轻度污染；金水沟中度污染。渭河干流轻度污染。Ⅰ~Ⅲ类占42.1%，较上年上升15.8个百分点；Ⅳ~Ⅴ类占52.6%，较上年下降10.6个百分点；劣Ⅴ类占5.3%，较上年下降5.2个百分点。渭河干流化学需氧量同比下降10.5%，氨氮同比下降21.6%。

2017年，28个城市集中式饮用水源中，除西安沣皂河水源3月（锰超标0.6倍）、4月（锰超标0.8倍）、12月（铁超标0.5倍，锰超标2.5倍），灞浐河水源6月（总α放射性超标1.6倍）超标外，其余26个水源均达标，水源达标率92.8%。28个城市集中式饮用水源共取水64932.59万吨，达标水量64057.56万吨，水量达标率98.7%。28个城市集中式饮用水源水质全分析结果显示：11个地表水源地达标率为100%；17个地下水源地中，西安市灞浐河水源总α放射性超标，地下水源地达标率为94.1%。6个湖库水源地除宝鸡冯家山水库营养状态等级为轻度富营养外，其余湖库水源地营养状态等级均为中营养。

8.1.1.5 土壤质量

陕西省推进建设土壤污染防治体系，建立了土壤污染防治联合调度会议制度，与国家签订了土壤污染防治目标责任书，编制实施了《陕西省土壤污染治理与修复规划》《陕西省固体废物的堆存场所整治方案》等。对重点污染企业空间遥感位置反复核查，编制方案有效推进，详查工作进度进入全国第一梯队。农建两用地土壤安全利用稳步推进。制订实施耕地安全利用工作方案，指导5个产粮（油）大县制订实施土壤环境保护方案，出台了《陕西省污染地块土壤环境管理办法》，将建设用地土壤环境质量要求纳入用地管理。开展排查建立了陕西省重点行业企业疑似污染地块名录。加强土壤污染源头管控，发布了矿产资源开发利用集中县（区）执行特别排放限值公告，组织完成重金属污染物排放年度削减指标，筛选确定陕西省118家土壤重点监管企业，开展了电子废物等“五废”再生利用行业清理整顿和陕西省固体废物堆存场所整治。督促汉中锌业公司完成了历史遗留废渣库整治。组织完成陕西省固体废物申报登记，陕西省申报登记企业（单位）2681家。办理危险废物审批事项205件，新增危险废物利用处置53万吨。

8.1.1.6 环境督察

持续加大环境执法力度，开展了关中挥发性有机物污染专项检查、2017年秋冬季大气污染综合治理攻坚行动巡查执法检查、关中11个城市集中式地表水饮用水水源地专项检查、无定河流域水污染防治专项执法检查、陕北工业园区环保专项执法检查等多项执法检查工作，助力提升区域环境质量。执行新《环保法》及配套办法案件 2227 件，同比增长 100%，其中，按日连续处罚、实施查封扣押、实施限产停产整治案件同比分别增加 204%、130%和 57%，环境执法持续保持高压态势。2017 年，陕西省共受理环境信访投诉案件 26738 件，省级平台受理环境信访及投诉举报 998 件，均得到及时有效处置。陕西省征收排污费 64286.4 万元，其中省级征收 30 万千瓦以上电力企业排污费 3276 万元。陕西省重点监控企业传输有效率为 97.64%，废水和废气污染物排放超标率同比下降 0.49%和 3.58%。

8.1.2　陕西省生态环境问题分析

保护和建设好生态环境是陕西省可持续发展的基本方针，但仍存在一些问题，陕西省水土流失面积 11.9 万平方千米，占省域面积的 57.82%，年均土壤侵蚀量 7.35 亿吨左右；沙化土地面积 1.41 万平方千米，占省域面积的 6.85%。陕西省森林资源调节气候、涵养水源、防风固沙、森林碳汇等生态功能仍然脆弱。

8.1.2.1　大气污染存在问题分析

采用可吸入颗粒日均值、二氧化硫排放量、烟粉尘排放量反映空气质量（见图 8–1）。在三项指标中，可吸入颗粒日均值在 2007~2008 年有明显下降，从 105 微克/立方米降至 93 微克/立方米，2008~2011 年变化幅度不大，在 2012 年、2014 年和 2015 年都有较大幅度的下降，2016 年有所上升。总的来看，2007~2016 年可吸入颗粒日均值是下降的，平均每年下降 4.6%。二氧化硫排放量虽然

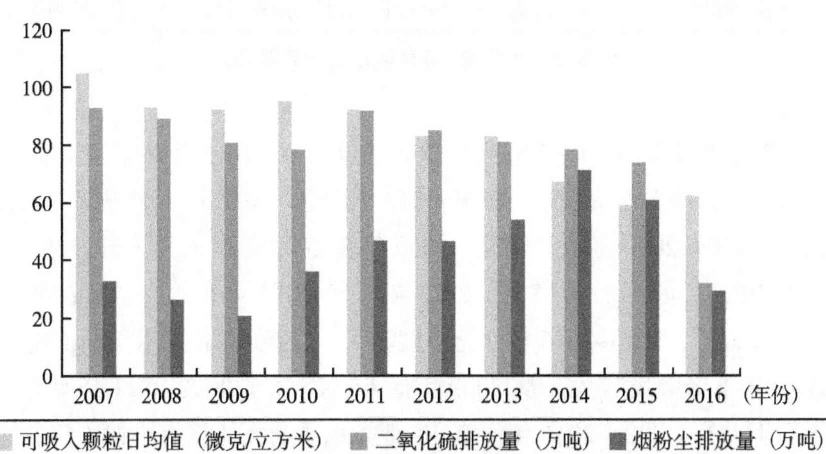

图 8–1　2007~2016 年陕西省空气质量

从 2007~2010 年逐年下降，但 2011 年二氧化硫排放量骤升，从 2010 年的 77.86 万吨升至 2011 年的 91.68 万吨，此后的 3 年，虽然二氧化硫排放量也在下降，但还高于 2010 年的 77.86 万吨，值得注意的是，2016 年陕西省二氧化硫排放量骤降，说明陕西省应对大气污染的措施是有效的。烟粉尘排放量在 2009~2014 年逐年上升，2016 年骤降，但总体变化不大，造成陕西省大气污染的主要因素是可吸入颗粒物。从国土空间上看，吸纳大气污染的生态用地严重不足，生态功能脆弱。

8.1.2.2 水污染存在问题分析

图 8-2 反映了 2007~2016 年陕西省废水排放总量、河流Ⅰ~Ⅲ类水质断面比例和劣Ⅴ类水体比例。

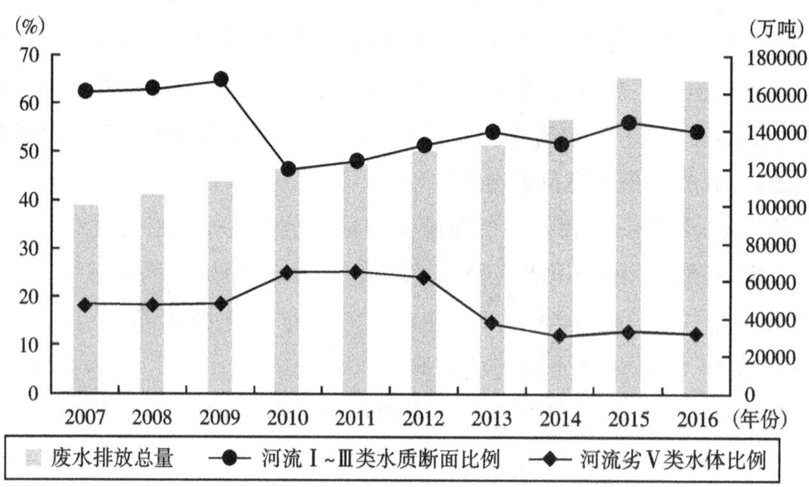

图 8-2 2007~2016 年陕西省水污染情况

由图 8-2 可以看出，陕西省废水排放总量 2007~2015 年逐渐上升，从 2007 年的 99348.16 万吨升至 2015 年的 168121.98 万吨，2016 年小幅下降。河流劣Ⅴ类水体比例 2007~2009 年较为稳定，2010 年较 2009 年有明显上升，从 18.4%升至 25%，2010~2012 年较为稳定，2013 年又较 2012 年有较大幅度的下降，从 24.1%降至 14.5%，2013~2016 年变化幅度不大。河流Ⅰ~Ⅲ类水质断面比例 2010 年较 2009 年下降幅度较大，从 2009 年的 65%下降至 2010 年的 46.4%。2010~2013 年逐年上升，2007~2016 年河流Ⅰ~Ⅲ类水质断面比例有小幅下降，说明陕西省整体河流水质仍在下降。从国土空间上看，消解水污染的水域面积不足。

8.1.2.3　土壤污染存在问题分析

由图 8-3 可以看出，陕西省单位耕地面积化肥使用量 2007~2013 年逐年上升，由 559.01 千克/公顷升至 841.88 千克/公顷，年均增长 8.43%，虽在之后的几年有所下降，但下降幅度小，远不及上升的幅度。单位耕地面积农药使用量总体呈上升趋势，从 2007 年的 3.77 千克/公顷升至 2016 年的 4.52 千克/公顷，上升了 19.89%。新增水土流失治理面积 2008 年较 2007 年有较大幅度上升，从 55.91 万公顷升至 68.12 万公顷，2008~2015 年变化幅度不大，2016 年有大幅下降，从 2015 年的 66.36 万公顷降至 2016 年的 46 万公顷。造成陕西省土壤污染的主要原因是化肥和农药的过量使用。陕西省水土流失严重，一方面是由于林地和草地的破坏，破坏了地面植被，另一方面也同黄土高原区的地形和地表物质有关。

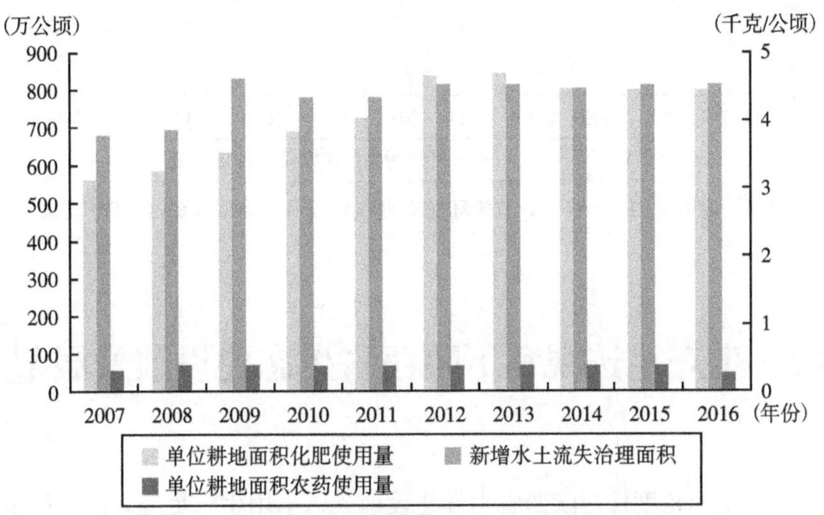

图 8-3　2007~2016 年陕西省单位耕地面积化肥使用量、农药使用量和新增水土流失治理面积

8.1.2.4　生态环境资金投入存在问题分析

陕西省环境污染治理投资占 GDP 比重从 2007~2010 年逐年上升，由 0.8%升至 1.79%，年均增长 26.67%，在 2011 年骤降，下降幅度为 55.87%。2012~2014 年开始上升，由 0.80%升至 1.56%，年均增长 26.67%。2004~2016 年有所下降，由 1.56%降至 1.32%，年均下降 15.38%。节能环保支出除了 2012 年有所下降外，2007~2016 年基本处于上升趋势，由 46 亿元增长至 127 亿元，年均增长 17.61%（见图 8-4）。充足的资金投入是环境污染治理工作的基础保障。国家减排政策、补贴等在陕西省的支持力度较小，治理资金缺口较大；历史遗留的试点项目和污染源综合治理项目受到资金制约，无法购置治理所需的设备，实施进度缓慢，甚至一些已通过验收达标的企业，由于治污设施运行成本高或不配套而未能有效运行。人力投入不足也影响了环境污染治理水平。

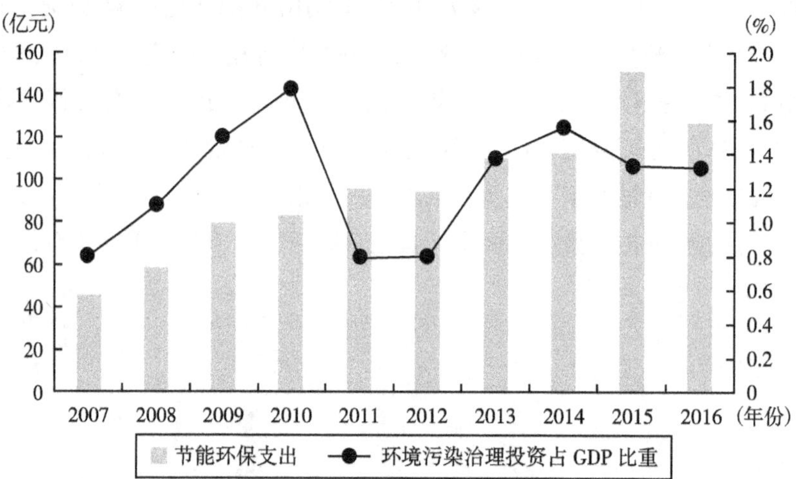

图 8-4　2007~2016 年陕西省节能环保支出和环境污染治理投资占 GDP 比重

8.2　生态足迹视角下陕西省生态建设前景展望

为从国土空间角度探讨陕西省生态建设前景，采用生态足迹方法分析生物资源账户、能源消耗账户和污染排放账户等生物生产性土地利用水平，并运用生态足迹、生态承载力、生态盈亏、生态压力指数等指标评价陕西资源环境承载能力。

8.2.1　陕西省生态足迹分析

生态足迹是指能够持续地提供资源或消纳废物的、具有生物生产力的地域空间，其含义就是要维持一个地区或国家生存所需要的或者能够容纳人类所排放的废物的、具有生物生产力的地域面积。生态足迹的计算公式为：

$$EF = N \times ef = N \times \sum \left(\frac{C_i}{P_i} \times r_i \right) \tag{8-1}$$

生态承载力是指区域内所能提供给人类的生物生产性土地的面积总和。人均生态承载力计算公式为：

$$EC = \sum EC_j / N = \sum (a_j \times r_j \times y_i) / N \tag{8-2}$$

式（8-2）中，EC 人均生态承载力总量，EC_j 为第 j 类生物生产土地生态承载力，a_j 为第 j 类生物生产土地的面积，y_j 为产量因子，j 为均衡因子。

人均生态盈亏 ED 计算公式为：

$$ED = EC - EF \tag{8-3}$$

当人均生态盈亏 ED<0 时显示为生态赤字，表明生态环境已超载，反之则为生态盈余，由此判断区域发展是否处于生态承载力范围之内。

式中，EF 为总的生态足迹，N 为人口数，ef 为人均生态足迹，C_i 为第 i 种商品的人均资源消费量，P_i 为第 i 种消费商品的平均生产能力，r_i 为均衡因子。

根据式（8-1）计算 2000~2016 年陕西省生物资源账户、能源消耗账户和污染排放账户的人均生态足迹（见表 8-1）。

结果显示，陕西省人均生态足迹增长较为明显，由 2000 年的 1.192 公顷/人增至 2016 年的 2.719 公顷/人，年均增长 8.01%。能源消耗账户生态足迹占用特别突出，这也反映出了推进清洁能源的现实意义。

在生物资源账户中，耕地和草地的人均生态足迹占主要地位，耕地人均生态足迹基本处于震荡上升趋势，从 2000 年的 0.292 公顷/人增至 2016 年的 0.373 公顷/人，而草地的人均生态足迹在 2007 年锐减之后，基本上一直处于稳定状态。水域的人均生态足迹处于先减后增的趋势，从 2000 年的 0.020 公顷/人增至 2008 年的 0.016 公顷/人，2016 年达到 0.058 公顷/人。

在能源消耗账户中，煤炭的人均生态足迹占主要地位，2000 年到 2016 年逐年上升，从 2000 年的 0.380 公顷/人增至 2016 年的 1.169 公顷/人，年均增长 12.98%。石油的人均生态足迹仅次于煤炭，2000 年到 2014 年逐年上升，由 0.186 公顷/人增至 0.348 公顷/人，年均增长 6.22%，2015 年开始下降，2015~2016 年，石油的人均生态足迹分别为 0.318 公顷/人和 0.245 公顷/人。需要指出的是，陕西省水电人均生态足迹占用较低，说明陕西省的能源消费结构仍以煤炭、石油等高污染的能源为主，而天然气、水电等清洁能源的使用不足，能源消费结构严重失调。

在污染排放账户中，水污染人均生态足迹从 2000 年的 0.039 公顷/人增至 2016 年的 0.120 公顷/人。虽不占主要地位，却逐年增长。大气污染的人均生态

表 8-1 2000~2016 年陕西省人均生态足迹

单位：公顷/人

账户	科目	年份																
		2000	2001	2002	2003	2004	2005	2006	2007	2008	2009	2010	2011	2012	2013	2014	2015	2016
生物资源	耕地	0.292	0.270	0.278	0.273	0.315	0.311	0.319	0.299	0.319	0.339	0.352	0.356	0.375	0.367	0.362	0.374	0.373
	林地	0.013	0.013	0.015	0.016	0.019	0.020	0.022	0.024	0.028	0.030	0.032	0.036	0.040	0.040	0.043	0.046	0.048
	草地	0.170	0.177	0.198	0.217	0.244	0.265	0.290	0.203	0.234	0.212	0.217	0.213	0.224	0.232	0.240	0.238	0.231
	水域	0.020	0.021	0.021	0.021	0.024	0.024	0.024	0.016	0.016	0.018	0.020	0.026	0.034	0.040	0.045	0.044	0.058
	小计	0.494	0.481	0.512	0.527	0.602	0.620	0.655	0.542	0.597	0.599	0.621	0.631	0.673	0.679	0.690	0.702	0.710
能源消耗	煤炭	0.178	0.201	0.225	0.264	0.306	0.551	0.601	0.651	0.673	0.743	0.762	0.854	0.942	0.993	1.049	1.094	1.169
	石油	0.186	0.224	0.259	0.271	0.312	0.202	0.211	0.219	0.281	0.290	0.296	0.300	0.325	0.341	0.348	0.318	0.245
	天然气	0.014	0.023	0.030	0.039	0.070	0.033	0.054	0.077	0.098	0.095	0.107	0.118	0.115	0.129	0.142	0.157	0.180
	水电	0.002	0.002	0.001	0.000	0.003	0.004	0.003	0.004	0.004	0.007	0.007	0.007	0.007	0.009	0.010	0.013	0.003
	小计	0.380	0.450	0.515	0.574	0.691	0.790	0.869	0.951	1.056	1.135	1.172	1.279	1.389	1.472	1.549	1.582	1.597
污染排放	水污染	0.039	0.040	0.045	0.051	0.057	0.060	0.064	0.073	0.076	0.081	0.087	0.089	0.094	0.096	0.106	0.121	0.120
	大气污染	0.195	0.193	0.198	0.233	0.252	0.243	0.256	0.255	0.243	0.223	0.214	0.252	0.226	0.213	0.202	0.179	0.057
	固废污染	0.083	0.076	0.088	0.089	0.111	0.131	0.135	0.152	0.168	0.154	0.194	0.199	0.200	0.207	0.239	0.255	0.236
	小计	0.317	0.309	0.331	0.373	0.420	0.434	0.455	0.480	0.487	0.458	0.495	0.540	0.520	0.516	0.547	0.555	0.413
总计		1.191	1.240	1.358	1.474	1.713	1.844	1.979	1.973	1.191	2.192	2.288	2.450	2.582	2.668	2.786	2.839	2.720

足迹基本处于稳定状态，2012 年开始逐年下降，表明陕西省的废气治理工作取得了一定的效果。固废污染的人均生态足迹除 2001 年和 2009 年稍有下降之外，其他年份都在增长，从 2005 年的 0.131 公顷/人增至 2016 年的 0.236 公顷/人。

8.2.2　陕西省区域生态足迹分析

据式（8–1）得出 2005~2015 年陕西省区域人均生态足迹均呈增长趋势。陕北人均生态足迹由 2005 年的 2.132 公顷/人增至 2015 年的 4.481 公顷/人，增幅 110.1%，年均增长 10.0%。关中人均生态足迹由 2005 年的 1.755 公顷/人增至 2015 年的 2.845 公顷/人，增幅 62.1%，年均增长 5.6%。陕南人均生态足迹由 2005 年的 1.362 公顷/人增至 2015 年的 2.217 公顷/人，增幅 62.8%，年均增长 5.7%。

据式（8–2）得出 2005~2015 年陕北、关中、陕南人均生态承载力分别在 2.62 公顷/人至 2.70 公顷/人、0.52 公顷/人至 0.54 公顷/人、2.10 公顷/人至 2.13 公顷/人值域内波动（见表 8–2）。

表 8–2　陕西省区域人均生态足迹、人均生态承载力、人均生态赤字测算结果

单位：公顷/人

区域	年份	2005	2006	2007	2008	2009	2010	2011	2012	2013	2014	2015
陕北	人均生态足迹	2.132	2.448	2.593	2.945	3.209	3.502	3.852	4.227	4.329	4.541	4.481
	人均生态承载	2.696	2.730	2.710	2.699	2.692	2.671	2.669	2.665	2.655	2.645	2.629
	人均生态赤字	0.564	0.281	0.117	−0.246	−0.516	−0.831	−1.183	−1.562	−1.674	−1.897	−1.852
关中	人均生态足迹	1.755	2.014	1.967	2.153	2.221	2.456	2.523	2.618	2.702	2.778	2.845
	人均生态承载	0.540	0.537	0.535	0.533	0.532	0.537	0.535	0.533	0.531	0.530	0.527
	人均生态赤字	−1.215	−1.477	−1.431	−1.620	−1.689	−1.919	−1.988	−2.085	−2.170	−2.248	−2.318

续表

区域	年份	2005	2006	2007	2008	2009	2010	2011	2012	2013	2014	2015
陕南	人均生态足迹	1.362	1.484	1.359	1.525	1.714	1.866	1.960	2.117	2.238	2.235	2.217
	人均生态承载	2.109	2.106	2.102	2.097	2.138	2.140	2.142	2.139	2.135	2.131	2.126
	人均生态赤字	0.747	0.623	0.743	0.572	0.424	0.274	0.182	0.022	–0.103	–0.104	–0.091

据式（8–3）得出 2005~2015 年陕北人均生态赤字由 0.564 公顷/人减至–1.852 公顷/人，关中人均生态赤字从–1.215 公顷/人减至–2.318 公顷/人，陕南人均生态赤字从 0.747 公顷/人减至–0.091 公顷/人。结果显示，区域人均生态赤字均在增加（见表 8–2）。

8.2.3 陕西省生态环境建设前景的展望

全面实施“青山、蓝天、碧水、净土”保卫战，协同推进污染防治攻坚，推进传统产业提质增效，支持新兴产业发展，服务优质绿色农产品生产，持续开展秦岭生态环境、清洁能源替代、工业污染治理等专项整治，构建生态环境治理体系，推进以生态环保督察制度、排污许可管理制度、环境信息强制性披露制度为主要内容的生态环境治理能力现代化，推动形成绿色生活方式，倡导全社会的共建共治共享，让公众享有更多环保福利、生态红利，奠定陕西高质量发展的基础。

第一，实现陕西资源消耗“零增长”。“零增长”是指一个国家或地区发展同资源消耗实现脱钩，资源消耗呈现“零增长”或“负增长”。陕西在产业结构升级过程中，形成了以“陕南绿色产业、陕北能源化工、关中先进制造业”为特色的区域性产业格局，但也存在资源综合利用效率偏低的问题。实现绿色发展必须在生态承载力和资源有限的范围内，加快产业结构优化升级，提高资源利用效率，利用科技资源和技术优势，推动资源的有序开发。

第二，实现陕西生态服务“零赤字”。陕北、关中和陕南三大区域有鲜明的地域特征及经济差异性。形成这一差异的主要原因是地理区位与自然资源禀赋。但 2005~2015 年陕西省区域人均生态足迹逐步上升，人均生态赤字持续超载。陕北人均生态足迹增长幅度最大，增幅为 110.1%，达到 4.481 公顷/人，人均生态赤字降至-1.852 公顷/人。关中和陕南人均生态足迹增长趋势差别较小，分别增长了 62.1%、62.8%，至 2015 年分别达到 2.845 公顷/人、2.217 公顷/人，人均生态赤字分别降至-2.318 公顷/人、-0.091 公顷/人。从区域生态相关指数来看，生态压力指数呈上升趋势，陕北、关中及陕南分别增长 1.156 倍、0.662 倍、0.615 倍，表明三大区域正面临着严峻的生态压力。陕北生态足迹多样性指数变化相比关中和陕南较低，生态系统最不稳定。实现陕西省生态服务“零赤字”，就是要树立自然价值和自然资本的“绿色财富”价值观，保护森林、草原、河流、湖泊、湿地、海洋等自然生态，巩固天然林保护成果，实施大气、水、土壤污染防治行动计划，实施山水林田湖生态保护和修复工程。

第三，实现陕西环境污染“零排放”。2006 年之前陕西主要的排放物集中在关中，随着关中产业重组和结构优化，二氧化硫已经大幅减少。陕北煤、石油等资源丰富，重化工业集中在陕北，造成大量的污染排放物。因此，要按照生态环境容量和排放量进行重组和调整，协同生产活动和自然生态系统，进一步强化节约资源和保护环境。到 2020 年，陕西万元 GDP 能耗比 2015 年下降 15%，能源消费总量控制在 1.39 亿吨标准煤以内。陕西化学需氧量、氨氮、二氧化硫、氮氧化物、挥发性有机物排放总量分别控制在 44.0 万吨、5.0 万吨、60.3 万吨、51.4 万吨、64.1 万吨以内，比 2015 年分别下降 10%、10%、18%、18%和 5%。

第四，强化生态空间管控，落实国家空间规划编制办法。发挥主体功能区在国土空间开发保护中的基础作用，促进生产空间集约高效、生活空间宜居适度、生态空间山清水秀。加强空间管控，引导重点开发区域集约集聚高效开发，统筹工业和城镇发展布局。强化农产品主产区耕地保护，稳定农产品生产。推进重点生态功能区生态环境保护和修复力度，提高生态产品供给能力。依法加强对禁止开发区的保护，严禁不符合主体功能定位的各类开发活动。推进土地利用总体规划、城乡规划、产业规划、林地保护利用规划等多规合一。在统一土地分类标准基础上，根据主体功能区定位和省级空间规划，明确耕地、林地、草原、河流、湖泊、湿地等保护边界，加强对城市地下空间统筹规划。

第五，生态保护红线落地。将秦巴山区、子午岭和黄龙山片区纳入水源涵养功能区，将陕北黄土高原丘陵沟壑区和秦岭低山区纳入水土保持功能区，将长城沿线风沙草滩区纳入防风固沙功能区。对红线区域实施严格保护，制定生态红线管理办法，分区分类实施红线管控要求，实施建设项目环境准入负面清单管理，建立生态补偿、绩效考核制度，严格控制资源环境开发强度。

8.3 陕西省区域生态建设工作重点

参照陕西省土地、农业、林业、水土保持、自然保护区等规划和区划，将陕西省生态环境建设依照五个类型区域确定工作重点，实施“陕南保护，陕北发展，关中提高土地利用率”的策略。

8.3.1 榆林北部风沙区

榆林北部风沙区位于长城沿线，毛乌素沙地南缘，包括榆林北部 6 个县（市），土地面积 3.37 万平方千米，其中，治理风沙区面积 2.47 万平方千米。榆林北部是国家能源重化工基地和“三北”防护林重点地区。由于受风蚀沙化严重侵袭，植被稀少，生态环境十分脆弱。生态环境建设的目标是：植树种草、防风固沙，控制荒漠化扩大趋势，以榆溪河、窟野河治理为重点，引水拉沙造田，改良风沙农田和沙滩地，建成农副产品商品基地，发展沙产业，形成沙地绿洲生态农业，建设成为全国生态环境建设试验示范区。建设以黄土高原生态屏障、长城沿线防风固沙林带为主的陕北生态安全格局。加快实施天然林保护、三北防护林、退耕还林还草、京津冀风沙源治理、黄土高原丘陵沟壑区综合整治等重大生态工程，建设交通沿线、河流沿岸、县镇周边、园区外围绿色环绕的生态廊道，实施黄土高原大绿化工程。

8.3.2 陕北黄土高原丘陵沟壑区

陕北黄土高原丘陵沟壑区位于风沙区以南和崂山以北，包括榆林以南 6 县和延安市甘泉以北 8 个县共 14 个县（区），土地面积 3.27 万平方千米，其中，水土流失面积 2.31 万平方千米。区内沟壑纵横，地形破碎，气候干旱，植被稀少，水力重力侵蚀剧烈，水土流失面积占 90%以上，是黄河中游和全国水土流失最严重的地区之一，也是“三北”防护林建设的重点区域。多样性地貌是水土流失的天然成因。生态环境建设的目标是：以清涧河、佳芦河、无定河、延河、洛河等治理为骨干，以小流域为单元，以修建水平梯田和沟坝地为突破口，缓坡地改宽幅梯田，荒沟改坝地，建设高产稳产基本农田；推广旱作农业技术，发展窖灌农业，实行荒山、陡坡地造林种草。到 2020 年建成“四田”50.32 万公顷，累计治理水土流失面积 2.9 万平方千米，森林覆盖率 40.7%。

8.3.3　渭北黄土高原沟壑区

渭北黄土高原沟壑区位于陕北丘陵沟壑区南部和渭北黄土台原地带，包括宝鸡市、咸阳市、渭南市、延安市部分县及铜川市全部共 25 个县（市区），属高原沟壑地貌。土地面积 4.22 万平方千米，其中，水土流失面积 2.24 万平方千米。区域干旱缺水，大型水利设施少，水利条件差，冰雹、大风等灾害较多。生态环境建设的目标是：建设基本农田，保护天然林资源，封山育林，草、灌木、乔木结合，增加植被。发展节水灌溉、窖灌农业和旱作农业以及农林果牧产业，综合治理塬沟坡，形成保护黄河中下游地区及关中平原的绿色屏障。

8.3.4　关中平原区

关中平原位于陕西省中部，包括西安市、宝鸡市、咸阳市、渭南市部分等 32 个县（区），南有秦岭山地，北为渭北高原。土地面积 2.1 万平方千米，山地台原水土流失仍很严重，其中，水土流失面积 0.82 万平方千米。关中平原农田林网规模小、质量差，干旱频繁，水源不足，城市供水、工农业争水矛盾突出。关中平原有 7.8 万公顷水浇地，地下水位上升，形成渍涝、土壤盐渍化，对农业的高产、稳产造成危害。生态环境建设的目标是：建设和完善农田林网，造林绿化。保护天然林资源，综合治理水土流失，修建基本农田，减少山地台原水土流失。推广现代农业技术，发展节水农业，改进耕作技术，提高农产品单位面积产量。以秦岭北麓、渭河沿线和渭北台地为支撑，重点建设渭河生态防护景观林带、宝鸡至潼关高速公路景观林带，统筹推进秦岭水源涵养林区、关中田园生态景观区、渭北生态经济防护林区，构建以西安为中心的生态体系。加强河、湖、库、渠、湿地、蓄滞洪区互通连接，构建关中水系。

8.3.5　秦巴山区

秦巴山区包括汉中、安康、商洛 3 个地市的全部和宝鸡市的太白、凤县共 30 个县（区），土地面积 7.6 万平方千米，其中，水土流失面积 3.96 万平方千米。区域雨量充沛，人均耕地少，坡耕地多，水土流失严重，保水保土能力差。

生态环境建设的目标是：25°以上的陡坡地退耕还林还草，开展封育治理；25°以下的坡地修建石坎梯田，发展经济林，恢复和扩大植被。加强江河治理，加固堤防，保护高产农田。保护天然林资源，营造水土保持林、水源涵养林。依托秦岭、大巴山、汉丹江两岸生态资源优势，建设秦岭、大巴山生态屏障和汉江、丹江两岸生态安全带。开展天然林资源保护、生态移民搬迁、退耕还林等生态保护修复工程及农村面源、尾矿库、重金属污染治理工程，维护森林生态系统和生物物种多样性，强化水源涵养。开展汉丹江流域综合整治和水土流失治理、城镇污水垃圾设施建设、沿江绿化，建设南水北调中线水源区绿色生态走廊。

8.4 实施建议

8.4.1 建立秦岭长效保护机制

第一，申请秦岭国家公园。确定秦岭保护主体，依据责权利边界清晰原则，厘清多元主体责任，确定生态脆弱区域、生态环境破坏较强区域及其关键问题，精准综合治理。

第二，建设好秦岭国家植物园。秦岭国家植物园是由陕西省人民政府、国家林业和草原局、中国科学院、西安市人民政府联合共建的国家级特大型综合植物园，是目前世界上规模最大的植物园。提高对建设好秦岭植物园重要意义的认识，提升科学价值，努力建成中国第一、世界一流的植物园。

第三，管理好大熊猫国家公园秦岭片区。以解决大熊猫种群隔离、栖息地破碎化的问题为目标，加强大熊猫为核心的生物多样性保护，保护和修复大熊猫栖息地生态系统，加强栖息地连通廊道建设，保护大熊猫野外种群。

第四，建设秦岭北坡沟峪公园。秦岭北坡沟峪地质地貌独特，降水丰沛，林水资源丰富，无论是生态环境还是人文情怀，都是天然的财富。以独特的自然景观、人文景观为依托，通过建设沟峪公园，挖掘文化遗产，将有利于推动自然风光与人文景观和谐统一。

8.4.2　优化黄土高原生态

第一，将退耕还林还草作为陕西生态恢复与重建的关键举措。巩固退耕还林还草成果，把退耕还林还草工程作为生态文明建设和绿色产业发展的重要工作加以推进，纳入经济社会发展的重要督查考核事项。

第二，加快农村能源建设将起到巩固退耕还林还草成果的目的。陕西省农村能源主要以生物质燃料为主，灶具热效率低，结构不合理。建议将陕西省农村能源建设列入国民经济发展整体规划之中，在政策、资金等方面给予支持。制定发展农村能源的优惠政策，鼓励企业与个人参与农村能源建设。

第三，巩固天然林保护成果。按照“谁开发谁保护，谁受益谁补偿”的原则，强化自然保护区建设监管，加强生物安全管理，加大生物物种资源保护和管理力度。重视森林防火和病虫害防治，实施森林生态保护补偿奖励机制。

8.4.3　探索榆林治沙新方法

第一，提升榆林治沙在国际上的知名度。有效地总结在国际上可复制、可推广的经验，根据榆林流沙深厚、土壤贫瘠、降水量少的特点，坚持混交林模式、生态林经济林兼顾，以灌木、乡土树种为主打树种治沙，用沙蒿障蔽固定流沙，用紫穗槐等豆科植物保水增肥，用獐子松、长柄扁桃形成稳定的生态经济林作业区，实行一年三季造林，形成用水省、成活高的造林新模式。

第二，加大对治沙造林大户的扶持力度。鼓励沙区治沙造林大户参与林业生态公益林的建设招投标，承担公益林建设，享受同等国家补助或合理补偿政策。明确将荒漠化和水土流失严重地区的有林地、疏林地和灌木林划定为重点公益林范围，实施中央森林生态效益补偿。重点公益林的经营者不分所有制形式，均享受中央森林生态效益补偿基金的资格。

8.4.4　综合治理渭河流域

第一，加快渭河净化，加大治理力度，使渭河成为关中城市群的绿色脊梁、人民休闲运动的乐园。加快推进污水处理厂、污水管网、污泥处置等治污工程，确保已建成的污染治理设施正常运行，并提早谋划治污工作，确保沣河、泾河等支流稳定达到考核要求。做好污泥处置工作，加强运输、处置、去向的全过程监管。保护水源地，加快水源地保护区划分，加强农村供水安全和农村水污染治理。

第二，建立渭河防洪减淤工程体系，完善防洪非工程措施。采取综合措施，控制潼关高程，并力争有所降低。渭河下游干流堤防防洪标准达到 50 年一遇；加强下游河道整治，控制河势摆动幅度。三门峡库区返迁移民防洪安全工程达到设防标准，提高防洪工程的防洪能力。

第三，以合理配置水资源为目标，通过节约用水、污水资源化和调水等措施，缓解水资源短缺问题。控制地表水的开发与利用，限制地下水超采，完善地表水和地下水的水量、水质监测网络，监测省界断面水量、水质，并利用雨水资源，提高旱作农业生产水平。按照“先节水后调水、先治污后通水、先环保后用水”的原则，做好向渭河流域的调水工作。

第四，通过沟道坝系工程改善与控制新的水土流失，建设水土保持监测网络。依法保护现有森林植被，巩固和扩大治理水土流失成果，建立健全以水土保持执法机构为主体的执法体系，加强开发建设项目的管理，严格实行水土保持制度。以多沙粗沙区为重点，加强沟道坝系建设，促进种植结构调整和退耕还林还草，严格执行封山育林育草、封坡禁牧。

8.4.5 建成黄帝陵世界级陵园

第一，将拜祭黄帝活动上升到“国祭”地位，确立黄帝公祭的至高性和唯一性，为黄帝陵走向世界奠定一定的政治基础。贯彻文物保护工作政策和法规，编制实施文物事业发展规划。开发和管护黄帝陵范围内的田野文物、馆藏文物，做好当地文物的调查评估、征集研究、有效保护和开发利用工作。加强黄帝陵相关的文化整体形象的对外宣传，组织实施相应的市场开发战略，策划和举办文化节庆活动，开展相应的文化宣传促销，为黄帝陵文化传承，并且为旅游资源的开发打好基础。把黄帝陵生态保护和建设提升到民族复兴的高度。

第二，在继续建设黄陵国家森林公园过程中加大污染防治力度。开展大气、水、土壤综合防治和山水林田湖一体化治理，加大桥山保护力度，严禁乱挖山体、乱排乱放、乱捕乱捉、乱砍滥伐、开矿采石、违法违规建设等破坏行为，加强自然保护区水土保持、水源地保护、生物多样性保护和黄帝陵、古柏群、桥山及周边山水格局风貌保护。持续深化沮河流域环境综合整治、畜禽养殖污染整治，推进煤改气、煤改电和燃煤锅炉改造提升，推进垃圾分类处置和资源化利用，强化矿区、城区等重点区域和涉煤、涉油及其他环保重点企业的监管。保持环保执法高压态势，实行最严格的源头保护、损害赔偿和责任追究制度，依法监管企业清洁生产责任。统筹推进人工造林、封山育林、森林抚育等林业重点工程，加强以黄帝陵古柏群、县城“四山”、桥山林区为重点的森林资源管护。

第三，引进高科技旅游休闲设施，打造高端的世界级一体化旅游休闲区。优化旅游格局，坚持规划引领黄帝陵文化园区建设，对园区、景区、城区进行一体策划、规划、建设，推进文化园旅游服务区、沮河沿线景观绿化、旅游标识导览工程、黄陵国家森林公园景区配套等重点项目建设。加强旅游宣传营销，开展黄帝陵文化海外推介和新年祈福、清明公祭、中秋圆梦、重阳民祭等活动，用“黄陵”元素向全球华人讲好中国故事。持续优化企业运营环境，吸引运营商。高标准建好政务服务中心，完善“互联网+政务服务”平台功能。

8.4.6　大力发展陕北风力电站和光伏电站

第一，发挥地方电力公司的主导作用。成立专门的风力电站、光伏发电站管理机构，负责指导和管理陕北风力电站、光伏电站的勘测设计、科学研究、施工建设和运行管理，并根据国家有关风力发电、光伏发电政策，同陕北实际相结合，制定相关激励措施，形成有效的价格机制，培育风力发电、光伏发电的市场。

第二，提供可持续发展的战略支持。统筹政府、企业和公众的关系，通过强有力的法律保障风力电站和光伏电站的良性发展。在财政、信贷、税收和价格等方面给予更大的支持，吸引各大型电力公司与地方电力公司合作参与风力电站和光伏电站开发建设，降低生产成本，形成规模效益，使风力电站和光伏电站的开发利用再上一个新台阶。

第三，以科技创新助推绿色新能源产业发展。陕北各电力公司要加强与省内外风力发电、光伏发电研究机构交流与密切合作，紧跟新发电技术，降低风力发电与光伏发电成本。针对风力发电和光伏发电的特点，设立相关专业，建立鼓励和激励机制，培养风力发电、光伏发电技术研发和管理人才，提供人才保障。

第四，提高全社会利用风力发电和光伏发电的意识。各级政府应支持风力发电和光伏发电的发展，在政府采购计划中通过购置和安装风电、光电产品带动全社会的推广，形成全民支持风力发电和光伏发电发展的社会环境。

第 9 章　发展数字经济与先进制造业，建设关中国家级创新中心

在有限的土地资源上创造更多的产出，是陕西省土地空间规划的重要的目标。建设关中国家创新中心就集中体现了这一目标，而发展数字经济与先进制造业则是关中国家创新中心建设的重要内容。

9.1　关中国家创新中心建设在陕西省土地空间规划发展中的位置

关中由于过去“三线建设”、西部大开发时期积累的历史基础及后期的建设，决定了其土地产出率是陕西省最高的（见图 9-1）。关中作为土地产出率最高的区域，这一块土地资源的利用具备进一步提升的潜力。

图 9-1　陕西省三大区域土地产出率

高科技、高知识密度的投入与关中地区资源的有效利用、进一步提升产出率有相关性。从经济的角度对整个产业进行部署，使国家创新中心发挥驱动力作用，通过大力发展数字经济和先进的制造业带动各项产业的转型升级，更能提高土地资源的利用效率，带动经济社会的发展。所以建设关中国家创新中心是陕西土地空间规划当中有限资源有效利用非常重要的着力点。

9.1.1 经济区位优势明显

9.1.1.1 地理位置优势

关中地区包括西安、宝鸡、咸阳、铜川、渭南及杨凌示范区，面积 5.6 万平方千米，占全省面积的 27%。地处陕西省中部，充分占据了陕北、陕南资源丰富的竞争优势。同时，关中地区位于新欧亚大陆桥、中国—中亚—西亚、中蒙俄等“一带一路”三大国际经济合作走廊的重要节点，是新一轮西部大开发的前沿。另外，西安市作为陕西省的省会城市，其发展在一定程度上会优先于其他城市并带动其他城市发展，因此形成了以西安为中心，以周边城市咸阳、宝鸡、渭南、铜川、杨凌为半径的关中城市群。五市一区的关中城市群在陕西省具有明显的区位优势，发展潜力较大。

9.1.1.2 经济发展领先

近年来，关中地区经济总量不断扩大，经济快速发展，从 2010 年的 6352.9 亿元，提升至 2018 年的 15238 亿元，经济总量较 2010 年增加 1.4 倍。从三大区域经济总量占比看，关中地区持续占据主导地位。2010~2018 年，八年间关中地区经济总量占全省比重均在六成以上。分三次产业看，关中地区三产经济规模最大，超过全省总量的 2/3。关中地区的城镇化水平较高，2017 年关中地区城镇化率 59.5%，高出全省 2.7 个百分点，高出陕北 0.5 个百分点，陕南 11.9 个百分点。与 2010 年相比，关中地区城镇化率提高了 9.7 个百分点，同期全省提升了 11.1 个百分点，陕北、陕南分别提升了 11.2 个、14.0 个百分点，均高于关中。由此可见，关中经济综合实力稳步提升，结构不断优化，经济总量在全省“挑大梁”。具体数据如图 9-2 和图 9-3 所示。

9.1.1.3 科技人才富集

目前，关中地区集中了陕西省 80%的教育资源和科技实力，拥有各类高等院校 80 多所，国家级重点科研院所 100 多个，科技人才 100 多万，年均国家、省部级科技成果上千项，科教综合实力位居全国前列，具有得天独厚的优势。关中

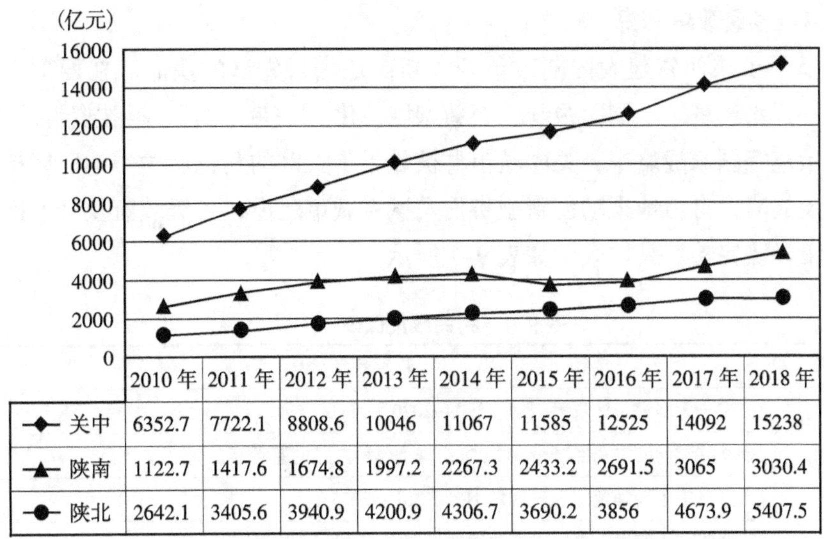

	2010 年	2011 年	2012 年	2013 年	2014 年	2015 年	2016 年	2017 年	2018 年
关中	6352.7	7722.1	8808.6	10046	11067	11585	12525	14092	15238
陕南	1122.7	1417.6	1674.8	1997.2	2267.3	2433.2	2691.5	3065	3030.4
陕北	2642.1	3405.6	3940.9	4200.9	4306.7	3690.2	3856	4673.9	5407.5

图 9-2　关中、陕北、陕南三大经济区域经济总量比较

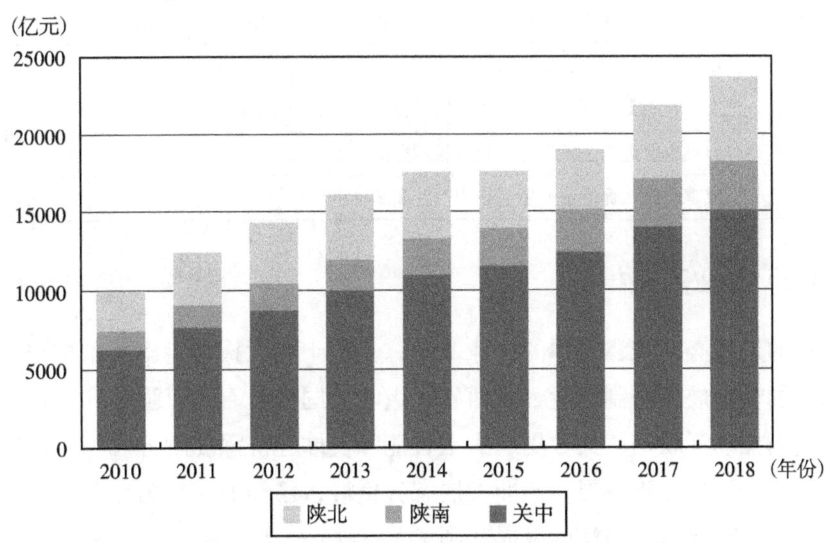

图 9-3　关中、陕北、陕南三大经济区域经济总量结构对比

地区的中心城市西安，位于西部的咽喉，拥有全国仅次于上海、北京、武汉的科技教育实力。关中地区创新资源富集，拥有两院院士 64 人，国家级工程研究中心和实验室 15 个，科技活动人员、有 R&D 活动的单位数、拥有发明专利数等重要指标均占全省 85%以上。2017 年，西安在全国率先举起硬科技的大旗，打造丝路创新人才中心高地，引领陕西全省追赶超越。

9.1.1.4 多重政策利好

国家赋予了陕西省建设内陆改革开放新高地先行先试的使命。在西部大开发、关中—天水经济区、国家级新区、新型城镇化、“一带一路”、科技资源统筹、创新发展示范等国家战略中，关中城市群被赋予了关键的角色。关中地区坚持创新驱动发展战略，有力地推动创新型省份及试点城市建设，各级政府及开发区出台相关政策日臻完善。具体政策如表 9–1 所示。

表 9–1 相关政策保障

政策层面	政策名称
国家层面	《关中—天水经济区发展规划（2009~2020 年）》
	《推动共建丝绸之路经济带和 21 世纪海上丝绸之路的愿景与行动》
	《国家自主创新师范区发展规划纲要（2016~2025）》
陕西省层面	《陕西省“十三五”高技术产业发展工作指导意见》
	《陕西省“十三五”战略性新兴产业发展规划》
	《系统推进全面创新改革试验打造“一带一路”创新中心的实施意见》
关中地区层面	《西安建设国家创新型城市发展规划》
	《关于金融支持西安国家自主创新示范区发展的指导意见》
	《宝鸡市促进产业发展专项资金管理办法》
	《宝鸡高新区促进企业发展知识产权实施办法》

9.1.2 产业基础雄厚

行业的发展必须依靠雄厚的产业基础，党的十九大报告指出要“加强建设制造强国，加快发展先进制造业，陕西省积极响应国家号召，以强大的产业基础为条件，进而推动互联网、大数据、人工智能和实体经济深度融合。关中地区地处陕西省中部，经过多年发展，产业发展态势良好，已经形成较为完备的产业门类和工业体系，对陕西省经济的发展起到了关键作用，具有雄厚的产业基础”。

9.1.2.1 产业规模地位凸显

从《国民经济行业分类标准》的 41 个工业大类行业看，制造业有 31 个，关中地区都有所涉及。由图 9–4 可知，2013~2018 年，关中地区的第二产值在其地区总产值中的比重平均为 47.38%，占据着重要的位置。虽然开始呈现出略微下降的趋势，但其在地区总产值中的比重始终维持在 44%以上，依旧是促进地区经济增长的强大动力，对地区经济的发展起着不可替代的作用，具有雄厚的产业基础。且相较于陕北、陕南两大地区第二产业产值在全省总产值的平均比重 14.37%和 6.71%，关中地区的第二产业产值在全省总产值中的平均比重最大，超过 30%，达 30.29%（见图 9–5）。表明关中地区的第二产业相对于陕北、陕南两大区域而言更具有发展潜力。

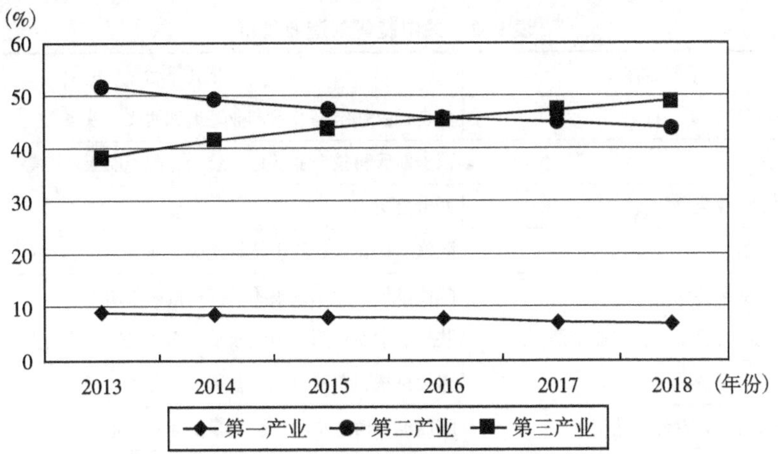

图 9–4　关中地区第二产业产值占地区总产值的比重

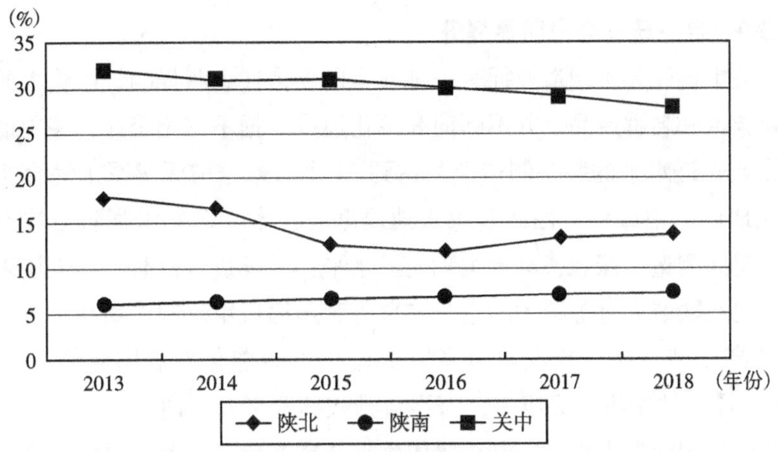

图 9–5　陕北、陕南及关中地区第二产业产值占全省总产值的比重

9.1.2.2　产业聚集发展特点显著

经政府主导、企业推动、招商引进，关中装备制造业聚集发展加快，涌现出了一批龙头企业带动型、技术扩张型和市场聚合型的产业集群，诸如航空、汽车、输配电产业集群等国内外知名。经过多年重点建设，关中地区形成了较为雄厚的先进制造业基础，特别是国防科技工业、装备制造业都在全国占有重要地位。其中，关中工业的80%左右集中在西安、宝鸡、咸阳三市。目前，关中地区，沿宝（鸡）潼（关）一线，以西安为中心，已经初步形成了九大装备制造业聚集。这些产业集群是关中实现高端装备制造业率先发展的重要产业依托。

表 9-2　关中装备制造业集群

集群名称	依托平台
航空产业集群	阎良国家航空高技术产业基地和西飞、陕飞等
航天产业集群	西安航天科技产业基地、航天四院、航天六院等
输变电设备产业集群	西电公司
汽车产业集群	陕汽、比亚迪、法士特等龙头企业
数控机床产业集群	陕西秦川机床工具集团、汉川机床集团等
冶金煤炭化工等重型装备产业集群	陕鼓、中冶陕压、中钢西重、西煤机等龙头企业
工程机械产业集群	建设机械、筑路机械、新黄工、合力叉车等龙头企业
电子通信设备、元器件产业集群	陕西电子信息集团、彩虹集团等龙头企业
石油装备产业集群	宝鸡石油机械、宝鸡石油钢管等龙头企业

9.1.2.3　自主研发能力明显提升

陕西关中地区装备制造业拥有一批在全国立得住、叫得响、影响大的优势企业、重要技术和名牌产品，并不断向高端化迈进。据不完全统计，关中地区具有国际领先或先进水平的装备制造产品达到 31 个。航空航天等军工综合实力居于全国领先地位；中煤科工西研院煤炭地质勘查技术、矿井水害防治技术国内一流，井下定向测量钻探装备具有国际先进水平；西煤机全机载、薄煤层采煤机填补国内空白；陕鼓 8 万等级大型空分装置配套压缩机组研制成功并示范应用；西电集团“高压特高压、输配电设备”成套化、智能化发展国际领先；宝石机 12000 米特深石油钻机世界第一，海洋自升式钻井平台国内首创；宝石钢管大口径输送管保持国际先进水平；秦川集团大型精密磨齿机产业化加快推进；永电金风科技具备年产 1000 台兆瓦级直驱永磁风力发电机能力，成为国内风力发电机重要生产基地；西重院自主研发的世界最大吨位 1.95 万吨自由锻造油压机成功投入使用，开启了新纪元；关中新能源汽车、增材制造（3D 打印）研发应用与产业化实施也走在全国前列，影响力正在逐步扩大。

9.1.3　发展趋势的要求

9.1.3.1　创新驱动大国战略的要求

要素、投资、创新、财富是一个国家竞争优势发展的根本驱动力。继要素驱动和投资驱动之后，创新驱动是目前世界经济发展的最高阶段。目前国际上普遍认可的创新型国家，科技创新对经济发展的贡献率一般在 70%以上，研发投入占 GDP 的比重超过 2%，技术对外依存度低于 20%。在我国，2018 年国家研究与试验发展（R&D）经费支出为 19657 亿元，比上年增长 11.6%；主要科技创新指标稳步提升，全社会的研发支出占 GDP 的比重达到了 2.18%，科技进步贡献率达到了 58.5%。但与国际标准 70%以上相比，我国还有很长的一段路要走。

党的十八大报告明确提出“科技创新是提高社会生产力和综合国力的战略支撑，必须摆在国家发展全局的核心位置”。强调要坚持走中国特色自主创新道路、实施创新驱动发展战略。习近平总书记在党的十九大报告中有十余次提到科技，30 余次强调创新，为中国加快建设创新型国家吹响了强劲的号角。为此，陕西省也应积极响应国家号召，在国家创新驱动发展战略实施的趋势下转变自身经济发展模式、产业结构转型、实现跨越发展。

9.1.3.2　陕西省实现自身超越发展的必然选择

从 2015 年召开的“外交部陕西全球推介会”到 2016 年在西安举办的“欧亚经济论坛”，再到“西洽会与农高会”的推动，可以看出国家对于陕西省经济发展的重视，这也为陕西省经济发展带来了新的机遇，充分发挥积极性与主动性，着力打造陕西经济发展新引擎。

在面临重大利好的外部条件时，反观陕西省自身的经济发展现状却并不令人振奋。从产业发展来看，自西部大开发以来，陕西省经济发展主要是依靠能源产业来推动经济的发展，陕西省的经济发展还没有形成一个完整的产业链，产业发展没有依托区域优势，并未建立高标准、高水平、高收益、由强大竞争力的企业，特别是高科技产业。目前陕西省经济的发展方式为粗放式发展，这样的发展方式只能维持经济在一段时间内的发展，并不能实现陕西省经济的可持续发展。下一阶段陕西省应开启集约式发展，即加大创新力度，使有限的资源土地空间发挥出更大的潜力，实现陕西省经济的追赶超越。

9.1.3.3　陕西省发挥“一带一路”枢纽作用的重要着力点

自 2013 年习近平主席提出共建“一带一路”倡议以来，引起越来越多国家的热烈响应，共建“一带一路”正在成为中国参与全球开放合作、改善全球经济治理体系、促进全球共同发展繁荣、推动构建人类命运共同体的中国方案。从古丝绸之路到“一带一路”，陕西一直是重要的枢纽。在国家着力建设“一带一路”的大环境下，陕西是我国西北地区对外开放的门户，也是生产要素流动的站点。建设关中国家创新中心是陕西省积极加入“一带一路”创新之路建设的主要表现，以“一带一路”创新共同体建设为载体，通过建设关中国家级创新中心，优化创新和营商环境，集聚创新资源，发挥关中地区地理位置及产业优势，集中精力推动以数字经济和先进制造业融合为核心的前沿产业发展，能够为陕西参与国际科技合作与交流提供合作平台，为我国在科技领域建立合作共赢的新型国际关系贡献陕西方案。

9.2 发展数字经济与先进制造业是关中国家创新中心建设的重要内容

9.2.1 制造业发展的现状

制造业直接反映一个国家或地区的生产力水平，是经济发展的重要支柱。近年来，陕西省制造业呈高质量发展，形成了包括机械、冶金、建材、纺织、食品、能源化工等门类齐全的制造业，另外也加快发展战略性新兴产业，如先进装备制造、集成电路、新能源汽车、新材料等产业，不断促进资源整合、业务融合来带动经济发展。

9.2.1.1 陕西省整体制造业情况

从 2010 年起，陕西省制造业进入快速发展阶段，截至 2017 年，制造业工业总产值及工业销售产值均增加至 1500 亿元以上，达到 2009 年的 3 倍，并且陕西省制造业的工业总产值及工业销售产值在逐年递增并保持相同的增速，两者产值相差较少，说明产品库存较少。高速发展的制造业占 GDP 的比重在 2013 年以后一度达到了 80%左右，为陕西省经济的发展起到了重要的推动作用。如表 9-3 及图 9-6 所示。

表 9–3　陕西省制造业占 GDP 的比重

年份	2009	2010	2011	2012	2013	2014	2015	2016	2017
制造业占 GDP 的比重（%）	69.78	61.82	76.12	77.70	80.35	80.58	79.70	82.29	76.77

资料来源：《陕西省统计年鉴》。

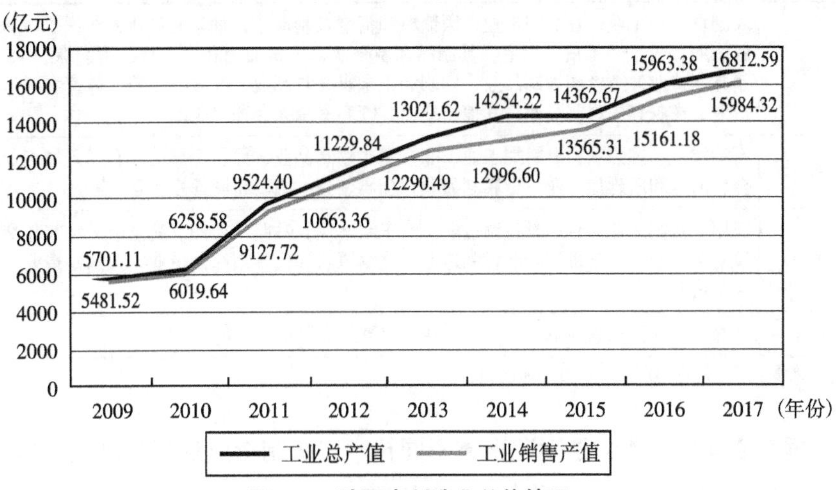

图 9–6　陕西省制造业总体情况

资料来源：《陕西省统计年鉴》。

从图 9–7 可以看出，陕西省的制造业企业数总体上呈逐渐上涨趋势，截至 2017 年已达到 5122 家；然而制造业从业人员数量在 2011 年出现下降，较 2010 年减少了约 140 万人，之后一直保持平稳状态，这一现象的原因可能与制造业技术的进步有关，科技的力量替代了部分劳动力，导致从业人员数量减少。

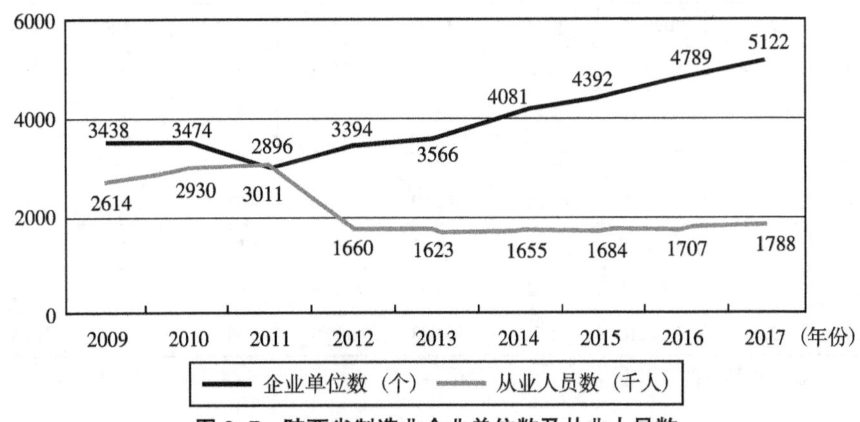

图 9–7　陕西省制造业企业单位数及从业人员数

9.2.1.2 陕西省不同技术层级制造业的现状

根据徐禾（2009）、王燕超（2017）等在研究中提到的世界经济合作组织（OECD）对制造业的分类方法，对陕西省制造业进行分类，结果如表 9–4 所示。

表 9–4 制造业技术水平划分

低技术	农副食品加工业，食品制造业，酒饮料和精制茶制造业，烟草制品业，纺织业，纺织服装服饰业，皮革、毛皮、羽毛及其制品和制鞋业，木材加工和木、竹、藤、棕、草制品业，家具制造业，造纸和纸制品业，印刷和记录媒介复制业，文教、工美、体育和娱乐用品制造业，橡胶和塑料制品业，其他制造业，废弃资源综合利用业
中低技术	石油加工、炼焦和核燃料加工业，非金属矿物制品业，黑色金属冶炼和压延加工业，有色金属冶炼和压延加工业，金属制品业，金属制品、机械和设备修理业
中高技术	通用设备制造业，专用设备制造业，汽车制造业，铁路、船舶、航空航天和其他交通运输设备制造业，电气机械和器材制造业，化学原料和化学制品制造业，医药制造业，化学纤维制造业
高技术	计算机、通信和其他电子设备制造业，仪器仪表制造业

资料来源：根据 OECD 划分方法整理而得。

根据表 9–4 的分类方法对陕西省不同技术层级制造业的现状进行整理，得到如表 9–5 所示。

表 9–5 陕西省不同技术层级制造业的现状

年份	低、中技术制造业				中高、高技术制造业			
	企业数（个）	销售产值		利润总额（亿元）	企业数（个）	销售产值		利润总额（亿元）
		总额（亿元）	所占比重（%）			总额（亿元）	所占比重（%）	
2009	2039	3022.77	55.14	170.72	1399	2458.75	44.86	130.24
2010	2159	4099.27	68.10	337.97	1315	1920.38	31.90	214.35
2011	1774	5555.52	60.86	478.98	1122	3572.21	39.14	204.80
2012	2087	6698.36	62.82	556.88	1307	3965.00	37.18	187.61
2013	2207	7640.10	62.16	468.40	1359	4650.40	37.84	196.42
2014	2563	8302.99	63.89	512.82	1518	4693.61	36.11	260.43
2015	2749	8446.80	62.27	839.27	1643	5118.51	37.73	477.84
2016	3033	9017.61	59.48	555.99	1756	6143.57	40.52	398.28
2017	3289	8903.10	55.70	564.88	1833	7081.21	44.30	523.58

资料来源：《陕西省统计年鉴》。

从表 9–5 可以看出，陕西省制造业以低技术、中低技术企业居多，低、中技术制造业企业数基本长期保持在 2000 家以上，而中高、高技术制造业企业相对较少；但从销售产值来看，中高、高技术制造业虽然一直未超越低、中技术制造业，但与低、中制造业差距在逐步缩小；从利润总额来看，至 2017 年，中高、高技术制造业所创造的利润总额几乎要追赶上低、中技术制造业。以上数据说明陕西省目前虽然以非技术密集型制造业为主，但中高、高技术制造业所拥有的经济潜力是很高的，陕西省需要继续加大力度对中高、高技术制造业的投入，发挥数字经济的优势，创造最大利润。

9.2.1.3　陕南、陕北、关中的制造业发展状况

由于地形、地貌和气候带及经济布局的差异性，陕西分为三大经济区域：关中经济区、陕北经济区和陕南经济区。其中，关中经济区开发历史悠久，经济基础好，经济发展水平较高。陕北和陕南经济区开发历史较晚，加上交通不便，地理条件较差，经济发展水平较低。从陕西省统计局收集陕南、关中、陕北制造业数据进行整理，如表 9–6 所示。

表 9–6　陕南、陕北、关中制造业发展现状

年份	陕南			关中			陕北		
	制造业工业企业数（个）	制造业从业人员数（人）	规模以上工业总产值（亿元）	制造业工业企业数（个）	制造业从业人员数（人）	规模以上工业总产值（亿元）	制造业工业企业数（个）	制造业从业人员数（人）	规模以上工业总产值（亿元）
2003	459	100100	145.0475	1767	764600	1324.2770	231	24100	281.6597
2004	472	84800	182.5193	1839	745000	1671.7254	224	23400	492.6596
2005	492	80000	241.7069	1995	751300	2139.8022	456	24800	897.7882
2006	526	77800	302.8990	2130	734800	2634.6490	705	24800	1188.949
2007	509	76700	374.0505	2176	745600	3405.4649	664	25800	1550.794
2008	553	75900	440.6123	2277	742800	4341.1964	852	26200	1705.119
2009	736	75900	517.3071	2825	714200	5295.2841	847	25300	2325.705
2010	793	77900	742.2298	2856	702900	6963.4753	770	24100	3071.493
2011	689	81200	1035.8077	2340	732600	8689.1613	672	26500	3946.979
2012	810	84100	1449.5974	2565	740000	10312.8040	778	24700	3644.744
2013	953	103400	1923.6479	2728	875400	11541.0329	825	80900	3690.592
2014	1046	107752	2354.1860	3067	851697	12756.3800	819	87700	4931.957
2015	1181	100991	2764.9433	3239	854629	13305.8402	852	84699	3794.119

续表

年份	陕南			关中			陕北		
	制造业工业企业数（个）	制造业从业人员数（人）	规模以上工业总产值（亿元）	制造业工业企业数（个）	制造业从业人员数（人）	规模以上工业总产值（亿元）	制造业工业企业数（个）	制造业从业人员数（人）	规模以上工业总产值（亿元）
2016	1279	95119	3056.8100	3555	853784	14001.1900	911	84829	4362.920
2017	1483	95575	3621.8800	3676	834102	13902.9300	1010	91829	5445.480

资料来源：《中国城市统计年鉴》。

从表 9–6 可以明显看出，关中制造业发展远远领先于陕南、陕北制造业。其中，关中制造业工业企业数始终是陕南、陕北的 3 倍以上，陕南次之，陕北最后；关中制造业从业人员数是陕南、陕北的 8 倍之多，陕南次之，陕北最后；关中规模以上制造业工业总产值远远高于陕南、陕北的工业总产值。可以说明，关中不仅是陕西地理位置上的中心，而且是陕西经济发展的命脉所在，其制造业的发展不仅是带动陕西经济发展，也解决了陕西绝大多数的就业。

9.2.2 数字经济和制造业的融合发展趋势及测算

9.2.2.1 数字经济和制造业的融合发展趋势

持续推进信息化和工业化融合发展，是党中央、国务院作出的一项长期性、战略性部署。习近平总书记多次强调，要“做好信息化和工业化深度融合这篇大文章”。党的十九大报告指出，“加快建设制造强国，加快发展先进制造业，推动互联网、大数据、人工智能和实体经济深度融合”。这与党的十七大的“两化融合”，党的十八大的“两化深度融合”一脉相承，是新时代背景下两化融合的新使命、新要求和新特征，标志着两化融合迈入新阶段。在这样的背景下，陕西省继续做好信息化和工业化的深度融合，2017 年发布了《陕西省人民政府关于深化制造业与互联网融合发展的实施意见》，体现了陕西省积极发展两化融合，支持制造强国和网络强国建设。近年来，陕西省以智能、绿色、服务型制造为方向，有力地推动了制造业转型升级，在两化融合的道路上成效显著。截至 2019 年，陕西省已有 14 户企业被认定为国家级智能制造试点示范企业 ，24 户企业的智能制造项目获国家专项支持，15 个绿色制造系统集成项目获工业和信息化部支持，数量居全国前列。未来陕西省将持续落实《〈中国制造 2025〉陕西实施意见》，加快形成以关键技术、高端产品和知名品牌为核心的工业发展新优势，推动陕西制造业由要素驱动向创新驱动转变，由产业链低端向中高端转变，由粗放发展向智能制造、绿色制造转变，由生产型制造向服务型制造和智能化制造转变，全面加速陕西制业转型升级步伐。

9.2.2.2　陕西省数字经济与制造业融合度的测算

现阶段学术界关于数字经济与制造业融合度的测算方法多种多样，其中最具代表性的是投入产出法，该方法以制造业各行业生产过程中信息技术产出占行业总产出的比重表示信息产业与制造业各行业的融合度，比值越高代表融合度越高。由于缺乏信息技术产出的数据，国内采用此方法的学者皆采用信息技术投入来近似代表信息技术产出，且数据一般来源于中国投入产出表。但陕西省的投入产出表数据披露不全，难以完全采用此方法来测算，在此选择了与投入产出法原理相通的波拉特法来测度，资料来源于陕西省统计年鉴。

波拉特法从宏观角度测算信息化水平，其测度思想是以三次产业分类法为基础，将三大产业中与信息生产、消费相关的产业列为信息产业，通过计算信息部门的生产总值来确定信息产业的产值。本书根据这一思想，借鉴王燕超（2017）对山西省制造业信息化的测度的研究，对陕西省制造业的信息化进行了测度。在此将信息产业定义为信息传输、软件和信息技术服务业、科学研究和技术服务业、教育业，由于陕西省统计年鉴未披露信息技术服务业的生产总值，因此本书并未采用王燕超（2017）的第一信息部门和第二信息部门的划分方法，而是直接用上述三类信息技术服务业的工资总额及固定资产投入作为信息部门的总产值（以投入代替产出），并对测度公式做了调整如下：

信息部门产值=[(信息传输、软件和信息技术服务业从业人数×平均工资+科学研究和技术服务业从业人数×平均工资+教育业从业人数×平均工资)+(信息传输、软件和信息技术服务业固定资产投资+科学研究和技术服务业固定资产投资+教育业固定资产投资)]×(制造业总产值/地区生产总值)

制造业信息化水平=信息部门产值/制造业工业销售产值

上述公式中所用到的数据均来自《陕西省统计年鉴》，最终的测度结果如表 9-7 所示。

从这一结果表中可以看出，陕西省制造业信息化水平从 2010 年到 2017 年期间呈微弱的上升趋势，信息部门产值占制造业工业销售产值的比率最高仅达到 8.58%左右，说明陕西省制造业信息化水平还处于低水平状态，未来有很大的发展空间，造成这一现象的原因可能也与陕西省信息化产业发展缓慢、传统制造业占比高有关。

表 9–7　2010~2017 年陕西省制造业信息化水平测度

年份	信息部门产值（万元）	制造业信息化水平（%）
2010	4447033.795	7.387535339
2011	5508018.921	6.034385252
2012	6298414.353	5.906595331
2013	7659527.589	6.232074278
2014	10351399.57	7.964700829
2015	10319646.33	7.607378423
2016	12891898.64	8.503228277
2017	13711120.74	8.577858157

9.2.2.3　陕西省两化融合水平与邻省比较

由于陕西省统计年鉴只能查阅到 2010~2017 年的数据，测度结果仅能反映出单一的融合趋势，因此仅从两化融合服务平台搜取了关于陕西省及其邻省的两化融合数据，通过比较法进一步说明陕西省数字经济与制造业的融合状况。

表 9–8 中的两化融合水平及其他数据是由两化融合服务平台的专家团队采用一定的技术方法测定出来的，该专家团队属国家研究团队，在数据获取上有便利性和可实施性，并且在测度时对各方面因素的考虑也更加全面，因此与前文采用

表 9–8　陕西省与邻省两化融合对比

地区	两化融合水平		生产设备数字化率（%）		关键工序数控化率（%）		应用电子商务比率（%）		智能制造就绪率（%）	
	水平	排名	比率	排名	比率	排名	比率	排名	比率	排名
全国	53	—	45.9	—	48.4	—	58.8	—	7	—
陕西	47	6	39	7	44.8	6	52.3	3	3.3	7
山西	47.8	5	45.7	1	53.2	1	42.1	7	5.2	4
河南	51.2	2	44.7	2	45.6	5	55.4	2	5.7	2
湖北	50.2	3	39.6	6	42.4	7	51.9	4	5.3	3
四川	54.5	1	44.5	3	46.3	4	59	1	9.3	1
甘肃	42	8	37.5	8	37.4	8	41.4	8	0.7	8
宁夏	45	7	40.2	5	46.4	3	42.5	6	3.5	6
内蒙古	48	4	44.4	4	51.2	2	49.1	5	3.9	5

资料来源：两化融合服务平台。

波拉特法的测算结果有一定的差异。

表 9–8 中选取了全国、陕西及与陕西邻近的七个省份的两化融合数据。从表 9–8 中可以看出，在两化融合水平方面，陕西省的两化融合水平低于全国平均水平，在与邻省的比较中居于第六名的位次，仅高于甘肃、宁夏两省，与四川省的两化融合水平相差 7.5 个点，说明陕西省的两化融合水平在西北地区处于落后位置；在制造业生产设备数字化率及关键工序数控化率方面，陕西省的排名分别居于第七名及第六名的位次，低于全国平均水平，仅高于甘肃省，与湖北省相当，说明陕西省制造业在生产工序方面的数字化应用处于落后水平；在应用电子商务比率方面，陕西省的表现相对其他方面较好，虽然仍低于全国水平，但与邻省相比排名第三，仅次于四川及河南，说明陕西省在互联网方面还是具有一定优势的，但仍然需要进一步努力；在智能制造就绪率方面，陕西省排名第七，远低于全国平均水平，仅优于甘肃省，说明陕西省智能制造在西北地区处于落后位置。

总体来看，陕西省作为西北地区的一大省份，其两化融合度甚至低于比其地理位置更差的内蒙古自治区，陕西省的两化融合处于低水平阶段，这与波拉特法的测算结果一致。陕西省作为早期西部大开发的重点省份，以及当前“一带一路”的重要节点，其数字经济与制造业融合的进度严重阻碍了其追赶超越及带动经济作用的发挥。陕西省应在国家智能制造、制造业转型升级大背景下，抓住这一重大历史机遇，加大力度对数字经济与制造业融合发展的投入，加速“关中制造”向“关中智造”转变，提升智能化水平，争取早日实现数字经济与制造业高融合发展。

9.2.3　关中具备发展先进制造业的潜力

从前两节的内容可知，虽然陕西省数字经济与制造业的融合处于低水平状态，但从制造业现状来看，陕西省制造业的经济贡献率达 80%以上，其中中高、高技术制造业的贡献率占一半左右，另外关中地区的制造业远远领先于陕南、陕北地区，因此陕西省发展先进制造业具备一定的潜力，并且这一潜力的发挥重点在关中地区，以下将从三个方面进一步解释。

9.2.3.1　关中制造业聚集

经过多年重点建设发展，关中地区已经拥有雄厚的先进制造业基础，并形成了门类齐全的制造业体系，特别是国防科技工业、装备制造业等在全国都占有重要地位。关中制造业的 80%左右集中在西安、宝鸡、咸阳三市，截至 2018 年，沿宝（鸡）潼（关）一线，以西安为中心，初步形成了九大装备制造业聚集。此外，以西安为中心的关中地区还形成了高新区、经开区、航空基地、航天基地、关中—天水经济区、杨凌经济示范区、西咸新区以及相关科技产业园区等在全国有影响力的产业聚集区，这些产业聚集区是关中实现先进制造业率先发展的重要产业依托及发展平台。近年来，关中地区在航空航天、节能与新能源汽车、新一代信息技术和其他电子设备制造业等方面优势显著，发展势头良好，逐步形成了一大批拥有核心竞争力的大企业集团，如陕汽集团、比亚迪、三星、中兴以及航天航空相关企业等。在这些龙头骨干企业带动下，关中地区有能力也有动力依托高端装备制造业和高新技术产业，加快先进制造业集群化建设步伐，将自身打造成水平居全国前列的先进制造业集群地。

9.2.3.2 关中创新资源丰富

陕西省一直是全国科教大省，科教综合实力居全国前列，其中 80%的教育资源和科技实力都集中于关中地区，并且 2018 年关中的 R&D 投入占全省的 90%，有 R&D 活动的单位数、拥有发明专利数等重要指标均占全省的 85%以上，形成了高等院校、科研院所、国有大中型企业相对密集且能够辐射西北经济发展的核心经济区。此外，关中地区还拥有西安、杨凌、宝鸡、渭南、咸阳 5 个国家级高新区及 6 个省级高新区，这些高新区是高新科技产业前沿的领地，是自主创新的重要平台和载体，目前关中地区已经成为我国西部地区唯一的高新技术产业开发带和星火科技产业带，承担着全面创新改革试验、自主创新示范等国家重大改革创新任务。

9.2.3.3 国家、政府政策的扶持

关中地区是陕西省制造业的主要聚集地，是新欧亚大陆桥、中国—中亚—西亚、中蒙俄等“一带一路”三大国际经济合作走廊的重要节点，是新一轮西部大开发的前沿，经济基础较好、发展潜力较大，因此得到了国家以及陕西政府的重点关注。2014 年，国家科技部正式批复了陕西省“创新型省份”试点工作，西安市和西安高新区又先后被评为“全国全面创新改革实验区”和“国家自主创新示范区”，为关中带来了“军民融合”“航天航空”等多项创新发展的国家战略。在国家政策扶持的大背景下，陕西省政府积极进行了相应的政策落实。2014 年，围绕汽车及关键零部件生产等四大优势和航空、航天等四大高端以及 3D 打印装备等四大新兴领域，支持打造关中装备制造业升级版；2016 年，通过组建制造业关键领域技术转移中心、实施智能制造应用示范工程、深化制造业国际科技合

作，推动产业链迈向中高端，贡献陕西力量；2017 年，陕西省政府印发《关于深化制造业与互联网融合发展的实施意见》，明确以两化深度融合为主线，聚焦推进制造业研发模式、制造模式和服务模式变革；2019 年初，召开“全省制造业创新中心建设推进会”，再次强调科技创新是推动高质量发展的前提和动力支撑，要求各级各有关部门切实做好创新中心建设基础工作，探索制定财政、税费等有效支持措施及各类优惠政策，全力支持制造业创新中心建设。

9.3　关中国家创新中心建设方案与建设重点

9.3.1　建成目标

9.3.1.1　构建科技要素聚集与知识创造中心

以西安为核心，建设“一带一路”沿线国家具有影响力的科技创新中心，需要在既有的前沿技术研发与应用中发挥全球性引领作用，主要是进一步加强信息技术应用革命创新，加快信息技术产业与制造业实现深度融合与创新。关中西部创新中心区域的科技创新应聚焦于既有的能源化工高端化以及新一代信息技术、生命健康、新能源、智能装备和新材料五大领域优势，根据上述全球科技创新的前沿趋势特点，未来 10~30 年，以西安为核心的关中地区的前沿技术开发战略应形成“推动军民深度融合，发挥既有的技术优势”的战略主线。

发挥关中地区科研院所和高校在知识创新中的主体作用，争取到 2035 年前，西安有 1~2 所高校能够进入全球权威排名的世界 100 强大学行列，为科创中心培养基础人才和传播基础知识；拥有国家重点实验室 30 个，其中 1~3 个可以进入全球顶尖实验室行列，进行世界领先科学技术的研究，引领世界科技发展潮流；争取在 2~3 个专业领域（如智能化装备制造、新材料和生物医药）拥有 1~3 份国际领先的期刊，取得在科技基础领域的话语权。关中地区每万名就业人员中研发人员达到 15%，全社会 R&D 经费支出占地区 GDP 比重达到 20%，创业投资引导基金总额占地区 GDP 比重达到 10%。

9.3.1.2　科技成果转化与吸纳中心

重大工程与重大项目的核心突破战略。重大项目是体现国家战略目标、集成科技资源、实现跨界融合的有力抓手。以西安为核心的关中地区仍继续有效发挥政府的创新引导作用，但主要限定在重大工程与重大项目，以及创新公共平台提供方面。对于关中地区而言主要是落实好两个方面的工作：一是落实国家重大工程与项目的战略布局，并与关中区域创新形成互动，研发、掌握、产业化一批核心技术与项目；二是根据西安城市特点，提出一批重大工程与项目。

依托陕西科教资源“多”的优势，发挥政府的创新引导作用，聚焦于科技成果的转化与产业化，为高新技术产业带提供产业链支撑，争取到2035年前，高新技术产业增加值占工业总产值的40%，国家和省级高新技术产业开发区营业总收入占地区GDP比重超过40%。引领整个工业的发展。国家和省级重点实验室50个、工程实验室和工程（技术）研究中心数量200个。在“大众创业，万众创新”方面，关中地区民营高新技术企业数（家）占规模以上民营企业数量比重在50%以上。

9.3.1.3 跨界协同创新核心区

关中高等院校多，国家级的科研院所聚集，研发力量可观、潜力巨大，如果能与企业合作，实现产学研高度结合，在国家调整结构经济转型升级中一定能创造出标志性业绩。关中西部科技创新中心建设要形成以下三个方面的协同创新战略架构：

（1）产学研协同创新战略。

完善“政—产—学—研”创新机制，建设创新大平台。打通创新资源之间的合作机制，加快探索新型科型平台、研发组织，通过国家科学中心、世界实验室、跨国公司研发中心等平台建设，就地整合各方创新资源，实现跨界协同创新。

（2）军民融合创新战略。

系统推进西安市全面创新改革试验，围绕航空、航天、兵器、船舶、电子等优势领域，加快推进西安国家航空产业基地、航天产业基地、兵器工业基地、电子信息产业园等建设。依托各类基地和园区强化协同创新，推动建立一批军民结合、产学研一体的科技协同创新平台，促进产学研用深度融合发展。

（3）区域协同创新战略。

以西安为核心的关中地区具备良好的产业基础和创新潜力，也是高校科研资源最为集中的区域。关中地区可以在公共创新平台合作方面有所突破，五市一区共同建设区域创新体系、达到世界水平的科技创新中心。通过实施科技创新的“引进来”与“走出去”战略，构建全球创新网络。

争取到 2035 年前，关中地区拥有世界 500 强企业研发中心 100 个以上，国内外知名企业研发中心 200 个，通过跨国公司成为全球研发网络的重要节点；军民融合水平有效提升，军民融合领域创新型企业发展至 5000 余家，年产值达到 3000 亿元，总收入过 10 亿元的企业达到 50 家。

9.3.2　建设思路

9.3.2.1　关中国家西部创新中心是国家关中平原城市群发展规划的核心区域

建设关中国家西部创新中心要以顶层设计为引领、以制度创新为支撑、以几何学原理为规律，遵循“以带串点，以带托面”的建设思路，其中，“点”是指关中地区各高新技术科技产业园区，“带”（线）是指关中高新技术产业带，“面”是指关中国家西部创新中心。

9.3.2.2　以带串点，以带托面

（1）以带串点，促进关中高新带高速发展。

“以带串点”是要通过构筑关中高新带利益共同体，实现关中各高新技术科技产业园区之间创新要素的聚集和流通，提升区域科技资源统筹能力，将以西安、咸阳、宝鸡、渭南、杨凌等国家级高新技术产业开发区为龙头的各类科技园区串联起来，推动各个科技园区融合发展。

（2）以带托面，促进关中国家西部创新中心发展。

“以带托面”是要以关中高新技术产业带为轴心和支撑，通过创新要素流动、产业链协同、军民融合发展、创新创业突破、创新文化引领、内外开放辐射带动关中国家西部创新中心协同发展，实现“功能互补、区域联动、带向集聚、节点支撑”的大格局。具体建设方案如图 9–8 所示。

9.3.3　实施步骤

坚持市场导向和政府推动相结合、科技创新与深化改革统筹、企业主导与人才优先并重、协同创新与对外开放同步等基本原则。主要目标分为以下三步：

第一步，到 2025 年，以关中高新技术产业带为抓手，重点突出改善创新生态环境，汇集各类创新资源，实现创新资源和创新要素的集聚功能，把关中国家西部创新中心建设成为西部创新资源集聚中心。战略性新兴产业增加值占 GDP 比重提高到 15%以上，人均生产总值超过 1 万美元，带动关联产业规模超万亿元。科技高端人才和紧缺专业人才不断聚集，引进 500 名海内外高端创新创业人

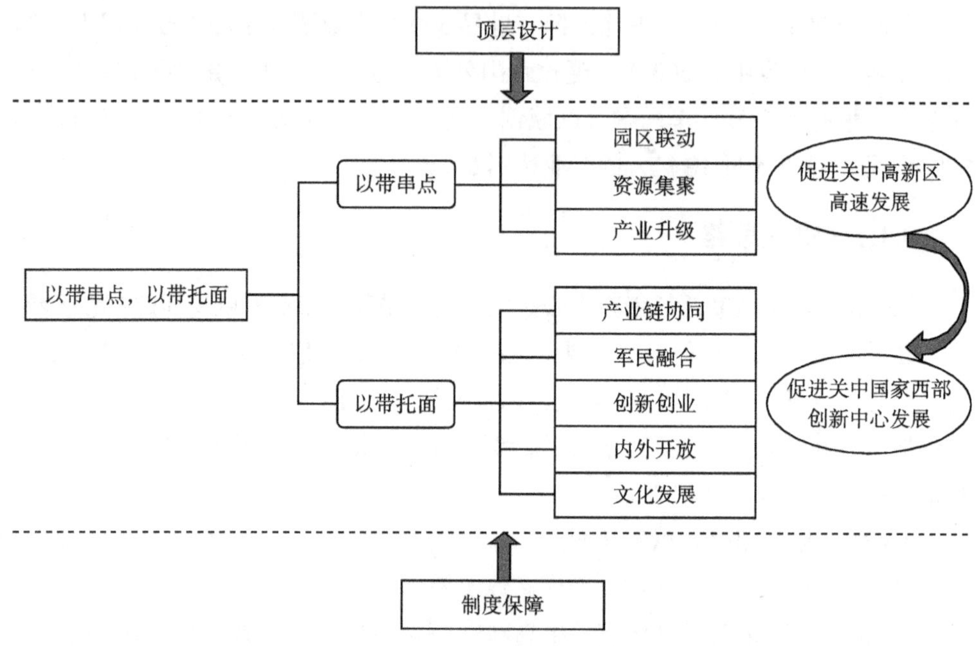

图 9–8　国家西部创新中心建设方案

才。创新创业服务体系不断完善，依托高等院校、科研院所、市（区）县建成 500 个各类创新创业孵化平台，面积超过 1000 万平方米。

第二步，到 2035 年，以关中高新技术产业带为先锋，重点突出激发创新主体的有效创新活动，推动创新成果顺畅转化，打通从研发到产业的全创新开发产业链的各个环节，创新投入比不断加大，研究与试验发展经费支出占 GDP 比重达到 3%以上，实现关中国家西部创新中心的科技研发功能、技术创新功能和产业驱动功能。

第三步，到 2050 年，以关中高新技术产业带为后盾，全面构建起西部创新中心的整体功能。科技对经济的支撑引领作用不断增强，科技进步贡献率提高到 70%，技术合同成交额突破千亿元，万人研发人员数排进全国前三，在西部地区创新驱动中具有示范和辐射带动作用，实现知识创造能力、知识流动能力、技术创新能力、创新环境和创新绩效的示范和辐射功能，建成具有全球影响力的“一带一路”创新中心。

9.3.4　发展重点

智能技术渗透进入经济社会的不同领域，给传统的生产生活方式带来全方位、深层次的变化，促进了传统产业智能化发展的实现。陕西应抓住新一轮科技和产业革命的机遇期，加快传统产业智能应用系统建设，推进数字经济与制造业融合发展，大力推广制造业智能化，激发陕西创新活力，打造形成独具陕西特色的智能产业体系。

9.3.4.1　发展自主高端智能装备

随着国产化替代的推进，高端装备制造国内外市场需求巨大，高端装备创新发展成为未来制造业发展的主要趋势越发明显。陕西是制造业大省，具有较好的产业基础，应重点发展高档数控机床、工业机器人以及航空航天等专用智能成套装备，形成智能装备产业集群。

9.3.4.2　发展特色优势智能终端产品

智能终端产品具备连接能力，可实现互联网服务的加载，形成“云+端”的典型架构，具备了大数据等附加价值。结合陕西自身的产业优势和特点，大力发展智能家电家居、智能可穿戴设备、智能服务机器人、智能仪器仪表、智能通信设备等智能终端产品，加快智能终端产业化，丰富智能产品的服务及形态。

9.3.4.3　实现制造业智能化

陕西应充分利用在发展智能制造领域方面具备良好的产业优势、创新优势、人才优势，大力推进信息技术在制造业中的应用，打造“一带一路”协同创新特区，成为陕西省推动制造业转型升级的重要引擎，促进制造业转型升级，推动实现陕西先进制造业高速发展，为创建国家西部创新中心注入充足的活力。

9.3.4.4　加大对陕西省优势产业的 R&D 投入，为智能化发展提供技术支撑

智能经济时代催生出大量技术领域的变革式创新，带动了整个产业蓬勃发展。为高效构建智能经济发展，以及为智能化发展提供技术支撑，陕西应积极把握和布局一些重要的发展要素，加大对陕西优势产业的技术研发投入。

9.3.5　具体方案

9.3.5.1　顶层设计

(1) 完善统筹机构，从顶层设计上协调各个园区发展。

由政府统一指挥，构建关中高新带利益共同体，指导协调各高新区在产业联动、资源整合、人才交流等方面优势互补、互利互赢，在充分发挥各自优势的同时，充分共享政策，构建跨区域创新网络，推动区域间共同设计创新议题、互联互通创新要素、联合组织技术攻关。

（2）充分发挥西安全面自主改革试验区辐射引领作用。

构建以西安为核心、关中高新带为示范、辐射全国的技术转移空间格局，实现创新资源的聚集、整合和利用，形成高新技术开发区的“骨架支撑”，使关中高新带成为创新驱动经济增长的新引擎。

（3）搭建三区联动创新网络。

在关中高新带上架构起大学校区、科技园区、公共社区“三区融合、联动发展”的创新体系，能够将知识和人才富集优势溢出为城区的发展优势，形成“城市的大学、大学的城市”的良好环境。

9.3.5.2 以带串点

重点以西安、咸阳、宝鸡、渭南、杨凌等国家级高新技术产业开发区为龙头，以关中地区其他省市级科技园区为地理集聚空间载体，打造关中高新带利益共同体；提升区域科技资源统筹能力，发挥关中高新带“虹吸效应”，实现产业集聚和科技创新资源集聚，打造西部创新资源集聚中心；围绕产业链部署创新链，强化基础研究和原始创新能力，打造西部原始创新策源地；推动关中高新带战略性新兴产业发展，加速传统产业转型升级，打造西部创新中心产业载体，强化区域创新“主动脉”。

（1）园区联动。

1）完善园区规划。按照“高起点、高标准、前瞻性”的要求，做好现有园区规划的完善和扩大工作，以适应关中高新技术产业快速发展的要求。根据园区特点和功能定位，有针对性地选择重点培育的产业，形成主题突出、特色鲜明、集约开发的发展格局，对各市区重点培育发展的战略性新兴产业进行科学的布局和分工。关中高新技术业带产业布局如表 9–9 所示。

表 9–9 重点传统产业升级思路

科技园区	重点发展产业
西安高新区	电子信息、先进装备制造、生物医药、现代服务业四大主导产业和通信、光伏与半导体照明、电力设备与能源技术、电子元器件、汽车、软件与服务外包生物制药、创新型服务业八大产业集群
宝鸡高新区	钛及钛合金新材料、汽车及零部件、现代石油钻采传输装备、机床工具制造、高速铁路装备制造、军工电子信息、中低压输变电设备制造
咸阳高新区	电子信息、生物医药及医疗器械、新型合成材料、石油化工
渭南高新区	装备制造、新能源、新材料、3D 打印、煤化工
杨凌示范区	生物制药、绿色食品、环保农资、农牧良种以及以会展、物流、旅游等为主的现代服务业

2）形成关中各开发区互动联动机制。支持其他地市高新技术开发区在西安高新区设立成果转移机构、派驻“科技特派员”，推动各个高新技术开发区互动联动，实现省内各个高新区在创新资源配置、产业转移、人才共享、项目配套和产业联动创新上的协同与联动，形成西安带关中、关中带全省的发展格局。

3）结合国家“互联网+”战略部署，推动“园区联动”智慧化升级。在关中高新带上搭建起响应及时、随时随地、全程全时式的互联网信息服务体系，通过构建智慧化企业平台体系、全面便民的数字化民生体系和实时快捷的用户服务体系，提升大学校区创新服务能力，改善社区生产生活环境，更快响应科技园区各类要求。

（2）资源集聚。

1）提升基础研究能力，把握科技创新源头。要充分发挥关中地区高校、科研院所资源优势，在基础性、前瞻性、战略性科技领域，加快提升基础科学研究、战略高技术研究和应用技术研究的能力，重视国家重大科技基础设施建设，围绕一流科学领域建设大科学装置。

2）充分发挥陕西省科技资源统筹中心职能。依托其搭建的资源共享等十二个子系统，以及西安省科技大市场和宝鸡市、咸阳市、渭南市等分中心，聚集关中高新带各类科技资源；借助省科技资源统筹中心和西安科技大市场现有平台基础，形成具有关中特色的、服务高新产业带的技术转移转化服务平台体系。

3）充分发挥技术市场和技术转移机构的中介助推作用。以设立分中心的方式实现与国家技术转移北京中心、东部中心、苏南中心等区域中心的创新资源对接，充分发挥关中地区人才和科技优势力量，承接发达地区先进技术与新兴产业，探索高新技术产业的合作共赢新模式。依托“丝绸之路经济带”科技合作建设工程，设立国际科技合作中心，发挥关中高新带的辐射功能，实现我国与丝路沿线国家科技、文化、人才等创新资源的双向流动。

4）大力推进科技工程建设。依托重大科技专项，建设重点实验室、工程技术研究中心等创新平台，发挥科技创新平台作用，推进科技工程建设，实现创新资源集聚，加速科技成果转化落地，在 3D 打印、大数据、云计算、集成电路新材料、新能源、生物医药等战略性新兴产业领域，形成一批具有核心竞争力的创新产品。围绕西安在航空、航天、新材料、先进制造、生物等领域的创新研发优势，聚集优质科技资源，争取国家布局建设重点实验室、工程技术研究中心等创新平台。

(3) 产业升级。

当前新常态下全国经济发展正呈现出增速换挡、结构调整动力转换“三期叠加”的新特征，随着新一轮科技革命和产业革命浪潮的到来，新兴产业将是经济发展的新动力。相应地，西部创新中心要依托当前的经济发展阶段，以高端制造业、新兴高技术产业为载体进行产业创新。因此，关中要发挥高新技术产业带优势，构筑关中国家西部创新中心产业载体。

1）实施工业强基战略，推动传统产业升级。强化工业基础能力是我国的重要战略任务，就是要保证“底端筑牢”，加快产业转型升级，保障经济与产业自主、安全，实现工业由大变强，构建创新能力强、效益高、质量好、可持续发展的新型工业体系，如表 9-10 所示。

表 9-10　重点传统产业升级思路

名称	强基思路	2020 年目标
能源工业	稳油、扩气、转化煤	总产值达到 9000 亿元，年均增长 75%
原材料工业	打造支柱、转型发展、提质增效	总产值达到 8500 亿元，年均增长 10.2%
装备工业	高端化、智能化、绿色化、服务化、国际化	规模以上企业工业总产值 8000 元，年均增长 13.2%，在工业总产值中的占比达到 22.2%
医药工业	打造医药新支柱，推动绿色健康食品工业上档升级	实现产值 1200 亿元
消费品工业	发展电子商务，培育产业用纺织品，支持特色环保轻工业做优做强	总产值突破 7500 亿元，年均增速达到 13.0%在工业总产值中的占比提升到 20.8%

以装备工业为例。装备工业以“高端化、智能化、绿色化、服务化、国际化”为主攻方向，加快信息技术与制造技术深度融合，在优势领域超前布局，重点围绕智能和新能源汽车、航空航天、数控机床、输变电、能源装备等领域，改造提升传统装备发展壮大先进装备，加快培育 3D 打印、机器人等新兴装备，把陕西打造成为我国重要的装备制造业基地。

2）发展战略性新兴产业，打造产业载体。大力发展战略性新兴产业，重点发展高端制造业、新材料、新一代信息技术、生物技术、绿色低碳、新能源汽车、集成电路、节能环保八大战略性新兴产业，如表 9-11 所示。

表 9–11　重点新兴产业升级思路

产业名称	发展思路	2020 年目标
高端制造业	推进重大装备与系统工程化应用，做大做强增材制造，航空，航天、智能装备等产业	产值超过 3000 亿元
新材料	发展高性能结构材料、先进复合材料、电子信息材料和新型功能材料	产值超过 1600 亿元
新一代信息技术	发展半导体产业、新型显示、通信设备、智能终端等，延伸发展高端软件产业，打造全球信息技术产业高地	产值超过 4000 亿元
生物技术	以生物技术创新带动产业发展，壮大生物医药产业，发展生物农业，建设西安、杨凌生物医药、生物育种研发生产基地	打造千亿元级生物技术产业集群
绿色低碳	做大做强储能蓄电池产业，加快太阳能，风能，生物质能，核能等能源利用技术发展	实现 2020 万千瓦新能源发电装机容量目标
新能源汽车	坚持纯电驱动、混合动力和 LNG 节能动力结合发展，发展新能源轿车、重卡整车制造，强化控制系统以及充电设施等配套产业	总产值超过 1300 亿元
集成电路	在国家集成电路产业基金和集成电路产业兼并重组作用下，保持光电芯片、硅材料、封装测试等高速发展	总产值超过 1000 亿元
节能环保	围绕绿色发展，落实能耗强度和能源消耗总量控制制度，在工业、交通、建筑等重点领域开展节能装备技术研发和产品推广应用	总产值超过 600 亿元

以高端制造业和信息技术产业为例。

高端制造业：以西安高新区、西安经开区、航空基地、航天基地、宝鸡高新区、渭南高新区等为载体，统筹研发、制造、应用各环节，积极推进重大装备与系统工程化应用，做大做强增材制造、航空、航天、智能装备等产业，推进制造业向智能化、绿色化、服务化发展，加快建设高端装备制造强省。

新一代信息技术：以西安高新区、西安经开区、航天基地和西咸新区等为载体，加快发展集成电路、新型半导体分立器件、光电子等半导体产业，积极发展新型显示、通信设备、智能终端等，延伸发展应用软件、嵌入式软件、软件服务外包等高端软件产业，创新发展基于大数据、云计算、虚拟现实等新技术的信息服务业，打造国内乃至全球信息技术产业高地。关中高新技术产业带如表 9–12 所示：

表 9-12 关中高新技术产业带

名称	特色产业定位			
西安高新技术产业开发区	电子信息（集成电路、软件服务外包、通信设备制造、电子元器件）	先进制造（电力机械、制冷及石油设备、仪器仪表、汽车等领域）	生物医药	现代服务（以研发设计、信息服务、互联网、金融服务、创意产业为重点）
宝鸡高新技术产业开发区	新型材料产业集群	石油钻采装备产业集群	汽车及零部件产业集群	机床工具制造产业集群
	高速铁路装备产业集群	中低压输变电产业集群	军工电子产业集群	
西安经济技术开发区	中心区：发展金融保险、商务中介，信息咨询，文化休闲，服务外包等现代服务业	出口加工区：初步形成以航空、机械、电子、新能源为主导的产业格局	泾渭新城：商用汽车、重型机械、新材料等；军民结合型装备制造业和精细化工产业	泾河工业园：汽车及零部件制造，精细化工及医药、新材料、石油天然气装备制造、农副产品深加工产业等
西安国际港务区	以现代物流和现代服务业为特色			
渭南国家高技术产业开发区	机械工业、电子工业	3D 打印	新材料生产	农副产品加工、精细化工业
杨凌农业高新技术示范区	现代农业科技创新中心	旱区现代农业、农产品	生物医药	
西安阎良国家航空高技术产业基地	以整机制造为主干产业	航空发动机、机载系统、航空大部件、航空新材料	航空零部件加工、航空维修、转包生产	航空教育培训、航空旅游博览
西安国家民用航天产业基地	民用航天产业	新材料、新能源产业：半导体照明和太阳能光伏		服务外包和创意产业链
咸阳高新区	电子信息	生物医药及医疗器械	新型合成材料	

3）延伸八大产业链，发展"硬科技八路军"。关中高新带要延续"硬科技八路军"的发展势头，挖掘新的发展潜力，延伸硬科技八大产业链，航空航天、光电芯片、新能源、新材料、智能制造、信息技术、生命科学、人工智能八大产业既是西部创新中心的优势领域，也是未来整个战略性新兴产业以及科技发展新的方向。具体发展思路及延伸产业如表 9-13 所示。

以智能制造与信息技术为例。

智能制造产业：追踪工业 4.0，围绕陕西规划目标，推动装备制造产业、重大技术装备集成化、高端化发展，如图 9-9 所示。

表 9–13　硬科技八大产业发展思路及延伸产业

产业名称	发展思路	延伸产业
航空航天	实施“产业优化、科技引领、民生改善、服务提升”四大工程	装备制造、零部件、维修改装、航空航天新材料、飞行培训、航空旅游、航天服务等方面
光电芯片	云计算、物联网、大数据等新一代信息技术与现代制造业、生产性服务业等融合创新	设计业、外延制造业、封装测试业相互依存，照明灯具、装备材料、配套应用端协调发展
新能源	重点发展太阳能光优、风能、清洁能源、生物质能、核能五大产业	新能源电池、光热利用技术、生物基燃料乙醇、生物柴油、风能、新能源汽车、生物炼油、核电产业等
新材料	重点发展高性能结构材料、先进复合材料、电子信息材料、新能源材料、新型功能材料	高端装备制造、生物医药、电子信息、资源环境等领域
智能制造	推动先进装备制造产业、重大技术装备集成化、高端化发展	自动化生产线、自动化装备、工业信息化、工业互联/物联网、智能生成等重点领域
信息技术	加快推广应用，推动云计算，大数据，移动互联与传统产业的渗透融合	产品研发设计、物联网、数字内容等，对接国内外云计算、大数据、移动互联等产业
生命科学	建设临床医学研究中心，围绕常见病、多发病，进行关键技术研究	诊疗技术、新型医疗器械、临床医学、人口健康等
人工智能	从硬件、软件、应用环节入手，形成基础支撑层、中间技术层、终端应用层三种组织模式	加速智能在家居、金融、教育、汽车、医疗等领域的应用

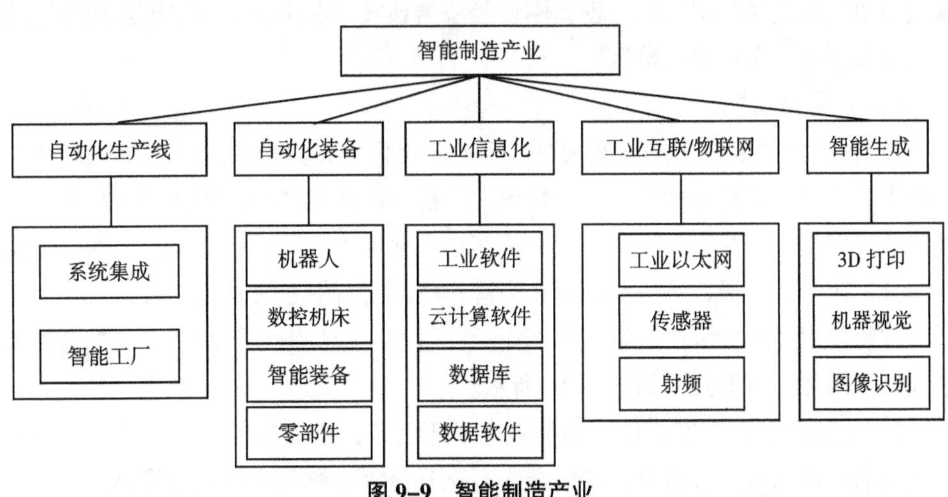

图 9–9　智能制造产业

信息技术产业：发挥信息技术产业对陕西省高新技术产业的带动和引领作

用，转变产业发展方式，加快新一代信息技术的推广应用，推动产业的快速发展，如图 9–10 所示。

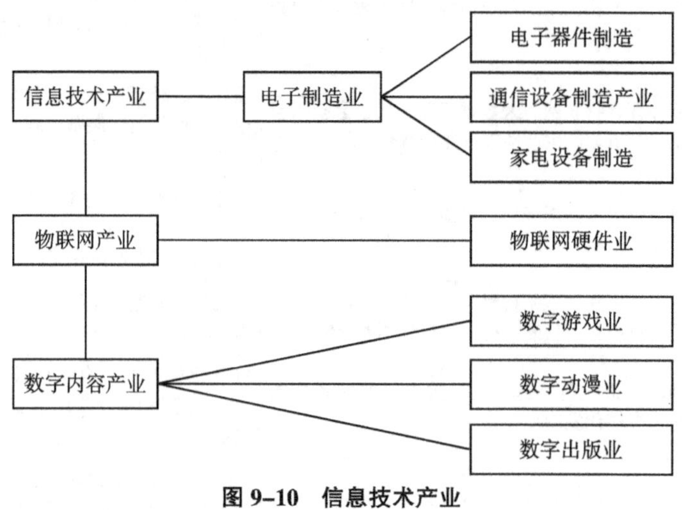

图 9–10 信息技术产业

9.3.5.3 以带托面

创新企业孵化机制，构建西部地区科技成果转化服务平台，提升西部创新中心科技成果转化能力；构建协同开放创新体系，提升西部创新中心开放引领辐射功能；着力深化改革，突破体制机制障碍，将关中国家西部创新中心建成为"区域整体协同发展改革引领区、创新驱动经济增长转型新引擎、自主创新改革试验区和创新创业生态环境示范区"。

（1）产业链协同。

1）在产业价值链布局上实现分工互动。将西安作为辐射整个西部创新中心的原点，重点发展战略性新兴产业培育发展前端的研发产业，逐步形成战略性新兴产业研发中心在西安，生产制造和销售在其他地市的产业价值链上、中、下游全面分工协同的格局，将协同创新作为构建西部创新中心的创新机制。

围绕关中高新技术产业带重点产业，针对不同趋势特点，基于产业链分别可采取以下四种创新模式，如表 9–14 所示。

2）加强产学研深度合作。要加强产学研创新，推动高新技术企业与具有相应优势的高校院所、科研机构进行合作，充分释放高校院所的创新优势，将科研创新能力转化为实际生产力。可以采取"校企合作""校校合作""校地合作"三种模式。

表 9–14　产业链创新模式

创新模式	模式特点	适用产业	特点
扩散型	创新依靠需求拉动，收益随着需求扩大而增加	电子信息、通信设备等	这类产业具有高渗透性特点，存在互利互通的内在要求，产业外延由制造业外延至服务业、教育、公共设施等各个产业
非集中型	创新成果的扩散方式以市场开拓、自下而上的非集中型扩散为主	生物医药、医疗器械等	这类产业与国际先进水平存在差距，经济规模水平低，应通过提高医药研发、制药合成技术等实现生产自主化；完善现代中药和医疗器械等产业上，下游相关的产业链
学习型	创新因生命周期而不同，通常为模仿创新和研究开发	航空航天等	这类产业需要高度综合的现代技术，涵盖产业相当广泛，应将产业集成创新作为首要目的，实现成果转化基地建设，加速推进产业聚集，完善延伸产业链条
替代型	创新需要通过彻底更换产品、技术等来实现整个产业的变革	新能源、新能源汽车等	这类产业需要根本性的变革，可通过模块化生产，彻底更换产品、技术等，最终实现整个产业的变革，连接航空航天、电力、通信、交通运输等各个应用领域

（2）军民融合。

1）启动国家军民融合创新示范区建设。陕西具有推动军民融合发展的天然基础和比较优势，核、航天、航空、船舶、兵器和电子六大行业齐全，产业基础雄厚，已建成一批军民融合产业基地。借助产业带的集聚和辐射功能，发挥军工板块及国防系统骨干位在关中地区的聚集效应，形成射频连接器、物联网、航空、卫星导航应用等军民融合优势产业。

2）深入推进央地融合、省部融合。用好军民融合产业基金建设国家军民融合知识产权协同运用示范基地，重点在工业机器人、电子信息等领域组建 10 个军民融合产业联盟。形成民用航空、民用航天、高端装备制造电子信息、特种化工、新材料、新能源军工特色主导产业，实现军工民品发展实现高端化。

3）健全军民融合统筹机制。强化多领域、全要素创新资源的优化配置，实现军民科技创新、产品创新和服务创新。推动军工企业进行股份制改造和混合所有制改革，按产业链、创新链优化整合地区军工资源，深化军工单位跨地区、跨行业、跨所有制开放式合作。

（3）创新创业。

1）创新企业孵化机制，加速产业成果转化。充分发挥各孵化器作用，利用省孵化器协会的媒介作用，加强全省各企业孵化器之间，孵化器与科研机构、中介服务机构、风险投资机构之间的联系，使其促进科研成果转化、孵育创业企业和培育企业家的潜力得以充分发挥，推动关中高新技术产业的发展。

2）搭建虚拟孵化平台，解决跨区域孵化资源分布不均的问题。加快咸阳、宝鸡市、渭南、铜川和杨凌示范区的孵化器建设，利用现代信息技术全天候、全方位为本地和远程的在孵企业提供信息咨询、企业诊断等服务，进一步拓展创业孵育的功能。

3）发挥创新创业联盟作用。在关中高新带内全面推广企业内创促转型、院所自创促发展、高校众创促转化三大创新创业模式，形成创新创业联盟。

4）建立众创空间服务体系。鼓励和支持陕西省省属大中型企业建设专业化器、创客空间等创业服务平台；实施高校众创空间全覆盖计划，鼓励高等学校围绕优势专业领域建设众创空间，建设以科技人员为核心、以成果转移转化为主要内容的众创空间。

（4）内外开放。

1）借力新一轮“西部大开发”，坚持对内开放。强化与东部高新技术产业开发区的合作交流。加强与京津冀、长三角、泛珠三角的产业与科技对接；进一步推动陕西高新技术产业开发区与中关村、张江等国家自主创新示范区之间的合作交流，共同探索示范区建设的有效做法。

2）发挥自贸区“虹吸效应”，推进对外开放。围绕发展高新技术产业的需求，积极引进发达国家的资本和技术。努力扩大同国际大跨国公司、大企业、大财团的合作，吸收更多的跨国公司来陕西设立地区总部和技术研究开发中心，同时鼓励企业“走出去”，组建合作园区，将“高水平‘引进来’与大规模‘走出去’”有机结合，促进丝绸之路经济带国际内陆港、自由贸易区、国际金融中心、大数据中心共建共享，互联互通。

（5）文化发展。

1）弘扬陕西优秀传统文化。推出一批弘扬陕西优秀传统文化的精品，在全国乃至世界树立起陕西独特的文化品牌；打造陕西特色文化示范基地，通过典型示范带动，让陕西优秀传统文化融入群众生活。

2）深入推进文化产业供给侧结构性改革。加强顶层设计，加快建立比较完善的文化产业综合协调机制；在财政、税收、立项、用地等方面加大支持力度，切实降低文化产品的生产成本。

3）推动文化科技创新，补齐文化制造业“短板”。以国家级文化与科技融合示范基地建设为契机，大力推进陕西省文化与科技深度融合。按照“传统与新兴并重”的思路，促进传统文化产业升级，发掘更多新兴延伸产业。

9.3.5.4　制度创新

（1）以西安交创新港为示范。

依托项目平台，服务国家战略，加强人才培养，将创新港作为西部创新驱动发展的先导区，创建西部人才集聚的高地，将中国西部新港科创基地工程打造成为一个地标性历史建筑。

（2）坚持人才兴区战略，优化人才引进政策，构建人才落户体系。

创新完善“以用聚才”的人才引进机制，强化引智平台搭建，以科技创新园、高端装备产业园等专业园区为依托，引进各类高端创新创业人才。做好产业引才，围绕新材料高端装备制造等战略性新兴产业引进人才，促进人才与产业相融、与企业互动、与项目对接，形成高端人才引领、高端产业集聚的良好格局。

（3）加强财政支持。

认真落实相关政策，通过省级产业母子基金运作，推行股权投资，把相关资金直接集中投资于关键领域和重点项目，发挥财政资金统筹引导和杠杆撬动放大作用，支持陕西省产业结构优化升级。

（4）构建知识产权驱动型创新生态体系。

鼓励建立以企业为主导，产学研合作的产业技术创新联盟，培育建设一批产业特色鲜明、优势突出，具有较强影响力的专业化知识产权运营机构，要针对产业开展高价值专利培育，形成专利密集型产业，从而实现对市场的牵引。

9.4　关中国家级创新中心建设方案实施保障

9.4.1　优化人才政策，培育创新型人才

近年来，陕西省高层次人才队伍不断壮大，人才结构不断改善。但目前在向

国家级创新中心这一目标迈进的过程中，陕西省的人才政策以及培养创新型人才的模式还显现出些许问题。如人才培养体制不健全；人才流失较为严重，国际化人才匮乏；人才分布不均衡等。在此背景下，如何优化陕西省的人才政策、培养建设关中西部国家创新中心所需的高层次、国际化、创新型人才就显得尤为重要。

9.4.1.1　改进人才管理体制，制定科学合理的人才政策

在建设关中国家西部创新中心的大格局下，陕西省要找准定位，改进原有人才管理部门管控较严、收入分配吸引力度不够等问题，积极推动人才管理部门放权，积极发挥用人单位在人才培养、吸引和使用中的主体作用；并针对陕北、关中、陕南地区各自不同的功能定位制定人才政策，将人才政策制定的重点放在用人、留人、引人三个方面。通过人才政策的制定，加大收入分配制度的激励力度，积极引导创新型人才发挥作用，切实提高陕西省的创新程度。

9.4.1.2　加快人才创新创业载体建设，构建良好的创新创业环境

完善的创新创业载体和良好的创新创业环境是培育和发展创新型人才的基础条件。与长江三角洲、珠江三角洲等发达地区相比，陕西省的创业载体和创新创业环境建设还处于初步发展阶段。为提高陕西省培育和发展创新型人才的工作进展，加强关中地区人才创新力度，首先陕西省必须加快实施重大人才工程项目，包括“百人计划”“特支计划”“三秦学者创新团队计划”以及“三秦工匠计划”等；其次，通过加快各类创新创业载体建设及完善平台配套建设等为创新型人才提供能够发展的创新型平台，尤其是建设国际级人才集聚发展的事业平台；最后，营造良好的创新创业环境，使这些优秀的人才有用武之地。

9.4.1.3　大力引进培养国内外人才，建设成高层次的创新型人才队伍

从全国范围看，关中地区的高层次人才密集程度并不低于成都、武汉等城市。但是，西安与成都、武汉等地的经济却有明显差距，说明关中地区，乃至整个陕西省都存在人才流失严重的问题。除此之外，陕西省整体经济外向程度低，这也说明陕西省对外交流较少，缺乏国外创新型人才来促进外向型经济的发展。为此，面对人才流失问题，应在大力开发培养领军人才的基础上发挥政府的主导作用，建立与陕西省发展相适应的新兴产业，增强对人才的吸引力；对于缺乏国外创新型人才来促进外向型经济发展的问题，陕西省需在招揽国外优秀人才的同时更加注重对外交流合作。

9.4.2 高校、科研院所与企业无缝对接，培育创新型企业

产学研合作是推动陕西省科技进步与自主创新的重要手段和必由途径，但是目前陕西省企业对高校和科研院所的创新成果依赖度不高，产学研各方优势互补、互惠共赢的合作机制尚未形成。因此，为了更好地发展陕西地方特色产业，为陕北、陕南引进科技资源，就要明确高校、科研院所与企业三大创新主体的功能定位，加强关中地区创新成果的辐射强度，促进两大区域和关中地区的交流与合作，更好地激发创新活力。据此，本节提出以下几项具体措施。

9.4.2.1 优化政府的资源配置职能，发挥其在协同创新中的引导作用

首先，进一步加大陕西地方财政对科技型中小企业的支持力度，逐步提高专项资金和科技成果转化引导基金支持科技创新的力度，带动中小企业发展。其次，进一步落实税收支持政策，完善对科技型中小企业、技术转让、科技企业孵化器、大学科技园的税收优惠政策，加强对科技型中小企业的政策培训和宣传。最后，陕西省政府要建立协调推动机制，有条件的县级人民政府应设立“绿色通道”，为返乡下乡人员创新创业提供便利服务。

9.4.2.2 搭建产学研合作服务系统，为企业创新提供稳定的资源通道

首先，搭建创新创业资源对接平台，推介一批创新创业典型人物和案例，推动创新精神、企业家精神和工匠精神融合，进一步引导和推动各类科技人员投身创新创业大潮。其次，完善技术中介服务体系，培育省重点中介机构，发挥资源整合优势，提升专业化服务能力，集聚科技创新资源，为技术转移和成果转化提供全过程服务。再次，设立创新示范基地，覆盖“创意创想—种子期—初创期—成长期—产业化”等企业发展各个阶段，打造创新型企业聚集区。最后，充分利用三方资源，共同培养人才。以陕西省高校、科研院所为主体，培养企业急需的实用性技术人才，建立战略联盟，由单一项目合作转向联合培养人才。

9.4.2.3 健全科技人员流动机制，实现创新人才在企业的高效利用

首先，建立完善知识产权运用和快速协同保护体系，扩大知识产权快速授权、确权、维权覆盖面，推进保护由单一产业领域向多领域扩展。其次，完善有利于科技成果转化的分配政策。调整高校和科研院所科研管理体制，建立以基础研究、应用研究、技术研究和成果转化为主的评价体系，鼓励他们与企业的合作研发，建立以实际贡献为评价标准的科技创新人才薪酬制度。

9.4.3 加快智能经济投入，实现智能化发展

推进传统产业转型升级，激发陕西创新活力。智能技术渗透进入经济社会的不同领域，给传统的生产生活方式带来全方位、深层次的变化，促进了传统产业智能化发展的实现。陕西省应加快传统产业智能应用系统建设，推进传统产业转型升级，大力推广农业、制造业、服务业等产业智能化发展，激发陕西创新活力。

加大对陕西优势产业的 R&D 投入，为智能化发展提供技术支撑。智能经济时代催生出大量技术领域的变革式创新，带动了整个产业蓬勃发展。为高效构建智能经济发展，以及为智能化发展提供技术支撑，陕西应积极把握和布局一些重要的发展要素，加大对陕西优势产业的技术研发投入。

以西咸新区为标杆构建智能服务平台，发展大数据产业。发挥大数据产业效应，离不开完善的发展条件和环境。建设相关服务平台，能起到事半功倍的发展“倍增器”作用。智能服务平台面向智能领域的专业人员，按照行业、企业、专业的特点来组织资源。同时，平台综合了社会资源共享、技术研发与成果转化等各方面的服务。西咸新区沣西新城作为全国唯一一个大数据方向的国家级新型工业化产业示范基地，率先在陕西举起“智能制造”的大旗，成为西咸新区打造“一带一路”新起点的重要支撑。陕西应以西咸新区为标杆，打造引领辐射全省智能化发展的智能服务平台。

开展产业链协同智能化，构筑智能产业体系。良好的信息产业基础有利于智能产业生态的形成和集聚。陕西应抓住新一轮科技和产业革命的机遇期，把产业发展互补互促作为关中五市一区融合发展的重要内容，开展产业链协同创新和联合攻关，构建集设计、制造、关键零配件、应用服务于一体的完整产业链，打造形成独具陕西特色的智能产业体系。

9.4.4 深化改革开放，提高陕西省经济综合素质

解决经济社会现存的问题要改革，在改革中出现新问题仍然需要通过深化改革来解决，综合改革是促进经济发展、社会进步、完善国家治理体系的动力。开放是在改革的基础上拓展新的发展空间、增加新的经济活力，坚持开放发展，才能赢得经济发展的主动、赢得国际竞争的主动，才能更深度地融入世界经济体系。未来陕西在中长期发展战略研究中要想提高经济综合素质，只有通过深化改革、扩大开放、落实中央新发展理念来实现。

陕西省是我国实施对外开放的重要省市，同时也是当今“一带一路”上的重要节点城市。在当前形势下，陕西必须加快挖掘和释放所拥有的发展优势，变优势为胜势，加快追赶超越步伐，抓住“一带一路”大机遇，深层次推进改革，全方位扩大开放，开创陕西经济发展新局面。

9.4.4.1　挖掘陕西省特色产业，变优势为胜势，为开放发展奠定基础

陕西虽然在地理位置上优势不明显，但在能源化工、科技、文化、生态等方面具有得天独厚的优势，陕西要想实现追赶超越，就得依靠这些优势产业来提升自身能力，变优势为胜势。目前陕西需要着力适应经济形态和生活方式变革带来的增长需求，依托陕北能源化工区、关中高科技产业园区、陕南绿色风景区，壮大技术、知识密集型产业，发展总部经济，促进生产过程全球化，打造外向型经济示范区，打造全面深化改革先行区，打造区域特色发展引领区。

（1）重视发展陕北能源化工资源。

具体措施可分为以下几点：第一，提升石油采收率和煤炭的回采率空间；第二，在重工业生产的同时要重视生态文明建设，推进能源化工基地绿色发展；第三，合理规划陕北能源化工产品输送路线，完善铁路、公路、管道航空等基础设施，将陕北煤、油、气产品高效安全地运往各地乃至国外。

（2）更好地发挥关中高科技、文化产业优势。

关中地区高新技术基础好、高校多、科研单位多，具有较强的工商业发展基础，未来要把握这些优势，形成以高新技术和先进技术为特点的产业经济体系。第一，统筹教育、科研资源，推进科技知识创新体制改革；第二，着力打造航空航天、新材料、电子信息等若干规模和水平居世界前列的先进制造业集群；第三，积极发掘历史文化遗产，建设国际文化交流平台，打造具有世界影响力的历史文化旅游品牌。

（3）挖掘陕南农业、绿色旅游业优势。

陕南地区处于长江水系一带，北靠秦岭、南倚巴山、汉江自西向东穿流而过，是农业及旅游业发展的优良胜地。第一，利用其得天独厚的地理、气候、土壤条件，设立规范化、标准化的水果、水稻及中草药种植基地，打造陕南自己的品牌。第二，积极开发绿色资源，以精品旅游线路为纽带，大力开展旅游业及服务业，吸引更多游客来陕西旅游，加大陕西知名度并提高陕南地区经济发展水平。

9.4.4.2　构建基础设施一体化服务平台，为改革开放提供技术保障

在挖掘并利用好陕西各地特色优势的同时，需要为省内优势产业的“走出

去”和省外先进资源的“引进来”提供更完美的一体化服务平台，以此来为陕西快速、高质量发展提供技术保障。在现如今商品经济下，流通、运输是解决陕西内部联系的动脉，也是促进陕西与周边省市乃至周边国家合作发展的关键，同时政府对各特色产业的扶持也是对陕西经济快速顺利发展的有力支撑。

（1）打造承东启西、联南贯北的便捷化流通运输体系。

第一，加快在陕西省内部的高铁建设，实现省内交通的全面高铁化，在高速公路方面，优化路段，提高等级公路连通能力，在航空运输方面，建设国际化大机场，完善与邻国及国外发达城市间的航空线路；第二，系统发展物联网和现代综合交通物流体系，构建交通商贸物流中心；第三，及时更新网络交流平台，构建全方位、立体化的数字化交流模式，实现信息的快速共享，达到真正的便捷化、高效化。

（2）发挥政府职能，为企业“引进”与“走出”提供协助与支持。

陕西各特色产业效用的有效发挥，离不开政府政策的协助与支持。第一，政府应结合省情为企业制订短期以及长期的发展规划，建立市场信息发布制度；第二，制定创业优惠政策，创新招商引资方式，优化发展环境；第三，加强对行业协会的监督管理，保证各企业在经营过程中合法、合规、安全经营。

9.4.4.3 重视国际交流与合作，发挥“一带一路”核心作用

（1）重视与兄弟省市的交流与合作。

陕西西安作为“一带一路”线上的重要节点城市以及西北地区的中心城市，既要确立国家总体目标，又要确立地方积极性。重点将西安打造为国际化大都市，高水平的“引进来”、大规模的“走出去”，拓展陕西与世界商贸、文化、旅游、科技交往的新空间，让陕西从国家地理位置上的“大后方”站到了改革开放的“最前沿”，让陕西与丝路沿线国家及地区的全方位合作实现新的突破，建设内陆型改革开放新高地。

（2）开拓国外市场，推动陕西在国际上的对外开放。

陕西作为“一带一路”线上的一个重要节点，应进一步抓住机遇、先试先行，为“一带一路”添加新活力，将节点城市打造为重点城市。第一，积极举办国际交流与合作会议，用好“一带一路”国际合作高峰论坛、欧亚经济论坛、丝博会暨西洽会、农高会等平台；第二，建好陕西自贸试验区，以制度创新为核心，落实可复制、可推广要求，借鉴、复制先行区成功经验；第三，坚持“引进来”和“走出去”相结合，提高统筹利用国际国内两个市场、两种资源的能力，推动区域对外开放。

9.4.5　做好“互联网+”大文章，着力打造高效经济实体

现阶段我国互联网与实体经济加速融合，互联网经济越来越受重视，《2016 陕西互联网发展报告》显示，陕西“互联网+”总指数在全国排在第 15 位，西安“互联网+”总指数在全国城市中排名第 12 位。可以看出，陕西“互联网+”的发展在全国范围内处于中等水平。然而，“互联网+”强大的资源配置功能、集聚外溢功能、快速响应功能以及创造性重组功能，不仅能够实现陕南陕北贫困地区经济模式的转变，加速实现省内全面小康，其全能的适用性和高效的运作模式在打造西部创新中心和建设“一带一路”重要节点的过程中更是不可或缺。所以，要实现陕西经济在中长期稳健持续地发展，必须更有效地将“互联网+”融入实体经济的发展中，提高全省的劳动生产率。

9.4.5.1　完善“互联网+”领域的基础设施，为实体经济的创新发展提供硬件支撑

目前，陕西地区在“互联网+”领域基础设施的建设中存在的问题突出体现为在陕南和陕北欠发达地区中基础设施的覆盖范围不足、全省公共数据资源共享程度较弱以及各部门互联网接口差异性较大三点。对此，应从完善网络基础设施，在陕西地区加快落实“宽带中国”战略、完善数据基础设施、开放公共数据资源以及完善标准接口基础设施，避免由接口差异造成的重复开发和效率低下等方面来完善“互联网+”领域的基础设施。

9.4.5.2　培养“互联网+”领域的综合型人才，为实体经济的持续发展储备软实力

关中的高等院校聚集，相比于多数省份而言，在人才培养上具有很强优势，在“互联网+”急速发展的背景下，政府的相关教育体系和培养模式必须及时更新才能适应人才市场的需求。需从以下两个方面着手：第一，在一流院校设立独立学科，培养专门人才，在陕西省内一流院校（如西安交通大学、西北农林科技大学、西北大学、西安电子科技大学、长安大学）内应率先设立“互联网+”相关领域的独立学科，培养专门人才；第二，加强人才和技术的跨区域交流，避免信息闭塞，应当加强相关人才与外界发达地区进行学术交流和人才交换的力度，及时更新技术储备。同时，陕西属于我国人才流失严重的城市之一，如何培养跨界融合型人才并留住人才也是打造关中西部创新中心过程中所面临的重要问题。

9.4.5.3 加大“互联网+”在市场管理中的应用，提高企业经营管理效率

“互联网+”在市场管理中的应用主要体现为在营销管理、供应链管理以及日常的行政管理三个方面中的应用。“互联网+营销”极大地降低了市场的交易成本，提高了交易效率。“互联网+供应链”优化了企业产业链的运作模式，提高了生产效率。“互联网+行政管理”节省了企业管理资源，提高了企业中大小事务的决策速度和管理效率。目前来看，在陕西地区，大多数大企业都设立了自身的网络营销平台、网络供应链管理平台，以及网络行政管理平台。

但相比于发达省市，陕西省的“互联网+”在市场管理中的应用还存在以下问题：首先，陕南、陕北部分欠发达县域中的企业对于“互联网+”的认知程度较弱。其次，全省范围内没有形成系统的关于各类货物及原材料的仓储、流通、交易的电子信息供应系统。最后，大多数企业对“互联网+”在企业日常管理决策方面的应用不足，容易造成管理上的冗杂无效。对此，应采取以下措施：第一，健全陕南、陕北欠发达县域的物流网，为企业的网络化营运管理打下基础；第二，建成各类货物及原材料电子信息供应系统，实现信息共享和管理协同；第三，建设企业网络决策系统，完善网络治理平台。

9.4.5.4 规范“互联网+”模式监管标准，保障市场秩序稳健运行

随着“互联网+”的快速发展，实践中逐渐暴露出一些安全问题和信用问题，为了解决网络创新过程中的安全隐患，需要陕西省政府、市场两方面的协同配合。

首先，省政府制定相关保障性法规，发挥管控作用。对于新型经济模式安全性的监管，立法通常是效力最强、效率最高的措施。所以，对于陕西省内“互联网+”经济模式中的风险隐患，需要立法机关和监管机构及时了解和把握全省的市场动态，制定相应法律法规，保障新型经济形态中各方参与者的合法权益。

其次，市场构建自律组织和研发集团，进行风险控制。一方面，应由“五市一区”合力建设自律机构，在全省范围内形成统一的行业自律组织，维护新型市场在日常运行中遇到的来自各方的疑难和冲击。另一方面，应建立统一的研发集团，由关中牵头，陕南、陕北配合学习，以便于统一管理、统一控制，减少研发过程中的风险。只有政府和市场两方面共同协作，才能使“互联网+”领域的挖掘和创新更加安全、快速地进行，进一步转化为实体经济的劳动生产率，最终形成经济市场的良性循环。

9.4.6　重视发挥区域优势，合理组合发展关中

重视发挥“五市一区”各自优势，合理组合，调动一切积极因素发展关中，好处是可以吸纳陕南、陕北贫困人口、加速实现陕西省全面小康，也关系着国家西部创新中心建设和丝绸之路的建设。坏处是使关中“五市一区”忽略自身禀赋优势，同质化发展，聚合外溢不足。因此，针对不足，有以下举措：

9.4.6.1　通过构建优势互补的城市群最大限度发挥地区比较优势

利用关中城市群中的“五市一区”各自优势进行产业结构调整，进而构建一个内部地区优势互补的城市群。

具体来说分为五个方面：①以西安的航空高科技优势带动阎良、蒲城、咸阳、宝鸡的航空产业发展。②发挥西安、咸阳、宝鸡的装备制造业优势。③发挥宝鸡、渭南、铜川、商洛的资源加工业优势。④发挥西安、咸阳的文化旅游产业优势。⑤发挥以西安为中心的现代服务业优势。

9.4.6.2　通过城市间产业合理组合调动创新动力，提升关中城市发展质量

根据各地区自身优势不同，进行业务划分，使所有地区参与到关中国家西部创新的建设之中：

具体来说：①在高校和研究院所的带动下实现航空产业、文化旅游产业的技术创新。②咸阳主要实现航空物流方式、飞机维修技术创新。③宝鸡主要实现光纤通信系统、组合导航系统、飞行安全监测系统技术创新；装备制造技术创新；资源加工技术创新；物流园区应用技术创新等。④渭南主要实现飞行员培训手段、通用航空产业项目创新；煤炭、化肥、钼等资源的精深加工技术创新。⑤铜川主要实现铝加工、建材、陶瓷等产业技术创新。⑥杨凌主要依托西北农林科技大学进行农业产业化发展创新。

9.4.6.3　在创新发展驱动下促进关中地区持续发展，发挥西部创新中心带动作用

依托建设创新型国家战略、“一带一路”倡议及“双创”政策的大背景，使关中地区充分发挥其角色，辐射带动相关城市的发展，进行产品、技术的升级转移。重点研究如何实现西安与域内其他城市的联动发展，如何面向西北、西部推动共同加快发展，如何在“一带一路”中发挥自身优势促进沿线国家、城市一起发展。

针对这些问题，可以考虑建立西部丝路硅谷，发挥陕西在“丝绸之路经济

带”新起点的区位优势、硬科技资源在全国领先的优势、高校院所及大学毕业生数量在全国领先的优势及国家自贸区政策优势，打造以“投资+金融服务+产业运营+国际化并购”为核心的丝路硅谷综合金融服务创新引擎。同时要设立西部丝路硅谷发展基金，进行科技成果转化为基金等项目；以国际化金融管理精英为市场化核心运营团队，形成财富效应聚合创新资源。宝鸡、咸阳、渭南、铜川和杨凌完善基础设施建设，实现自身城市规模的扩大，并且在此基础上吸纳人才。

9.4.7 科学设置关中区域规划，避免各自为政，重复建设

近年来，关中地区大力推动区域协调发展，取得了一定成效，如各地区经济结构调整得到优化、欠发达地区经济增长加快等，这显著增强了关中的发展活力与主动性。然而，要实现“关中城市群五市一区协调发展”这一战略目标，关中在合理设置功能区域规划方面还存在诸多问题。因此，本节将从以下四个方面提出具体的战略措施：

9.4.7.1 注重关中各区域基础设施建设的协调配合，构建共享的基础设施网络

基础设施作为经济社会发展的基础和必备条件，抓好了可以为发展积蓄能量、增添后劲，而建设滞后则可能成为制约发展的瓶颈。为了加强关中各区域基础设施建设的协调配合，需要从以下几点做起：

(1) 共同完善综合运输体系。

推进建设“米”字形高铁网，畅通加密关中城际铁路网。大力推进覆盖西咸新区、咸阳城区及临潼、户县等组团的大西安地铁网建设。重点改扩建和新增一批市县级客货站，建设若干区域交通枢纽。加强交通运输信息化建设，促进区域物流运输信息共享，实现公共交通一卡通。促进各种运输方式加快构建与融合发展，形成以大西安为核心的面向全省、连接全国、辐射国际的综合交通体系。

(2) 统筹能源保障建设。

发挥陕西省煤、电、气资源优势，根据区域环境承载能力和大气污染防治要求，科学布局、统筹推进能源基地建设，完善能源供输网络，提升能源设施共建共享水平。加快“气化陕西”二期工程建设，扩大城市配网覆盖范围。实施城乡电网改造升级工程，提高线路技术标准，增强供电可靠性。构建电力安全体系和应急处置体系，确保电网安全运行。加快关中地区供气管网一体化建设，提高互联互通水平，实现区域内全覆盖。

(3) 统筹信息基础设施建设。

大力推进关中地区电信网、广播电视网和互联网的融合发展；实施电子政务畅通工程；加强信用记录和信用信息系统建设；共建区域信息网络体系和交流平台。构建“数字关中”，实现资源共享。

9.4.7.2　促进产业间的发展融合，充分发挥关中主导产业优势

联合提升工业发展水平。一方面，利用西安和宝鸡现有装备制造业产业基础和配套条件，引进优质资本和先进技术，加快企业兼并重组和产品更新换代，合作发展装备制造业。另一方面，推进产学研结合，提升科技创新水平，坚持引进和培育相结合，共同培育新材料、新能源和生物医药等战略性新兴产业。

合力发展现代服务业。共同建设旅游基础设施，合力开拓旅游市场，联手整治旅游市场秩序，共同打造秦始皇陵、法门寺和华山等旅游品牌。构建区域性物流中心。加快发展金融等现代服务业，推进金融改革创新。

协同发展现代农业。共建优势农产品生产加工基地；加强农产品质量安全和农业信息服务合作；共同建设关中农产品质量安全检验检测中心。

9.4.7.3　优化城镇化布局形态，推动关中平原城市群建设

在关中地区，西安独大，其他城市太小，城市群内的内部质地很不均匀。因此，推动城市群建设要从以下两点考虑：

共同推进大西安建设。加快省市共建大西安步伐，推进西安、咸阳、西咸新区规划建设、行政管理和产业布局一体化发展；坚持研发服务在中心，制造转化在周边的思路；完善城区基础设施。

鼓励中小城市加快发展。加强中小城市基础设施和公共服务设施建设，优化城市发展空间结构，提升综合承载能力，增强集聚辐射效应。支持经济发展较快、区位优势明显、人口规模较大的县城拉大骨架，因地制宜地发展特色产业，完善综合服务功能，培育成为新生小城市。

9.4.7.4　加强各区域环境治理协调联动，促进生态环境共保共治

建立统一的环境保护评价体系，把资源消耗、环境损害、生态效益纳入经济社会发展评价体系。共同推动落实生态保护项目的实施，科学规划，优化布局，加强生态廊道、城市绿地、水生态文明建设，推进治山、治林、治田有机结合，全面提升关中生态功能。建立统一的关中地区生态补偿机制。

9.4.8 优化金融生态，壮大地方银行实力，支持实体经济发展

当前，陕西省虽已稳步迈入中等发达省份行列，但金融的发展却远远滞后于经济的发展，存在很多问题。其一，陕西省金融市场的发展呈现出一种不均衡现象，资本市场规模相对较小、股票和债券的比例严重失衡，而且有80%的银行业金融机构都是国有性质，这就使大部分实体中小企业往往很难得到资金的支持，制约了实体经济主体的发展。其二，陕西省金融法制环境和社会信用环境不健全。由于起诉难、执行难以及抵押物行政干预难以变现等原因，陕西省各金融机构普遍反映无法通过法律手段来保全自身资产。同时，由于企业和个人的信用意识较差，导致逃债躲债的金融债务现象时有发生。基于上述问题，本部分主要从以下四个方面出发，提出相应的战略措施。

9.4.8.1 健全金融法治环境，保障实体经济主体的合法权益

加快推进陕西省的金融立法。制定和完善与本省经济情况相符的金融规则，建立和完善陕西省金融监管问责制度，尽快出台有关陕西省金融机构破产的法律，进而为本省企业的经营打造良好的法律环境。进一步完善金融监管协调机制，加强金融监管。

9.4.8.2 加大政策扶持力度，强化实体经济的资金保障

加大财政税收政策的资金支持力度。一方面，建立绿色税收制度，根据纳税企业的环保指标，给予一定的优惠政策；另一方面，中央财政要逐步加大对陕西省各类经济项目的资金支持力度，或者整合现有的投资项目和专项资金，同时出台相应的经济财政补贴政策。

发挥货币信贷政策的激励作用。强化政策性金融对陕西省实体经济的支持；对支持实体经济相关企业和建设项目的陕西省各商业银行，由政府或财政给予担保和补贴；在贷款利率方面实行差别利率政策。

9.4.8.3 完善信用体系建设，维护实体经济的稳健运行

首先，陕西省要建立信用评级公司，搭建个人和企业征信网络平台和数据库，并大力推动“信用陕西”创建活动，推动信用评价工作，加快征信系统建设；其次，为陕西省信用中介机构制定专门的法律法规，加强差异化管理，规范发展信用中介服务机构；最后，建立和完善企业激励与惩戒机制。

9.4.8.4 深化金融机构改革创新，支持实体经济的持续发展

强化银行业金融机构的主导地位。构建政策性银行、国有商业银行、股份制

商业银行、区域商业银行、信用合作组织为主体的中资银行体系，大力引进外资银行，做强区域性法人银行业金融机构，放宽和简化市场准入。

加快陕西省金融创新。创新融资模式，建立陕西省股权交易市场，多渠道开发金融产品，丰富陕西省金融市场的层次和产品种类。

优化信贷资源投放。陕西省各银行业分支机构要积极争取优惠政策和贷款额度倾斜、提高授信业务权限，充分调动信贷资源以支持本省地方经济发展；围绕“建设关中国家西部创新中心”的发展战略，优先支持重点项目建设；在保持信贷总量合理增长、信贷投放有序的同时，大力推进绿色信贷工作。

第 10 章　陕西省国土价值量总评价

国土价值量是国土空间发展规划的重要依据要素之一，其可以真实且客观地反映拟定规划土地当下及未来的各行业单位国土资源经济价值的现状及变化趋势。根据陕西省国土价值量总评价，可以直观展现不同地区和不同行业单位国土资源经济价值的特征分布情况，进而结合规划要求和其余国土空间发展规划的重要依据要素以及未来发展战略要求等方面，综合考虑与分析，最后得出成熟完整的土地空间规划文件。故而，陕西省国土价值量总评价对于国土空间发展具有重要意义。

10.1　国土价值量评价指标

陕西省国土价值量是反映社会经济历史发展规律和预测未来社会经济发展前景的基本依据，在社会经济文化高速发展的进程中，对于评价陕西省国土面积的经济价值显得尤为重要。陕西省国土价值量总评价是对陕西省各市及区域的单位国土资源经济价值的变化进行分析，进而为陕西省各市和区域的未来发展战略的制定与实施提供科学的理论支撑。

10.1.1　评价指标选取的原则

国土价值量评价指标是指反映各城市地区、行业的单位国土资源经济价值变化的定量核算指标，是直接展现单位国土资源经济价值的综合指标。国土价值量评价指标直接影响相对应的历史数据分析与未来发展态势预测。评价指标选取原则是陕西国土价值量评价与分析工作展开的基础与前提。

（1）科学性原则。

国土价值量评价指标的选取应客观、公平、公正、切实地反映地域和地区的土地利用与社会经济发展特征及其状况。要严谨明确且与实际情况相结合。描述国土价值量的社会经济意义时应清晰准确，切勿带有与评价指标无关或关系不明确方面的论述。数据收集、统计整理、测算方法应规范合理，确保测算结果能真切地反映国土资源指标与社会经济发展指标之间的关系。

（2）典型性原则。

确保评价指标具有一定的典型代表性，尽可能准确地反映出特定区域国土价值量特征，即使在减少指标数量的情况下，也要便于数据计算和提高结果的可靠性。

（3）可比、可操作、可量化原则。

指标选择上，注意在总体范围内的一致性，指标选取的计算量度和计算方法必须一致统一，各指标尽量简单明了、宏微观结合、便于收集，各指标应该要具有很强的现实可操作性和可比性。而且，选择指标时要考虑能否进行定量处理，以便于进行数学计算和分析。

（4）动态性原则。

国土价值量的变化需要一定的时间尺度才可反映出来。因此，指标的选择要充分考虑动态的各产业产值与用地面积变化特点，应该收集若干年度的变化数值。

（5）现有国民经济核算相衔接原则。

国民经济核算体系（SNI）包含了诸如国民总收入（GNI）、国内生产总值（GDP）、国民收入（NI）和社会总产出等核算体系。国土价值量指标只是国民经济核算体系中的从属账户，故国土价值量指标要最大限度地与国内最新版的国民经济核算的基本原则、规范要求及其重要核算指标相互衔接。国土资源的实物量及国土资源的产出价值核算要与国家行业标准规范相衔接，指标统计、核算方法相对需保持一致。

（6）国土资源与经济核算并重原则。

国土价值量核算主要包含了如下两个主要领域：国土面积与各地域、各产业用地面积的变化量；由国土利用而产生的经济价值变化量。

故而，国土价值量核算应遵循国土资源与经济核算并重的原则。国土价值量核算体系中不仅要体现国土资源的利用，还要涵盖由国土利用而产生的经济价值。

（7）有利于各级政府进行科学决策原则。

国土价值量将国土面积、各地域各产业用地面积以及由国土利用而产生的经济价值纳入核算指标行列。这就要求各级政府在制订规划时，不仅要着眼于国土利用所带来的经济价值，还要将经济价值与国土利用率、国土利用所带来的生态价值一起统筹规划、综合考核和系统考虑。国土价值量核算中要求具体地、科学地、准确地展现出省、市等级的国土资源及社会经济发展的动态数据。如此便于各级政府对国土资源和社会经济状况及其动态情况更清晰、精确地把握，有利于各级政府正确合理地制定相关国土空间规划政策，从而使不同区域的社会经济得到更高效的发展。

10.1.2　评价指标的比较与选取

国土资源总价值通常包括经济价值、社会价值、生态价值三个部分，依据指标选取的原则和数据的可获性，本书主要对国土资源的经济价值进行评价。

10.2　国土价值量评价方法

主要结合区划和行业两大方面进行国土价值量的综合研究。首先，收集国土资源实物量的数据和国土资源产出价值的数据并对数据进行核算整理。其次，在区划和行业两种情景的庞大数据支撑下，采用国土资源产出价值除以相对应的国土资源实物量的计算方法对国土资源价值量进行核算，从而得出陕西省各城市地区和行业的国土资源价值量。最后，依据国土价值量的截面数据和时间序列数据特征进行综合分析与评价。

10.2.1　国土资源的实物量核算

国土资源的实物型流量账户主要是记录国土资源不同时期的实物流量的变化。不同时年，由社会经济发展引起的国土资源实物量的变化，体现国土资源特征。实物型账户主要记载的是与国土资源的物质流量有关的纯实物数据。采用数据收集及整理的方式，以国土资源实物量核算的形式体现详细的国土资源数据信息。国土资源实物量核算主要包含土地面积、农业综合用地总面积、商业综合用地面积、工业用地面积、房地产业用地面积、公路里程、铁路里程以及林业面积和森林面积等方面。

其中，土地面积也称宗地面积，是指一宗地权属界址线范围内的土地面积；农业综合用地总面积是指农林渔牧业占地面积，包括农作物播种面积和林业、牧业、渔业和农林渔牧服务业用地面积；商业综合用地面积主要包括住宿业和餐饮业占地面积；工业用地面积是指工矿用地面积；房地产业用地面积是指商品房销售面积，即报告期内出售商品房屋的合同总面积（双方签署的正式买卖合同中所确定的建筑面积）。由现房销售建筑面积和期房销售建筑面积两部分组成；公路里程是指在一定时期内实际达到《公路工程［WTBZ］技术标准 JTJ01—88》规定的等级公路，并经公路主管部门正式验收交付使用的公路里程数。包括大中城市的郊区公路以及通过小城镇街道部分的公路里程和桥梁、渡口的长度，不包括大中城市的街道、厂矿、林区生产用道和农业生产用道的里程；铁路里程是指省境内铁路线路长度；森林面积是由乔木树种构成，郁闭度 0.2 以上（含 0.2）的林地或冠幅宽度 10 米以上的林带的面积，即有林地面积。森林面积包括天然起源和人工起源的针叶林面积、阔叶林面积、针阔混交林面积和竹林面积，不包括灌木林地面积和疏林地面积。以下均以样表为例。

（1）表 10–1 为区划国土资源实物量核算样表。仅以西安市为例：

表 10–1 西安市国土资源实物量核算

年份 项目	2009	2010	2011	2012	2013	2014	2015	2016	2017
国土面积（平方千米）									
农业综合用地面积（万亩）									
工业用地面积（平方米）									
公路里程（千米）									
铁路里程（千米）									
房地产业占地面积（万平方米）									
商业综合用地面积（平方米）									
森林面积（万公顷）									

（2）表 10–2 为行业国土资源实物量核算。行业包含农业综合、商业综合、工业、房地产业、交通运输业（公路、铁路）、林业及森林资源等。以下仅以农

业综合用地面积为例：

表 10–2　农业综合用地面积核算

单位：万元/平方千米

年份 地区	2009	2010	2011	2012	2013	2014	2015	2016	2017
陕西省									
西安市									
铜川市									
宝鸡市									
咸阳市									
渭南市									
延安市									
汉中市									
榆林市									
安康市									
商洛市									
杨凌示范区									

10.2.2　国土资源的产出价值核算

国土资源的产出价值核算主要反映社会经济发展中的各类国土资源的经济价值的增减变化。以国土资源产出价值的年度数据为基础，体现经济价值变化特征。产出价值型账户主要记载的是与国土资源的经济价值有关的纯产值类数据。采用数据收集及整理的方式，以国土资源产出价值核算表的形式体现详细的经济价值数据信息。国土资源产出价值核算主要包含国内生产总值、农业综合总产值、商业综合总产值、工业总产值、房地产业总产值、客运量（公路、铁路）、货运量（公路、铁路）以及林业总产值和森林蓄积量等方面。

其中，国内生产总值指按市场价格计算的一个国家（或地区）所有常住单位在一定时期内生产活动的最终成果；农业综合总产值是指农、林、牧、渔业总产值，即以货币表现的农、林、牧、渔业全部产品和对农、林、牧、渔业生产活动进行的各种支持性服务活动的价值总量，它反映一定时期内农、林、牧、渔业生产总规模和总成果；商业综合总产值是指住宿业和餐饮业营业额，即住宿和餐饮业法人企业（单位）在经营活动中因提供服务或销售商品等取得的收入。包括客房收入、餐费收入、商品销售额和其他收入。客房收入指住宿和餐饮业法人企业（单位）在经营活动中因提供住宿服务取得的收入。餐费收入指住宿和餐饮业法人企业、(单位) 因为顾客提供就餐服务取得的收入，包括经烹饪、调制加工后出售的各种食品，如主食、炒菜、凉拌菜等的收入。商品销售额指住宿和餐饮业法人企业（单位）伴随服务而出售商品所取得的收入（含增值税）。其他收入指营业收入中除客房收入、餐费收入、商品销售额以外的其他收入，包括娱乐、健身和商务服务等；工业总产值是规模以上工业产值，即货币形式表现的，规模以上工业企业在一定时期内生产的工业最终产品或提供工业性劳务活动的总价值量。它反映一定时间内规模以上工业生产的总规模和总水平；房地产产业总产值是指房屋销售收入；货（客）运量指在一定时期内，各种运输工具实际运送的货物（旅客）数量。该指标是反映运输业为国民经济和人民生活服务的数量指标，也是制订和检查运输生产计划、研究运输发展规模和速度的重要指标。货运按吨计算，客运按人计算。货物不论运输距离长短、货物类别，均按实际重量统计。旅客不论行程远近或票价多少，均按一人一次客运量统计；半价票、小孩票也按一人统计；林业总产值是指以货币表现的林业全部产品和对林业生产活动进行的各种支持性服务活动的价值总量，它反映一定时期内林业生产总规模和总成；森林蓄积量指一定森林面积上存在的林木树干部分的总材积。它是反映一个国家或地区森林资源总规模和水平的基本指标之一，也是反映森林资源的丰富程度、衡量森林生态环境优劣的重要依据。以下均以样表为例。

（1）表 10–3 为区划国土资源产出价值核算，以下仅以西安市为例：

表 10–3 西安市国土资源产出价值核算

年份 项目	2009	2010	2011	2012	2013	2014	2015	2016	2017
生产总值（亿元）									
农业综合总产值（亿元）									
工业总产值（亿元）									
客运量（万人）									
货运量（万吨）									
房地产业产值（万元）									
商业综合总产值（亿元）									
森林木蓄积量（亿立方米）									

（2）表 10–4 为行业国土资源产出价值量核算。行业包含农业综合、商业综合、工业、房地产业、交通运输业（公路、铁路）、林业及森林资源等。以下仅以农业综合为例：

表 10–4　农业综合总产值核算

单位：万元/平方千米

地区＼年份	2009	2010	2011	2012	2013	2014	2015	2016	2017
陕西省									
西安市									
铜川市									
宝鸡市									
咸阳市									
渭南市									
延安市									
汉中市									
榆林市									
安康市									
商洛市									
杨凌示范区									
关中地区									
陕北地区									
陕南地区									

10.2.3　国土资源的价值量核算

国土资源的价值量核算主要体现单位国土资源的经济价值的变化。价值量账户主要记载的是与单位国土资源经济价值有关的比值类数据。采用数据收集及整理的方式，以国土资源的价值量核算表的形式体现详细的单位国土资源经济价值数据信息。国土资源的价值量核算主要包含陕西省、市、地区国土面积价值量、农业综合价值量、商业综合价值量、工业价值量、公路价值量（单位公路里程客运量/货运量）、铁路价值量（单位铁路里程客运量/货运量）以及房地产业价值量和林业及森林资源价值量等。以下均以样表为例。

（1）区划国土资源价值量核算表。表 10–5 仅以西安市为例：

表 10-5　西安市国土资源价值量核算

项目＼年份	2009	2010	2011	2012	2013	2014	2015	2016	2017
国土面积价值量（万元/平方千米）									
农林牧渔价值量（万元/亩）									
工业价值量（万元/平方米）									
公路价值量（人/千米、吨/千米）									
铁路价值量（人/千米、吨/千米）									
房地产业价值量（元/平方米）									
商业综合价值量（万元/平方米）									
森林资源价值量（万立方米/公顷）									

（2）表 10-6 为行业国土资源价值量核算表。以下仅以农业综合为例：

表 10-6　农业综合价值量核算

单位：万元/平方千米

地区＼年份	2009	2010	2011	2012	2013	2014	2015	2016	2017
陕西省									
西安市									
铜川市									
宝鸡市									
咸阳市									
渭南市									
延安市									
汉中市									
榆林市									
安康市									
商洛市									
杨凌示范区									
关中地区									
陕北地区									
陕南地区									

10.3　陕西省国土价值量评价与分析

10.3.1　数据来源与说明

数据来源包括各年度的《中国统计年鉴》《陕西省统计年鉴》《中国国土资源统计年鉴》《陕西省国土资源公报》《中国城市建设统计年鉴》《陕西区域统计年鉴》《陕西自然资源综合统计报告》《陕西省国民经济和社会发展统计公报》《西安市国民经济和社会发展统计公报》《铜川市国民经济和社会发展统计公报》《宝鸡市国民经济和社会发展统计公报》《咸阳市国民经济和社会发展统计公报》《渭南市国民经济和社会发展统计公报》《延安市国民经济和社会发展统计公报》《汉中市国民经济和社会发展统计公报》《榆林市国民经济和社会发展统计公报》《安康市国民经济和社会发展统计公报》《商洛市国民经济和社会发展统计公报》《杨凌示范区国民经济和社会发展统计公报》中的数据以及陕西省、西安市、铜川市、宝鸡市、咸阳市、渭南市、延安市、汉中市、榆林市、安康市、商洛市和杨凌示范区的统计局门户网站中的进度数据以及国家统计局网站、陕西省农业农村厅网站、陕西省林业局、陕西省工业和信息化厅、陕西省自然资源厅网站、陕西省生态环境厅网站、陕西省住房和城乡建设厅网站、陕西省交通运输厅网站、中国统计数据库网站、中国投入产出协会网站等。不同行业的不同类型核算表中存在部分数据暂缺情况，均在相对应的表下附于说明。

10.3.2　陕西省国土价值量核算

陕西省国土价值量核算包括陕西省及地区国土面积价值量、陕西省农业综合、工业、公路、铁路、房地产业、商业综合以及林业和森林资源价值量核算。

10.3.2.1　陕西省及地区国土面积价值量

该部分内容依据式（10–1）进行核算。

$$NLAV = \frac{GDP}{LA} \tag{10–1}$$

式中，NLAV 为国土面积价值量；GDP 为国内生产总值；LA 为土地面积。

依据式（10-1），核算结果如下：

表 10-7　陕西省、市、地区国土面积价值量核算

单位：万元/平方千米

地区＼年份	2009	2010	2011	2012	2013	2014	2015	2016	2017
全国	358.41	424.25	502.82	555.58	612.31	662.89	709.84	766.58	851.05
陕西省	397.36	492.39	608.57	703.00	788.20	860.41	876.55	943.56	1065.12
西安市	2698.75	16133.63	19243.36	21841.30	24465.82	27272.29	28790.07	31163.94	37044.57
铜川市	397.83	483.70	599.39	704.21	832.93	838.32	791.43	802.89	897.76
宝鸡市	444.08	537.44	647.37	756.71	851.18	904.59	984.27	1063.84	1206.71
咸阳市	856.97	1078.26	1336.02	1544.43	1825.81	2046.39	2112.90	2346.53	2249.90
渭南市	488.73	614.92	789.52	888.00	1014.21	1092.43	1097.54	1142.20	1266.51
延安市	196.66	239.10	300.65	343.23	365.67	374.30	323.58	292.43	354.45
汉中市	153.42	188.14	238.99	278.52	328.63	370.16	391.12	426.88	492.14
榆林市	303.42	409.28	534.06	622.04	647.57	680.45	580.57	646.08	783.13
安康市	303.42	409.28	534.06	622.04	647.57	680.45	580.57	646.08	783.13
商洛市	114.64	146.01	185.36	216.19	260.91	293.65	315.88	353.47	386.63
杨凌示范区	3818.88	5110.09	6566.63	7314.06	9174.89	10419.96	11357.51	12789.70	14695.28
关中地区	938.54	1139.19	1385.15	1584.68	1802.02	1981.46	2073.50	2240.88	2520.69
陕北地区	253.97	330.46	425.95	492.91	517.01	538.65	461.54	482.28	584.58
陕南地区	130.34	159.91	201.92	238.55	285.69	322.94	346.57	383.36	436.57

资料来源：《陕西省统计年鉴》《中国国土资源统计年鉴》。

如表 10-7 所示，2009~2017 陕西省国土面积价值量依次为：397.36 万元/平方千米、492.39 万元/平方千米、608.57 万元/平方千米、703.00 万元/平方千米、788.20 万元/平方千米、860.41 万元/平方千米、876.55 万元/平方千米、943.56 万元/平方千米、1065.12 万元/平方千米。

由此可以看出陕西省国土面积价值量近些年均大于全国国土面积价值量。此外，陕西省国土面积价值量近些年为不断增长的趋势，且平均每年每平方千米增长 80~90 元。

如表 10-8 所示，2009~2017 年关中地区国土面积价值量依次为：938.54 万元/平方千米、1139.19 万元/平方千米、1385.15 万元/平方千米、1584.68 万元/平方千米、1802.02 万元/平方千米、1981.46 万元/平方千米、2073.50 万元/平方千米、2240.88 万元/平方千米、2520.69 万元/平方千米。由此可以看出，关中地区的国土面积价值量近些年保持增长趋势且常年大于陕西省的国土面积价值量。

表 10–8 2009~2017 年关中地区国土资源价值量核算

地区＼年份	2009	2010	2011	2012	2013	2014	2015	2016	2017
国土面积价值量（万元/平方千米）	938.54	1139.19	1385.15	1584.68	1802.02	1981.46	2073.50	2240.88	2520.69
农业综合价值量（元/亩）	1087.97	1389.35	1715.88	1928.14	2151.47	2324.17	2408.92	2546.47	
住宿业价值量（元/平方米）	8557.09	13385.93	10449.43	9264.30		9212.86	9326.49	10226.41	6131.01
餐饮业价值量（元/平方米）	6662.79	7392.10	7072.05	8307.07		7313.52	7948.45	8681.92	9286.16
房地产业价值量（元/平方米）	3502.37	3964.97	5297.91	5657.18	5713.12	5545.04	5711.63	5825.86	7422.79
工业价值量（元/平方米）	2032.43	2620.02	3167.03	3774.46	4196.86	4449.87	4634.56	5051.70	
公路价值量（人/千米）	8335.34	7629.72	10531.07	11025.36	11600.42	7572.87	7360.25	7503.81	7296.65
公路价值量（吨/千米）	8045.00	9101.83	10598.99	12224.47	13659.33	13056.48	11228.98	11818.18	12848.36

资料来源：《中国统计年鉴》《陕西省统计年鉴》《中国国土资源统计年鉴》《陕西省国民经济和社会发展统计公报》《陕西省各市国民经济和社会发展统计公报》、国家统计局网站、陕西省农业农村厅网站、陕西省林业局、陕西省工业和信息化厅、陕西省自然资源厅网站、陕西省生态环境厅网站、陕西省住房和城乡建设厅网站、陕西省交通运输厅网站、中国统计数据库网站，其中空白处为数据暂缺。

如表 10–9 所示，2009~2017 年陕北地区国土面积价值量依次为：253.97 万元/平方千米、330.46 万元/平方千米、425.95 万元/平方千米、492.91 万元/平方千米、517.01 万元/平方千米、538.65 万元/平方千米、461.54 万元/平方千米、482.28 万元/平方千米、584.58 万元/平方千米。由此可以看出，陕北地区国土面积价值量总体呈上升趋势。

表 10–9 2009~2017 年陕北地区国土资源价值量核算

项目＼年份	2009	2010	2011	2012	2013	2014	2015	2016	2017
国土面积价值量（万元/平方千米）	253.97	330.46	425.95	492.91	517.01	538.65	461.54	482.28	584.58

续表

项目＼年份	2009	2010	2011	2012	2013	2014	2015	2016	2017
农业综合价值量（元/亩）	206.55	265.53	324.19	362.40	401.69	432.95	424.81	465.06	
住宿业价值量（元/平方米）	5004.83	8181.93	5829.51	5451.84		5149.66	5639.68	6597.87	2736.74
餐饮业价值量（元/平方米）	4082.96	5366.28	4316.82	6401.72		6482.02	8162.03	9974.32	10713.04
房地产业价值量（元/平方米）	810.02	733.10	748.04	973.67	957.08	813.17	629.17	743.62	1278.87
工业价值量（元/平方米）	1450.19	1931.91	2461.94	2998.29	3350.30	3715.36	3992.10	4381.70	
公路价值量（人/千米）	1881.13	2054.25	2388.43	2489.44	2611.65	1012.35	1000.79	968.03	942.33
公路价值量（吨/千米）	1545.82	1718.94	2061.63	2457.97	2749.43	3355.49	4394.34	4622.54	5101.73

资料来源：《中国统计年鉴》《陕西省统计年鉴》《中国国土资源统计年鉴》《陕西省国民经济和社会发展统计公报》《陕西省各市国民经济和社会发展统计公报》、国家统计局网站、陕西省农业农村厅网站、陕西省林业局、陕西省工业和信息化厅、陕西省自然资源厅网站、陕西省生态环境厅网站、陕西省住房和城乡建设厅网站、陕西省交通运输厅网站、中国统计数据库网站，其中空白处为数据暂缺。

如表 10–10 所示，2009~2017 年陕南地区国土面积价值量依次为：130.34 万元/平方千米、159.91 万元/平方千米、201.92 万元/平方千米、238.55 万元/平方千米、285.69 万元/平方千米、322.94 万元/平方千米、346.57 万元/平方千米、383.36 万元/平方千米、436.57 万元/平方千米。由此可以看出，陕南地区国土面积价值量总体呈上升趋势。

表 10–10　2009~2017 年陕南地区国土资源价值量核算

项目＼年份	2009	2010	2011	2012	2013	2014	2015	2016	2017
国土面积价值量（万元/平方千米）	130.34	159.91	201.92	238.55	285.69	322.94	346.57	383.36	436.57
农业综合价值量（元/亩）	370.74	426.40	519.46	582.02	648.00	687.58	711.34	755.50	
住宿业价值量（元/平方米）	5557.03	8561.64	6085.94	4945.70		5110.20	5214.17	5868.41	2779.34

续表

项目 \ 年份	2009	2010	2011	2012	2013	2014	2015	2016	2017
餐饮业价值量（元/平方米）	4287.28	5624.90	4454.21	6309.99		6408.30	7845.25	9501.71	10298.35
房地产业价值量（元/平方米）	1227.27	1588.90	1742.96	1653.45	1412.39	1228.70	1418.83	1610.22	1713.08
工业价值量（元/平方米）	1334.27	1751.58	2209.14	2601.37	2812.86	3070.34	3162.82	3322.92	
公路价值量（人/千米）	2407.86	2756.34	3237.46	3377.66	3533.75	2131.49	1436.78	1433.09	1449.95
公路价值量（吨/千米）	1314.42	1564.29	1849.34	2103.07	2322.75	2710.73	1637.52	1721.99	1872.94

资料来源：《中国统计年鉴》《陕西省统计年鉴》《中国国土资源统计年鉴》《陕西省国民经济和社会发展统计公报》《陕西省各市国民经济和社会发展统计公报》、国家统计局网站、陕西省农业农村厅网站、陕西省林业局、陕西省工业和信息化厅、陕西省自然资源厅网站、陕西省生态环境厅网站、陕西省住房和城乡建设厅网站、陕西省交通运输厅网站、中国统计数据库网站，其中空白处为数据暂缺。

10.3.2.2 陕西省农业综合

该部分内容包括陕西省农业综合实物量核算、陕西省农业综合产出价值核算和陕西省农业综合价值量核算。

（1）陕西省农业综合实物量核算。表 10–11 包括陕西省及各区域的农业综合实物量的时间序列数据。

表 10–11 2009~2017 年陕西省农业综合用地面积核算

单位：万亩

地区 \ 年份	2009	2010	2011	2012	2013	2014	2015	2016	2017
陕西省	27210.06	27192.19	27172.27	27144.14	27124.37	27082.09	27120.57	27126.42	27275.37
西安市	1228.39	1222.32	1212.70	1202.92	1198.03	1190.44	1186.20	1175.40	
铜川市	485.50	485.06	486.28	487.86	486.81	486.06	486.05	489.24	
宝鸡市	2473.09	2468.77	2464.58	2453.04	2451.49	2446.84	2444.27	2441.13	
咸阳市	1331.47	1329.17	1327.51	1324.46	1319.58	1312.64	1306.86	1303.52	
渭南市	1623.90	1624.77	1624.88	1617.78	1613.62	1596.41	1583.61	1563.32	
延安市	5187.57	5187.05	5187.14	5192.43	5177.33	5180.31	5180.63	5177.40	
汉中市	3669.29	3669.09	3665.33	3666.19	3664.62	3663.23	3660.18	3659.36	
榆林市	5290.49	5283.99	5280.40	5276.95	5292.21	5288.23	5358.52	5403.69	

续表

地区＼年份	2009	2010	2011	2012	2013	2014	2015	2016	2017
安康市	3176.30	3176.91	3178.15	3177.41	3176.33	3174.65	3172.54	3171.69	
商洛市	2683.87	2684.51	2685.35	2685.30	2691.45	2690.79	2690.99	2691.02	
关中地区	7142.34	7130.09	7115.94	7086.04	7069.51	7032.39	7006.98	6972.61	
陕北地区	10478.06	10471.04	10467.54	10469.38	10469.53	10468.54	10539.15	10581.09	
陕南地区	9529.45	9530.51	9528.83	9528.90	9532.40	9528.66	9523.70	9522.06	

资料来源：《中国统计年鉴》《陕西省统计年鉴》《中国国土资源统计年鉴》《陕西省国民经济和社会发展统计公报》《陕西省各市国民经济和社会发展统计公报》、陕西省农业农村厅网站，其中 2017 年各市地区的农业综合实物量数据暂缺。

如表 10-11 所示：2009~2017 年陕西省农业综合用地面积依次为：27210.06 万亩、27192.19 万亩、27172.27 万亩、27144.14 万亩、27124.37 万亩、27082.09 万亩、27120.57 万亩、27126.42 万亩、27275.37 万亩。由此可以看出，农业综合用地面积近些年保持相对稳定的趋势。

（2）陕西省农业综合产出价值核算。表 10-12 包括陕西省及各区域农业综合产出价值的时间序列数据。

表 10-12　2009~2017 年陕西省农业综合总产值

单位：亿元

地区＼年份	2009	2010	2011	2012	2013	2014	2015	2016	2017
陕西省	1337.22	1666.06	2058.60	2303.20	2562.51	2741.82	2813.50	2985.76	3070.45
西安市	178.70	227.10	272.66	308.36	342.89	367.21	380.76	405.63	497.39
铜川市	19.15	25.15	30.90	34.59	38.74	41.88	42.22	44.32	45.55
宝鸡市	141.14	174.65	215.72	239.97	263.99	280.90	289.89	301.55	309.85
咸阳市	263.40	336.11	418.02	465.37	517.83	559.99	577.52	605.37	552.60
渭南市	174.67	227.61	283.71	318.00	357.54	384.46	397.54	418.69	430.55
延安市	96.41	125.16	152.29	169.69	187.81	203.20	197.63	209.77	214.09
汉中市	159.10	190.34	245.56	274.66	305.07	325.51	339.66	364.26	371.33
榆林市	120.01	152.88	187.06	209.72	232.74	250.03	250.08	282.31	292.21
安康市	112.64	115.69	124.67	140.39	156.62	163.75	169.55	177.06	184.86
商洛市	81.56	100.35	124.76	139.55	156.02	165.92	168.24	178.07	181.14
杨凌示范区	4.80	5.99	8.77	9.97	11.05	11.86	12.47	13.13	13.45

续表

年份 地区	2009	2010	2011	2012	2013	2014	2015	2016	2017
关中地区	777.07	990.62	1221.01	1366.29	1520.98	1634.45	1687.93	1775.56	1835.94
陕北地区	216.42	278.04	339.35	379.41	420.55	453.24	447.71	492.08	506.30
陕南地区	353.30	406.38	494.99	554.60	617.70	655.17	677.46	719.39	737.33

资料来源：《中国统计年鉴》《陕西省统计年鉴》《中国国土资源统计年鉴》《陕西省国民经济和社会发展统计公报》《陕西省各市国民经济和社会发展统计公报》、陕西省农业农村厅网站。

如表 10-12 所示，2009~2017 年陕西省农业综合用地面积依次为：1337.22 亿元、1666.06 亿元、2058.60 亿元、2303.20 亿元、2562.51 亿元、2741.82 亿元、2813.50 亿元、2985.76 亿元、3070.45 亿元。由此可以看出，农业综合总产值近些年保持稳定的增长趋势。

（3）陕西省农业综合价值量核算。表 10-13 包括陕西省、西安市、铜川市、宝鸡市、咸阳市、渭南市、延安市、汉中市、榆林市、安康市、商洛市以及关中地区、陕北地区和陕南地区的农业综合国土价值量的时间序列数据。该部分内容依据式（10-2）进行核算。

$$ACV = \frac{ACOV}{ACPQ} \tag{10-2}$$

式中，ACV 为农业综合价值量；ACOV 为农业综合产出价值；ACPQ 为农业综合实物量。

依据式（10-2），核算结果如下：

表 10-13　2009~2017 年陕西省农业综合价值量核算

单位：元/亩

年份 地区	2009	2010	2011	2012	2013	2014	2015	2016	2017
全国	822.43	936.70	1082.65	1180.59	1269.58	1327.32	1378.36	1441.19	1480.95
陕西省	491.44	612.70	757.61	848.51	944.73	1012.41	1037.40	1100.68	1125.72
西安市	1454.78	1857.94	2248.38	2563.41	2862.13	3084.67	3209.90	3451.00	
铜川市	394.41	518.54	635.43	709.02	795.77	861.64	868.72	905.82	
宝鸡市	570.70	707.43	875.27	978.28	1076.86	1148.03	1186.00	1235.29	
咸阳市	1978.30	2528.75	3148.92	3513.65	3924.20	4266.15	4419.13	4644.08	
渭南市	1075.64	1400.86	1746.06	1965.67	2215.74	2408.29	2510.32	2678.24	

续表

年份 地区	2009	2010	2011	2012	2013	2014	2015	2016	2017
延安市	185.86	241.30	293.59	326.80	362.75	392.26	381.48	405.16	
汉中市	433.60	518.77	669.95	749.16	832.47	888.58	928.00	995.42	
榆林市	226.84	289.32	354.24	397.42	439.78	472.81	466.70	522.45	
安康市	354.63	364.15	392.26	441.84	493.08	515.80	534.44	558.26	
商洛市	303.88	373.83	464.60	519.68	579.67	616.62	625.22	661.72	
关中地区	1087.97	1389.35	1715.88	1928.14	2151.47	2324.17	2408.92	2546.47	
陕北地区	206.55	265.53	324.19	362.40	401.69	432.95	424.81	465.06	
陕南地区	370.74	426.40	519.46	582.02	648.00	687.58	711.34	755.50	

资料来源：《中国统计年鉴》《陕西省统计年鉴》《中国国土资源统计年鉴》《陕西省国民经济和社会发展统计公报》《陕西省各市国民经济和社会发展统计公报》、陕西省农业农村厅网站。其中2017年各市地区的农业综合实物量数据暂缺，无法计算价值量。

如表10-13所示，2009~2017年陕西省农业综合价值量依次为：491.44元/亩、612.70元/亩、757.61元/亩、848.51元/亩、944.73元/亩、1012.41元/亩、1037.40元/亩、1100.68元/亩、1125.72元/亩。由此可以看出，全国农业综合价值量大于陕西省农业综合价值量且陕西省农业综合价值量近些年保持稳定的增长趋势。

10.3.2.3 陕西省工业

该部分内容包括，陕西省工业实物量核算、陕西省工业产出价值核算和陕西省工业价值量核算。

（1）陕西省工业实物量核算。表10-14包括工业实物量的时间序列数据。

表10-14 2009~2016年陕西省工业用地面积核算

单位：万平方米

年份 地区	2009	2010	2011	2012	2013	2014	2015	2016
陕西省	57000.00	58533.34	59933.34	62266.67	62866.67	63133.34	63533.34	63933.34
西安市	6333.33	6466.67	6466.67	6400.00	6400.00	6466.67	6466.67	6466.67
铜川市	1733.33	1733.33	1800.00	1800.00	1800.00	1800.00	1866.67	1866.67
宝鸡市	3800.00	3933.33	4066.67	4266.67	4266.67	4266.67	4266.67	4266.67
咸阳市	5733.33	5733.33	5933.33	5800.00	5866.67	5933.33	5933.33	5866.67

续表

年份 / 地区	2009	2010	2011	2012	2013	2014	2015	2016
渭南市	9400.00	9466.67	9533.33	9400.00	9466.67	9000.00	8933.33	8933.33
延安市	9333.33	9466.67	9533.33	9600.00	9666.67	9933.33	10066.67	10133.33
汉中市	2933.33	3266.67	3466.67	3600.00	3600.00	3666.67	3666.67	3733.33
榆林市	13466.67	14133.33	14666.67	16600.00	17000.00	17266.67	17533.33	17866.67
安康市	1600.00	1666.67	1733.33	1733.33	1733.33	1733.33	1733.33	1733.33
商洛市	2600.00	2733.33	2800.00	3000.00	3000.00	3066.67	3066.67	3066.67
关中地区	27000.00	27333.33	27800.00	27666.67	27800.00	27466.67	27466.67	27400.00
陕北地区	22800.00	23600.00	24200.00	26200.00	26666.67	27200.00	27600.00	28000.00
陕南地区	7133.33	7666.67	8000.00	8333.33	8333.33	8466.67	8466.67	8533.33

资料来源：《中国统计年鉴》《陕西省统计年鉴》《中国国土资源统计年鉴》《陕西省国民经济和社会发展统计公报》《陕西省各市国民经济和社会发展统计公报》、陕西省农业农村厅网站。其中 2017 年各市地区的农业综合实物量数据暂缺，无法计算价值量。

如表 10-14 所示，2009~2016 年陕西省工业用地面积依次为：57000.00 万平方米、58533.34 万平方米、59933.34 万平方米、62266.67 万平方米、62866.67 万平方米、63133.34 万平方米、63533.34 万平方米、63933.34 万平方米。由此可以看出，工业用地面积近些年保持稳定的增加趋势。

（2）陕西省工业产出价值核算。表 10-15 包括陕西省各地区的工业产出价值的时间序列数据。

表 10-15　2009~2017 年陕西省工业总产值

单位：亿元

年份 / 地区	2009	2010	2011	2012	2013	2014	2015	2016	2017
陕西省	8470.40	11199.84	14283.48	16926.49	18982.47	20015.88	20333.98	21837.61	23825.18
西安市	2490.50	3130.15	3552.21	4066.31	4497.62	4420.06	4346.16	4669.32	5423.06
铜川市	195.02	249.05	335.76	461.80	549.66	565.91	565.23	559.83	363.17
宝鸡市	995.99	1340.45	1701.80	1986.69	2258.52	2274.97	2599.43	2929.65	2856.12
咸阳市	1038.83	1401.92	1854.54	2293.52	2633.00	3002.05	3164.89	3541.50	3024.29
渭南市	767.22	1039.83	1360.03	1634.36	1728.47	1959.32	2053.87	2141.37	2052.56
延安市	969.50	1227.31	1504.86	1646.76	1612.32	1708.57	1417.24	1090.42	1302.77
汉中市	310.79	404.41	545.42	718.09	856.10	873.56	922.03	992.02	1171.69

续表

地区\年份	2009	2010	2011	2012	2013	2014	2015	2016	2017
榆林市	1392.56	1917.70	2631.53	3130.98	3120.82	3449.20	3206.37	3272.50	4142.71
安康市	132.47	192.15	309.22	482.20	634.82	787.97	945.07	1129.48	1379.51
商洛市	104.56	176.99	265.07	365.04	479.93	634.11	793.37	935.31	1070.68
杨凌示范区	40.30	40.09	60.26	79.87	88.32	110.86	133.41	159.52	183.73
关中地区	5487.56	7161.40	8804.34	10442.68	11667.27	12222.31	12729.58	13841.67	13719.20
陕北地区	2362.06	3145.01	4136.39	4777.74	4733.14	5157.77	4623.61	4362.92	5445.48
陕南地区	547.82	773.55	1119.71	1565.33	1970.85	2295.64	2660.47	3056.81	3621.88

资料来源：《中国统计年鉴》《陕西省统计年鉴》《中国国土资源统计年鉴》《陕西省国民经济和社会发展统计公报》《陕西省各市国民经济和社会发展统计公报、中国统计数据库网站、陕西省工业和信息化厅网站。

如表 10-15 所示，2009~2017 年陕西省工业总产值依次为：8470.40 亿元、11199.84 亿元、14283.48 亿元、16926.49 亿元、18982.47 亿元、20015.88 亿元、20333.98 亿元、21837.61 亿元、23825.18 亿元。由此可以看出，工业总产值近些年保持稳定的增长趋势。

（3）陕西省工业价值量核算。

该表包括陕西省各地区的工业价值量的时间序列数据。该部分内容依据式（10-3）进行核算。

$$IV = \frac{IOV}{IPQ} \tag{10-3}$$

式中，IV 为工业价值量；IOV 为工业产出价值；IPQ 为工业实物量。

依据式（10-3），核算结果如表 10-16 所示：

表 10-16　2009~2016 年陕西省工业价值量

单位：元/平方米

地区\年份	2009	2010	2011	2012	2013	2014	2015	2016
陕西省	1486.04	1913.41	2383.23	2718.39	3019.48	3170.41	3200.52	3415.68
西安市	3932.37	4840.44	5493.11	6353.61	7027.53	6835.14	6720.87	7220.60
铜川市	1125.12	1436.83	1865.33	2565.56	3053.67	3143.94	3028.02	2999.09
宝鸡市	2621.03	3407.92	4184.75	4656.30	5293.41	5331.96	6092.41	6866.37
咸阳市	1811.91	2445.21	3125.63	3954.34	4488.07	5059.63	5334.08	6036.65

续表

地区＼年份	2009	2010	2011	2012	2013	2014	2015	2016
渭南市	816.19	1098.41	1426.60	1738.68	1825.85	2177.02	2299.11	2397.06
延安市	1038.75	1296.45	1578.52	1715.37	1667.92	1720.04	1407.85	1076.07
汉中市	1059.51	1237.99	1573.33	1994.69	2378.06	2382.44	2514.63	2657.20
榆林市	1034.08	1356.86	1794.22	1886.13	1835.78	1997.61	1828.73	1831.62
安康市	827.94	1152.90	1783.96	2781.92	3662.42	4545.98	5452.33	6516.23
商洛市	402.15	647.52	946.68	1216.80	1599.77	2067.75	2587.08	3049.92
杨凌示范区	40.30	40.09	60.26	79.87	88.32	110.86	133.41	159.52
关中地区	2032.43	2620.02	3167.03	3774.46	4196.86	4449.87	4634.56	5051.70
陕北地区	1450.19	1931.91	2461.94	2998.29	3350.30	3715.36	3992.10	4381.70
陕南地区	1334.27	1751.58	2209.14	2601.37	2812.86	3070.34	3162.82	3322.92

资料来源：《中国统计年鉴》《陕西省统计年鉴》《中国国土资源统计年鉴》《陕西省国民经济和社会发展统计公报》《陕西省各市国民经济和社会发展统计公报》、中国统计数据库网站、陕西省工业和信息化厅网站。其中 2017 年工业实物量数据暂缺，无法计算 2017 年工业价值量。

如表 10-16 所示，2009~2016 年陕西省工业价值量依次为：1486.04 元/平方米、1913.41 元/平方米、2383.23 元/平方米、2718.39 元/平方米、3019.48 元/平方米、3170.41 元/平方米、3200.52 元/平方米、3415.68 元/平方米。由此可以看出，工业价值量近些年保持稳定的增长趋势。

10.3.2.4　陕西省公路

该部分内容包括，陕西省公路实物量核算、陕西省公路产出价值核算和陕西省公路价值量核算。

（1）陕西省公路实物量核算。表 10-17 包括陕西省各地区的公路里程时间序列数据。

表 10-17　2009~2017 年陕西省公路里程核算

单位：千米

地区＼年份	2009	2010	2011	2012	2013	2014	2015	2016	2017
陕西省	144109.00	147461.00	151986.00	161411.24	165248.54	167144.58	170068.96	172470.60	174395
西安市	12378.00	12575.00	12599.00	13127.06	13135.26	13251.36	13328.13	13336.11	13383
铜川市	3427.00	3521.00	3560.00	3706.61	3781.61	3767.24	3900.66	3980.47	3996

续表

年份 地区	2009	2010	2011	2012	2013	2014	2015	2016	2017
宝鸡市	14102.00	14255.00	14676.00	15002.85	15898.44	15935.83	16108.10	16328.30	16563
咸阳市	14976.00	15201.00	15327.00	15402.78	15406.82	15511.17	15732.23	15832.00	15899
渭南市	17388.00	17716.00	17764.00	18072.82	18181.64	18402.29	18643.70	19029.34	19262
延安市	14337.00	14926.00	15727.00	16755.94	17057.19	17109.94	17621.15	17805.10	18162
汉中市	14298.00	15051.00	15974.00	17935.25	18461.66	18828.38	19312.15	20061.79	20494
榆林市	21986.00	22372.00	23393.00	25868.85	27175.96	27772.73	28640.52	28942.02	29380
安康市	19458.00	19973.00	20859.00	22181.55	22542.78	22695.19	22790.37	22981.27	23053
商洛市	11759.00	11871.00	12107.00	12987.86	13236.84	13481.66	13594.71	13775.68	13803
杨凌示范区				369.69	370.35	388.80	397.24	398.00	398
关中地区	62271.00	63268.00	63926.00	65312.12	66403.77	66867.90	67712.83	68506.22	69103
陕北地区	36323.00	37298.00	39120.00	42624.79	44233.15	44882.67	46261.67	46747.12	47542.00
陕南地区	45515.00	46895.00	48940.00	53104.65	54241.27	55005.22	55697.22	56818.73	57350.00

资料来源：《中国统计年鉴》《陕西省统计年鉴》《中国城市建设统计年鉴》《陕西省国民经济和社会发展统计公报》《陕西省各市国民经济和社会发展统计公报》、中国统计数据库网站、陕西省交通运输厅网站。其中 2009 年、2010 年、2011 年杨凌示范区无公路实物量数据。

如表 10-17 所示，2009~2017 年陕西省公路里程依次为：144109.00 千米、147461.00 千米、151986.00 千米、161411.24 千米、165248.54 千米、167144.58 千米、170068.96 千米、172470.60 千米、174395.00 千米。由此可以看出，公路里程近些年保持稳定的增长趋势。

（2）陕西省公路产出价值核算表。表 10-18 包括陕西省各地区的公路客运量的时间序列数据。

表 10-18　2009~2017 年陕西省公路客运量

单位：万人

年份 地区	2009	2010	2011	2012	2013	2014	2015	2016	2017
陕西省	79033	87457	101062	105647	110963	66720	61436	61093	60724
西安市	25271	26536	29358	30889	32614	19282	15813	15773	15601
铜川市	1257	1477	1616	1667	1750	1823	1352	1348	1355
宝鸡市	7294	8119	9609	9999	10458	7939	9525	9505	9434
咸阳市	9429	1119	12766	13356	14027	7975	8455	9435	8508

续表

地区＼年份	2009	2010	2011	2012	2013	2014	2015	2016	2017
渭南市	8654	10260	12229	12745	13388	10138	10688	10666	10539
延安市	5985	6572	7622	7969	8362	3020	3280	3158	3105
汉中市	6249	7410	8918	9294	9764	4251	2308	2303	2311
榆林市	5729	6220	7251	7533	7901	3284	2952	2870	2763
安康市	5951	6837	7614	7924	8250	4855	3380	3371	3416
商洛市	2794	2917	3628	3815	3991	4167	3259	3250	3302
杨凌示范区			451	456	458	386	424	414	390
关中地区	51905	47511	65578	68656	72237	47157	45833	46727	45437
陕北地区	11714	12792	14873	15502	16263	6304	6232	6028	5868
陕南地区	14994	17164	20160	21033	22005	13273	8947	8924	9029

资料来源：《中国统计年鉴》《陕西省统计年鉴》《中国城市建设统计年鉴》《陕西省国民经济和社会发展统计公报》《陕西省各市国民经济和社会发展统计公报》、中国统计数据库网站、陕西省交通运输厅网站。其中 2009 年、2010 年杨凌示范区公路客运量数据暂缺。

如表 10-18 所示，2009~2017 年陕西省公路客运量依次为：79033 万人、87457 万人、101062 万人、105647 万人、110963 万人、66720 万人、61436 万人、61093 万人、60724 万人。由此可以看出，公路客运量人数近些年呈放缓趋势，这与铁路、航空的高速发展有密切联系。

表 10-19 包括陕西省各地区的公路货运量的时间序列数据。

表 10-19　2009~2017 年陕西省公路货运量

单位：万吨

地区＼年份	2009	2010	2011	2012	2013	2014	2015	2016	2017
陕西省	67963	77123	90419	104593	116711	119343	107731	113360	123721
西安市	29986	33610	38399	44082	49243	41120	21867	23011	24477
铜川市	2336	2604	3103	3590	4016	4598	8142	8583	9568
宝鸡市	5874	6578	7725	8933	9946	10055	11234	11819	12956
咸阳市	4475	5102	6178	7192	8052	11188	11417	12014	12944
渭南市	7426	8784	10596	12326	13801	14343	17264	18166	20063
延安市	3733	4172	4914	5711	6381	5787	3885	4087	4508
汉中市	3251	3983	4861	5637	6312	6907	3645	3835	4197

续表

年份 地区	2009	2010	2011	2012	2013	2014	2015	2016	2017
榆林市	5893	6532	7924	9595	10740	15108	23479	24698	27261
安康市	4544	5322	6106	6820	7329	6534	3476	3657	4050
商洛市	390	436	549	639	823	3439	3076	3231	3416
杨凌示范区	—	—	64	68	68	264	246	259	281
关中地区	50097	56678	66001	76123	85058	81304	69924	73593	80008
陕北地区	9626	10704	12838	15306	17121	20895	27364	28785	31769
陕南地区	8185	9741	11516	13096	14464	16880	10197	10723	11663

资料来源：《中国统计年鉴》《陕西省统计年鉴》《中国城市建设统计年鉴》《陕西省国民经济和社会发展统计公报》《陕西省各市国民经济和社会发展统计公报》、中国统计数据库网站、陕西省交通运输厅网站。其中 2009 年、2010 年杨凌示范区公路货运量数据暂缺。

如表 10-19 所示，2009~2017 年陕西省公路货运量依次为：67963 万吨、77123 万吨、90419 万吨、104593 万吨、116711 万吨、119343 万吨、107731 万吨、113360 万吨、123721 万吨。由此可以看出，公路货运量近些年持不断增长状态。

（3）陕西省公路价值量（单位里程公路客运量/货运量）核算。表 10-20 包括陕西省各地区的公路价值量（单位里程公路客运量）时间序列数据。该部分内容依据式（10-4）进行核算。

$$HPT^{UM}=\frac{HPT}{MH} \tag{10-4}$$

式中，HPT^{UM} 为单位里程公路客运量；HPT 为公路客运量；MH 为公路里程。

依据式（10-4），核算结果如表 10-20 所示：

表 10-20　2009~2017 年陕西省公路价值量（单位里程公路客运量）

单位：人/千米

年份 地区	2009	2010	2011	2012	2013	2014	2015	2016	2017
全国	7198.20	7616.23	8002.68	8394.12	4254.77	3889.58	3537.23	3285.05	3051.82
陕西省	5484.25	5930.86	6649.43	6545.21	6714.92	3991.75	3612.42	3542.23	3481.98
西安市	20416.06	21102.19	23301.85	23530.78	24829.36	14550.96	11864.38	11827.28	11657.33
铜川市	3667.93	4194.83	4539.33	4497.37	4627.66	4839.08	3466.08	3386.53	3390.89
宝鸡市	5172.31	5695.55	6547.42	6664.74	6578.01	4981.85	5913.17	5821.18	5695.83

续表

地区＼年份	2009	2010	2011	2012	2013	2014	2015	2016	2017
咸阳市	6296.07	736.14	8329.09	8671.16	9104.41	5141.46	5374.32	5959.45	5351.28
渭南市	4977.00	5791.38	6884.15	7052.03	7363.47	5509.10	5732.77	5605.03	5471.39
延安市	4174.51	4403.06	4846.44	4755.93	4902.33	1765.06	1861.40	1773.65	1709.61
汉中市	4370.54	4923.26	5582.82	5181.97	5288.80	2257.76	1195.10	1147.95	1127.65
榆林市	2605.75	2780.26	3099.65	2912.00	2907.35	1182.46	1030.71	991.64	940.44
安康市	3058.38	3423.12	3650.22	3572.34	3659.71	2139.22	1483.08	1466.85	1481.80
商洛市	2376.05	2457.25	2996.61	2937.36	3015.07	3090.87	2397.26	2359.23	2392.23
杨凌示范区				12334.83	12366.58	9928.09	10673.62	10402.01	9799.00
关中地区	8335.34	7629.72	10531.07	11025.36	11600.42	7572.87	7360.25	7503.81	7296.66
陕北地区	1881.13	2054.25	2388.43	2489.44	2611.65	1012.35	1000.79	968.03	942.33
陕南地区	2407.86	2756.34	3237.46	3377.66	3533.75	2131.49	1436.78	1433.09	1449.95

资料来源：《中国统计年鉴》《陕西省统计年鉴》《中国城市建设统计年鉴》《陕西省国民经济和社会发展统计公报》《陕西省各市国民经济和社会发展统计公报》、中国统计数据库网站、陕西省交通运输厅网站。其中 2009 年、2010 年、2011 年杨凌示范区数据暂缺。

如表 10–20 所示，2009~2017 年陕西省单位里程公路客运量依次为：5484.25 人/千米、5930.86 人/千米、6649.43 人/千米、6545.21 人/千米、6714.92 人/千米、3991.75 人/千米、3612.42 人/千米、3542.23 人/千米、3481.98 人/千米。由此可以看出，全国单位里程公路客运量在 2009~2012 年均大于陕西省单位里程公路客运量，2013 年起，陕西省单位里程公路客运量大于全国单位里程公路客运量且近些年呈放缓趋势，这与铁路、航空的高速发展有密切联系。

表 10–21 包括陕西省各地区的公路价值量（单位里程公路货运量）时间序列数据。该部分内容依据式（10–5）进行核算。

$$HFV^{UM}=\frac{HFV}{MH} \tag{10-5}$$

式中，HFV^{UM} 为单位里程公路货运量；HFV 为公路货运量；MH 为公路里程。

依据式（10–5），核算结果如表 10–21 所示：

如表 10–21 所示，2009~2017 年陕西省单位里程公路货运量依次为：4716.08 吨/千米、5230.06 吨/千米、5949.17 吨/千米、6479.91 吨/千米、7062.76 吨/千米、7140.11 吨/千米、6334.55 吨/千米、6572.72 吨/千米、7094.30 吨/千米。由此可以

表 10-21　2009~2017 年陕西省公路价值量（单位里程公路货运量）

单位：吨/千米

地区 \ 年份	2009	2010	2011	2012	2013	2014	2015	2016	2017
全国	5511.38	6107.61	6867.57	7524.42	7062.69	6974.47	6881.83	7114.66	7723.59
陕西省	4716.08	5230.06	5949.17	6479.91	7062.76	7140.11	6334.55	6572.72	7094.30
西安市	24225.24	26727.63	30477.82	33581.02	37489.18	31030.77	16406.66	17254.65	18289.62
铜川市	6816.46	7395.63	8716.29	9685.40	10619.81	12205.21	20873.38	21562.76	23943.94
宝鸡市	4165.37	4614.52	5263.70	5954.20	6255.96	6309.68	6974.13	7238.36	7822.25
咸阳市	2988.11	3356.36	4030.80	4669.29	5226.26	7212.87	7257.08	7588.43	8141.39
渭南市	4270.76	4958.23	5964.87	6820.19	7590.63	7794.14	9259.96	9546.31	10415.84
延安市	2603.75	2795.12	3124.56	3408.34	3740.94	3382.25	2204.74	2295.41	2482.11
汉中市	2273.75	2646.34	3043.07	3142.97	3418.98	3668.40	1887.41	1911.59	2047.92
榆林市	2680.34	2919.72	3387.34	3709.10	3952.02	5439.87	8197.83	8533.61	9278.76
安康市	2335.29	2664.60	2927.27	3074.63	3251.15	2879.02	1525.21	1591.30	1756.82
商洛市	331.66	367.28	453.46	492.00	621.75	2550.87	2262.65	2345.44	2474.82
杨凌示范区				1839.40	1836.09	6790.19	6192.71	6507.54	7060.30
关中地区	8045.00	9101.83	10598.99	12224.47	13659.33	13056.48	11228.98	11818.18	12848.36
陕北地区	1545.82	1718.94	2061.63	2457.97	2749.43	3355.49	4394.34	4622.54	5101.73
陕南地区	1314.42	1564.29	1849.34	2103.07	2322.75	2710.73	1637.52	1721.99	1872.94

资料来源：《中国统计年鉴》《陕西省统计年鉴》《中国城市建设统计年鉴》《陕西省国民经济和社会发展统计公报》《陕西省各市国民经济和社会发展统计公报》、中国统计数据库网站、陕西省交通运输厅网站。其中 2009 年、2010 年、2011 年杨凌示范区数据暂缺。

看出，全国单位里程公路货运量在 2009~2017 年（不包括 2014 年）间均大于陕西省水平。陕西省单位里程公路货运量近些年持不断增长状态。

10.3.2.5　陕西省铁路

该部分内容包括，陕西省铁路实物量核算、陕西省铁路产出价值核算和陕西省铁路价值量核算。

（1）铁路实物量核算。表 10-22 包括陕西省省境内铁路线长时间序列数据。

如表 10-22 所示，2009~2017 年陕西省省境内铁路线长依次为：4163.00 千米、5894.00 千米、5921.00 千米、5920.00 千米、6657.00 千米、6929.00 千米、7272.00 千米、7512.00 千米、8315.00 千米。由此可以看出，陕西省境内铁路线长近些年持不断增长状态。

表 10-22　2009~2017 年陕西省省境内铁路线长核算

单位：千米

年份 地区	2009	2010	2011	2012	2013	2014	2015	2016	2017
陕西省	4163.00	5894.00	5921.00	5920.00	6657.00	6929.00	7272.00	7512.00	8315.00

资料来源：《中国统计年鉴》《陕西省统计年鉴》《中国城市建设统计年鉴》《陕西省国民经济和社会发展统计公报》、中国统计数据库网站、陕西省交通运输厅网站。

（2）铁路产出价值核算表（见表 10-23）（铁路客运量/货运量）。

表 10-23　2009~2017 年陕西省铁路客运量

单位：万人

年份 地区	2009	2010	2011	2013	2014	2015	2016	2017
陕西省	5140	5411	5614	6123	7077	7866	8302	8908

资料来源：《中国统计年鉴》《陕西省统计年鉴》《中国城市建设统计年鉴》《陕西省国民经济和社会发展统计公报》、中国统计数据库网站、陕西省交通运输厅网站。

如表 10-23 所示，2009~2017 年陕西省铁路客运量依次为：5140 万人、5411 万人、5614 万人、6123 万人、7077 万人、7866 万人、8302 万人、8908 万人。由此可以看出，陕西省铁路客运量近些年持不断增长状态。

表 10-24 包括陕西省铁路货运量时间序列数据。

表 10-24　2009~2017 年陕西省铁路货运量

单位：万吨

年份 地区	2009	2010	2011	2012	2013	2014	2015	2016	2017
陕西省	24421	27121	30299	31942	35804	37483	32951	35459	39162

资料来源：《中国统计年鉴》《陕西省统计年鉴》《中国城市建设统计年鉴》《陕西省国民经济和社会发展统计公报》、中国统计数据库网站、陕西省交通运输厅网站。

如表 10-24 所示，2009~2017 年陕西省铁路货运量依次为：24421 万吨、27121 万吨、30299 万吨、31942 万吨、35804 万吨、37483 万吨、32951 万吨、35459 万吨、39162 万吨。由此可以看出，陕西省铁路货运量近些年持不断增长状态。

（3）陕西省铁路价值量（单位里程铁路客运量/货运量）核算表。表 10-25 包括陕西省铁路价值量（单位里程铁路客运量/货运量）时间序列数据。该部分内容依据式（10–6）和式（10–7）进行核算。

$$RPT^{UM}=\frac{RPT}{MR} \tag{10-6}$$

式中，RPT^{UM}为单位里程铁路客运量；RPT 为铁路客运量；MR 为铁路里程。

$$RFV^{UM}=\frac{RFV}{MR} \tag{10-7}$$

式中，RFV^{UM}为单位里程铁路货运量；RFV 为铁路货运量；MR 为铁路里程。

依据式（10–6）和式（10–7），核算结果如表 10–25 所示：

表 10–25　2009~2017 年铁路价值量

项目＼年份	2009	2010	2011	2012	2013	2014	2015	2016	2017
全国单位里程铁路客运量（人/千米）	17830.55	18378.18	19981.34	19399.27	20426.47	20613.60	20949.09	22693.97	24281.84
陕西省单位里程铁路客运量（人/千米）	12346.86	9180.52	9481.50	9724.66	9197.83	10213.59	10816.83	11051.65	10713.16
全国单位里程铁路货运量（吨/千米）	38988.07	39942.00	42195.60	40003.89	38476.92	34108.59	27752.15	26869.84	29044.49
陕西省单位里程铁路货运量（吨/千米）	58662.02	46014.59	51172.09	53956.08	53783.98	54095.82	45312.15	47203.14	47098.01

资料来源：《中国统计年鉴》《陕西省统计年鉴》《中国城市建设统计年鉴》《陕西省国民经济和社会发展统计公报》、中国统计数据库网站、陕西省交通运输厅网站。

如表 10–25 所示，2009~2017 年陕西省单位里程铁路客运量依次为：12346.86 人/千米、9180.52 人/千米、9481.50 人/千米、9724.66 人/千米、9197.83 人/千米、10213.59 人/千米、10816.83 人/千米、11051.65 人/千米、10713.16 人/千米。2009~2017 年陕西省单位里程铁路货运量依次为：58662.02 吨/千米、46014.59 吨/千米、51172.09 吨/千米、53956.08 吨/千米、53783.98 吨/千米、54095.82 吨/千米、45312.15 吨/千米、47203.14 吨/千米、47098.01 吨/千米。由此可以看出，陕西省铁路价值量近些年持不断放缓状态。陕西省单位里程铁路货运量近些年高于全国水平，单位里程铁路客运量低于全国水平。

10.3.2.6　陕西省房地产业

该部分内容包括陕西省房地产业实物量核算、陕西省房地产业产出价值核算和陕西省房地产业价值量核算。

（1）陕西省房地产业实物量核算。表 10–26 包括陕西省、西安市、铜川市、宝鸡市、咸阳市、渭南市、延安市、汉中市、榆林市、安康市、商洛市、杨凌示范区以及关中地区、陕北地区和陕南地区的房地产业实物量时间序列数据。

表 10–26　2009~2017 年陕西省房地产业实物量核算

单位：万平方米

地区＼年份	2009	2010	2011	2012	2013	2014	2015	2016	2017
陕西省	2086.92	2590.18	3051.77	2755.59	3045.70	3093.64	2978.94	3262.70	3890.40
西安市	1256.02	1587.81	1778.02	1538.91	1662.75	1707.71	1763.68	2047.67	2509.78
铜川市	36.36	44.02	51.76	26.68	28.28	32.06	30.47	34.77	41.19
宝鸡市	149.05	198.37	211.78	220.53	242.72	263.19	262.40	287.76	311.38
咸阳市	129.40	164.51	215.73	139.83	203.89	218.58	225.46	204.75	176.13
渭南市	100.38	139.72	243.49	257.17	320.96	325.26	220.99	174.48	206.49
延安市	38.71	20.28	23.98	41.51	52.16	58.43	55.58	66.57	128.87
汉中市	145.17	165.34	216.45	185.02	164.35	127.16	124.69	141.83	168.54
榆林市	83.54	92.32	96.82	121.95	139.10	106.76	52.01	55.79	79.98
安康市	103.13	119.05	133.14	121.69	120.62	138.39	127.26	13.60	144.56
商洛市	27.41	34.56	43.60	52.95	66.07	75.61	76.72	72.69	73.87
杨凌示范区	17.76	24.21	37.01	49.36	44.80	40.50	39.67	40.40	49.61
关中开发区	1671.20	2134.43	2500.77	2183.12	2458.60	2546.80	2503.00	2749.42	3244.97
陕北开发区	122.24	112.60	120.80	163.46	191.26	165.19	107.60	122.37	208.85
陕南开发区	275.71	318.95	393.18	359.65	351.04	341.16	328.68	228.12	386.97

资料来源：《中国统计年鉴》《陕西省统计年鉴》《中国国土资源统计年鉴》《陕西省国民经济和社会发展统计公报》《陕西省各市国民经济和社会发展统计公报》、中国统计数据库网站、陕西省住房和城乡建设厅网站。

如表 10–26 所示，2009~2017 年陕西省房地产业实物量依次为：2086.92 万平方米、2590.18 万平方米、3051.77 万平方米、2755.59 万平方米、3045.70 万平方米、3093.64 万平方米、2978.94 万平方米、3262.70 万平方米、3890.40 万平方米。由此可以看出，陕西省房地产业占地面积近些年持不断增长状态。

（2）陕西省房地产业产出价值核算表。表 10–27 包括陕西省、西安市、铜川市、宝鸡市、咸阳市、渭南市、延安市、汉中市、榆林市、安康市、商洛市、杨凌示范区以及关中地区、陕北地区和陕南地区的房地产业产出价值时间序列数据。

表 10-27　2009~2017 年陕西省房地产业总产值核算

单位：万元

地区＼年份	2009	2010	2011	2012	2013	2014	2015	2016	2017
陕西省	6727127	9736852	15103812	14207497	16081136	15980360	15974351	17851694	26610776
西安市	4885458	7070016	10913135	10177400	11128695	11007099	11467912	13470804	21233383
铜川市	64913	100696	146098	82197	89958	100077	85642	114209	138116
宝鸡市	389951	539773	677330	677964	858192	886903	954907	1024353	1210815
咸阳市	353942	505508	820375	533963	840331	924447	1010067	859336	751859
渭南市	158921	246952	691932	878767	1129117	1203557	777661	549065	752560
延安市	69567	57788	102221	138241	165115	185406	220523	224684	511883
汉中市	278455	428945	651469	541536	528565	402996	409892	501098	610544
榆林市	266742	342936	438430	489007	596581	496918	244638	297155	428327
安康市	185627	313939	439632	381487	446656	454805	450785	456159	561797
商洛市	48342	87924	120222	166660	182565	205598	223920	223922	237301
杨凌示范区	25209	42375	102968	140275	115361	112554	128404	130909	174191
关中地区	5853185	8462945	13248870	12350291	14046293	14122083	14296189	16017767	24086733
陕北地区	336309	400724	540651	627248	761696	682324	465161	521839	940210
陕南地区	512424	830808	1211323	1089683	1157786	1063399	1084597	1181179	1409642

资料来源：《中国统计年鉴》《陕西省统计年鉴》《中国国土资源统计年鉴》《陕西省国民经济和社会发展统计公报》《陕西省各市国民经济和社会发展统计公报》、中国统计数据库网站、陕西省住房和城乡建设厅网站。

如表 10-27 所示，2009~2017 年陕西省房地产业总产值依次为：6727127 万元、9736852 万元、15103812 万元、14207497 万元、16081136 万元、15980360 万元、15974351 万元、17851694 万元、26610776 万元。由此可以看出，陕西省房地产业总产值近些年总体持增加状态。

（3）陕西省房地产业价值量核算表。表 10-28 包括陕西省、西安市、铜川市、宝鸡市、咸阳市、渭南市、延安市、汉中市、榆林市、安康市、商洛市、杨凌示范区以及关中地区、陕北地区和陕南地区的房地产业价值量时间序列数据。该部分内容依据式（10-8）进行核算。

$$REIV=\frac{REI^{OV}}{REI^{PQ}} \tag{10-8}$$

式中，REIV 为房地产业价值量；REI^{OV} 为房地产业产出价值；REI^{PQ} 为房地产业实物量。

依据式（10-8），核算结果如表 10-28 所示：

表 10-28　2009~2017 年陕西省房地产业价值量

单位：元/平方米

地区 \ 年份	2009	2010	2011	2012	2013	2014	2015	2016	2017
全国	4681.04	5032.35	5357.10	5790.99	6237.30	6323.53	6792.55	7475.57	7892.27
陕西省	3223.48	3759.14	4949.20	5155.88	5279.95	5165.55	5362.43	5471.45	6840.11
西安市	3889.63	4452.69	6137.82	6613.38	6692.96	6445.54	6502.28	6578.60	8460.26
铜川市	1785.48	2287.68	2822.85	3080.69	3180.50	3121.69	2810.87	3284.41	3353.14
宝鸡市	2616.21	2721.01	3198.27	3074.24	3535.69	3369.82	3639.13	3559.76	3888.54
咸阳市	2735.30	3072.90	3802.70	3818.66	4121.40	4229.27	4480.04	4197.10	4268.77
渭南市	1583.22	1767.43	2841.74	3417.13	3517.98	3700.33	3518.96	3146.94	3644.53
延安市	1797.36	2849.42	4263.65	3330.25	3165.33	3172.88	3967.51	3375.12	3972.09
汉中市	1918.09	2594.29	3009.80	2926.96	3216.13	3169.32	3287.16	3533.01	3622.55
榆林市	3193.08	3714.74	4528.10	4009.88	4288.88	4654.74	4703.32	5325.89	5355.43
安康市	1799.94	2637.06	3302.03	3134.88	3702.86	3286.36	3542.13	33541.10	3886.25
商洛市	1763.86	2544.27	2757.68	3147.69	2763.19	2719.23	2918.61	3080.51	3212.41
杨凌示范区	1419.46	1750.53	2782.03	2842.04	2575.30	2779.10	3236.91	3240.40	3511.21
关中地区	3502.37	3964.97	5297.91	5657.18	5713.12	5545.04	5711.63	5825.86	7422.79
陕北地区	2751.16	3558.88	4475.61	3837.29	3982.45	4130.55	4323.21	4264.61	4501.84
陕南地区	1858.56	2604.83	3080.80	3029.81	3298.13	3117.05	3299.85	5177.81	3642.77

资料来源：《中国统计年鉴》《陕西省统计年鉴》《中国国土资源统计年鉴》《陕西省国民经济和社会发展统计公报》《陕西省各市国民经济和社会发展统计公报》、中国统计数据库网站、陕西省住房和城乡建设厅网站。

如表 10-28 所示，2009~2017 年陕西省房地产业总产值依次为：3223.48 元/平方米、3759.14 元/平方米、4949.20 元/平方米、5155.88 元/平方米、5279.95 元/平方米、5165.55 元/平方米、5362.43 元/平方米、5471.45 元/平方米、6840.11 元/平方米。由此可以看出，陕西省房地产业价值量近些均低于全国水平。

10.3.2.7　陕西省商业综合

该部分内容包括，陕西省商业综合实物量核算表、陕西省商业综合产出价值核算表和陕西省商业综合价值量核算表。

（1）陕西省商业综合实物量核算表（住宿业/餐饮业）。表 10-29 包括陕西省、西安市、铜川市、宝鸡市、咸阳市、渭南市、延安市、汉中市、榆林市、安康市、商洛市、杨凌示范区以及关中地区、陕北地区和陕南地区的住宿业实物量时间序列数据。

表 10-29　2009~2017 年陕西省住宿业实物量核算

单位：平方米

地区＼年份	2009	2010	2011	2012	2014	2015	2016	2017
陕西省	655600	636870	1017369	1356878	1399625	1416015	1453355	1528220
西安市	262300	245272	391575	409788	370117	372945	353233	351354
铜川市	17600	19936	29199	54700	57496	44841	47541	43321
宝鸡市	34700	44697	90001	128439	184165	193164	218498	292662
咸阳市	54200	45427	62125	118255	136285	126082	103310	656417
渭南市	46700	49945	96949	112015	131730	107080	107270	159352
延安市	35200	38113	43095	139817	107127	131922	149056	109721
汉中市	78800	71605	127014	137638	80889	103302	105602	119781
榆林市	59900	49458	54383	134637	185177	187100	179821	168641
安康市	42900	40225	43261	58445	70001	76697	109824	621398
商洛市	19700	26442	59874	53251	51545	59589	62094	75214
杨凌示范区	3700	5750	19893	9893	15093	13293	19286	15129
关中地区	415500	405277	669849	823197	879793	844112	829852	1503106
陕北地区	153200	160005	278274	413409	509676	471167	476619	1178401
陕南地区	170800	178182	292170	498526	559307	558248	578134	1244801

资料来源：《中国统计年鉴》《陕西省统计年鉴》《中国城市建设统计年鉴》《中国国土资源统计年鉴》《陕西省国民经济和社会发展统计公报》《陕西省各市国民经济和社会发展统计公报》、中国统计数据库网站、陕西省住房和城乡建设厅网站。

如表 10-29 所示，2009~2017 年陕西省住宿业实物量依次为：655600 平方米、636870 平方米、1017369 平方米、1356878 平方米、1399625 平方米、1416015 平方米、1453355 平方米、1528220 平方米。由此可以看出，陕西省住宿业用地面积近些年总体持增加状态。

表 10-30 包括陕西省、西安市、铜川市、宝鸡市、咸阳市、渭南市、延安市、汉中市、榆林市、安康市、商洛市、杨凌示范区以及关中地区、陕北地区和

陕南地区的餐饮业实物量时间序列数据。

表 10–30 2009~2017 年陕西省餐饮业实物量核算

单位：平方米

地区\年份	2009	2010	2011	2012	2014	2015	2016	2017
陕西省	1088300	1246189	1856839	1747542	2023801	2056256	2156530	2248270
西安市	582700	637063	774171	805998	868804	788771	797219	849055
铜川市	4600	17640	23725	30990	42820	35882	40142	42242
宝鸡市	91000	99558	204670	134085	191305	202741	241241	263007
咸阳市	94700	107633	153348	172887	213473	256381	236982	195358
渭南市	101300	104345	188628	158055	175314	219394	220594	217672
延安市	21900	24008	60674	60565	72117	81697	87427	86055
汉中市	10800	29931	52898	69414	81002	81423	84433	113789
榆林市	124700	129338	274812	172522	182343	162713	163231	155091
安康市	44600	81830	94643	102244	151075	185465	245360	280319
商洛市	3900	6200	9430	19602	26068	22709	27419	34939
杨凌示范区	8000	8643	19840	21180	19480	19080	12500	10815
关中地区	874300	966239	1344542	1302015	1491716	1503169	1536178	1567334
陕北地区	291600	329176	570371	496017	622912	714398	738959	728329
陕南地区	308900	335544	607320	525592	652209	760213	786244	772142

注：表中暂无 2013 年数据。

资料来源:《中国统计年鉴》《陕西省统计年鉴》《中国城市建设统计年鉴》《中国国土资源统计年鉴》《陕西省国民经济和社会发展统计公报》《陕西省各市国民经济和社会发展统计公报》、中国统计数据库网站、陕西省住房和城乡建设厅网站。

如表 10–30 所示，2009~2017 年陕西省餐饮业实物量依次为：1088300 平方米、1246189 平方米、1856839 平方米、1747542 平方米、2023801 平方米、2056256 平方米、2156530 平方米、2248270 平方米。由此可以看出，陕西省餐饮业用地面积近些年总体持增加状态。

（2）陕西省商业综合产出价值核算表（住宿业/餐饮业）。表 10–31 包括陕西省、西安市、铜川市、宝鸡市、咸阳市、渭南市、延安市、汉中市、榆林市、安康市、商洛市、杨凌示范区以及关中地区、陕北地区和陕南地区的住宿业产出价值时间序列数据。

表 10-31　2009~2017 年陕西省住宿业产出价值

单位：万元

地区＼年份	2009	2010	2011	2012	2014	2015	2016	2017
陕西省	474284	694984	857599	986561	1049208	1038812	1122572	1233725
西安市	278873	411586	537734	537250	548075	521537	534174	599058
铜川市	7082	11092	14924	16968	20263	23009	27989	33846
宝鸡市	18559	36332	35113	39659	54040	73440	93613	119181
咸阳市	25518	34044	45053	70324	79773	90789	99710	60513
渭南市	25515	49447	67130	98433	108390	78485	93155	108958
延安市	25322	32730	30517	38140	43614	48366	52795	57320
汉中市	26508	35628	44103	50965	46665	52270	59058	70412
榆林市	34230	44806	37022	77843	87095	81064	76663	82946
安康市	17899	17237	20331	25268	33640	40152	51386	62774
商洛市	11910	17495	20203	25514	22771	24280	27324	30064
杨凌示范区	2865	4588	5471	6199	4882	5422	6706	8655
关中地区	355547	542501	699954	762634	810541	787260	848641	921556
陕北地区	76674	130915	162220	225384	262466	265723	314467	322498
陕南地区	94914	152553	177813	246556	285817	291080	339273	345972

注：表中暂无 2013 年数据。

资料来源：《中国统计年鉴》《陕西省统计年鉴》《中国城市建设统计年鉴》《中国国土资源统计年鉴》《陕西省国民经济和社会发展统计公报》《陕西省各市国民经济和社会发展统计公报》、中国统计数据库网站、陕西省住房和城乡建设厅网站。

如表 10-31 所示，2009~2017 年陕西省住宿业产出价值依次为：474284 万元、694984 万元、857599 万元、986561 万元、1049208 万元、1038812 万元、1122572 万元、1233725 万元。由此可以看出，陕西省住宿业产出价值近些年总体持增加状态。

表 10-32 包括陕西省、西安市、铜川市、宝鸡市、咸阳市、渭南市、延安市、汉中市、榆林市、安康市、商洛市、杨凌示范区以及关中地区、陕北地区和陕南地区的餐饮业产出价值时间序列数据。

如表 10-32 所示，2009~2017 年陕西省餐饮业产出价值依次为：614663 万元、872796 万元、1192566 万元、1317074 万元、1288542 万元、1420937 万元、1594376 万元、1796650 万元。由此可以看出，陕西省餐饮业产出价值近些年总体持增加状态。

表 10-32　2009~2017 年陕西省餐饮业产出价值

单位：万元

地区＼年份	2009	2010	2011	2012	2014	2015	2016	2017
陕西省	614663	872796	1192566	1317074	1288542	1420937	1594376	1796650
西安市	463469	537609	704648	764057	687196	611692	596637	675190
铜川市	3200	6701	8365	13512	14162	18148	24300	27335
宝鸡市	35212	50136	66902	81298	86556	118457	142542	185256
咸阳市	36999	58047	88289	105759	180594	295591	402558	367317
渭南市	43648	61761	82663	116967	122461	150898	167661	200354
延安市	16575	18796	32659	27624	28344	31460	34305	42252
汉中市	4121	13407	25989	29961	25796	29697	34191	45438
榆林市	58471	85418	125058	108842	54888	49518	43592	57875
安康市	13209	30437	44404	56897	73402	98361	12874	167652
商洛市	3434	6701	9140	8223	10505	12459	14434	20296
杨凌示范区	3031	3784	4449	3935	4638	4656	5364	7685
关中地区	582528	714254	950867	1081593	1090969	1194786	1333698	1455452
陕北地区	119059	176645	246219	317536	403773	583094	737061	780262
陕南地区	132434	188740	270513	331648	417955	596406	747066	795179

注：表中暂无 2013 年数据。

资料来源：《中国统计年鉴》《陕西省统计年鉴》《中国城市建设统计年鉴》《中国国土资源统计年鉴》《陕西省国民经济和社会发展统计公报》《陕西省各市国民经济和社会发展统计公报》、中国统计数据库网站、陕西省住房和城乡建设厅网站。

（3）陕西省商业综合价值量核算（住宿业/餐饮业）。表 10-33 包括陕西省、西安市、铜川市、宝鸡市、咸阳市、渭南市、延安市、汉中市、榆林市、安康市、商洛市、杨凌示范区以及关中地区、陕北地区和陕南地区的住宿业价值量时间序列数据。该部分内容依据式（10-9）进行核算。

$$AIV = \frac{AIOV}{AIPQ} \tag{10-9}$$

式中，AIV 为住宿业价值量；AIOV 为住宿业产出价值；AIPQ 为住宿业实物量。

依据式（10-9），核算结果如表 10-33 所示：

表 10-33 2009~2017 年陕西省住宿业价值量

单位：元/平方米

地区＼年份	2009	2010	2011	2012	2014	2015	2016	2017
全国	9794.59	12327.19	7621.77	7614.65	8806.74	9329.53	9339.88	9349.02
陕西省	7234.35	10912.49	8429.58	7270.82	7496.35	7336.17	7724.00	8072.95
西安市	10631.83	16780.80	13732.59	13110.44	14808.16	13984.29	15122.43	17049.98
铜川市	4023.86	5563.80	5111.13	3102.01	3524.25	5131.24	5887.34	7812.84
宝鸡市	5348.41	8128.51	3901.40	3087.77	2934.33	3801.95	4284.39	4072.31
咸阳市	4708.12	7494.22	7251.99	5946.81	5853.40	7200.79	9651.53	921.87
渭南市	5463.60	9900.29	6924.26	8787.48	8228.19	7329.57	8684.16	6837.57
延安市	7193.75	8587.62	7081.33	2727.85	4071.24	3666.26	3541.96	5224.16
汉中市	3363.96	4975.63	3472.29	3702.83	5769.02	5059.92	5592.51	5878.39
榆林市	5714.52	9059.40	6807.64	5781.69	4703.34	4332.66	4263.30	4918.50
安康市	4172.26	4285.15	4699.61	4323.38	4805.65	5235.15	4678.94	1010.21
商洛市	6045.69	6616.37	3374.25	4791.27	4417.69	4074.58	4400.43	3997.13
杨凌示范区	7743.24	7979.13	2750.21	6266.05	3234.61	4078.84	3477.13	5720.80
关中地区	8557.09	13385.93	10449.43	9264.30	9212.86	9326.49	10226.41	6131.01
陕北地区	6262.04	8854.07	6928.64	4225.95	4471.68	4057.09	3936.37	5038.98
陕南地区	3982.81	5088.52	3677.49	4080.75	5091.81	4870.95	4964.25	1999.65

注：表中暂无 2013 年数据。

资料来源：《中国统计年鉴》《陕西省统计年鉴》《中国城市建设统计年鉴》《中国国土资源统计年鉴》《陕西省国民经济和社会发展统计公报》《陕西省各市国民经济和社会发展统计公报》、中国统计数据库网站、陕西省住房和城乡建设厅网站。

如表 10-33 所示，2009~2017 年陕西省住宿业价值量依次为：7234.35 元/平方米、10912.49 元/平方米、8429.58 元/平方米、7270.82 元/平方米、7496.35 元/平方米、7336.17 元/平方米、7724.00 元/平方米、8072.95 元/平方米。由此可以看出，陕西省住宿业价值量近些年总体持稳定状态且低于全国水平。

表 10-34 包括陕西省、西安市、铜川市、宝鸡市、咸阳市、渭南市、延安市、汉中市、榆林市、安康市、商洛市、杨凌示范区以及关中地区、陕北地区和陕南地区的餐饮业价值量时间序列数据。该部分内容依据式（10-10）进行核算。

$$CV = \frac{COV}{CPQ} \tag{10-10}$$

式中，CV 为餐饮业价值量；COV 为餐饮业产出价值；CPQ 为餐饮业实物量。

依据式（10-10），核算结果如表 10-34 所示：

表 10-34 2009~2017 年陕西省餐饮业价值量

单位：元/平方米

年份 地区	2009	2010	2011	2012	2014	2015	2016	2017
全国	7095.92	8028.51	7118.26	8247.33	8307.17	9064.08	9516.30	9929.52
陕西省	5647.92	7003.72	6422.56	7536.72	6366.94	6910.31	7393.25	7991.26
西安市	7953.82	8438.87	9101.97	9479.64	7909.68	7755.00	7483.98	7952.25
铜川市	6956.52	3798.75	3525.82	4360.12	3307.33	5057.69	6053.51	6471.05
宝鸡市	3869.45	5035.86	3268.77	6063.17	4524.50	5842.77	5908.70	7043.77
咸阳市	3906.97	5393.05	5757.43	6117.23	8459.81	11529.36	16986.86	18802.25
渭南市	4308.79	5918.92	4382.33	7400.40	6985.24	6877.95	7600.43	9204.40
延安市	7568.49	7829.06	5382.70	4561.05	3930.28	3850.81	3923.85	4909.88
汉中市	3815.74	4479.30	4913.04	4316.28	3184.61	3647.25	4049.48	3993.18
榆林市	4688.93	6604.25	4550.67	6308.88	3010.15	3043.27	2670.57	3731.68
安康市	2961.66	3719.54	4691.74	5564.83	4858.65	5303.48	524.70	5980.76
商洛市	8805.13	10808.06	9692.47	4194.98	4029.85	5486.37	5264.23	5808.98
杨凌示范区	3788.75	4378.11	2242.44	1857.88	2380.90	2440.25	4291.20	7105.87
关中地区	6662.79	7392.10	7072.05	8307.07	7313.52	7948.45	8681.92	9286.16
陕北地区	6262.04	8854.07	6928.64	4225.95	4471.68	4057.09	3936.37	5038.98
陕南地区	3982.81	5088.52	3677.49	4080.75	5091.81	4870.95	4964.25	1999.65

注：表中暂无 2013 年数据。

资料来源：《中国统计年鉴》《陕西省统计年鉴》《中国城市建设统计年鉴》《中国国土资源统计年鉴》《陕西省国民经济和社会发展统计公报》《陕西省各市国民经济和社会发展统计公报》、中国统计数据库网站、陕西省住房和城乡建设厅网站。

如表 10-34 所示，2009~2017 年陕西省餐饮业价值量依次为：5647.92 元/平方米、7003.72 元/平方米、6422.56 元/平方米、7536.72 元/平方米、6366.94 元/平方米、6910.31 元/平方米、7393.25 元/平方米、7991.26 元/平方米。由此可以看出，陕西省餐饮业价值量近些年总体持稳增长状态且低于全国水平。

10.3.2.8 林地与森林资源

该部分内容包括，陕西省林业实物量核算、陕西省林业产出价值核算和陕西省林业价值量核算以及森林资源价值量核算。

（1）陕西省林业实物量核算表。表 10-35 包括陕西省、西安市、铜川市、宝鸡市、咸阳市、渭南市、延安市、汉中市、榆林市、安康市、商洛市、杨凌示范区以及关中地区、陕北地区和陕南地区的林业用地面积时间序列数据。

表 10-35　2009~2017 年陕西省林业实物量核算

单位：万亩

地区＼年份	2009	2010	2011	2012	2013	2014	2015	2016	2017
陕西省	16847.60	16839.00	16829.40	16816.10	16803.80	16796.00	16791.70	16757.90	16757.85
西安市	724.60	724.10	722.40	721.70	721.30	721.10	721.10	720.90	720.81
铜川市	304.60	304.30	304.20	303.90	303.50	303.20	303.20	302.60	
宝鸡市	1770.50	1769.60	1768.60	1767.50	1767.00	1766.70	1766.60	1765.10	
咸阳市	334.40	334.00	333.70	333.40	333.20	333.10	332.90	332.50	
渭南市	308.30	308.10	307.90	307.60	307.40	307.30	307.20	306.10	
延安市	3216.00	3214.60	3213.60	3212.10	3206.70	3204.10	3203.00	3197.40	
汉中市	3189.40	3188.40	3186.70	3185.70	3184.70	3184.00	3183.60	3177.30	
榆林市	1861.50	1858.60	1855.90	1848.90	1845.50	1842.70	1840.40	1832.90	
安康市	2761.70	2760.90	2760.30	2759.40	2758.90	2758.50	2758.30	2748.60	
商洛市	2376.60	2376.30	2376.10	2375.90	2375.60	2375.50	2375.40	2374.50	
关中地区	3442.40	3440.10	3436.80	3434.10	3432.40	3431.40	3431.00	3427.20	
陕北地区	5077.50	5073.20	5069.50	5061.00	5052.20	5046.80	5043.40	5030.30	
陕南地区	8327.70	8325.60	8323.10	8321.00	8319.20	8318.00	8317.30	8300.40	

资料来源：《中国统计年鉴》《陕西省统计年鉴》《中国城市建设统计年鉴》《中国国土资源统计年鉴》《陕西省国民经济和社会发展统计公报》《陕西省各市国民经济和社会发展统计公报》、中国统计数据库网站、陕西省自然资源厅网站、陕西省生态环境厅网站。其中铜川市、宝鸡市、咸阳市、渭南市、延安市、汉中市、榆林市、安康市、商洛市、杨凌示范区以及关中地区、陕北地区和陕南地区的 2017 年数据暂缺。

如表 10-35 所示，2009~2017 年陕西省林业用地面积依次为：16847.60 万亩、16839.00 万亩、16829.40 万亩、16816.10 万亩、16803.80 万亩、16796.00 万亩、16791.70 万亩、16757.90 万亩、16757.85 万亩。由此可以看出，陕西省林业用地面积近些年总体持平稳态势。

(2) 陕西省林业产出价值核算表。表 10-36 包括陕西省、西安市、铜川市、宝鸡市、咸阳市、渭南市、延安市、汉中市、榆林市、安康市、商洛市、杨凌示范区以及关中地区、陕北地区和陕南地区的林业产出价值时间序列数据。

如表 10-36 所示，2009~2017 年陕西省林业产出价值依次为：456300 万元、

351824 万元、423402 万元、584353 万元、676185 万元、735734 万元、757926 万元、855406 万元、968798 万元。由此可以看出，陕西省林业产出价值近些年总体持平稳增长态势。

表 10-36　2009~2017 年陕西省林业产出价值

单位：万元

地区 \ 年份	2009	2010	2011	2012	2013	2014	2015	2016	2017
陕西省	456300	351824	423402	584353	676185	735734	757926	855406	968798
西安市	22663	26787	34453	62291	80199	86889	97776	102222	135570
铜川市	23740	2909	3787	4908	4946	5378	7087	6535	6824
宝鸡市	67918	44448	58516	77266	85778	93336	110384	111604	125368
咸阳市	30087	33665	45402	56059	67148	72146	75298	79347	66139
渭南市	84862	35564	47430	62628	69029	73313	68579	71559	84138
延安市	32798	28993	38829	51895	70762	73382	76357	70610	77211
汉中市	67207	63641	94155	121424	127383	141154	146533	145777	160607
榆林市	24480	27882	42655	59426	62347	78748	89555	95402	120764
安康市	55851	58174	63491	80775	84559	90810	95647	94636	111499
商洛市	77632	48590	62378	80326	86161	102616	123190	117243	131253
杨凌示范区	491	1036	5574	8521	9171	9958	11593	10498	11825
关中地区	229270	143373	189588	263152	307100	331062	359124	371267	418039
陕北地区	57278	56875	81484	111321	133109	152130	165912	166012	197975
陕南地区	200690	170405	220024	282525	298103	334580	365370	357656	403359

资料来源：《中国统计年鉴》《陕西省统计年鉴》《中国城市建设统计年鉴》《中国国土资源统计年鉴》《陕西省国民经济和社会发展统计公报》《陕西省各市国民经济和社会发展统计公报》、中国统计数据库网站、陕西省自然资源厅网站、陕西省生态环境厅网站。

（3）陕西省林业价值量核算。表 10-37 包括陕西省、西安市、铜川市、宝鸡市、咸阳市、渭南市、延安市、汉中市、榆林市、安康市、商洛市、杨凌示范区以及关中地区、陕北地区和陕南地区的林业价值量时间序列数据。该部分内容依据式（10-11）进行核算。

$$AFV = \frac{FOV}{FPQ} \tag{10-11}$$

式中，AFV 为林业价值量；FOV 为林业产出价值；FPQ 为林业实物量。

依据式（10-11），核算结果如表 10-37 所示：

表 10-37　2009~2016 年陕西省林业价值量核算

单位：元/亩

年份 地区	2009	2010	2011	2012	2013	2014	2015	2016
陕西省	27.08	20.89	25.15	34.75	40.24	43.80	45.13	51.04
西安市	31.27	36.99	47.69	86.31	111.19	120.5	135.5	141.8
铜川市	77.93	9.55	12.44	16.15	16.29	17.73	23.37	21.59
宝鸡市	38.36	25.11	33.08	43.71	48.54	52.83	62.48	63.228
咸阳市	89.97	100.79	136.06	168.14	201.52	216.59	226.19	238.64
渭南市	275.25	115.43	154.04	203.6	224.56	238.57	223.24	233.78
延安市	10.19	9.01	12.08	16.15	22.06	22.90	23.83	22.08
汉中市	21.07	19.96	29.54	38.11	39.99	44.33	46.02	45.88
榆林市	13.15	15.00	22.98	32.14	33.78	42.73	48.66	52.05
安康市	20.22	21.07	23.00	29.27	30.65	32.92	34.67	34.43
商洛市	32.66	20.44	26.25	33.80	36.26	43.19	51.86	49.376
关中地区	66.60	41.67	55.16	76.62	89.47	96.48	104.67	108.33
陕北地区	11.28	11.21	16.07	21.99	26.34	30.14	32.89	33.00
陕南地区	24.09	20.46	26.43	33.95	35.83	40.22	43.92	43.08

资料来源：《中国统计年鉴》《陕西省统计年鉴》《中国城市建设统计年鉴》《中国国土资源统计年鉴》《陕西省国民经济和社会发展统计公报》《陕西省各市国民经济和社会发展统计公报》、中国统计数据库网站、陕西省自然资源厅网站、陕西省生态环境厅网站。其中铜川市、宝鸡市、咸阳市、渭南市、延安市、汉中市、榆林市、安康市、商洛市、杨凌示范区以及关中地区、陕北地区和陕南地区的 2017 年数据暂缺。

如表 10-37 所示，2009~2016 年陕西省林业价值量依次为：27.08 元/亩、20.89 元/亩、25.15 元/亩、34.75 元/亩、40.24 元/亩、43.80 元/亩、45.13 元/亩、51.04 元/亩。由此可以看出，陕西省林业价值量近些年总体持平稳增加态势。

（4）陕西省森林资源国土价值量。表 10-38 包括陕西省森林蓄积量、森林面积和森林资源价值量时间序列数据。森林资源价值量依据式（10-12）进行核算。

$$FRA = \frac{FS}{FA} \tag{10-12}$$

式中，FRA 为森林资源价值量；FS 为森林蓄积量；FA 为森林面积。

依据式（10-12），核算结果如表 10-38 所示：

如表 10-38 所示，2009~2017 年陕西省森林蓄积量依次为：3.61 亿立方米、4.24 亿立方米、4.24 亿立方米、4.24 亿立方米、4.24 亿立方米、4.79 亿立方米、

表 10-38　2009~2017 年陕西省森林资源及全国水平

项目 \ 年份	2009	2010	2011	2012	2013	2014	2015	2016	2017
全国森林资源价值量（万立方米/公顷）	72.88	72.88	72.88	72.88	72.88	72.88	72.88	72.88	72.88
森林蓄积量（亿立方米）	3.61	4.24	4.24	4.24	4.24	4.79	4.79	4.79	4.97
森林面积（万公顷）	767.56	853.24	853.24	853.24	853.24	887.00	887.00	887.00	886.84
森林资源价值量（万立方米/公顷）	47.03	49.69	49.69	49.69	49.69	54.00	54.00	54.00	56.04

资料来源：《中国统计年鉴》《陕西省统计年鉴》《中国城市建设统计年鉴》《中国国土资源统计年鉴》《陕西省国民经济和社会发展统计公报》《陕西省各市国民经济和社会发展统计公报》、中国统计数据库网站、陕西省自然资源厅网站、陕西省生态环境厅网站。

4.79 亿立方米、4.79 亿立方米、4.97 亿立方米；2009~2017 年陕西省森林面积依次为：767.56 万公顷、853.24 万公顷、853.24 万公顷、853.24 万公顷、853.24 万公顷、887.00 万公顷、887.00 万公顷、887.00 万公顷、886.84 万公顷；2009~2017 年陕西省森林资源价值量依次为：47.03 万立方米/公顷、49.69 立方米/公顷、49.69 立方米/公顷、49.69 立方米/公顷、49.69 立方米/公顷、54.00 立方米/公顷、54.00 立方米/公顷、54.00 立方米/公顷、56.04 立方米/公顷。由上述数据可以看出，陕西省森林资源实物量，产出价值和价值量近些年均持平稳上升态势。陕西省森林资源价值量近些年均低于全国水平且与全国水平的差距逐渐减小。

10.3.3　陕西省国土价值量评价的综合分析

陕西省国土价值量评价的综合分析是在陕西省国土价值量核算的基础上，通过趋势图、饼状图和柱状图对陕西省国土价值量进行综合分析。综合分析角度包括现状分析、变化规律分析、增长量分析、增长率分析、年度所占比重（截面数据）分析等方面。

本部分内容主要包括，陕西省农业综合分析、陕西省商业综合分析、陕西省工业综合分析、陕西省公路综合分析、陕西省铁路综合分析、陕西省房地产业综合分析和陕西省林业及森林资源综合分析。

10.3.3.1　陕西省农业综合分析

陕西省农业综合分析包括，陕西省农业综合产出价值综合分析和陕西省农业综合价值量综合分析。

（1）陕西省农业综合产出价值综合分析。依据陕西省农业综合总产值核算表，得到图 10–1 至图 10–4。

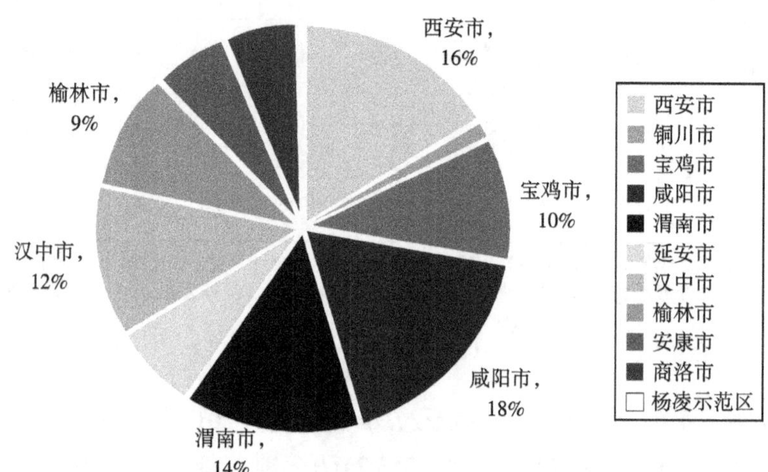

图 10–1　2017 年陕西省各市农业综合产值占比

如图 10–1 所示，2017 年陕西省各市农业综合产出价值所占比重：咸阳市为 18%、西安市为 16%、渭南市为 14%、汉中市为 12%、宝鸡市为 10%、榆林市为 9%、延安市为 7%、安康市为 6%和商洛市为 6%。其中，咸阳市占比最高，西安市、渭南市和汉中市次之。

如图 10–2 所示，2017 年陕西省各区域农业综合总产值：关中地区为 60%、陕南地区 24%、陕北地区 16%。

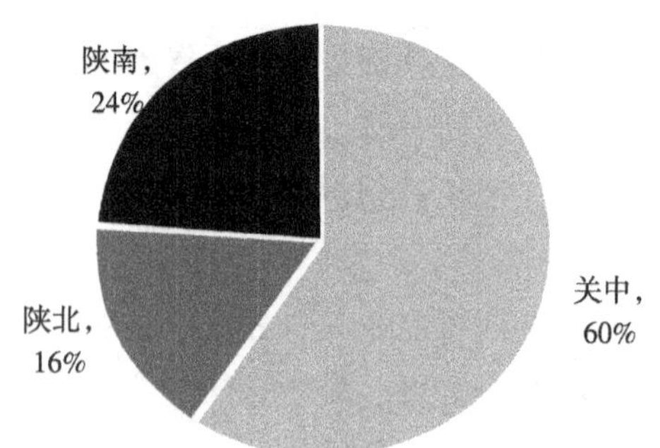

图 10–2　2017 年陕西省各区域农业综合总产值占比

关中地区农业综合总产值最为发达，陕南地区在农业综合上贡献次之。此外，关中地区在农业综合上的贡献率大过陕北地区与陕南地区之和的 10%。总之，关中地区农业综合最为发达，陕北和陕南地区未来具有很大的发展空间。据析，该种情形的产生与本省三大区域的地理条件和天然气候有直接关系。

如图 10-3 所示，依据 2009~2017 年陕西省农业综合产值趋势可以看出，2009~2017 年，农业综合总产值呈现出稳定上升的趋势。其中，2009~2010 年，农林渔牧业总产值的增加量最大，为 328.84 亿元，而 2014~2015 年，农林渔牧业总产值的增加量最小，为 71.68 亿元。除此之外，2016~2017 年农业综合总产值增加量较上一年度有所增加。总之，2009~2017 年陕西省农林渔牧业每年总产值总量呈不断上升趋态，而每年总产值增量呈放缓态势。据析，该种情形的产生与产业布局发展战略有直接关系。

图 10-3　2009~2017 年陕西省农业综合总产值趋势

如图 10-4 所示，2017 年陕西省各市农业综合总产值最大为咸阳市，其次为西安市和渭南市。

（2）陕西省农业综合价值量综合分析。依据陕西省农业综合价值量核算表，得到图 10-5 至图 10-8。

如图 10-5 所示，2009~2017 年陕西省农业综合价值量整体呈增长趋势。近些年农业综合价值量呈现不断增加的态势。其中，2010~2011 年的价值量的增加量最大，每亩增加 144.91 元。而 2014~2015 年的价值量的增加量最小，平均每亩增加 24.99 元。此外，2017 年农业综合价值量较上一年每亩增加 25.04 元，增长率 2.27%。较上一年增长率总体为下降趋势。其中，2016 年较上一年的农业综合价值量的增长率 6.10%。

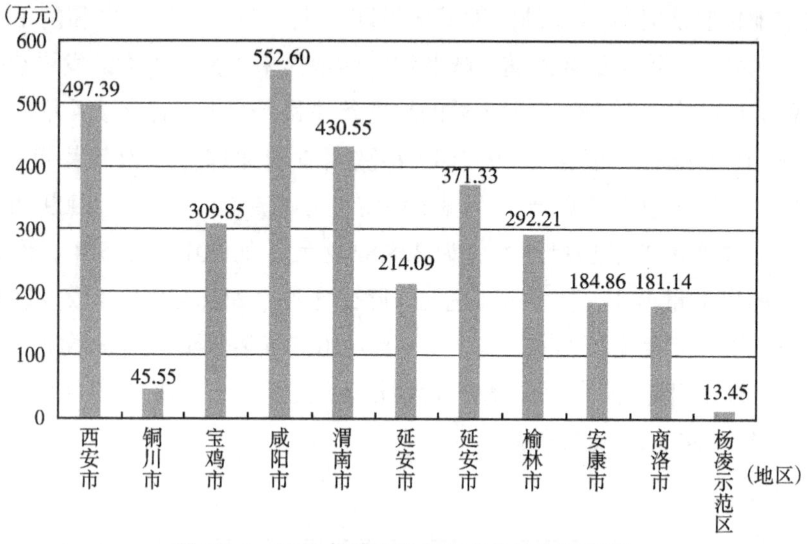

图 10-4　2017 年陕西省各市农业综合总产值

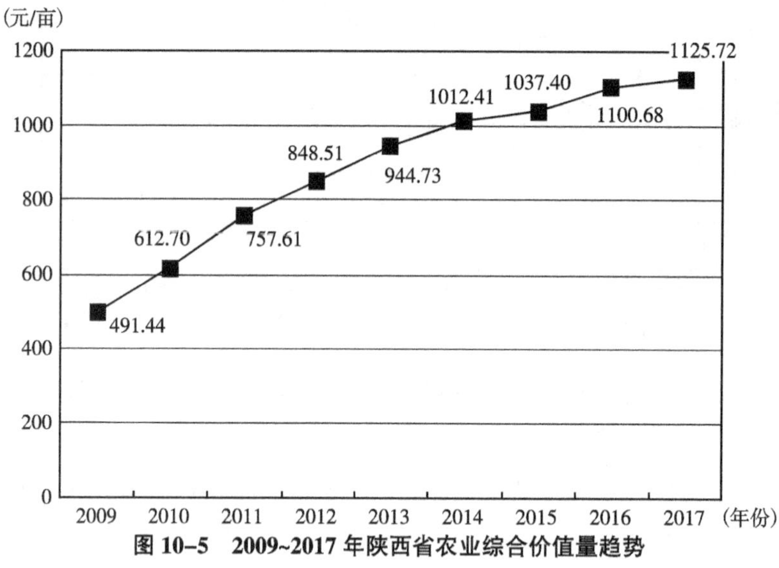

图 10-5　2009~2017 年陕西省农业综合价值量趋势

如图 10-6 所示，2010~2017 年陕西省农业综合价值量增长速度依次为：24.67%、23.65%、12.00%、11.34%、7.16%、2.47%、6.10%、2.27%。增长速度整体呈放缓趋势。其中，2010 年较 2009 年增长速度最大，为 24.67%；2017 较 2016 年增长速度最小，为 2.27%。

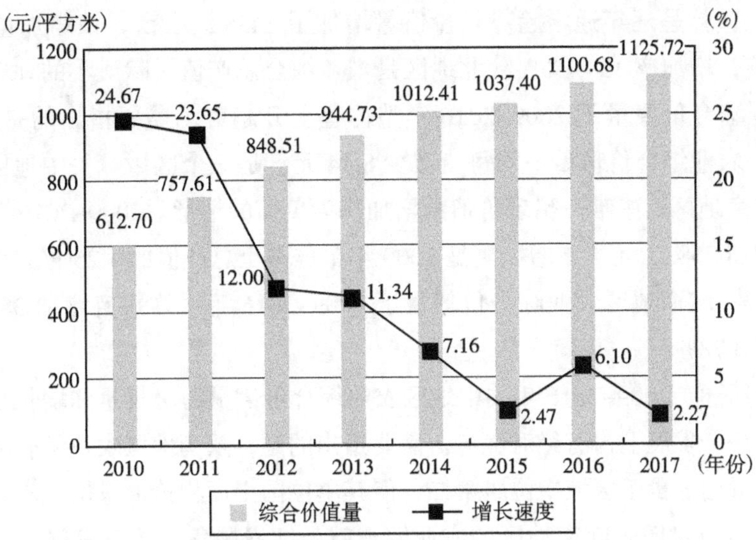

图 10-6　2010~2017 年陕西省农业综合价值量及其增长速度

如图 10-7 所示，2016 年陕西省各地区农业综合价值量分别为：关中地区为 2546.47 元/亩、陕南地区为 755.50 元/亩和陕北地区为 465.06 元/亩。

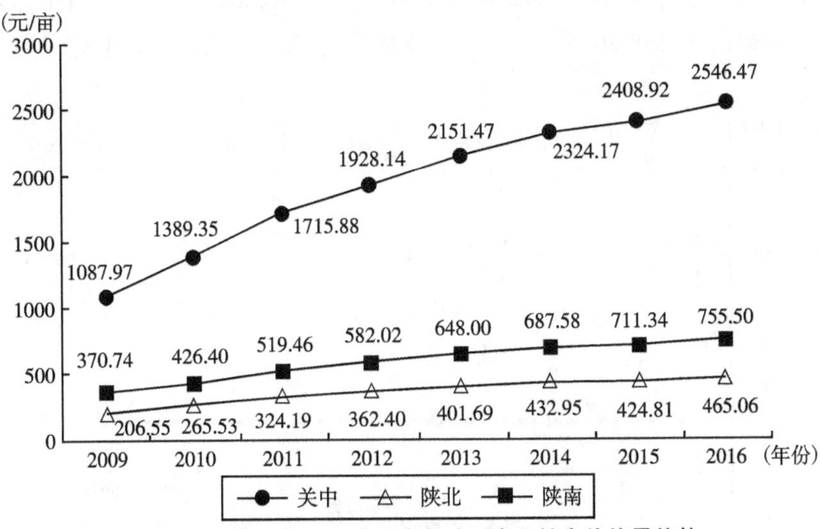

图 10-7　2009~2016 年陕西省各地区农业综合价值量趋势

2009~2016 年，关中地区，陕北地区和陕南地区的农业综合价值量均为平稳增长趋势。2009~2016 年陕西省农业综合价值量整体贡献最大的地区为关中地区，其次为陕南地区和陕北地区。关中地区是农业综合的主要贡献地区。2009~

2016 年，整体呈逐年递增趋势且价值量增加了 1458.5 元/亩，该增加量是 2009 年 1.34 倍，增加率 134.1%；陕北地区是农业综合总产值贡献最小的地区。陕北地区农业综合价值量于 2009~2016 年整体呈上升趋势。需要指出的是，2014~2015 年，农业综合价值量平均每亩减少 8.14 元，是三个区域（关中地区、陕北地区、陕南地区）中唯一出现价值量增加率为负值的情形。2009~2016 年，价值量每亩增加 258.51 元。该增加量是 2009 年单位国土总产值的 1.25 倍，增加率达到 125.2%；陕南地区农业综合价值量于 2009~2016 年平均每亩增加 384.76 元，增长率 103.78%。

综上所述，2009~2016 年关中地区农业综合价值量的增长量和增长率，均在区域农业综合发展上占有绝对优势。需要指出的是，陕南地区农业综合在此些年间的价值量增加量于区域中位居第二，但其单位国土面积价值量增加率却位处最低。由此可以说明，陕南地区的农业综合就长期发展角度而言发展空间大。此外，陕北地区和陕南地区的国土价值量差异较小。

如图 10-8 所示，2016 年陕西省各市农业综合价值量分别为：咸阳市为 4644.08 元/亩、西安市为 3451.00 元/亩、渭南市为 2678.24 元/亩、宝鸡市为 1235.29 元/亩、汉中市为 995.42 元/亩、铜川市为 905.82 元/亩、商洛市为 661.72 元/亩、安康市为 558.26 元/亩，以及榆林市为 522.45 元/亩和延安市为 405.16

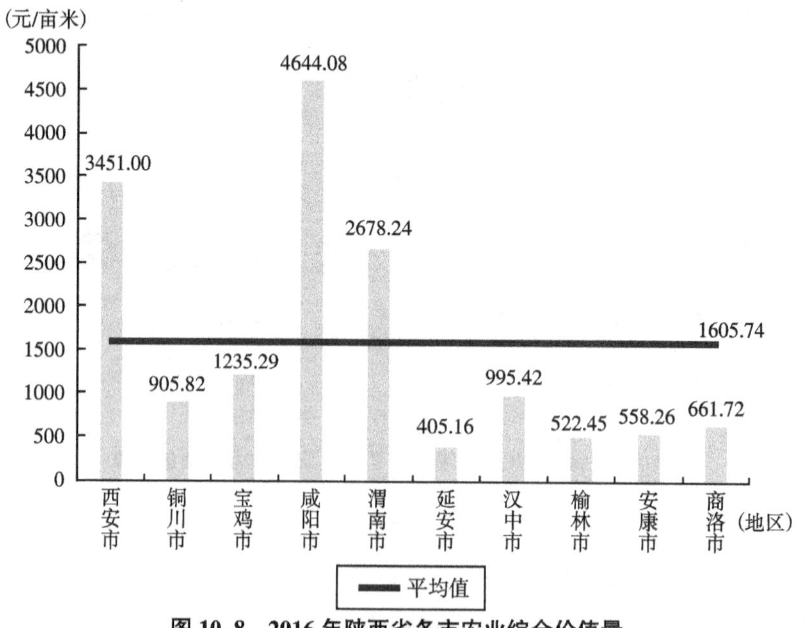

图 10-8 2016 年陕西省各市农业综合价值量

元/亩。

在 2016 年陕西省各市的农业综合价值量中最富有经济价值的是咸阳市，其次为西安市与渭南市。延安市的农业综合价值量最小，为 405.16 元/亩。咸阳市与延安市的农业综合的价值量差值为 4238.92 元/亩。2016 年陕西省各市农业综合价值量的平均值为 1605.74 元/亩。西安市、咸阳市和渭南市达到平均水平。由上述说明，延安市农业综合方面发展潜力巨大。榆林市与安康市农业综合国土价值量大小差距最小，但价值量于各市之中位处低位，也说明了榆林市与安康市农业综合于未来的发展前景广阔。

10.3.3.2　陕西省工业综合分析

依据陕西省工业价值量核算表，得到图 10-9 至图 10-12。

如图 10-9 所示，2009~2016 年陕西省工业价值量依次为：1486.04 元/平方米、1913.41 元/平方米、2383.23 元/平方米、2718.39 元/平方米、3019.48 元/平方米、3170.41 元/平方米、3200.52 元/平方米、3415.68 元/平方米。

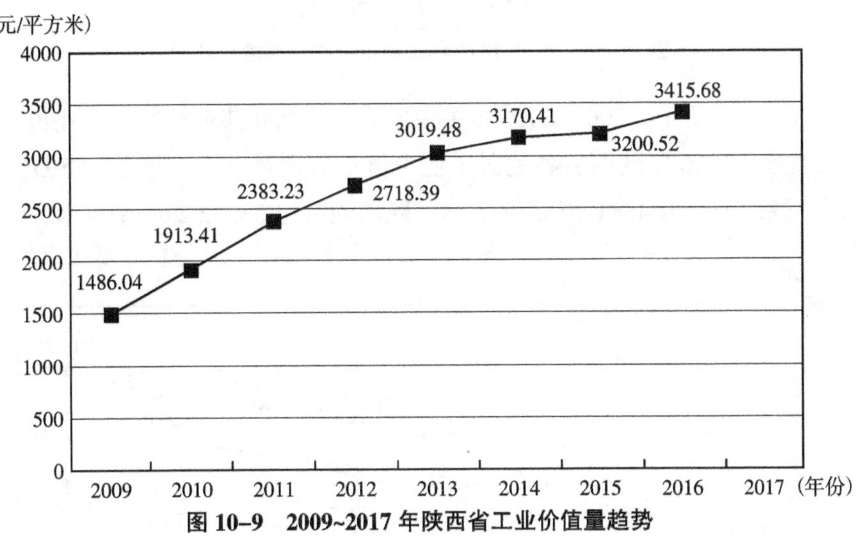

图 10-9　2009~2017 年陕西省工业价值量趋势

由此可以看出，近些年陕西省工业价值量整体呈增长形式。2009~2017 年，陕西省工业价值量增长了 1929.64 元/平方米，其中 2010~2011 年陕西省工业价值量增长量最大，为 469.82 元/平方米，增长率 24.55%。2017 年较上一年增加 215.16 元/平方米，增长率 6.72%。

如图 10-10 所示，2010~2016 年工业价值量增长速度依次为：28.76%、

24.55%、14.06%、11.08%、5.00%、0.95%、6.72%。其中，2010 年较 2009 年增长速度最大，为 28.76%；2015 年较 2014 年增长速度最小，为 0.95%；2016 年较 2015 年增长速度 6.72%。

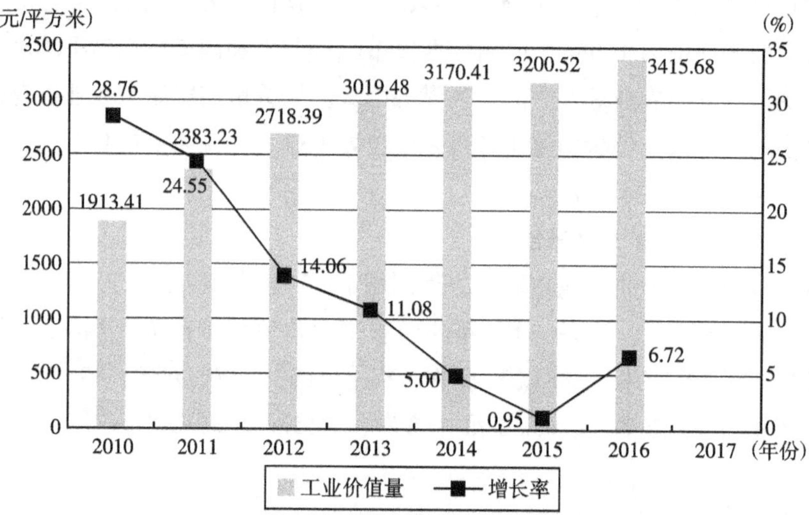

图 10–10　2010~2016 年工业价值量及其增长速度

如图 10–11 所示，2009~2016 年关中地区、陕北和陕南地区的工业价值量均为增长趋势。2016 年陕西省各地区工业价值量分别是：关中地区为 5051.70 元/平方米、陕北地区为 4381.70 元/平方米、陕南地区为 3322.92 元/平方米。

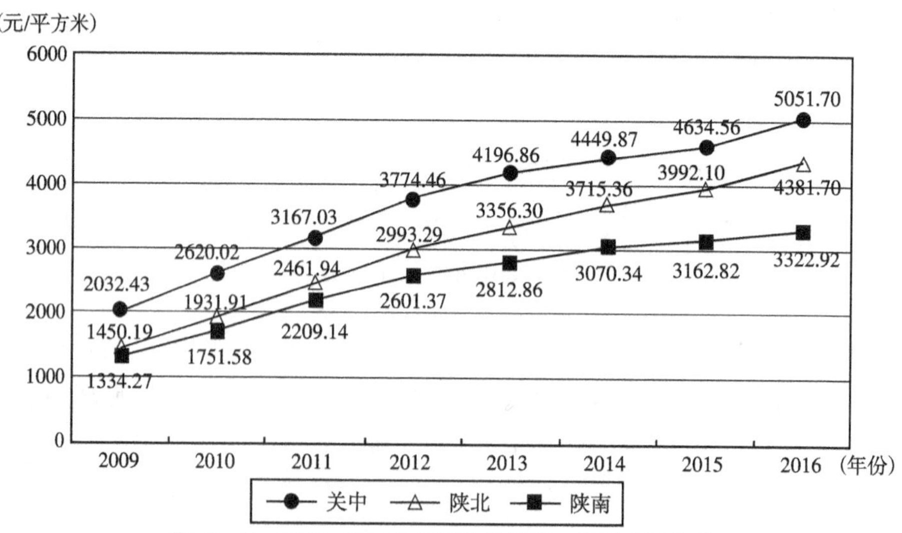

图 10–11　2009~2016 年陕西省各地区工业价值量趋势

如图 10-12 所示，2016 年陕西省各市工业价值量依次为：西安市 7220.60 元/平方米、铜川市 2999.09 元/平方米、宝鸡市 6866.37 元/平方米、咸阳市 6036.65 元/平方米、渭南市 2397.06 元/平方米、延安市 1076.07 元/平方米、汉中市 2657.20 元/平方米、榆林市 1831.62 元/平方米、安康市 6516.23 元/平方米、商洛市 3049.92 元/平方米。

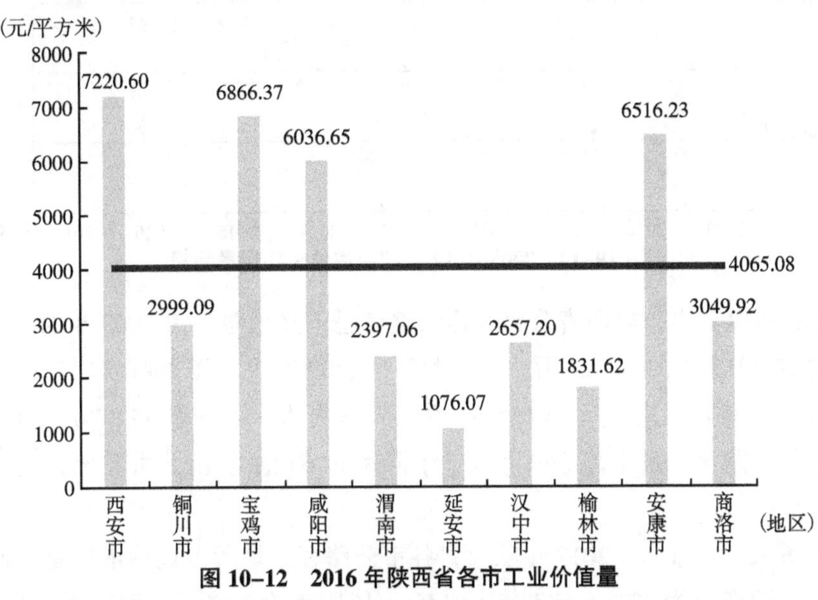

图 10-12　2016 年陕西省各市工业价值量

2016 年陕西省各市工业价值量平均值为 4065.08 元/平方米。其中，西安市、宝鸡市、安康市、咸阳市达到平均水平。延安市和榆林市的发展潜力最大。

10.3.3.3　陕西省公路综合分析

陕西省公路综合分析包括，陕西省公路产出价值（客运量/货运量）综合分析和陕西省公路价值量（单位里程公路客运量/货运量）综合分析。

（1）陕西省公路产出价值（客运量/货运量）综合分析。

依据陕西省公路产出价值（客运量/货运量）核算表，得到图 10-13 至图 10-18。

如图 10-13 所示，2009~2017 年陕西省公路客运量依次为：79033 万人、87457 万人、101062 万人、105647 万人、110963 万人、66720 万人、61436 万人、61093 万人和 60724 万人。

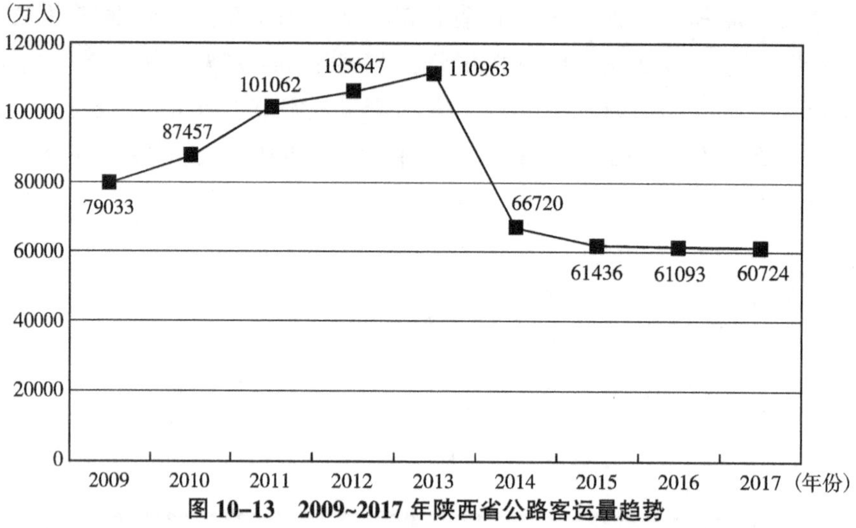

图 10-13　2009~2017 年陕西省公路客运量趋势

由此可以看出，陕西省公路客运量整体呈下降趋势，由 2009 年的 79033 万人下降到 2017 年的 60724 万人，下降了 18309 万人，下降率 23.17%。2013~2014 年，公路客运量下降人数最多，为 44243 万人，下降率 39.87%。2017 年较上一年的公路客运量下降 369 万人，下降率为 6.05%。由此可看出，近几年下降趋势放缓。

如图 10-14 所示，2017 年陕西省各市公路客运量所占比重依次是：西安市为 26%、渭南市为 17%、宝鸡市为 15%、咸阳市为 14%、安康市为 6%、延安市、榆林市和商洛市分别为 5%、汉中市为 4%、铜川市为 2%、杨凌示范区为

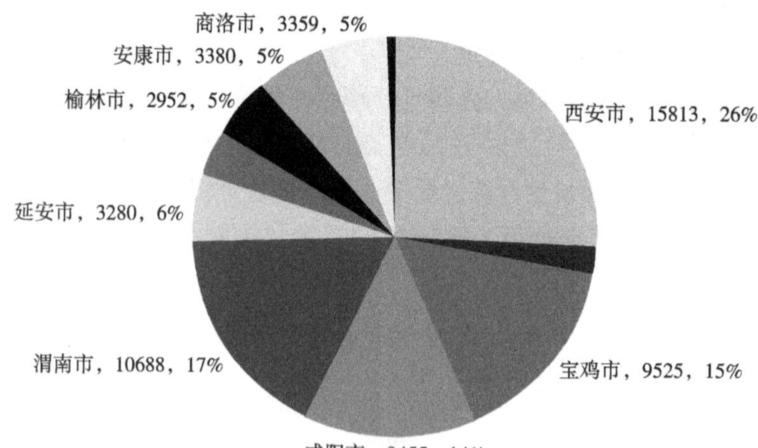

图 10-14　2017 年陕西省各市公路客运量占比

1%。由此可以看出，占比最大为西安市，其次为渭南市和宝鸡市。

如图 10-15 所示，2017 年陕西省各区域公路客运量所占比重分别为：关中地区 75%、陕南地区 15%和陕北地区 10%。由此可以看出，公路客运量主要集中在关中地区，其次为陕南地区。

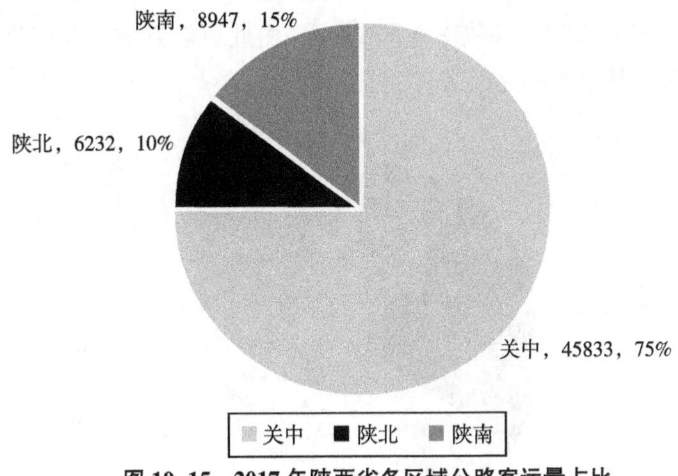

图 10-15　2017 年陕西省各区域公路客运量占比

如图 10-16 所示，2009~2017 年陕西省公路货运量依次为：67963 万吨、77123 万吨、90419 万吨、104593 万吨、116711 万吨、119343 万吨、107731 万吨、113360 万吨和 123721 万吨。

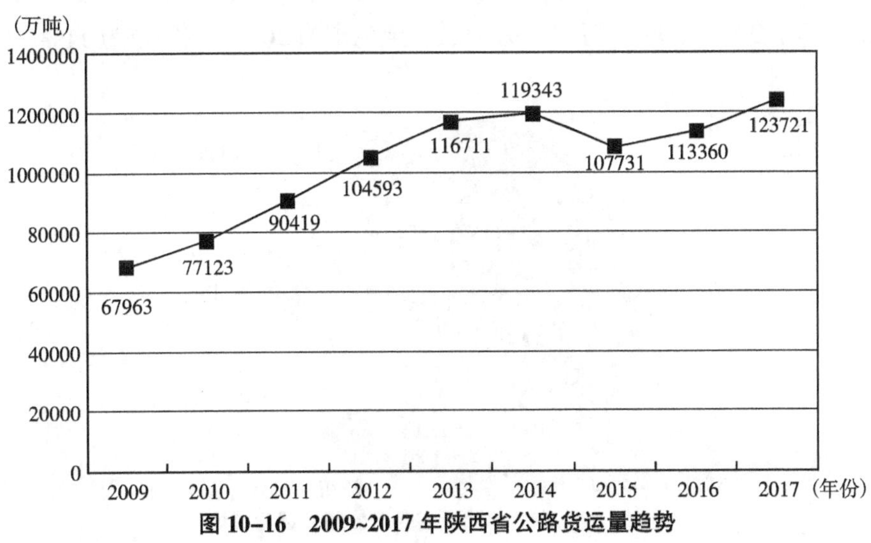

图 10-16　2009~2017 年陕西省公路货运量趋势

由上述可以看出，2009~2017 年陕西省公路货运量总体为增加趋势。由 2009 年的 67963 万吨增加至 2017 年的 123721 万吨，增长率为 82.04%。但公路货运量的增长并非一帆风顺，从 2013 年开始，公路货运量年度增长量大幅度放缓，之后 2014~2015 年公路货运量减少 11612 万吨。

如图 10-17 所示，2017 年陕西省各区域公路货运量所占比重分别是：关中地区 65%、陕北地区 25.5%和陕南地区 9.5%。由此可以看出，公路货运量主要集中在关中地区，其次为陕北地区。

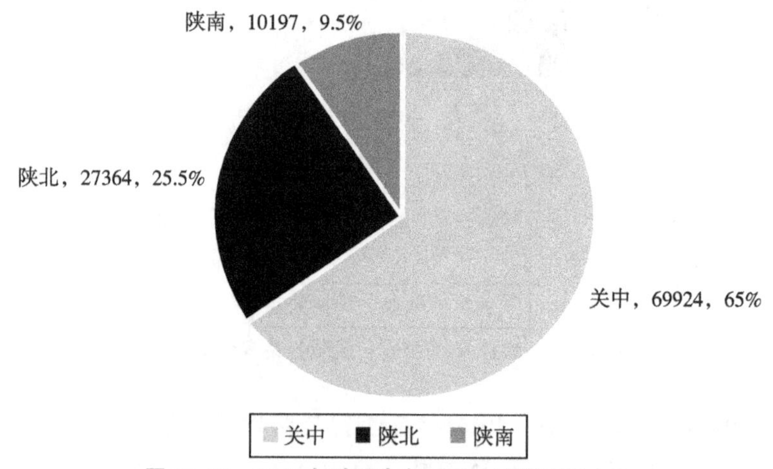

图 10-17　2017 年陕西省各区域公路货运量占比

如图 10-18 所示，2017 年陕西省各市公路货运量所占比重分别是：榆林市为 22%、西安市为 20%、渭南市为 16%、宝鸡市为 10%、咸阳市为 11%、铜川

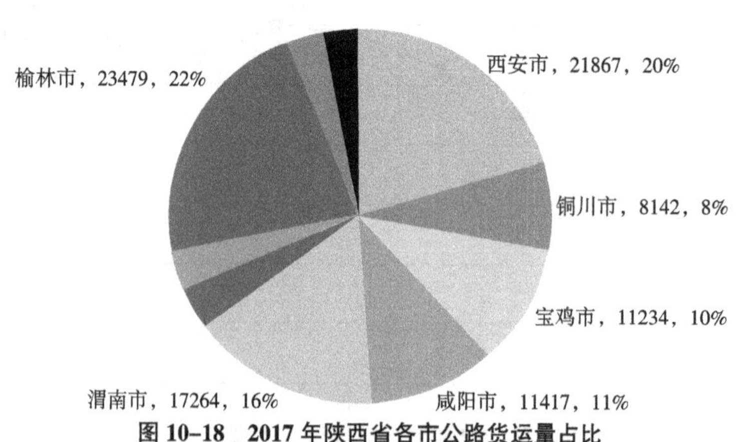

图 10-18　2017 年陕西省各市公路货运量占比

市为 8%、延安市为 4%以及汉中市、安康市和商洛市为 3%。由此可以看出，在陕西省各市中，公路货运量主要集中在榆林市，其次为西安市和渭南市。

（2）陕西省公路价值量（单位里程公路客运量/货运量）综合分析。

依据陕西省公路价值量（单位里程公路客运量/货运量）核算，得到图 10-19 至图 10-26。

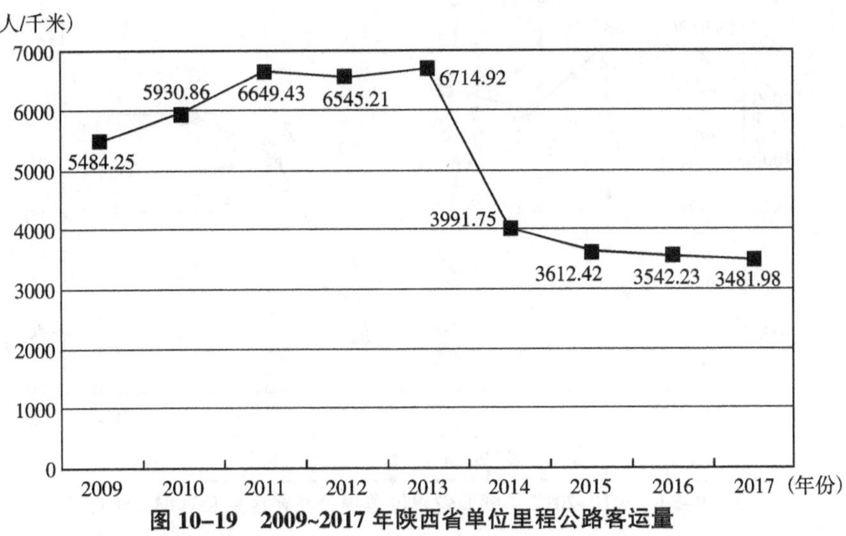

图 10-19　2009~2017 年陕西省单位里程公路客运量

如图 10-19 所示，2009~2017 年陕西省单位里程公路客运量依次为：5484.25 人/千米、5930.86 人/千米、6649.43 人/千米、6545.21 人/千米、6714.92 人/千米、3991.75 人/千米、3612.42 人/千米、3542.23 人/千米和 3481.98 人/千米。

由此可以看出，2009~2017 年陕西省单位里程公路客运量整体呈下降趋势，每千米下降约 2002.27 人，下降率 36.51%。2009~2011 年，单位里程公路客运量呈增长趋势，2011~2012 年出现小幅度下降，2012~2013 年单位里程公路客运量出现小幅度回升，到 2013~2014 年，单位里程公路客运量出现大幅度下降，每千米平均下降 2723.17 人，下降率为 40.55%。2015~2017 年，下降趋势放缓，下降率 3.61%。

如图 10-20 所示，2010~2017 年陕西省单位里程公路客运量增长速度依次为：8.14%、12.12%、-1.57%、2.59%、-40.55%、-9.50%、-1.94%、-1.70%。

如图 10-21 所示，2017 年陕西省各市单位里程公路客运量分别是：西安市为 11657.33 人/千米、宝鸡市为 5695.83 人/千米、渭南市为 5471.39 人/千米、咸阳市为 5351.28 人/千米、铜川市为 3390.89 人/千米、商洛市为 2392.23 人/千米、延安市为 1709.61 人/千米、安康市为 1484.80 人/千米、汉中市为 1127.65 人/千米和榆林市为 940.44 人/千米。由此可以看出，西安市单位里程公路客运量最多，其次为宝鸡市和渭南市。

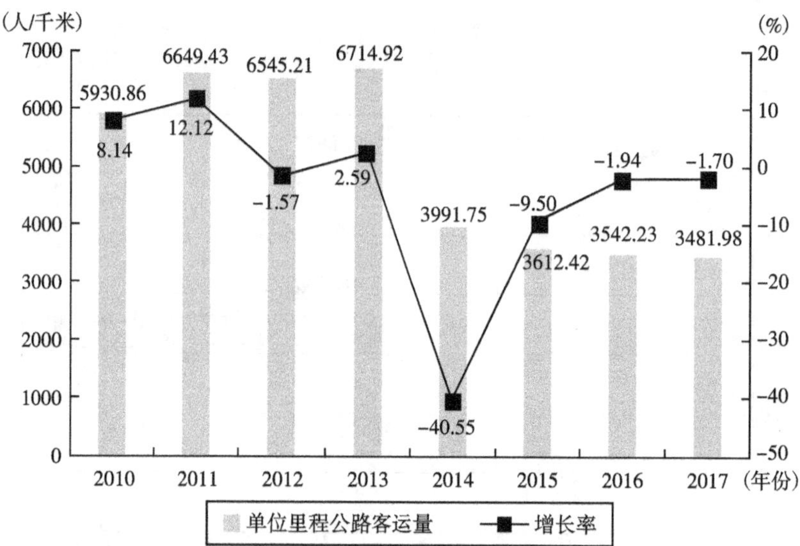

图 10-20　2010~2017 年陕西省单位里程公路客运量及其增长速度

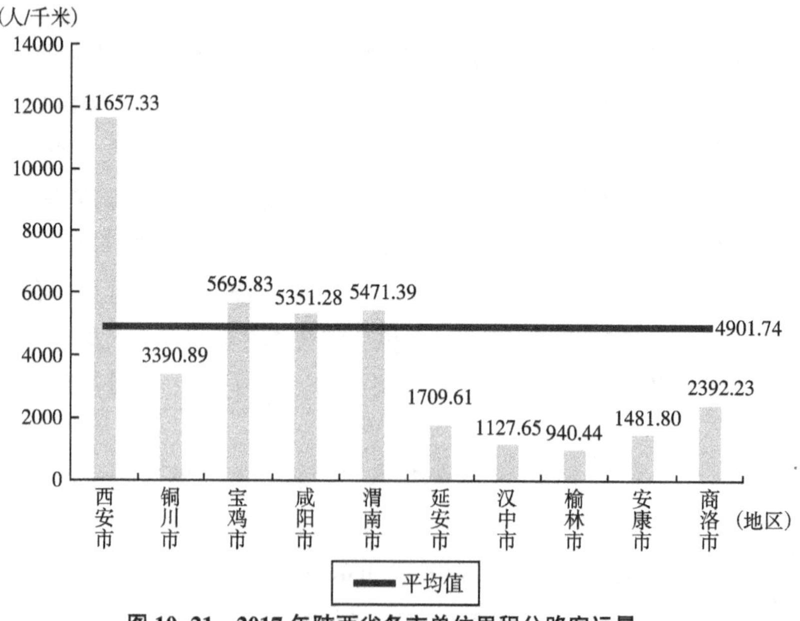

图 10-21　2017 年陕西省各市单位里程公路客运量

如图 10-22 所示，2017 年陕西省各区域单位里程公路客运量分别是：关中地区为 7296.65 人/千米，陕南地区为 1449.95 人/千米和陕北地区为 942.33 人/千米。可以看出，关中地区单位里程公路客运量最多，其次为陕南地区。

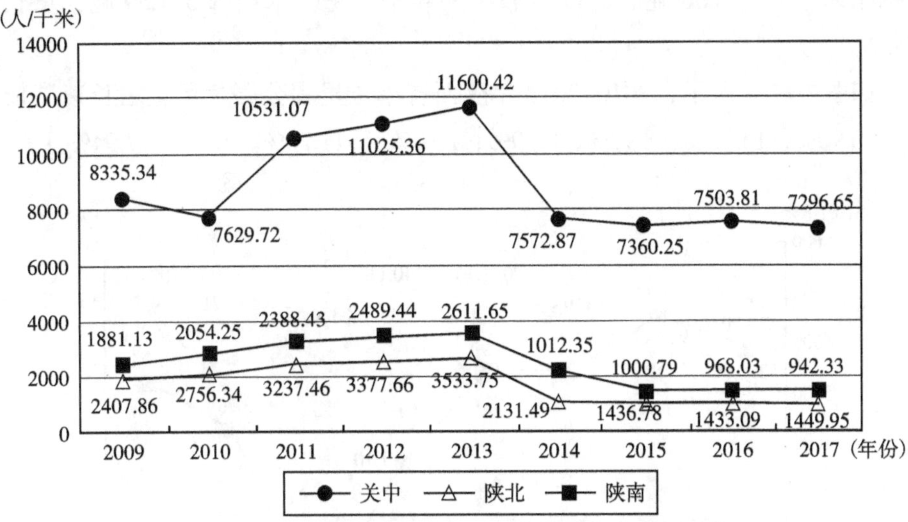

图 10-22　2017 年陕西省各区域单位里程公路客运量

如图 10-23 所示，2009~2017 年陕西省单位里程公路货运量依次为：4716.08 吨/千米、5230.06 吨/千米、5949.17 吨/千米、6479.91 吨/千米、7062.76 吨/千米、7140.11 吨/千米、6334.55 吨/千米、6572.71 吨/千米和 7094.30 吨/千米。

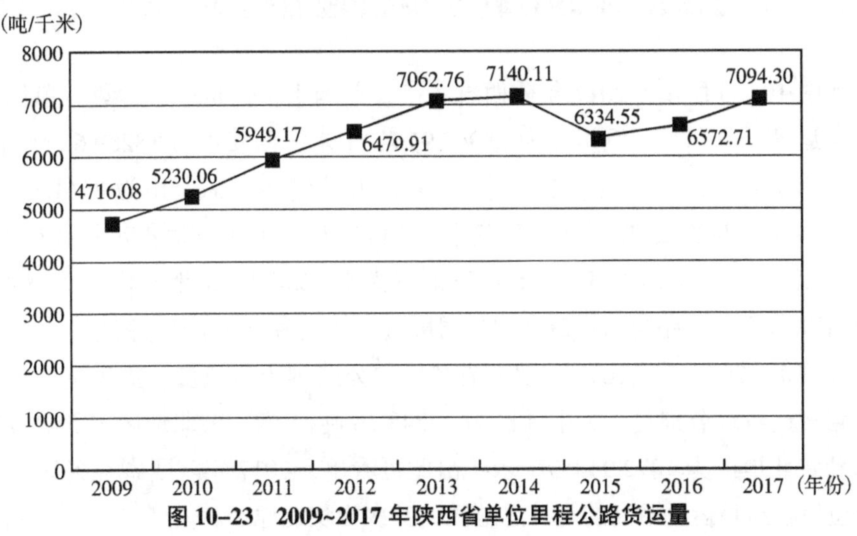

图 10-23　2009~2017 年陕西省单位里程公路货运量

由此可以看出，2009~2017 年陕西省单位里程公路货运量整体呈增加趋势。由 2009 年的 4716.08 吨/千米增加到 2017 年的 7094.30 吨/千米，平均每千米增加 2378.22 吨，增长率为 50.43%。2014~2015 年单位里程公路货运量出现下降，平均每千米下降 805.56 吨。2017 年较上一年平均每千米增加 521.59 吨，增长率 7.94%。

如图 10-24 所示，2010~2017 年陕西省单位里程公路货运量增长速度依次为：10.90%、13.75%、8.92%、8.99%、1.10%、-11.28%、3.76%、7.94%。

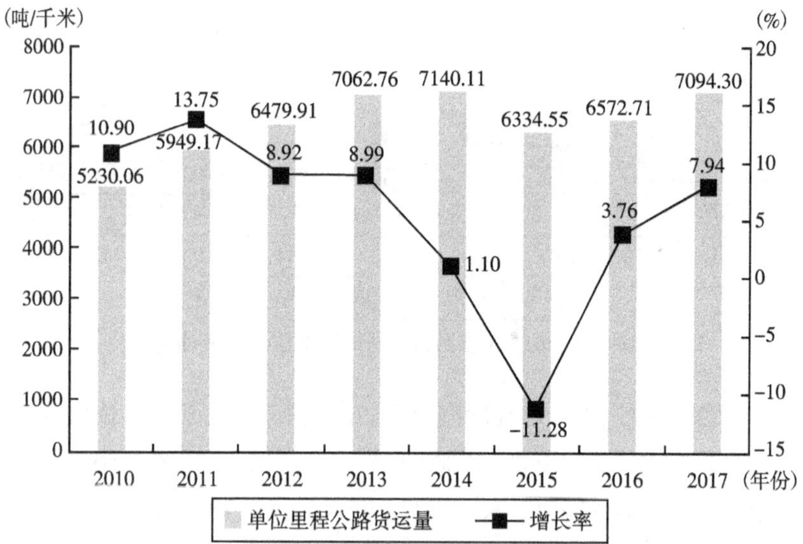

图 10-24　2010~2017 年陕西省单位里程公路货运量增长速度

如图 10-25 所示，2017 年陕西省各市公路国土价值量—货运量（单位里程公路货运量）分别是：铜川市为 23943.94 吨/千米、西安市为 18289.62 吨/千米、渭南市为 10415.84 吨/千米、榆林市为 9278.76 吨/千米、咸阳市为 8141.39 吨/千米、宝鸡市为 7822.25 吨/千米、延安市为 2482.11 吨/千米、商洛市为 2474.82 吨/千米、汉中市为 2047.92 吨/千米和安康市为 1756.82 吨/千米。由此可以看出，2017 年单位里程公路货运量最高的是铜川市，其次为西安市和渭南市。

如图 10-26 所示，2017 年陕西省各区域公路国土价值量—货运量（单位里程公路货运量）分别是：关中地区为 12848.36 吨/千米，陕北地区为 5101.73 吨/千米和陕北地区为 1872.94 吨/千米。由此可看出，2017 年陕西省在各区域中公路单位里程给货运量最高的是关总地区，其次为陕北地区。

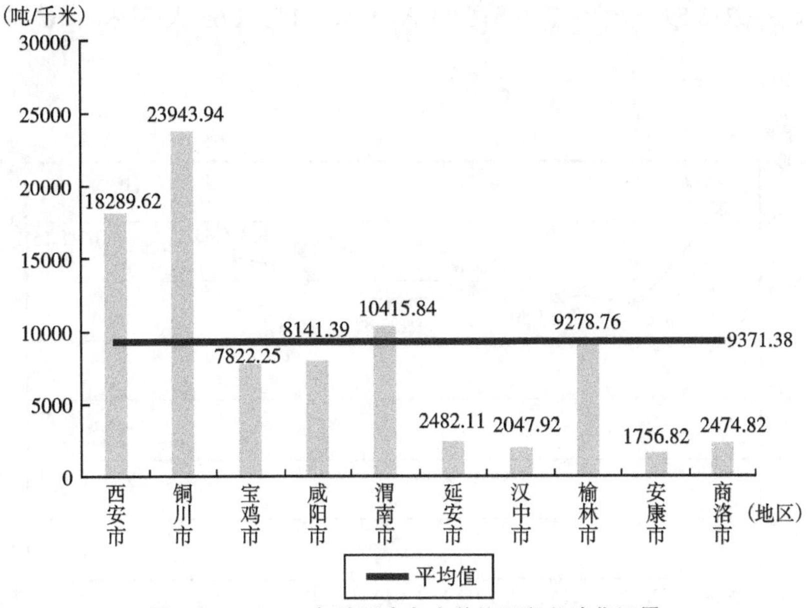

图 10-25　2017 年陕西省各市单位里程公路货运量

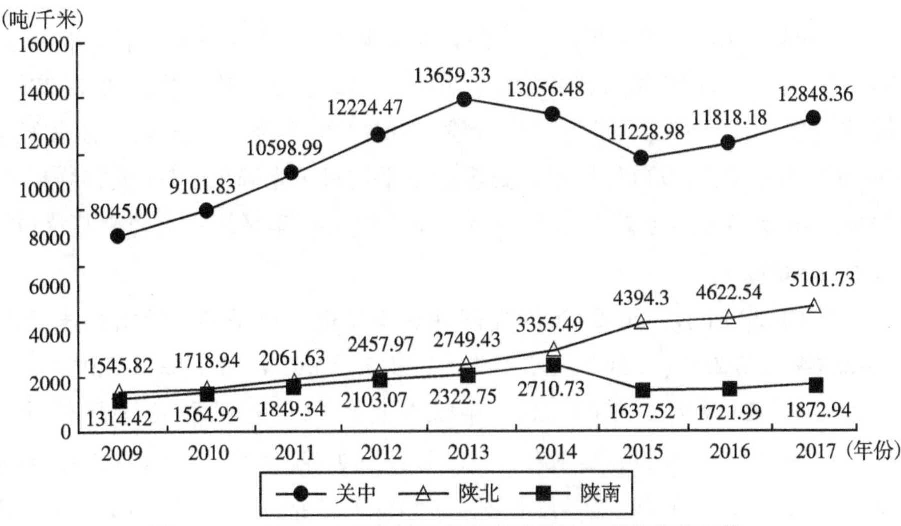

图 10-26　2009~2017 年陕西省各区域单位里程公路货运量

10.3.3.4　陕西省铁路综合分析

依据陕西省铁路产出价值核算表，得到图 10-27 至图 10-30。

如图 10-27 所示，2009~2017 年陕西省单位里程铁路客运量依次为：12346.86 人/千米、9180.52 人/千米、9481.50 人/千米、9724.66 人/千米、9197.83

人/千米、10213.59 人/千米、10816.83 人/千米、11051.65 人/千米、10713.16 人/千米。

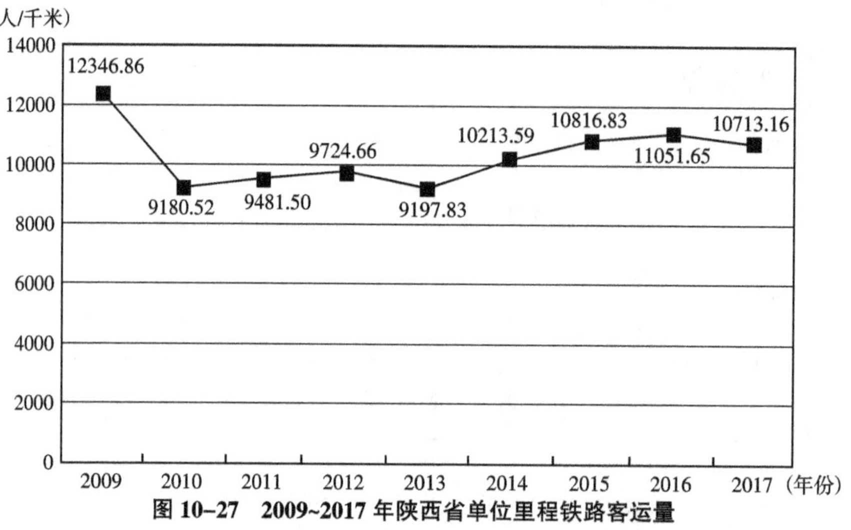

图 10-27　2009~2017 年陕西省单位里程铁路客运量

由此可以看出，2009~2017 年陕西省单位里程铁路客运量呈现阶段性波动变化的情形。2009~2010 年为递减阶段；2010~2012 年为递增阶段；2012~2013 年为递减阶段；2013~2016 年为递增阶段；2016~2017 为递减阶段。总体而言，2009~2017 年，陕西省单位里程铁路客运量平均每千米降低 1634 人，降低率为 13.23%。2017 年陕西省单位里程铁路客运量较上一年平均每公里降低 339 人，降低率为 3.6%。

如图 10-28 所示，2010~2017 年陕西省单位里程铁路客运量增长速度依次为：-25.64%、3.28%、2.56%、-5.42%、11.04%、5.91%、2.17%、-3.06%。

如图 10-29 所示，2009~2017 年陕西省单位里程铁路货运量依次为：58662.02 吨/千米、46014.59 吨/千米、51172.09 吨/千米、53956.08 吨/千米、53783.98 吨/千米、54095.82 吨/千米、45312.15 吨/千米、47203.14 吨/千米、47098.01 吨/千米。

由此可以看出，2009~2017 年陕西省单位里程铁路货运量呈现阶段性波动变化的情形。2009~2010 年和 2014~2015 年为两次大幅度阶段。2017 年单位里程铁路货运量较上一年平均每千米减少 105 吨，下降率 0.22%。

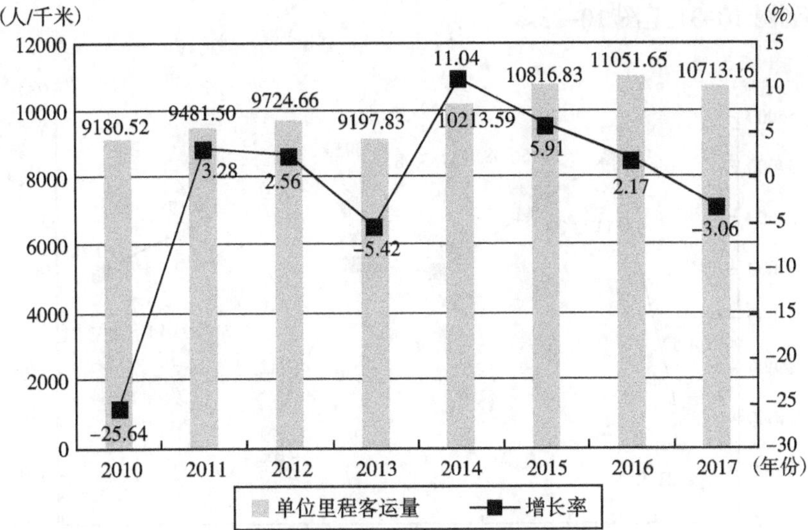

图 10-28　2010~2017 年陕西省单位里程铁路客运量及其增长速度

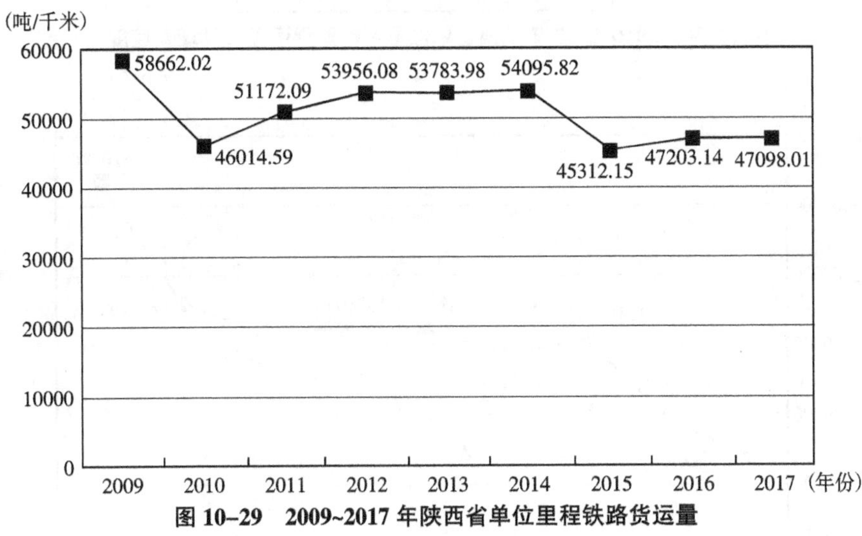

图 10-29　2009~2017 年陕西省单位里程铁路货运量

如图 10-30 所示，2010~2017 年陕西省单位里程铁路货运量增长速度依次为：-21.55%、11.21%、5.44%、-0.32%、0.58%、-16.24%、4.17%、-0.22%。

10.3.3.5　陕西省房地产业综合分析

陕西省房地产业综合分析包括，陕西省房地产业产出价值综合分析和陕西省房地产业价值量综合分析。

（1）陕西省房地产业产出价值综合分析。依据陕西省房地产业产出价值核算表，得到图 10-31 至图 10-33。

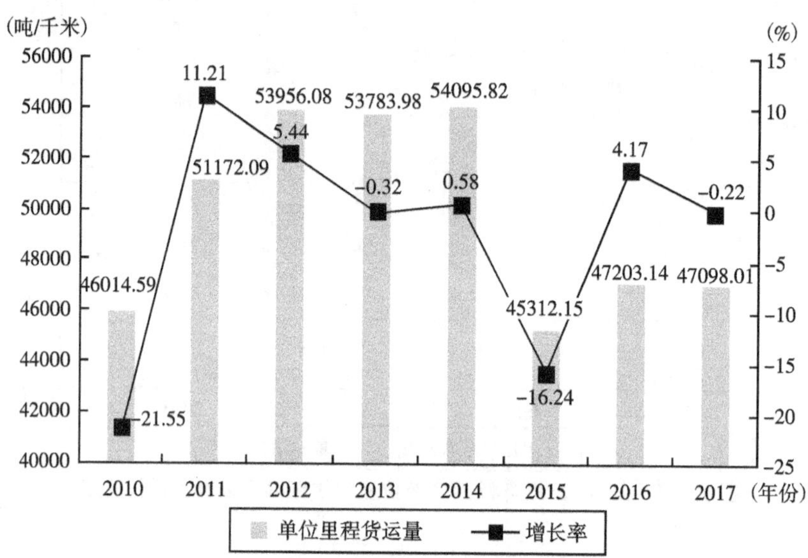

图 10-30　2010~2017 年陕西省单位里程铁路货运量及其增长速度

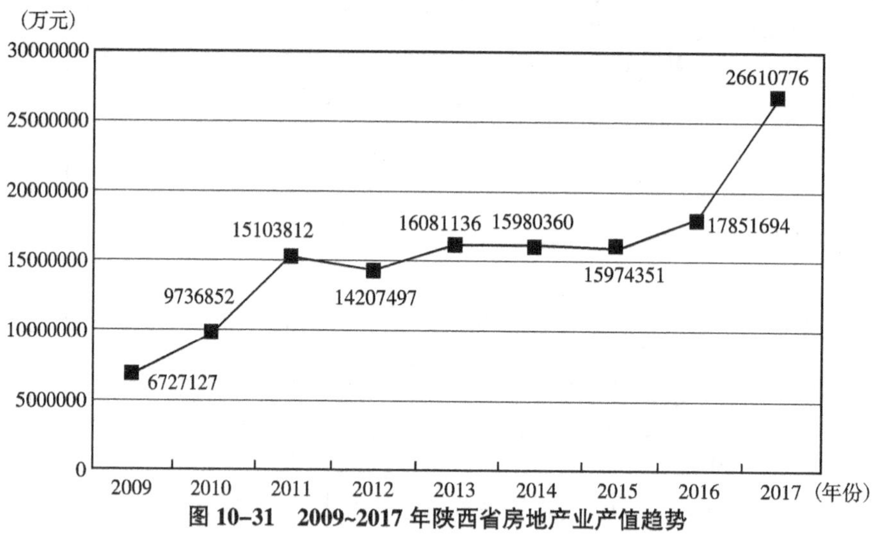

图 10-31　2009~2017 年陕西省房地产业产值趋势

由图 10-31 可以看出，2009~2017 年陕西省房地产业产值整体呈增长趋势，增加了 19883649 万元。其中，2012~2015 年房地产业产值出现不同程度的降低。2017 年较上一年增加了 8759082 万元，增长率 49.06%。

如图 10-32 所示，2017 年陕西省各市房地产业产值占比最多为西安市，占比 80%，由此可以看出陕西省房地产业产出价值主要集中在西安市。

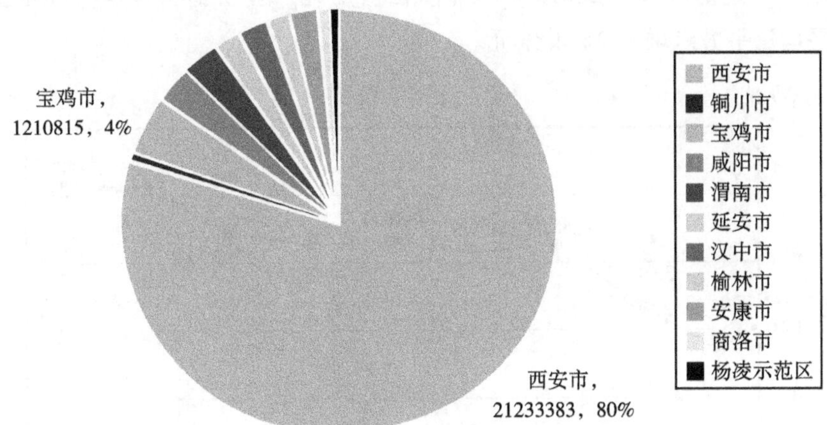

图 10-32　2017 年陕西省各市房地产业产值占比

如图 10-33 所示，2017 年陕西省各地区房地产业产值占比最多为关中地区，占比 91%，由此可以看出陕西省房地产业产出价值主要集中在关中地区。

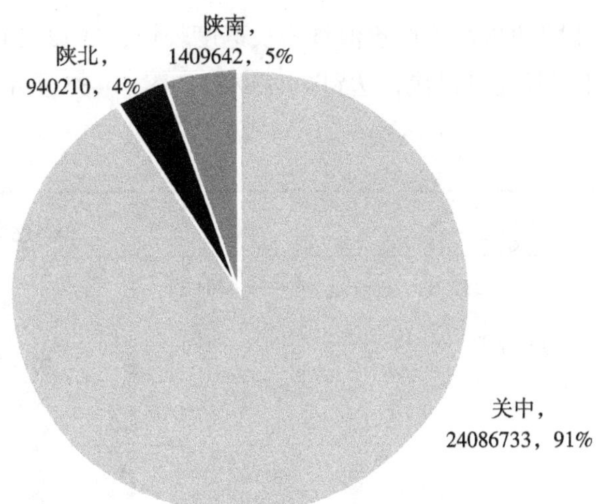

图 10-33　2017 年陕西省各地区房地产业产值占比

（2）陕西省房地产业价值量综合分析。

依据陕西省房地产业价值量核算表，得到图 10-34 至图 10-37。

如图 10-34 所示，2009~2017 年陕西省房地产业价值量依次为：2704.48 元/平方米、3376.33 元/平方米、4285.04 元/平方米、4174.67 元/平方米、4331.11 元/

平方米、4264.23 元/平方米、4445.54 元/平方米、5086.86 元/平方米、5189.34 元/平方米。从趋势线看，2009~2017 年陕西省房地产业价值整体呈非稳定上升趋势，平均每平方米增加 2484.86 元。

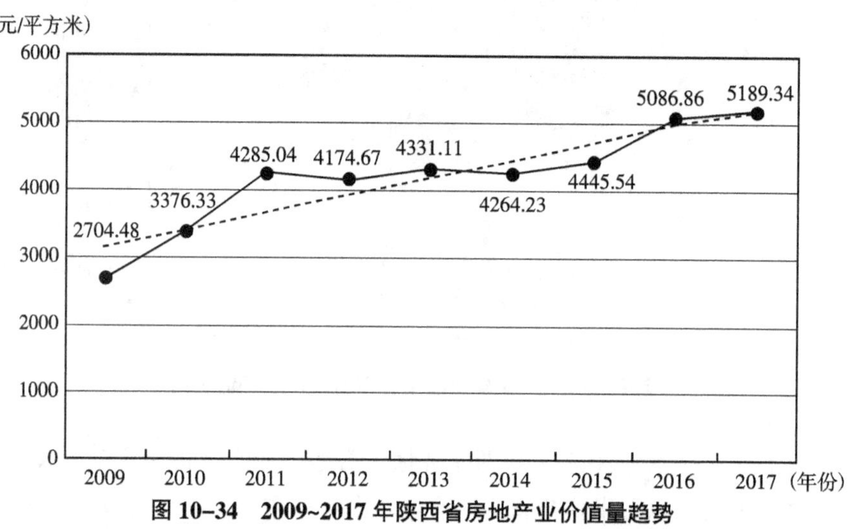

图 10-34　2009~2017 年陕西省房地产业价值量趋势

2009~2011 年陕西省房地产价值量增长速度较快，2012~2017 年为非平稳上升，其中 2016 年增长速度最快，达到 14.43%，如图 10-35 所示。

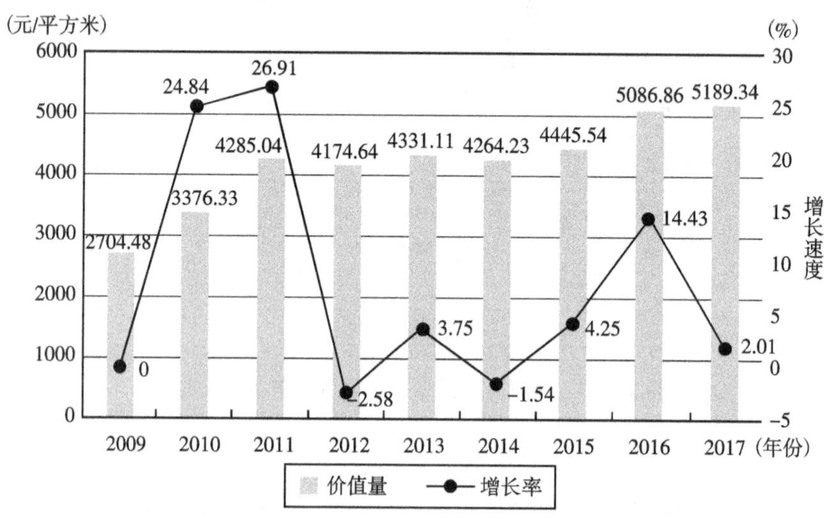

图 10-35　2009~2017 年陕西省房地产业价值量及其增长速度

陕西省各地区房地产价值量均呈缓慢上升趋势，关中各年份价值量均高于陕北陕南，其中 2017 年关中增长幅度最大，价值量高达 7423 元/平方米，如图 10-37 所示。

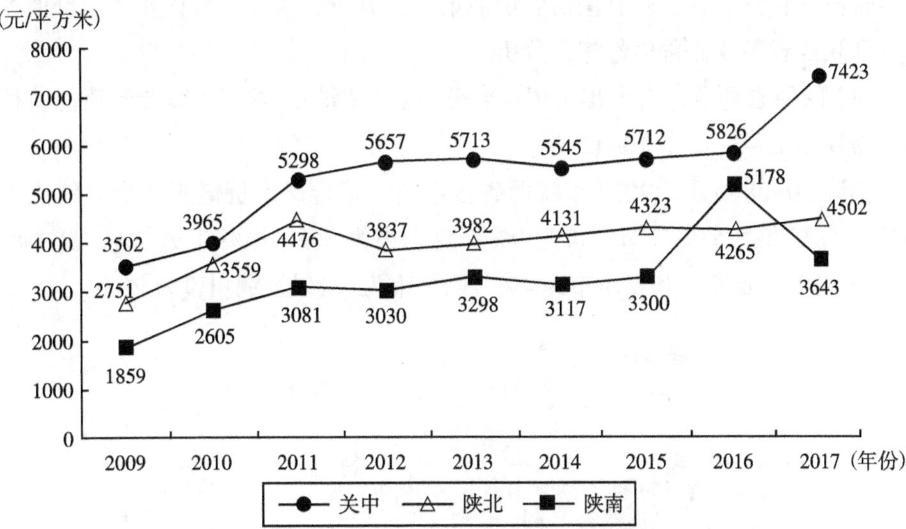

图 10-36　2009~2017 年陕西省各地区房地产业价值量趋势

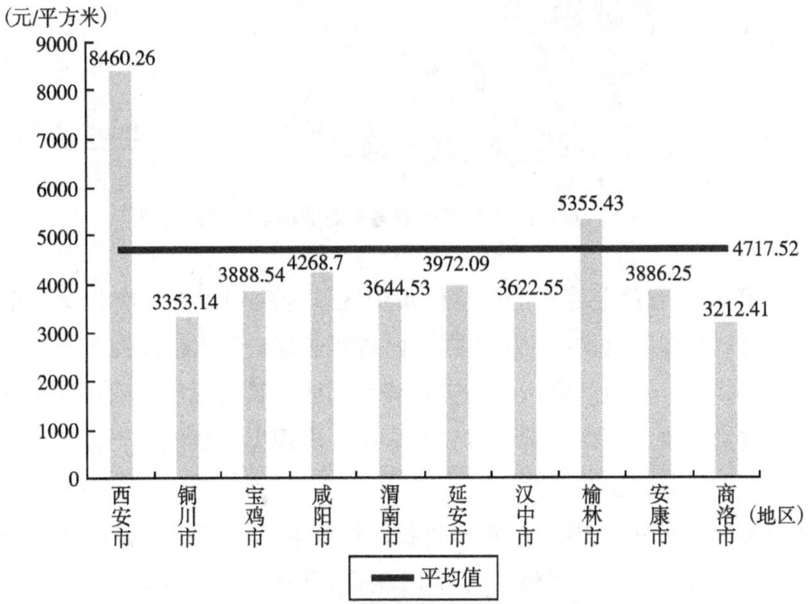

图 10-37　2017 年陕西省各市房地产业价值量

陕西省各市房地产价值量均值为 4717.52 元/平方米，其中西安最高为 8460.26 元/平方米，榆林次之。其他市区均低于平均值。

10.3.3.6 陕西省商业综合分析

陕西省商业综合分析包括陕西省商业综合产出价值综合分析、陕西省住宿业产出价值综合分析、陕西省住宿业价值量综合分析、陕西省餐饮业产出价值综合分析和陕西省餐饮业价值量综合分析。

（1）陕西省商业综合产出价值综合分析。依据陕西省商业综合产值价值核算表，得到图 10–38 至图 10–42。

如图 10–38 所示，2017 年陕西省各市商业综合产出价值所占全省的比重分别是：西安市为 53%、渭南市为 9%、咸阳市为 8%、榆林市为 7%、汉中市为 6%、宝鸡市、延安市和安康市为 4%、商洛市为 3%以及铜川市为 2%。

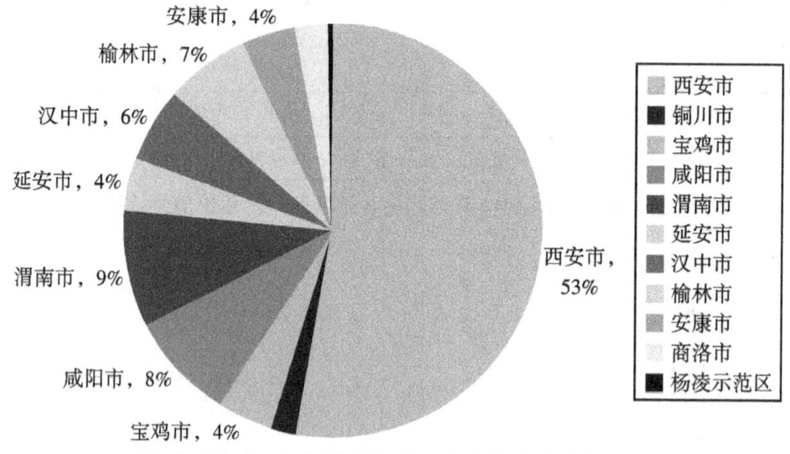

图 10–38 2017 年陕西省各市商业综合总产值比重

2017 年陕西省商业综合产出价值集中区域为西安市，其次为渭南市和咸阳市。西安市的商业综合产出价值占据陕西省商业综合产出价值的 50%以上，对于西安市周边咸阳、渭南、铜川市、宝鸡等市和地区具有很好的商业带动作用。商业综合发展潜力最大城市为铜川市和商洛市。出现上述情形，与城市的发展定位和交通地理位置有密切关系。

如图 10–39 所示，2017 年陕西省各区域商业综合产出价值占全省的比重分别为：关中地区为 78%、陕南地区为 12%和陕北地区为 10%。

2017 年陕西省商业综合产出价值主要集中区域为关中地区，陕北地区和陕南地区的商业综合产出价值相对较小且在陕西省的比重基本相等。由此可以看出，关中地区的商业综合最为发达且具有绝对发展优势。陕北地区和陕南地区商

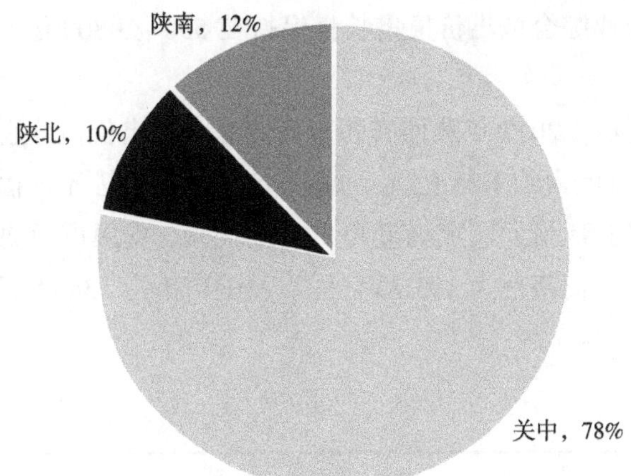

图 10-39　2017 年陕西省各地区商业综合产值比重

业综合发展潜力巨大，可以借助关中地区现有的巨大商业综合产出价值优势带动自身的发展。

如图 10-40 所示，2009~2017 年陕西省商业综合产出价值分别为：2725.67 亿元、3257.54 亿元、3900.58 亿元、4581.62 亿元、5245.04 亿元、5918.71 亿元、6578.14 亿元、7367.57 亿元和 8113.84 亿元。

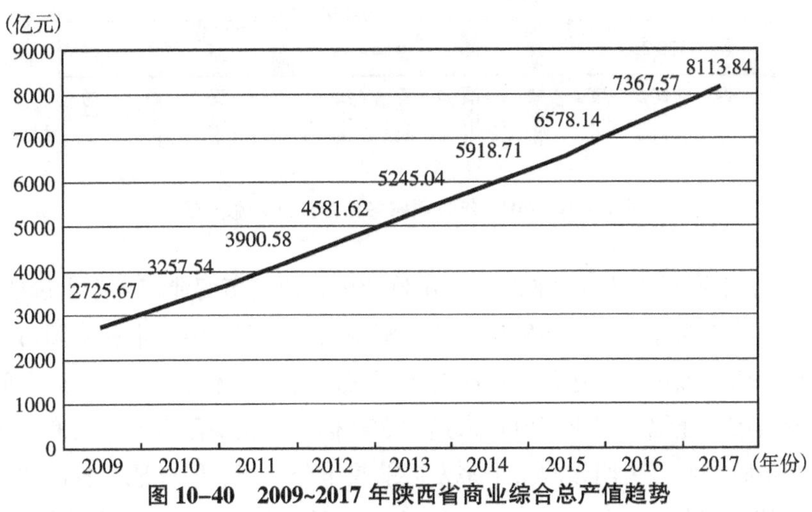

图 10-40　2009~2017 年陕西省商业综合总产值趋势

陕西省商业综合产出价值在 2009~2017 年呈现出稳步增长的情形。说明了陕西省近十年商业综合均呈现稳步发展的情景，稳步增长是长期发展的保障。2009~2017 年，商业综合产出价值增长 5388.17 亿元，约为 2009 年商业综合产出价值的 2 倍且年商业综合产出价值增长量保持在 530 亿~800 亿元，年增长率稳定在 8%左右。

如图 10-41 所示，2017 年陕西省各市商业综合产出价值分别是：西安市为 3767.20 亿元、渭南市为 651.85 亿元、咸阳市为 607.64 亿元、榆林市为 467.16 亿元、汉中市为 421.05 亿元、宝鸡市为 309.85 亿元、安康市为 297.14 亿元、延安市为 284.65 亿元、商洛市为 193.73 亿元以及铜川市为 138.25 亿元和杨凌示范区为 19.13 亿元。

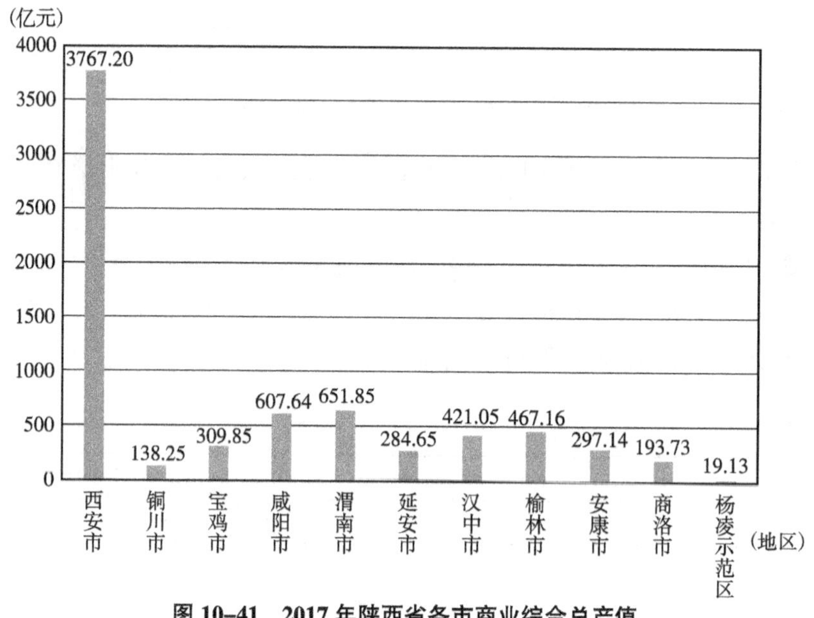

图 10-41　2017 年陕西省各市商业综合总产值

在 2017 年陕西省各市商业综合产出价值中，西安市商业综合产出价值最大，可以看出西安市商业综合最为发达，商业资源最为丰富。渭南市和咸阳市的商业综合产出价值均超过 600 亿元，但相对于西安市而言，还有很大的发展空间。铜川市和商洛市商业综合产出价值均未达到 200 亿元，在陕西省各市的商业综合产出价值中位阶较低，表明该两市未来发展前景十分广阔。同样地，各市的商业综合产出价值出现分布不均的局面，出现这一情形的原因与城市的发展战略定位、地理交通条件与科技文化教育等方面有密切关系。

如图 10-42 所示，2017 年陕西省各区域商业综合产出价值分别为：关中地区 5948.37 亿元、陕南地区 911.92 亿元和陕北地区 751.81 亿元。其中，关中地区商业综合产出价值最高，其次为陕南地区。

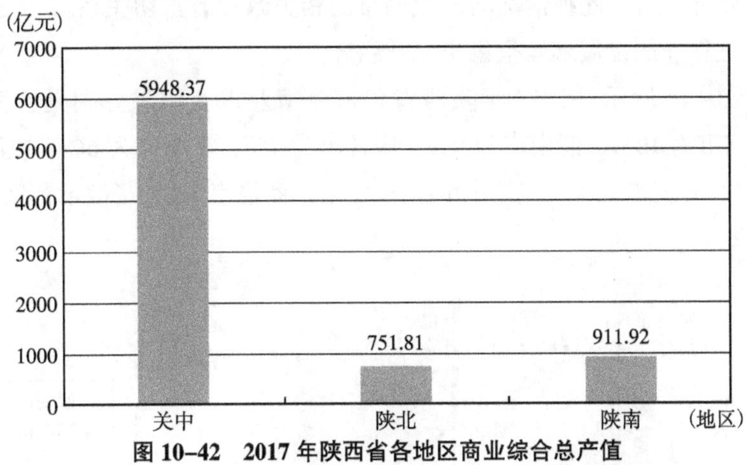

图 10-42　2017 年陕西省各地区商业综合总产值

（2）陕西省住宿业产出价值综合分析。依据陕西省住宿业产出价值核算，得到图 10-43 至图 10-45。

如图 10-43 所示，2009~2017 年（除 2013 年外）陕西省住宿业产出价值分别为：474284 亿元、694984 亿元、857599 亿元、986561 亿元、1049208 亿元、1038812 亿元、1122572 亿元和 1233725 亿元。

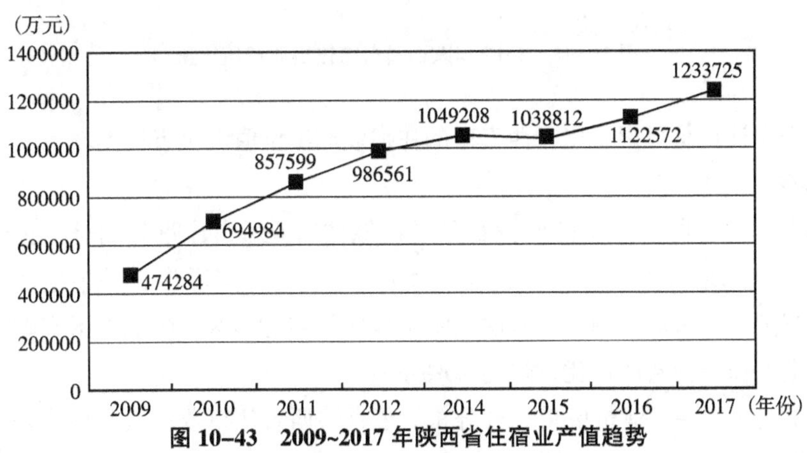

图 10-43　2009~2017 年陕西省住宿业产值趋势

从图 10-43 可以看出，2009~2017 年间陕西省住宿业产出价值大体呈上升趋势，2017 年相较于 2009 年，产出价值增长 759441 亿元，增长约 1.6 倍。其中，2009~2010 年增长量最大，为 220700 亿元；2012~2014 年增长量最小，为 62647

亿元。需要指出的是，2014~2015 年，陕西省住宿业产出价值减少 10396 亿元。根据以上分析，出现此种情况与产业调整的相关政策有密切关系。于 2016 年和 2017 年，住宿业的发展继续呈稳步上升趋势。

如图 10-44 所示，2017 年陕西省各市住宿业占有比重分别是：西安市为 48%、宝鸡市为 10%、渭南市为 9%、榆林市为 7%、汉中市为 6%、咸阳市和安康市为 5%、延安市为 4%、铜川市为 3%，以及商洛市 2%和杨凌示范区为 1%。

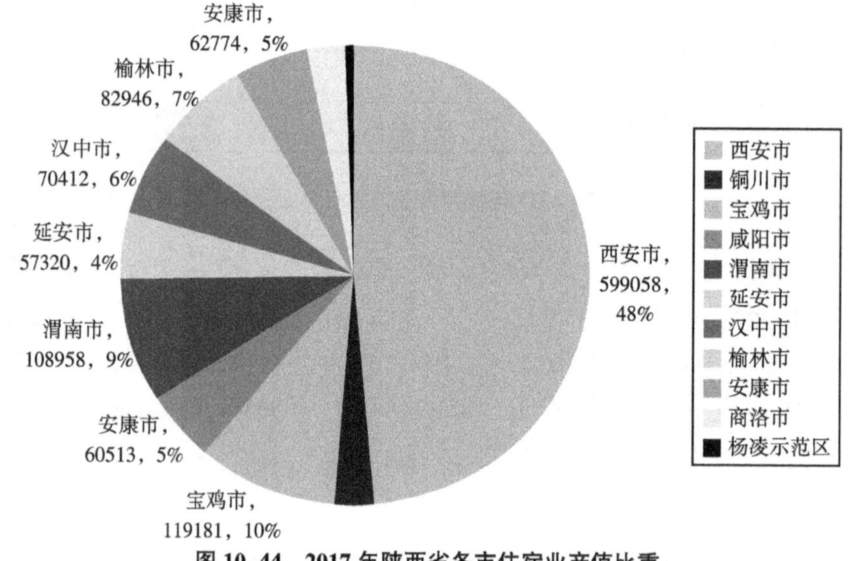

图 10-44 2017 年陕西省各市住宿业产值比重

依据上述比重可以看出，西安市的住宿业产出价值占全省近 50%，其次为宝鸡市 10%。

如图 10-45 所示，2017 年陕西省各区域住宿业所占比重分别是：关中地区为 75%、陕南地区为 13%和陕北地区为 12%。由此可以看出，关中地区的住宿业发展优势及成果较为明显，其次为陕南地区和陕北地区。陕北地区和陕南地区的住宿业产值在全省所占比重均为 20%左右。

（3）陕西省住宿业价值量综合分析。依据陕西省住宿业价值量核算表，得到图 10-46 至图 10-50。

如图 10-46 所示，2009~2017 年（除 2013 年外）陕西省住宿业国土价值量依次为：7234.35 元/平方米、10912.49 元/平方米、8429.58 元/平方米、7270.82 元/平方米、7496.35 元/平方米、7336.17 元/平方米、7724.00 元/平方米和 8072.95

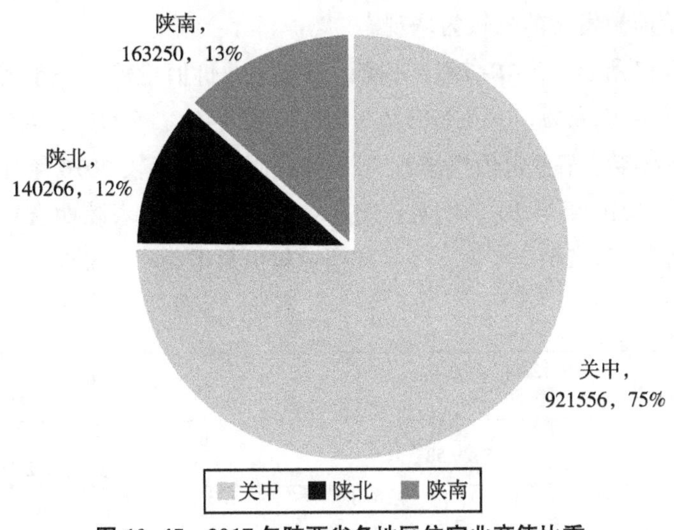

图10-45　2017年陕西省各地区住宿业产值比重

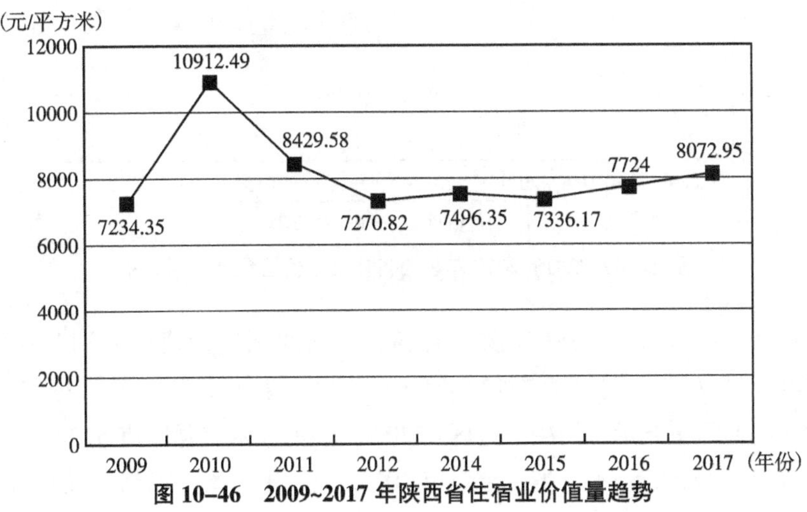

图10-46　2009~2017年陕西省住宿业价值量趋势

元/平方米。

由此可以看出，2010年陕西省住宿业国土价值量最高且2009~2017年呈现先大幅增加、后大幅减少最后持相对稳定的增长趋势。其中，2009~2010年为陕西省住宿业国土价值量的大幅度增长年份；2010~2012年为陕西省住宿业国土价值量的大幅度减少年份；2012~2014年为陕西省住宿业国土价值量的小幅度增长年份；2014~2015年为陕西省住宿业国土价值量的小幅度减少年份；2015~2017年为陕西省住宿业国土价值量的稳步小幅度增长年份。就近几年而言，未来几年住宿业国土价值量发展前景较为乐观。

如图 10–47 所示，2010~2017 年陕西省住宿业价值量较上一年增长速度依次为：50.84%、–22.75%、–13.75%、3.10%、–2.14%、5.29%、4.52%。其中，2010 年较 2009 年住宿业价值量增长 50.84%，而 2011 年较 2010 年住宿业价值量减少 22.75%。2016 年与 2017 年增长速度均为正数，意味着陕西省住宿业价值量均为稳定增加状态。2017 年较上一年住宿业价值量增长率 4.52%。

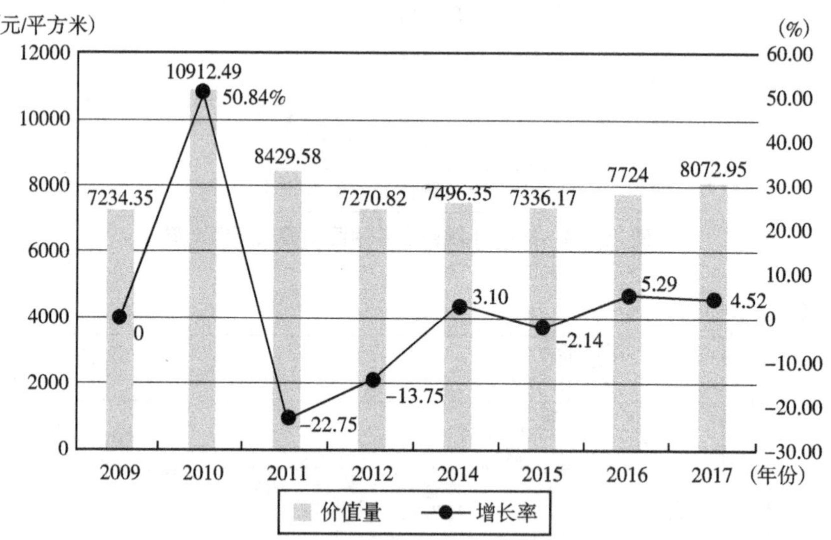

图 10–47　2010~2017 年陕西省住宿业价值量及其增长率

如图 10–48 所示，2017 年陕西省各市住宿业国土价值量分别为：西安市 17049.98 元/平方米、铜川市 7812.84 元/平方米、渭南市 6837.57 元/平方米、汉中市 5878.39 元/平方米、杨凌示范区 5720.80 元/平方米、延安市 5224.16 元/平方米、榆林市 4918.50 元/平方米、宝鸡市 4072.31 元/平方米、商洛市 3997.13 元/平方米、安康市 1010.21 元/平方米和咸阳市 921.87 元/平方米。

由上述可以看出，西安市国土价值量最高，咸阳市国土价值量最低。需要说明的是，杨凌示范区住宿业国土价值量高于延安市、榆林市、宝鸡市、商洛市、安康市和咸阳市。说明了现阶段杨凌示范区住宿业的“寸土寸金”的价值更高一些，咸阳市未来发展前景最为广阔。

如图 10–49 所示，2017 年陕西省各区域住宿业价值量分别为：关中地区 6131.01 元/平方米、陕北地区 5039 元/平方米和陕南地区 2000 元/平方米。由此可以看出，关中地区住宿业价值量最大，其次为陕北地区。

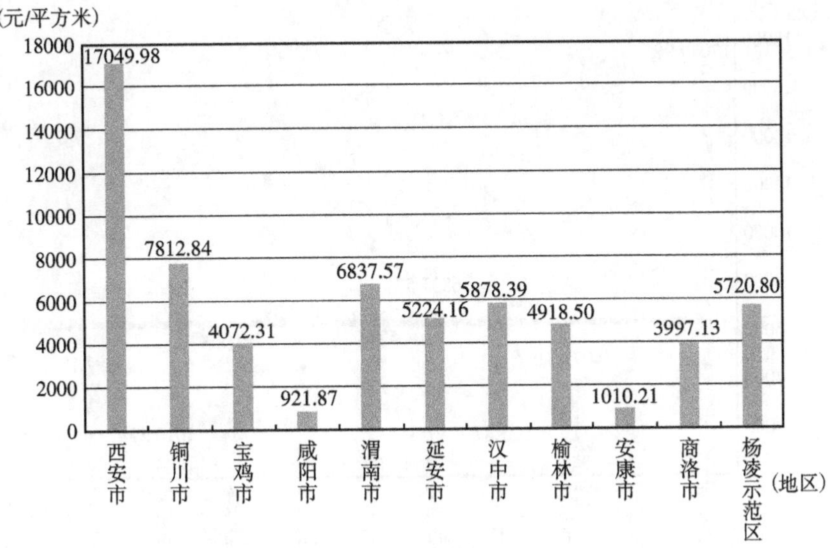

图 10-48　2017 年陕西省各市住宿业价值量

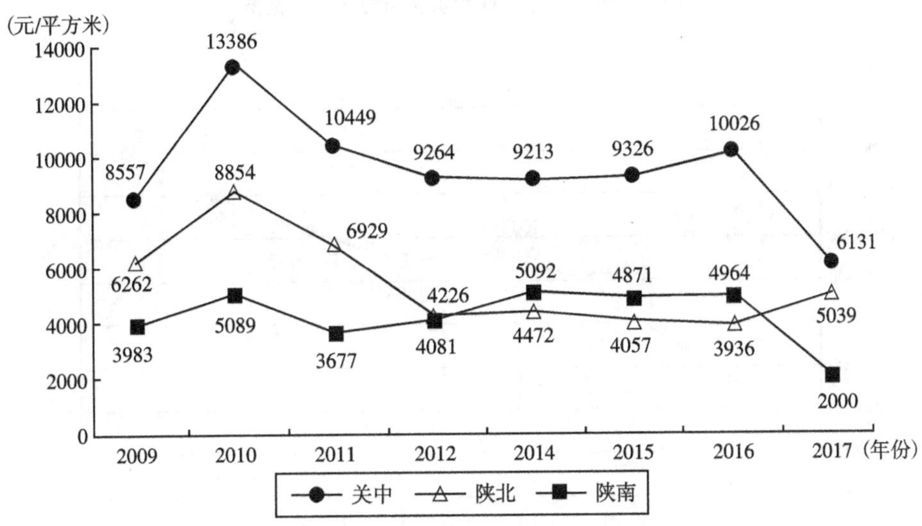

图 10-49　2009~2017 年陕西省各地区住宿业价值量

如图 10-50 所示，2017 年陕西省各市住宿业价值量平均水平为 6344.38 元/平方米。达到平均水平有西安市、铜川市和渭南市。

（4）陕西省餐饮业产出价值综合分析。依据陕西省商业综合产值价值核算表，得到图 10-51 至图 10-53。

如图 10-51 所示，2009~2017 年陕西省餐饮业产出价值分别为：614663 亿

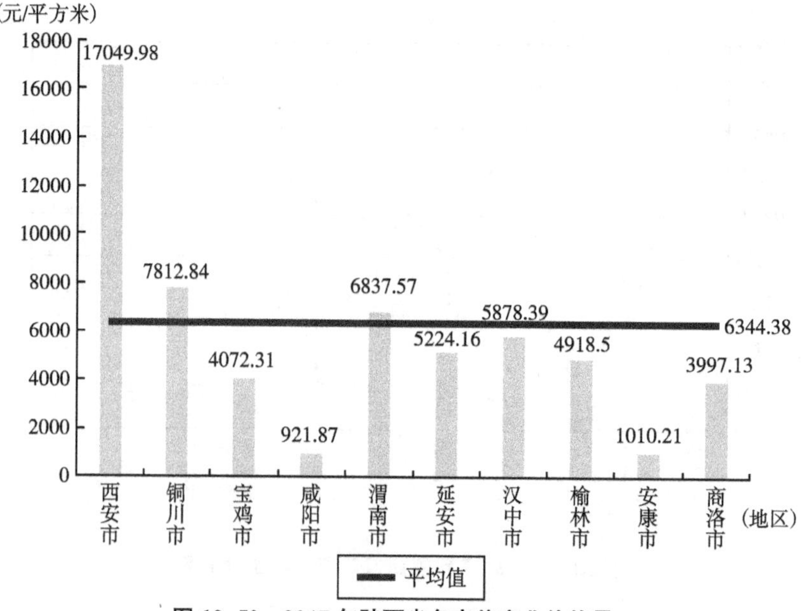

图 10-50　2017 年陕西省各市住宿业价值量

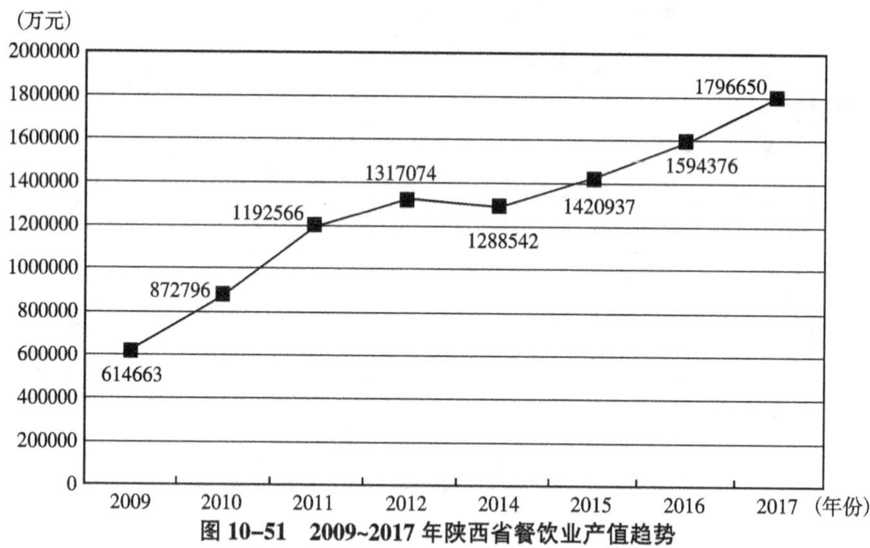

图 10-51　2009~2017 年陕西省餐饮业产值趋势

元、872796 亿元、1192566 亿元、1317074 亿元、1288542 亿元、1420937 亿元、1594376 亿元和 1796650 亿元。

由此可以看出，陕西省餐饮业产出价值整体呈上升趋势，从 2009~2017 年，产出价值增加了 1181987 亿元。其中，2010~2011 年增加量最大，为 319770 亿元，增长率为 36.64%。2012~2014 年间产出价值出现降低的情况，之后呈稳定增加状态。2017 年较上一年产出价值增加 202274 亿元，增长率 12.69%。

如图 10-52 所示，2017 年陕西省各市餐饮业产出价值比重分别是：西安市为 40%、咸阳市为 27%、渭南市为 11%、宝鸡市为 10%、安康市为 9%、榆林市和汉中市为 3%、延安市和铜川市为 2%，商洛市为 1%。由此可以看出，西安市占全省餐饮业产值比重最大，其次为咸阳市和渭南市。

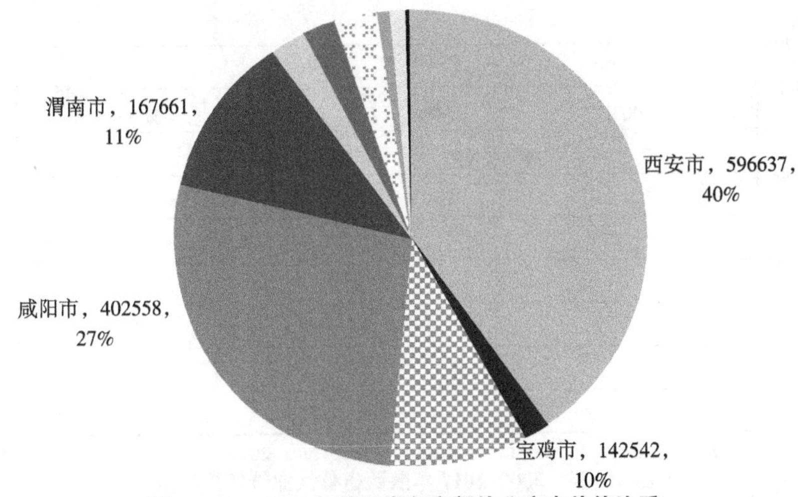

图 10-52　2017 年陕西省各市餐饮业产出价值比重

如图 10-53 所示，2017 年陕西省各区域餐饮业产出价值所占比重依次是：关中地区为 47%、陕北地区为 26%和陕南地区为 27%。由此可以看出，关中地

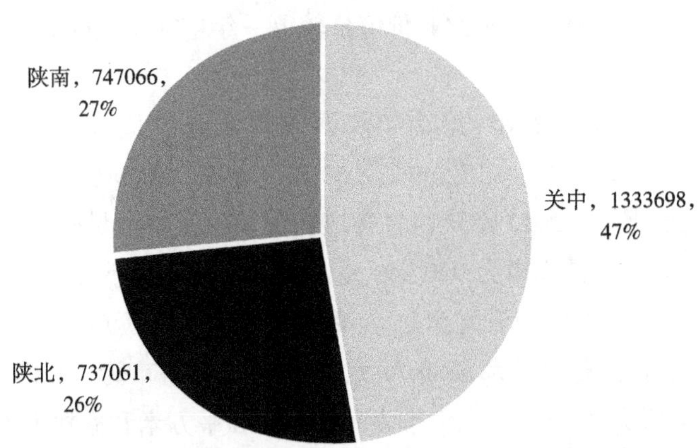

图 10-53　2017 年陕西省各区域餐饮业产出价值比重

区占比最大，其次为陕南和陕北地区且陕南和陕北比重差不多。

（5）陕西省餐饮业价值量综合分析。依据陕西省餐饮业价值量核算，得到图 10-54 至图 10-57。

如图 10-54 所示，2009~2017 年陕西省餐饮业国土价值量分别为：5647.92 元/平方米、7003.72 元/平方米、6422.56 元/平方米、7536.72 元/平方米、6366.94 元/平方米、6910.31 元/平方米、7393.25 元/平方米和 7991.26 元/平方米。

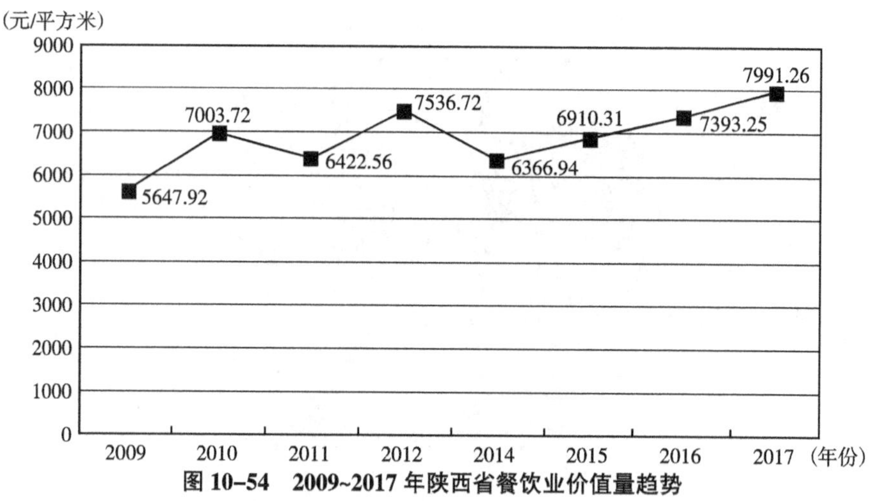

图 10-54　2009~2017 年陕西省餐饮业价值量趋势

由此可以看出，近些年陕西省餐饮业价值量发展较为波折，但总体呈增长趋势。2009~2017 年，价值量增长了 2343.34 元/平方米，增长率为 41.49%，2010~2011 年与 2012~2014 年价值量均出现不同幅度的下降。2014~2017 年价值量呈稳定增长状态。其中，2017 年餐饮业价值量较上一年增加了 598.01 元/平方米，增长率为 8.09%。

如图 10-55 所示，2010~2017 年陕西省餐饮业价值量增长速度依次为：24.01%、-8.30%、17.35%、-15.52%、8.53%、6.99%、8.09%。

如图 10-56 所示，2017 年陕西省各市餐饮业国土价值量分别是：咸阳市为 18802.25 元/平方米、渭南市为 9204.40 元/平方米、西安市为 7952.25 元/平方米、杨凌示范区为 7105.87 元/平方米、宝鸡市为 7013.77 元/平方米、铜川市为 6471.05 元/平方米、安康市为 5980.76 元/平方米、商洛市为 5808.98 元/平方米、延安市为 4909.88 元/平方米、汉中市为 3993.18 元/平方米和榆林市为 3731.68 元/平方米。

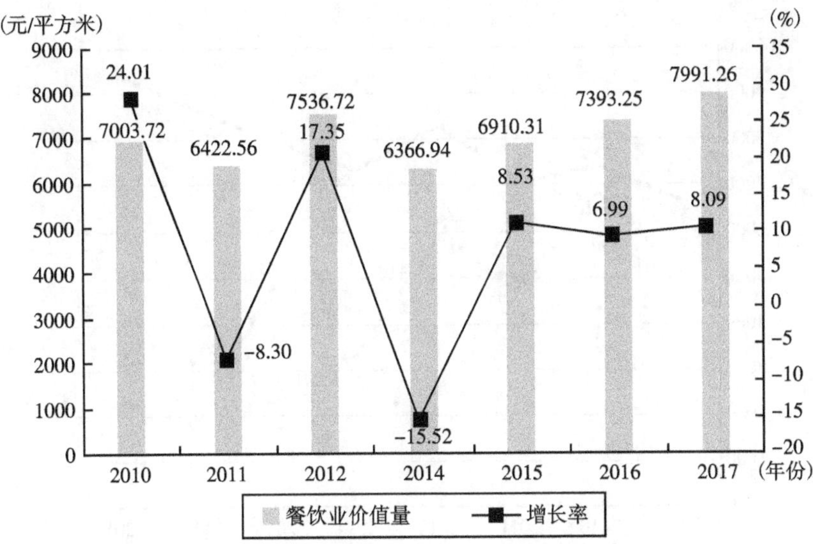

图 10-55　2010~2017 年陕西省餐饮业价值量及其增长速度

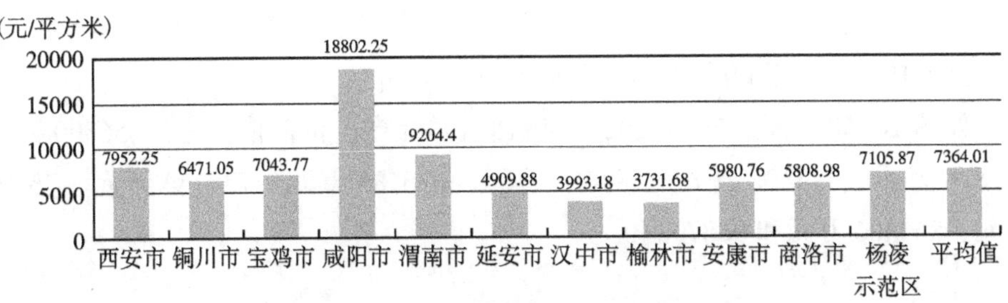

图 10-56　2017 年陕西省各式餐饮业价值量

由此可以看出，咸阳市餐饮业价值量最高，其次为渭南市和西安市。2017 年陕西省各市餐饮业价值量平均水平为 7364.01 元/平方米，达到平均水平的有西安市、咸阳市和渭南市。

如图 10-57 所示，2017 年陕西省各区域餐饮业国土价值量依次为：陕北地区 4321 元/平方米、陕南地区 5261 元/平方米和关中地区 9430 元/平方米。由此可以看出，关中地区餐饮业价值量最大，其次为陕南地区。

10.3.3.7　陕西省林业及森林资源综合分析

陕西省林业及森林资源综合分析包括陕西省林业及森林资源产出价值综合分析和陕西省林业及森林资源价值量综合分析。

(1) 陕西省林业及森林资源产出价值综合分析。依据陕西省林业及森林资源

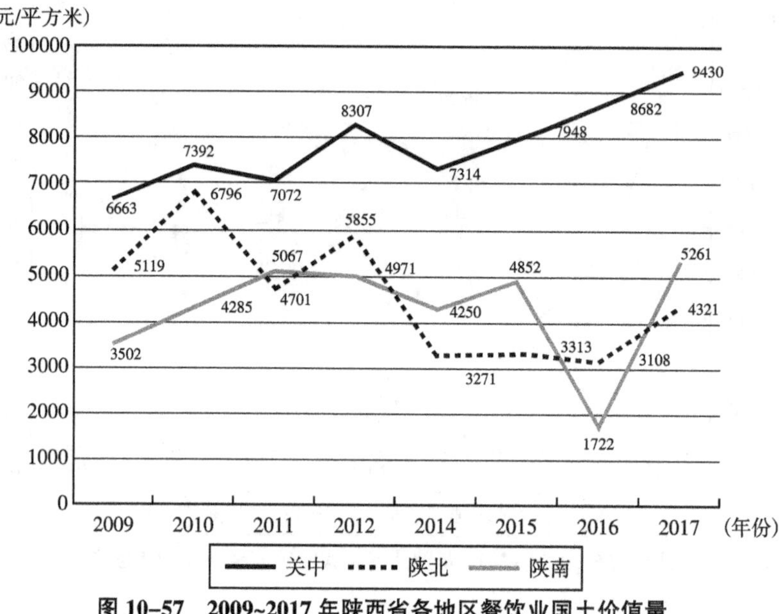

图 10-57 2009~2017 年陕西省各地区餐饮业国土价值量

产出价值核算表，得到图 10-58 至图 10-61。

如图 10-58 所示，2009~2017 年陕西省林业产出价值依次为：456300 万元、351824 万元、423402 万元、584353 万元、676185 万元、735734 万元、757926 万元、855406 万元和 968798 万元。

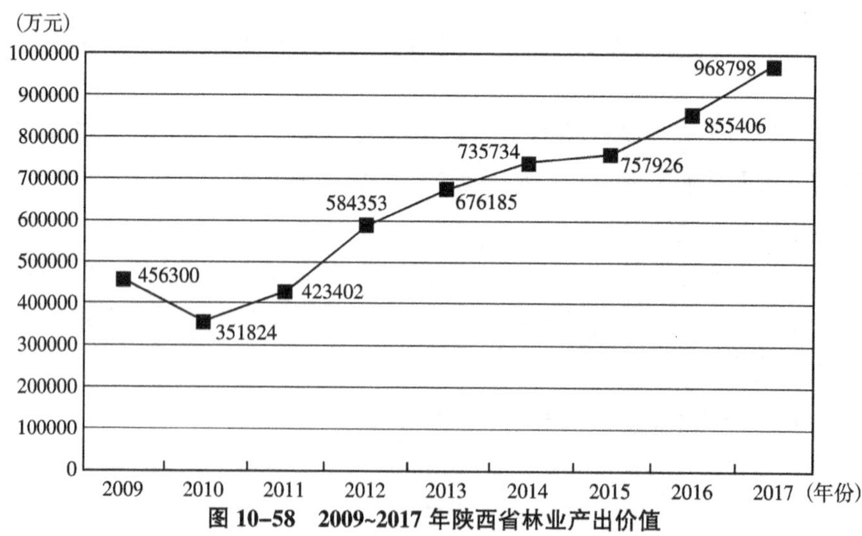

图 10-58 2009~2017 年陕西省林业产出价值

由此可以看出，2009~2017 年陕西省林业产出价值整体呈现上升趋势，增加量 512498 万元，增长率 112.31%。2017 年较上一年增加 113392 万元，增长率 13..26%。

如图 10-59 所示，2017 年陕西省各市林业产值占比分别是：汉中市为 16%、西安市和商洛市分别为 13%、宝鸡市和榆林市分别为 12%、安康市为 11%、渭南市为 8%、延安市为 7%、咸阳市为 6%、铜川市和杨凌示范区分别为 1%。由此可以看出，2017 年陕西省各市林业产值主要集中在汉中市，其次为西安市、商洛市、宝鸡市。

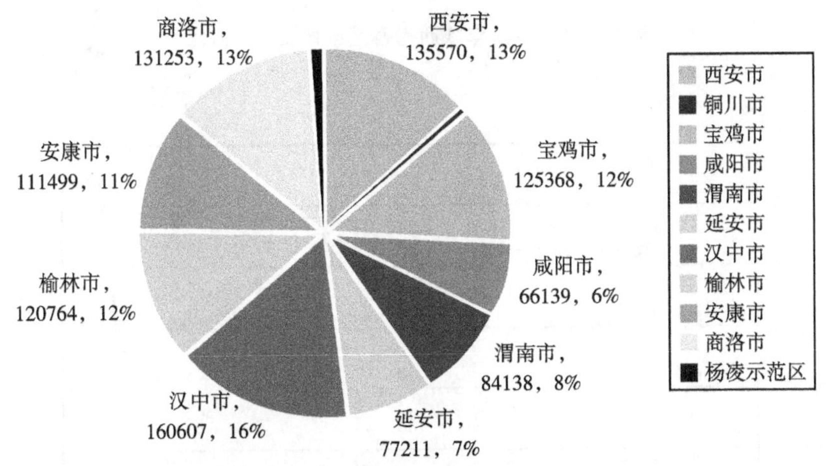

图 10-59　2017 年陕西省各市林业产值占比

如图 10-60 所示，2017 年陕西省各区域林业产值占比分别为：关中地区 41%、陕南地区 40%、陕北地区 19%。由此可以看出，2017 年陕西省各区域林业产值主要集中在关中和陕南地区。

如图 10-61 所示，2009~2017 年陕西省森林蓄积量依次为：3.61 亿立方米、4.24 亿立方米、4.24 亿立方米、4.24 亿立方米、4.24 亿立方米、4.79 亿立方米、4.79 亿立方米、4.79 亿立方米和 4.97 亿立方米。

由此可以看出，2009~2017 年陕西省森林蓄积量呈现出阶段性增长趋势，增长 1.36 亿立方米，增长率 37.67%。其中，森林蓄积量的增长年份为 2009~2010 年、2013~2014 年和 2016~2017 年。2017 年森林蓄积量较上一年增加 1.18 亿立方米，增长率 3.76%。

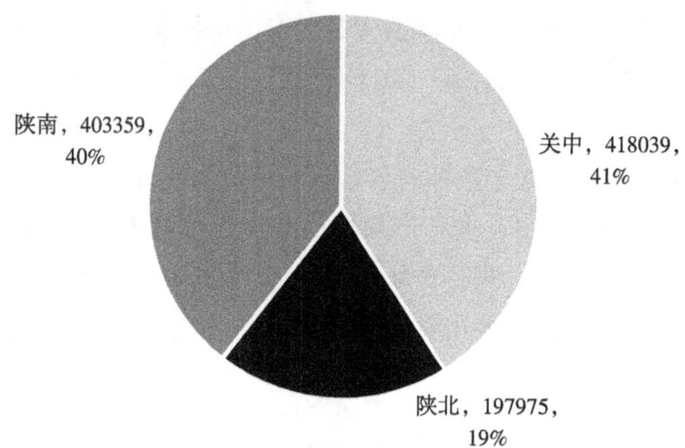

图 10-60　2017 年陕西省各区域林业产值占比

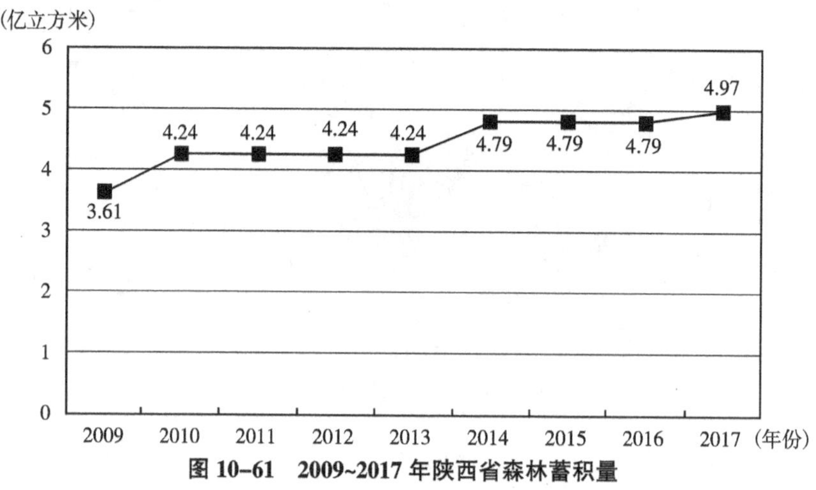

图 10-61　2009~2017 年陕西省森林蓄积量

（2）陕西省林业及森林资源价值量综合分析。依据陕西省林业价值量核算表和森林资源价值量核算表，得到图 10-62 至图 10-64。

如图 10-62 所示，2009~2016 年陕西省林业价值量依次为：27.08 元/亩、20.89 元/亩、25.16 元/亩、34.75 元/亩、40.24 元/亩、43.80 元/亩、45.14 元/亩和 51.04 元/亩。

由此可看出，2009~2010 年呈下降趋势，2010~2016 年呈现平稳增长趋势。2016 年较上一年林业价值量平均每亩增加 5.9 元，增长率 13.07%。

如图 10-63 所示，2009~2017 年陕西省森林资源价值量依次为：47.03 万立方米/公顷、49.69 万立方米/公顷、49.69 万立方米/公顷、49.69 万立方米/公顷、

49.69 万立方米/公顷、54.00 万立方米/公顷、54.00 万立方米/公顷、54.00 万立方米/公顷和 56.04 万立方米/公顷。

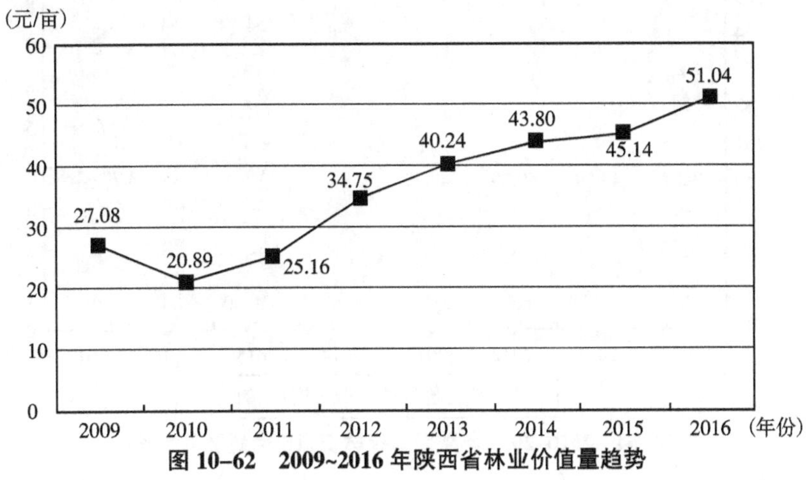

图 10–62　2009~2016 年陕西省林业价值量趋势

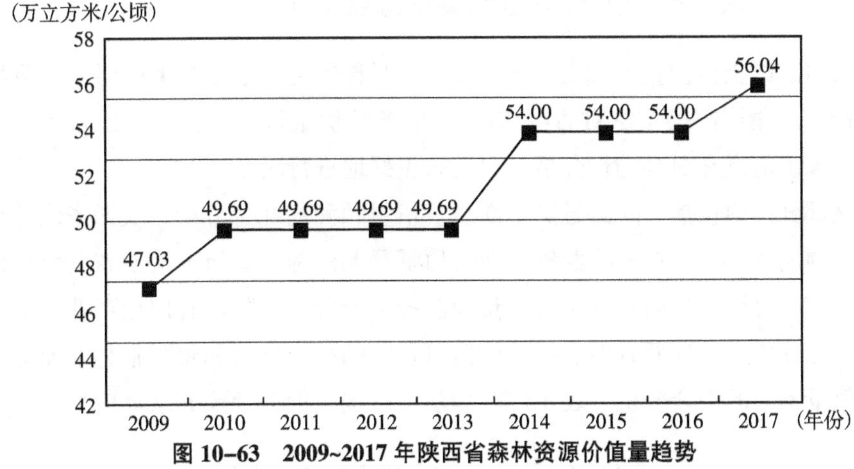

图 10–63　2009~2017 年陕西省森林资源价值量趋势

由此可以看出，2009~2017 年陕西省森林资源价值量呈现阶段性增长的趋势，平均每公顷增加 9.01 万立方米，增长率 19.16%。其中，增加的年份产生在 2009~2011 年、2013~2014 年和 2016~2017 年。2017 年较上一年森林资源价值量平均每公顷增加 2.04 万立方米，增长率 3.78%。

陕西省森林资源价值量 2010~2013 年保持不变，2014 年出现大幅增长，随后两年内保持不变，2017 年出现增长，为 3.78%。

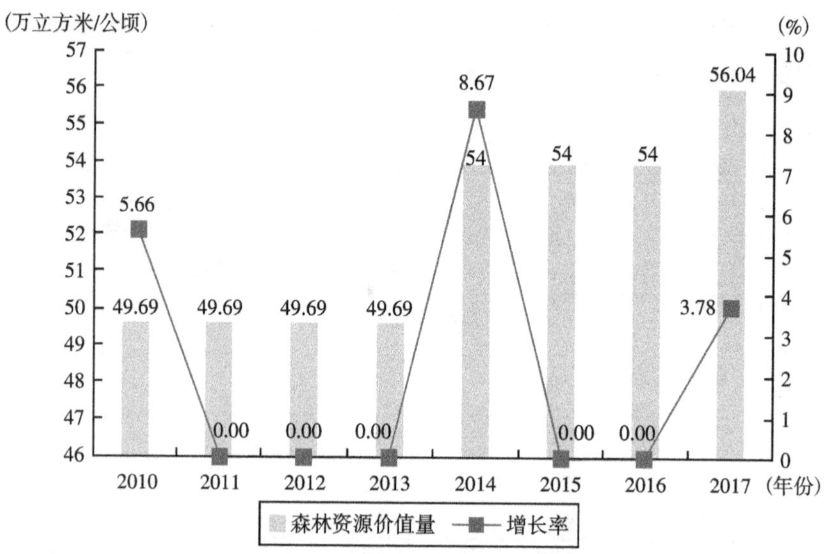

图 10-64　2010~2017 年陕西省森林资源价值量及其增长速

10.3.4　陕西省国土价值量预测的综合分析

陕西省国土价值量预测是以 10.3.2　陕西省国土价值量核算中时间序列数据为依据，采用回归模型法对后至 2025 年的各价值量进行预测，得出较为符合实际的未来价值量并对其进行分析，以此来更好地进行决策。

该部分内容包括，陕西省国土面积价值量预测的综合分析、陕西省农业综合价值量预测的综合分析、陕西省工业价值量预测的综合分析、陕西省公路价值量预测的综合分析、陕西省铁路价值量预测的综合分析、陕西省房地产业价值量预测的综合分析以及陕西省商业综合价值量预测的综合分析和陕西省林业及森林资源价值量预测的综合分析。表 10-39 为陕西省国土价值量预测综合核算。

表 10-39　陕西省国土价值量预测综合核算

项目 \ 年份	2019	2020	2021	2022	2023	2024	2025
国土面积价值量（万元/平方千米）	1220.05	1298.68	1377.31	1455.94	1534.58	1613.21	1691.84
农业综合价值量（元/亩）	1353.63	1432.37	1511.11	1589.85	1668.60	1747.34	1826.08
工业价值量（元/平方米）	4420.28	4689.40	4958.52	5227.64	5496.76	5765.88	6035.00
公路客运量（人/千米）	2720.51	2323.80	1927.09	1530.38	1133.67	736.96	340.25
公路货运量（吨/千米）	7784.07	8033.60	8283.13	8532.66	8782.19	9031.72	9281.25

续表

项目＼年份	2019	2020	2021	2022	2023	2024	2025
铁路客运量（人/千米）	10526.75	10564.06	10601.33	10638.66	10675.96	10713.27	10750.57
铁路货运量（吨/千米）	45383.88	44479.38	43574.87	42670.36	41765.85	40861.34	39956.83
住宿业价值量（元/平方米）	7234.01	7097.8	6961.59	6825.38	6689.17	6552.96	6416.75
餐饮业价值量（元/平方米）	7942.74	8115.2	8287.66	8460.12	8632.58	8805.04	8977.50
房地产业价值量（元/平方米）	7067.54	7408.20	7748.86	8089.52	8430.18	8770.84	9111.50
林业价值量（元/亩）	63.15	67.322	71.49	75.66	79.83	84.00	88.17
森林资源价值量（万立方米/公顷）	57.80	58.83	59.86	60.89	61.92	62.96	63.99

资料来源：《中国统计年鉴》《陕西省统计年鉴》《中国国土资源统计年鉴》《陕西省国民经济和社会发展统计公报》《陕西省各市国民经济和社会发展统计公报》、国家统计局网站、陕西省农业农村厅网站、陕西省林业局、陕西省工业和信息化厅、陕西省自然资源厅网站、陕西省生态环境厅网站、陕西省住房和城乡建设厅网站、陕西省交通运输厅网站、中国统计数据库网站。

10.3.4.1　陕西省国土面积价值量预测的综合分析

该预测依据陕西省国土价值量核算表，采用简单回归模型法，对后至 2025 年的价值量进行预测。

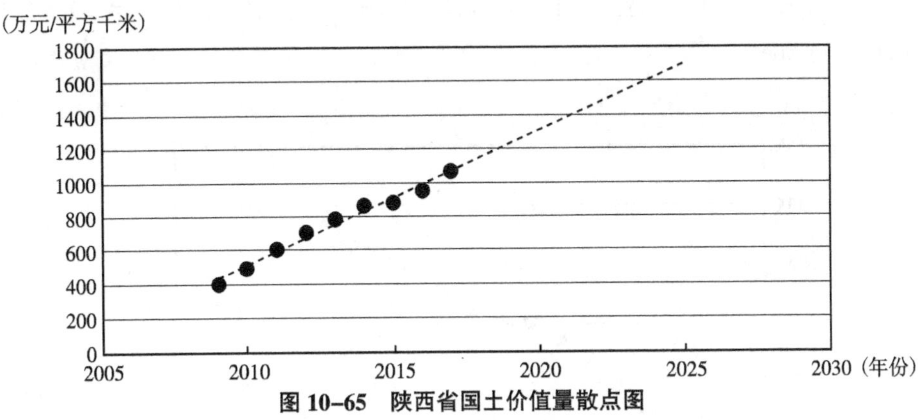

图 10-65　陕西省国土价值量散点图

2019~2025 年的预测数据为：1220.05 万元/平方千米、1298.68 万元/平方千米、1377.31 万元/平方千米、1455.94 万元/平方千米、1534.58 万元/平方千米、1613.21 万元/平方千米、1691.84 万元/平方千米。预计 2023 年，平均每平方千米土地的经济价值达到 1500 万元。

10.3.4.2 陕西省农业综合价值量预测的综合分析

该预测依据陕西省农业综合价值量核算表，采用回归模型法，对后至 2025 年的价值量进行预测。

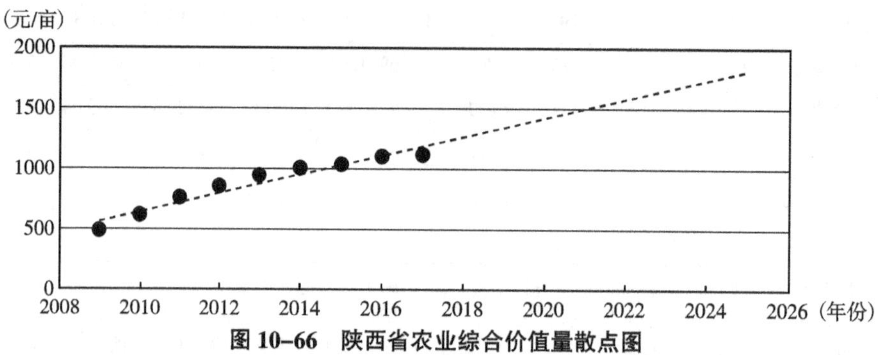

图 10-66 陕西省农业综合价值量散点图

2019~2025 年的预测数据为：1353.63 元/亩、1432.37 元/亩、1511.11 元/亩、1589.85 元/亩、1668.60 元/亩、1747.34 元/亩、1826.08 元/亩。预计 2021 年，平均每亩的农业综合的经济价值达到 1500 元。

10.3.4.3 陕西省工业价值量预测的综合分析

该预测依据陕西省工业价值量核算表，采用回归模型法，对后至 2025 年的价值量进行预测。

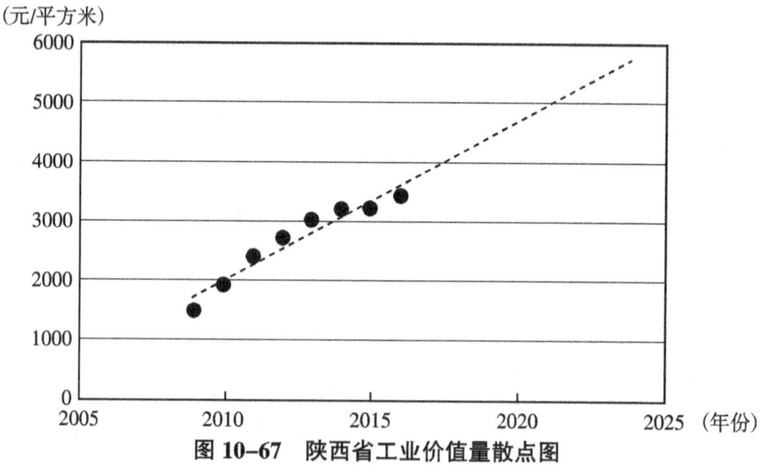

图 10-67 陕西省工业价值量散点图

2019~2025 年的预测数据为：4420.28 元/平方米、4689.4 元/平方米、4958.52 元/平方米、5227.64 元/平方米、5496.76 元/平方米、5765.88 元/平方米、6035.00

元/平方米。预计 2022 年，平均每平方米工业的经济价值达到 5000 元。

10.3.4.4　陕西省公路价值量预测的综合分析

该预测依据陕西省公路价值量核算表，采用回归模型法，对后至 2025 年的价值量进行预测。

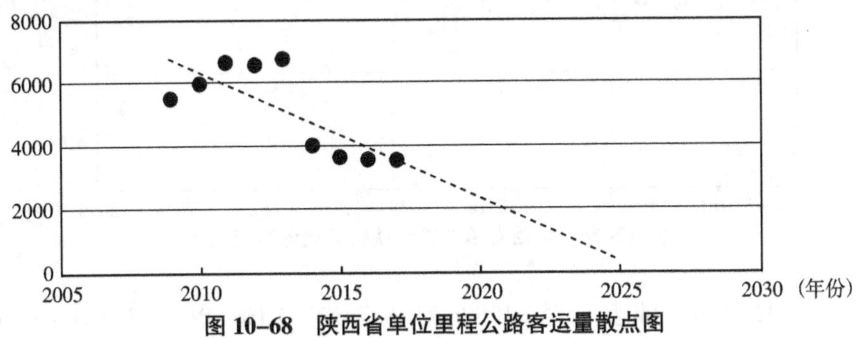

图 10–68　陕西省单位里程公路客运量散点图

2019~2025 年的预测数据为：2720.51 人/千米、2323.8 人/千米、1927.09 人/千米、1530.38 人/千米、1133.67 人/千米、736.96 人/千米、340.25 人/千米。预计 2024 年前后，平均每千米公路客运量将低于 1000 人。

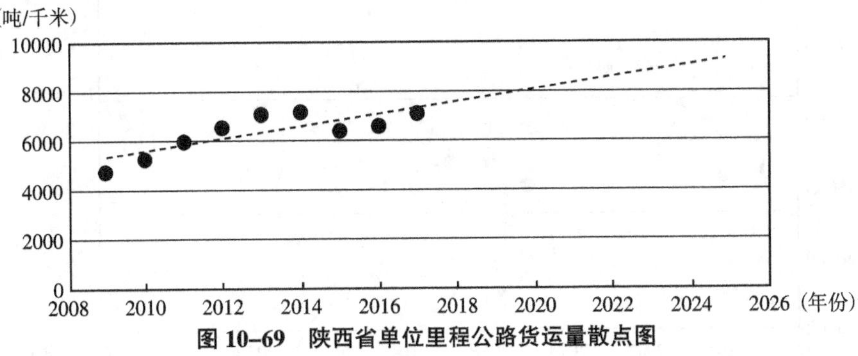

图 10–69　陕西省单位里程公路货运量散点图

2019~2025 年的预测数据为：7784.07 吨/千米、8033.6 吨/千米、8283.13 吨/千米、8532.66 吨/千米、8782.19 吨/千米、9031.72 吨/千米、9281.25 吨/千米。预计 2022 年，平均每千米公路货运量大于 8500 吨。

10.3.4.5　陕西省铁路价值量预测的综合分析

该预测依据陕西省铁路价值量核算表，采用回归模型法，对后至 2025 年的价值量进行预测。

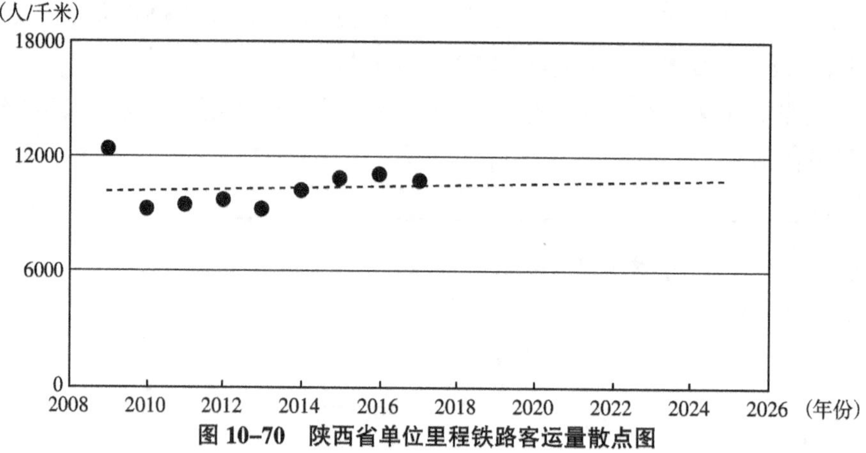

图 10-70　陕西省单位里程铁路客运量散点图

2019~2025 年的预测数据为：10526.75 人/千米、10564.06 人/千米、10601.33 人/千米、10638.66 人/千米、10675.96 人/千米、10713.27 人/千米、10750.57 人/千米。

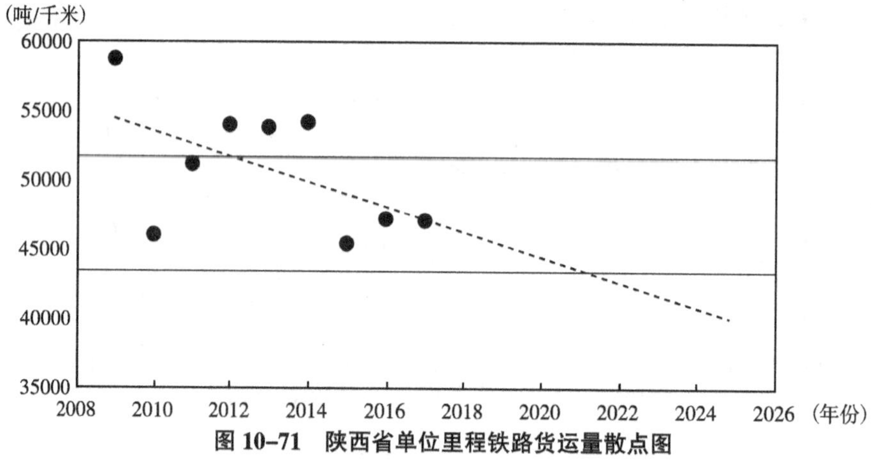

图 10-71　陕西省单位里程铁路货运量散点图

2019~2025 年的预测数据为：45383.88 吨/千米、44479.3 吨/千米、43574.87 吨/千米、42670.36 吨/千米、41765.85 吨/千米、40861.34 吨/千米、39956.83 吨/千米。预计 2025 年，平均每千米铁路货运量将低于 40000 吨。

10.3.4.6　陕西省房地产业价值量预测的综合分析

该预测依据陕西省房地产业价值量核算表，采用回归模型法，对后至 2025 年的价值量进行预测。

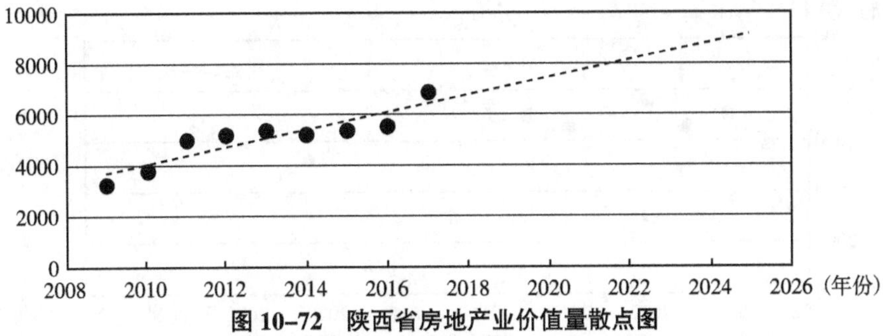

图 10–72　陕西省房地产业价值量散点图

2019~2025 年的预测数据为：7067.54 元/平方米、7408.20 元/平方米、7748.86 元/平方米、8089.52 元/平方米、8430.18 元/平方米、8770.84 元/平方米、9111.50 元/平方米。预计 2022 年，平均每平方米房地产业经济价值将大于 8000 元。

10.3.4.7　陕西省商业综合价值量预测的综合分析

该预测依据陕西省商业综合价值量核算，采用回归模型法，对后至 2025 年的价值量进行预测。

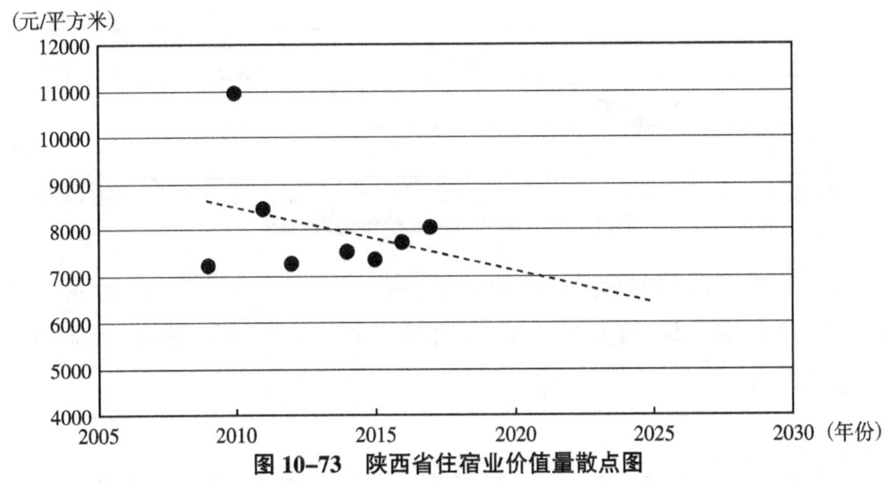

图 10–73　陕西省住宿业价值量散点图

2019~2025 年的预测数据为：7234.01 元/平方米、7097.8 元/平方米、6961.59 元/平方米、6825.38 元/平方米、6689.17 元/平方米、6552.96 元/平方米、6416.75 元/平方米。预计 2021 年，平均每平方米住宿业经济价值将低于 7000 元。

2019~2025 年的预测数据为：7942.74 元/平方米、8115.2 元/平方米、8287.66 元/平方米、8460.12 元/平方米、8632.58 元/平方米、8805.04 元/平方米、8977.50 元/平方米。预计 2023 年，平均每平方米餐饮业经济价值将大于 8500 元。

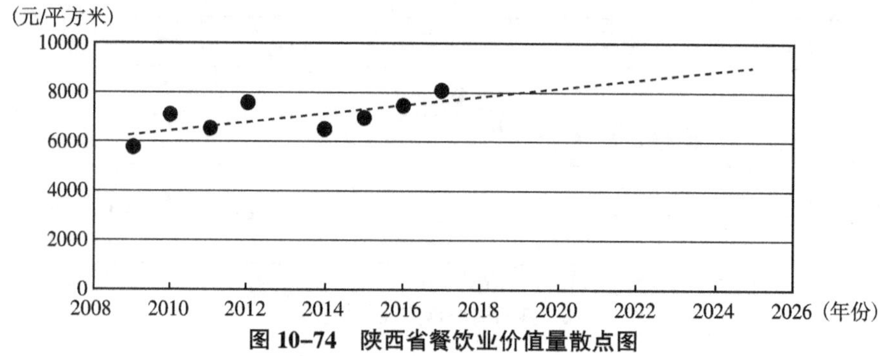

图 10–74　陕西省餐饮业价值量散点图

10.3.4.8　陕西省林业及森林资源价值量预测的综合分析

该预测依据陕西省林业价值量核算和森林资源价值量核算，采用回归模型法，对后至 2025 年的价值量进行预测。

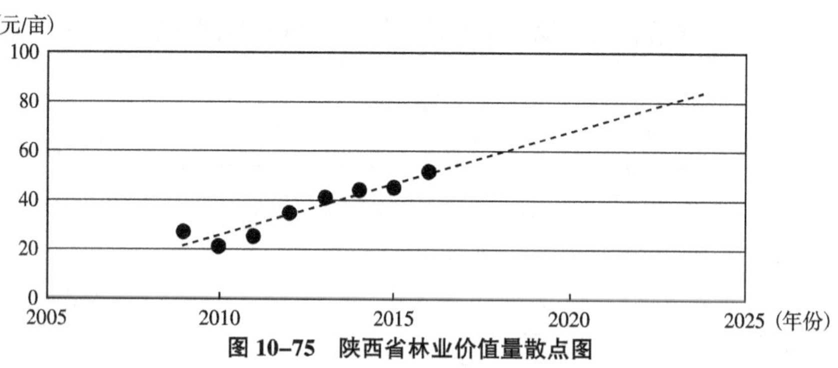

图 10–75　陕西省林业价值量散点图

2019~2025 年的预测数据为：63.15 元/亩、67.32 元/亩、71.49 元/亩、75.66 元/亩、79.83 元/亩、84.00 元/亩、88.17 元/亩。预计 2022 年，平均每亩林业经济价值大于 75 元。

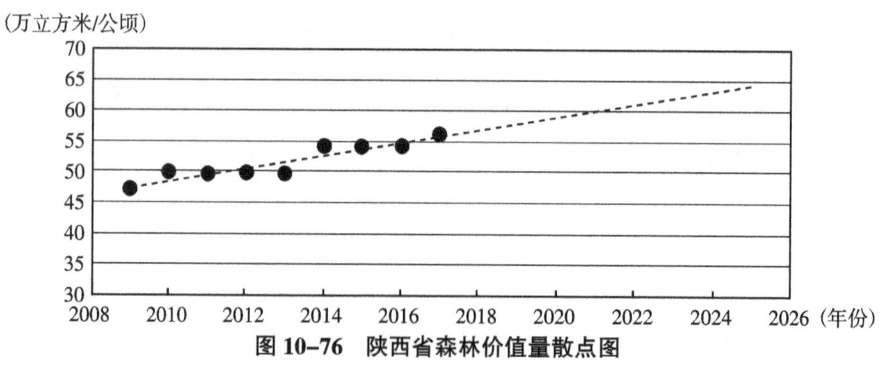

图 10–76　陕西省森林价值量散点图

2019~2025 年的预测数据为：57.80 万立方米/公顷、58.83 万立方米/公顷、59.86 万立方米/公顷、60.89 万立方米/公顷、61.92 万立方米/公顷、62.96 万立方米/公顷、63.99 万立方米/公顷。预计 2022 年，平均每公顷的森林积蓄量大于 60 万立方米。

10.3.5 结论

该部分内容是对“10.3.3 陕西国土价值量评价的综合分析”和“10.3.4 陕西国土价值量预测的综合分析”两部分内容的归纳与总结，使陕西省国土价值量的研究结果更为简练直观，便于读者了解研究内容和研究结果。

10.3.5.1 全国水平下的陕西省国土价值量

在科学性、典型性、可比、可操作、可量化等原则的条件下，运用国土资源的实物量、产出价值和价值量核算方法，将陕西省及地区国土面积价值量、陕西省农业综合、公路、铁路、房地产业、商业综合以及林业和森林资源价值量分别与全国水平进行比较，得出如下结论：

（1）陕西省国土面积价值量。2017 年陕西省国土面积价值量为 1065.12 万元/平方千米。2009~2017 年，陕西省国土面积价值量均高于全国国土面积价值量水平。其中 2017 年，陕西省国土面积价值量平均每平方千米高出全国水平 214.07 万元。

（2）陕西省农业综合。2017 年陕西省农业综合价值量为 1125.72 元/亩。2009~2017 年，陕西省农业综合价值量均低于全国农业综合价值量水平。其中 2017 年，陕西省农业综合价值量平均每亩低于全国农业综合价值量水平 325.23 元。

（3）陕西省公路。 2017 年陕西省单位里程公路客运量为 3481.981 人/千米。2013~2017 年，陕西省单位里程公路客运量均高于全国单位里程公路客运量水平。其中 2017 年，陕西省单位里程公路客运量平均每千米约高出全国水平 431 人；2017 年陕西省单位里程公路货运量为 7094.297 吨/千米。2013~2017 年，陕西省单位里程公路货运量均低于全国单位里程公路货运量水平。其中 2017 年，陕西省单位里程公路货运量平均每千米低于全国水平 629.29 吨。

（4）陕西省铁路。2017 年陕西省单位里程铁路客运量为 10713.16 人/千米。2009~2017 年，陕西省单位里程铁路客运量低于全国单位里程铁路客运量水平。其中 2017 年，陕西省单位里程铁路客运量平均每千米约低于全国水平 13569 人；2017 年陕西省单位里程铁路货运量为 47098.01 吨/千米。2009~2017 年，陕西省单位里程铁路货运量高于全国单位里程铁路货运量水平。其中2017年，陕西省单位里程铁路货运量平均每千米约高出全国水平18053.52吨。

（5）陕西省房地产业。2017年陕西省房地产业价值量为6840.11元/平方米。2009~2017年，陕西省房地产业价值量均低于全国房地产业价值量水平。其中2017年，陕西省房地产业价值量平均每平方米低于全国水平1052.16元。

（6）陕西省商业综合。2017年陕西省住宿业价值量为8072.95元/平方米。2009~2017年，陕西省住宿业价值量低于全国住宿业价值量水平。其中2017年，陕西省住宿业价值量平均每平方米低于全国水平1276.07元；2017年陕西省餐饮业价值量为7991.26元/平方米。2009~2017年，陕西省餐饮业价值量低于全国餐饮业价值量水平。其中2017年，陕西省餐饮业价值量平均每平方米低于全国水平1938.26元。

（7）陕西省森林资源。2017年陕西省森林资源价值量为56.04万立方米/公顷。2009~2017年，陕西省森林资源价值量均低于全国森林资源价值量水平。其中2017年，陕西省森林资源价值量平均每公顷低于全国水平16.84万立方米。

综上所述，现阶段陕西省国土价值量在全国水平上具有优势的部分为：国土面积价值量、单位里程公路客运量、单位里程铁路货运量；现阶段陕西省国土价值量在全国水平上有待提高的部分为：农业综合价值量、单位里程公路货运量、单位里程铁路客运量、房地产业价值量、住宿业价值量、餐饮业价值量、森林资源价值量。

10.3.5.2 时间序列下的陕西省国土价值量

在科学性、典型性、可比、可操作、可量化等原则的条件下，运用国土资源的实物量、产出价值和价值量核算方法，对陕西省及地区国土面积价值量、陕西省农业综合、公路、铁路、房地产业、商业综合以及林业和森林资源价值量进行纵向综合分析和预测，得出如下结论。

（1）陕西省农业综合。2017年陕西省农业综合价值量为1125.72元/亩。2009~2017年，陕西省农业综合价值量整体呈增长趋势。2017年农业综合价值量较上一年平均每亩增加25.04元，增长率2.27%。预计2021年，平均每亩的农业综合的经济价值达到1500元。

（2）陕西省工业。2017年陕西省工业价值量为3415.68元/平方米。2009~2017年，陕西省工业价值量整体呈增长趋势。2017年较上一年平均每平方米增加215.16元，增长率6.72%。预计2022年，平均每平方米工业的经济价值达到

5000 元。

（3）陕西省公路。2017 年陕西省单位里程公路客运量为 3481.981 人/千米。2009~2017 年，陕西省单位里程公路客运量整体呈下降趋势。2017 年与 2009 年相比，平均每千米下降约 2003 人，下降率 36.51%。预计 2024 年前后，平均每千米公路客运量将低于 1000 人；2017 年陕西省单位里程公路货运量为 7094.297 吨/千米。2009~2017 年，陕西省单位里程公路货运量整体呈增加趋势。由 2009 年 4716.08 吨/千米增加到 2017 年 7094.30 吨/千米，平均每千米增加 2378.22 吨，增长率为 50.43%。预计 2022 年，平均每千米公路货运量大于 8500 吨。

（4）陕西省铁路。2017 年陕西省单位里程铁路客运量为 10713.16 人/千米。2009~2017 年，陕西省单位里程铁路客运量呈现阶段性波动变化的情形。2017 年与 2009 年相比，平均每千米减少 1634 人，降低率 13.23%。2017 年陕西省单位里程铁路客运量较上一年平均每千米减少 339 人，降低率 3.07%。未来前景呈现增长趋势；2017 年陕西省单位里程铁路货运量为 47098.01 吨/千米。2009~2017 年，陕西省单位里程铁路货运量呈现阶段性波动变化的情形。2017 年单位里程铁路货运量较上一年平均每千米减少 105 吨，下降率 0.22%。预计 2025 年，平均每千米铁路货运量将低于 40000 吨。

（5）陕西省房地产业。2017 年陕西省房地产业价值量为 6840.11 元/平方米。2009~2017 年，陕西省房地产业价值量整体呈非稳定上升趋势。2017 年与 2009 年相比，平均每平方米增加 2329.19 元，增长率 47.07%。2017 年较上一年的房地产业价值量平均每平方米降低 441 元，降低率 8.18%。预计 2022 年，平均每平方米房地产业经济价值将超过 8000 元。

（6）陕西省商业综合。2017 年陕西省住宿业价值量为 8072.95 元/平方米。2009~2017 年，陕西省住宿业价值量呈现先大幅增加、后大幅减少最后持相对稳定的增长趋势。2017 年较上一年住宿业价值量平均每平方米增长 351.95 元，增长率为 4.52%。预计 2021 年，平均每平方米住宿业经济价值将低于 7000 元；2017 年陕西省餐饮业价值量为 7991.26 元/平方米。2009~2017 年，陕西省餐饮业价值量变化较为波折，但总体呈增长趋势。2017 年与 2009 年相比，价值量平均每平方米增长 2343.34 元，增长率 41.49%。2017 年较上一年平均每平方米增加 598.01 元，增长率 8.09%。预计 2023 年，平均每平方米餐饮业经济价值将高于 8500 元。

（7）陕西省林地与森林资源。2016 年陕西省林业价值量为 51.04 元/亩。

2009~2016 年，陕西省林业价值量整体呈现增长趋势。2016 年较上一年林业价值量平均每亩增加 5.9 元，增长率 13.07%。预计 2022 年，平均每亩林业经济价值大于 75 元；2017 年陕西省森林资源价值量为 56.04 万立方米/公顷。2009~2017 年，陕西省森林资源价值量呈现阶段性增长的趋势。2017 年与 2009 年相比，平均每公顷增加 9.01 万立方米，增长率 19.16%。2017 年较上一年森林资源价值量平均每公顷增加 2.04 万立方米，增长率 3.78%。预计 2022 年，平均每公顷的森林积蓄量大于 60 万立方米。

综上所述，陕西省国土价值量与过去相比发展进步的部分为：农业综合价值量、工业价值量、单位里程公路货运量、房地产业价值量、商业综合（住宿业价值量、餐饮业价值量）、林地与森林资源；陕西省国土价值量与过去相比有待改善与提高的部分为：单位里程公路客运量、单位里程铁路客运量和货运量。

第 11 章　陕西省人口承载力与土地利用结构分析

本章在吸收和借鉴前人研究成果的基础上，从人粮关系角度和生态足迹角度研究陕西省人口承载力现状及未来可能发展趋势；利用数量分析的方法研究陕西省土地利用结构现状并总结出陕西省土地利用结构的特点；在对陕西省人口承载力和土地利用结构关系分析的基础上，通过构建陕西省人口承载力与土地利用结构多目标优化模型来研究不同人口承载力下的土地利用结构，并提出不同人口承载力与土地利用结构下的发展模式，为陕西省未来陕西省人口承载力与土地利用结构协调发展提供政策建议。

11.1　陕西省人口承载力与土地利用结构研究综述

11.1.1　陕西省人口承载力研究综述

土地资源人口承载力是衡量人类社会经济活动与土地资源之间相互关系的科学概念。究其本质是讨论人类社会的支撑能力与人口增长、生活水平提高对土地资源压力之间的关系。按照分析框架及技术路径，土地资源人口承载力研究范式可以分为四类，即基于限制因子的研究范式、基于多因数综合的研究范式、基于参照区的研究范式、基于生态足迹的研究范式。以往所有的土地资源人口承载力研究几乎都可以囊括于这四种范式之中。

因为陕西省地处中国内陆的中心，具有众多的高校和科研人员。经济社会的发展和人口的增长导致人地问题日益突出。为解决这一问题，越来越多的部门和科研人员关注陕西省土地资源人口承载力问题。以往对陕西省土地资源承载力问题的研究按区域大小可以分为三个层面、两种范式：国家级层面、省市级层面以及重点城市的研究，研究的范式以限制因子的研究范式和生态足迹的研究方式为主。在国家级层面，陕西省土地资源人口承载力问题往往被包含于西北5省份或西部12省份这一区域范围之内。陈东景、徐中民等计算了包括陕西在内的西北5省份的生态足迹，彭希哲、刘宇辉等更是以陕西为例，通过生态足迹范式计算出西部12省份的适度人口承载力。马莉借用传统的“耕地—食物—人口”范式研究了陕西省土地资源人口承载力问题。杨屹、加涛等先后采用生态足迹的范式研究了陕西的人均生态足迹及生态承载力变化问题。更值得一提的是，任志远、黄青等分别计算了陕西省三大区域的生态足迹，并且站在生态安全的角度对三大区域的生态足迹的差异性做了评述。地市级的研究包括韩熙对关中地区土地承载力研究，王建洪、任志远等关于西安市土地生态承载力分析。

提高一个区域的人口承载力，可以通过提高农业生产力从而提高粮食产量、增加农用地面积比重、降低生活水平三种途径实现。首先，通过降低人民的生活水平来提高土地承载力是不顺应社会发展脚步的，也会极大挫伤人民的劳动积极性、影响人民生活质量，原则上不可能达到土地承载力的提高。因此，人民群众具有优良的生活水平是提高土地承载力的目标之一。增加耕地面积比重固然是简单可行的方法，但截至2017年底，全省土地利用率达到94.98%，土地主导用途为农业用地，农业土地利用率为90.27%，远高于全国水平（68.11%），在各省（市、区）中处于最高水平，未来可开发利用的土地有限，如果要达到高效迅速的经济发展势头，就必须拿出足够多的土地来发展第二、三产业。因此，单纯地增加农业用地面积是不现实的，只有通过优化土地利用结构来达到土地综合效益的最大化。这就要求保留一定数量的农业用地，调整不合理的土地利用结构，使农业用地资源达到最优配置，使有限的土地资源在合理的配置下具有最大的承载能力。

11.1.2 陕西省土地利用结构研究综述

土地利用结构是指某区域内各种地类及其面积比例构成关系。它在一定程度上反映了区域内的经济结构和产业结构特征。土地利用优化包括土地利用结构优化和布局优化，土地利用布局优化是土地利用结构优化在空间上的实施。因此，土地利用结构优化是土地利用优化的基础。吴传钧等（1994）在其专著《中国土地利用》中指出，土地利用结构反映了土地资源在国民经济各部门及其内部的分配状况和比例关系。土地利用结构优化是为了达到一定最优化土地利用目标，根据土地资源资自身特性，对区域内不同土地利用类型进行更合理的安排，以提高土地利用效率与效益，维持土地生态系统相对平衡和现实土地资源的可持续利用(刘彦随，1999)。因此，土地利用结构优化一直是区域土地管理研究的重点和热点之一。

对陕西土地利用结构的研究最早可以追溯到宋桂琴等（1985 年）对“三北”防护林陕西部分土地利用结构的研究，在预测人口增长和保证本区粮食自给的情况下，对陕北地区农林牧用地结构提出了调整建议。吴金华、戴淼等在考虑产业发展、投资、人口增长以及农田有效灌溉面积等因素的基础上，通过遗传神经网络模型预测未来陕西省土地利用结构，取得了较好的效果。杜芳芳从产业结构与土地利用结构之间关系的角度出发，通过建立产业结构与土地集约利用协调发展的评价指标体系，运用主成分分析法、回归分析法，以及协调度模型对陕西省 2003~2012 年及陕西省各市 2003~2011 年产业结构与土地集约利用的协调发展水平进行定量测评。测评结果表明：陕西省及陕西省各市产业结构与土地集约利用的协调发展水平整体呈上升趋势。李慧远、刘莹等应用单一土地利用动态度分析法和多样性分析法从数量和结构两方面对陕西省土地资源利用情况进行分析，明确规划区域土地资源的整体优势与劣势。谢刚从土地利用结构与产业结构匹配程度的角度研究了土地利用结构与经济增长的影响，研究结果表明：陕西土地利用结构变化对经济增长产生显著正向影响，陕西土地逐渐由第一产业用地和后备产业用地逐步向第二、三产业用地转移，然而，这种粗放型的经济增长方式是不可持续的，未来陕西土地利用结构的调整方向应该是土地逐渐向第三产业转移，为第三产业发展提供空间支持。综上所述，从产业结构角度出发的研究比较多，而从人口承载力的角度研究土地利用结构的比较少，但前人的研究为我们研究人口承载力与土地利用结构之间的关系提供了研究方法与范式。

土地利用结构研究的常用数学方法主要有：线性规划法、灰色线性规划法、系统动力学、多目标规划法、信息熵与分维几何学、智能优化算法（如元胞自动机法、遗传算法、人工神经网络、粒子群算法）与 GIS 的结合等。知网上土地利用结构优化的资料很多，因为我们要用到多目标规划模型，所以重点来讨论一下基于多目标规划模型的土地利用结构研究进展。

多目标规划是在一组约束条件下，同时对多个目标求最优解。由于目标之间的矛盾性，各个目标不可能同时达到最优，其基本思路是：由决策者预先给出一组理想的目标值，由于每一目标可能超额完成、恰好或可能完成不了，实际上能完成的目标与规划中的目标值之间存在一定程度的偏差。因此，引入偏差变量，多目标规划是在给定的一组约束条件下，求得偏差变量最小的决策变量值，是一种综合性的分析工具，其最大的优势是可以充分反映决策者的愿望，给决策者提供期望的最佳目标。

土地利用结构优化配置就是对研究区内不同用途的土地进行的分配决策，使土地利用结构达到最优化。实际上，该过程是一个多目标规划问题，通过多目标规划，确定土地利用结构，也就实现了一个区域土地利用分配方案。董杰以河南省禹州市为例通过建立多目标规划模型研究了禹州市土地利用结构问题；谭淑豪等用多目标线性规划法对江阴市的土地利用结构进行了优化，为县域土地利用结构优化提供了科学依据；王红瑞等在分析双流县土地利用特征的基础上，根据土地利用结构调整的不确定性、复杂性，应用区间数不确定性多目标规划模型进行了土地利用结构优化；刘学录构建了兰州市土地利用结构多目标规划模型；陈溶萍用多目标动态规划法和人工神经网络法研究了在以构建资源节约型、环境友好型社会为目标的前提下武汉市的土地利用结构优化，并构建了其优化模型；张鸿辉等以长株潭城市群的核心区域为例，在资源节约与环境友好约束下构建了多目标土地利用空间优化配置模型，结果取得了较好的成果。申宝通过建立多目标规划模型，在充分考虑土地、人口、生态等约束条件下，研究乐山市犍为县土地利用结构优化问题并提供了优化方案。李素莲、屈建军等利用区间数多目标规划模型研究了邯郸市土地利用结构问题，并对邯郸市不同土地类型的合理利用面积提供了优化区间。孔静静通过建立灰色多目标动态规划模型研究尼勒克县的土地利用结构问题，并提供了三种优化方案。在此基础上，探讨了尼勒克县的土地空间优化配置问题。

无论是灰色多目标规划模型还是区间数多目标规划模型，以及利用神经网络等智能优化算法估计参数等，都是对多目标规划基本型的改进和提升，其目的都是提高多目标规划模型的应用范围和优化方案的可行性。多目标规划具有系统动力学模型的正负反馈特征，但比系统动力学模型更为简单；同时克服了线性规划模型要求目标函数一维性及可行性解区局限性的弊端；且因建立多目标规划时，选取的指标个数不同，赋予各目标不同的优先级，计算出来的结果就不一样，决策者可以根据有效解集选出所期望的方案。因此，利用多目标规划模型来求解土地利用结构问题具有可调性和可控性。

11.2 陕西省人口承载力现状分析

本节在借鉴以往研究成果的基础上，分别从人粮关系和生态足迹的角度研究陕西省人口承载力，在此基础上，分析陕西省人口承载力变化对建设用地需求的影响。

11.2.1 基于人粮关系的人口承载力分析

目前，关于土地资源承载力的计算方法主要有土地生产潜力模型、趋势外推法模型、生态足迹法模型、系统动力学等，但这些模型的参数较多且复杂，主观性较强。而基于人粮关系的土地人口承载力模型恰好具有参数较少，便于计算，预测计算精度较高等优点。因此，我们采用基于人粮关系的土地承载力模型来揭示陕西省人口与粮食的关系。

（1）土地资源人口承载力模型如式（11–1）所示：

$$LCP = Q/r \tag{11-1}$$

式中，LCP 为土地资源人口承载力，单位为万人；Q 为粮食总产量，单位为万吨；r 为人均粮食消费水平，单位为千克/人·年。根据全国人均粮食需求方案，人均粮食消耗水平分温饱型、小康型和富裕型，其消费标准分别为每人每年消耗粮食 400 千克、450 千克和 500 千克。

（2）人口预测模型：人口数量是影响土地资源人口承载力的直接因素之一，也是影响区域生态环境的重要因素之一。2001~2015 年，陕西省人口数量呈持续增长趋势，平均增长速率为每年 9.48 万人，2015 年人口总数达 3793 万人。根据人口自然增长模型（11–2）：

$$P = P_0 \times (1 + k)^n \tag{11-2}$$

式中，P 为规划目标年的总人口（万人）；P_0 为规划期基年人口；K 为规划期人口自然增长率（%）。

根据建立的预测模型，得到陕西省 2020 年和 2025 年常住人口分别为 3886 万人和 3964 万人。

表 11-1　2018~2030 年陕西省人口预测

年份	2018	2019	2020	2021	2022	2023	2024	2025	2026	2027	2028	2029	2030
人口（万人）	3855	3870	3886	3901	3917	3933	3948	3964	3980	3996	4012	4028	4044

（3）粮食产量预测模型：粮食产量因受品种、土壤肥力、耕作方式等多种因素的综合影响，使逐年粮食产量波动较大。因此，2001~2017 年陕西省粮食产量的时间序列，采用灰色系统模型 GM（1，1）对未来各年份总产量进行预测分析。

（4）2005~2017 年陕西省土地人口承载力现状分析。根据《陕西省统计年鉴》(2006~2018)，以人均粮食消耗达到温饱型水平（人均 400 千克）计算，可得到 2005~2017 年陕西省在不同年份的人口承载力。

表 11-2　2005~2017 年陕西省人口承载力

年份	实际人口数量（万人）	粮食产量（万吨）	可承载人口（万人）	超载人口（万人）
2005	3690	1043	2607.5	-1082.5
2006	3699	1041.9	2604.75	-1094.25
2007	3708	1067.91	2669.775	-1038.23
2008	3718	1111	2777.5	-940.5
2009	3727	1131.4	2828.5	-898.5
2010	3735	1164.9	2912.25	-822.75
2011	3743	1194.7	2986.75	-756.25
2012	3753	1245.1	3112.75	-640.25
2013	3764	1215.8	3039.5	-724.5
2014	3775	1197.78	2994.45	-780.55
2015	3793	1226.79	3066.975	-726.025
2016	3813	1228.29	3070.725	-742.275
2017	3835	1194.2	2985.5	-849.5

（5）2018~2030 年陕西省土地资源人口承载力预测。土地资源的人口承载实际上就是某个区域粮食产量在一定的消费水平下能够承载的最大人口限度。因此人口承载力的预测首先需要进行粮食产量的预测。依据 GM（1，1）模型，可得陕西省粮食产量预测模型的方程：

$$Y(t)=68245.21(1-e^{-0.015})\times e^{0.015(t-1)} \tag{11-3}$$

其中，Y(t) 为第 t 年粮食总产量，经检验：C<0.35，P>0.945。误差符合要求，模型精度良好，可以进行预测。预测结果如表 11–3 所示。

表 11–3　2018~2030 年陕西省土地资源人口承载力预测

年份	人口数量（万人）	粮食产量（万吨）	可承载人口（万人）	超载人口（万人）
2018	3855	1.29	2859	–996
2019	3870	1.30	2898	–972
2020	3886	1.32	2937	–948
2021	3901	1.34	2977	–925
2022	3917	1.36	3016	–901
2023	3933	1.37	3055	–877
2024	3948	1.39	3095	–854
2025	3964	1.41	3134	–830
2026	3980	1.43	3173	–807
2027	3996	1.45	3213	–783
2028	4012	1.47	3252	–760
2029	4028	1.48	3291	–737
2030	4045	1.50	3330	–714

2018~2030 年陕西省粮食产量呈逐年上升趋势，但增长幅度不大，2030 年粮食产量将达到 1.5 万吨。陕西省人口自然增长率 0.45%，由公式预测出 2030 年陕西省人口将达到 4044 万人。根据预测出的粮食产量和小康社会人均粮食消耗量(450 千克/人)。

可计算出陕西省土地资源可承载的人数。结果表明：土地资源可承载人口数逐年增加，由 2018 年的 2859 万人增长到 2030 年的 4044 万人；从粮食区域自给的角度分析，陕西省人口数量一直远超本区域土地资源可承载的人口数量，处于较严重的超载状态，但超载人口数呈逐年下降趋势，到 2030 年人口超载量为 714 万人，说明土地资源人口承载力在不断上升。

11.2.2　基于生态足迹的人口承载力分析

基于人粮关系的人口承载力仅仅考虑区域内人口的粮食自给率，强调对耕地的保护和农业技术对粮食亩产量的提高，没有考虑人口的增加对生态环境的影响和需求，因此国内外的专家学者从实际出发，提出了“生态适度人口承载力”的概念。“适度人口”就其本质而言就是人口数量与其资源、环境和经济条件相互匹配，达到一个理想的人口规模。“人均生态足迹”就是一个人在一定时期内（通常是一年）所消费的所有资源和消纳这个人所产生废弃物所需的生物生产性土地面积。“人均生态足迹”的概念包括对个人所有的生态需求的满足而不仅仅是食物需求。“生态承载力”就是一个区域能够提供的生态生产性土地面积。“生态适度人口”就是一个区域能够提供的生态生产性土地面积在某一“人均生态足迹”下所能供养的人口数量。“人均生态足迹”和“生态承载力”从个人的生态需求与供给两个方面定义了人与环境的关系，为我们研究区域适度人口规模提供了研究参数。

基于生态足迹的陕西省适度人口研究的步骤如下：

（1）计算人均生态足迹：人均生态足迹的计算可见第 8 章的式（8-1）。

（2）计算人均生态承载力：人均生态承载力的计算可见第 8 章的式（8-2）。

（3）生态适度人口规模：

$$P = N \times e_c / e_f \quad (11\text{-}4)$$

式中，P 为区域适度人口；N 为区域实际人口总数；e_c 为人均实际利用的生态承载力；e_f 为人均生态足迹。

在计算生态适度人口时，生态承载力代表了一个区域所能提供的资源环境条件，生态足迹代表了人口的消耗水平。按照一定的人均生态足迹计算的人口可以说是一个区域的生态适度人口，也可以是一个区域的可持续发展人口容量。

根据赵先贵（2005）、杨屹（2015）、卞子浩（2016）等的研究，可计算出 2005~2015 年陕西省适度人口规模如表 11-4 所示：

表 11-4　陕西省生态足迹、生态承载力与适度人口规模

年份	人均生态足迹（公顷/人）	生态承载力（公顷/人）	实际人口总数（万人）	适度人口规模（万人）	基于人粮关系的人口承载力（万人）
2005	2.011	0.874	3690	1603.71	2607.5
2006	2.059	0.873	3699	1568.347	2604.75
2007	2.222	0.871	3708	1453.496	2669.775
2008	2.474	0.869	3718	1305.959	2777.5
2009	2.514	0.867	3727	1285.326	2828.5
2010	2.725	0.866	3735	1186.976	2912.25
2011	2.911	0.904	3743	1162.374	2986.75

续表

年份	人均生态足迹（公顷/人）	生态承载力（公顷/人）	实际人口总数（万人）	适度人口规模（万人）	基于人粮关系的人口承载力（万人）
2012	3.077	0.901	3753	1098.945	3112.75
2013	3.089	1.073	3764	1307.469	3039.5
2014	3.184	1.177	3775	1395.47	2994.45
2015	3.181	1.091	3793	1300.9	3066.975

通过对以上表中数据分析可知：

（1）人均生态承载力和人均生态足迹总体度都呈现上升趋势，但人均生态足迹的上升趋势要远高于人均生态承载力的上升趋势，这说明陕西省个人的生态需求增长速度是要大于生态供给的增长速度的。

（2）陕西省适度人口规模的变化呈现出先降后升的趋势，这与陕西生态环境正在逐步改善有关，陕西省的生态环境状况的变化曲线符合倒 U 形环境库兹涅茨曲线。

（3）基于人粮关系的人口承载数量要远大于基于生态足迹的人口承载数量，因为从生态足迹的角度考虑个人的消耗需求要远大于个人对粮食的需求，适度人口承载力更加关注个人的生存质量，对生存环境提出了更高的要求。从这个角度考虑，控制陕西省的人口规模仍然是必要的。

11.3 陕西省土地利用结构现状分析

11.3.1 陕西省土地利用类型及说明

根据陕西省统计年鉴，结合第二次全国土地调查分类体系，按大类将陕西省土地地类可分为三大类，分别是农用地、建设用地和未利用地。按小类分又可分为八类，分别是耕地、园地、林地、草地、城镇及工矿用地、交通运输用地、水域及水利设施用地、未利用地。具体说明如表 11–5 所示。

表 11-5 陕西省土地利用类型及说明

代码	土地类型	说明
1	耕地	指种植农作物的土地，包括水田、水耕地、旱地、新开垦的荒地等；其中包括宽大于 1 米的路、田坎
2	园地	指种植以采集果、叶、根茎为主的集约经营的多年生木本和草本作物，覆盖度大于 50%，或每株大于合理株数的 70%的土地，包括果树、苗圃等梯田用地。园地包括果园、桑园、茶园和其他园地
3	林地	包括分类中的有林地和灌木林地，值树木郁闭度大于 30%的天然林和人工林，覆盖度大于 40%的灌木林地。树木的郁闭度 10%~30%的疏林地。另外包括未成林造林地、迹地
4	草地	按土地利用类型划分主要指用于牧业生产的地区或自然界各类草原、草甸、稀树、干草原等
5	城镇及工矿用地	指城乡居民点、独立工矿、国防、学校等企事业单位用地，包括其内部道路、绿化用地等
6	交通运输用地	主要包括公路、铁路、机场及附属设施包括车站、机场公路服务区用地等
7	水域及水利设施用地	指陆地水域和水利设施用地。包括天然或人工开挖、修建常水位以下的蓄水面积，天然形成的积水区以下的土地；人工修建大于 1 米用于排灌的沟渠
8	其他用地	至目前还未被利用的土地。包括未开发的盐碱地、沼泽地、荒漠地等

11.3.2 陕西省土地利用结构和分布

根据 2017 年度土地变更调查数据统计，全省土地调查面积为 2056.24 万公顷，其中，国有土地 331.08 万公顷，集体所有土地 1725.16 万公顷。各类土地的分布状况如下：

11.3.2.1 农用地

2017 年陕西省农用地 1856.27 万公顷（包括耕地、园地、林地、牧草地、其他农用地），占土地总面积的 90.27%。

（1）耕地。

耕地主要包括水田、水浇地、旱地。全省耕地面积 3982887.32 公顷，占土地总面积的 19.4%。其中水田 157118.67 公顷，占土地总面积的 0.764%。水浇地 1048818.61 公顷，占土地总面积的 5.1%。旱地 2776950.04 公顷，占土地总面积的 13.5%。2017 年陕西省耕地坡度分级面积为：Ⅰ级坡度（≤2°）耕地面积为 130.95 万公顷，占全省耕地面积的 32.88%；Ⅱ级坡度（2°~6°）耕地面积为 51.64 万公顷，占全省耕地面积的 12.96%；Ⅲ级坡度（6°~15°）耕地面积为 70.87 万公

表 11-6　2017 年陕西省各区县耕地质量分级

质量等级	一级（分值 > 80）	二级（分值 70~80）	三级（分值 55~70）	四级（分值 40~55）	五级（分值 < 40）	无耕地地区
县区个数	9	24	30	33	8	3
县区名称	三原县、高陵县、灞桥区、未央区、雁塔区、阎良区、临潼区、长安区、杨陵区	富县、洛川县、黄龙县、临渭区、华县、华阴市、潼关县、甘泉县、旬邑县、淳化县、秦都区、渭城区、阳县、礼泉县、长武县、武功县、兴平县、陈仓区、蓝田县、周至县、户县、宁陕县、汉滨区、汉台区	吴旗县、宜川县、大荔县、合阳县、澄城县、蒲城县、白水县、富平县、韩城市、黄陵县、王益区、印台区、耀州区、宜君县、永寿县、凤翔县、岐山县、扶风县、眉县、陇县、千阳县、太白县、汉阴县、石泉县、紫阳县、岚皋县、平利县、镇坪县、旬阳县、城固县	榆阳区、府谷县、神木县、横山县、靖边县、定边县、绥德县、米脂县、佳县、吴堡县、清涧县、子洲县、延长县、延川县、安塞县、志丹县、麟游县、渭滨区、金台区、白河县、商州区、洛南县、丹凤县、商南县、山阳县、镇安县、柞水县、南郑县、城固县、洋县、西乡县、勉县、留坝县	宝塔区、子长县、长武县、彬县、略阳县、宁强县、镇巴县、佛坪县	新城区、莲湖区、碑林区
耕地面积（公顷）	1209.83	8999.76	7906.34	9152.41	32.20	
比例（%）	4.26	31.66	27.81	32.20	4.08	

顷，占全省耕地面积的 17.79%；Ⅳ级坡度（15°~25°）耕地面积为 50.64 万公顷，占全省耕地面积的 12.71%；Ⅴ级坡度（>25°）耕地面积为 94.20 万公顷，占全省耕地面积的 23.65%。

根据宁文波等的研究，陕西省 107 个县级行政区的耕地质量可分为 5 个级别。

陕西省各县区耕地质量综合得分均较低，耕地资源质量总体较差，且分布不均衡。一级耕地比较少，只占到 4.26%，主要集中在西安周边几个县区中。质量较好的耕地大部分分布于关中平原区，主要原因是该区地处平原、地势平坦、光热条件比较好，土壤肥沃，农田基础配套设施齐全，粮食产量水平等都比较高。耕地质量比较差的占到 64.9%，分布于陕北地区和陕南的汉中和商洛部分县区中。陕北地区耕地质量差主要由于地处干旱区，降水量比较少；毗邻沙漠，土壤质地，土壤养分比较差。陕南地区因为地处秦岭山区，气候条件比较差，同时随着海拔升高，地形坡度增加，水利施设建设难度增大，导致该地区耕地质量相对较差。

我们可以根据《陕西省统计年鉴》来了解一下 2017 年陕西省耕地在各地区的分布情况。

表 11-7　2017 年陕西省耕地面积与耕地质量分布情况

行政单位	水田（万亩）	水浇地（万亩）	旱地（万亩）	小计（万亩）	比例（%）	土地质量级别
陕西省	236.7	1579.8	4167.7	5984.2	100	
西安市	1.1	265.3	153.5	419.9	7.0168	一级
铜川市	0.2	9.0	138.1	147.3	2.4615	二级
宝鸡市	0.8	225.0	315.1	540.8	9.0371	二级
咸阳市	0.3	272.4	264.7	537.4	8.9803	二级
渭南市	3.1	533.3	330.5	866.9	14.4865	二级
延安市	1.5	10.1	544.0	555.6	9.2844	四级
汉中市	172.5	6.4	354.4	533.4	8.9135	三级
榆林市	5.4	249.9	1314.6	1569.8	26.2324	四级
安康市	50.8	1.0	460.5	512.2	8.5592	四级
商洛市	1.1	7.4	292.5	301.0	5.0299	四级

资料来源：《陕西省统计年鉴》。

陕西省耕地以旱地为主，水田主要分布在汉中和安康二个地区；水浇地主要分布在西安、宝鸡、咸阳、渭南和榆林地区，除榆林外，其他地区都是陕西省传统的农业灌溉区，农业基础设施条件好；旱地主要分布在宝鸡、渭南、延安、汉中、榆林和安康等地。陕北地区地处干旱区，耕地以旱地为主是自然而然的事情，但是汉中和安康等陕南地区也存在大量的旱地，这与该地区的地形、地貌以高山为主有很大的关系。

（2）园地。

园地主要包括果园、茶园、其他园地。全省园地面积 816367.18 公顷，占土地总面积的 3.9%。其中果园 678812.83 公顷，占土地总面积的 3.3%。茶园 18612.29 公顷，占土地总面积的 0.09%。其他园地 118942.06 公顷，占土地总面积的 0.57%。

表 11–8　2017 年陕西省园地分布情况

行政单位	果园（万亩）	茶园（万亩）	其他园地（万亩）	小计（万亩）	百分比（%）
陕西省	1020.6	27.9	178.9	1227.4	100
西安市	36.3	0.0	5.6	41.8	3.405573
铜川市	24.9	0.0	4.7	29.6	2.411602
宝鸡市	39.3	0.0	21.9	61.2	4.98615
咸阳市	232.3	0.0	1.1	233.4	19.01581
渭南市	169.8	0.0	93.3	263.1	21.43555
延安市	213.2	0.0	13.0	226.2	18.4292
汉中市	22.9	10.8	10.4	44.0	3.584813
榆林市	276.3	0.0	3.5	279.9	22.8043
安康市	4.7	9.6	10.4	24.6	2.004237
商洛市	1.0	7.6	15.0	23.5	1.914616

由表 11–8 可知，陕西省园地主要分布在榆林、延安、渭南和咸阳四个地区，这四个地区的果园面积都超过了 100 万亩，是陕西省的主要水果产区。茶园主要分布在汉中、安康和商洛等陕南地区。

（3）林地。

林地主要包括有林地、灌木林地、其他林地。全省林地面积 11166810.16 公顷，占土地总面积的 54.3%。

陕西省林地主要分布在陕南和陕北的延安、榆林等地区，其中陕南林地面积占全省林地面积的 49.53%。陕北的延安、榆林占全省林地面积的 30%。

表 11-9　2017 年陕西省林地分布情况

行政单位	有林地（万亩）	灌木林地（万亩）	其他林地（万亩）	小计（万亩）	百分比（%）
陕西省	12141.3	3192.9	1423.6	16757.9	100
西安市	586.7	119.6	14.6	720.9	4.301852
铜川市	201.0	96.3	5.3	302.6	1.805716
宝鸡市	1487.3	231.0	46.8	1765.1	10.53294
咸阳市	242.2	25.0	65.4	332.5	1.984139
渭南市	231.1	44.2	30.7	306.1	1.826601
延安市	2159.4	380.7	657.3	3197.4	19.07996
汉中市	2687.0	383.4	106.9	3177.3	18.96001
榆林市	257.0	1265.4	310.5	1832.9	10.93753
安康市	2437.6	238.0	72.9	2748.6	16.40182
商洛市	1852.1	409.1	113.3	2374.5	14.16944

（4）草地。

草地主要包括天然牧草地、人工牧草地、其他草地。全省草地面积 2169378.13 公顷，占土地总面积的 14%。

表 11-10　2017 年陕西省草地分布情况

行政单位	天然牧草地（万亩）	人工牧草地（万亩）	其他草地（万亩）	小计（万亩）	百分比（%）
陕西省	3168.4	88.0	1050.2	4306.5	100
西安市	11.9	0.0	23.2	35.1	0.815047
铜川市	34.1	0.0	18.1	52.1	1.209799
宝鸡市	67.1	0.7	65.4	133.2	3.092999
咸阳市	44.5	0.6	140.0	185.1	4.298154
渭南市	23.9	0.0	162.9	186.8	4.337629
延安市	1203.2	16.4	124.2	1343.8	31.20399
汉中市	14.9	0.0	45.6	60.5	1.404853
榆林市	1686.1	70.1	416.7	2172.9	50.45629
安康市	10.1	0.1	40.6	50.7	1.17729
商洛市	72.7	0.0	13.4	86.2	2.001625

由表 11–10 可知，陕西省的草地面积主要分布在陕北地区，陕北的榆林、延安的草地面积占全省草地面积的 81.66%。

（5）其他农用地。

其他农用地 427205.74 公顷，占土地总面积的 2.08%。

11.3.2.2　建设用地

2017 年陕西省建设用地 968015.38 公顷（包括城镇及工矿用地、交通运输用地、水域及水利设施用地），占土地总面积的 4.71%。比 2016 年新增 14333.92 公顷，同比增长 1.5%。

（1）城镇及工矿用地。

城镇及工矿用地包括城市、建制镇、村庄、采矿用地、风景名胜及特需用地。城镇及工矿用地面积 822247.88 公顷，占土地总面积的 4%。

表 11–11　2017 年陕西省城镇及工矿分布情况

行政单位	城市（万亩）	建制镇（万亩）	村庄（万亩）	采矿用地（万亩）	小计（万亩）	百分比（%）
陕西省	161.8	203.8	721.6	95.9	1183.1	100
西安市	82.5	27.8	93.1	9.7	213.1	18.012
铜川市	6.3	3.3	15.1	2.8	27.5	2.324402
宝鸡市	11.7	24	66.8	6.4	108.9	9.204632
咸阳市	24.6	27	104.4	8.8	164.8	13.92951
渭南市	11.5	33.1	117.3	13.4	175.3	14.81701
延安市	5.2	16.3	58.1	15.2	94.8	8.012848
汉中市	6.3	18.6	62.4	5.6	92.9	7.852253
榆林市	8.4	36.9	119.4	26.8	191.5	16.18629
安康市	3.9	8	42.2	2.6	56.7	4.792494
商洛市	1.6	8.8	42.6	4.6	57.6	4.868566

由表 11–11 可知，陕西省城镇及工矿用地主要分布在关中和陕北地区，其中关中占全省建设用地的 58.25%，陕北占全省建设用地的 24.2%。榆林因为重化工业基地建设，所以工矿用地比例比较高。

（2）交通运输用地。

交通运输用地包括铁路用地、公路用地、农村道路、机场用地、港口码头用地、管道运输用地。交通运输用地 109274.18 公顷，占土地总面积的 1.3%。

表 11-12　2017 年陕西省交通运输用地分布情况

行政单位	铁路用地（万亩）	公路用地（万亩）	农村道路（万亩）	机场用地（万亩）	管道运输用地（万亩）	小计（万亩）	百分比（%）
陕西省	24.0	132.5	228.3	2.6	1.0	388.3	100
西安市	3.1	17.8	14.8	0.0	0.0	35.7	9.193922
铜川市	0.3	3.5	5.9	0.0	0.0	9.7	2.498069
宝鸡市	2.4	10.2	22.2	0.0	0.0	34.8	8.962143
咸阳市	2.0	16.3	24.5	1.6	0.0	44.5	11.46021
渭南市	4.4	11.2	32.7	0.3	0.0	48.6	12.5161
延安市	1.7	15.2	38.8	0.2	0.0	55.9	14.39609
汉中市	2.0	13.0	17.7	0.0	0.0	32.7	8.421324
榆林市	6.1	28.0	49.3	0.3	0.9	84.6	21.78728
安康市	1.1	8.8	12.5	0.1	0.0	22.5	5.794489
商洛市	1.0	8.4	9.8	0.0	0.0	19.3	4.970384

由表 11-12 可知，陕西省交通运输用地的分布主要还是集中在榆林、延安、渭南、西安和咸阳几个重点城市地区。其中延安市和榆林地区农村道路建设用地分别达到了 38.8 万亩和 49.3 万亩。

（3）水域及水利设施用地。

水域及水利设施用地包括河流水面、湖泊水面、水库水面、坑塘水面、内陆滩涂、沟渠、水工建筑用地。水域及水利设施用地 36493.32 公顷，占土地总面积的 1.5%。

表 11-13　2017 年陕西省水域及水利建设用地分布情况

行政单位	河流水面（万亩）	湖泊水面（万亩）	水库水面（万亩）	坑塘水面（万亩）	内陆滩涂（万亩）	沟渠（万亩）	水工建筑用地（万亩）	小计（万亩）	百分比（%）
陕西省	244.8	6.0	43.6	19.9	92.6	44.3	10.9	462.0	100
西安市	11.5	0.0	1.6	2.6	9.4	3.9	1.9	30.8	6.666667
铜川市	1.8	0.0	0.8	0.3	1.1	0.2	0.1	4.2	0.909091
宝鸡市	12.7	0.0	5.8	1.0	13.4	3.9	0.9	37.7	8.160173
咸阳市	8.5	0.0	2.8	0.9	7.4	7.5	0.8	27.9	6.038961
渭南市	32.4	0.0	2.0	3.6	12.8	13.6	2.7	67.1	14.52381
延安市	27.6	0.0	3.3	1.8	6.5	1.3	0.6	41.1	8.896104

续表

行政单位	河流水面（万亩）	湖泊水面（万亩）	水库水面（万亩）	坑塘水面（万亩）	内陆滩涂（万亩）	沟渠（万亩）	水工建筑用地（万亩）	小计（万亩）	百分比（%）
汉中市	40.9	0.0	7.8	4.5	11.0	6.1	1.5	71.9	15.56277
榆林市	42.6	5.9	8.2	4.1	20.4	7.2	1.5	89.8	19.43723
安康市	37.2	0.0	10.4	0.8	4.2	0.4	0.5	53.5	11.58009
商洛市	29.8	0.0	0.9	0.2	6.4	0.3	0.4	38.0	8.225108

由表 11-13 可知陕西省的水域及水利设施用地主要分布在陕南和陕北地区，其中陕南占全省用地面积的 35.36%，陕北占全省用地面积的 28.33%。

11.3.2.3 其他土地

其他土地包括空闲地、田坎、盐碱地、设施农用地、沼泽地、沙地、裸地。2017 年全省其他用土地 1031724.38 公顷，占土地总面积的 4.9%。

表 11-14 2017 年陕西省其他用地分布情况

行政单位	设施农用地（万亩）	田坎（万亩）	盐碱地（万亩）	沼泽地（万亩）	沙地（万亩）	小计（万亩）	百分比（%）
陕西省	30.5	316.4	19.5	4.6	101.4	472.4	100
西安市	3.3	7.1	0	0	0	10.4	2.201524
铜川市	1.7	6.6	0	0	0	8.3	1.756986
宝鸡市	3.1	21.8	0	0.1	0	25	5.292125
咸阳市	5.6	11.7	0	0.1	0	17.4	3.683319
渭南市	8	11.1	3.2	3.7	2.7	28.7	6.07536
延安市	1.5	35.7	0.1	0	0	37.3	7.895851
汉中市	0.6	48.7	0	0	0	49.3	10.43607
榆林市	5.3	82.6	16.1	0.7	98.8	203.5	43.0779
安康市	0.4	58.2	0	0	0	58.6	12.40474
商洛市	0.8	32.7	0	0	0	33.5	7.091448

其他土地的利用情况如表 11-14 所示，榆林的田坎、盐碱地以及沙地的面积都很广，这也说明陕北地区虽然农地面积比较广但是农地的质量比较差。设施农地关中地区的比例比较高，这也说明关中地区灌溉等农业基础条件比较好，农业建设投入比较高，农业基础设施建设时间比较悠久。

11.3.3 陕西省土地利用程度分析

11.3.3.1 土地利用程度的静态分析

土地利用程度反映了土地利用开发现状的深度和广度，常用的指标有：土地利用率、农用地利用率、土地耕殖率、建设用地比例、森林覆盖率和水面利用率等（见表 11–5）。

表 11–15 2017 年陕西省土地利用开发程度

单位：%

行政单位	土地利用率	土地耕殖率	森林覆盖率	水面利用率	农用地利用率	建设用地比例
陕西省	95.1	19.4	54.33	25.69	90.3	4.7
西安市	95.8	28.18	48.38	32.47	79.7	16.8
铜川市	95.2	25.48	52.35	33.33	88.9	6.4
宝鸡市	95.5	20.05	65.46	30.77	89.7	5.4
咸阳市	95.8	35.2	21.78	43.01	81.4	13.8
渭南市	93.2	44.89	15.85	32.64	82.0	11.7
延安市	95.8	10.03	57.75	17.03	90.1	2.7
汉中市	94.7	13.17	78.47	27.68	90.2	3.1
榆林市	93.6	24.54	28.65	23.39	88.5	4.3
安康市	94.3	14.56	78.11	22.62	91.8	2.3
商洛市	95.6	10.29	81.19	4.74	91.2	2.6

通过表 11–5 的分析可知陕西土地利用具有以下几个特征：

（1）土地利用率高，农业用地比重大。

截至 2017 年底，全省土地利用率达到 95.10%，未利用土地仅占 4.9%。土地主导用途为农业用地，农业土地利用率为 90.27%，远高于全国水平（68.11%），在各省（市、自治区）中处于最高水平。

（2）建设用地比例偏低且主要集中在几个重点城市。

截至 2017 年底，全省建设用地面积仅占土地总面积的 4.7%，所占比例远低于中东部及沿海经济发达省份（如北京市 21%、山东省 18%）和周边省份（如河南省 15%）。西安、咸阳、渭南等城市建设用地占本区域的比例均超过 10%，合计占全省建设用地总规模比例为 56.27%。

（3）土地利用结构区域差异显著。

关中以耕地和林地为主，占土地总面积比例分别为 19.4%、54.3%，陕北以林地、牧草地为主，占区域土地总面积比例分别为 42.06%、24.89%，区内富集煤炭、石油、天然气等资源，是全国重要的能源化工基地，工矿用地分布较多。陕南山区以林地为主，占区域土地总面积比例达到 78.96%，盆地、平坝区以水田耕地为主，是陕西主要的粮食产区之一。

（4）土地利用类型以林地为主且分布不均匀。

全省林地面积占总面积的 54.33%。其中陕南如汉中、安康、商洛的林地覆盖率均超过 70%。但是咸阳、渭南等地区林地面积比例均低于全省平均水平。

（5）水面利用率比例偏低。

全省水面利用率仅为 25.69%，但关中地区的水面利用率都超过 30%，明显高与其他区域。

11.3.3.2　土地利用程度综合指数分析

土地利用程度在反映土地自然特性过程中更重要地反映人类对土地资源的利用状况，这体现了土地利用的广度和深度。土地利用程度分为最低和最高两种，最低利用程度是使土地利用具有一定的社会属性即可；而最高利用程度的结果是人类活动，尤其是不合理的活动能使土地完全失去其自然属性功能，无法再继续进行土地的开发利用活动。为了在理想状态下为定量化研究土地利用程度提供量化基础，有学者已经提出过土地利用程度分级指数，其列出的分级指数如表 11–16 所示：

表 11–16　土地利用程度分级指数

土地利用类型	耕地	园地	林地	草地	城镇工矿用地	交通运输用地	水域及水利设施用地	其他用地
分级指数	3	2	3	2	4	4	2	1

以此种分级方法为基础，用式（11–5）计算某研究区域的土地利用程度综合指数。

$$L_t = 100 \times \sum_{i=1}^{n} A_i \times C_i \tag{11–5}$$

式中，A_i 为研究区域内第 i 类土地利用程度分级指数；C_i 为研究区域内第 i 类土地利用面积占土地总面积的百分比；n 为土地利用程度分级数；t 为年份。

表 11-17　2009~2017 年陕西省土地利用综合指数

土地类型	2009 年（%）	2013 年（%）	2017 年（%）	分级指数
耕地	19.44	19.41	19.37	3
园地	4.13	4.02	3.97	2
林地	54.62	54.48	54.31	3
草地	14.05	13.98	13.96	2
城镇工矿用地	3.39	3.67	3.998	4
交通运输用地	1.14	1.21	1.27	4
水域及水利设施用地	1.51	1.51	1.495	2
其他用地	1.17	1.19	1.63	1
土地利用综合指数	280.85	281.4	282.592	

结论：由表 11-17 可知，2009~2017 年陕西省土地利用综合指数逐渐变大，这说明陕西省土地开发利用程度是逐年增长的，与陕西省土地利用的实际情况一致。

11.3.4　陕西省土地利用结构的数量分析

11.3.4.1　陕西土地利用结构的动态分析

（1）全省土地利用结构的动态度分析。

我们利用陕西省 2008~2017 年土地利用情况分类面积的数据为研究样本，样本数据如表 11-8 所示，对陕西省土地利用结构的变化情况做动态度分析。

表 11-18　2008~2017 年陕西省土地利用情况

单位：万公顷

年份	耕地	园地	林地	草地	居民点及工矿用地	交通用地	水利用地	未利用地
2008	404.9	70.5	1035.4	306.6	70.3	6.5	4	100.3
2009	405	70.6	1035.4	306.4	71	6.6	4	99.7
2010	405	70.6	1035.4	306.4	71	6.6	4	99.7
2011	399.2	84.6	1122.6	220	73	8.6	3.6	102.7
2012	398.8	84.3	1121.9	288.1	74.5	24	31	33.5
2013	398.5	83.3	1121.1	287.8	76.6	24.4	31	33.5
2014	398.5	83.3	1121.1	287.8	76.6	24.4	31	33.5
2015	399.2	82.6	1120.3	287.4	77.6	24.8	31	33.4
2016	399.5	82	1119.4	285.4	80.1	25.6	30.8	33.4
2017	398.95	81.83	1117.19	287.1	81.05	25.9	30.8	33.42

资料来源：《陕西省统计年鉴》（2008~2017）。

（2）单一土地利用类型动态度分析。

单一土地利用类型动态度表达的是某一研究区域内一定时间范围内某种土地利用类型的数量变化情况，其表达式如式（11-6）所示：

$$K=\frac{(U_b-U_a)}{U_a}\times\frac{1}{T}\times 100\% \tag{11-6}$$

式中，K 为研究时段内某一土地利用类型的动态度，U_b、U_a 分别为研究期初和期末某一种土地利用类型的数量；T 为研究时段长度，当 T 的时段设置为年时，K 值就是该研究区某种土地利用类型的年变化率。

分别选取陕西省 2008 年、2011 年、2014 年及 2017 年的土地结构数据做动态度分析，分析结果如表 11-9 所示：

表 11-19　2008~2017 年陕西省土地利用变化情况

单位：万公顷

年份	耕地	园地	林地	草地	居民点及工矿用地	交通用地	水利用地	未利用地
2008	404.9	70.5	1035.4	306.6	70.3	6.5	4	100.3
2011	399.2	84.6	1122.6	220	73	8.6	3.6	102.7
2014	398.5	83.3	1121.1	287.8	76.6	24.4	31	33.5
2017	398.95	81.83	1117.19	287.1	81.05	25.9	30.8	33.42
2008~2011	–5.7	14.1	87.2	–86.6	2.7	2.1	–0.4	2.4
2011~2014	–0.7	–1.3	–1.5	67.8	3.6	15.8	27.4	–69.2
2014~2017	0.45	–1.47	–3.91	–0.7	4.45	1.5	–0.2	–0.08
2008~2017	–5.95	11.33	81.79	–19.5	10.75	19.4	26.8	–66.88

根据表 11-19 及式（11-6），可以计算出陕西省土地利用分类面积的年变化率，如表 11-20 所示：

表 11-20　2008~2017 年陕西省土地利用分类面积的年变化率

年份	耕地	园地	林地	草地	居民点及工矿用地	交通用地	水利用地	未利用地
2008~2011	–0.00469	0.066667	0.028073	–0.09415	0.012802	0.107692	–0.03333	0.007976
2011~2014	–0.00058	–0.00512	–0.00045	0.102727	0.016438	0.612403	2.537037	–0.2246
2014~2017	0.000376	–0.00588	–0.00116	–0.00081	0.019365	0.020492	–0.00215	–0.0008
2008~2017	–0.0049	0.05357	0.026331	–0.0212	0.050972	0.994872	2.233333	–0.22227

对陕西省土地利用变化率进行计算分析可得如下结论：

（1）耕地变化：2008~2017 年，陕西省耕地面积减少 5.95 万公顷，其中 2014~2017 年耕地面积偶有增长，但总的趋势是持续减少的，要守住 5414.2 万亩耕地红线有很大的挑战。

（2）园地、林地、草地变化：2008~2017 年园地面积增加了 11.33 万公顷，林地面积增加了 81.79 万公顷，草地面积减少了 19.5 万公顷。这说明陕西省封山育林已初见成效，陕西省总体生态环境是在一步一步改善，但草地面积的减少是否与过度放牧或草场退化有关需进一步研究。

（3）居民点、工矿、交通、水利用地变化：2008~2017 年，居民点及工矿用地增加了 10.75 万公顷，交通用地增加了 19.4 万公顷，水利用地增加了 26.8 万公顷。这说明 2008~2017 年是陕西省城镇化、工业化大发展的重要十年，重点加强了基础设施建设。交通水利设施的建设用地的增长率要明显高于其他用地类型的增长率。因为居民点、工矿、交通、水利等行业的建设需要大量的土地资源，这些行业相对于农业而言，土地资源的价格更高因而土地资源向这些行业转移。

（4）未利用土地的变化：2008~2017 年，未利用土地面积减少了 66.88 万公顷，这说明陕西社会的发展增加了对土地资源的需求从而提高了土地资源的开发强度，土地资源变得越来越稀缺。另一个方面也说明未来陕西可供开发的土地资源越来越少，提高现有土地的利用效率迫在眉睫。

11.3.4.2 各地区土地利用结构变化的动态度分析

根据数据狗下载陕西省各地区不同类型土地统计数据（2008~2017 年），对重点城市的土地利用结构做动态度分析。

（1）西安。

从表 11–21 可知，西安市的农用地面积是在持续减少的，建设用地面积（除

表 11–21 2008~2017 年西安地区土地利用结构动态变化情况

	耕地	园地	林地	草地	居民点及工矿用地	交通用地	水利用地	其他土地
变化总量（万亩）	–33.3	–6.5	–3.7	–0.4	37.4	5.9	–1.3	1.7
年均变化量（万亩）	–4.1625	–0.8125	–0.4625	–0.05	4.675	0.7375	–0.1625	0.2125
动态度 K（%）	–0.00918	–0.01682	–0.00064	–0.00141	0.026608	0.024748	–0.00506	0.024425

水域及水利用地外）是在持续增加的。特别是居民点和工矿用地增加的比例很高，这与西安市城市建设和经济发展有密切联系。这种变化趋势短期内类不会改变。

（2）咸阳。

表 11-22　2008~2017 年咸阳地区土地利用结构动态变化情况

	耕地	林地	草地	居民点及工矿用地	交通用地	水利用地	其他土地
变化总量（万亩）	-10.6	-1.9	-1.8	17.8	5.5	-0.6	2.1
年均变化量（万亩）	-1.325	-0.2375	-0.225	2.225	0.6875	-0.075	0.2625
动态度 K（%）	-0.00242	-0.00071	-0.0012	0.015136054	0.017628	-0.00263	0.017157

咸阳的用地特征和西安类似，建设用地在持续增加，农用地在持续减少。

（3）宝鸡。

表 11-23　2008~2017 年宝鸡地区土地利用结构动态变化情况

	耕地	园地	林地	草地	居民点及工矿用地	交通用地	水利用地	其他土地
变化总量（万亩）	-3.4	-3.6	-5.4	-2	11.7	2.6	-1.4	1.1
年均变化量（万亩）	-0.425	-0.45	-0.675	-0.25	1.4625	0.325	-0.175	0.1375
动态度 K（%）	-0.00078	-0.00694	-0.00038	-0.00185	0.015046296	0.010093	-0.00448	0.005753

用地特征和西安类似，建设用地在持续增加，农用地在持续减少。

（4）渭南。

表 11-24　2008~2017 年渭南地区土地利用结构动态变化情况

	耕地	园地	林地	草地	居民点及工矿用地	交通用地	水利用地	其他土地
变化总量（万亩）	6.9	-9	-2.2	-10.4	10.9	3	1	-0.3

续表

	耕地	园地	林地	草地	居民点及工矿用地	交通用地	水利用地	其他土地
年均变化量（万亩）	0.8625	-1.125	-0.275	-1.3	1.3625	0.375	0.125	-0.0375
动态度 K（%）	0.001002907	-0.004134509	-0.000891988	-0.006592292	0.008287713	0.008223684	0.001891074	-0.001293103

用地特征和西安类似，建设用地在持续增加，农用地在持续减少。

（5）铜川。

表 11-25　2008~2017 年铜川地区土地利用结构动态变化情况

	耕地	园地	林地	草地	居民点及工矿用地	交通用地	水利用地	其他土地
变化总量（万亩）	-1	-0.6	-2	-0.8	2.4	1.3	0.3	0.2
年均变化量（万亩）	-0.125	-0.075	-0.25	-0.1	0.3	0.1625	0.0375	0.025
动态度 K（%）	-0.00084289	-0.002483444	-0.000820749	-0.001890359	0.011952191	0.019345238	0.009615385	0.00308642

用地特征和西安类似，建设用地在持续增加，农用地在持续减少。

（6）延安。

表 11-26　2008~2017 年延安市土地利用结构动态变化情况

	耕地	园地	林地	草地	居民点及工矿用地	交通用地	水利用地	其他土地
变化总量（万亩）	14.5	-11	-18.6	1.5	8.3	4.2	-0.7	1.1
年均变化量（万亩）	1.8125	-1.375	-2.325	0.1875	1.0375	0.525	-0.0875	0.1375
动态度 K（%）	0.00335	-0.0058	-0.00072	0.00014	0.01199422	0.010155	-0.00209	0.003798

和西安的用地特征有所区别，耕地和草地面积增加，居民点和工矿用地、交通用地增加，其他用地类型面积有减少趋势。

（7）榆林。

表 11–27　2008~2017 年榆林地区土地利用结构动态变化情况

	耕地	园地	林地	草地	居民点及工矿用地	交通用地	水利用地	其他土地
变化总量（万亩）	25.2	–1.9	–28.6	–23.6	25.3	9.9	–0.7	–5.5
年均变化量（万亩）	3.15	–0.2375	–3.575	–2.95	3.1625	1.2375	–0.0875	–0.6875
动态度 K（%）	0.002039363	–0.000842796	–0.001920494	–0.001343046	0.019028279	0.016566265	–0.000966851	–0.003289474

建设用地增加，农用地中耕地面积有所增加，其他用地类型面积有减少趋势。

（8）汉中。

表 11–28　2008~2017 年汉中市土地利用结构动态变化情况

	耕地	园地	林地	草地	居民点及工矿用地	交通用地	水利用地	其他土地
变化总量（万亩）	–4.3	–1.5	–12.1	2.6	12.1	2.5	–0.1	0.3
年均变化量（万亩）	–0.5375	–0.1875	–1.5125	0.325	1.5125	0.3125	–0.0125	0.0375
动态度 K（%）	–0.001	–0.00412	–0.00047	0.005613	0.018719059	0.010348	–0.00017	0.000765

建设用地增加，农用地中草地面积有所增加，其他用地类型面积有减少趋势。

（9）安康。

表 11–29　2008~2017 年安康地区土地利用结构动态变化情况

	耕地	园地	林地	草地	居民点及工矿用地	交通用地	水利用地	其他土地
变化总量（万亩）	–0.5	–2.6	–13.1	8.4	5.9	1.1	–0.1	0.4
年均变化量（万亩）	–0.0625	–0.325	–1.6375	1.05	0.7375	0.1375	–0.0125	0.05
动态度 K（%）	–0.0001219	–0.011948529	–0.000592932	0.024822695	0.014517717	0.006425234	–0.000233209	0.000859107

和汉中类似，建设用地增加，农用地中草地面积有所增加，其他用地类型面积有减少趋势。

（10）商洛。

表 11-30　2008~2017 年商洛地区土地利用结构动态变化情况

	耕地	园地	林地	草地	居民点及工矿用地	交通用地	水利用地	其他土地
变化总量（万亩）	-5.7	-0.7	-2.1	0.5	5.6	1	0.9	0.2
年均变化量（万亩）	-0.7125	-0.0875	-0.2625	0.0625	0.7	0.125	0.1125	0.025
动态度 K（%）	-0.00232312	-0.003615702	-0.000110452	0.000729288	0.013461538	0.006830601	0.003032345	0.000750751

建设用地增加，农用地中草地面积有所增加，其他用地类型面积有减少趋势。

11.3.4.3　陕西省土地利用结构的多样化指数分析

（1）全省各年土地利用结构的多样化指数分析。

多样化指数分析的目的在于揭示区域内各种土地利用类型的齐全程度或多样化状况，这里采用吉布斯·马丁（Gibbs-Mirtin）多样化指数来度量。当土地利用结构类型的面积相等时，多样化指数达到理论上的最大值。土地利用结构化指数越大，土地利用均衡度越大。计算公式如式（11-7）所示：

$$GM = 1 - \sum_{i=1}^{n} f_i^2 \Big/ \left(\sum_{i=1}^{n} f_i \right)^2 \tag{11-7}$$

式中，GM 为多样化指数，f_i 为第 i 中土地利用类型的面积。若某一区域只有一种土地，则多样化指数为 0；如果土地均匀分布在各种类型中，则多样化指数为 1。因此，可以利用 GM 衡量某一地区土地利用类型的齐全程度。根据陕西省 2008~2017 年土地利用类型的统计数据（见表 11-16），计算出陕西省各年的土地利用多样化指数（见表 11-31）。

表 11-31　2008~2017 年陕西省土地利用 GM 指数

单位：%

年份	Σf_i^2	$(\Sigma f_i)^2$	$\Sigma f_i^2/(\Sigma f_i)^2$	GM
2008	1350031	3994002	0.338015	0.661985
2009	1349984	3994802	0.337935	0.662065

续表

年份	$\sum f_i^2$	$(\sum f_i)^2$	$\sum f_i^2/(\sum f_i)^2$	GM
2010	1349984	3994802	0.337935	0.662065
2011	1491112	4057404	0.367504	0.632496
2012	1516019	4227547	0.358605	0.641395
2013	1513981	4227958	0.358088	0.641912
2014	1513981	4227958	0.358088	0.641912
2015	1512568	4228370	0.357719	0.642281
2016	1509969	4227958	0.357139	0.642861
2017	1505703	4228123	0.356116	0.643884

从多样化指数来看，2008 年 GM 的值为 0.6619，2017 年多样化指数为 0.6438。从 2008 年到 2017 年多样化指数减少 0.0181。说明近十年内，陕西省土地利用类型总体保持稳定，土地利用结构变化幅度较小。

（2）分区域土地利用的多样化指数分析。

我们以 2017 年陕西省分区域土地利用类型数据为依据，计算分区域的多样化指数，基础数据如表 11-32 所示：

以表 11-32 的数据为依据，计算陕西省各区域土地利用的多样化指数，可得陕西省各区域的多样化指数及排名如表 11-33 所示。

由表 11-33 可知，土地利用类型与人类活动和经济发展，产业发展有密切联系，一般说来，经济发展水平越高，土地利用越均衡的区域，多样化指数排名越靠前，土地利用越单一，经济发展相对落后的区域多样化指数越靠后。从陕西省各地区的多样化排名分布来看区域特征还是比较明显的。关中地区多样化指数比较靠前，陕南的多样化指数比较靠后，陕北地区居中。榆林地区靠前可能与该地区是中国的能源基地、重化工业建设、工矿用地比较多有关系。陕南地区主要以山地为主，森林覆盖率很高，经济发展相对落后。

（3）陕西省土地利用结构的集中化分析。

测量土地利用结构的集中化程度的方法有两种：一是洛伦兹（Lorenz）曲线；二是集中化指数。二者有密切联系且结论一致。

1）洛伦兹曲线。

20 世纪初，意大利统计学家洛伦兹（M. Lorenz）首先使用累计频率曲线研

表 11-32 2017 年陕西省各区域土地利用类型及占该区域的比例统计

单位：万元，%

	耕地	园地	林地	草地	城镇村及工矿用地	交通运输用地	水域及水利设施用地	其他土地	合计
陕西省	5984.2	1227.4	16757.9	4306.5	1183.1	388.3	462	472.4	30781.8
	0.194407	0.039874	0.544409	0.139904	0.038435049	0.012614597	0.015008869	0.015346731	1
西安市	419.9	41.8	720.9	35.1	213.1	35.7	30.8	10.4	1507.7
	0.278504	0.027724	0.478146	0.02328	0.141341116	0.023678451	0.020428467	0.006897924	1
铜川市	147.3	29.6	302.6	52.1	27.5	9.7	4.2	8.3	581.3
	0.253398	0.05092	0.520557	0.089627	0.047307758	0.016686737	0.007225185	0.014278342	1
宝鸡市	540.8	61.2	1765.1	133.2	108.9	34.8	37.7	25	2706.7
	0.1998	0.022611	0.652123	0.049211	0.040233495	0.012856985	0.0139284	0.009236339	1
咸阳市	537.4	233.4	332.5	185.1	164.8	44.5	27.9	17.4	1543
	0.348283	0.151264	0.215489	0.119961	0.106804925	0.028839922	0.018081659	0.011276734	1
渭南市	866.9	263.1	306.1	186.8	175.3	48.6	67.1	28.7	1942.6
	0.446258	0.135437	0.157572	0.09616	0.090239885	0.025018017	0.034541336	0.014774014	1
延安市	555.6	226.2	3197.4	1343.8	94.8	55.9	41.1	37.3	5552.1
	0.10007	0.040741	0.57589	0.242035	0.01707462	0.010068262	0.007402604	0.006718179	1
汉中市	533.4	44	3177.3	60.5	92.9	32.7	71.9	49.3	4062
	0.131315	0.010832	0.782201	0.014894	0.022870507	0.008050222	0.01770064	0.012136878	1
榆林市	1569.8	279.9	1832.9	2172.9	191.5	84.6	89.8	203.5	6424.9
	0.244331	0.043565	0.285281	0.3382	0.029805911	0.01316752	0.013976871	0.031673645	1
安康市	512.2	24.6	2748.6	50.7	56.7	22.5	53.5	58.6	3527.4
	0.145206	0.006974	0.779214	0.014373	0.016074162	0.006378636	0.015166979	0.016612803	1
商洛市	301	23.5	2374.5	86.2	57.6	19.3	38	33.5	2933.6
	0.102604	0.008011	0.809415	0.029384	0.019634579	0.006578947	0.012953368	0.011419416	1

资料来源：数据狗下载。

表 11-33　陕西省各区域的多样化指数及排名

	咸阳	榆林	渭南	西安	铜川	延安	宝鸡	安康	汉中	商洛
指数	0.78823	0.7404	0.7383	0.6715	0.6514	0.5976	0.5298	0.3707	0.3695	0.3327
排名	1	2	3	4	5	6	7	8	9	10

究工业化的集中化程度。因此，这种曲线就被称为洛伦兹曲线。过程如下：

①根据土地调查数据分别计算出某一地区不同土地类型占地面积的百分比。

②将百分比由大到小排列，计算累计百分比。

③以自然序号为横坐标（x），累计百分比为纵坐标（y）；以（部门代码，累计百分比）为坐标点，连成一个上凸的曲线，即洛伦兹曲线。

④根据累计百分比绘出各地区的洛伦兹曲线，并对曲线进行比较。

我们以 2016 年西安市土地利用结构为例来计算其洛伦兹曲线。

①计算西安市土地利用类型占该市比重。

表 11-34　西安市土地利用类型及其占该市总面积的比重

单位：%

地类代码	土地类型	土地面积	占该市总面积比重
1	耕地	419.9	27.85
2	园地	41.8	2.77
3	林地	720.9	47.81
4	草地	35.1	2.33
5	城镇及工矿用地	213.1	14.13
6	交通运输用地	35.7	2.37
7	水域及水利设施用地	30.8	2.04
8	其他土地	10.4	0.7
9	合计	1507.7	100

②将百分比由大到小排列，计算累计百分比。

表 11-35　西安市土地利用类型百分比及累计百分比

自然排序	地类代码	土地类型	土地面积	占该市总面积比重	累计百分比
1	3	林地	720.9	47.81	47.81
2	1	耕地	419.9	27.85	75.66
3	5	城镇及工矿用地	213.1	14.13	89.79

续表

自然排序	地类代码	土地类型	土地面积	占该市总面积比重	累计百分比
4	2	园地	41.8	2.77	92.56
5	6	交通运输用地	35.7	2.37	94.93
6	4	草地	35.1	2.33	97.26
7	7	水域及水利设施用地	30.8	2.04	99.3
8	8	其他土地	10.4	0.7	100
		合计	1507.7	100	

③画洛伦兹曲线。

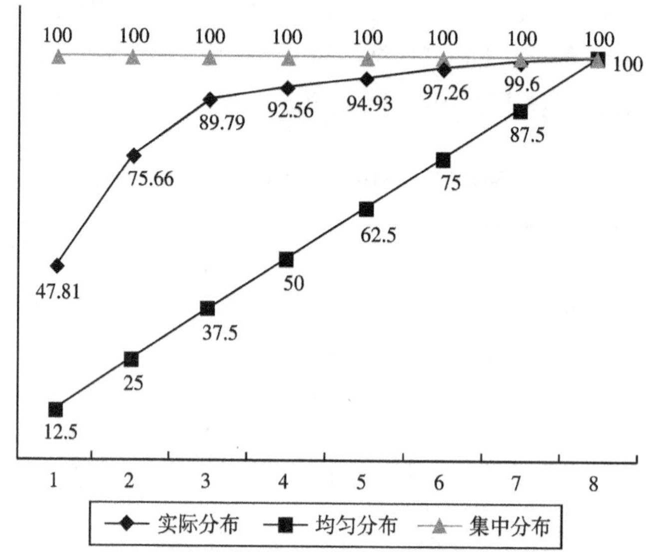

图 11-1 西安市土地利用类型累计百分比的洛伦兹曲线

④各地区的洛伦兹曲线比较。

表 11-36 陕西省各地区土地类型在该区域的累计分布情况

西安	咸阳	渭南	宝鸡	铜川	榆林	延安	汉中	安康	商洛
47.81	34.82	44.63	65.21	52.06	33.82	57.59	78.22	77.92	80.94
75.66	56.37	60.39	85.19	77.4	62.35	81.79	91.35	92.44	91.2
89.79	71.63	73.93	90.11	86.36	86.78	91.8	93.64	94.1	94.14
92.56	83.62	83.55	94.13	91.46	91.13	95.87	95.41	95.71	96.1
94.93	94.3	92.57	96.39	96.19	94.3	97.58	96.9	97.23	97.4

续表

西安	咸阳	渭南	宝鸡	铜川	榆林	延安	汉中	安康	商洛
97.26	97.18	96.02	97.78	97.86	97.28	98.59	98.11	98.67	98.54
99.3	98.57	98.52	99.06	99.29	98.68	99.33	99.19	99.36	99.34
100	100	100	100	100	100	100	100	100	100

根据表 11-36，我们可以绘出各区域累计分布的洛伦兹曲线（见图 11-2）。如果某一地区只有一种土地类型，则多样化指数为 0，称为绝对集中；如果土地均匀分布在各种类型中，则多样化指数为 1，称为绝对均匀。因此，一般情况洛伦兹曲线分布于均匀分布和集中分布之间，越靠近集中分布，集中度也高；越靠近均匀分布，集中度越低。因此由图可知，集中度的排序为：

商洛 > 安康 > 汉中 > 宝鸡 > 延安 > 铜川 > 西安 > 榆林 > 渭南 > 咸阳。

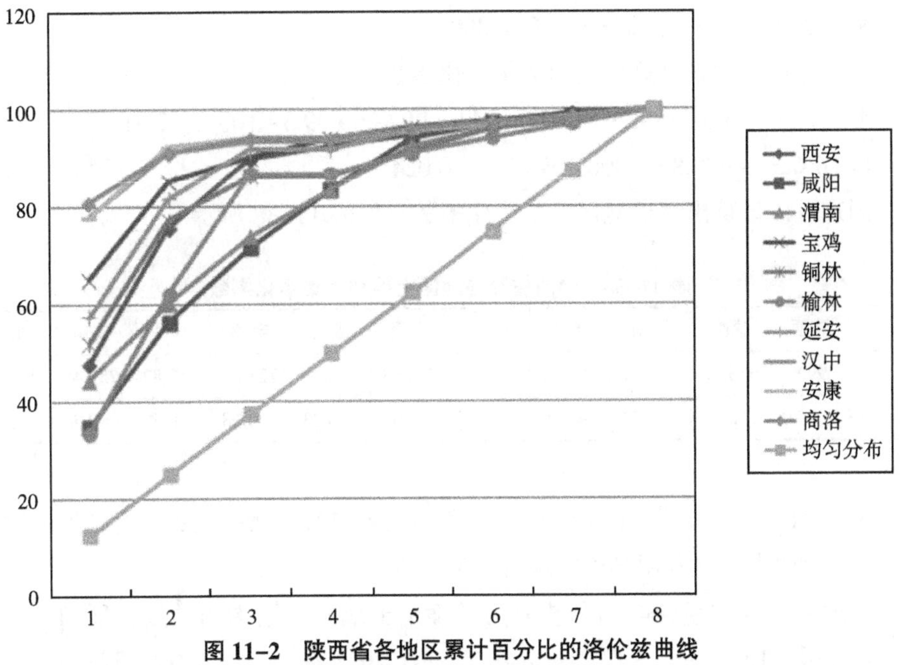

图 11-2　陕西省各地区累计百分比的洛伦兹曲线

2）集中化指数。

集中化指数是精确地度量、分析区域土地利用集中化程度的一个指标。集中化指数越小，说明集中化程度越高。常用的计算为式（11-8）：

$$I_i = (A_i - R) / (M - R) \tag{11-8}$$

式中，I_i为第 i 个区域的土地利用集中化指数，A_i为第 i 个区域各种土地类型累计百分比之和。R 为高一层次区域（此处为陕西省）各种土地利用类型的累计百分比之和，以 R 作为衡量集中化程度的基准。M 为集中分布时的累计百分比之和。

表 11-37　陕西省土地类型比例分布及累计分布

单位：%

	林地	耕地	草地	园地	城镇及工矿用地	其他	水利用地	交通
比例	54.44	19.5	13.99	4	3.84	1.53	1.5	1.25
累计分布	54.44	73.88	87.88	91.88	95.72	97.25	98.75	100

$$R = 54.44 + 73.88 + 87.88 + 91.88 + 95.72 + 97.25 + 98.75 + 100 = 699.8$$

$$M = 100 + 100 + \cdots + 100 = 8 \times 100 = 800$$

以西安市为例来计算西安市的集中化指数：

$$A = 47.81 + 75.66 + 89.79 + 92.56 + 94.93 + 97.26 + 99.3 + 100 = 697.31$$

$$I = (697.31 - 699.8) / (800 - 699.8) = -0.0248$$

同理可以计算出其他地区的集中化指数，如表 11-38 所示。

表 11-38　陕西省及各地区土地利用集中化指数

	陕西	咸阳	渭南	榆林	西安	铜川	延安	宝鸡	汉中	安康	商洛
A	699.8	636.49	649.61	664.34	697.31	700.63	722.55	727.85	752.82	755.43	757.66
I	0.00	-0.63	-0.50	-0.35	-0.02	0.01	0.23	0.28	0.53	0.56	0.58

由表 11-38 可知，计算的集中化指数的结果与洛伦兹曲线的分析结果一致。

（4）陕西省土地利用结构的组合类型分析。

土地数量结构组合类型分析是为了确定土地利用结构的类型特征和主要类型。这里采用威弗—托马斯（Weaver-Tomas）组合系数法。该方法是把土地的实际分布（实际相对面积百分比）与假设分布（假设相对面积百分比）相比较，然后逐步逼近实际分布，得到一个最接近实际分布的近似分布，这种分布的组合类型即为所求的组合类型。其步骤为：

1）把各种土地类型按面积相对比例由大到小的顺序排列。

2）假设土地只分配给一种类型，这种类型的假设分布为 100 %，其他类型的假设分布为 0；若仅分配给前两种类型，这两种类型的假设分布为 50 %，其他类型的假设分布为 0；以此类推，如果土地均匀分配给 9 种类型，则假设分布为 11.11%。

3）计算和比较每一种假设分布与实际分布之差的平方和（组合系数）。

4）选择假设分布与实际分布之差的平方和最小的假设分布组合类型（最小组合系数所对应的组合类型），该组合类型即为区域土地组合类型。

以西安市土地类型比例为例计算该区域的土地组合系数。假设土地分配给两种类型，即林地和耕地，计算结果如表 11-39 所示。

表 11-39　西安市土地类型假设服从两种分布下的组合系数

	林地	耕地	城镇及工矿	园地	交通	草地	水利	其他	平方和
比例（T）	0.4781	0.2785	0.1413	0.0277	0.0237	0.0233	0.0204	0.007	
假设（U）	0.5	0.5	0	0	0	0	0	0	
T-U	-0.0219	-0.2215	0.1413	0.0277	0.0237	0.0233	0.0204	0.007	
（T-U）的平方	0.0005	0.0491	0.0199	0.0007	0.0006	0.0005	0.0004	0.00005	0.0718

不同假设分布下的组合系数如表 11-40 所示。

表 11-40　西安市不同假设分布比例下的组合系数

	林地	林地—耕地	林地—耕地—工矿	林地—耕地—工矿—园地	林地—耕地—工矿—园地—交通
假设分布比例	1	0.5	0.333	0.25	0.2
组合系数	0.3722	0.0718	0.0631	0.1156	0.1487

通过表 11-40 可知组合系数最小的是：林地—耕地—城镇及工矿用地，该组合类型即为西安市的土地组合类型。

根据上述方法，计算出陕西省及各地区的土地利用组合系数，并由此确定其组合类型（见表 11-41）。

表 11–41　陕西省及各地区的土地利用组合系数与土地利用组合类型

区域	组合系数	组合类型数	组合类型
陕西省	0.1048	3	林地—耕地—草地
西安	0.0631	3	林地—耕地—城镇及工矿用地
咸阳	0.0406	5	耕地—林地—园地—草地—城镇及工矿用地
渭南	0.0915	5	耕地—林地—园地—草地—城镇及工矿用地
宝鸡	0.1182	2	林地—耕地
铜川	0.0746	2	林地—耕地
榆林	0.0143	3	草地—林地—耕地
延安	0.0845	2	林地—草地
汉中	0.2169	2	林地—耕地
安康	0.2049	2	林地—耕地
商洛	02553	2	林地—耕地

从表 11–41 可知：

①陕西土地利用类型主要以农用地为主，农用地中主要以林地和耕地为主。

②土地利用类型区域特征明显。以农用地—城镇及工矿用地为主要特征的区域主要分布在关中地区，如西安、咸阳和渭南。草地—林地为主要用地特征的区域主要在陕北。以林地—耕地为主要特征的区域主要分布在陕南。

③各地区土地利用组合类型比较单一，最多 4 种，最少只有 2 种。土地利用特征和经济发展水平之间存在密切联系。一般情况下，土地利用类型越单一经济发展水平越低。用地类型越多，经济发展水平越高。西安、咸阳、渭南、榆林应该在陕西经济发展水平中处于前列。而陕南的经济发展水平相对落后，但林地资源十分丰富，习近平主席说"绿水青山就是金山银山"，所以适合大力发展旅游业。

（5）陕西省各地区土地利用区位指数分析。

利用区位指数分析区域土地的意义在于其可以反映某一地区各种土地相对于高层次区域空间的相对聚集程度。区位指数是综合性指标，计算为式（11–9）：

$$Q_i=(f_i/\sum f_i)(F_i/\sum F_i) \tag{11–9}$$

式中，Q_i 为区位指数，f_i 为区域内第 i 种土地的面积，F_i 为高层区域（陕西省）第 i 种土地的面积。$\sum f_i$ 为该区域内各种土地类型的面积之和，$\sum F_i$ 为高层次区域内的各种土地利用类型的面积之和，若 $Q_i>1$，则该种土地具有区位意义。根据式（11-9），计算出陕西省各地区各类用地的区位指数。

表 11-42　陕西省及各地区土地利用的区位指数

地类 区域	耕地	园地	林地	草地	城镇及工矿用地	交通运输用地	水域及水利设施用地	其他土地
陕西省	1	1	1	1	1	1	1	1
西安	1.4326	0.6953	0.8783	0.1664	3.6774	1.8771	1.3611	0.4495
咸阳	1.7915	3.7935	0.3958	0.8575	2.7788	2.2862	1.2047	0.7348
渭南	2.2955	3.3966	0.2894	0.6873	2.3479	1.9833	2.3014	0.9627
宝鸡	1.0277	0.567	1.1978	0.3517	1.0468	1.0192	0.928	0.6018
铜川	1.3034	1.277	0.9562	0.6406	1.2308	1.3228	0.4814	0.9304
榆林	1.2568	1.0926	0.524	2.4174	0.7755	1.0438	0.9312	2.0639
延安	0.5147	1.0217	1.0578	1.73	0.4442	0.7981	0.4932	0.4378
汉中	0.6755	0.2717	1.4368	0.1065	0.595	0.6382	1.1793	0.7908
安康	0.7469	0.1749	1.4313	0.1027	0.4182	0.5057	1.0105	1.0825
商洛	0.5278	0.2009	1.4868	0.21	0.5109	0.5215	0.863	0.7441

分析以上土地利用的区位指数表我们可得出如下结论：

1）具有耕地区位优势的土地利用类型主要分布在关中平原和陕北的部分地区如榆林等；

2）具有园地区位优势的地区包括咸阳、渭南、铜川、榆林、延安，这几个地区也是陕西省主要的水果产区；

3）具有林地优势的地区主要分布在陕南，还包括宝鸡和延安的部分地区；

4）具有草地优势的地区主要分布在陕北；

5）具有城镇及工矿用地、交通运输用地优势的地区主要分布在关中平原，包括西安、咸阳、渭南、宝鸡和铜川；

6）具有水域及水利用地区位优势的地区主要分布在关中和陕南，包括西安、咸阳、渭南、汉中和安康；

7）未利用地主要分布在陕南和陕北的部分地区。

11.4 陕西省土地利用结构多目标规划模型的建立

设计数学模型是整个土地利用结构优化的最主要阶段。综合考虑影响土地利用结构的有关因素，设定变量和参数，按规划要求和规划目标设立数学表达式，求解达到规划目标要求时的一组或几组满意解，这就是土地利用优化建模的过程。数学规划的模型很多，一般都由目标函数和约束条件两部分组成，规划意味着在给定的约束条件下寻求达到最佳目标的解。我们根据陕西省土地利用结构的特征，经济发展目标和相关的土地政策，利用陕西省的土地的历史数据和灰色系统理论估计参数，试图将灰色线性规划和多目标规划结合起来，构建灰色多目标动态规划（GMDP）模型。

11.4.1 灰色多目标动态规划模型的设计

具体的建模思想和建模过程如下：

11.4.1.1 灰色多目标规划模型的含义

很多优化问题都可以通过多目标线性规划模型来解决，但是现实世界中，由于问题的复杂性，调查的成本问题和决策人的认知水平限制等，关于其参数的信息往往是不精确的和不完备的，决策人只能根据已有的部分信息来作出判断和选择。模糊数学方法和灰色系统理论是解决信息不完备条件下参数估计的有效方法，但灰色系统理论不同于模糊数学理论，灰色系统理论着重外延明确，内涵不明的研究对象，而模糊数学理论在研究外延不明确，内涵明确的研究对象时更有优势。土地利用结构的灰色多目标模型的主体结构是多目标线性规划模型，只是目标函数或约束条件的参数将由灰色系统理论来估计，由此得到的土地利用多目标规划模型称为灰色多目标规划模型（GMDP）。

11.4.1.2 灰色多目标动态规划模型的设计思想

GMDP 是多目标规划和灰色系统理论的结合。实际问题中目标函数和约束条件都具有不同形式的不确定性，这类不确定性被定义为“灰色”，与确定的“白”和“黑”相对应。灰色系统理论认为，由灰变白不是绝对的，而是相对的，因此在建模、预测、决策和数据分析中存在灰数，并把预测和决策目标锁定在某一范围的灰平面内或灰靶上的满意区间内。灰色多目标规划模型就是要利用灰色系统理论来确定土地利用规划建模中那些难以确定的参数区间，在这些参数区间范围内，结合土地利用多目标线性规划模型，对土地利用结构进行优化。在这一过程中，能够把定性和定量分析结合起来，通过求解灰色多目标规划模型，能够得到几组满意解，也就是若干个土地利用结构的优化方案，通过对优化方案的评价，可以预测出未来土地利用的发展方向。

11.4.1.3　灰色多目标动态规划模型的具体形式

定义一　根据已知信息，仅能确定其取值范围的数称为灰数，记为$\otimes(a)$。补充信息后，灰数取值转化为一确定值，该值称为灰数的白化值。已知灰信息下，其取值范围区间记为 $[\bar{a}, a]$，即$\otimes(a) \in [\bar{a}, a]$。

定义二　多目标线性规划模型：

$$\text{opti}\left\{Z_i = \sum^{n} p_i(w_i^+ d_i^+ + w_i^- d_i^-)\right\}$$

$$\text{s.t.}\begin{cases} f(x_j) + d_i^+ - d_i^- = b_i, \\ x_j \geqslant 0, \ j=1, 2, 3, \cdots, n \\ p_i, d_i^+, d_i^-, w_i^+, w_i^- \geqslant 0, \ i=1, 2, 3, \cdots, m \end{cases} \tag{11-10}$$

式中，x_j 为第 j 个决策变量，d_i^+、d_i^- 分别为正的偏差变量和负偏差变量，p_i 为第 i 个约束条件的优先级，w_i 为同一优先级中不同目标的权系数。

定义三　灰色多目标动态规划模型的基本形式：

（1）目标函数：

$$\min = \sum_{i=1}^{n} p_i \sum_{j=1}^{m}(w_{ij}^- d_i^- + w_{ij}^+ d_i^+) \tag{11-11}$$

（2）目标函数约束：

$$\sum_{i=1}^{n} \otimes(c_{ij})x_j + d_i^- - d_i^+ = e_i \ (i=1, 2, \cdots, m) \tag{11-12}$$

（3）原约束条件：

$$\sum_{i=1}^{n} \otimes(a_{ij})x_j \leqslant (\text{or} \geqslant, \ \text{or} =) \otimes(b_i) \ (i=1, 2, \cdots, m) \tag{11-13}$$

（4）决策变量 x_j 及偏差变量约束：

$$x_j \geqslant 0 \ (j=1, \cdots, 2, \cdots, n)$$

$$d_i^- - d_i^+ \geqslant 0 \ (j=1, \cdots, 2, \cdots, m) \tag{11-14}$$

式中，w_{ij}^-，w_{ij}^+为权系数；p_i为优先级别；d_i^-、d_i^+为正负偏差；x_j为决策变量；$\otimes(c_i)$，$\otimes(a_{ij})$为决策变量系数；e_j为目标期望值；$\otimes(b_i)$为约束条件边界值。$\otimes(c_{ij})$、$\otimes(b_i)$，$\otimes(a_{ij})$为灰色参数系数，应用GM（1，1）模型预测可得。

11.4.2 陕西省土地利用结构与人口承载力的关系

在建模之前，我们需要厘清土地利用结构和人口承载力之间的逻辑关系，为建模提供理论基础。土地利用结构与人口承载力之间的关系从经济学的角度来分析就是供给与需求的关系。从人口承载力对土地利用结构影响的角度看，是人口数量的变化对农用地和建设用地数量的不同需求而导致了土地利用结构的变化：

（1）人口数量的增加和人均生活水平的提高必然导致对粮食的需求增加，在亩产不变的情况下必然导致对可耕地需求的增加，从而改变土地利用结构；

（2）人民群众对不断增长的物质和文化需要会导致对建设用地的需求增加，从而改变土地的利用结构；

（3）人民群众对生活环境质量需求的增加会导致林地、园地、草地的面积的变化，从而改变土地利用结构。

从土地利用结构对人口承载力影响的角度来看，是土地利用结构的变化提供不同的粮食供给量和生态生活供给量，从而影响人口承载力，即一个区域内的理想的人口数量，这个人口数量有助于区域的可持续发展。土地利用结构对人口承载力的直接影响来源于以下两个方面：

（1）从人粮关系承载力角度考虑，土地利用结构的变化直接关系到粮食产量的高低。在一定区域内，亩产量不变的情况下，耕地面积的减少必然导致粮食产量的减少，从而直接导致区域内人口承载力的下降。

（2）从生态足迹和生态承载力角度考虑，生态足迹和生态承载力的计算主要考虑土地利用的六种类型：可耕地、林地、草地、化石燃料土地、建筑用地和水域。这六种类型也正是我们土地利用结构中所包含的土地类型的一部分。这六种类型利用面积的变化直接导致人口生态承载力的变化。

土地利用结构对人口承载力的间接影响源于土地资源的经济价值、社会价值和生态价值。不同的土地类型资源价值内涵不同（见表11-43）。比如，在城市内部用地结构中，如果工业用地偏大，生活设施用地不足，就会极大降低城市居民的生活质量。因此，调整城市用地结构就能改善居民生活条件。土地利用结构的变化不仅仅反映在农业用地内部结构的变化，同时还会通过对产业结构的影响来改变建设用地规模，从而改变本区域人口承载力。

表 11–43 各类土地资源的价值构成

价值构成地类	经济价值	生态价值	社会价值
耕地	种植业产出	气候调节、涵养水源、土壤保持	社会保障（提供粮食、蔬菜等）、科研就业
园地、林地	林产品及林副产品	气候调节、涵养水源、土壤保持、净化环境、防风固沙	休闲、娱乐、科研、就业
牧草地	畜牧业产品、植物	碳蓄积与碳汇、气候调节、涵养水源、土壤保持	娱乐科研、就业、粮食安全
居民点、工矿用地	居住、生产与工作	栖息地、小气候调节、涵养水源、土壤保持、净化环境、物质循环	娱乐科研、就业、生活
交通水利用地	交通运输与灌溉	温室效益、空气污染、噪声污染	就业，防洪、供水，流通
水域用地	渔业生产、旅游业	涵养水源、栖息地，废弃物处理，污染净化	休闲娱乐、文化科研
其他用地	物质生产，生物多样性	蓄水供水、水分调节、大气净化等	休闲娱乐、文化科研、生物多样性等

本书采用灰色多目标动态规划（GMDP）来优化陕西省土地利用结构，GMDP 以灰色线性规划和多目标规划为基础，是灰色线性规划和多目标规划的结合和发展。模型设计以《陕西省“十二五”土地利用专项规划》和《陕西省“十三五”土地资源保护与开发利用规划》为指导方针，土地结构优化的目标是满足生态—经济—社会效益的最大化。由于“十三五”即将结束（到 2020 年为止），陕西省即将制订“十四五”土地资源开发与保护规划，因此，我们以《2018 年陕西省自然资源统计汇总》基础数据为依据，在学习《陕西省“十三五”土地资源保护与开发利用规划》的基础上，研究规划期（2017~2025）土地利用结构与人口承载力之间的数量关系，为未来制定陕西省土地开发利用与保护“十四五”规划提供借鉴。

11.4.3 陕西省土地利用结构灰色多目标规划模型的建立

11.4.3.1 陕西省土地利用灰色多目标规划模型决策变量的选择

决策变量的选择我们根据陕西省土地资源利用的特点和《陕西省“十三五”土地资源保护与开发利用规划》提供的土地利用结构数据为依据，综合考虑目标函数效益系数的可获得性，设置了 8 个变量，如表 11-44 所示。

表 11-44　多目标规划模型变量设置

变量	用地类型	生态服务价值（g_i）
X_1	耕地	407.6
X_2	园地	427.1
X_3	林地	1289.0
X_4	牧地	427.1
X_5	城镇及工矿用地	0.00
X_6	交通运输用地	0.00
X_7	水域及水利设施用地	0.00
X_8	其他土地	2280.35

资料来源：《陕西省统计年鉴（2018）》。

11.4.3.2　陕西省土地利用多目标规划模型约束条件的设立

约束条件的设置对目标函数值的实现具有十分重要的意义。根据《陕西省“十三五”土地资源保护与开发利用规划》提出的土地规划目标要求，我们综合考虑陕西的土地资源、生态、经济、社会、人口等各个方面的因素，结合数据的可获得性，设置了如下十种约束条件（见图 11-3）。

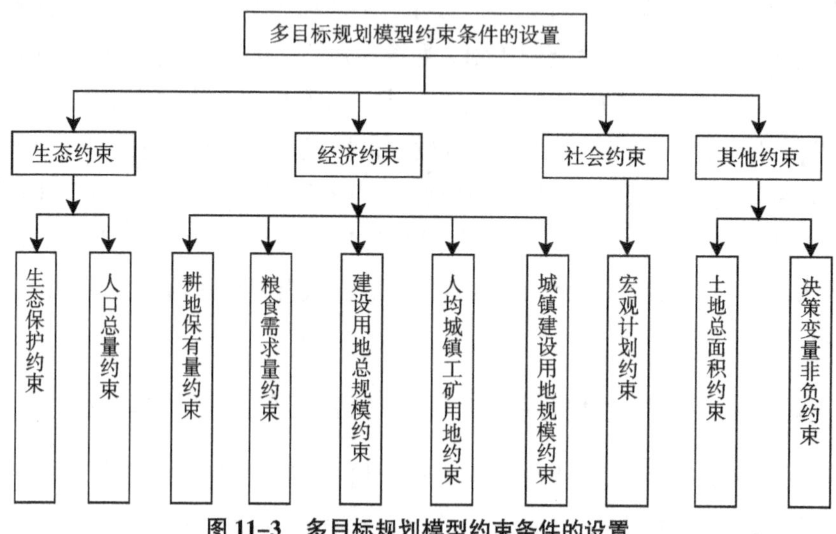

图 11-3　多目标规划模型约束条件的设置

（1）生态保护约束。

根据《陕西省“十三五”土地资源保护与开发利用规划》，“稳妥推进‘双退’工作，将国家退耕还林政策已经列入和即将列入退耕范围的部分耕地退出耕地保护范围用于生态建设，全省森林覆盖率超过 45%”。

1）生态约束目标。2015 年陕西省森林覆盖率 43.06%。到 2020 年陕西省森林覆盖率将达到 45%。以每一个五年计划 2%的增长速度，到 2025 年，陕西省的森林覆盖率应该达到 47%。

2025：$X_3 \geqslant Y \times 0.47$

其中，X_3 是林地面积；Y 是陕西省土地总面积（30843.58 万亩）。

2）绿当量约束。根据生态建设总体规划，可知 2025 年陕西省最低森林覆盖率为 47%，则按此要求，该区域的林地面积总量为：

$S = 47\% \times 30843.58 = 14496.48$（万亩）

假设陕西省实际林地的绿当量 $x_L = (x_3/14496.48) \times 100\%$。

陕西省全省的绿当量的计算公式：

$$X_Q = x_L + \frac{(\sum_{i=1}^{10} x_i g_i)}{S} \times 100\% \tag{11-15}$$

其中，x_i 为第 i 类用地的面积；g_i 为 i 类用地的绿当量换算因子。衡量某个区域的生态是否达标，主要看全省绿当量的大小，如果 $X_Q \geqslant 1$，则达标，否则必须调整土地用地结构。根据刘艳芳等的研究，假设林地的绿当量 g=1，其他土地的绿当量可以和林地做比较换算成林地来计算，换算因子 g_i 因土地类型不同而不同。东北西北温带地区农作物一般为一年一熟，则耕地 $g_1 = 0.35$；园地 $g_2 = 0.29$；牧草地 $g_4 = 0.34$；隐含绿当量的用地如水域、其他未利用地的绿当量难以量化，以及不具备绿当量的用地如城镇及工矿用地、交通用地等，它们的绿当量因子都假设为 0，即 $g_5 = g_6 = g_7 = g_8 = g_9 = g_{10} = 0$。因此，绿当量约束条件如下：

2025 年：$0.35 \times X_1 + 0.29 \times X_2 + X_3 + 0.34 \times X_4 \geqslant 144.96.48$（万亩）

（2）人口总量约束。

到 2025 年，陕西省土地承载人口不因超过 2025 预测值，可得约束条件：

2025 年：$\otimes(a_{11})(\sum_{i=1}^{4} X_i + X_6) + \otimes(a_{12})(X_5) \leqslant \otimes(b_2)$

其中，$\otimes(a_{11})$ 上限为农用地平均人口预测密度，预测采用灰色 GM（1，1）

模型；下限为农用地平均人口密度现值；$\otimes(a_{12})$ 上限为城镇用地平均人口预测值，预测采用灰色 GM（1，1）模型；下限为城镇用地平均人口密度现值；$\otimes(b_2)$ 为 2025 年陕西省总人口预测值（3964 万人）。

（3）耕地动态平衡约束。

根据《陕西省“十三五”土地资源保护与开发利用规划》下达的指标，到 2020 年，全省耕地保有量不低于 5414.2 万亩，基本农田保护面积不低于 4590 万亩，建成高标准基本农田面积 1025 万亩。因为在规划期内，随着陕西经济的发展和建设的需要，耕地面积总体趋势是逐年减少的，2018 年陕西省耕地保有量面积：5998.33 万亩。

● 耕地约束。

2025 年：$5414.2 \leqslant X_1 \leqslant 5998.33$（万亩）

（4）粮食需求量约束。

粮食需求量约束条件的表达式如下：

$\otimes(a_{41}) \times X_9 \times f_r \times f_0 \geqslant S_0 \times P_0$

其中，$\otimes(a_{41})$ 为粮食单产值，上限是目标年的粮食单产值，下限是基期的粮食单产值；f_r 是粮食系数，即粮食作物面积占农作物总面积的比例；f_0 是目标年规划的复种指数；P_0 是 2025 年陕西省总人口的预测值；S_0 是人均粮食消耗量，根据全国人均粮食需求方案，人均粮食消耗水平分温饱型、小康型和富裕型，其消费标准分别为每人每年消耗粮食 400、450 和 500。

依据陕西省 2001~2015 年粮食总产量的时间序列，采用灰色系统模型 GM（1，1）对未来各年份粮食总产量进行预测，各年预测产量如下：

表 11-45　2018~2030 年陕西省粮食产量预测

年份	2018	2019	2020	2021	2022	2023	2024	2025	2026	2027	2028	2029	2030
粮食产量（万吨）	1.29	1.30	1.32	1.34	1.36	1.37	1.39	1.41	1.43	1.45	1.47	1.48	1.50

（5）建设用地总规模约束。

根据《陕西省“十三五”土地资源保护与开发利用规划》的指示，到 2025 年，建设用地总规模控制在 1504.5 万亩以内。则陕西省建设用地总规模约束：

2025 年：$X_5+X_6+X_7+X_8+X_9 \leqslant 1504.5$（万亩）

表 11-46　2009~2016 年陕西省建设用地构成及面积

单位：万亩

年份	2009	2010	2011	2012	2013	2014	2015	2016
城市	117	124.1	128.1	141.8	146.8	153.9	158.9	161.8
建制镇	145.5	151.4	159.9	175.9	182.7	191.2	197.6	203.8
村庄	698	700.8	704.8	705.9	708.8	714.4	717.6	721.6
工矿用地	85.5	87.8	89.9	93.4	94.3	94.7	95.3	95.9
铁路	17.6	19.2	19.8	20.8	21.5	22.4	22.9	24
公路	101.8	106.3	108.6	114.1	118.7	126	129.6	132.5
农村道路	228.4	228.3	228.8	228.3	228.4	228.7	228.2	228.3
机场用地	2.5	2.5	2.6	2.6	2.6	2.6	2.6	2.6
管道运输	1	1	1	1	1	1	1	1
水工建筑	9.7	9.9	10	10.1	10.2	10.5	10.6	10.9
合计	1407	1431.3	1453.5	1493.9	1515	1545.4	1564.3	1582.4

（6）建设用地约束。

根据《陕西省“十三五”土地资源保护与开发利用规划》，“提高节约集约利用水平，提升土地利用效率。‘十三五’期末，全省人均城镇工矿用地不超过 105 平方米”。人均城镇工矿用地约束：

2025 年：$\frac{X_5}{P} \leqslant 105$（平方米/人）

其中，X_5 为城镇及工矿用地，P 为 2020 年陕西省总人口（万人）。需要将城镇工矿用地的单位由万亩换算成万平方米。

根据《陕西省“十三五”土地资源保护与开发利用规划》，新增建设用地指标主要用于产业发展、基础设施建设、民生工程及新型城镇化等重点项目。安排战略性新兴产业、高新产业、装备制造、高端能源化工、服务旅游物流等产业发展项目用地 32.2 万亩，铁路、公路、机场、邮政（快递）、关中水系、重大水利工程及电力项目等基础设施用地 37.6 万亩，脱贫攻坚和移民搬迁、教育医疗体育养老等民生工程项目用地 20.2 万亩，新型城镇化建设用地 16.8 万亩。因此，到 2025 年城镇用地，工矿用地以及交通水利用地都要高于 2018 年的水平：

$X_5 \geqslant 349.17$；$X_6 \geqslant 95.18$；$X_7 \geqslant 210.29$

（7）宏观计划约束。

根据“十三五”土地规划，到“十三五”期末，全省人均城镇工矿用地不超过105平方米，闲置土地总体处置率年均达到60%以上，单位GDP建设用地耗地量下降率达到20%。2015年陕西省的GDP总量18171.86亿元，增长7.9%。

表 11–47　2013~2018 年陕西省 GDP 与增长率的实际值

年份	2013	2014	2015	2016	2017	2018
GDP（亿元）	16365.66	17879.81	18229.71	19399.59	21898.81	24438.32
增长率（%）	11	9.8	7.9	7.6	8	8.3

资料来源：《陕西省统计年鉴》（2013~2018）。

从表11–47可知，2013~2018年陕西省GDP的增速都在7%以上。保守估计，假设未来陕西GDP保持7%的增速，可以预测未来10年内陕西GDP的情况。

$GDP_n = GDP_0(1+k)^n$，$k=7\%$，$n=1，2，\cdots，10$

设2018年的GDP为基期的GDP（$GDP_0=24438.32$亿元），可得表11–48：

表 11–48　2019~2028 年陕西 GDP 预测值

单位：亿元

年份	2019	2020	2021	2022	2023	2024	2025	2026	2027	2028
GDP（亿元）	26149	27979	29938	32034	34276	36675	39243	41990	44929	48074
增长率（%）	7	7	7	7	7	7	7	7	7	7

2015年陕西省建设用地1403.68万亩，GDP为18229.71亿元。计算可得每亿元GDP建设用地耗地770亩。根据“十三五”规划耗地量下降20%，那么到2020年每亿元GDP耗地量为：

$W=770\times(1-20\%)=616$（亩）$=0.06$（万亩）

宏观经济约束：

$(X_5+X_6+X_7)/27979\leqslant 0.06$

$X_5+X_6+X_7$为建设用地总量，27979为2020年GDP预测值。

（8）土地总面积约束。

按照土地面积总量平衡原理，各种土地类型面积之和等于陕西省土地总面积，即：

$$S=\sum_{i=1}^{n} X_i=30843.57\text{（万亩）}$$

其中，S 是总面积，X_i 是各类土地面积，n 是变量个数。

(9) 决策变量约束。

数学模型要求约束变量非负。也就是说，各类土地的利用都是实实在在地处于使用中，不存在虚拟的情况。

$X_i \geqslant 0$，X_i 为规划目标年第 i 种土地利用类型的面积。

11.4.3.3　陕西省土地利用多目标函数的构建

根据《陕西省“十三五”土地资源保护与开发利用规划》，陕西省“十三五”期间土地利用战略为：“四双”，即双保护、双支持、双统筹、双优化，其中，双保护是核心，双支持是重点，双统筹是基本要求，双优化是主要方向。保护耕地保护生态，以“双支持”为重点，保障经济社会发展。按照人口资源环境相均衡，经济效益、社会效益、生态效益有机统一原则，根据主体功能区定位，通过优先划定永久基本农田保护红线、生态保护红线，合理确定城市开发边界，推动生产、生活、生态“三生”空间科学布局，以“双统筹”为基本要求，促进全面协调发展。根据这一规划要求，未来陕西土地利用，以保护耕地、保护生态环境为核心，在这一基础上支持脱贫攻坚、支持追赶超越、以节约集约用地为核心促进经济的发展。这与以往以经济利益为核心，牺牲环境、牺牲良田的土地利用规划战略有所区别。因此，目标规划的优先级是生态—经济—社会。

以《陕西省“十二五”土地利用专项规划》和《陕西省“十三五”土地资源保护与开发利用规划》为依据，土地结构优化的目标是满足生态—经济—社会效益的最大化。因此，建立以下三个目标函数。

(1) 生态目标函数。

1) 生态服务价值核算。

土地利用的生态效益是指人们在生产中依据生态平衡规律，使土地生态系统对人类的生产、生活条件和环境条件产生的有益影响和有力效果。生态效益的重要目标就是追求生态系统服务价值的最大化。对于生态系统服务的价值，人们通常使用市场估值法和消费者支付意愿法来评估。通过谢高地等专家的研究，生态系统服务被划分为气体调节、气候调节、水源涵养、土壤形成与保护、废物处理、生物多样性维持、食物生产、原材料生产、休闲娱乐九大类。在对我国 200 位生态学者的问卷调查的基础上，他们制定出了第一份我国的生态系统生态服务价值当量因子表，并根据当量因子表，计算了我国平均状态下的生态系统生态服务价值表（见表 11–49）：

表 11-49　中国不同陆地生态系统单位面积生态服务价值

单位：元，公顷

功能＼地类	林地	草地	耕地	湿地	水体	荒漠
气体调节	3097.0	707.9	442.4	1592.7	0.0	0.0
气候调节	2389.1	796.4	787.5	15130.9	407.0	0.0
水源涵养	2831.5	707.9	530.9	13715.2	18033.2	26.5
土壤形成与保护	3450.9	1725.5	1291.9	1513.1	8.8	17.7
废物处理	1159.2	1159.2	1451.2	16086.6	16086.6	8.8
生物多样性保护	2884.6	964.5	628.2	2212.2	2203.3	300.8
食物生产	88.5	265.5	884.9	265.5	88.5	8.8
原产料生产	2300.6	44.2	88.5	61.9	8.8	0.0
娱乐文化	1132.6	35.4	8.8	4910.9	3840.2	8.8
合计	19334	6406.5	6114.3	55489	40676.4	371.4

1 公顷＝15 亩，换算成亩可得如表 11-50 所示：

表 11-50　中国不同陆地生态系统单位面积生态服务价值

单位：元/亩

地类	林地	草地	耕地	湿地	水体	荒漠
价值	1289.0	427.1	407.6	3699.3	2711.8	24.8

林地、草地和耕地的生态服务价值我们直接采用表 11-50 提供的我国平均状态下的生态系统生态服务价值。结合“绿当量”计算其他土地类型的生态服务价值。

“绿当量”的概念最初出现在生态补偿能力的研究中。生态补偿的基本原理是保证开发前后植被的生态功能相当，即保证具有相当“绿量”或具有基本相同的生态功能“当量”。从生态学的角度看，各种绿色植被都可以不同程度地发挥诸如森林、草地的生态环境功能。结合陕西省的土地类型的特点和分布情况，本区域的绿当量可按照如下方式划分：

①具有绿当量的土地类型。包括耕地、林地、草地、园地和其他农用地。园地的生态服务作用机理与草地类似，因此园地和草地采用同样的生态服务价值（427.1 元/亩）。其他农用地一般包括菜地、花草苗木地、瓜果地等，生态服务价值应该介于草地和耕地之间，因此取草地和耕地服务价值的平均值（417.3

元/亩）。

②隐含绿当量的用地。主要指水域和湿地。水域和湿地具有景观、调节大气组成、净化空气等功能。陕西省其他土地（X_{11}，1167.71 万亩）中，水域面积 344.22 万亩，湿地 462.75 万亩，剩余 704.96 万亩，即使按荒漠来算，其他土地的服务价值：

$$E(X_{11})=(344.22/1167.71)\times 2711.8+(462.75/1167.71)\times 3699.3+(704.96/1167.71)\times 24.8=2280.35\ (\text{万亩})$$

③不具备绿当量的用地。包括所有建设用地、采矿用地，居民点用地等。为方便计算，设它们的绿当量价值为 0.0001，则：

$$g6=g7=g8=g9=g10=0.0001$$

因此，我们可以求出各种地类的单位生态服务价值。

表 11–51　各种地类的单位生态服务价值

单位：元/亩

变量	用地类型	生态服务价值（g_i）
X_1	耕地	407.6
X_2	园地	427.1
X_3	林地	1289.0
X_4	牧地	427.1
X_5	城镇及工矿用地	0.00
X_6	交通运输用地	0.00
X_7	水域及水利设施用地	0.00
X_8	其他土地	2280.35

2）生态目标函数。

生态目标函数为：

$$\max h(X)=407.6X_1+427.1X_2+1289.0X_3+427.1X_4+417.3X_5+2280.35X_{11} \quad (11\text{–}16)$$

（2）经济效益目标函数。

①土地的经济价值核算。土地资源价值核算的方法有收益还原法、市场价值法、条件价值评估法等，由于还原率难以计算，因此我们采用市场价值法来求各种土地利用类型的单位面积价值。即：

$$p_i = V_i / S_i \quad (11-17)$$

式中，V_i 表示 i 类土地利用类型上的总产出价值量；S_i 表示 i 类土地利用类型的总面积；p_i 表示 i 类土地利用类型的单位面积价值量。

根据《陕西省统计年鉴》(2010~2017)，利用工业、农业以及第三产业的 GDP 的统计数据，通过求平均值的方法来确定土地的单位面积价值量。

②耕地单位面积经济价值核算。耕地经济价值量主要根据种植植物类似于粮食作物、豆类、薯类、蔬菜类等作为收益来源。总支出的统计数据包括了农药、化肥、种子等的消耗，人工费用、农机费用等。对耕地资源经济价值的测算，目前采用的方法有：一是直接计算耕地资源农产品的产量、产值；二是采用土地估价中的收益还原法测算；三是采用种植业的增加值来计算。由于耕地产出的增加值可以从《陕西省统计年鉴》上可获得，所以我们采用第三种方法来计算耕地的单位面积价值量，即用耕地产出值与耕地面积的比值来表示。

表 11-52 耕地单位面积经济价值核算

年份 产值	2010	2011	2012	2013	2014	2015	2016	2017	合计
耕地产值（万元）	11072354	13606649	15262805	17147882	18707841	19107065	20275626	21193539	
耕地面积（万公顷）	405	399.2	398.8	398.5	398.5	399.2	399.5	398.95	
耕地面积（万亩）	6075	5988	5982	5977.5	5977.5	5988	5992.5	5984.25	
单位面积产值（元/亩）	1822.61	2272.319	2551.455	2868.738	3129.71	3190.893	3383.5	3541.553	22760.78
平均单位产值（元/亩）									2845.097

注：1 公顷=15 亩。
资料来源：《陕西省统计年鉴》(2011~2018)。

③林地经济价值测算。林地指那些生长乔木、竹类、灌木的土地。林地的经济价值与耕地类型类似，利用产出法来计算。

④园地包括果园地、茶园地和其他园地。陕西是中国重要的苹果、梨产出地，2017 年园地面积 81.64 万公顷，其中果园 67.88 万公顷，茶园 1.86 万公顷，其他园地 11.89 万公顷。同理可计算出园地的经济产出价值 3211.25 元/亩。

⑤草地的经济价值测算按畜牧业产值计算。

表 11-53 林地单位面积经济产出价值核算

产值 \ 年份	2010	2011	2012	2013	2014	2015	2016	2017	合计
林地产值（万元）	351824	423402	584353	676185	735734	757926	855406	968798	
林地面积（万公顷）	1035.4	1122.6	1121.9	1121.1	1121.1	1120.3	1119.4	1117.19	
林地面积（万亩）	15531	16839	16828.5	16816.5	16816.5	16804.5	16791	16757.85	
单位面积产值（元/亩）	22.65302	25.14413	34.72401	40.20962	43.75072	45.10256	50.94432	57.81159	320.34
平均单位产值（元/亩）									40.0425

资料来源：《陕西省统计年鉴》(2011~2018)。

表 11-54 草地单位面积经济产出价值核算

产值 \ 年份	2010	2011	2012	2013	2014	2015	2016	2017	合计
畜牧业产值（万元）	4349944	5534045	5987160	6436731	6482713	6654948	6959327	6639876	
草地面积（万公顷）	306.4	220	288.1	287.8	287.8	287.4	285.4	287.1	
草地面积（万亩）	4596	3300	4321.5	4317	4317	4311	4281	4306.5	
单位面积产值（元/亩）	946.463	1676.983	1385.436	1491.019	1501.671	1543.713	1625.631	1541.827	11712.74
平均单位产值（元/亩）									1464.093

资料来源：《陕西省统计年鉴》(2011~2018)。

⑥城镇及工矿用地经济价值测算。城镇用地、农村居民点用地和独立工矿用地在人们日常生活中发挥着非常重要的作用，一方面是物质财富创造的承载物，另一方面又提供居住、工作、娱乐、生活的场所。鉴于这类建设用地主要从事第二、三产业的生产经营活动，因此，本文拟以第二、三产业增加值减去交通运输业的增加值来计算此类建设用地的经济价值。根据《陕西省统计年鉴》(2011~2018 年)，采用与以上方法类似的平均单位产值法来计算。

表 11-55 城镇及工矿用地单位面积经济产出价值核算

产值 \ 年份	2010	2011	2012	2013	2014	2015	2016	2017	合计
第二、三产业总产值（亿元）	9135.03	11291.4	13083.52	14744.48	16125	16424.23	17705.74	20157.36	
交通运输业增加值（亿元）	474.60	552.54	617.39	611.11	675.66	713.02	771.77	832.62	
城镇及工矿用地经济价值（亿元）	8660.43	10738.86	12466.13	14133.37	15449.34	15711.21	16933.97	19324.74	
单位土地经济价值（元/亩）	8131.59	9807.78	11155.7	12300.8	1344.9	13496	14094.2	15893.2387	983278.5
平均值（元/亩）									12299.8

资料来源：《陕西省统计年鉴》（2011~2018）。

⑦交通运输用地经济价值测算。陕西省交通运输用地包括铁路、公路、机场、农村道路，没有管道运输和港口码头用地。交通运输用地与人们生产生活息息相关，其主要价值体现在货物运输及旅客运输上。本书采用市场价值法对交通运输用地的经济价值进行核算，并根据陕西省统计年鉴，用陕西省交通运输业总收益指标替代交通运输用地的经济价值。

表 11-56 2010~2017 年交通运输用地经济价值测算

产值 \ 年份	2010	2011	2012	2013	2014	2015	2016	2017	合计
货物运输量（万吨）	97782	120916	136734	152712	157074	140908	149049	163086	
旅客运输量（万人）	94122	107809	112570	118312	75208	70806	70822	71138	
交通用地价值（万元）	4746000	5525400	6173900	6111100	6756600	7130200	7717700	8326200	
单位土地经济价值（元/亩）	47939.39	42832.56	17149.72	16696.99	18460.66	19167.2	20098.18	21431.66023	203776.4
平均地价（元/亩）									25472.05

资料来源：《陕西省统计年鉴》（2011~2018）。

⑧水域及水利用地经济价值测算。陕西省水域及水利用地包括了河流水面、湖泊水面、水库水面、坑塘水面、内陆滩涂、沟渠、水工建筑，没有沿海滩涂和冰川永久积雪用地。其经济价值构成主要包括水域的渔业经济价值和水工建筑的不动产建设投资。根据陕西省统计年鉴，用渔业总产值作为水域用地总收益，总支出考虑鱼苗成本、饲料成本及人工成本，利用收益还原法，计算水域用地经济价值。对于水利设施用地则采用成本费用法，用水利及水工建筑的投资来替代水利设施用地的经济价值。最终将二者的经济价值相加得到陕西省 2010~2017 年水域及水利设施用地的经济价值。

表 11-57　2010~2017 年水域及水利设施用地经济价值测算

年份 产值	2010	2011	2012	2013	2014	2015	2016	2017	合计
水域用地经济价值（亿元）	8.2909	10.6249	14.6109	17.7625	19.8949	23.6132	26.2453	27.4518	
水利设施用地经济价值（亿元）	118.09	158.56	189.99	224.08	232.24	245.37	256.69	278.42	
水域及水利设施用地经济价值（亿元）	126.3809	169.1849	204.6009	241.8425	252.1349	268.9832	282.9353	305.8718	
单位土地经济价值（元/亩）	21063.48	31330.54	4400.019	5200.914	5422.256	5784.585	6124.141	6620.601732	85946.54
平均值（元/亩）									10743.32

资料来源：《陕西省统计年鉴》（2011~2018）。

⑨未利用地价值核算。由于未利用地没有经济产值和经济产值统计，根据陕西省土地利用的实际情况，将未利用地的经济价值设置为 0.0001 万元。

（3）经济目标函数。

土地资源最优化的重要目标之一就是追求经济效益最大化。经济效益的衡量标准就是土地产品及其提供的服务所创造的价值。因此基于各类型土地单位面积产出效益来确定经济效益目标函数，具体方法如式（11-18）所示：

$$\max f(x)=\sum_{i=1}^{11} c_i x_i,\ (i=1,\ 2,\ \cdots,\ 11) \tag{11-18}$$

式中，c_i 是各类土地的产出效益因子；x_i 是第 i 类土地的面积。

表 11-58 各类土地的单位经济产出价值

单位：元/亩

变量	用地类型	单位产出	数值
X_1	耕地	C1	2845.097
X_2	园地	C2	3211.25
X_3	林地	C3	40.0425
X_4	牧地	C4	1464.093
X_5	城镇及工矿用地	C5	12299.8
X_6	交通运输用地	C6	25472.05
X_7	水域及水利设施用地	C7	10743.32
X_8	其他土地	C8	0

经济目标函数：

$\max F(X)=2845.1X_1+3211.25X_2+40.04X_3+1464.09X_4+12299.8X_5+25472.05X_6+10743.3X_7$

（4）社会效益目标函数。

社会价值核算。土地社会效益主要指土地的结构优化方案，不但要能促进当地的产业转型升级，加快经济发展，帮助农民脱贫致富，还要能促进社会的全面进步。社会的评价指标主要包括城镇化水平、人均建设用地、人均纯收入、人均粮食占有率等等。这些指标与用地的类型有密切关系。但是各种土地类型的社会效益很难具体量化。未来几十年，保增长仍然是陕西经济社会发展的最重要目标。建设用地应该优先于农用地和其他用地。因此，我们赋予不同的地类不同的权重因子。通过权重因子构造社会效益目标函数：

$$\max g(x)=\sum_{i=1}^{11} a_i x_i \tag{11-19}$$

式中，x_i 为第 i 类用地类型；a_i 为第 i 类用地类型所赋予的权重。利用层次分析法，通过成对比较确定成对比较矩阵 B，对 B 的特征根所对应的特征向量归一化作为用地类型的权重：

社会效益目标函数：

$\max G(x)=0.19X_1+0.11X_2+0.12X_3+0.08X_4+0.018X_5+0.15X_6+0.12X_7+0.05X_8$

表 11-59　各类土地的权重因子

变量	用地类型	权重因子	数值
X_1	耕地	a1	0.19
X_2	园地	a2	0.11
X_3	林地	a3	0.12
X_4	牧地	a4	0.08
X_5	城镇及工矿用地	a5	0.18
X_6	交通运输用地	a6	0.15
X_7	水域及水利设施用地	a7	0.12
X_8	其他土地	a8	0.05

11.4.4　陕西省土地利用结构优化的结果分析

在 GMDP 模型中，存在效益系数（C）、技术系数（A）和约束系数（B）三个系数参数模块，其中效益系数 C 以及通过估算得出，针对技术系数 A 和约束系数 B，则可根据 GMDP 模型的解具有弹性的特点及给出系统的发展态势，适当调整各灰色系数的白化值，并使目标函数的结果落入灰色靶区（GMDP 满意解的区间），从而得到多个优化方案以备评议和选择。

由于土地利用结构优化问题涉及经济、社会、生态等诸多问题，很多的技术参数都建立在对未来变化情况的预测假定的基础之上，优化方案往往反映了未来的一种变化趋势，所以数学意义上的最优解不一定是科学意义上的最优解。本着理论与实际相结合的原则，从土地利用结构的三种效益出发，设计各种限制约束条件，结合 GMDP 规划模型设计的步骤，通过 WINQSB 软件的 Goal Progamming 应用程序计算，最终构造出三个可供选择的方案（见表 11-60）。

表 11-60　陕西省土地利用结构优化供选方案

	方案一	方案二	方案三
总人口（万人）	3835	3912	3964
耕地（万亩）	5521.3	5688.4	5869.7
园地（万亩）	1235.7	1247.7	1279.6
林地（万亩）	16751.62	16876.8	16775.32
草地（万亩）	4299.21	4318.2	4289.5

续表

	方案一	方案二	方案三
城镇工矿用地（万亩）	1397.31	1254.25	1236.63
交通运输用地（万亩）	581.7	469.5	429.4
水域水利用地（万亩）	553.3	488.5	463.3
其他用地（万亩）	503.46	500.25	500.15

表 11-60 中迭代得到的三套方案在完成规划目标和满足各项约束条件的要求下，均取得了较好的综合效益，但侧重点不同：

方案一人口增长速度最慢，强调效益优先，以实现经济效益最大化为主要目标，该方案适合于经济快速发展的要求。城镇及各项建设指标较大，基本达到规划的控制目标；耕地面积以达到保障粮食安全为底线，园林在规划期增长幅度不大，其他农用地减少幅度不大，建设用地占农用地规模增长较快。该方案强调经济优先，对土地和生态的负荷较大。

方案二人口增长适度，以经济和生态保护并重，在保证基本建设用地需求的基础上以拉动经济增长的同时，提高具有较高生态效益的耕地、园地、林地比例，使城市和农村经济保持同步增长，农业产业效益和生态环境效益同步改善。

方案三强调生态优先，兼顾经济增长，在该模式下，农业用地所占比例最高，林地面积最大，但建设用地比例增长较慢，是一种保守型的用地方案。但人口增长的速度最快，如果经济发展速度低于人口增长速度可能会降低人均生活质量。

这三种用地结构各有特点，反映了未来陕西省人口与土地利用结构的不同发展趋势。

11.5 陕西省土地利用结构与人口承载力研究的政策建议

土地利用结构与人口承载力之间的矛盾冲突实质上是经济发展、人口增长与土地资源利用方式的冲突。经济的发展、人口的增长导致土地资源变得越来越稀缺，从而不得不提高土地利用效率，从土地利用价值低的行业（或部门）向土地利用价值高的行业（或部门）转移。工业化、城市化最直接的结果就是农业用地在逐渐减少，工业或服务业用地在逐渐增加。从发达国家过往的城市化发展历史不难发现这一发展模式正常情况下都会导致生态承载力的下降。如何协调工业化、城市化与环境保护，协调人口增长与土地利用结构之间的关系是各级主管部门需要长期考虑的一个问题。通过对陕西省土地利用结构变化的数量分析，以及土地利用结构与人口承载之间的关系分析，我们提出以下几点政策建议：

(1) 执行合理的人口控制政策，提高人口素质。

陕西省二孩政策的全面开放和城市化必然导致人口数量的增加和人均生态足迹消耗水平的提高。在农业用地减少、建设用地增加的大背景下，提高人口素质，有助于提高生产效率，从而提高单位土地面积价值。

(2) 加大农业科技投入，改革农村的土地分配方式，提高土地资源的生产潜力。

农业科技的投入能够提高粮食产量从而缓解人口增长带来的土地资源压力。但还有另外一个提高农村土地利用效率的方式常常被人们所忽视，那就是改革农村的土地分配方式。以前的包产到户的土地分配方式越来越不适合中国社会的迅猛发展，很多地方因为土地生产力低，农民种地不合算导致大片的土地荒芜，农村的再次土地改革势在必行。

(3) 提高土地利用的多样化程度，在合理利用土地资源的同时还要保护土地资源。

提高土地利用的多样化程度，让土地资源向工业用地、服务业用地转移是社会经济发展工业化、城市化的必由之路。第二产业，特别是第三产业用地的地均产值远高于第一产业，但会对社会稳定、粮食安全以及生态安全造成影响。因此，合理利用土地资源的同时还要保护土地资源。落实政策，把陕南及其他不适合人类聚居地区的人口迁移到关中等适合人类生存的地区来，加强对人口迁移地区耕地、林地的保护是分担耕地等土地生态压力的有效手段。

(4) 根据陕西不同区域的地貌特征采用不同的土地利用方式，提高土地资源利用效率，确保陕西省生态经济系统的持续发展。

陕西省资源丰富，能源资源储藏量大，但土地资源地域分布特征明显。陕南多山、泥石流等自然灾害较多，林地、水田地较多，土地利用应以保护为主；陕北以草地、林地为主，能源资源丰富，曾经是中国水土流失最严重的地区，生态环境比较脆弱，土地利用应边开发边保护，持续加强“三北”防护林带陕西部分的建设；关中地区是陕西最适合人类聚居的地区，也是陕西省经济最发达和人口分布最稠密的地区，土地利用应以开发为主。今后应优化该区域产业结构，提高技术水平，实现土地资源的高效利用，提升区域生态经济可持续发展能力。

参考文献

[1] 周晓晴，马芊红，张科利. 基于样带的陕西省水土流失规律研究［J］. 水土保持研究，2018，25（4）：47–53.

[2] 刘畅. 陕西省秦岭南北气候的差异性及其变化［D］. 兰州大学，2016.

[3] 许溪，倪轶兰，何江. 南宁市土地利用与城市环境气候的关系研究［A］. 中国城市规划学会、贵阳市人民政府. 新常态：传承与变革——2015 中国城市规划年会论文集（2007 城市生态规划）［C］. 中国城市规划学会、贵阳市人民政府，2015：10.

[4] 柴慧霞，程维明，乔玉良. 中国“数字黄土地貌”分类体系探讨［J］. 地球信息科学，2006，8（2）：6–13.

[5] 吴成基，陶盈科，林明太，等. 陕北黄土高原地貌景观资源化探讨［J］. 山地学报，2006，23（5）：513–519.

[6] 张国伟，孟庆任，于在平，等. 秦岭造山带的造山过程及其动力学特征［J］. 中国科学（D 辑：地球科学），1996，26（3）：194–200.

[7] 陕西省地方志办公室. 陕西省地方志［M］. 西安：陕西人民出版社，2000.

[8] 陕西省地质环境监测总站. 2001~2016 年陕西省地质灾害灾情报告［R］. 西安：陕西省地质环境监测总站，2001~2016.

[9] 汉中市人民政府. 汉中市水资源基本情况［R］. 2016 年 7 月.

[10] 安康市招商局—安康水资源情况［EB/OL］. 2017 年 11 月. http：//www.sxakhidz. gov.cn/Content–11235.html.

[11] 井柳新，刘伟江，王东，等. 中国地下水环境监测网的建设和管理［J］. 环境监控与预警，2013（2）：1–4.

[12] 张瑞萍. 陕西省地下水监测站网建设浅析［J］. 地下水，2011（5）：65–66.

[13] 张骏杰，高延利，蔡玉梅，周伟，袁涛. 基于“多规合一”的市级国土空间优化方法——以烟台市为例 [J]. 地理科学进展，2018，37（8）：1045-1054.

[14] 林坚，乔治洋，吴宇翔. 市县“多规合一”之“一张蓝图”探析——以山东省桓台县“多规合一”试点为例 [J]. 城市发展研究，2017，24（6）：47-52.

[15] 方创琳. 城市多规合一的科学认知与技术路径探析 [J]. 中国土地科学，2017，31（1）：28-36.

[16] 吴艳娟，杨艳昭，杨玲，张超，游珍. 基于“三生空间”的城市国土空间开发建设适宜性评价——以宁波市为例[J]. 资源科学，2016，38（11）：2072-2081.

[17] 马仁锋，王筱春，张猛，刘修通. 主体功能区划方法体系建构研究 [J]. 地域研究与开发，2010，29（4）：10-15.

[18] 刘传明. 省域主体功能区规划理论与方法的系统研究 [D]. 华中师范大学，2008.

[19] 金浩然，马萍萍，戚伟，刘盛和. 城市规划和土地规划对城市建设用地扩张的影响研究 [J]. 干旱区资源与环境，2017，31（7）：22-27.

[20] 李秋颖，方创琳，王少剑. 中国省级国土空间利用质量评价：基于“三生”空间视角 [J]. 地域研究与开发，2016，35（5）：163-169.

[21] 叶林，邢忠，颜文涛. 生态导向下城市边缘区规划研究 [J]. 城市规划学刊，2011（6）：68-76.

[22] 国家发展改革委宏观经济研究院国土地区研究所课题组，高国力. 我国主体功能区划分及其分类政策初步研究 [J]. 宏观经济研究，2007（4）：3-10.

[23] 王化齐，董英，张茂省. 西安市地下空间开发利用现状与对策建议 [J]. 西北地质，2019，52（2）：46-52.

[24] 马利邦，牛叔文，石培基，郭晓东. 天水市国土空间功能区划与未来空间发展格局——基于主体功能区划框架 [J]. 经济地理，2015，35（6）：68-77.

[25] 彭志宏. 基于主体功能区划的上海市国土空间结构研究 [J]. 地域研究与开发，2014，33（5）：11-15.

[26] 王利，张卓，王丹，王瑜. 辽宁省主体功能区划分方法研究 [J]. 地域研究与开发，2010，29（6）：8-11+44.

[27] 王振波，徐建刚. 主体功能区划问题及解决思路探讨 [J]. 中国人口·资源与环境，2010，20（8）：126-131.

[28] 熊鹰，李艳梅. 湖南省主体功能区划分及发展策略研究 [J]. 软科学，2010，24 (1)：80–84.

[29] 邓伟骥，谢英挺，蔡莉丽. 面向规划实施的空间规划体系构建——厦门市“多规合一”的实践与思考 [J]. 城市规划学刊，2018 (S1)：32–36.

[30] 陶岸君，王兴平. 市县空间规划“多规合一”中的国土空间功能分区实践研究——以江苏省如东县为例 [J]. 现代城市研究，2016 (9)：17–25.

[31] 胡耀文，尹强. 海南省空间规划的探索与实践——以《海南省总体规划 (2015~2030)》为例 [J]. 城市规划学刊，2016 (3)：55–62.

[32] 段学军，陈雯.省域空间开发功能区划方法探讨 [J]. 长江流域资源与环境，2005 (5)：540–545.

[33] 俞奉庆. 主体功能区建设研究 [D]. 复旦大学，2013.

[34] 中共中央　国务院关于建立国土空间规划体系并监督实施的若干意见 [N]. 人民日报，2019–05–24.

[35] 陕西省人民政府. 陕西省主体功能区划 [R]. 西安：陕西省人民政府，2013.

[36] 陕西省国土资源厅. 陕西省国土资源统计报告 [R]. 西安：陕西省人民政府，2019.

[37] 国务院. 国务院关于印发全国主体功能区规划的通知（国发〔2010〕46号）[R]. 北京，2010.

[38] 陕西省国土资源厅. 陕西省“十三五”土地资源保护与开发利用规划 [R]. 西安：陕西省国土资源厅，2016.

[39] 陕西省人民政府. 陕西省“十三五”生态环境保护规划（陕政发〔2017〕47号）[R]. 西安：陕西省人民政府，2017.

[40] 陕西省人民政府. 陕西省“十三五”农村经济社会发展规划（陕政发〔2017〕12号）[R]. 西安：陕西省人民政府，2017.

[41] 陕西省人民政府. 陕西省“十三五”工业经济发展规划 [R]. 西安：陕西省人民政府，2017.

[42] 陕西省人民政府. 陕西省“十三五”农村经济社会发展规划（陕政发〔2017〕12号）[R]. 西安：陕西省人民政府，2017.

[43] 陕西省人民政府. “十三五”陕北转型持续发展规划 [R]. 西安：陕西省人民政府，2017.

[44] 陕西省人民政府. “十三五” 陕南绿色循环发展规划 [R]. 西安：陕西省人民政府，2017.

[45] 省级主体功能区划分技术规程（试用）[R].

[46] 赵永华. 陕西省耕地资源变化分析 [J]. 人民黄河，2009（11）：3-5.

[47] 王书转，赵先贵. 陕西省耕地面积变化趋势及其驱动因子研究 [J]. 干旱区研究，2006（1）：139-143.

[48] 杨进，吴比，金松青，陈志钢. 中国农业机械化发展对粮食播种面积的影响 [J]. 中国农村经济，2018（3）：89-104.

[49] 赵波. 从粮食安全角度看陕西基本农田保护规模的确定 [J]. 陕西农业科学，2013（2）：193-197.

[50] 李建平. 陕西省农业生产潜力与粮食安全实证研究 [J]. 西北农林科技大学，2012.

[51] 杨朝慧，文晓巍. 我国食品消费结构变迁及其对农业产业转型发展的启示 [J]. 消费经济，2017（4）：12-19.

[52] 李博，司汉武. 陕西三大区域农业机械化水平差异评价——基于主成分的分析 [J]. 科技管理研究，2013（12）：49-52.

[53] 刘鹏，袁丽君. 陕南地区农业机械化推广与研发研究——以陕西省汉中市为例 [J]. 宁夏农林科技，2016（7）：45-49.

[54] 邓富玲，刘伟. 基于 DEA 的陕西省土地集约利用评价 [J]. 安徽农业科学，2017，45（34）：214-217.

[55] 冯颜博. “十二五” 期间陕西省土地利用变化分析 [J]. 西部大开发（土地开发工程研究），2018，3（7）：53-58.

[56] 付磊，李德山. 中国城市土地利用效率测度 [J]. 城市问题，2019（7）：50-58+67.

[57] 贺晓晖，戴森. 2009~2016 年陕西省关中地区土地利用变化及其驱动因素分析 [J]. 西部大开发（土地开发工程研究），2018，3（5）：12-17.

[58] 刘匡，王璐. 济南市人口城市化和土地城市化的关系研究 [J]. 山东国土资源，2014，30（12）：82-86.

[59] 罗玲香. 城市建设用地需求预测方法研究——以湖南省长沙市为例 [J]. 国土资源导刊，2018，15（3）：35-39.

[60] 莫莲，谢德体，骆云中，王帅，张星星. 重庆市璧山区城乡建设用地与

人口时空演变分析［J］. 西南大学学报（自然科学版），2017，39（11）：120-126.

［61］邱宇飞，孔令苏. 土地城镇化与人口城镇化互动关系分析［J］. 现代农业科技，2018（10）：288+296.

［62］王建兴. 陕西省城市建设用地利用效率变化分析［J］. 咸阳师范学院学报，2017，32（4）：75-79.

［63］谢芒芒. 陕西省城镇土地效率评价［A］. 中国科学技术协会学会、福建省人民政府. 经济发展方式转变与自主创新——第十二届中国科学技术协会年会（第四卷）［C］. 中国科学技术协会学会、福建省人民政府：中国科学技术协会学会学术部，2010：6.

［64］张晶晶，文彦君，陈姗姗，耿硕璘. 陕西省城市土地城市化水平与进程的空间评价［J］. 宝鸡文理学院学报（自然科学版），2018，38（2）：58-62.

［65］赵敏宁，周治稳，曹玉香，封建民，李青云. 陕西省城市土地集约利用评价及其区域差异研究［J］. 水土保持研究，2014，21（5）：210-215.

［66］祝明霞，王文彩. 城市建设用地需求预测——以九江市为例［J］. 西南师范大学学报（自然科学版），2015，40（6）：74-79.

［67］郭静，李佳，刘科伟. 城市新区容积率控制阈值探讨——以居住和商业用地为例［J］. 西北大学学报（自然科学版），2014（10）：808-812.

［68］康晨. 西咸新区探路“立体城市”［J］. 决策，2014（7）：52-53.

［69］刘志强，林存晖，王俊帝，洪亘伟. 中国县级市建成区绿地率时空分异特征研究［J］. 风景园林，2018（11）：90-95.

［70］吕雄鹰. 立体城市的多模式绿色交通系统研究——以成都立体城市为例［J］. 城市研究，2015（3）：112-116.

［71］汤鹏，王浩. 基于 MCR 模型的现代城市绿地海绵体适宜性分析［J］. 南京林业大学学报（自然科学版），2019（1）：116-122.

［72］王军. 西咸新区创新城市发展方式的思考［J］. 城市规划，2014（6）：73-76.

［73］王亚军，王浩，郁珊珊. 城市绿地系统结构布局规划的功能性分析［J］. 山东林业科技，2006（11）：77-79.

［74］文茂林，王文卿. 新区之“新”殇——河南省城市新区建设用地粗放利用问题透视［J］. 中国土地，2013（12）：27-29.

［75］于文悫，顾新. 立体城市规划理念和实现路径探索——《城市总体规划

改革与创新》地下空间规划问题研究 [J]. 地下空间与工程学报，2015 (1)：1-9.

[76] 袁旭东，武泽江，高蓝，杜艳琴，房鹏飞. 西安市城市地上地下土地权利调查研究 [J]. 国土资源科技管理，2011 (6)：46-51.

[77] 张舰. 中外大城市建设用地容积率比较 [J]. 城市问题，2015 (4)：12-16.

[78] 陕西省文化遗产研究院. 陕西省文物保护总体规划 (2016-2030) [R].

[79] 孙华. 我国大型遗址保护问题的思考 [J]. 中国文化遗产，2016 (6).

[80] 陆建松. 中国大遗址保护的现状、问题及政策思考 [J]. 复旦大学学报(社会科学版)，2005.

[81] 张梅花. 城市大遗址保护性开发模式选择研究 [D]. 西北大学硕士学位论文.

[82] 吴冲，朱海霞，向远林，李文龙. 保护性利用影响下的大遗址周边地区社会空间演变 ——基于空间生产视角 [J]. 人文地理 ，2019，1 (165)：106-114.

[83] 国家统计局. 中国统计年鉴 [J]. 北京：中国统计出版社，2010-2018.

[84] 陕西省统计局. 陕西省统计年鉴 [J]. 北京：中国统计出版社，2010-2018.

[85] 国土资源部. 中国国土资源统计年鉴 [J]. 北京：地质出版社，2009-2017.

[86] 陕西省国土资源厅. 陕西省国土资源公报 [R]. 2010-2018.

[87] 住房与城乡建设部. 中国城市建设统计年鉴 [J]. 北京：中国计划出版社，2010-2018.

[88] 陕西省统计局. 陕西区域统计年鉴 [J]. 北京：中国统计出版社，2010-2018.

[89] 陕西省自然资源厅. 陕西自然资源综合统计公报 [R]. 2010-2018.

[90] 陕西省统计局. 陕西省国民经济和社会发展统计公报 [R]. 2010-2018.

[91] 陈永春，邓国志. 资源型城市土地利用变化对生态系统服务价值的影响——以安徽省淮南市为例 [J]. 水土保持通报，2018，38 (4)：247-252.

[92] Pat McAllister，Edward Shepherd，Peter Wyatt. Policy Shifts，Developer Contributions and Land Value Capture in London 2005-2017 [J]. Land Use Policy，2018 (78)：316-326.

[93] Skander Ben Abdallah， Pierre Lasserre. Forest Land Value and Rotation

with an Alternative Land Use [J]. Journal of Forest Economics, 2017, 29 (B): 118-127.

[94] 熊侣英，师学义. 黄土山丘区土地利用变化对生态系统服务价值的影响——以长河流域为例 [J]. 水土保持研究，2018，25 (2)：335-340+389.

[95] 姚利辉. 基于 SEEA-2012 的综合绿色 GDP 核算体系构建研究 [D]. 中南林业科技大学，2017.

[96] “十三五”各地单位 GDP 建设用地使用面积下降 20% [J]. 国土资源，2016 (10)：35-37.

[97] 侯恩兵，董斌，张治凡，陈春晖. 地理国情普查数据辅助的土地利用价值综合评价 [J]. 测绘通报，2018 (11)：126-130+137.

[98] Yingxue Rao, Min Zhou, Guoliang Ou, Deyi Dai, Lu Zhang, Zuo Zhang, Xin Nie, Chun Yang. Integrating Ecosystem Services Value for Sustainable Land-use Management in Semi-arid Region [J]. Journal of Cleaner Production, 2018 (186): 662-672.

[99] 黄万常，周兴. 土地承载力研究的理论与方法综述 [J]. 江西农业学报，2008，20 (10)：100-103.

[100] 靳相木，李陈. 土地承载力研究范式的变迁、分化及其综论 [J]. 自然资源学报，2018，33 (3)：526-540.

[101] 陈东景，徐中民. 中国西北地区的生态足迹 [J]. 冰川冻土，2001，23 (2)：164-169.

[102] 彭希哲，刘宇辉. 生态足迹与区域生态适度人口——以西部 12 省市为例 [J]. 市场与人口分析，2004，10 (4)：9-15.

[103] 张志强，徐中民，等. 中国西部 12 省（区、市）的生态足迹 [J]. 地理学报，2001，56 (5)：599-610.

[104] 马莉. 陕西省土地资源人口承载力研究[J]. 河南科学，2018，36 (1)：124-128.

[105] 赵先贵，肖玲，等. 陕西省生态足迹和生态承载力动态研究 [J]. 中国农业科学，2005，38 (4)：746-753.

[106] 杨屹，加涛. 21 世纪以来陕西生态足迹和承载力变化 [J]. 生态学报，2015，35 (24)：7987-7997.

[107] 卞子浩，赵永华，等. 陕西省生态足迹及其驱动力 [J]. 生态学杂志，

2016，35（5）：1316-1322.

［108］任志远，黄青. 陕西省生态安全及空间差异定量分析［J］. 地理学报，2005，60（4）：597-605.

［109］韩熙. 关中地区土地承载力研究［D］. 西安：长安大学硕士学位论文，2017.

［110］王建洪，任志远，等. 基于生态足迹的1997~2009年西安市土地生态承载力评价［J］. 干旱地区农业研究，2012，30（1）：224-237.

［111］马莉. 宝鸡市土地资源的人口承载力［J］. 贵州农业科学，2018，48（6）：141-144.

［111］韩申山. 基于生态足迹的咸阳市适度人口研究［J］. 中国农学通报，2009，25（19）：239-243.

［113］薛建兴. 陕西省自然资源公报［R］. 陕西：陕西省自然资源厅，2019.

［114］吴传钧，郭焕成. 中国土地利用［M］. 北京：科学出版社，1994.

［115］刘彦随，刘玉. 中国农村空心化问题研究的进展与展望［J］. 地理研究，2010，29（1）：35-42

［116］宋桂琴，冯茂功，贾新美. “三北”防护林区陕西省土地利用结构调整意见［J］. 中国科学院西北水土保持研究所集刊，1985（6）：67-76.

［117］吴金华，戴淼，等. 基于遗传神经网络的陕西省土地利用结构模型研究［J］. 安徽农业科学，2008，36（36）：16071-16073.

［118］杜芳芳. 陕西省产业结构与土地集约利用协调发展研究［D］. 西安：西安建筑科技大学硕士学位论文，2014.

［119］李慧远，刘莹. 陕西省土地利用结构的科学数据研究与多样性分析［J］. 电子测试，2013：12（6）：278-279.

［120］谢刚. 陕西省土地利用结构对经济增长的影响研究［D］. 西安：西北农林科技大学硕士学位论文，2016.

［121］董杰. 土地利用结构目标规划优化模式初探——以河南省禹州市为例［J］. 地域研究与开发，1991，10（2）：23-35.

［122］谭淑豪，曲福田，等. 经济发达地区土地可持续利用结构优化研究［J］. 南京农业大学学报，2001，24（3）：101-105.

［123］王红瑞，张文新，胡秀丽，等. 土地利用区间数多目标规划模型及其应用［J］. 农业工程学报，2008，24（8）：65-73.

[124] 严海涛，刘学录，罗智恒. 兰州市土地利用结构优化研究 [J]. 广东农业科学，2009 (2)：31-38.

[125] 陈溶萍. 基于“两型社会”目标的武汉市城市圈土地利用结构优化研究 [D]. 武汉：华中农业大学，2010.

[126] 张鸿辉，曾永年，刘慧敏. 多目标土地利用空间优化配置模型及其应用 [J]. 中南大学学报（自然科学版），2011，42 (4)：1056-1065.

[127] 申宝. 基于多目标动态规划模型的土地利用结构优化研究 [D]. 成都：西南大学，2013.

[128] 李素莲，屈建军，曹书彬. 基于区间数的邯郸市土地利用结构多目标规划 [J]. 河北工程大学学报（社会科学版），2013，30 (1)：1-13.

[129] 孔静静. 多目标下的县域土地利用结构和空间优化配置研究 [D]. 乌鲁木齐：新疆大学，2015.

[130] 陈勇，卯长宝，等. 基于地区生态足迹差异的生态适度人口研究 [J]. 生态环境学报，2009，18 (20)：560-566.

[131] 唐湘玲，吕新，薛峰. 基于生态足迹的新疆适度人口研究 [J]. 干旱区资源与环境，2012，26 (7)：159-164.

[132] 赵先贵，肖玲，等. 陕西省生态足迹与生态承载力动态研究 [J]. 中国农业科学，2008，38 (4)：746-753.

[133] 卞子浩，赵永华等. 陕西省生态足迹及其驱动力 [J]. 生态学杂志. 2016，35 (5)：1316-1322.

[134] 宁文波，陕西省耕地资源安全评价研究 [D]. 杨陵：西北农林科技大学，2010.

[135] 梁志娇，广东省从化市土地利用变化及其驱动力研究 [D]. 广州：华南师范大学，2005.

[136] 谢刚. 陕西省土地利用结构对经济增长的影响研究 [D]. 杨陵：西北农林科技大学，2014.

[137] 谢高地，鲁春霞，等. 青藏高原生态资产的价值评估 [J]. 自然资源学报，2003，18 (2)：189-195.

[138] 刘艳芳，明冬萍，等. 基于生态绿当量的土地利用机构优化 [J]. 武汉大学文学报，2002 (10)：49-493.

[139] 刘明，郭晓星. 西北土地生态系统服务价值评价 [J]. 桂海论丛，

2018，4（34）：82-90.

［140］李慧远，刘莹. 陕西省土地利用结构的科学数据研究与多样性分析［J］. 电子测试，2013，12（6）：278-279.

［141］王颖，邓良基. 四川省土地利用数量结构分析及土地的可持续利用研究［J］. 四川农业大学学报，2006，24（2）：194-200.

［142］王涛. 土地利用结构优化与人口承载力估算——以京津冀地区为例［D］. 北京：中国科学院研究生院博士学位论文，2012.

［143］吕永霞. 土地利用结构优化灰色多目标动态规划的实证研究［D］. 南宁：广西大学硕士学位论文，2006.

［144］耿红，王泽民. 基于灰色线性规划的土地利用结构优化研究［J］. 武汉测绘科技大学学报，2004，25（2）：167-171.

［145］徐玖平，李军. 多目标决策的理论与方法［M］. 北京：清华大学出版社，2005.

［146］邓聚龙. 灰色系统基本方法［M］. 武汉：华中科技大学出版社，2005.

［147］刘思峰. 灰色系统理论及其应用［M］.（第 8 版）北京：科技出版社，2017.

［148］熊伟. 运筹学［M］. 北京：机械工业出版社，2008.

附　录

陕西省地质灾害统计总表

市	县区（市）	地质灾害类型及数量（处）							面积（平方千米）	密度（处/百平方千米）
		滑坡	崩塌	泥石流	地面塌陷	地裂缝	不稳定斜坡	合计		
西安市	城五区					13		13	514.00	2.53
	临潼区	42	58	2				102	931.13	10.95
	阎良区		6			2		8	244.15	3.28
	灞桥区	12	27			4	8	51	320.47	15.91
	长安区	44	28	3		1		76	1584.86	4.80
	蓝田县	63	12	4			4	83	1993.20	4.16
	周至县	110	17	6		1		134	3003.91	4.46
	户县	26	4	8				38	1248.56	3.04
	高陵县		2		2			4	286.54	1.40
	合计	297	154	23	2	21	12	509	10126.82	5.03

续表

市	县区（市）	地质灾害类型及数量（处）							面积（平方千米）	密度（处/百平方千米）
		滑坡	崩塌	泥石流	地面塌陷	地裂缝	不稳定斜坡	合计		
铜川市	王益区	44	15		7			66	151.45	43.58
	印台区	36	6		5			47	635.01	7.40
	耀州区	58	24		7	1		90	1615.71	5.57
	宜君县	39	70	3	3	1	4	120	1485.18	8.08
	合计	177	115	3	22	2	4	323	3887.35	8.31
宝鸡市	金台区	40						40	60.41	66.21
	渭滨区	90	1	4				95	575.05	16.52
	陈仓区	165	11	6				182	3003.66	6.06
	麟游县	22	25		1		11	59	1727.63	3.42
	岐山县	11	58				4	73	850.56	8.58
	太白县	52	9	11	1		42	115	2740.50	4.20
	扶风县	18	34					52	740.74	7.02
	凤翔县	9	21			1		31	1222.44	2.54
	凤县	91		52			36	179	3169.45	5.65
	眉县	15	16	3			19	53	865.52	6.12
	千阳县	25	10					35	997.25	3.51
	陇县	32	4					36	2311.31	1.56
	合计	570	189	76	2	1	112	950	18264.52	5.20

续表

市	县区（市）	地质灾害类型及数量（处）							面积（平方千米）	密度（处/百平方千米）
		滑坡	崩塌	泥石流	地面塌陷	地裂缝	不稳定斜坡	合计		
咸阳市	秦都区		8		2	2		12	274.87	4.37
	渭城区		6		7	4		17	255.62	6.65
	杨陵区	2	3					5	104.05	4.81
	武功县	1	18					19	392.00	4.85
	兴平市		5				1	6	489.33	1.23
	泾阳县	11	19	2	2	66		100	790.72	12.65
	三原县	3	18		1	9		31	574.30	5.40
	永寿县	19	21		2	1	7	50	899.07	5.56
	乾县	4	20				2	26	1027.39	2.53
	礼泉县	10	8			2		20	990.15	2.02
	彬县	46	19		9	10	42	126	1203.48	10.47
	长武县	12	30		6		14	62	574.40	10.79
	淳化县	55	25		3	4	20	107	957.46	11.18
	旬邑县	41	13		8	6		68	1774.21	3.83
	合计	204	213	2	40	104	86	649	10307.06	6.30
渭南市	临渭区	23	24	7	10	2		66	1257.03	5.25
	韩城市	28	31	1	10	10	6	86	1604.18	5.36
	华县	12	40	3		1	1	57	1124.59	5.07
	合阳县	25	48		5	2		80	1344.31	5.95

续表

市	县区（市）	地质灾害类型及数量（处）							面积（平方千米）	密度（处/百平方千米）
		滑坡	崩塌	泥石流	地面塌陷	地裂缝	不稳定斜坡	合计		
渭南市	潼关县	1	16	23				40	426.18	9.39
	华阴市	2	12	15				29	654.96	4.43
	白水县	4	39		28	2		73	966.09	7.56
	澄城县	5	12	1	13			31	1130.31	2.74
	富平县	10	10			1		21	1230.45	1.71
	大荔县	3	24		2	12		41	1750.92	2.34
	蒲城县	4	4		23			31	1592.94	1.95
	合计	117	260	50	91	30	7	555	13081.97	4.24
汉中市	汉台区	48	19	2				69	526.74	13.10
	南郑县	104	2	8	1		6	121	2848.76	4.25
	留坝县	90	4	4			105	203	1964.71	10.33
	城固县	60	2				1	63	2225.44	2.83
	勉县	86	8	1	3			98	2382.68	4.11
	宁强县	174	9	10	3			196	3257.52	6.02
	略阳县	137	16	8	3			164	2839.47	5.78
	佛坪县	65		1				66	1302.47	5.07
	西乡县	57	2	1	1			61	3285.65	1.86
	洋县	61	1	2			13	77	3180.23	2.42
	镇巴县	107	4	3	10		1	125	3433.21	3.64
	合计	989	67	40	21		126	1243	27246.89	4.56

续表

市	县区（市）	地质灾害类型及数量（处）							面积（平方千米）	密度（处/百平方千米）
		滑坡	崩塌	泥石流	地面塌陷	地裂缝	不稳定斜坡	合计		
安康市	汉滨区	214	11	20	1			246	3655.69	6.73
	石泉县	138	8	2				148	1548.33	9.56
	汉阴县	72	9	4				85	1323.76	6.42
	岚皋县	297	1	5				303	1975.21	15.34
	紫阳县	315	3	22				340	2179.78	15.60
	白河县	145	3	1				149	1458.94	10.21
	平利县	233	4	3				240	2625.30	9.14
	旬阳县	234	5	12				251	3533.97	7.10
	镇坪县	87	18	11			22	138	1498.78	9.21
	宁陕县	48		4			30	82	3661.79	2.24
	合计	1783	62	84	1		52	1982	23461.55	8.45
商洛市	商州区	68	6		1		1	76	2648.10	2.87
	洛南县	66	6	21	4			97	2808.02	3.45
	商南县	261	13	7				281	2320.91	12.11
	山阳县	251	4	6	2			263	3520.97	7.47
	柞水县	57	15	17				89	2365.29	3.76
	丹凤县	83	4	6			2	95	2403.38	3.95
	镇安县	227	17	10	3			257	3483.53	7.38
	合计	1013	65	67	10		3	1158	19550.20	5.92

续表

市	县区（市）	地质灾害类型及数量（处）							面积（平方千米）	密度（处/百平方千米）
		滑坡	崩塌	泥石流	地面塌陷	地裂缝	不稳定斜坡	合计		
延安市	宝塔区	190	26				25	241	3548.62	6.79
	志丹县	27	22	1			1	51	3887.89	1.31
	延长县	17	29				8	54	2365.96	2.28
	宜川县	11	36				4	51	2978.21	1.71
	延川县	32	20	1			16	69	1987.90	3.47
	子长县	54	10	1	2		27	94	2431.44	3.87
	黄陵县	30	14	2	14	18	28	106	2238.62	4.74
	吴起县	45	37	2				84	3808.02	2.21
	富县	5	26	1	1		9	42	4218.84	1.00
	安塞县	27	4	2			35	68	2945.93	2.31
	洛川县	33	12					45	1876.30	2.40
	黄龙县	10	22					32	2790.64	1.15
	甘泉县	7	6				4	17	2278.52	0.75
	合计	488	264	10	17	18	157	954	37356.89	2.55
榆林市	榆阳区	33	22		4			59	6904.93	0.85
	府谷县	26	51	11	10			98	3235.94	3.03
	佳县	6	43		1			50	2031.81	2.46
	神木县	19	75	1	21		34	150	7504.05	2.00
	吴堡县	25	16	3				44	421.81	10.43

续表

市	县区（市）	地质灾害类型及数量（处）							面积（平方千米）	密度（处/百平方千米）
		滑坡	崩塌	泥石流	地面塌陷	地裂缝	不稳定斜坡	合计		
榆林市	横山县	16	34	3	3		8	64	4254.51	1.50
	靖边县	34	14	1			19	68	5015.39	1.36
	定边县	7	27				1	35	6844.55	0.51
	清涧县	23	34				9	66	1857.32	3.55
	子洲县	78	44	1	4	1		128	1997.59	6.41
	绥德县	28	28	3				59	1854.02	3.18
	米脂县	67	13	3				83	1163.71	7.13
	合计	362	401	26	43	1	71	904	43085.62	2.10
	总计	6000	1790	381	249	177	630	9227	206368.88	4.47

资料来源：国土资源部，2002 年县（市）地质灾害调查与区划成果。